몽골 비사

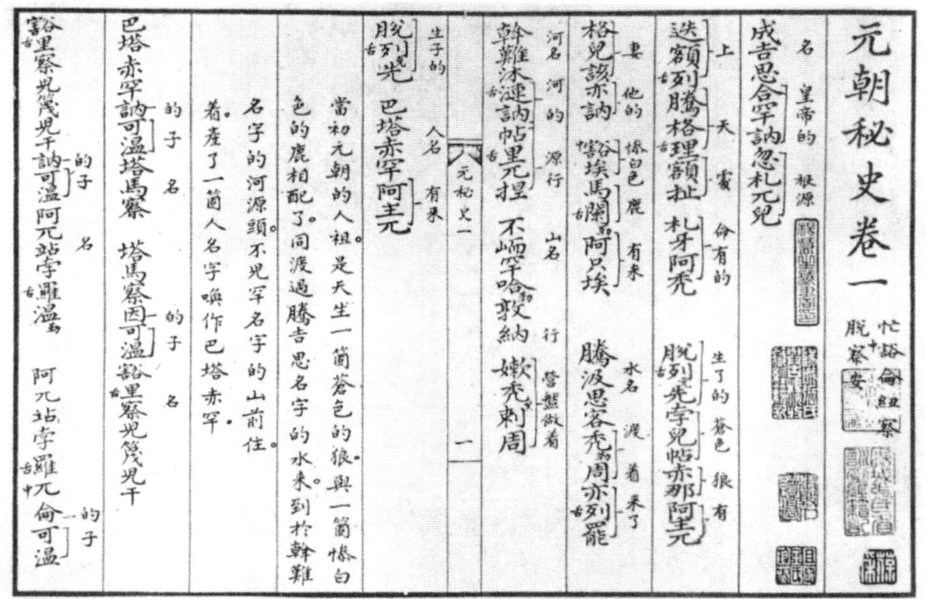

元朝秘史卷一

成吉思合罕訥忽札兀兒
　皇帝的　根源

迭額列騰格理額扯　札牙阿禿
　上天　　　　命有的
脫列先字兒帖赤那阿里兀
　生了的　蒼色　狼有

脫列先字兒帖赤那阿里兀　巴塔赤罕

格兒該赤訥　慘埃馬闌阿只埃
他的　慘白色鹿　有來
騰汲思容禿周亦列罷
水名　渡　着　禿了

河名河的源行　山名
斡難冰運訥帖里兀捏
不峏罕哈敦納　嫩禿刺周
營盤做着

生子的　人名　有來
元秘之一
　　　　一

脫列光　巴塔赤罕阿主兀

當初元朝的人祖是天生一筒蒼色的狼與一筒慘白
色的鹿相配了。同渡過騰吉思名字的水來到於斡難
名字的河源頭不兒罕名字的山前住着。產了一筒人
名字喚作巴塔赤罕。

巴塔赤罕訥可溫塔馬察
　　　　　的子名
塔馬察因可溫豁里察兒蔑兒干
　　　　　的子名
豁里察兒蔑兒干訥可溫阿兀站字羅溫
　　　　　的子名
阿兀站字羅忽侖可溫
　　　　　的子

『원조비사』 1권의 첫 면 _『몽골 비사』의 원본은 전하지 않으며, 원말명초 한자 음가를 빌려 적은 전사본 『원조비사』만 남아 있다.

칭기스 카한 탄신 800주년 기념 조형물 _1962년 건립, 헨티아이막 다달솜 고르왕노르 소재

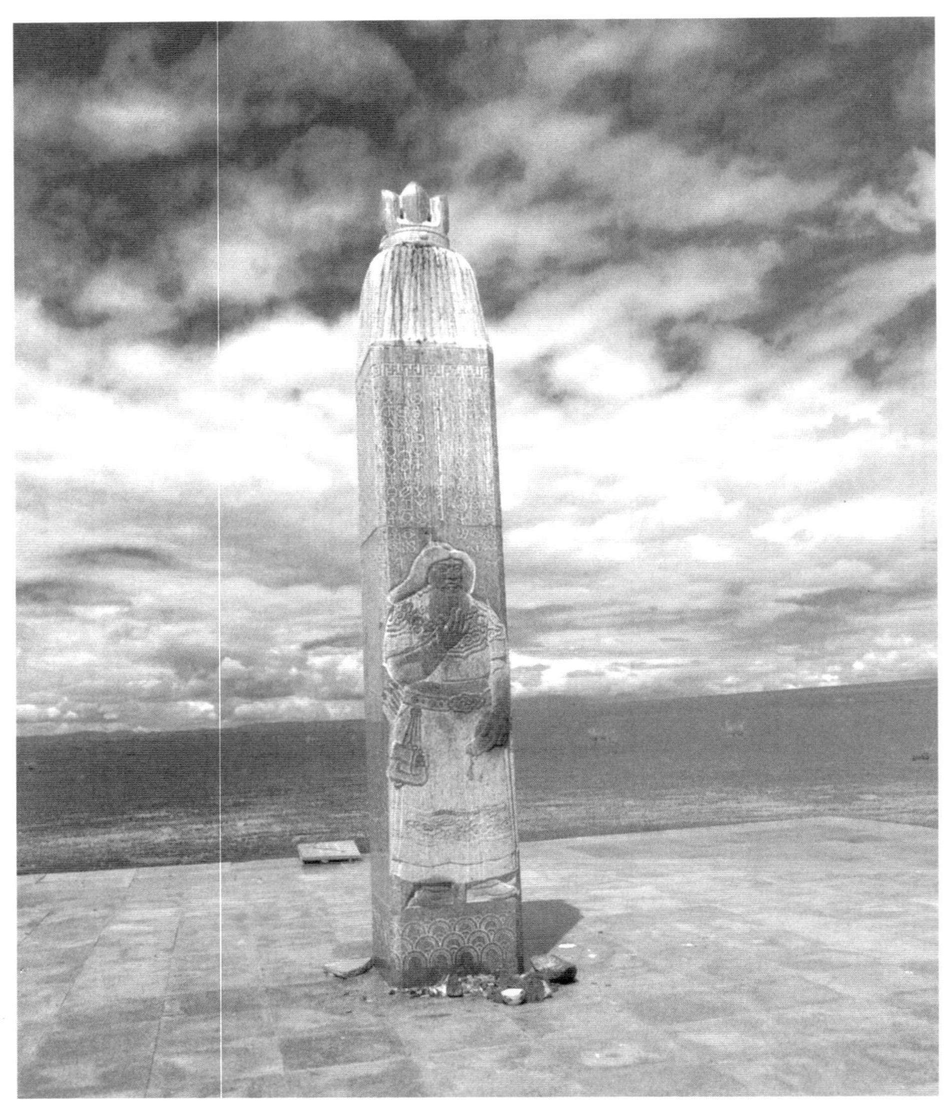

『몽골 비사』 성서(成書) 750주년 기념비 _출처:『몽골·몽골사람』(서울, 2001)

유원수 역주

사□□계절

책 머리에

『몽골 비사』는 몽골 사람들의 조상 신화와 건국 과정을 담고 있는 가장 오래된 사료이며, 몽골어로 기록된 가장 방대한 초기 문헌 자료이다. 비유하자면 우리의 『삼국유사』나 『용비어천가』와 같은 소중한 문화 유산인 것이다.

『몽골 비사』는 우리의 환웅과 웅녀에 해당하는 몽골 사람들의 조상 부르테 치노(잿빛 푸른 이리)와 코아이 마랄(흰 암사슴) 내외가 텡기스 큰물을 건너 몽골 땅으로 이주, 보르칸 칼돈(보르칸 성산) 기슭, 오난 강의 발원 지역을 삶의 터전으로 하고 바타치 칸이라는 아들을 낳으면서 시작된다.

바타치 칸의 9세손 보르지기다이 메르겐(보르지긴男 명궁)은 몽골진 고아(몽골女 미인)라는 의미심장한 이름의 여자와 부부가 되고, 이들의 손자 도본 메르겐은 코리 토마드 출신 알란 고아(알란 미인)에게 장가드는데, 이 알란 고아가 과부가 된 뒤 빛에 감응하여 낳은 아들 셋 가운데 막내가 보돈차르 몽칵(보돈차르 바보)이다.

보돈차르로부터 다시 12대 후, 『몽골 비사』의 주인공 테무진이 출생한다. 『몽골 비사』는 바로 이 테무진이 아홉 살 어린 나이에 아버지를 잃고(아버지가 독살당함), 거친 초원에서 굶주리며 괴로움과 외로움과 위험과 싸워 이기며 자라 약탈과 보복으로 편할 날이 없던 몽골 고원을 통일하고, 원근의 여러 나라를 평정하여 칭기스 카한이라는 이름을 떨치게 되는 과정을 생생하게 그려낸 위대한 영웅 서사 문학이기도 하다.

그리 보면 칭기스 카한의 대업을 이어받은 셋째 아들 우구데이와 그 형제들, 세계를 향하여 대정복전을 펼치는 장손 바토와 그 사촌들에 이르기까지, 잿빛 푸른 이리로부터 시작해서 25대라는 세월은 이 위대한 작품의 시간 배경이 되고, 칭기스 카한의 가문과 직접·간접의 연을 맺은 그 시대의 몽골 사람들 하나하나가 모두 주요 등장 인물들이며, 그들의 눈에 비친, 그들이 살던 세상이 작품의 공간 배경이 되는 셈이다.

대부분의 연구자들은 『몽골 비사』의 원전이 위구르 몽골 문자 혹은 팍바 몽골 문자 같은 소리글자로 기록되었으리라고 추정하나 그런 것은 전하지 않으며, 현재 우리가 갖고 있는 것은 중세 몽골어를 원말명초의 한어 북방 방언의 한자 음가를 빌려 적은 전사본(轉寫本) 사본들뿐이다.

지금까지 전해지는 한자 전사본들은 모두 "元朝秘史卷一"로 시작하며 같은 행 밑에 조금 사이를 띄어 "忙中豁侖紐察", 그리고 "脫察安"이라는 문구가 적혀 있는데,[1] 이는 중세 몽골어로 "몽골의 비밀스러운 약사(Mongγol-un niuča to[b]ča'an)"라는 말을 한자로 음사한 것이다. 바로 이 문구에 따라 한글 번역본의 제목을 『몽골 비사』라 하였다.

현존 한자본들의 내용은 필사상의 오류를 제외하고는[2] 판본 간에 서로 정확하게 일치하며, 같은 이야기를 모두 282개의 단락으

로 나누어 놓은 것도 같으며, 각 단락이 시작하는 곳과 끝나는 곳
도 모든 판본이 같다. 이 282개의 단락을 우리가 저본으로 삼은 사
부총간본(四部叢刊本)과 엽덕휘본(葉德輝本)은 정집(正集) 10권과
속집(續集) 2권, 도합 12권으로, 영락대전십오권본(永樂大典十五卷
本)은 정속의 구분 없이 15권으로 나누어 담았기 때문에 각각 12권
본, 혹은 15권본이라 이르고 있다. 이 책에서는 12권본의 분류 체
계에 따라 권을 가르고, 282개의 단락을 그 순서에 따라 1부터 282
까지 번호를 붙여 제○절이라고 부르기로 한다.

각 단락은 중세 몽골어의 한 음절을 대개 한 글자의 한자로 전
사, 대략 어절 단위로 띄어 세로로 써내려간 몽골문의 행, 각 몽골
문의 행 바른쪽에 음역에 사용된 한자보다 작은 글씨로 왼쪽의 몽
골문을 형태소 수준까지 분해하여 각 어절의 어휘적 의미와 문법
적 기능을 한어로 옮겨 적은 이른바 방역(傍譯), 그리고 몽골문과
방역이 끝나는 곳에 별도로 몽골문의 대의를 구어체 한어로 옮겨
놓은 이른바 총역(總譯), 이렇게 세 부분으로 되어 있다.

이와 같은 방법으로 중세 몽골어를 표기하는 데 사용된 한자의
수는 언어학적 기호가 부가된 글자를 별개의 글자로 계산할 경우
모두 563자이며, 엘뎅타이(額尒登泰) 외(1980 : 1~4)에 따르면 이
563자의 음가를 조합하여 기록한 몽골어 어휘는 30만에 달한다고

---

1)   脫과 察 사이에 중세 몽골어의 자음 /b/를 표시할 만한 글자, 즉 'ㅏ'자가 모자란다.
2)   額尒登泰 외(1980 : 1~4) 등의 조사에 따르면 판본마다 1200에서 3200군데의 필사상의 오류가 있다
      고 한다.『몽골 비사』각 판본의 거의 모든 오류는 몽골어를 모르는 사람이 한자로 전사된 방대한 분
      량의 몽골어 문헌을 필사, 재필사, 각자(刻字)하는 과정에서 발생한 것으로 추측되는 것들이다. 그렇
      지 않은 것으로 추정되는 오류유형에 대해서는 유원수(2003), Yu(2003) 참조.

한다.[3]

『몽골 비사』의 맨 마지막 단락인 282절은 "대 쿠릴타이에 모여, 쥐해 7월에, 켈루렌의 쿠데에 섬의 돌로안 동산과 실긴첵 사이에 행궁들이 묵고 있을 때 쓰기를 마쳤다."고만 씌어 있다. 지나칠 정도로 간략한 이 언급이 『몽골 비사』의 성립 연대에 대한 연구자들의 견해가 각기 1228년, 1240년, 1252년, 혹은 1264년으로 갈라지는 출발선이다.[4] 원전의 성서(成書) 연대와 같은 가장 기본적인 서지사항에 대해서도 연구자들의 견해가 엇갈리는 까닭은 소리글자로 기록되었으리라는 『몽골 비사』의 원전이 아직 발견되지 않아 혹시 있었을지도 모를, 제대로 된 간기나 발문 같은 것을 참고할 수가 없고, 각종 사료에도 『몽골 비사』의 성립 연대나 저자 혹은 편찬자에 대한 분명한 기록이 없어 연구자들의 견해라고 하는 것이 각종 문헌에 단편으로 남아 있고 불확실한 기록들을 각자의 논리대로 해석하고 추론한 것이기 때문이다.

소리글자로 기록되었으리라는 원전이 전하지 않는 것처럼, 몽골어와 한어에 두루 능통한 사람(들)이 한쪽에 소리글자로 기록된 원전을 펴놓고 다른 한쪽에 뜻글자인 한자의 음가를 빌려 몽골어를 옮겨 적었을 것으로 보이는 최초의 한자 전사본도 전하지 않는다. 우리가 갖고 있는 사부총간본, 엽덕휘본, 영락대전십오권본 등 현존본은 모두 그 최초의 한자본을, 몽골어를 모르는 중국인 학자들,

---

3) 『몽골 비사』의 형식 구조에 대하여 더 자세히 알아보고자 하는 사람은 Street(1986)부터 소급해 읽는 방법을 택할 수 있다. 밝히는 것이 큰 의미는 없어 보이지만, 특별히 관심이 있는 분들을 위해 이야기하자면, 몽골어가 기록된 행의 수는 모두 4804개 전후로 파악된다.

4) 그중 다수설은 1240년설인 듯하다. 특히 몽골에서는 이에 대해 공개적으로 이의를 제기하는 사람이 없는 듯하다.

각자공(刻字工)들이 필사 또는 재필사, 각자한 것이 명백한 것들뿐이다. 한자본에 대한 서지학상의 정보를 명확하게 전해 주는 기록 역시 발견되지 않았기 때문에 연구자들 간에는 원나라 중엽부터 명나라 초기의 어느 시점에 한어와 몽골어에 두루 능통한 사람(들)이 당시의 한어 북방 방언의 한자음에 바탕을 두고 중세 몽골어를 한자로 전사했을 것이라는 수준까지만 서로의 견해차를 양해하고 있는 형편이다.

각종 문헌의 불확실한 언급이나 암시에서 출발하여 각기 다른 결론에 도달한 여러 연구자들의 다양한 견해를 과장하여 단순하게 정리해 보면 소리글자로 기록되었으리라는 원전은 1228년부터 1264년 사이의 어느 쥐해에, 한자본은 원나라 인종 원년인 1311년부터 명나라 영락 말년인 1424년 사이의 어느 시점에 성립되었으며, 원전의 저자 혹은 편찬자는 몽골어에 토박이 화자의 능력을 가진 사람(들)이며, 한자본의 편찬자는 몽골어와 한어에 두루 능통한 사람(들)이라고 할 수 있을 것이다.[5]

『몽골 비사』의 현존본은 위에서 말한 바와 같이 모두 한자로 음역 된 것들뿐이긴 하지만, 다행히 그 존재와 담겨진 내용이 1866년 팔라디우스 카파로프(Palladius Kafarov)에 의해 최초로 서구 학계에 소개된 이래 각국의 여러 연구자들이 노력한 결과가 1940년대 무렵부터 구체화되기 시작하여 1970년대에 이르러서는 한자의 음가를 빌려 표시한 『몽골 비사』 몽골어의 음운 형태와 의미를 우리

---

5) 최근의 연구는 몽골어 실력이 처지는 사람(들)도 한자 전사에 참여하였으리라 추측한다. 유원수
(2003), Yu(2003) 참조.

가 거의 완벽에 가깝게 재구하고 이해할 수 있게 되었다. 또한 러시아어·일본어·독일어·불어·영어·중국어·터키어·현대 몽골어 등 다양한 언어로 그 내용이 재구·번역되어 고대 및 중세의 몽골·중앙아시아사, 몽골어 및 인접 분야의 연구에 중요한 기초 자료로 활용되고 있으며, 세계 여러 나라의 독자들에게도 널리 소개되었다.

『몽골 비사』는 우리말로도 이미 완역 소개된 일이 있다. 성서 754주년이 되던 1994년에 나온 유원수(역주)의 『몽골 비사』가 그것이다. 몽골 비사 윤독회(회장 주재혁) 회원들을 비롯한 여러 선배·동료 학자들의 격려와 양보를 받고,[6] 대우재단에서 출판 비용을 지원받고, 도서출판 혜안에서 개척 정신을 발휘해 준 덕이었다. 이 모든 일에 대해 지금까지도 감사하고 있으며, 그동안 내 책을 읽어 주신 독자 여러분께도 진심으로 감사하고 있다.

그러나 나온 책을 받아 펴들자마자 잘못된 것들이 눈에 들어오더니 시간이 갈수록 그런 곳은 계속 늘어만 갔다. 그리고 유원수(1994) 이후로는 그 잘못을 바로잡아 줄 다른 학자의 『몽골 비사』 우리말 완역이 나와 주지를 않았다.[7] 그래서 고민하던 차에 다행히 사계절출판사에서 새 책을 통하여 그러한 잘못된 곳들을 바로잡을 기회를 주었고, 혜안에서도 출판사를 옮겨 책을 내는 일을 흔쾌히 승낙하여 이와 같이 10년 전의 크고 작은 잘못을 바로잡고, 그동안 새로 배운 내용을 보고할 수 있게 되었다. 또한 몽골의 역

---

6) 몽골학회, 「휘보」, 『몽골 연구』 1, 1990, p.100.
7) 최기호 외(1997)가 『몽골 비사』의 역주서를 낸 일이 있으나 2권 103절까지만 다루고 있다. 남은 부분도 곧 우리에게 다가오기를 기대해 본다.

사·문화·언어를 깊이 있게 연구하려는 사람들에게는 몽골문 전체
에 대한 라틴자 전사를 제공할 수 있게 되었다.
　아무쪼록 새로 펴내게 된 『몽골 비사』가 독자 여러분의 소용에
크게 닿기를 바란다.

2003년 12월

유 원 수

우리는 이 위대한 작품의 우리말 번역이 어색한 문법역이 되는 것을 피하기 위해 때로는 몽골문의 구조를 왜곡해야 할 때가 있을 것이다. 몽골문의 구조를 왜곡하게 될 대표 사례는 수동문을 능동문으로 옮기는 경우, 재귀 소유 어미('자기 자신의……'), 복수형 어미 따위의 문법 형태소의 번역을 생략하는 경우, 문말의 주어를 문두에 내놓는 경우 등이다. 그러나 옮기는 이의 자의가 개입하지 않도록 최대한 자제할 것임은 말할 나위도 없다. 원문에 없는 내용을 제시하는 경우에는 꺽쇠묶음(〔 〕) 안에 넣어 옮기는 이의 사사로운 보충임을 표시하려고 한다. 인명·지명과 같이 번역할 수 없는 몽골어는 전통 전사형을 참고하여 한글로 적되 칭호, 지리 용어 등이 고유명사의 일부처럼 따라다닐 때 큰 무리가 없어 보이면 우리말 번역을 시도할 것이다.

『몽골 비사』에 사용된 몽골어 어휘나 표현 중에 다른 중세 몽골어 문헌이나 현대 몽골계 방언에서 확인되지 않는 것들이 다수 있는데, 이러한 어휘나 표현은 방역 및 총역, 앞선 사람들의 연구, 튀르크어나 만주–퉁구스어에서의 용례 등을 참고하여 옮기고 필요할 경우 그와 같은 사실을 밝히기로 한다.

흔히 *Altan Tobči*로 약칭되는 롭상단진(Blo-bZaṅ bstan-ǰin, 1655?)의 *Erten-ü qad-un ündüsülegsen törü yosun-u jokiyal-i tobčilan quriyaysan altan tobči kemekü orusibai*라는 긴 이름의 책은 『몽골 비사』보다 400년이나 늦게 나온 17세기 문헌이지만 『몽골 비사』의 282개 단락 중 233개 단락이 거의 형태소 수준까지 일치하므로 저자가 『몽골 비

사』의 원전을 참고할 수 있었던 가능성이 매우 높다. 게다가 소리글자인 위구르 몽골 문자로 기록되었기 때문에 우리 책에서도 뜻글자인 한자로 전사된 『몽골 비사』 몽골어의 음운상의 형태와 의미의 불투명성을 줄일 유용한 자료로 활용될 것이다.

이 책에서 『몽골 비사』 몽골어의 자음 및 모음 음소를 표시하는 데 사용될 전사 기호의 의미는 다음 표와 같다.

자음	입술	치-치조	치조-구개	구개	연구개 앞뒤	목젖
장애 강	b	t	č		k q	
약		d	ǰ		g ɣ	
마찰음	(f)		s	š		h
유음 설측		l				
설전		r				
비음	m	n			ng	
활음	(w)			y		

모음	전 설	중 설	후 설
고 위	i	ü	u
중 위	e	ö	o
저 위			a

/b/는 /ㅂ/으로 적었으며 외국 인명을 표기하는 데 사용된 /f/는 /ㅎ/으로 옮겨 적는다. /w/는 후속 모음 /a/와 함께 /ㅘ/로 적는다. 전통 몽골학이 강약의 대립으로 파악하는 몽골어의 동기장애음들은 각각 국어의 무성 유기음과 무성 무기음으로 대응시켜 /t/와 /d/를 /ㅌ/과 /ㄷ/으로 표기하고 어말이나 음절말에 올 때는 각각 /트/, /드/로 적는다(일부 관행 예외). /č/와 /ǰ/를 /ㅊ/과 /ㅈ/으로 표기하고 앞, 뒤 연구개에서 조음되는 자음 간의 차이를 한글로는 구분 표기할 수 없으므로 /k/와 /q/는 /ㅋ/으

로, /g/와 /γ/는 /ㄱ/으로 적는다(일부 관행 예외).

치조-구개 마찰음 /s/는 /ㅅ/으로 표기하고 어말이나 음절말에 올 경우에는 /스/로 표기한다. 구개마찰음 /š/와 활음 /y/는 뒤에 오는 모음에 따라 /샤/, /쇼/, /야, 유, 이/ 등으로 표기하며, /h/는 /ㅎ/으로 적는다.

설측음 /l/과 설전음 /r/은 몽골어에서는 두 개의 서로 다른 음소인데 다행히 어두에는 오지 않는다. /r/은 뒤에 오는 모음에 따라 /라, 레/ 등으로 표기하고 어말에 올 때는 /르/로 적으며, /l/은 /-ㄹ라, -ㄹ레/ 등으로 표기하고 어말에 올 때는 /-ㄹ/로 적는다. 비음 /m/, /n/, /ng/는 각각 /ㅁ/, /ㄴ/, /ㅇ/으로 적는다.

비원순 모음 /a, e, i/는 각각 한글의 /ㅏ, ㅔ, ㅣ/와 1 대 1로 대응 표기한다. 원순모음 /o, u, ö, ü/의 경우는 몽골어의 어떤 원순모음을 한글의 어떤 자모와 대응시켜도 국어의 언중이 한글 전사형을 통해 예상할 몽골어의 음가가 실제와는 매우 동떨어지겠지만 일단 /o/는 그중 가까운 /ㅗ/로 표기한다. 중세 몽골어의 /u/는 여러 가지 정황으로 보아 중-고위 모음일 가능성이 높은 데 비해 국어에서 /ㅜ/로 표기되는 모음은 고위 모음으로서 차이가 있고 현대 할하 방언 등에서의 청각상의 인상도 크게 다르며 /ㅗ/와도 다르나 다른 방법이 없으므로 이 역시 일단은 /ㅗ/로 표기한다.

중설모음 /ö, ü/를 한글의 /ㅚ, ㅟ/로 전사할 경우, 여러 정황으로 미루어 혀의 위치도 다르고 할하 등 현대 몽골어 방언에서의 청각상의 인상도 너무 동떨어져 몽골어의 중설모음을 한글로 전사하는 것이 아니라 거의 모든 경우에 전사형을 전자(轉字)하는 데 지나지 않을 것이므로 한글 표기로 이들 모음의 현대 할하 방언 등에서의 청각적 인상에 가장 접근할 수 있는 /ㅜ/로 적는다. 인명, 지명, 칭호 등 원래는 몽골어가 아닌 어휘들도 일단 표기된 대로 전사하여 그 전사형을 한글로 옮겨 적는 것을 원칙으로 삼는다.

『몽골 비사』에는 같은 것을 가리키는 몽골어가 서로 조금씩 달리 표기된 경우가 수두룩하다. 예를 들어 황제를 가리키는 말은 카한(qahan), 카안(qa'an), 카간으로 나오고 황제의 부인을 가리키는 단어도 카톤(qatun), 카돈(qadun)으로 나온다. 같은 사람, 씨족, 부족의 이름, 그리고 지명도 서로 조금씩 다르게 나오는 경우가 허다하다. 우리 책에서는 이와 같은 고유 명사, 제도의 이형태(異形態)들을, 전사자 혹은 각자공의 실수라고 단언할 수 있는 경우가 아니면, 사부총간본 등 한자본에 나오는 모습을 모두 존중하여 옮겨 적었다. 이것은 이형태 모두 중세몽골어의 실제 모습일 가능성이 충분히 있고, 유원수(1994)를 제외한 대부분의 양식 있는 『몽골 비사』 연구서들이 지켜온 원칙이기도 하기 때문이다.

우에서 논의한 사항을 아래 한글 표기례를 통하여 요약한다.

절	관행 전사	한글 표기	절	관행 전사	한글 표기
51	Altan	알탄	1	Onan	오난
269	Batu	바토	214	Ögödei	우구데이
242	Ča'adai	차아다이	60	Qasar	카사르
11	Dörben	두르벤	274	Solangyas	솔랑가스
228	Eljigidei	엘지기데이	256	Aša-gambu	아샤 감보
253	Fukano	호카노	46	Temüjin	테무진
270	Güyüg	구육	144	Uluγ-taγ	올록 탁 (튀르크어 울룩 탁)
55	Hö'elün	후엘룬			
239	Inalči	이날치	202	Hüsün	후순
146	Jebe	제베	130	Yesügei	예수게이
150	Kereyid	케레이드	4	Duwa-soqor	도와 소코르
52	Mongγol	몽골			

차 례

책 머리에 ·· 7

국역·전사 및 한글 표기 방침 ·· 14

제 1 권 ·· 21

칭기스 카한의 선조들, 유년의 비극
– 신화와 문학이 역사와 만나는 현장

제 2 권 ·· 45

칭기스 카한의 소년기, 문학적 허구와 역사적 사실의 혼재,
거듭되는 위기 속에서 소년, 청년이 되다

제 3 권 ·· 67

문학에서 역사로, 청년에서 영웅으로,
점증하는 위기와 극복의 드라마

제 4 권 ·· 93

자모카와의 전투, 부족 지도자에서 동부 몽골의 지도자로,
다시 국제적 인물로, 초원의 강자로

제 5 권 ·· 113

숙적의 제거, 생명의 은인 옹 칸,
더 큰 성공의 걸림돌 케레이드와의 불화

제 6 권 ·· 137

케레이드의 배신과 그로 인한 절멸, 극으로 치닫는 위기,
위기를 극복하는 영웅, 동부 초원의 최강자 되기

제 7 권 ···················· 161

동부 몽골의 최강자 케레이드,
서부 몽골의 최강자 나이만을 섬멸하고 몽골 고원을 통일하다

제 8 권 ···················· 185

모든 몽골인의 임금 칭기스 카한

제 9 권 ···················· 209

동무들(=충신들)에 대한 칭찬과 포상

제 10 권 ···················· 229

강화되는 카한의 권위, 친위대의 증강, 저항 잔당 토벌,
어머니, 형제들과의 불화

제 11 권 ···················· 249

세계의 정복자 칭기스 카한, 중국, 중앙아시아 원정의 개시,
예견되는 제국의 분열

제 12 권 ···················· 277

영웅의 승천, 강력한 후계자, 발전하는 제국,『몽골 비사』 성립 경위

전사(轉寫) ···················· 305

부록 ···················· 505

지도 / 참고 및 인용 문헌 / 찾아보기 / 전사 찾아보기 /
『몽골 비사』에 기록된 칭기스 카한과 조상들의 계보

제 1 권

칭기스 카한의 선조들, 유년의 비극 – 신화와 문학이 역사와 만나는 현장

하늘이 점지한 잿빛 푸른 이리(1) 사흘 거리를 내다보는 도와 소경의 신통력(4)

산 위에서 내려다보아도 뚜렷한 알란 미인의 아름다움(7) 홀어머니가 빛에 감응하여 태어난 바보 보돈차르(17-44)

암바가이 카한의 피납과 복수의 유언(52-53) 예수게이의 후엘룬 납치 사건(54-56)

테무진(훗날의 칭기스 카한)의 탄생(60) 부르테와의 정혼(61-66)

1 칭기스 카한[1]의 뿌리 : 지고하신 하늘의 축복으로 태어난 부르테 치노(잿빛 푸른 이리)가 있었다. 그의 아내는 코아이 마랄(흰 암사슴)이었다. 그들이 텡기스[2]를 건너와 오난 강[3]의 발원인 보르칸 성산[4]에 터를 잡으면서 태어난 것이 바타치 칸이다.

2 바타치칸의 아들은 타마차다. 타마차의 아들은 코리차르 명궁이다. 코리차르 명궁의 아들은 아오잠 보로올이다. 아오잠 보로올의 아들은 살리 카차오다. 살리 카차오의 아들은 예케 니둔(큰 눈)이다. 예케 니둔의 아들은 셈 소치다. 셈 소치의 아들은 카르초다.

3 카르초의 아들 보르지기다이 명궁에게는 몽골진 미인이라는 아내가 있었다.[5] 보르지기다이 명궁의 아들 토로골진 부자에게는 보로그친 미인이라는 이름의 아내, 보롤다이 소얄비라는 젊은 하인, 다이르(안장에 쓸린 상처), 보로(잿빛)라고 부르던 준족의 거세마 두 마리가 있었다. 토로골진 부자의 아들들은 도와 소경과 도본 명궁이다.

---

1)　칭기스(Činggis)는 『몽골 비사』의 주인공인 테무진(Temüjin)이라는 몽골인을 漢語의 '皇帝'에 상당하는 qaγan, qahan 또는 qa'an으로 거명할 때 함께 사용하는 칭호. 장엄하고 위대함을 나타내는 말이겠으나 확실한 뜻은 알 수 없음. 자세하고 흥미로운 논의는 Pelliot(1959 : 296~303)를 참조.

2)　텡기스(tenggis)는 '바다(와 같이 큰 물)'라는 뜻의 보통명사이므로 '큰 호수 또는 바다를 건너왔다'라는 해석도 가능하나 방역은 고유명사임을 시사하는 '水名'.

3)　오난 강(Onan-müren)은 현대 몽골 지도의 오농 강(Онон гол). 몽골의 북동부를 흐르다 러시아 땅으로 들어감.

4)　보르칸 칼돈(Burqan-qaldun, 신성한 고봉). 현재 그런 이름으로 불리는 지역도, 지명의 변천을 소급 추적해 볼 만한 문헌 자료도 없으나 오농 강이 발원하는 헨티 산맥의 어느 우뚝한 산일 것은 분명함. 몽골의 역사지리학자 Пэрлэй(1948 : 62)는 오늘날의 바가 헨티 산의 어느 지맥(동경 109도, 북위 49도)일 것으로 짐작. 한편 몽골과학아카데미와 일본의 요미우리 신문이 공동으로 구성한 몽일합동조사단(1994 : 30)은 이를 동경 108도 44분, 북위 48도 30분에 있는 에르덴 올(Erdene uul)로 비정.

5)　남편의 이름 Borjigidai-mergen(보르지긴男-명궁)과 아내의 이름 Mongγoljin-γo'a(몽골女-미인)의 보르지긴과 몽골진은 각각 칭기스 카한의 씨족 및 부족명.

4   도와 소경은 이마 가운데 외눈을 하고 있었다. 그 외눈으로 유목 이동하는 데 사흘 걸리는 거리를 내다볼 수 있었다.[6]

5   하루는 도와 소경이 아우 도본 명궁과 함께 보르칸 성산에 올랐다. 도와 소경이 보르칸 성산 위에서 내려다보니 퉁겔릭 개울을 따라 한 무리의 사람들이 이동해 오고 있었다.

6   도와 소경은 "저 이동해 오는 사람들 가운데 한 검은 수레의 앞자리에 있는 아가씨가 아름답다. 미혼이면 도본 명궁, 너를 위해 청혼하자!"며 아우 도본 명궁을 보냈다.

7   도본 명궁이 그 사람들에게 가보니 정말이지 곱고 아름다우며 명성이 자자한, 알란 미인이라는 이름의 처녀였다.

8   그 사람들은 일찍이 쿨 바르고진 분지[7]의 주인 바르고다이 명궁의 딸 바르고진 미인을 코리 토마드족의 노얀[8] 코릴라르타이 명궁에게 주었으니, 코리 토마드의 땅 아릭 오손(정결한 물)에서 코릴라르타이 명궁과 그의 아내가 된 바르고진 미인 사이에서 태어난 딸이 바로 알란 미인이라는 이름의 그 아가씨다.

9   코릴라르타이 명궁은 담비와 다람쥐 같은 사냥감이 있는 자신의 코리 토마드 땅에서 사냥을 금하는 바람에 그곳 사람들과 사이가 나빠지자 코릴라르씨가 되어 보르칸 성산이 사냥감이 풍부하고 땅이 좋다며 보르칸 성산의 주인들, 즉 보르칸을 일으킨 신치 바얀의 오리앙카이족의 땅으로 옮겨 오고 있었다. 코리 토마드의 코릴라

르타이 명궁의 딸, 아릭 오손에서 태어난 알란 미인을 거기서 청혼하여 도본 명궁이 취한 내력은 그러하다.

10 알란 미인은 도본 명궁에게 와서 두 아들을 낳았다. 부구누테이, 벨구누테이라는 이름을 가진 자들이었다.

11 그의 형 도와 소경에게는 네 아들이 있었다. 그러다가 형 도와 소경이 죽었다. 도와 소경이 죽은 후, 그의 네 아들은 작은아버지 도본 명궁을 일가로 여기지도 않고[9] 깔보아 떼어 버리고 이동했다.[10] 두르벤씨가 되었으니 두르벤 사람들은 바로 그들로부터 비롯된 것이다.[11]

12 그 뒤 하루는 도본 명궁이 토코착 고지로 사냥을 나갔다. 숲 속에서 오리앙카이족 사람이 세 살 난 사슴을 죽여 그 갈비와 창자를 굽고 있는 것을 보고

13 도본 명궁이 "동무여, 나눕시다!" 하고 말했다. 그러자 "주리다!" 하고는 허파가 붙은 질두와[12] 가죽은 자기가 갖고 사슴고기 전부를 도본 명궁에게 주었다.

14 도본 명궁이 그 세 살 난 사슴을 싣고 오다가 도중에 어떤 가난한 사람이 아들을 데리고 가는 것을 보고

15 "당신은 누구요?" 하고 묻자, 그 사람이 "나는 마알릭 바야오드 사

---

9) *uruy-a ülü bolyan* '親戚行不做'.

10) 유목 사회에서 누구를 거친 초원에 떼어 버리고 이동을 한다는 것은 농경 정주 사회에서 누구를 고향에서 내쫓는 일처럼, 아니 그보다 훨씬 더 가혹한 처벌이 될 수 있다. 72·123절 등 참조.

11) 씨족의 이름 두르벤을 숫자 두르벤 '넷'으로 풀이하는 민중 어원.

12) 짐승의 머리·목·허파·염통을 함께 붙은 채로 몸통에서 떼어낸 것. 사물의 가장 중요한 부분. 으뜸 가는 공. 아마 질두와 가죽은 사냥감의 주인(사냥감을 직접 잡은 사람들)이 독점하고 나머지는 다른 사람들과 나누는 풍속이 있었던 듯.

람. 가난하게 살고 있소. 그 짐승의 고기를 내게 좀 주시오! 나는 댁에게 내 아들을 드리리다!" 하고 말했다.

16 도본 명궁은 그 사람에게 세 살 난 사슴의 뒷다리 한쪽을 꺾어 주고 그 아이를 데려다 집안에서 부렸다.

17 그러다가 도본 명궁이 죽었다. 도본 명궁이 죽은 뒤에 알란 미인은 남편도 없이 세 아들을 낳았다. 보고 카타기, 보카토 살지, 보돈차르 바보라는 이름들이었다.

18 앞서 도본 명궁에게서 태어난 벨구누테이와 부구누테이는 자기들의 어머니 알란 미인이 안 보이는 데서, "우리 어머니는 형제도 친척도 없고, 남편도 없이 이 세 아들을 낳았다. 집안에는 단지 마알릭 바야오드 사람뿐이다. 이 세 아들은 그의 것이다" 하고 수군댔다. 어머니 알란 미인이 알고는……

19 어느 봄날, 겨울에 잡아 저장해 두었던 양을 삶고 벨구누테이, 부구누테이, 보고 카타기, 보카토 살지, 보돈차르 바보 이 다섯 아들을 나란히 앉게 하고는 화살 한 대씩을 꺾어 보라고 주었다. 한 대씩이야 무엇이라고 지체하겠는가? 다시 다섯 대의 화살 묶음을 꺾어 보라고 주었다. 다섯 모두가 다섯 대 묶음의 화살을 꺾으려고 돌아 가며 시도해 보았으나 아무도 꺾을 수 없었다.

20 그러자 어머니 알란 미인이 말했다. "너희들 벨구누테이와 부구누테이, 내 아들들아! 나를 보고 '이 세 아들을 낳았다. 누구의, 어떤 아들들이냐'며 의심하여 숙덕댄다. 너희들이 의심하는 것도 당연하다.

21 밤마다 밝은 노란색 사람이 게르의 천창[13]이나 문의 위 틈새로 빛으로 들어와 내 배를 문지르고, 그의 빛은 내 배로 스며드는 것이

었다. 달이 지고 해가 뜰 새벽 무렵에 나갈 때는 노란 개처럼 기어
나가는 것이었다.

> 왜들 함부로 말하는가, 너희들이?
> 그것으로써 깨달았거니와
> 그 상징은
> 하늘의 아들들!
> 왜들 검은 머리의 인간들과
> 견주어 말하는가, 너희들은?
> 이들은 모든 자들의 임금들이 될 터이고,
> 평범한 인간들은 그제 깨닫게 되리라!" 하고 말했다.

22 다시 알란 미인이 다섯 아들에게 타이르기를, "너희들, 나의 다섯
아들은 한 배에서 나왔다. 너희들이 방금 전에 본 다섯 대의 화살
처럼 하나 하나가 되면 그 한 대씩의 화살들처럼 누구에게도 쉽게
꺾인다. 너희들이 저 묶음 화살들처럼 함께 한마음이 되면 누구에
겐들 쉽게 어찌 되겠느냐?"고 했다. 그렇게 지내다 그들의 어머니
알란 미인도 세상을 떠났다.

23 어머니 알란 미인이 세상을 떠난 뒤 형제가 가축과 식량을 나누는
데 벨구누테이, 부구누테이, 보고 카타기, 보카토 살지 넷이 서로
나누어 가졌다. 보돈차르는 "어리석고 약하다"고 형제로 치질 않

---

13) 연기 배출, 공기 순환, 광선 흡수 등을 위해 게르(蒙古包)의 꼭대기 정중앙에 낸 큰 구멍 토노의 덮
개. 도전으로 만들고 긴 끈을 달아 잡아당겨 구멍을 덮었다 열었다 함.

고,[14] 몫을 나누어 주지 않았다.

24 보돈차르는 "형제로도 안 쳐주는데 여기 있으면 무엇 하나?" 하고

  등에는 안장에 쓸린 상처가 있고
  꼬리털은 빠져 버린 오록 싱콜라[15]를 타고
  "죽으면 죽고 살면 살리라!" 하면서

오난 강을 따라 내려가 버렸다. 발존 섬[16]에 이르러 거기다 풀막을
짓고 살았다.

25 그렇게 지내다 암보라매가 검은 멧닭을 잡아먹고 있는 것을 보고

  등에는 안장에 쓸린 상처가 있고
  꼬리털은 빠져 버린 오록 싱콜라의

말총으로 올가미를 만들어 잡아 길렀다.

26 먹을 것이 없을 때는 이리가 벼랑으로 몰아넣은 짐승에 몰래 다가
가 활로 쏘아 죽여 매와 함께 나눠 먹고, 이리가 먹다 남긴 것을 매
와 함께 주워 먹으며, 자기 목구멍으로도 넘기고 매도 먹이면서 그
해를 났다.

27 봄이 되었다. 오리들이 올 시기에 매를 굶겨 날렸다. 잡은 오리들,
기러기들이

---

14) *uruγ-a ülü to'an* 親行不數.
15) 등줄기는 검은 털로, 다른 부분은 파르스름한 빛이 나는 흰 털로 덮인 말.
16) 오난 강의 한 삼각주.

시든 나무들마다 비린내

마른 나무들마다 누린내를 풍기도록

매를 놓았다.

28 두이렌 산의 북쪽에서 퉁겔릭 개울을 따라 한 무리의 사람들이 이동해 왔다. 보돈차르는 그 사람들 쪽으로 매를 날려 놓고 가서 낮에는 말젖술을 걸러 마시고, 밤에는 제 풀막에 와서 지내는 것이었다.

29 그 사람들이 보돈차르의 매를 원했지만 주지 않았다. 그들은 보돈차르가 누구의 자식이며, 무슨 씨족 사람인가를 묻지 않았고, 보돈차르도 그 사람들이 어떤 사람들인지를 묻지 않고 지냈다.

30 그의 형 보고 카타기는 "아우 보돈차르 바보가 이 오난 강을 따라 내려갔다"며 찾아와서 퉁겔릭 개울을 따라 이동해 온 사람들에게 "그렇고 그런 사람이 그러한 말을 갖고 있었다"며 〔그를 보았는지〕 물으니

31 그 사람들은 "사람도, 말도 당신이 묻는 것과 같다. 매도 있다. 날마다 우리에게 와서 말젖술을 걸러 마시고 간다. 밤에는 도대체 어디서 지내는지? 서북쪽에서 바람이 불면 매를 시켜 잡은 오리, 기러기의 깃털이 분분히 날리는 눈처럼 흩날려 온다. 여기서 가까운 데 있을 것이다. 이제 올 때가 되었다. 잠시 기다려라!" 하고 말했다.

32 잠시 있자니 퉁겔릭 개울을 거슬러 한 사람이 오고 있다. 다 와서 보니 바로 보돈차르였다. 형 보고 카타기가 알아보고, 데리고 오난 강을 거슬러 말을 달음질쳤다.

33 보돈차르가 형 보고 카타기의 뒤에서 말을 타고 달음질쳐 따라가면서 "형, 형!

몸에는 머리가 있고,

옷에는 옷깃이 있는 것이

좋아” 하고 말했다. 형 보고 카타기는 그 말을 무시했다.

34 다시 같은 말을 했지만 형은 무시해 버리고 대꾸조차 안 했다. 보
돈차르가 가면서 다시 같은 말을 했다. 그 말에 형이 “너는 아까부
터 어쩌구저쩌구 무슨 소리를 하는 거냐?” 하고 물었다.

35 그러자 보돈차르가 “아까 그 퉁겔릭 개울에 있는 사람들은 큰 사람
이니 작은 사람이니 나쁜 사람이니 착한 사람이니 우두머리니 아
랫것이니 하는 게 없는,

똑같은 사람들이야.

만만한 사람들이지.

36 우리가 그 사람들을 약탈하자!”고 했다. 그 말에 형이 “그래, 그렇
다면 집에 가서 형제들과 의논하여 그 사람들을 약탈하자!” 하고

37 집에 가서 형제들과 의논하여 떠났다. 바로 보돈차르를 앞장으로
삼아 달리게 했다.

38 보돈차르가 앞장으로 약탈을 하다가 임신중인 여자를 붙잡아 “너
는 어느 씨족의 여자냐?” 하고 물었다. 그 여자는 “나는 자르치오드
아당칸의 오리앙카이 여자요” 하고 대답했다.

39 그 사람들을 형제 다섯이 함께 약탈하고 보니

말떼에, 식량에

속민[17]에, 하인에
살림에, 집까지

없는 것이 없었다.

40　그 임신한 여자가 보돈차르에게 와서 아들을 낳았다. "타성 사람의 아들이다" 해서 자지라다이라고 이름지었다. 그가 자다란씨의 조상이 되었다.[18] 그 자다라다이[19]의 아들은 투구우데이며, 투구우데이의 아들은 부리 볼치로이며, 부리 볼치로의 아들은 카라 카다안(검은 카다안)이다. 카라 카다안의 아들이 자모카[20]다. 자다란씨는 그들이었다.

41　그 여자는 다시 보돈차르에게서 한 아들을 낳았다. 붙잡혀 온 여자가 낳은 아이라고 해서 그 아이를 바아리다이라고 이름지었다. 그가 바아린씨의 조상이 되었다.[21] 바아리다이의 아들 치도콜 장사에게는 여자들이 많았다. 그의 아들들이 줄줄이 태어났다. 그들이 메넨 바아린씨들이 되었다.

42　벨구누테이는 벨구누드씨가 되었고, 부구누테이는 부구누드씨가 되었고, 보고 카타기는 카타긴씨가 되었고, 보카토 살지는 살지오드씨가 되었다. 보돈차르는 보르지긴씨[22]가 되었다.

---

17)　haran '人口'.

18)　씨족의 이름 자다란을 이방인이라는 뜻의 단어 jad와 연결시켜 풀이하려는 민중 어원.

19)　같은 사람의 이름이 같은 40절에서 한번은 자지라다이(札只剌歹)로, 한번은 자다라다이(札荅剌歹)로 출현.

20)　칭기스 카한의 맹우이자 적수인 인물. 최후에 칭기스 카한에게 사형됨.

21)　씨족의 이름 바아린을 동사 bari- '붙잡다'로 풀이하려는 민중 어원.

22)　보르지긴은 곧 칭기스 카한의 씨족명이며, 보돈차르의 증조부로 의제(擬制) 되는 이의 이름(보르지

43   보돈차르의 적실에게서 태어난 자는 종아리가 한뼘 밖에 되지 않았고(키가 몹시 작았고), 이름은 카비치였다. 그 카비치 용사의 어머니가 시집올 때 딸려 온 여자를 보돈차르가 가까이하고 있었다. 아들이 하나 태어나니 제우레데이라 이름지었다. 제우레데이는 이전에는 주겔리 제사[23]에 참여했다.

44   보돈차르가 세상을 떠난 뒤 그 제우레데이를 "집에 항상 아당카 오리앙카이 사람이 있었다. 그의 자식이다" 하며 주겔리 제사에서 배제시키고 제우레이드씨를 만들어 제〔우〕레〔이〕드의 시조는 그가 되었다.

45   카비치 용사의 아들은 메넨 토돈이다. 메넨 토돈의 아들은 카치 쿨룩(카치 준마), 카친, 카치오, 카촐라, 카치온, 카랄다이, 나친 용사 이들 일곱이었다.

46   카치 쿨룩(카치 준마)의 아들 카이도는 노몰론 어머니[24]에게서 태어났다. 카친의 아들은 노야기다이라는 이름을 갖고 있었다. 우두머리 기질이 있었기 때문에 노야킨씨[25]가 되었다. 카치오의 아들은 바롤라타이라는 이름이었다. 몸집이 크고 음식에 게걸스러웠기 때문에 바롤라스씨가 되었다.[26] 카촐라의 아들도 음식을 탐했기

기다이 명궁, 3절)이기도 하다.

23) 『몽골 비사』의 내용으로 미루어 동일 부계 조상의 후손들이 모여 지내던 제사로 보임. 방역의 '以竿懸[肉]祭天'의 뜻은 '장대에 고기를 걸어 놓고 하늘에 제사 지냄'.

24) 『몽골 비사』가 이 여성의 이름을 Nomolun-eke라고 하여 이름에 특별히 eke '어머니'라는 말을 칭호처럼 붙여 부르는 것은 이 여성에 대한 존경을 드러내기 위해서일 것이다. 테무진의 어머니 후엘룬에게는 '어머니'라는 어휘가 이름의 일부처럼 늘 따라다니다시피 한다. 이밖에 여자 조상인 알란(76절), 장모인 초탄(96절), 목숨의 은인이라고 할 수 있는 코아그친(103절) 등의 극소수 여성들에게만 칭호로서의 '어머니'가 사용되고 있다.

25) 씨족의 이름인 Noyakin을 noya- '지도자'라는 단어와 연관시키고자 하는 민중 어원.

때문에 큰 바롤라, 작은 바롤라라고 이름지었고 에르뎀투 바롤라, 투두엔 바롤라를 비롯한 바롤라스씨들이 되었다. 카랄다이의 아들들은 곡식처럼 뒤섞이는, 위아래 없는 자들이었기 때문에 그들은 보다아드씨들이 되었다.[27] 카치온의 아들은 아다르키다이라는 이름이었다. 형제간에 반목하는 자였기 때문에 아다르긴씨[28]가 되었다. 나친 용사의 아들들은 오로오다이, 망고다이였다. 그들은 오로오드, 망고드씨들이 되었다. 나친 용사의 적실에게서 태어난 자들은 시조오다이와 도콜라다이였다.

47   카이도의 아들들은 바이 싱코르 독신, 차라카이 링코, 차오진 우르테게이 이들 셋이었다. 바이 싱코르 독신의 아들은 톰비나이 현자였다. 차라카이 링코의 아들 셍굼 빌게, 〔셍굼 빌게의 아들〕 암바가이 등은 타이치오드씨들이 되었다. 차라카이 링코가 형수에게서 낳은 자는 베수테이였다. 그는 베수드씨가 되었다. 차오진 우르테게이의 아들들은 오로나르, 콩코탄, 아롤라드, 수니드, 캅투르카스, 게니게스씨들이 되었다.

48   톰비나이 현자의 아들은 카볼 카한[29]과 셈 세출레다. 셈 세출레의 아들은 불테추 용사다. 카볼 카한의 아들은 일곱이었다. 장남 우킨 바르칵, 바르탄 용사,[30] 코톡토 뭉구르, 코톨라 카한, 콜란, 카다안, 투두엔 막내 이들 일곱이었다.

---

26)   씨족의 이름 Barulas를 중세 몽골어 baruy- '사납다(?)'라는 단어와 연관시키고자 하는 민중 어원.

27)   씨족의 이름 Buda'ad를 중세 몽골이 buda'a- '곡식', '밥'이라는 단어와 연관시키고자 하는 민중 어원.

28)   씨족의 이름 Adargin을 중세 몽골어 adar(u)- '심술궂게 굴다', '어깃장부리다'라는 단어와 연관시키려는 민중 어원. 방역은 間諜.

29)   몽골족 가운데 최초로 카한(皇帝)의 칭호를 사용하는 사람이며 테무진의 증조부다.

30)   칭기스 카한의 조부.

49 우킨 바르칵의 아들은 코톡토 유르키[31]였다. 코톡토 유르키의 아들은 사차 베키[32]와 타이초다. 그들은 유르키[33]씨가 되었다.

50 바르탄 용사의 아들은 멩게투 키얀, 네쿤 타이지, 예수게이 용사,[34] 다리타이 막내 이들 넷이었다.[35] 코톡토 뭉구르의 아들은 부리 장사였다.[36] 오난 강의 숲에서 잔치를 할 때 벨구테이의 어깨를 내리쳐 벤 그자다.

51 코톨라 카한의 아들은 조치, 기르 마오, 알탄이었다. 콜란 용사의 아들은 예케 체렌(큰 체렌)이었다. 그는 바다이와 키실릭, 두 다르칸[37]의 노얀이었다. 카다안과 투두엔에게는 후사[38]가 없었다.

52 모든 몽골을 카볼 카한이 통치하고 있었다. 카볼 카한에게는 일곱 명의 아들이 있었지만, 카볼 카한의 뒤에는 그의 유언에 따라 셍굼

---

31) 여기서는 코톡토 유르키(ᵗ忽禿[黑]禿 禹兒乞, Qutu[γ]tu yürki). 122(3-41-7), 139(4-25-5)절에서 소르카토 주르키(莎ᵃ兒ᵗ合禿主ᵃ兒乞, Sorqatu-jürki).

32) 이곳에서는 薛扯別乞(Seče-beki). 나머지 12군데서 撒察別乞(Sača-beki) 또는 撒察(Sača).

33) 이곳에서는 禹兒乞(Yürki), 나머지 23군데서는 主兒乞〜主兒勤(Jürki〜Jürkin), 즉 주르킨.

34) 『몽골 비사』의 주인공인 테무진의 아버지.

35) *Altan Tobči*(9b 28〜10a : 3)는 이밖에도 메르겐 예케테이(Mergen yeke-tei)라는 아들과 이 다섯 아들의 어머니이며 바르탄 용사의 아내인 수치킬 우진(Süčikil üjin)도 소개하고 있다.

36) Büri-bökö. 장사·역사를 뜻하는 bökö는 바아린의 치도콜(41절), 이곳의 주르킨의 부리(50절), 메르키드의 칠게르(111절)에게 이름의 일부처럼 사용되었다. 특히 부리는 140절에서 ulus-un bökö(나라의 장사)로 소개되고 있다. 유원수(1994 : 40, 주 35)와 "카르추(245절)"는 동사 γarču('나가서')를 사람의 이름으로 착각한 데서 온 큰 실수. 독자 여러분께 사과드린다. 245절에서는 다행히 "나가서 용력을 다퉈라!" 하고 바로 이해하였음. 유원수(1994 : 216) 참조.

37) darqan은 탁월한 공훈이나 특수 분야의 업무에 전념하는 데 대한 보상으로 조세 요역, 일정 범위의 형사상의 소추가 면제되던 특권층. 현대 할하 몽골어에서는 '匠人', '신성불가침(의)'이라는 뜻으로 사용한다. 바다이와 키실릭 두 사람의 수훈에 대하여는 169절, 보상에 대하여는 187절 등을 참조. 원문의 darqa<n>d, 즉 darqad는 darqan의 복수형.

38) uruy '子嗣'.

빌게의 아들 암바가이 카한이 모든 몽골을 다스리고 있었다.[39]

53 보오르 호와 쿨렌 호 사이에 있는 오르시온 강[40]을 따라 유목하는 아이리오드, 보이로오드 타타르 사람들에게 암바가이 카한이 딸을 주어 몸소 딸을 데리고 가게 되었는데, 도중에 타타르 주인 사람들[41]이 암바가이 카한을 붙들어 키타드의 알탄 카한[42]에게로 데려 갔다. 암바가이 카한은 베수드 사람 발라가치를 사자로 카볼 카한의 일곱 아들 가운데 코톨라, 그리고 자신의 아들 열 명 가운데 카다안 타이지에게 "모든 자의 카한, 나라[43]의 주인이 되어 자신의 딸을 몸소 배웅하는 것을 내 이후로 금하라!

나는 타타르 사람들에게 붙들려 있다.
너희들의 다섯 손가락의 손톱이 다 빠져 달아나도록
너희들의 열 손가락이 다 닳아 없어지도록,
나의 원수를 갚아라!"

---

39) 암바가이의 타이치오드家는 이후 육촌인 카볼의 보르지긴家와 4대간에 걸쳐 대등 혹은 우세한 관계를 유지하면서 경쟁·반목하다가(70~88절) 케레이드와 연합한 테무진과의 사투 끝에 1201년경 멸족당한다(148절).

40) 몽골 동부의 보이르 호와 (그 북쪽인) 중국 내몽고자치구 북동부의 훌룬 호(呼倫湖), 그리고 보이르 호에서 나와 223km를 북류하여 훌룬 호로 들어가는 오르슌 강(Оршуун гол, 烏尓遜河).

41) 王國維(출판 연도 불상 : 768~796) 등에서 논의된 사항을 종합해 볼 때 우리의 Tatar Jüyin irgen은 여진족의 금과 몽골, 타타르 등 북방의 여러 민족 사이에서 金朝를 위한 완충역 혹은 변경 수비역을 담당하던 타타르 사람들의 집단으로 추정됨.

42) 『몽골 비사』에서 Kitad는 거란의 遼가 아니라 여진이 세운 金이며, Kitad irgen은 金朝 지배 하의 중국 및 그 판도에 거주하는 사람, Altan-qahan과 Altan-qan은 金朝의 황제다. 할하 방언에서 햐타드(Хятад)는 중국 혹은 중국인을 가리킨다.

43) 몽골어 ulus. 현대 할하 몽골어에서도 '나라, 사람(들)'이라는 뜻으로 사용됨.

하고 일러 보냈다.[44]

54 그때 예수게이 용사는 오난 강에서 매 사냥을 하고 있었는데, 메르키드족의 예케 칠레두(큰 칠레두)가 올코노오드 사람들한테서 신부를 데려오는 것을 만나게 되어 엿보니 미모가 빼어난 귀부인이었다. 집으로 말을 달려가 형 네쿤 타이지와 동생 다리타이 막내를 데려왔다.

55 그들이 다가오자 칠레두는 겁이 나서 타고 있던 발빠른 호박색 말의 뒷다리를 때려 언덕을 넘어 달아나고 그 뒤를 셋이서 쫓았다. 칠레두가 멧부리를 돌아 수레로 오자, 후엘룬 부인[45]은 "저 세 사람[46]이 어떤 자들인지 알겠어요? 인상들이 예사롭지 않아요. 당신의 목숨을 해칠 얼굴들이에요!

당신은 살아만 있으면,

수레의 앞방마다 처녀들이
수레의 검은 방마다 귀부인들이 있어요.

당신은 살아만 있으면, 숙녀와 귀부인을 얼마든지 얻을 수 있어요. 다른 여자를 얻어 후엘룬이라고 이름지어요! 우선 목숨을 돌보도

---

44) 몽골인들의 주무기가 활이었으므로 '손톱이 빠지고 손가락이 닳도록'은 '끝없는 복수전'의 결과로 예상되는 상태.

45) Hö'elün-üjin. 테무진의 어머니. 우진(兀眞, üjin, '부인')은 『몽골 비사』에서 테무진의 어머니 후엘룬과 적실 부르테에게만 사용되다시피 하는 칭호. 부르테가 이 칭호를 취하면서부터는(94절) 후엘룬에게는 eke(어머니)라는 칭호가 사용된다. 그 밖에는 케레이드 옹 칸의 딸인 호자오르(177절)에게 이 칭호가 사용됨.

46) qaran-i. 즉 haran-i. '人行'.

록 해요! 내 냄새를 맡으며 가요!"라고 말하며 저고리를 벗어 주었
다. 칠레두가 마상에서 몸을 굽혀 잡으려 할 때 세 사람이 멧부리
를 돌아 다가오니 칠레두는 발빠른 호박색 말의 뒷다리를 때려 급
히 달려 오난 강을 거슬러 달아났다.

56 셋이 뒤에서 일곱 개의 언덕을 넘을 때까지 쫓아갔다가 다시 돌아
와서 후엘룬 부인이 탄 수레의 고삐를 예수게이가 끌고, 형 네쿤
타이지가 앞장을 서고, 동생 다리타이 막내가 수레 옆에 붙어 나아
갈 때 후엘룬 부인이,
"내 신랑 칠레두는

> 바람을 거슬러
> 머리칼을 흩뜨린 적도 없고
> 거친 들에서
> 배를 주린 적도 없었는데
> 지금은 어찌하여 두 갈래 머리채를
> 한 번은 등뒤로 한 번은 가슴 앞으로 날리며
> 한 번은 앞으로 한 번은 뒤로 하며 가는가?" 하고

> 오난 강이 물결치도록,
> 숲이 울리도록

큰 소리로 울어대자 다리타이 막내가 옆에서 나란히 가면서,

> '당신이 그리워하는 사람은

고개를 여럿 넘었다.

당신이 울어 주는 사람은

물을 여럿 건넜다.

외쳐도

당신을 돌아보지 않는다.

찾아도

당신은 그가 간 길을 찾지 못한다.

이제 그만 좀 해두시오!" 하고 달랬다. 후엘룬 부인을 예수게이는 이렇게 해서 집으로 데려왔다.

57 암바가이 카한이 카다안과 코톨라를 지명해 옴에 따라 모든 몽골과 타이치오드가 오난 강의 코르코낙 숲에 모여 코톨라를 카한으로 추대했다. 몽골인의 기쁨은 뛰고 잔치하며 즐기는 것이었다. 코톨라를 카한으로 추대하고 코르코낙의 사글라가르 모돈(우거진 나무)[47]을 둘러싸고

갈비까지

도랑이 패이도록,

무릎까지

먼지 흙이 되도록 뛰었다.

---

47) Saylayar modun. 부족 단위의 큰 잔치가 벌어지고, 군대가 야영을 한 곳이므로 "우거진 나무"는 지명일 가능성이 높다. 117 · 206절 참조.

58　코톨라는 카한이 된 후 카다안 타이지와 함께 타타르 사람들에게 출정했다. 타타르의 쿠툰 바라카, 잘리 보카와 열세 번을 싸웠으나 암바가이 카한의

　　원한을 풀지도,
　　복수를 하지도 못했다.

59　예수게이 용사가 타타르의 테무진 우게, 코리 보카를 비롯한 타타르족을 약탈하고 돌아온 바로 그때 임신중이던 후엘룬 부인은 오난 강의 델리운 동산에서 칭기스 카한을 낳았다.[48] 태어날 때 오른손에 주사위뼈만한 핏덩어리를 쥐고 태어났다.[49] 타타르족의 테무진 우게를 잡아왔을 때 태어났다고 해서 테무진이라는 이름을 주었다.

60　예수게이 용사는 후엘룬 부인한테서 테무진, 카사르, 카치온, 테무게 이 네 아들을 낳았다. 테물룬이라는 이름의 딸도 낳았다. 테무진이 아홉 살 때 조치 카사르는 일곱 살, 카치온 엘치는 다섯 살, 테무게 막내는 세 살이었다. 테물룬은 요람에 있었다.

61　예수게이 용사는 테무진이 아홉 살이 되자 후엘룬 어머니의 친정인 올코노오드 사람들에게서, 즉 테무진의 외가에서 테무진의 색시를 구하고자 테무진을 데리고 떠났다. 가는 도중에 첵체르와 치코르구[50] 사이에서 옹기라드 사람 데이 현자를 만났다.

---

48)　델리운 동산(Deli'ün-bolday, 델리운 볼닥). 정확한 위치와 테무진의 출생 연대는 미상이나 몽골에서는 헨티아이막 다달솜(Хэнтий аймаг, Дадал сум의 한 동산)과 1162년 5월 31일 출생설이 일반화됨.

49)　유원수(1994 : 45)는 이 문장을 통으로 빠뜨렸다. 독자 여러분께 사과드린다.

62 데이 현자가 "예수게이 사돈,[51] 누구를 만나러 오셨습니까?" 하고
묻자, 예수게이 용사가 "이 아이는 내 아들입니다. 아이 외가인 올
코노오드 사람들에게서 색시를 구하려고 가는 길입니다" 하고 대
답했다. 데이 현자가 이르기를, "당신의 이 아들은

눈에는 불이 있고,
얼굴에는 빛이 있는

소년이군요.

63 예수게이 사돈, 제가 간밤에 꿈을 꾸었습니다. 흰 송골매가 해와
달을 움켜쥐고 날아와 내 손에 앉았지요. 사람에게 꿈 해몽을 시키
기를 '해와 달을 바라보고 있었다. 이제 이 송골매가 움켜쥐고 가
져와서 내 손에 내렸다. 흰 것이 내렸다. 이 무슨 길조가 보이는 것
일까?' 했더니만, 예수게이 사돈! 이 꿈을 그대가 이 아들을 데리
고 올 때에 꾼 것입니다. 아주 좋은 꿈을 꾼 것이지요. 무슨 꿈이겠
습니까? 그대들 키야드 사람들[52]의 수호신이 와서 전조를 보여 준
것이지요.

---

50) 赤ᅙ忽兒古(Čiqurgü). 94절에서 치코르코(Čiqurqu). 赤ᅙ忽兒ᅙ忽. 142절에서도 역시 치코르코. 赤ᅙ
忽ᄝ兒ᅙ忽(Čiqurqu).

51) 몽골어 quda(親家). 혼인 관계에 있는 양가의 바깥 어른들을 가리키는 말. 예수게이 용사의 키야드
와 데이 현자의 옹기라드 두 씨족이 이미 사돈 관계를 맺은 일이 있거나 아니면 장래 발생할 일을 미
리 기성의 사실처럼 묘사하는 『몽골 비사』 특유의 화법에서 나온 호칭일 수 있음.

52) 보돈차르의 후손들인 보르지긴씨의 한 지파. 『집사』 중 「부족지」에 의하면 카불 칸(우리의 카볼 카
한)의 후손들을 가리키는 말. 이수게이 바하두르(우리의 예수게이 용사)의 후손을 특히 보르지긴 키
야트(우리의 키야드)라고 했다 함. 김호동(2002 : 251) 참조. 몽골 사람들은 칭기스 카한의 일족을
통상 키야드뼈 보르지긴씨(Kiyad yastu Borǰigin oboγtu)라고 일컬음. Sayinǰiryal 외(1983 : 422).

손녀의 예쁜 얼굴,

딸의 미모를 가진 사람들,

나라를 안 다투는 자.

볼이 고운 딸들을

그대들의 카한이 된 이를 위해

큰 수레에 태워

검은 수낙타를 매어 달려가게 해서

카톤[53]의 자리에 함께 앉힙니다.

우리는 나라와 백성을 아니 다투는 자들

용모가 빼어난 딸들을 길러

앞방이 있는 수레에 태워

잿빛 점박이 수낙타가 끌고 가게 해서

높은 자리 한쪽에 앉게 합니다.

예로부터 옹기라드 사람들은

---

53)　몽골어 qatun. 변이형 qadun. 'qahan이나 qan의 아내', '귀부인'으로 새겨야 할 때도 있다. 54절에서는 '귀부인'으로 새겼고 70절 등에서 'qahan이나 qan의 아내'로 사용되었을 때는 새기지 않았다. 『몽골 비사』에서 카톤으로 지칭되는 여자들은 부르테(104절), 예수겐과 예수이 자매(155절), 콜란(197절) 등 칭기스 카한의 아내들, 암바가이 카한의 아내들인 우르베이와 소카타이(70절), 코톡토 주르키의 아내들인 코리진과 코오르친(130절), 나이만의 이난차 빌게 칸의 아내 구르베수(189절), 메르키드의 코도의 아내들인 투게이와 두레게네(198절) 등이다. 칭기스 카한의 어머니인 후엘룬에게도 사용되지 않은 것으로 미루어 'qahan이나 qan의 아내'로 사용될 때는 적용이 엄격했음을 알 수 있다. 두레게네는 우구데이 카한의 아내가 된다.

카톤이라는 방패,

딸이라는 상주자,

손녀의 예쁜 얼굴,

딸의 미모를 가진 자들로 있었습니다.

65   우리의 아들들은

목영지를 돌봅니다.

우리의 딸들은

아름다운 얼굴을 보입니다.

예수게이 사돈, 우리 집으로 갑시다. 내 딸은 어립니다. 사돈이 보
세요!"라고 하면서 데이 현자가 이끌어 자기 집으로 데려갔다.

66 그의 딸을 보니

얼굴에는 빛이 있고,

눈에는 불이 있었다.

딸을 보니 마음에 들게 했다. 테무진보다 한 살 많은 열 살이었다.
부르테라는 이름이었다.[54] 하룻밤을 묵고 이튿날 청혼을 하니 데
이 현자는,

"여러 번 청해야 주면 우러러보고

---

54)   테무진의 적실이며 조치, 차아다이, 우구데이, 톨로이 등의 어머니.

단 몇 차례만 청해도 주면 업신여기지만
딸 된 사람의 운명은 태어난 집 문전에서
늙지 않는 것!
내 딸을 드리리다!
당신 아들을 사위로 두고 가시오!"

하고 말했다. 그렇게 되어 예수게이 용사가 "내 아들을 사위로 맡기겠습니다. 내 아들은 개한테 잘 놀랍니다. 사돈, 내 아들이 개한테 놀라는 일이 없도록 하세요!" 하고 당부하고 자신의 예비마를 예물로 주고, 테무진을 사위로 맡기고 돌아갔다.

67 예수게이 용사는 도중에 첵체르의 시라 초원에서 타타르 사람들이 잔치를 하고 있는 곳을 지나치게 되었다. 목이 말라 그들이 잔치하는 데서 말을 내렸다. 그 타타르 사람들은 그를 알고 있었다. "예수게이 키얀이 왔다"면서 예전에 약탈당한 일을 상기하고, 앙갚음하고자 몰래 독을 섞어 주었다. 집으로 돌아오는 길에 상태는 갈수록 나빠졌다. 사흘 밤낮을 가서 자기 집에 이르러서는 몹시 위독해졌다.

68 예수게이 용사가 "속이 나쁘다. 곁에 누가 있느냐?"고 물어 "콩코탄 사람 차라카 노인의 아들 뭉릭이 가까이 있다"고 하자, 불러오게 하여 "얘, 뭉릭아! 나는 애들이 어리다. 내 아들 테무진을 남의 사위로 주어 맡겨 놓고 오다가 도중에 타타르 사람들한테 해코지당했다. 내 속이 나쁘다. 어린 고아 조카[55]들을, 과부 형수를 네가

---

55) 迭兀(de'ü) '弟'를 조카로 새기는 데 대해서는 유원수(1996 : 154~156)를 참조.

보살펴 주기 바란다. 내 아들 테무진을 빨리 가서 데리고 오너라.
얘, 뭉릭아!" 하고는 세상을 떠났다.

제 2 권

칭기스 카한의 소년기, 문학적 허구와 역사적 사실의 혼재,
거듭되는 위기 속에서 소년, 청년이 되다

타이치오드의 집단 따돌림(70-73) 꼬리밖에는 채찍이 없는 가난과 그림자밖에는 동무가 없는 외로움(74-75)

형제 살해(76-78) 타이치오드의 습격과 포로생활, 소르칸 시라 가족의 목숨을 건 도움, 그리고 탈출(79-89)

아홉 마리 거세마와 평생의 동무 보오르초(90-95) 청년 테무진이 아내 부르테와 결합하다(94)

검은 담비 외투와 테무진의 정치적 천재성(96) 삼성 메르키드의 부르테 납치(98-102)

보르칸 성산에 올리는 맹세(103)

69 뭉릭이 예수게이 용사의 말을 어기지 않고 데이 현자에게로 가서
는 "예수게이 형님이 테무진을 몹시 그리워하며 마음 아파합니다.
테무진을 데리러 왔습니다"고 했다. 데이 현자가 "사돈이 자기 아
들을 그리워하면, 가도록 해라! 보고 빨리 오도록 해라!" 하고 허락
하여 뭉릭 아버지[1]가 테무진을 데려왔다.

70 그해 봄 암바가이 카한의 카톤들인 우르베이와 소카타이가 주관하
여 조상들의 묘역으로 제사를 지내러 갔다. 후엘룬 부인은 늦게 도
착하였다 해서 아무것도 주지 않았다. 후엘룬 부인이 우르베이와
소카타이에게 "예수게이 용사가 죽고, 우리 아들들이 아직 장성하
지 않았다고 해서 제삿밥도 안 주고, 음복조차 못하게 합니까? 사
람을 보고도 당신들끼리만 먹고, 제사를 지내러 가면서도 깨워 주
지도 않고 떠나게 되었군요?" 하고 따졌다.

71 그 말에 우르베이, 소카타이 두 여인이

"너를 청해서까지 주는 법이 아니다.
네가 마주치면 먹는 법이다.
너를 모셔 와서까지 주는 법이 아니다.
네가 오면 먹는 법이다.

암바가이 카한이 죽었는가 해서 후엘룬에게까지 이런 말을 듣게
되었다.

---

1) 蒙力兄額赤格(Münglig-ečige). 이후 뭉릭은 항상 '뭉릭 아버지'로 지칭됨. 테무진은 장성한 후 케레
이드의 토오릴 옹 칸도 아버지라고 부름(104절 이하).

72 우리는 이들 모자들을 현재의 목영지에 버리고 이동할 것이다. 당신들도 데리고 가지 마라!"고 하여 다음날부터 타르고타이 키릴톡(뚱뚱이(?) 키릴톡), 투두엔 기르테 등의 타이치오드들은 오난 강을 따라 하류 쪽으로 이동해 내려갔다. 후엘룬 부인을, 모자들을 버리고 떠나려고 하자 콩코탄의 차라카 노인이 가서 말렸으나, 투두엔 기르테는

"깊은 물이 말랐다.
흰 돌이 부서졌다"[2]

며 떠났다. 차라카 노인을, 네가 왜 말리냐며, 창으로 뒤에서 등줄기를 내리질렀다.

73 차라카 노인이 상처를 입고 집에서 괴로워하며 엎드려 있을 때 테무진이 보러 갔다. 거기서 콩코탄의 차라카 노인은 "너의 훌륭한 아버지가 모은 우리 나라를, 모든 나라를 데려가길래 말리다가 이렇게 당했다"고 했다. 그 말에 테무진이 울며 나와 버렸다. 후엘룬 부인은 사람들이 자기들을 버리고 떠나자, 몸소 깃발을 잡고 말을 타고 가서 몇 사람을 데려왔다. 그들 돌아온 사람들도 안절부절 못하다가 타이치오드의 뒤를 따라갔다.

74 타이치오드 형제들이 후엘룬 부인을, 자식들이 어린 과부들을 목영지에 버리고 떠나자 여장부로 태어난 후엘룬 부인이 어린 아들

---

2) '절대 일어날 것 같지 않은 일이 일어났다. 그 누구도 돌이킬 수 없는 상황이 되어 버렸다.' 209절의 비슷한 표현과 비교하면서 감상해 보라.

들을 기르는데. 모자를 단단히 눌러 쓰고 허리띠를 바싹 졸라매고
오난 강을 위아래로 뛰어다니며 산이스랏(산앵두), 머루를 따서 낮
으로 밤으로 허기를 달랬다.

　　　담력을 갖고 태어난 어머니가
　　　복 받은 아들들을 기를 때
　　　잇개나무 꼬챙이를 잡고
　　　오이풀, 수리취를 캐서 먹였다.
　　　어머니가 자총이,3) 달래로 기른 아들들
　　　임금들이 될 만큼 자랐다.
　　　원칙 있는 어머니가
　　　산나리로 기른 아들들
　　　절도 있는 현자들이 되었다.

75　　아름다운 부인이
　　　부추, 달래로 키운
　　　촐부지 아이들
　　　헌헌장부들이 되었다.
　　　사나이 호남아들로 다 자라서
　　　사내답고 자긍심 있게 되었다.
　　　"우리가 어머니를 모시자!"며
　　　어머니 같은 오난 강의 기슭에 앉아

---

3)　들파의 한 가지.

낚싯대와 바늘을 갖춰

각종 고기를 낚아 올리고

바늘을 구부려 낚시 바늘 삼아

구을무지,⁴⁾ 사루기를 낚으며

그물을 엮어 작은 고기를 건져 올려

자신들의 어머니를 봉양했다.

76 하루는 테무진, 카사르, 벡테르,⁵⁾ 벨구테이가 함께 앉아 낚시를 하고 있는데 빛나는 고기가 한 마리 걸려들었다. 그 고기를 벡테르와 벨구테이가 테무진과 카사르에게서 빼앗았다. 테무진과 카사르가 집에 와서 어머니에게 "우리가 빛나는 물고기를 한 마리 낚은 것을 벡테르, 벨구테이 형제가 빼앗았습니다"라고 하였다. 그러자 어머니가 타이르기를, "그만들 두거라! 너희들은 형제간에 왜들 그러느냐?

우리에게는

그림자말고는 동무도 없고,

꼬리말고는 채찍도 없다.⁶⁾

타이치오드 형제들과의 한은 어떻게 풀려고 하느냐? 너희들은 왜

---

4) 열목어의 하나.

5) 이곳에서 최초로 언급되는 벡테르는 『몽골 비사』에 의하면 벨구테이의 동복형이며 테무진과는 배다른 형제.

6) 고립무원의 극빈 상태를 가리키는 중세 몽골어 표현.

옛날 알란 어머니의 우애 없는 다섯 아들같이 굴고들 있느냐? 그러지들 마라!"고 했다.

77 그러자 테무진과 카사르가 안 좋아하며, "어제도 고두리살[7]로 잡은 작은 새를 그렇게 빼앗아 갔습니다. 이제 또 그렇게 빼앗았습니다. 어떻게 함께 살겠습니까?" 하고 문을 거칠게 닫고 나가 버렸다. 벡테르가 둔덕 위에서 거세한 시라가말[8] 아홉 마리를 지키고 앉아 있을 때, 테무진은 뒤에서, 카사르는 앞에서 살을 시위에 메긴 채 몰려 접근하는 것을 벡테르가 보고, "타이치오드 형제들과의 한을 풀지 못하고, 누구를 해코지할 수 있느냐? 너희들은 왜 나를 눈에 빠진 속눈썹, 입 안에 든 가시로만 여기느냐?

그림자밖에는 다른 동무가 없고,
끄리밖에는 다른 채찍도 없을 때

너희들은 왜 그렇게들 생각하느냐? 나의 가계[9]를 단절시키지 말아 다오! 벨구테이는 죽이지 말아 다오!" 하고 말하고 나서 다리를 틀고 앉아 기다렸다. 테무진과 카사르는 앞뒤에서 접근하여 쏘고 가 버렸다.

78 집에 돌아오자 어머니가 두 아들의 안색을 보고 알아차리고 이르기를, "제 형제를 죽인 놈들,

---

7) 몽골어 γdoli. 김호동(2001 : 235, 주 98)에 의하면 화살촉의 일종으로 끝이 뾰족하지 않아 상대방에게 치명적인 상처를 주지 않도록 만들어진 것.

8) 털빛이 흰 듯 노르스름한 말.

9) 몽골어 γolumta. '화로, 난로'라는 뜻이며 '가계, 근원'이라는 파생 의미를 갖는다.

내 뜨거운 곳에서 힘차게 나올 때

이놈이 제 손에 검은 핏덩어리를 쥐고 태어났다.

제 모태를 물어뜯는 카사르 개[10]처럼,

바위에 덤벼드는 표범처럼,

제 분을 누르지 못하는 사자처럼,

산 채로 삼키려는 망고스[11]처럼,

제 그림자에 덤벼드는 송골매처럼,

소리 없이 삼키는 꼬치고기처럼,

제 새끼의 뒤꿈치를 물어뜯는 수낙타처럼,

눈보라 속에서 밀려드는 이리처럼,

제 새끼를 쫓아내다 못해 잡아먹는 원앙처럼,

소굴을 건드리면 떼지어 덤벼드는 승냥이처럼

잡아서 길들일 수 없는 호랑이처럼,

이유 없이 덤벼드는 바룩 개[12]처럼

제 형제를 죽였다.

그림자밖에는 다른 동무가 없고,

꼬리밖에는 다른 채찍도 없을 때

---

10) 매우 사나운 개의 일종인 듯.

11) Mangyus(莽蛇)는 모든 시대, 모든 지역의 몽골인들의 전설에 등장하는 괴수로서 말도 하며, 머리가 여럿이고, 힘이 매우 세며, 사람을 잡아먹는 등의 해악을 자행하는 존재로 묘사된다. 전설 속의 영웅들은 힘과 기지로 망고스를 무찔러 인간을 구원하는 투사, 해방자의 모습으로 등장함. 이평래(2001)에는 망가스(우리의 망고스)에 대해 몽골 사람들이 갖는 개념을 짐작할 수 있는 민담이 다수 실려 있다.

12) 매우 사나운 개의 일종인 듯.

타이치오드 형제들과의 한을 풀지 못하고, 원수를 누가 갚겠느냐
하고 있을 때, 어떻게 살자고 네놈들이 이 따위 짓을 했느냐, 네놈
들이?” 라며 자신의 아들들을

옛 얘기를
들이대며
노인들의 말씀을
내던져 가며

몹시 꾸짖었다.
79   그러고 있을 때 타이치오드의 타르고타이 키릴톡이 제 부하들을
데리고,

“병아리들이 털을 갈았다.
두 살바기 양들이 질금거린다”13)

면서 왔다. 무서워서 모자들이, 형제들이 숲으로 피신해 벨구테이
가 나무를 분질러 끌어다가 울타리를 치고, 카사르는 활을 마주 쏘
아 대고 카치온과 테무게와 테물룬을 골짜기 사이에 밀어넣고 맞
서 싸우고 있을 때 타이치오드가 소리쳐, “형 테무진을 보내라! 너
희들 가운데 다른 것들은 필요없다”고 외치자 테무진을 말에 태워
도망시켜 숲으로 들어가는 것을 타이치오드가 보고 쫓았으나 테르

---

13)   어린아이들이 다 컸다는 뜻의 중세 몽골어 표현.

구네 고지의 숲으로 숨어들자 타이치오드는 따라 들어가지 못하고 숲에서 주위를 지켰다.

80 테무진이 숲 속에서 사흘을 지낸 뒤 나가려고 자기 말을 끌고 올 때 말에서 안장이 벗겨져 나갔다. 돌아가서 보니까 안장이 가슴걸이끈이 묶인 채로, 뱃대끈이 묶인 채로 말에서 빠져 달아났다. "뱃대끈은 그렇다 치자. 가슴걸이끈이 묶인 채로 안장이 어떻게 빠져 달아난 것일까? 하늘이 말리고 계신 것일까?" 하고 돌아가 다시 사흘을 지냈다. 다시 나오려고 할 때 숲 들머리에 작은 집만한 흰 바위가 떨어져 들머리를 막았다. "하늘이 말리고 계신 것일까?" 하고 돌아와 다시 사흘을 지냈다. 다시 "아흐레를 음식 없이 보냈다. 이름없이 어떻게 죽겠는가? 나가자!" 하고 그 들머리를 막고 있는 〔작은 천막〕 집만한 흰 바위 옆으로 비켜 나오려 했으나 잘 안 되어서 흰 바위 주변의 나무들을 화살 다듬는 칼로 자르고, 말을 미끄러뜨려 가며 나오자 타이치오드가 지키고 있다가 붙들어 갔다.

81 타르고타이 키릴톡이 테무진을 끌고 가서 자기 나라 사람들[14]에게 명하여 집집마다 하루씩 돌아 가면서 지내게 했다. 여름의 첫 달 열엿새, 붉은 만월의 날[15] 타이치오드가 오난 강의 기슭에서 잔치를 하다가 해가 떨어지자 흩어졌다. 테무진을 그 잔치에 약골의 소년이 데리고 와 있었다. 잔치에 온 사람들[16]이 흩어지자 테무진은 목에 쓰고 있던 칼을 그 약골 소년에게서 잡아채어 그의 머리를 한 차례 때리고 달아나 오난 강의 숲 속에 엎드려 있다가 들키겠다고

---

14)　ulus irgen　國百姓.

15)　음력 4월 16일 낮으로 추정됨. 또 다른 "여름의 첫 달 열엿새, 붉은 만월의 날"은 118절에 등장한다.

16)　haran-i　人每行.

생각하여 여울에 누워 칼을 물이 흐르는 방향으로 두고 얼굴만 내놓고 누워 있었다.

82 그 놓친 사람[소년]이 큰 소리로 "포로를 놓쳤다!"고 외치자, 흩어진 타이치오드가 모여들어 대낮같이 밝은 달빛 아래 오난 강의 숲을 수색했다. 여울에 누워 있을 때 솔도스족의 소르칸 시라와 정면으로 마주치자 그가 보고 이르기를, "바로 이렇게 재주가 있기 때문에,

> 눈에는 불이 있고,
> 얼굴에는 빛이 있기 때문에

네 타이치오드 형제들에게 시기당하고 있구나. 그대로 누워 있어라! 내 이르지 않으마" 하고 지나갔다. "다시 돌아가 찾자!"고 얘기들 할 때, 소르칸 시라가 "각자 자기의 길에서 안 본 곳을 보고 돌아와 다시 찾자!"고 제안했다. "좋다!"고들 하고 각자 자기의 길로 돌아가 찾을 때 다시 소르칸 시라가 마주쳐 이르기를, "네 형제들이 이를 갈며 온다. 그렇게 누워 참고 있거라!" 하고 지나갔다.

83 "다시 돌아가 찾자!"고 의논들 할 때, 소르칸 시라가 다시 "타이치오드 나으리들! 백주 대낮에 온전한 사람을 놓쳤습니다. 이제 어두운 밤에 우리가 어떻게 찾겠습니까? 다시 각자 자신의 길로 되돌아가, 못 본 곳이 있나 살펴보고 헤어져 내일 낮에 모여 다시 찾읍시다! 어디로 가겠습니까, 그 칼을 쓴 사람이?" 하고 말했다 "좋다!"고들 해서 되돌아가며 찾을 때 소르칸 시라가 다시 마주쳐 이르기를, "이만큼 찾고 나서 돌아가 내일 찾자고들 했다. 이제 우리

가 다 흩어지면 네 어머니를, 네 아우들을 찾아가거라! 다른 사람에게 붙들려도 나를 보았다고 하지 마라!" 하고 지나갔다.

84 그들이 다 흩어지고 나자 속으로 생각하기를, "전에 집집마다 돌아가며 묵게 할 때 소르칸 시라의 집에서 묵으면, 그의 아들 침바이와 칠라온이 마음 아파하며 밤에는 칼을 벗고 자게 해주었다. 이제 또 소르칸 시라가 나를 보고도 이르지 않고 지나갔다. 이제 그들만이 나를 구해 줄 것이다" 하고 여겨 소르칸 시라의 집을 찾아 오난 강을 따라 내려갔다

85 집의 표시는 밤새 젖을 부어 가며 말젖술을 젓는 소리였다. 그 말젖술 젓는 막대기 소리를 따라 찾아가서 그의 집에 이르니, 소르칸 시라가 "어머니를, 아우를 찾아가라고 내가 안 그랬느냐? 네가 왜 왔느냐?" 하고 나무랐다.
그의 아들 침바이와 칠라온이 "작은 새를 매가 덤불로 몰아넣으면, 덤불이 보호했습니다. 이제 우리에게 온 사람을 어떻게 그렇게 말씀하십니까?"라며 자신들의 아버지의 말을 안 좋아하며, 칼을 벗겨 불에 태우고, 집 뒤에 있는 양털을 실어 놓은 수레에 태워 카다안이라는 이름의 누이동생에게 "산 사람에게는 말하지 마라"고 다짐 받고 돌보게 했다.

86 사흘째 되는 날 "사람을 숨겼음에 틀림없다"고 얘기들 하며 "우리들 사이를 서로 뒤져 보자!"고들 하여 서로 뒤졌다. 소르칸 시라네도 집, 수레, 침대 밑까지 뒤지고 나서 집 뒤에 양털을 실어 놓은 수레에 올라타 초입에 있는 양털을 잡아당겨 발이 나오기에 이르렀을 때, 소르칸 시라가 "이렇게 더운데 양털 속에 사람이 있다면 어찌 되었겠습니까?" 라고 하자 수색자들이 내려와서 갔다.

87 수색자들이 간 뒤에 소르칸 시라가 "나를 재로 날려 버릴 뻔했다.[17] 이제 어머니와 동생들을 찾아가라!"고 하며 입이 희고, 새끼를 낳지 못하는 암고라말[18]에 태우고, 두 어미의 젖을 빠는 새끼양을 잡아 음식을 만들고, 가죽 부대와 통을 갖춰 주고, 안장과 부시는 안 주고, 활과 두 대의 살을 주어 보냈다.

88 테무진은 가다가 울타리를 쳐 둘러막은 곳에 이르러 풀이 밟혀 쓰러진 자취를 따라 오난 강을 따라 올라가니 서쪽에서 키모르가 개울이 들어오고 있었다. 그 상류로 올라가 키모르가 개울의 베데르 멧부리의 코르초코 동산[19]에서 가족들과 다시 만났다.

89 거기서 함께 나아가 보르칸 성산의 남쪽, 구렐구[20] 안에 있는 셍구르 개울[21]의 카라 지루겐(검은 심장)의 쿠쿠 호수(푸른 호수)[22]에서 살 때는 땅굴토끼, 들쥐를 잡아 연명했다.[23]

90 하루는 거세한 시라가말 여덟 마리가 집 곁에 서 있는 것을 강도가 와서 뻔히 보고 있는데 훔쳐갔다. 걸어서 쫓아가자니 뒤처질 수밖에 없었다. 벨구테이는 꼬리가 짧은 공골말[24]을 타고 땅굴토끼 사

---

17) 우리말의 "내가 뼈도 못 추릴 뻔했다"와 비슷한 표현.
18) 몸통의 털빛은 흐릿하게 누렇고 갈기와 꼬리털은 거뭇거뭇한 말. 중세 국어 고라말. 원문의 몽골어 콜라그친(qulayčin)은 qula(고라)＋γčin(암컷)의 합성.
19) 몽일합동조사단(1994 : 30~32)은 이 세 곳을 모두 동경 108도 46분, 북위 49도 25분 지점의 지형으로 추정.
20) 몽일합동조사단(1994 : 32)은 쳉헤르 강의 발원, 동경 109도, 북위 48도로 추정.
21) Senggür yoroqan. 오늘날의 지도에서 헤를렝 강의 지류인 쳉헤르 강(Цэнхэр гол).
22) 몽일합동조사단(1994 : 31~32)은 각각 동경 108도 57분, 북위 48도 01분 27초와 48도 01분 12초의 지형으로 추정.
23) 땅굴토끼(타르바가)는 몽골과 그 이웃 지역 초원에 퍼져 땅굴을 파고 사는, 겨울잠 자는 설치류 초식동물. 몸집은 토끼보다 크고 겁과 호기심이 많음. 땅굴토끼와 들쥐를 잡아 연명했다는 것은 테무진 일가가 아직 가난에서 벗어나지 못했다는 뜻.

냥을 나가고 없었다. 저녁에 해가 진 뒤에야 벨구테이는 꼬리가 짧은 공골말에 땅굴토끼들을 싣고, 자신은 몸을 흔들며 걸어서 왔다. 거세한 시라가말들을 강도들이 훔쳐갔다고 하자, 벨구테이가 쫓아가겠다고 했다. 카사르가 "네가 못한다. 내가 쫓아가마!"고 했다. 테무진은 "너희들이 못한다. 내가 쫓아가겠다!"며 꼬리가 짧은 공골말을 타고 거세한 시라가말들을 〔찾아 나섰다.〕 풀이 밟혀 쓰러진 자취를 따라 사흘 밤낮을 가다가 아침 일찍 길에서 수많은 말떼 가운데 한 볼품 있는 소년이 말젖을 짜고 있는 것을 만나 거세한 시라가말들에 관해 묻자, 그 소년이 "오늘 아침 해가 뜨기 전에 거세한 시라가말 여덟 마리를 이리로 몰고 갔다. 그 길을 내가 가르쳐 주겠다!"며 꼬리가 짧은 〔밝은〕 공골말을 놔두게 하고 테무진에게 오록 싱콜라를 타게 했다. 자신은 발빠른 호박색 말을 탔다. 집에도 가지 않고, 자기의 가죽 부대와 젖 담는 통은 들판에 감춰 놓았다. "동무여, 그대는 몹시 고생하며 오고 있었다. 남자의 고통은 하나다. 내가 그대의 동무가 되겠다! 우리 아버지는 나코 부자라고 한다. 나는 그의 외아들이다. 보오르초라고 한다"고 하고 나서 거세한 시라가말들의 자취를 따라가다가 사흘 밤낮을 지나 해가 언덕에 기울고 있을 때 한 진영[25]을 이루고 있는 사람들에게 이르렀다. 거세한 시라가말 여덟 마리가 그 큰 진영의 가장자리에서 풀을

---

24) 털빛이 엷은 누런 갈색 말. 고라말보다 털빛이 옅음. 중세 국어 공골몰. 몽골어 콩고르(모리).

25) 古^音里延(güri'en) '圈子'. 몽골 문어의 küriyen. 몽골의 고대~중세 초기 역사에서 대개 같은 씨족 성원들이 수백에서 수천의 무리를 이루어 유목하던 형태. 지도자의 거처를 중심으로 커다란 원을 그리고 가족, 가축, 가재도구, 집, 수레와 함께 목영함. 외부의 공격으로부터 자신을 방어하려는 목적 때문이었으나 경제성은 매우 떨어졌기 때문에 칭기스 카한의 통일 이후 소멸하게 됨. 할하 몽골어에서 후레(хүрээ)는 대사원(단지)이라는 뜻을 얻게 됨.

뜰으며 서 있는 것을 보았다. 테무진이 "동무여, 그대는 여기 있어라! 내가 거세한 시라가말들을 몰아내 오겠다!"고 하자, 보오르초가 "나는 동무하자고 왔다. 여기 어떻게 있겠는가?" 하며 함께 달려들어가 거세한 시라가말들을 몰고 나왔다.

91 뒤에서 사람들이[26] 잇따라 쫓아왔다. 흰 말을 탄 사람이 장대 올가미를 들고 앞서 쫓아오고 있었다. 보오르초가 "동무여, 활과 살을 내게 다오! 내가 활을 쏘겠다!"고 했다. 테무진은 "나 때문에 그대가 화를 입을까 두렵다. 내가 쏘겠다!" 하고 되돌아가 활을 쏘았다. 그 흰 말을 탄 사람이 장대 올가미로 신호하고 있었다. 뒤에서 패거리들이 따라왔다. 해가 기울어 가고 땅거미가 내렸다. 뒤의 그 사람들은 어두워지자 추격을 멈췄다.

92 그 밤을 새우고 또 사흘 밤낮을 새워 도착했다. 테무진이 "동무여, 그대가 아니었으면 내가 이 말들을 찾을 수 있었겠는가? 같이 나누자! 몇 마리를 갖겠는가?" 하고 물었다. 보오르초는 "나는 그대 좋은 동무가 고생하며 온다고, 좋은 동무에게 도움이 되겠다고, 동무하여 왔다. 무슨 전리품이라고 내가 갖겠는가? 우리 아버지는 나코 부자라는 이름을 갖고 있다. 나코 부자, 그의 독자가 나다. 우리 아버지가 내게 준 것이 충분하다. 나는 안 갖는다. 내가 도움된 것이 무슨 도움이 되겠는가? 안 갖는다!"고 했다.

93 나코 부자의 집에 이르렀다. 나코 부자는 아들 보오르초를 잃고 눈물로 지냈다. 홀연히 나타나자 아들을 보고 한 번 울고 한 번 꾸짖는다. 아들 보오르초가 "어찌 되었는가 하면, 좋은 동무가 고통 속

---

26)　haran ‘人每’.

에 있었습니다. 동무하여 갔다가 이제 왔습니다" 하고 말하고 말을 달려가서 초원에 감춰 둔 자기의 가죽 부대와 젖 담는 통을 가져왔다. 두 어미의 젖을 빠는 새끼양을 잡고 가죽 부대에 꾸려 테무진이 〔길〕 양식으로 하게 했다. 나코 부자는 "너희들은 두 젊은이들이다. 서로들 돌봐라! 이후에 서로 버리지 마라!"고 당부했다. 테무진이 떠나 사흘 밤낮을 가서 셍구르 개울에 있는 자기 집에 이르렀다. 후엘룬 어머니, 카사르, 그리고 그의 아우들이 걱정하고 있다가 보고 기뻐했다.

94 그러고 나서 테무진과 벨구테이는 아홉 살 나던 해 보고 온 이래 떨어져 있던 데이 현자의 딸 부르테 부인을 찾으러 켈루렌 강[27]을 따라 내려갔다. 첵체르와 치코르코 사이에, 거기 데이 현자의 옹기라드가 있었다. 데이 현자는 테무진을 보고 크게 기뻐하며, "자네를 타이치오드 형제들이 시기한다는 것을 알고 몹시 걱정하고 절망하고 있었다. 이제는 자네를 봤다"고 하며 부르테 부인을 함께 떠나게 했다. 데이 현자는 켈루렌의 오락출 습원(濕原)까지 배웅하고 돌아갔다. 그의 아내인 부르테 부인의 어머니는 이름이 초탄이었다. 초탄이 딸을 배웅해서 구렐구 안에 있는 셍구르 개울〔에서 설영하고 있던 테무진네 캠프〕까지 따라왔다〔가 돌아왔다〕.

95 초탄을 보내고 나서 벨구테이를 시켜 보오르초를 동무하자고 부르러 보냈다. 벨구테이를 보내자 보오르초는 자기 아버지에게 말도 하지 않고

---

27) Kelüren-müren은 현대 몽골 지도의 헤를렝 강(Хэрлэн гол). 헨티 산맥에서 발원하여 중국 내몽고 자치구의 훌룬 호로 들어가는 전장 1264km의 큰 강.

등이 굽은 공골말을 타고
잿빛 담요를 말에 얹고

벨구테이와 왔다. 그렇게 동무하게 된 이래 내내 동무하는 내력은
그러하다.

96　셍구르 개울에서 이동하여 켈루렌 강의 발원 지역인 부르기 기슭에
서 목영할 때 '초탄 어머니의 예물'이라고 처가에서 검은 담비 외투
를 보내왔다. 그 외투를 들고 테무진과 카사르와 벨구테이가, "옛날
예수게이 칸 아버지와 케레이드 사람들의 옹 칸[28]이 의형제[29]가 되
기로 했다. 우리 아버지와 의형제를 맺은 분도 우리 아버지나 같다"
고 하며 옹 칸이 토올라[30]의 카라 툰(검은 숲)에 있다는 것을 알고
갔다. 테무진이 옹 칸에게 가서, "일찍이 저희 아버지와 의형제를
맺으신 바 있습니다. 아버지와 같다고 생각하여 아내를 얻은 기념
으로 예복을 가져왔습니다"고 하며 담비 외투를 주었다. 옹 칸은 매
우 기뻐하며 이르기를,

"검은 담비 외투의 답례로
흩어진 너의 나라를 모아 주마!
담비 외투의 보답으로

---

28)　옹 칸(Ong-qan)은 한어 차용어 ong(< 王)과 몽골어 qan으로 이루어진 복합어다. 당대 몽골의 최
고 실력자 토오릴 칸(To'oril-qan)을 金이 왕에 봉한 것은 실제로는 몇 년 뒤의 일이다(134절).

29)　몽골어 anda는 우리말의 '의형제'와 비슷한 개념.

30)　Tu'ula는 헨티 산맥에서 발원하여 몽골의 수도 울란바토르를 지나 오르콘 강에 합류하는 토올 강
(Туул гол). 전장 819km.

헤어진 너의 나라를 합쳐 주마!
콩팥이 있는 허리 밑에,
흉추뼈 있는 가슴에 있도록 하라!"[31]고 했다.

97 거기서 돌아와 부르기 기슭에 있을 때 보르칸 성산에서 오리앙카
이 사람 자르치오다이 노인이 풀무를 지고 젤메라는 이름의 아들
을 데리고 와서, "오난 강의 델리운 동산에서 테무진이 태어났을
때 나는 담비 가죽 배내옷을 주면서 나의 이 아들 젤메도 주었다.
그때는 젤메가 아직 어리다고 해서 도로 데리고 갔다. 이제 젤메가

그대의 안장을 놓게 하라!
그대의 문을 열게 하라!"

며 주었다.

98 켈루렌 강의 발원 지역에 있는 부르기 기슭에서 살고 있을 때인데,
하루는 아침 일찍 빛이 훤하게 날이 밝고 있을 때 후엘룬 어머니의
집안에서 일하는 코아그친 노파가 일어나 "어머니, 어머니, 빨리
일어나요! 땅이 흔들려요. 말발굽 구르는 소리가 들려요. 무서운
타이치오드가 오고 있는 것일까요? 어머니, 빨리 일어나세요!"라
고 했다.

99 후엘룬 어머니가 아들들을 빨리 깨우라고 하면서 서둘러 일어났
다. 테무진을 비롯한 아들들은 재빨리 일어나 자신들의 말을 잡아

---

31) "내가 너를 도와준다고 한 약속은 내 온몸에 간직될 것이다. 나를 향한 너의 마음도 변치 말거라!"

탔다. 테무진이 한 마리를 잡아 탔다. 후엘룬 어머니가 탔다. 카사
르가 탔다. 카치온이 탔다. 테무게 막내가 탔다. 벨구테이가 탔다.
보오르초가 탔다. 젤메가 탔다. 테물룬을 후엘룬 어머니가 자기 앞
에 앉혔다. 한 마리는 예비마로 준비했다. 부르테 부인에게는 말이
차례가 안 갔다.

100 테무진 형제들이 말을 타고 새벽에 보르칸 성산 쪽으로 올라갔다.
코아그친 노파는 부르테 부인을 숨기려고

　　포장을 친 검은 수레에 태워
　　허리가 얼룩인 소를 매어

텡게리 개울을 따라 올라가고 있을 때, 새벽에 날이 밝는데, 맞은
편에서 군인들이 말을 달려와 에워싸고는 누구냐고 물었다. 코아
그친 노파가 테무진가의 사람이며, 큰집에 양털을 깎으러 왔다가
이제 집으로 돌아가는 길이라고 하자 "테무진이 집에 있느냐, 집까
지 거리가 얼마나 되느냐?"고 물었다. 코아그친 노파는 "집이야 가
깝지만 테무진이 집에 있는지 없는지는 모른다. 나는 뒷집에서 일
어나서 왔다"고 했다.

101 그 군인들이 저만큼 달려갔다. 코아그친 노파가 허리가 얼룩인 소
를 채찍질하여 급히 서둘러 움직이자 수레의 굴대가 부러져 나갔
다. 굴대가 부러졌으니 뛰어서 숲으로 들어가자고들 하고 있을 때
곧바로 예의 그 군인들이 벨구테이의 어머니[32]를 말에 태우고 달

---

32)　벡테르와 벨구테이의 생모인 이 여인의 이름과 출자는 『몽골 비사』에 소개되지 않는다.

려와서는, "이 수레 안에 무엇을 실었는가?" 하고 물었다. 코아그친 노파가 양털을 실었다고 했다. 그 군인들 가운데 선임자뻘들이 젊은 축들에게 내려가서 보라고 했다. 젊은 축들이 내려와서 검은 수레의 문을 잡으니 안에 귀부인이 앉아 있었다. 그녀를 수레에서 끌어내려 코아그친과 함께 말에 태워 붙들고 테무진을 뒤쫓아 풀이 밟혀 쓰러진 자취를 따라 보르칸 성산 쪽으로 올라갔다.

102　테무진의 뒤에서 보르칸 성산을 삼중으로 에워싸고도 잡지 못했다. 이리저리 빠져 나갈 때 진흙탕과 그 울창한 숲에서, 뱀도 배부를 때는 기어들 수 없는 울창한 숲에서, 그의 뒤를 쫓았으나 잡지 못했다. 그들은 삼성(三姓) 메르키드[33]였다. 오도이드 메르키드의 톡토아,[34] 오와스 메르키드의 다이르 오손,[35] 카아드 메르키드의 카아타이 다르말라,[36] 이들 삼성 메르키드들은 옛날에 칠레두가 후엘룬 어머니를 빼앗겼다고 이제 그 원수를 갚으러 온 것이었다. 그 메르키드들은 "후엘룬의 원수를 갚아 이제 그들의 여자들을 빼앗았다. 우리의 원수를 갚았다"며 보르칸 성산에서 내려와 제집으로들 물러갔다.

103　테무진은 "저들 삼성 메르키드가 틀림없이 제집으로 물러들 갔는지, 매복하고 있는지?" 해서 벨구테이와 보오르초와 젤메가 메르키드의 뒤에서 살펴보면서 사흘 밤낮을 따라가 보고, 메르키드가 멀

---

33)　Turban Merkid는 '세 (씨족으로 이루어진) 메르키드 (부족)'.

34)　『집사』에는 우두유트(Ûdûyût), 메르키트(Merkît)의 톡타(Tôqtâ) 베키(Bîkî) 또는 톡타이(Tôqtâî) 베키. 김호동(2002 : 156~157, 171) 참조.

35)　『집사』에는 우하즈(Ûhaz) 메르키트의 다이르 우순(Țâîr Ûsûn). 김호동(2002 : 171~174) 참조.

36)　이 이름들은 『집사』에 등장하지 않음.

어져 가자 테무진이 보르칸 성산에서 내려와 가슴을 치며 이르기
를, '나는 코아그친 어머니가

　　　족제비 되어 듣는 덕에,
　　　소 흰 족제비 되어 보는 덕에,
　　　온몸을 도망쳐,
　　　발이 묶인 말을 타고,
　　　사슴의 길을 길 삼아,
　　　버드나무 집을 집 삼아,
　　　보르칸으로 올랐다.
　　　보르칸 성산으로
　　　이 (蝨) 같은 내 목숨을
　　　도망했다.
　　　내 목숨만 아껴,
　　　한 마리 뿐인 말을 타고,
　　　뿔사슴의 길을 길 삼아,
　　　나뭇가지 집을 집 삼아,
　　　성산 위로 올랐다.
　　　성산 보르칸에게
　　　귀뚜라미 같은 그런 목숨을
　　　보호받았다.

나는 몹시 무섭다. 보르칸 성산에

아침마다 제사 지내리라!

날마다 기도하리라!

내 자손의 자손[37]까지

깨닫게 하리라!"

하고 해를 향해 허리띠를 〔풀어〕 목에 걸고, 모자를 팔에 끼고, 손
으로 가슴을 치며, 해 쪽으로 아홉 번 무릎 꿇고 젖(술)을 뿌려 바
치고 맹세를 했다.[38]

---

37) uruγ-un uruγ '子子孫孫'.

38) 중세의 한 몽골인(=테무진)이 자연에 경배하는 모습을 그린 이 흥미로운 대목은 *Altan Tobči*(25a :
    22~26)에도 등장하나 약간의 차이가 있다. 그 차이를 비교해 보기 위해 해당 대목을 소개한다.
    "……naran esergü büse-ben küjügün-degen elgüjü, malaγ-a-yi γar-tur-iyan segeldürčü, γar-iyan
    ebüdüg-tür-iyen daruju, qaldun-a jüg yisün-te sögödčü öčin sačuli sačuba."
    "……해를 향해 허리띠를 목에 걸고, 모자를 손에 턱끈으로 쥐고, 손으로 무릎을 누르며 성산 쪽으로
    아홉 번 무릎 꿇고 맹세하며 젖(술)을 뿌려 바쳤다."

제 3 권

문학에서 역사로, 청년에서 영웅으로, 점증하는 위기와 극복의 드라마

아버지의 안다(盟友), 초원의 강자 케레이드 토오릴 옹 칸(104) 테무진의 안다 자모카의 전쟁의 노래(105-108)

삼성 메르키드 정벌과 부르테 구출(109-110) 칠게르 장사의 노래(111) 불쌍한 벨구테이의 어머니(112)

안다 또는 자모카와의 우애(113-117) 자모카와의 결별(118-189)

몽골의 임금 칭기스 카한의 탄생에 붙여 추종자들이 바치는 충성의 노래(120-126)

104 그렇게 맹세하고 나서 테무진은 카사르, 벨구테이와 함께 케레이드 사람들의 토오릴 옹 칸이 토올라 강의 카라 툰에 있을 때 찾아가서 "삼성 메르키드가 예기치 않고 있을 때 습격해 와서 처자를 강탈당했습니다. 칸 아버지께 처자를 구해 주십사고 왔습니다" 하고 갈했다. 그 말에 옹 칸은 "내가 작년에 네게 말하지 않았느냐? 담비 외투를 내게 갖고 와서 '아버지대에 의형제를 맺은 분은 아버지나 같다'고 하며 입게 했을 때 거기서 내가 이르기를,

  '담비 외투의 답례로
  헤어진 너의 나라를 합쳐 주마!
  검은 담비 외투의 답례로
  흩어진 너의 나라를 모아 주마!
  흉추뼈 있는 가슴에 있게 하라!
  콩팥이 있는 허리 밑에 있게 하라!'고 아니했느냐?

이제 그 약속을 지켜

  '담비 외투의 답례로
  모든 메르키드를 섬멸하고
  부르테 부인을 구해 주마!
  검은 담비 외투의 보답으로
  모든 메르키드를 박멸하고
  카톤 부르테를 찾아오자!

너는 자모카[1] 아우에게 일러 보내라! 자모카 아우는 코르코낙 숲
에 있을 것이다. 나는 여기서 2만이 출전하여 우익이 되겠다. 자모
카 아우는 2만이 좌익이 되어 출전하라고 해라! 집결 장소와 시기
는 자모카가 정하라고 해라!"고 했다.

105　테무진이 카사르, 벨구테이와 함께 집으로 돌아와서 자모카에게
카사르와 벨구테이를 보내는데, "삼성 메르키드들이 와서

　　　나의 침소를 비워 놓았다.
　　　우리가 태생은 하나 아닌가?
　　　나의 원수를 우리가 어떻게 갚을 것인가?
　　　나는 가슴이 도려져 나가고 있다.
　　　우리는 가까운 혈족이 아닌가?
　　　나의 복수를 우리가 어떻게 할 것인가?"

라고 해서 보냈다. 자모카 형제[2]에게 일러 보낸 말은 이러했다. 또
한 케레이드의 토오릴 칸이 한 말들을 자모카에게 일러 보내기를,
"옛날 우리 아버지 예수게이 칸에게서 도움을 많이 받은 것을 기억
하고, '동무하마, 내가! 자모카에게 일러라! 자모카 아우가 2만을
출정시키도록 해라! 집결(장소와 시기)은 자모카 아우가 정하게 하
라!'고 했다"고 하였다. 이 말을 마치자 자모카가,

---

1)　　자모카의 가계, 칭기스 카한과의 관계에 대해서는 40절 및 그 앞뒤를 보시오.
2)　　케레이드의 토오릴 칸과 칭기스 카한의 아버지 예수게이 용사가 그랬듯이 칭기스 카한과 자모카는
　　　안다(anda)였음. 우리가 편의상 (의)형제라고 옮기고 있지만 안다는 형과 아우라는 서열, 주종적 측
　　　면은 없거나 아주 미약하고 대등한 양자간의 우의, 연대의 측면이 강함. 116·117절 등 참고.

“테무진 형제의

침소가 비었다는 것을 알고
내 애가 끊어졌다.
가슴이 도려져 나갔다는 것을 알고
내 간이 아팠다.
원수를 갚아
오도이드, 오와스 메르키드를 없애고
부르테 부인을 구하자!
복수를 하여
모든 카아드 메르키드를 쳐부수고
카톤 부르테를 되찾자! 지금 그
안장 깔개만 가볍게 두드려도
북소리로 듣고
놀라는 톡토아는
보오라 초원에 있다.
덮개 있는 화살통이 흔들려도
도망하는 자 다이르 오손은 지금 오르콘, 셀렝게[3]의
탈콘 섬에 있다.
다북쑥이 바람에 흔들려도
검은 숲으로 다투어 도망하는 자
카아타이 다르말라는 지금

---

3) Oroqon, Selengge는 현대 몽골 지도의 오르홍(Орхон), 셀렝게 강(Сэлэнгэ).

카라지 초원에 있다. 이제 우리는 곧장

킬코 강을 도하한다.

잠띠여, 풍부하게 잘 있도록 해라!

뗏목을 묶어 들어가자! 그 겁쟁이 톡토아의

천창 위로 들어가

대문을 들부수고

그의 처자가

끝장이 나도록 약탈하자!

복이 들어오는 문을

때려부수고

그의 모든 나라가

결딴나도록 약탈하자!”

106   다시 자모카가 “테무진 형제와 토오릴 칸 형에게 일러라!” 하고는,
    “나는

멀리서도 잘 보이는 군기에 술 뿌려 제사 치냈다.

검은 황소의 가죽으로 메운

울려 퍼지는 소리 나는 북을 두드렸다.

검은색 발빠른 말을 탔다.

견고한 옷을 입었다.

강력한 창을 잡았다.

복숭아나무 껍질로 싼 오늬 달린 화살[4]을 시위에 메겼다.

카아드 메르키드로

싸우러 가자고 일러라!

길어서, 멀리서도 잘 보이는 군기에 술 뿌려 제사 지냈다.

쇠가죽으로 덮은

굵은 소리 나는 북을 두드렸다.

등줄기 검은 발빠른 말을 탔다.

끈으로 꿰어 맨 갑옷을 입었다.

자루 달린 칼을 잡았다.

오늬 달린 살을 시위에 메겼다.

오도이드 메르키드로

죽이러 가자고 일러라!

토오릴 칸 형이 출전할 때 보르칸 성산의 남쪽으로 테무진 형제가 있는 곳을 경유해 와서 오난 강의 발원에 있는 보토간 보오르지에 서 집결하자! 여기서 출발할 때, 오난 강 상류 쪽으로 형제의 나라 가 여기 있으니, 형제의 나라에서 1만, 내가 여기서 1만, 모두 2만 이 되어 오난 강을 따라 올라가서 보토간 보오르지의 집결지에서 합류하자!"고 일러 보냈다.

107 카사르와 벨구테이가 와서 자모카의 이러한 말을 테무진에게 보고 하여 토오릴 칸에게도 말을 전했다. 토오릴 칸은 자모카의 이러한

---

4) qatqurasutu sumun(-iyan) '有桃皮的箭(自的行)'은 아래 "오늬 달린 살"에 대응하는 "살촉 달린 화살"일 가능성도 높다. Дамдинсурэн(1957 : 62), Гаадамба(1990 : 64)의 Хаттах зэвт сум '찌르는 쇠밑이 있는 화살'이나 Цэрэнсодном(2000 : 59)의 Хаттуурст сум '찌르개(뚫개)가 있는 화살'은 몽골의 지도적인 학자들이 위의 qatqura(sutu)를 들복숭아나무(껍질)로 보지 않고(몽골 문어의 qadqur-a) 모두 뚫개, 찌르개(몽골 문어의 qadquur)로 보았음을 뜻하는 것이다.

말을 전해 듣고 나서 2만이 출전했다. 토오릴 칸이 출전할 때 보르
칸 성산의 남쪽 켈루렌 강의 부르기 기슭을 향해 온다고 하여 테무
진은 부르기 기슭에 있다가 "우리가 그들의 행군로상에 있다"며 비
켜 퉁겔릭 개울을 거슬러 이동해 타나 개울, 즉 보르칸 성산의 남
쪽에 설영하고 거기서 군대를 내어 토오릴 칸 1만, 토오릴 칸의 아
우 자카 감보 1만, 모두 2만이 키모르가 개울의 아일 카라가나에
설영하고 있을 때 〔토오릴 칸측과〕 합류했다.

108 　테무진, 토오릴 칸, 자카 감보가 합류하여 거기서부터 함께 이동하
여 오난 강의 발원인 보토간 보오르지에 이르자 자모카는 집결지
에 사흘 전에 와 있었다. 자모카는 테무진, 토오릴, 자카 감보들의
부대를 보고 나서 2만의 자기 부대를 정렬시켰다. 테무진, 토오릴
칸, 자카 감보도 자신들의 부대를 정렬시키고 다시 서로 확인하고
나서 자모카가 이르기를,

"눈보라가 쳐도 집결에
비바람이 불어도 집합에
늦지 말자! 약속하지 않았는가? 우리는 몽골이다.
'그러자!'고 맹세한 자들이 아닌가?
'그러자고 하고 늦은 자를
대오에서 쫓아내자!'고 약속했다"

고 했다. 자모카의 말에 토오릴 칸이 "집결지에 사흘 늦게 도착했
다. 책임을 묻는 일을 자모카 아우의 뜻대로 하라!"고 했다. 집결에
늦은 책임을 이렇게 따지고 나서

109 　보토간 보오르지에서 이동하여 킬코 강에 이르러 뗏목을 묶어 건
　　너 뒤, 보오라 초원에 있는 톡토아 베키네 집

　　　천창 위에서
　　　존귀한 대문을 들부수고 들어가
　　　 그의 처자가
　　　끝장이 나도록 약탈했다.
　　　복이 들어오는 그의 문을 때려부수고
　　　도든 그의 나라가
　　　결딴나도록 약탈했다.

톡토아 베키가 자고 있을 때 아군이 오는 것을 킬코 강에 있는 어
부들, 담비 사냥꾼들, 사냥꾼들을 풀어놓은 것들이 "적이 온다"고
밤서워 소식을 전달해 갔다. 그 소식을 전하자 톡토아는 오와스 메
르키드의 다이르 오손과 함께 셀렝게 강을 따라 내려가다가 바르
고진으로 들어가 소수의 사람들만 데리고 피해 달아났다.

110 　메르키드 사람들이 셀렝게 강을 따라 밤중에 도망해 갈 때 우리 군
대도 도망하여 가는 메르키드를 밤중에도 계속 약탈하며 추격해
갔다. 부르테 부인도 그들 도망하는 사람들 속에 있었는데, 테무진
이 도망하여 오는 사람들에게 "부르테! 부르테!" 하며 외치고 다니
는 소리를 듣고 테무진의 소리라는 것을 알고는 부르테 부인이 수
레에서 내려와 코아그친 노파와 함께 달려와서는 밤인데도 테무진
의 고삐와 밧줄을 알아보고 잡았다. 달이 밝았다. 보는 즉시 부르
테 부인을 알아보고 서로 힘차게 끌어안았다. 거기서 테무진은 토

오릴 칸과 자모카 형제에게 그 밤으로 일러 보내기를, "찾을 것을
찾았다. 밤을 새우지 말자! 여기서 멈추자"고 했다. 메르키드 사람
들도 겁에 질려 밤에 허둥대며 도망쳐 오던 도중에 바로 거기서 멈
추고 밤을 보냈다. 부르테 부인을 그렇게 마주쳐서 메르키드 사람
들에게서 구해 낸 사연은 이러하다.

예전에 오도이드 메르키드의 톡토아 베키, 오와스 메르키드의 다
이르 오손, 〔카아드 메르키드의〕 카아타이 다르말라, 이들 삼성 메르
키드족 300명은 이른 새벽에, 톡토아 베키의 아우 예케 칠레두가
예수게이 용사한테 후엘룬 어머니를 빼앗겼다고 그 원수를 갚으러
들 갔었다. 테무진이 달아나자 보르칸 성산을 삼중으로 에워쌌고,
부르테 부인을 붙잡아다가는 칠레두의 아우 칠게르 장사에게 돌보
게 하고 있었다. 칠게르 장사가 돌보며 살다가 도망쳐 나오며 이르
기를,

　　"갈가마귀는
　　깍지, 껍질이나 먹을 팔자인데
　　거위, 학을 먹자고 바라고 있었다.
　　못생긴 칠게르 내가
　　카톤 부인을 집적대는 바람에
　　모든 메르키드에게 재앙이 되었다.
　　천하고 못난 칠게르의
　　제 검은 머리에 그 재앙이 닥치게 되었다.
　　그저 내 목숨이나 보존할
　　어두운 골짜기로 숨어들겠다.

누구라 나를 위해 방패 되어 주겠는가?
말뚱가리 못난 새는
쥐, 생쥐나 먹을 운명인데
고니, 학을 먹자고 바라고 있었다.
초라한 칠게르 나는
복 있고 덕 있는 부인을
거두어 오게 되어
모든 메르키드에게 화가 되었다.
추잡하고 못된 칠게르의
제 해골 바가지에까지 그 화가 닥치게 되었다.
나는 양의 똥 같은 내 목숨을 보존할
검고 어두운 골짜기로 숨어들어 가겠다.
양의 똥 같은 나의 목숨에
누가 나를 위해 울타리 되어 주겠는가?”

하고 나서 〔몸을 돌려〕 달아났다.

112   카아타이 다르말라를 붙들었다. 끌어다가
널빤 칼을 씌워
성산 보르칸으로 향하게 했다.

“벨구테이의 어머니가 저 집에 있다”고들 해서 벨구테이가 어머니
를 데리러 오른쪽 문으로 들어가자 누더기 양가죽 옷을 걸친 어머
니는 왼쪽 문으로 나와 다른 사람에게 “우리 아들들이 칸(＝임금)들

이 되었다고들 한다. 나는 여기서 형편없는 사람에게 주어졌었는데 이제 아들들의 얼굴을 어떻게 보겠는가?" 하고 뛰어 숲으로 숨어들었다. 그렇게도 찾으려 했으나 못 찾았다. 벨구테이 노얀은 메르키드의 뼈를 가진 사람이면 누구나를 가리지 않고 "우리 어머니를 데려오라!"며 고두리살로 쏘는 것이었다. 보르칸을 에워쌌던 300 메르키드를 친척의 친척에 이르기까지[5] 재로 날리도록 없애 버렸다. 그들의 남은 처자는

품을 만한 것들은
품어 자기 여자로 만들었다.
집에서 부릴 만한 것들은
자신의 가내 노비로 만들어 버렸다.

113 테무진이 토오릴 칸과 자모카를 대하여 감격스러운 마음으로 "나의 칸 아버지와 자모카 형제가 동무해 주어, 천지가 힘을 더해 주사

권능 있는 하늘이 이름 지어 주시고
어머니이신 대지에 이르게 하시어
사나이가 원수의 메르키드 사람들을
그들의 가슴도 비워 놓았습니다.
그들의 간장도 도려냈습니다.
그들의 침소도 비워 놓았습니다.

---

5)　원문은 uruy-un uruy-a gürtele ʻ子孫的 子孫行 到了ʼ.

그들의 친척들까지 죽였습니다.

그들의 남은 자들도 거두었습니다.

메르키드 사람들을 그렇게 궤멸시켰으니 물러갑시다"고 했다.

114 오도이드 메르키드가 도망할 때 담비 가죽 모자를 쓰고, 암사슴의 종아리 가죽으로 만든 구두를 신고, 털을 없애고 무두질한 수달(피 가죽)[6]을 이어 만든 옷을 입은 다섯 살 난 쿠추라는 이름의, 눈에 불이 있는 소년[7]이 목영지에 떨어진 것을 우리 군대가 발견하고 데려다가 후엘룬 어머니에게 선물로 드렸다.

115 테무진, 토오릴 칸, 자모카가 함께 메르키드의

빗장 걸린 집을 부수고

우아한 여자들을 붙들어

오르콘과 셀렝게의 탈콘 섬에서 돌아오는데, 테무진과 자모카는 함께 코르코낙 숲을 향해 돌아오고 토오릴 칸은 보르칸 성산의 북 쪽으로 후쿠루투 숲을 거쳐, 가차오라토 골짜기(전나무 오솔길), 홀 리야토 골짜기(사시나무 오솔길)를 지나며 짐승을 사냥하고 나서 토 올라 강의 카라 툰을 향해 돌아갔다.

116 테무진과 자모카는 코르코낙 숲에서 함께 설영하고, 옛날 자신들

---

6) usun-u buluɣan. 그러나 usun-u buluɣan은 수달이 아니라 일종의 족제비일 가능성이 있음. Цэвэл(1966 : 602)의 усан булга에 대한 설명은 긴털족제비와 가장 가까움.

7) 소년이 착용하고 있는 의류가 모두 최고급이고, 눈빛이 형형하다는 것은 이 아이가 고귀한 신분의 총 명한 아이임을 뜻한다.

이 의형제 맺은 일을 생각하며, "의형제를 다시 한 번 새로 맺어 우애를 다짐하자!"고 했다. 맨 처음 의형제를 맺을 때 테무진이 열한 살이었는데, 자모카는 수노루의 발목뼈로 만든 주사위를 테무진에게 선물하고 테무진은 구리를 부어 만든 주사위를 선물하며 의형제가 되기로 약속했다. 오난 강의 얼음 위에서 주사위놀이를 할 때 거기서 의형제를 맺은 것이었다. 그 뒤 봄에, 나무 화살을 쏘며 함께 놀고 있을 때 자모카는 두 살바기 송아지의 두 뿔을 붙이고 구멍을 낸 자기의 우는살을 테무진에게 주고, 테무진의 노간주나무로 끝을 낸 고두리살과 바꾸어 의형제를 맺었다. 두 번째로 의형제를 맺은 내력은 그러하다.

117 옛 어른들의 말에 따라 "의형제가 된 사람들의 목숨은 하나, 서로 버리지 않으며 서로에게 생명의 보호자가 된다"며 서로 우애하는 사연은 그러하다. "이제 다시 의형제를 또 맺어 앞으로도 계속 사랑하자!"고들 다짐하며, 테무진은 메르키드의 톡토아를 노략질해 약탈한 금띠를 자모카 형제가 매게 했다. 요 몇 해 동안 망아지를 낳지 않은, 톡토아의 가리온말[8]을 자모카 형제가 타게 했다. 자모카는 오와스 메르키드의 다이르 오손을 노략질해 약탈한 금띠를 테무진 형제가 매게 했다. 뿔 돋은 새끼 염소같이 흰 다이르 오손의 말을 테무진이 타게 했다. 코르코낙 숲의 골다가르 벼랑 남면의 사글라가르 모돈(우거진 나무)[9]에서 의형제가 되기로 약속하고 서로 우애하며, 잔치를 하며 즐기고 밤에는 한 담요를 덮고 함께 자

---

8) 노랑인지 흰 빛인지 가늠하기 어려운 털이 몸의 대부분을 덮고 갈기와 꼬리는 검은 말. 등줄기까지 검은 경우도 있음. 중세 몽골어 칼리온, 현대 몽골어 할리옹 모리. 중세 국어 가리운몰.
9) Saylayar mudun. 57 · 206절 참조.

는 것이었다.

118 테무진과 자모카가 서로 우애하기를 1년하고도 이듬해가 반쯤 지났을 어느 하루, 그 살던 목영지에서 이동을 하기로 되어 여름의 첫 달 열엿새, 붉은 만월의 날[10]에 이동을 했다. 테무진과 자모카가 함께 수레들의 행렬 선두에서 가고 있을 때 자모카가 "테무진 형제, 형제!

> 산에 바짝 붙여 설영하자!
> 우리의 말치기들이
> 오두막으로 가게 하라!
> 시내에 바짝 붙여 설영하자!
> 우리의 양치기, 새끼 양치기들을
> 골짜기로 가게 하라!"

고 했다. 테무진은 자모카의 이 말을 이해할 수 없어서 잠자코 멈춰 뒤처져서 이동 중의 수레들을 기다렸다가 후엘룬 어머니에게 다가가, "자모카 형제가 얘기했습니다.

> 산에 바짝 붙여 설영하자!
> 우리의 말치기들을
> 오두막으로 가게 하라!

---

10) 또 다른 "여름의 첫 달 열엿새, 붉은 만월의 날"은 81절에서 테무진이 타이치오드의 억류에서 탈출을 감행하는 날.

시내에 바짝 붙여 설영하자!
우리의 양치기, 새끼 양치기들을
골짜기로 가게 하라!

고 합니다. 저는 그 말을 이해할 수 없어 아무 대답도 안 했습니다. 어머니께 묻자고 왔습니다"고 했다. 후엘룬 어머니가 무슨 소리를 내기도 전에 부르테 부인이 나서며, "자모카 형제는 쉽게 싫증을 낸다고 얘기들 하고 있었습니다. 이제 우리에게도 질릴 때가 되었습니다. 자모카 형제가 한 그 얘기는 우리에게도 바라고 하는 말입니다. 우리는 여기서 묵지 맙시다. 이대로 이동하면서 그대로 헤어져 밤새워 이동합시다!"라고 했다.[11]

119 부르테 부인의 말을 옳게 여겨 멈추지 않고 밤을 새워 이동하여 갈 때 도중에 길에서 타이치오드를 통과해 지나갔다. 타이치오드도 놀라 그 밤으로 허둥대며 자모카 쪽으로 이동했다. 타이치오드의 베수드씨의 목영지에서 쿠쿠추라는 이름의 사내아이를 목영지에 떨어뜨린 것을 우리 사람이 데려와서 후엘룬 어머니에게 드렸다. 후엘룬 어머니가 길렀다.

120 그 밤을 새우고 날이 밝아 보니 잘라이르의 카치온 토고라온, 카라카이 토고라온, 카랄다이 토고라온 이들 토고라온 삼형제가 밤을 새워 테무진에게로 오고 있었다. 또한 타르고드의 카다안 달도르칸의 오형제가 오고 있었다. 또한 뭉게투 키얀[12]의 아들 웅구르 등

---

11) 자모카의 본뜻. 테무진이 그리도 가깝게 지내던 자모카의 말을 이해 못하고 그 말뜻을 자모카가 아니라 어머니에게 물어야 했던 까닭. 부르테가 자모카의 말을 위와 같이 적대적으로 해석한 이유들은 아직은 모두 수수께끼다.

이 자기네 창시오드 바야오드들과 오고 있었다. 바롤라스에서 코빌라이, 코도스 형제가 왔다. 망고드에서 제테이, 도콜코 체르비[13] 형제가 왔다. 보오르초의 아우 우굴렌 체르비가 아롤라드족을 떠나 자기의 〔사촌〕형 보오르초에게 합류해 왔다. 젤메의 아우 차오르칸과 수베에테이 용사가 오리앙칸을 떠나 젤메에게 합류해 왔다. 베수드에서 데게이, 쿠추구르 형제가 왔다. 솔도스에서 칠구테이, 타키, 타이치오다이 형제들이 왔다. 잘라이르의 세체 도목이 아르카이 카사르, 발라 두 아들과 왔다. 콩코탄에서 수이케투 체르비가 왔다. 수케켄의 제게이, 콩다코르의 아들 수케게이 제운이 왔다. 네우스의 차가안 오와가 왔다. 올코노오드의 킹기야다이, 고롤라스에서 세치우르, 두르벤에서 모치 베두운이 왔다. 이 지역에 사위로 와 있던 이키레스의 보토가 왔다. 노야킨에서 종소가 왔다. 오로나르에서 지르고안이 왔다. 바롤라스에서 소코 현자가 아들 카라차르와 왔다. 또한 바아린의 코르치 우순 노인과 쿠쿠 초스가 메넨 바아린으로 한 진영을 이루어 왔다.

121 코르치가 와서 이르기를, "보돈차르 성조께서 잡아온 여자에게서 태어난 우리는 자모카와

배가 하나,
양수도 하나였습니다.[14]

---

12) Münggetü-Kiyan. 50절의 Menggetü-Kiyan, 즉 멩게투 키얀과 같은 사람이면 그의 아들 웅구르는 테무진의 사촌.

13) 몽골어 čerbi(n)의 어원은 알 수 없으나 친위대의 고급 지휘관임을 짐작할 수 있음.

우리는 자모카를 떠날 수 없는 자들입니다. 제게 계시를 하여, 눈으로 보게 했습니다. 담황갈색 암소가 와서 자모카의 주위를 돌며 그의 집 수레[15]를 들이받고, 자모카를 들이받고, 한쪽 뿔이 부러져 짝짝이가 되자 '내 뿔을 내놓으라!'며 자모카 쪽으로 계속 울부짖으며 흙을 끼얹고, 끼얹고 있습니다. 뿔 없는 담황갈색 수소가 큰 집을 위로 들어올려 제게 매어 끌고 테무진의 뒤에서 포효해 대면서 큰길을 따라올 때

　　'하늘과 땅이 상의하여,
　　 테무진을 나라의 주인 되게 하라!'는

'나라를 싣고 온다'는 계시를 제 눈에 보이게 하여, 제게 계시합니다. 테무진이여! 그대가 나라의 주인이 되면, 제가 길조를 보고 옳게 예언을 한 공으로 저를 어떻게 즐겁게 하시겠습니까?" 하고 물었다.
테무진이 "정말로 그렇게 나라를 다스리게 되면 만호로 삼겠다!"고 하자,
"바로 이렇게 국권을 예언한 사람인 제가 만호가 된들 무슨 대단한 즐거움이 되겠습니까? 만호로 삼고, 나라의 아름답고 훌륭한 처녀

---

14)　38·40·41절의 자르치오드 아당칸 오리앙카이 여인이 임신한 몸으로 보돈차르 바보에게 붙들려 와서 낳은 것이 자모카의 선조인 자다라다이고 이어 낳은 보돈차르의 자식이 코르치의 조상 바아리다이라는 기사와 관련된 표현이다.
15)　Ger tergen. 이동 가옥을 분해하지 않은 상태로 싣고 다니는 큰 수레. 옛 몽골 왕공들의 주거 형태의 하나.

들을 자유로 취하게 해서 30명의 아내가 있는 자가 되게 하십시오!
또한 무엇이라도 제가 하는 말은 면대하여 들으십시오!" 하고 요구
했다.

122 고난을 비롯한 게니게스의 한 진영이 왔다. 다리타이 막내[16]의 한
진영이 왔다. 자다란에서 몰칼코가 왔다. 운진 사카이드의 한 진영
이 왔다. 자모카에게서 그렇게 떨어져 나와 계속 이동하여 키모르
가 개울의 아일 카라가나에서 설영하고 있을 때, 주르킨의 소르가
토 주르키의 아들 사차 베키[17]와 타이초의 한 진영, 네쿤 타이지의
아들 코차르 베키[18]의 한 진영, 또한 코톨라 칸의 아들 알탄 막내의
한 진영, 이들도 자모카를 떠나 합류해 왔다. 거기서 이동하여 구렐
구 안의 셍구르 개울의 카라 주루겐[19]의 쿠쿠 호수에 설영했다.

123 알탄, 코차르, 사차 베키가 함께 의논하여[20] 테무진에게, "그대를
칸으로 삼자! 테무진이 칸이 되면 우리는

닿은 적에게 앞장서 달려들어

---

16) 예수게이 용사의 막내 아우이며 테무진의 작은아버지인 이 사람은 타이치오드 사람들이 후엘룬-테
무진 모자를 버리고 떠날 때 무정하게도 과부 형수들과 어린 조카들을 버리고 타이치오드를 따라 나
섰던가 보다.

17) 49절에서 각각 코톡토 유르키와 세체 베키.

18) 테무진의 사촌. 이 사람도 타이치오드가 후엘룬-테무진 모자를 버리고 떠날 때 과부가 된 숙모와 어
린 사촌들을 버리고 타이치오드와 합류한 모양이다.

19) 89절의 카라 지루겐.

20) 알탄은 코톨라 카한의 아들이고 코차르와 사차 베키도 카불 카한의 증손자들로서 각자의 집안을 대
표하므로 이 대목은 테무진이 합법적인 선거인단에 의해 적법한 절차를 거쳐 선출된, 정통성 있는 칸
임을 주장하는 셈. 그러나 암바가이 가문이 배제된 상태에서 이루어진 결정이므로 암바가이가의 불
복, 그들과의 혈투도 예고하는 셈이 될 듯.

용모가 빼어난 처녀와 귀부인

궁궐과 집

외방 사람들의 볼이 고운 귀부인과 처녀를

엉덩이 튼튼한 거세마를 달음질쳐 데려다 주마!

도망 잘 하는 짐승을 사냥할 때

몰이꾼들의 앞장에 서주마!

초원의 짐승들이

그 배가 서로 닿도록 포위를 죄어 주마!

골짜기 벼랑의 짐승들의

그 뒷다리가 서로 닿도록 몰아붙여 주마!

전쟁의 날에

그대의 공격 명령을 어기면

우리의 모든 비복들로부터

여자와 아내들로부터 떼어내어

우리의 검은 머리를

땅바닥에 버리고 가라!

평화의 날에

그대의 마음을 어지럽히면

우리의 모든 속민들로부터,

아내와 자식들로부터 떼어내어

주인 없는 땅(=사람이 살지 않는 곳)에 버리고 가라!"

이러한 말을 마치고, 이렇게 맹세하여, 테무진을 칭기스 카한이라
고 이름지어 칸으로 삼았다.

124 칭기스 카한으로 추대되고 나서 보오르초의 아우 우굴레이 체르
비[21]가 전통(箭筒)을 휴대했다. 카지온 토고라온[22]이 전통을 휴대
했다. 제테이와 도콜코 형제가 전통을 휴대했다.[23]

웅구르, 수이케투 체르비와 카다안 달도르칸은

"아침에 마실 것이
안 모자라게 하겠습니다!
저녁에 마실 것을
소홀히 아니하겠습니다!"

고 하며 집사장[24]들이 되었다. 데게이는

"두 살 난 거세 양으로
국을 만들어
아침에 안 모자라도록 하겠습니다!
밤참에 안 늦도록 하겠습니다!
얼룩박이 암양들을 길러

---

21) 120졀의 우굴렌 체르비.

22) Qaǰi'un-toɣura'un. 120절의 카치온 토고라온(Qači'un-toɣura'un).

23) 이 네 사람에게 qor(전통, 살동개)를 〔상시〕 휴대케 했다는 것은 칭기스 카한의 지근 거리에서 실탄
을 장전한 살상용 무기를 휴대하고 있도록 했다는 것으로서 '경호 책임자로 임명되었다'는 뜻이다.
다른 자들은 살동개를 휴대한 채로, 즉 활과 화살을 휴대하고 칭기스 카한을 접견하거나, 칭기스 카
한에게 접근하는 것이 금지되었으리라는 것도 짐작할 수 있다. 이들이 정식으로 체르비(친위대의 고
급 지휘관)에 임명되는 것은 뒷날의 일이다(191절 등 참조).

24) ba<u>'určin '廚子'. 요리사임에 틀림없으나 역할은 단순한 요리사나 주방장이라기보다는 執事(長)
에 가까웠을 듯. 130 · 213절 등 참조.

수레 밑에 가득하게 하겠습니다.
담황색 암양들을 길러
우리가 가득하게 하겠습니다!
게걸스럽고 천덕스러운 저는
양떼를 쳐서
곤자소니를 먹겠습니다!"

하면서 양치기들의 우두머리가 되었다. 그의 아우 구추구르는,[25]

"자물쇠가 있는 수레를
그 굴대 빗장이 안
부러지게 하겠습니다!
차축이 있는 수레를
큰길 위에서 안
부서지도록 하겠습니다!"

하면서 집수레 관리인들의 우두머리가 되었다. 도다이 체르비는
집안에서 하인들을 다스리겠다고 했다. 코빌라이, 칠구테이, 카르
카이 토고라온[26]은 "카사르와 함께 칼을 차고

난폭한 자

---

25) Güčügür. 120절에서 쿠추구르(Küčügür).
26) 120절의 카라카이 토고라온.

그들의 목을 베어라!
오만한 자
그의 가슴을 찔러라!"

하고 명했다. 벨구테이와 카랄다이 토고라온은

"거세마(=승용마, 군마)를 붙들게 하라!
거세마 관리자가 되게 하라!"

고 명했다. 타이치오드의 코토, 모리치, 몰칼코는 "말떼를 돌보게
하라!"고 명했다. 아르카이 카사르, 타카이, 수케게이, 차오르칸은

"사정거리 긴 코오착살
사정거리 짧은 오도라살이 되도록 하라!"[27]

고 했다. 수베에테이 용사는

"쥐가 되어
거두어들이겠습니다!
검은 까마귀가 되어
밖에 있는 것을 모아들이겠습니다!

---

27) Qoʻočay(箭名)과 odora(箭名)는 현대 몽골계 방언에서 확인할 수는 없으나 문맥으로 미루어 각각
서로 다른 기능을 가진 화살의 종류들로서 Rachewiltz(1972 : 174)의 '遠, 近의 임무를 맡길 수 있는
믿음직한 자들'이 매우 적절한 이해라는 것을 짐작할 수 있다.

덮개 모전이 되어

덮어 드리겠습니다!

바람막이 모전이 되어

집을 가려 드리겠습니다!”고 했다.

125 거기서 칭기스 카한이 칸이 되어 보오르초와 젤메에게 “그대 두 사람은 내가

그림자밖에는 다른 동무가 없을 때

그림자 되어

나의 마음을 편안케 했다.

그대들이 마음에 있게 하라!”고 했다.

“꼬리밖에는 다른 채찍이 없을 때

꼬리가 되어

나의 심장이 편안케 했다.

그대들이 내 가슴에 있게 하라!”고 했다.

“그대들은 나와 전부터 함께 했으니 이들 모두를 통솔해야 하지 않겠는가?” 하고 말했다. 다른 사람들에게도 칭기스 카한은 “그대들은 천지가 힘을 더해 주시고, 가호하여 자모카 형제를 떠나 나를 생각하여 동무하겠다고 온 자들, 영원히 복된 나의 동무들이다. 그래서 그대들을 각 방면에 임명했노라” 하고 말했다.”

126 “칭기스 카한을 칸으로 추대했다”고 케레이드의 토오릴 칸에게 다카이[28]와 수게게이[29]를 사자로 보냈다. 토오릴 칸은 “나의 아들 테

무진을 칸으로 추대한 것은 참으로 옳다. 몽골 사람들이 칸 없이 어떻게 지내겠는가? 너희들은 이 화합을 깨뜨리지 마라! 너희들의 화합과 단결을 풀지 마라! 제 옷깃[30]을 뜯지 마라!" 하고 당부해 보냈다.

---

28) Daqai. 그러나 124절 등에서는 타카이(Taqai).

29) 124절의 수케게이.

30) 몽골어 jaqa(옷깃)가 '지도자'를 의미한다는 것은 33절의 용례와 34·35절의 정황으로 미루어 짐작할 수 있다. 이 절의 '지도자'는 물론 새로 칸으로 추대된 테무진이다.

제 4 권

자모카와의 전투, 부족 지도자에서 동부 몽골의 지도자로,
다시 국제적 인물로, 초원의 강자로

자모카의 씁쓸한 심경(127) 말 도둑질이 부른 살인과 전쟁, 스스로 폭로한 자모카의 잔인함(128-129)

몽골 사람들의 잔치, 또는 주르킨과의 불화, 술판에서 싸움을 벌이는 칭기스 카한(130-132)

숙적 타타르 정벌, 金國의 벼슬을 받는 칭기스 카한(133-135)

주르킨 해체 또는 배신자 처리, 그리고 허리가 꺾여 죽는 부리 장사의 비극(136-140)

초원의 대 전쟁과 케레이드-몽골 동맹의 승리, 사경을 헤매는 칭기스 카한, 젤메의 충성,
위대한 장수 제베를 얻음(141-147)

127 "아르카이 카사르와 차오르칸을 자모카에게 사자로 보내자 자모카
는 "알탄과 코차르에게 일러라!" 하면서, "알탄과 코차르 너희들은
왜 테무진 형제의

옆구리를 지르고,
갈비를 찔러

테무진 형제와 우리를 멀어지게 하는가? 왜 테무진 형제와 우리가
헤어지지 않고 함께 있을 때 테무진 형제를 칸으로 추대하지 않았
는가? 이제 너희들이 무슨 마음을 먹고 칸으로 추대하였는가? 알
탄과 코차르 너희들이 얘기한, 네 자신들이 한 말을 지켜,

형제의 마음을 편하게 하며
형제에게 훌륭하게 동무하여 주어라!"

고 해서 보냈다.

128 그 뒤에 자모카의 아우 다이차르가 잘라마 산의 남쪽 울레게이 샘
에 있으면서 사아리 초원에 있는 우리의 조치 다르말라의 말떼를
강탈해 갔다. 조치 다르말라가 제 말떼를 되찾으러 가는데 동무들
이 용기를 못 내자 자신이 직접 추격해 가서 밤에 말떼의 언저리에
이르러 말의 갈기 위에 엎드려 다가가서 다이차르의 등허리가 부
러져라 쏘아 죽이고 말떼를 되찾아 왔다.

129 아우 다이차르가 살해되었다고, 자모카를 비롯한 자다란 13부가
동무하여 3만으로 알라오오드, 토르가오드 산을 넘어 칭기스 카한

에게 쳐들어온다며 이키레스족의 물케 토탁과 보롤다이가 칭기스 카한이 구렐구에 있을 때 정보를 전해 왔다. 상황을 알고 나서 칭기스 카한은 13진영 3만이 자모카에게 맞서 출전하여 달란 발조드에서 싸웠으나 칭기스 카한이 자모카에게 밀려 오난 강의 제레네 협곡으로 후퇴했다. 자모카는 오난 강의 제레네 협곡으로 몰아넣었으니 그만 하면 되었다고 회군하면서 치노스족의 왕자들을 70개의 솥에 삶아 죽이고, 네우스의 차가안 오아의 머리를 잘라 말 꼬리에 매달고 갔다.

130 자모카가 거기서 돌아가고 나서 오로오드족의 주르체데이가 자신의 오로오드족을 이끌고, 망고드족의 코일다르가 자신의 망고드족을 이끌고 자모카에게서 이탈해서 칭기스 카한에게로 왔다. 콩코탄족의 뭉릭 아버지[1]도 거기 자모카에게 있다가 자신의 일곱 아들과 함께 자모카에게서 이탈하여 칭기스 카한에게로 합류해 왔다.

자모카에게서 이만한 사람들이 왔다고, 칭기스 카한 자기에게 백성들이 왔다고 기뻐서 칭기스 카한이 후엘룬 부인, 카사르, 주르킨의 사차 베키, 타이초 등과 오난의 숲에서 잔치를 하게 되었다. 첫 동이의 술을 칭기스 카한, 후엘룬 부인, 카사르, 그리고 사차 베키에게 먼저 따랐다. 다음 동이를 사차 베키의 작은어머니 에베게이부터 따랐다. 그러자 코리진 카톤[2]과 코오르친 카톤이 "나부터 아니 따르고 어찌 에베게이부터 따르느냐?"며 집사장 시키우르를 때

---

1) 예수게이 용사의 간절한 유언에도 불구하고 뭉릭 역시 후엘룬 - 테무진 모자를 돌보지 않고 타이치오드를 따라 나섰던 모양이다.

2) 사차 베키의 아버지 소르가토 주르키의 정처들. 그 중 코리진 카톤은 사차 베키의 친어머니. Rachewiltz(1974 : 72~73) 참조.

렸다. 매를 맞고 집사장 시키우르가, "예수게이 용사와 네쿤 타이지가 죽었다 하지만 내가 이렇게 맞기까지 해야 하는가?" 하고 큰 소리로 울었다.[3]

131 그 잔치를 우리측에서는 벨구테이가 총괄하면서 칭기스 카한의 거세마를 돌보고 있었다. 주르킨 쪽에서는 부리 장사가 그 잔치를 총괄하고 있었다. 우리의 말을 세워 놓은 곳에서 카다긴 사람이 고삐 끈을 훔치는 것을 붙들었다. 부리 장사가 그 사람을 싸고 도는 바람에 벨구테이와 부리 장사 사이에 싸움이 일어났다.

벨구테이는 싸울 때면 늘 오른 소매를 벗어 드러내곤 했다. 그렇게 벗은, 드러난 그의 어깨를 부리 장사가 칼로 힘껏 찍어 버렸다. 벨구테이가 그렇게 베였으나 아무 문제도 삼지 않고, 개의치 않고, 지혈시키고 있는 것을 칭기스 카한이 그늘에 앉아 있다가 보고는 잔치 중에 나왔다.

"우리가 어찌 이렇게 당하는 것이냐?" 하고 분개하자, 벨구테이는 "아프지 않습니다. 저 때문에 형제들과 불화가 생기게 될까 걱정입니다. 저는 괜찮습니다. 곧 낫습니다. 이제 형제들과 겨우 친해지고 있을 때이니 형님이 잠깐 참으십시오!" 하고 말렸다.

132 칭기스 카한을 벨구테이가 그렇게 말렸으나 소용이 없었다. 급기야는 몽골과 주르킨이 나뭇가지를 꺾어 들고, 술통의 막대기를 뽑아 잡고 서로 때리고 싸워 몽골이 주르킨을 누르고 코리진 카돈[4]

---

3) 감히 집사장 시키우르가 알탄, 코차르와 함께 테무진을 칸으로 추대한 사차 베키(123절)의 면전에서 그의 아버지 소르가토 주르키의 정처들에 대한 의전을 어긴 것, 맞고 그 자리에서 소리쳐 우는 것 등으로 미루어 테무진가에는 주르킨에 대한 경멸, 적대 분위기가 팽배해 있었던 듯하다.

4) qadun, qatun의 이형태. 『몽골 비사』에서는 qatun(17회)보다 오히려 qadun(29회)의 형태가 더 자

과 코오르친 카돈을 빼앗아 붙들어 두었다.

다시 그들이 화해하자고 해서 코리진 카돈과 코오르친 카돈을 돌려주고, 화해하자며 사자들이 왕래하고 있을 때였다. 키타드 사람들의 알탄 칸(금나라 황제)은 타타르족의 메구진 세울투 등이 자신에게 복종하지 않자, 옹깅 승상에게 군대를 주고 지체없이 토벌하라고 파견했다.[5] 칭기스 카한은 옹깅 승상이 메구진 세울투를 비롯한 타타르를 밀어붙여 그들이 올자 강[6]을 거슬러 가축, 양식까지 끌고 갖고 오고 있다는 것을 알았다. 그 상황을 알고서

133   칭기스 카한이,

    "옛날부터 타타르 사람들은

    우리의 할아버지, 아버지들을 시해한 자들,

    원수의 백성들이었다.

    이제 이 기회에 우리가 협공하자!"

고 말하고 토오릴 칸에게 "알탄 칸의 옹깅 승상이 메구진 세울투를 비롯한 타타르를 올자 상류로 밀어붙여 오고 있다고 합니다. 우리의 할아버지들을, 아버지들을 시해한 타타르를 우리가 협공합시다! 토오릴 칸 아버지께서는 빨리 오시도록 하십시오!" 하고 사자

주 등장. 64절의 카톤에 대한 주를 참고.

5) 王京丞相. 金朝의 右丞相 完顔襄. 金軍의 타타르 정벌은 1196년경의 일. 김호동(2002 : 156, 주 161). 1296년은 1196년의 오식.

6) 현대 몽골 지도 위의 올즈 강(Улз). 오농 강과 헤를렝 강 사이에서 두 강과 거의 평행으로 도르노드 아이막 북부를 흐름. 총 길이 420km.

를 보내 소식을 전했다. 이 소식을 전하자, 토오릴 칸은 "내 아들이 소식을 옳게 전해 왔다. 협공하자!"고 말하고 사흘째 되는 날에는 자신의 군대를 집합, 출동시켜 신속히 이끌고 왔다. 칭기스 카한과 토오릴 칸이 사차 베키와 타이초를 비롯한 주르킨에게,

> "옛날부터
> 우리의 할아버지, 아버지들을 시해한 타타르를
> 이제 이 기회에
> 협공하자. 함께 출정하자!"고

전갈을 보냈다. 주르킨이 오기를 엿새를 기다렸으나 오지 않아 더 기다릴 수가 없었다. 칭기스 카한과 토오릴 칸이 함께 군대를 출발시켜 올자를 따라 옹깅 승상과 협공하여 갈 때 올자의 코소토 시투엔, 나라토 시투엔[7]에 메구진을 비롯한 타타르가 요새를 구축했다. 칭기스 카한과 토오릴 칸은 그렇게 요새를 구축한 메구진 세울투를 그의 요새에서 잡아 그 자리에서 죽이고, 그의 은제 요람과 진주 담요를 칭기스 카한이 가졌다.

134　"메구진 세울투를 죽였다"며 칭기스 카한과 토오릴 칸이 〔옹깅 승상을 향해 갔다.〕[8] 옹깅 승상은 메구진 세울투를 죽였다는 것을 알고

---

7)　몽일합동조사단(1994 : 31~32)은 각각 동경 111도 56분, 북위 48도 26분과 동경 111도 58분, 북위 48도 37분에 있는 산으로 추정. 두 지명의 의미에 대해서는 유원수(1995 : 105, 113~115)의 논의를 참조.

8)　『몽골 비사』에는 이 부분이 빠져 해석이 불가능하기 때문에 *Altan Tobči*(38a : 22~25)의 Megüjin-segül-tü-yi alaba kemen Činggis qayan, Toyoril qayan qoyar, 〔Ong-ging činsang-un esergü odbai〕를 참조하여 보충.

매우 기뻐서 칭기스 카한에게 자오드 코리[9]라는 칭호를 주었다. 게레이드[10]의 토오릴에게 옹(Ong, 王)이라는 칭호를 거기서 주었다. 옹 칸[王+몽골어 칸(qan '임금')]이라는 이름은 옹깅 승상이 칭호를 부여한 그때부터 비롯되었다.

옹깅 승상은 "그대들이 메구진 세울투를 협공해 죽인 것은 알탄 칸께 지대한 공을 세운 것이다. 그대들의 이 공을 내가 알탄 칸께 상주하겠다. 칭기스 카한에게 이보다 큰 이름을 더하는 문제는, [즉] 제우타오의 관직을 주는 문제는 알탄 칸께서 결정하시게 하자!"[11] 고 했다. 옹깅 승상은 거기서 그렇게 기뻐하며 돌아갔다. 칭기스 카한과 옹 칸은 거기서 타타르를 약탈해 나누어 갖고 자신들의 집으로 돌아가 지냈다.

135 타타르족이 요새화한 나라토 시투엔의 목영지를 약탈할 때 우리 군인들이 목영지에 버려진 한 어린 소년을 발견했다. 금 귀걸이, 코걸이를 하고 금박 물린 비단과 담비 가죽으로 안감을 댄 조끼를 입은 어린 소년이었다. 데려다가 칭기스 카한이 후엘룬 어머니에게 "선물입니다" 하고 드렸다. 후엘룬 어머니가 "훌륭한 사람의 아

---

9) ja'ud-quri(ja'ut-quri, 札兀揚忽里). 179절(6-37-3)에서는 ča'ud-quri(ča'ut-quri, 蔡兀揚忽里). 김호동(2002 : 228, 주 145)은 이 벼슬을 '百戶長'으로 추정. 흥미로운 점은 토오릴 칸이 받은 옹(王), 칭기스 카한이 희망했던 것으로 보이는 제우타오(jeütau, 招討)는 漢語이고, 제우타오보다 하위직으로 보이는 자오드(차오드) 코리는 非漢語라는 점이다. 칭기스 카한에게 나중에도 제우타오 벼슬은 내려지지 않은 듯하며, 자오드(차오드) 코리 벼슬만으로도 그가 상당한 자부심을 가졌던 것으로 보이는 점 또한 흥미롭다(179절 마지막 부분에서 알탄, 코차르 등을 비난하면서 자신을 '차오드 코리'라고 자칭). 자오드(차오드) 코리라는 관작은 400여 년이 지난 뒤 čay-un törü라는 형태로 문헌에 등장함. *Altan Tobči*(38a-28, 29) 참조.
10) Gereyid(-ün). 케레이드의 이형태. 242절(10-23-9)에도 Gereyid(-lu'a)의 형태로 등장.
11) 테무진이 자오드 코리보다는 상위직인 제우타오의 관작을 바라거나 요구한 듯하다. 옹깅 승상이 이 문제를 "대금 황제께서 결정토록 하자!"고 하기 때문이다.

이였음에 틀림없다. 근본이 훌륭한 사람의 후손임에 틀림없다"고 하며 자신의 다섯 아들들의 아우, 자신의 여섯 번째 아들로 삼아 시키켄 코도코[12]라고 이름지어 돌보았다.

136　칭기스 카한의 후방은 하릴토 호수에 있었다. 후방에 남은 자들 50 명을 주르킨이 와서 의복까지 벗겨 갔다. 10명은 죽였다. 주르킨에 게 그렇게 당했다고 우리의 후방에 남은 자들이 칭기스 카한에게 알렸다.

이 말을 듣고 칭기스 카한이 몹시 화가 나서, "우리가 주르킨에게 왜 이렇게 당해야 하는가? 오난 강의 숲에서 잔치를 할 때 집사장 시키오르를 바로 그들이 때렸다. 벨구테이의 어깨를 바로 그들이 베었다. 화해하자고 해서 우리는 코리진 카돈과 코오르친을 돌려 주었다. 그 뒤에 조상 대대의 원수들, 우리의 할아버지들과 아버지 들을 시해한 타타르를 협공하여 출정하자고 주르킨을 엿새 동안이 나 기다렸으나 안 왔다. 이제 또 적에게 기대어 바로 그들이 적이 되었다" 하고 주르킨을 치러 갔다.

주르킨이 케룰렌의 쿠두에 섬의 돌로안 볼다우드(일곱 동산)에 있 을 때 그 백성들을 약탈했다. 사차 베키와 타이초는 자신들의 보잘 것없는 몸들을 〔빼어〕 도망했다. 그들의 뒤에서 추격하여 텔레투 어귀에서 사차 베키와 타이초를 붙들었다. 칭기스 카한이 사차와 타이초에게 "옛날 우리가 뭐라고 약속했느냐?"고 하자, 사차와 타 이초가 "우리가 언약한 말을 우리가 안 지켰다. 우리의 약속대로

시행하라!" 하고 자신들이 그렇게 맹세했음을 인정하고, 〔목을〕 대
주었다. 그들의 약속을 지키게끔 바로 거기서 죽여 버렸다.

137 사차와 타이초를 처리하고 돌아와 주르킨의 백성을 이동시킬 때
잘라이르족의 텔레게투 부자의 아들 구운 오아, 칠라온 카이치, 제
브케 이들은 주르킨에 있었다. 구운 오아는 자신의 아들들인 모칼
리와 보카를 알현시키고는,

> 그대의 문지방의
> 노예가 되게 하소서!
> 그대의 문지방에서 빠져 나가면
> 그의 발꿈치 힘줄을 베소서!
> 그대의 문의
> 사유 노예[13]가 되게 하소서!
> 그대의 문에서 도망하면
> 그들의 간을 잘라 버리소서!"

하고 말하면서 주었다. 칠라온 카이치는 자신의 아들 퉁게와 카시
를 역시 칭기스 카한에게 알현시키고,

> "그대의 황금 문지방을 지키고
> 있게 하라고 드렸습니다!
> 그대의 황금 문지방에서

---

13) 몽골어 emčü bo'ol '梯己奴婢'.

다른 데로 가면
그 목숨을 끊어 버리소서!
넓은 문을
받들어 드리라고 드렸습니다!
그대의 넓은 문에서
다른 데로 가면
그 명치를 차버리소서!"

하고 말했다. 제브케를 카사르에게 주었다. 제브케는 주르킨의 목
영지에서 보로올이라는 이름의 어린 사내아이를 데려와서 후엘룬
어머니에게 알현시키고 드렸다.

138 후엘룬 어머니는 메르키드의 목영지에서 얻은 구추[14]라는 사내아
이, 타이치오드의 베수드의 목영지에서 얻은 쿠쿠추라는 사내아
이, 타타르의 목영지에서 얻은 시기켄 코토코[15]라는 사내아이, 주
르킨의 목영지에서 얻은 보로올이라는 사내아이, 이들 넷을 자기
아들들을 위해

    "낮에 보기 위한 눈,
밤에 듣기 위한 귀

누구를 위해 만들겠는가?" 하며 집안에서 길렀다.

---

14)   144절에서 쿠추(Küčü).
15)   135절에서 시키켄 코도코. 다른 곳에서는 시기 코토코.

139 이들 주르킨 사람들의 내력은, 즉 주르킨씨를 연 것은 카볼 칸의
일곱 아들 가운데 맏이인 우킨 바르칵이었다. 그의 아들은 소르카
토 주르키다. 주르킨씨를 열 때 카볼 칸은 맏아들이라고 해서 자기
백성들 가운데

> 간에 담이 있고
> 엄지손가락에 명중력 있는
> 허파 가득한 심장을 가진
> 입 가득히 기개가 있는
> 사나이마다
> 재사, 장사, 역사만 골라 주어

기개가 있고, 담력이 있으며, 자부심이 있는, 아무도 대적할 수 없
는 자들로 구성되었기 때문에 주르킨이라고 불리게 된 그런 내력
이 있는 것이다.[16] 그렇게 자부심 있는 사람들을 칭기스 카한이 굴
복시키고, 주르킨씨들을 없애 버렸다. 사람들을, 그 나라를, 칭기
스 카한이 자기 사유 백성[17]으로 만들었다.

140 칭기스 카한이 하루는 부리 장사와 벨구테이에게 씨름을 시켰다.
부리 장사는 주르킨에 있었다. 부리 장사는 벨구테이를 한쪽 손으
로만 잡고 한쪽 다리로만 걸어도 쓰러뜨리고 꼼짝 못하게 누를 수
있었다. 부리 장사는 나라의 역사(力士)였다. 거기서 벨구테이와

---

16) 씨족명 주르킨을 심장, 나아가 용기 등을 가리키는 단어(jirüken, jürken)와 연관시켜 풀이하려는 민
중 어원.

17) 몽골어 emčü irgen '梯己百姓'.

부리 장사를 씨름 시켰다.

부리 장사는 지지 않을 사람이었지만 쓰러져 주었다. 벨구테이가 누를 수 없어 어깨로 누르며 엉덩이[18] 위로 나와 곁눈질해서 칭기스 카한을 보니 카한은 자신의 아랫입술을 깨물었다. 벨구테이가 뜻을 알고 그의 위로 올라타 양쪽 옷깃을 엇걸어 잡아당기며 무릎으로 눌러 등허리를 분질러 버렸다.

등허리를 꺾인 부리 장사는, "나는 벨구테이 따위에게 지지 않을 사람이다. 그러나 카한이 무서워서 꾀를 내어 넘어지고 꾸물거리다 내 목숨에까지 화가 이르렀다" 하고 말하고 나서 죽어 갔다. 벨구테이는 그의 등허리를 세차게 당긴 뒤 끌어다 버리고 떠났다.

카볼 칸의 일곱 아들 가운데 맏이는 우킨 바르칵이었다. 다음은 바르탄 용사였다. 그의 아들은 예수게이 용사였다. 바르탄 용사의 다음은 코톡토 뭉구르였다. 그의 아들이 부리다. 씨름을 하는 바람에, 바르탄 용사의 아들과 멀리하고 바르칵의 자부심 있는 아들들과 동무하는 바람에, 나라의 역사 부리 장사는 벨구테이에게 등허리가 분질러져 죽었다.

141 그 뒤 닭해(1201)에 카다긴[19]과 살지오드가 연합하여 카다긴의 바코 초로기를 비롯한 카타긴이, 살지오드의 치르기다이 용사 등이, 두르벤과 타타르가 화해하여 두르벤의 카지온 베키 등이, 타타르의 알치 타타르의 잘린 보카 등이, 이키레스의 투게 마카 등이, 옹기라드의 데르젝, 에멜, 알코이 들이, 고롤라스의 초낙, 차가안 등

---

18)   sa'ari. 유원수(1995 : 113) 참조.

19)   Qadagin. 42 · 196절에서 카타긴(Qatagin).

이, 나이만에서는 구추우드 나이만의 보이록 칸이, 메르키드의 톡
토아 베키의 아들 코토가, 오이라드의 코도가 베키가, 타이치오드
의 타르고타이 키릴톡, 코돈 오르창,[20] 아오초 용사들 타이치오드
가, 이러한 부족들이, 알코이 샘에 모여 "자지라드(자다란)의 자모
카를 카[21]로 추대하자!"며 종마와 암말을 베어 맹세하고 거기서 에
르구네 강을 따라 이동하여 켄 강이 에르구네 강[22]에 실어다 붓는
삼각주의 넓은 습원(濕原)에서 자모카를 구르 카[23]로 추대했다.
구르 카로 추대하고, 칭기스 카한과 옹 칸에게 출정하기로 결의했
다. 출정을 결의했다는 정보를 고롤라스의 코리다이가 칭기스 카
한이 구렐구에 있을 때 전해 보냈다. 이 정보를 접한 칭기스 카한
이 옹 칸에게도 정보를 전하니 옹 칸은 소식을 듣고 군대를 일으켜
서둘러 칭기스 카한에게로 왔다.

142   칭기스 카한과 옹 칸은 함께 자모카에게 맞서 싸우기로 하고 켈루

---

20)   ″豁敦斡″兒長(Qodun-orčang). 이 사람의 이름은 144절(4-37-6)에 豁敦斡″兒長(Hodun-orčang),
148절(5-1-2)에 豁團斡″兒昌(Hoton-orčang)으로 등장. 한편『몽골 비사』의 141절(4-30-10)에 해당
하는 *Altan Tobči*(41a-2)에는 이 사람의 이름이 Qodun örčing 으로, 144절에 해당하는 42a-17에는
Qutuy üge로 나오며, 148절에 해당하는 44b-30에서 45a-4에는 이 사람의 이름이 나오지 않음.
*Altan Tobči*의 Qutuy üge는 『집사』의 Qûtûq과 무슨 관련이 있을 법도 함. 김호동(2002 : 176, 주
235) 참조.

21)   144절에서도 자모카에게는 일반적인 qan이 아니고 qa라는 칭호가 사용된 무슨 이유가 있을 것이다.
Rachewiltz(1974 : 79) 참조.

22)   대흥안령 산맥 서사면 吉魯契那 산에서 발원하여 내몽고 동북부를 홀러 黑龍江에 합류하는 에르구
네 강(전장 1608km)과 역시 대흥안령 산맥의 伊吉奇 서남에서 발원하여 내몽고 훌룬 보이르 아이막
의 에르구네 우기의 四卡 부근에서 에르구네 강과 합치는 겐 강(根河, 전장 461km). 內蒙古大辭典
編委會(1991 : 8) 참조. 그러나 겐 강의『몽골 비사』표기는 刊沐″漣(Kan-müren).

23)   몽골어 gür-qa의 방역은 '菩皇帝'다. 이 역시 일반적인 형태는 gür-qan, 즉 구르 칸이어야 한다.
Rachewiltz(1974 : 79) 참조. 구르 칸은 '四海의 君主'라는 뜻으로 카라 키타이(西遼)의 군주들이 취
했던 칭호라고 한다. 김호동(2002 : 123, 주 47, Gûr Khân) 참조.

렌 강을 따라 출전할 때 칭기스 카한은 알탄, 코차르, 〔그리고 작은
아버지〕 다리타이를 전위(前衛)로 보냈다. 옹 칸은 〔아들〕 셍굼, 〔아
우〕 자카 감보, 〔그리고〕 빌게 베키를 전위로 보냈다. 이들 전위로부
터 전방으로 정찰대를 보내는데 에네겐 구일레투[24]에 한 자리, 또
그 전방인 첵체르 산에 한 자리, 또 그 전방인 치코르코 산에 한 자
리의 정찰대를 두게 했다. 우리의 전위 알탄, 코차르, 셍굼 등이 오
드키야에 이르러 야영하려 하고 있을 때 치코르코에 둔 정찰대에
서 사람이 달려와 적이 온다는 정보를 전했다. 그 정보가 오자 야
영하지 말고 적을 맞이하여 정보를 얻기로 하고 가서 서로 맞닥뜨
려 누구냐고 물으니 몽골에서 아오초 용사, 나이만의 보이록 칸,
메르키드의 톡토아 베키의 아들 코토, 오이라드의 코도카 베키, 이
들 넷이 자모카의 전위로 행세하고 있었다. 우리의 전위가 그들에
게 소리쳐 "날이 저물었으니 내일 싸우자!" 하고 돌아와 본대와 합
류하여 숙영했다.

143 다음날 전진하다가 쿠이텐[25]에서 조우하여 싸우고, 피아가 아래로
위로 군대를 물려 전열을 가다듬고 있을 때 보이록 칸과 코도카가
비바람을 부렸는데, 방향이 뒤집혀 그들 위로 비바람이 몰아치게
되었다. 그들은 나아가지도 물러가지도 못하다가 벼랑에서 구르며
미끄러지며, "우리는 하늘의 사랑을 받지 못했다"고들 하며 궤산되
었다.

144 나이만의 보이록 칸이 이탈하여 알타이 산맥의 남쪽에 있는 올록

---

24) 이 지명에 대한 논의는 유원수(1995 : 94)를 참조.
25) 몽일합동조사단(1994 : 32)에 의하면 동경 115도 50분, 북위 49도 22분 지점〔의 산 이름〕.

탁[26]을 향했다. 메르키드의 톡토아의 아들 코토는 셀렝게 강을 향해 떠났다. 오이라드의 코도카 베키는 숲으로 달아나 시스기스[27]를 향해 이동했다. 타이치오드의 아오초 용사는 오난 강으로 향해 갔다. 자모카는 자신을 카로 추대한 사람들을 약탈한 뒤 에르구네 강을 따라 돌아갔다.

그들을 그렇게 궤산시키고 옹 칸은 에르구네 강을 따라 자모카를 추격했다. 칭기스 카한은 오난 강 쪽으로 타이치오드의 아오초 용사를 추격했다. 아오초 용사는 자신의 나라에 이르러 나라를 서둘러 피난시키고 나서 호돈 오르창[28]과 함께 오난 강의 대안에서 방패를 든 자신들의 잔여 병력을 정비하여 결전을 준비하고 있었다. 칭기스 카한이 이르러 타이치오드들과 싸웠다. 엎치락뒤치락하며 치열하게 싸우다 날이 저물어 바로 싸우던 그 자리에서 대치한 채로 잤다. 백성들도 서둘러 피난해 오다가 바로 그 자리에서 자기네 군인들의 진영에서 함께 잤다.

145   칭기스 카한은 그 전투에서 목의 핏줄을 다쳐 지혈을 하려고 했으나 안 되었다. 황망중에 해는 지고, 바로 그 자리에서 적과 대치한 채 야영하였다. 〔굳어 혈관을〕 막은 피를 젤메가 제 입에 피를 묻혀가며 계속 빨아 냈다. 젤메는 다른 사람이 못 미더워 자기가 계속 지키고 앉아 〔굳어 혈관을〕 막은 피를 입으로 가득되도록 빨았다가

---

26) uluγ-tar은 '거대한 산'을 의미하는 투르크어. 몽일합동조사단(1994 : 31)에 의하면 동경 93도 35분, 북위 46도 35분 지점의 하라트 산. 사실이라면 몽골 호브드 아이막 체첵솜의 북서부 지역 어디일 듯.

27) 몽골국 홉스굴 아이막 올란타이가 산에서 발원하여(동경 98도 15분, 북위 51도 38분) 예니세이 강과 합치는 물. 오늘날의 지도에서 시시게드(Шишгэд) 등으로 표기됨. 몽일합동조사단(1994 : 32), Шагдар(1978 : 160~161) 등 참조.

28) 141절의 코돈 오르창에 대한 주를 참조.

뱉어 내었다.

한밤중이 지나자 칭기스 카한이 정신을 차리고 "피가 말라붙기를 그쳤다. 내가 목이 마르다"고 했다. 젤메는 모자, 신발, 옷을 벗어 부치고 단지 속옷 바람이 되어 대치하고 있는 적진 가운데로 달려가 저쪽에 무리를 이루고 야영한 사람들의 수레에 올라가 말젖술을 찾았으나 찾지 못했다. 그들도 창황히 도망하느라고 말젖을 못 짜고 놔둔 것이었다. 말젖술을 구할 수 없어 큰 뚜껑으로 덮어 놓은 그릇에 있는 요구르트를 그 수레에서 구해 들고 왔다. 중간에 갈 때도, 올 때도 사람들에게 안 들켰다. 하늘도 도우신 것이 틀림없었다. 뚜껑으로 덮어 놓은 그릇의 요구르트를 갖고 와 젤메가 스스로 물을 찾아다 요구르트를 반죽하여 카안[29]에게 마시게 했다. 세 번을 쉬어 가며 마시고 카한이, "내 의식의 눈이 밝아졌다"고 하고 나서 몸을 뻗어 일어나 앉아 있다가 날이 밝아 훤해져서 보니까 그 앉은 주위가 젤메가 계속 빨아 뱉어 낸 피로 진창이었다.

칭기스 카한이 보고 "이것이 무엇이냐? 왜 멀리 뱉지 않았느냐?"고 했다. 젤메가 "그대가 걱정되기에, 멀리 가면 그대에게서 떨어지는 것이 두려워 삼킬 것은 삼키고 뱉을 것은 뱉으며, 서두르다가 제 배에도 얼만큼은 들어갔습니다"고 했다.

칭기스 카한이 다시, "내가 이렇게 되어 누워 있을 때 너는 어쩌자고 적진에 벗고 뛰어들었느냐? 잡히면 내가 이렇다는 것을 아니 발설했겠느냐?"고 했다.

---

29) qa'an '皇帝'. 중세 몽골어형으로는 가장 자연스러운 표현이나 『몽골 비사』에는 qahan(390회)에 비해 훨씬 드문 40회만 출현.

젤메가 "제 생각은 만일 벗고 가다가 잡히면, '나는 당신들에게 투항할 마음이었다. 이 사실을 알고 붙들어 죽이려고 내 옷을 전부 벗기고, 속옷마저 다 벗기기 직전에 겨우 빠져 나와 이렇게 당신들에게 왔다'고 말하려고 했습니다. 제 말을 믿고 옷을 주고 돌보아 주었을 것입니다. 제가 일단 말을 타고 나면, 기회를 보아 못 왔겠습니까? 저는 그렇게 생각하고 '카안의 목마른 심정을 달래자!'고 다른 생각은 없이 오직 이 생각만 하고 갔습니다" 하고 대답했다. 칭기스 카한이 "이제 무슨 말을 더 하겠느냐? 일찍이 삼성 메르키드가 와서 보르칸을 삼중으로 에워쌌을 때 네가 내 목숨을 한 번 데리고 나왔다. 이제 또 말라붙어 가는 피를 입으로 빨아 내 목숨을 열어 냈다. 또한 목이 말라 당황하고 있을 때 제 목숨을 돌보지 않고 적진에 눈 한번 깜짝하지 않고 들어가 마실 것을 구해다 내 목숨이 다시 들어가게 했다. 너의 이 세 가지 도움을 항상 내 마음 가운데 간직하고 있으마!" 하고 다짐했다.

146 날이 밝고 보니 대치하던 병사들은 밤에 흩어졌다. 무리지어 야영하던 〔타이치오드〕 백성들은 도망해 나갈 수 없다고 생각하고 야영한 자리에서 안 움직였다. 놀라 도망한 백성들을 돌아가게 해주자며 칭기스 카한이 야영하던 곳에서 떠나 백성들이 돌아갈 때 고개 위에서 붉은 옷을 입은 한 여인이 "테무진이다!" 하고 큰 소리로 울며 불며 외치고 있는 것을 칭기스 카한이 몸소 듣고 무슨 여자가 저리 울고 있는지 알아보라고 사람을 보냈다. 그 사람이 가서 물으니, 그 여인이 "나는 소르칸 시라의 딸 카다안이라고 한다.[30] 내 남

---

30)   앞서 84~87절에서 만난 테무진의 생명의 은인들.

편을 군인들이 붙들어 죽이려 하여 테무진이 내 남편을 구하길 바라고 울며 소리치고 있다"고 했다. 그 사람이 와서 칭기스 카안에게 이 말을 이르니 칭기스 카한이 듣고 달려가 카다안에게 〔이르러〕 말에서 내려 서로 끌어안았다. 그녀의 남편을 우리 군인들이 벌써 죽였다. 그 백성들을 돌아가게 하고 칭기스 카한이 대군을 바로 거기서 야영시켜 잤다. 카다안을 불러오게 해서 자신과 나란히 앉게 했다. 다음날 타이치오드의 투두게의 사람들이었던 소르칸 시라와 제베도 왔다. 칭기스 카한이 소르칸 시라에게,

"곡에 있는 무거운 나무를
땅에 내려놓게 한,
옷깃에 있는 형틀 나무를
벗겨 준

그대 부자들의 도움이 있었다. 그대들은 왜 늦었는가?" 하고 물었다. 소르칸 시라가 "저는 속으로 준비하며, 믿고 생각하고 있었습니다. 제가 왜 서두릅니까? 서둘러 먼저 오면 타이치오드의 노얀들(우두머리들)이 뒤처진 제 처자, 가축과 식량을 재로 날려 버렸을 것이기 때문에 서두르지 않다가 이제는 우리가 카한에게 합류하여 따라왔습니다" 하고 말했다. 말을 마치자 옳다고 했다.

147 다시 칭기스 카한이 "쿠이텐에서 후퇴와 포위를 거듭하며 싸우고 있을 때, 산등성이 위에서 나의 입이 흰 고라말의 목등뼈를 쏘아 부러뜨린 자가 누구냐?"고 했다. 그 말에 제베가 "산 위에서 제가 쐈습니다. 이제 카안에게 죽임을 당하면 손바닥만한 땅을 더럽히

겠습니다. 용서를 하시면 카안을 위해서

> 깊은 물을 건너
> 흰 돌이 부서져라
> 덤버들겠습니다!
> '가라!'고 한 땅에
> 푸른 돌이 깨지도록,
> 〔달려들겠습니다.〕
> '붙어라!' 했을 때
> 검은 돌이 가루 되도록
> 달라붙겠습니다!"

하고 말했다. 칭기스 카한은 "적이었던 사람은 자신이 죽인 것을, 적대 행위를 한 것을 스스로 숨기고, 말을 바꾸는 것이 상례다. 이 사람은 죽인 것을, 적대 행위 한 것을 감추지 않고 도리어 알리고 있다. 동무할 만한 사람이다. 이름이 지르고아다이라고 했다. 그 전투마, 입이 흰 나의 고라말의 목등뼈를 쏘았으니 제베라고 개명하라.[31] 앞으로 나를 위해 싸우게 하겠다! 제베라고 이름을 바꾸고 내 곁에서 행하라!"고 분부하였다. 제베가 타이치오드로부터 와서 동무하게 된 내력은 그러하다.

---

31) 몽골어 jebe는 '화살촉, 창 끝'.

제 5 권

숙적의 제거, 생명의 은인 옹 칸, 더 큰 성공의 걸림돌 케레이드와의 불화

타이치오드의 섬멸, 타르고타이 키릴톡을 붙들었다가 놓아준 시르구에투의 아들 나야아를 칭찬함(148-150)

생명의 은인 옹 칸의 도덕적 결함(150-152) 숙적 타타르 섬멸, 군율을 어긴 칸위 추대자들,

지친들에 대한 처결(153-154) 예수이 카톤과 영웅의 질투(155-156) 자모카의 사주와 옹 칸의 배신(157-161)

배신자 옹 칸을 구원하는 칭기스 카한의 의리, 신의를 다짐하는 옹 칸(162-164)

아들 때문에 흔들리고 마는 옹 칸의 마음과 음모(165-168) 바다이와 키실릭의 목숨을 건 탈주와 고변(169)

148 칭기스 카한이 그곳에서 타이치오드를 약탈하고 타이치오드의 뼈를 가진 사람들, 즉 아오초 용사, 호톤 오르창,[1] 코도오다르 등의 타이치오드를, 친척의 친척까지 재로 날려 버렸다. 그들의 백성을 이동시켜 데려온 뒤 칭기스 카한이 코바 카야[2]에서 겨울을 났다.

149 니추구드 바아린의 시르구에투 노인이 아들 알락, 나야아와 함께 타이치오드의 우두머리 타르고타이 키릴톡이 숲에 들어가 있는 것을, 원수진 일이 있는 사람이라고 붙들어다가, 〔너무 뚱뚱해서〕 말을 탈 수 없는 타르고타이를 수레에 태워 데리고 올 때 타르고타이 키릴톡의 자제들이 그를 구하려고 쫓아왔다. 그의 자제들이 쫓아오자 시르구에투 노인은 타르고타이를 자빠뜨려 그 위에 타고 앉아 칼을 뽑아 들고는, "당신의 자제들이 당신을 찾으러 왔다. 내가 제 칸에게 손을 댔다는 소리를 듣게 될까 봐 당신을 안 죽여도, 나는 제 칸에게 손을 대었다고 하여 틀림없이 죽임을 당할 것이다. 내가 당신을 죽이면 물론 죽임을 당할 것이다. 어차피 내가 죽을 바에야 당신을 베개 삼아 죽겠다!"고 하고 나서 자기의 큰 칼로 그의 목을 막 베기에 이르렀을 때 타르고타이 키릴톡이 큰 소리로 자제들에게 외쳤다.

"나를 죽이고 있다. 죽여 버리면 너희들은 죽은, 목숨 없는 내 몸을 가져다 무엇 하겠는가? 나를 죽이기 전에 빨리 돌아들 가거라! 테

---

1) Hoton-orčang. 141절의 코돈 오르창, 144절의 호톤 오르창.

2) Quba-qaya '담황(회)색 바위(봉우리)'라는 뜻의 투르크어. 몽골의 역사 고고학자 Пэрлээ(1958) 는 이곳을 동경 109도, 북위 49도 지점으로 비정. Moses(1985~86 : 93) 참조. 이는 오난 강의 상류 지역임. 이와는 달리 몽일합동조사단(1994 : 32)은 동경 108도 32분, 북위 46도 07분 지점으로 비정. 후자의 문제점은 싸움이 벌어졌던 오난 강변의 어느 지점에서 직선 거리로 300km가 넘는다는 것임.

무진은 나를 안 죽인다. 테무진이 어렸을 때,

> 눈에는 불이 있고
> 얼굴에는 빛이 있다고 하여,
> 주인 없는(＝아무도 살지 않는) 목영지에 떨어져 있다고 하여,
> 구하려고 가서, 데려다가
> 가르치면 배울 것 같다고 여겨
> 갓 세 살, 두 살 난 망아지를 길들이듯
> 가르치고 단속하며 행했다.
> 죽이려고 했으면
> 내가 죽일 수 없었을까? 이제
> '그는 지혜가 있다고,
> 그의 마음은 열려 있다'고들 얘기한다.

테무진은 나를 안 죽인다. 너희들 내 아들들, 아우들은 빨리 돌아가거라! 시르구에투가 나를 죽여 버릴까 걱정이다!" 하고 큰 소리로 외쳤다.

그의 자제들은, "우리는 아버지의 목숨을 구하자고 왔다. 시르구에투가 그의 목숨을 없애 버리면 빈, 목숨 없는 그의 몸을 가져다 무엇 하겠는가? 죽이기 전에 빨리 돌아들 가자!" 하고 얘기하고 돌아갔다.

그들을 보내자 시르구에투 노인의 아들 알락, 나야아 등 달아났던 자들이 왔다. 그들과 함께 이동하여 오다가 도중에 코토콜 습원에 이르자, 거기서 나야아가 "우리가 이 타르고타이를 잡아가면 칭기

스 카한이 우리를 '그 칸에게 손을 댔다고, 제 칸에게 손을 댄 것들이 구슨 믿음성 있는 속민들이냐고, 이들이 우리에겐들 어찌 동무하겠느냐고, 동무할 수 없는 속민들, 그 칸에게 손을 댄 속민들을 베라!'고나 하지 않을까 걱정입니다. 우리가 오히려 타르고타이를 여기서 놓아 보내고 우리들끼리 칭기스 카한에게 가서 '힘을 드리러 왔다'고 합시다! '타르고타이를 붙잡아 오고 있었습니다. 그 칸을 버릴 수 없어서, 도저히 죽는 것을 볼 수가 없어서 놓아 보내고 우리가 믿고 힘을 드리려고 왔습니다'고 얘기합시다" 하고 말했다. 나야아의 이 말을 부자들이 옳게 여겨 타르고타이 키릴톡을 코도콜 습원[3]에서 놓아 보내고 시르구에투 노인이 알락, 나야아 등 아들들과 오자 "어찌 왔느냐?"고 했다. 시르구에투 노인이 "타르고타이 키릴톡을 잡아오다가 다시 제 칸이 죽는 것을 어찌 보겠는가 해서, 버릴 수는 없어서 놓아 보내고, 칭기스 카한에게 힘을 드리자고 왔습니다" 하고 대답했다.

그러자 칭기스 카한이 "제 칸에게, 타르고타이에게 손을 대고 온 것들이었으면, 그 칸을 손댄 속민들인 너희들은 일족[4]을 모두 벨 참이었다. 그 칸을 버릴 수 없었던 너희들의 마음이 옳다"고 하며 나야아에게 상을 내렸다.

150 그 뒤에 칭기스 카한이 테르수드에 있을 때 케레이드의 자카 감보가 동무하러 왔다. 그가 왔을 때 메르키드가 쳐들어와서 칭기스 카한과 자카 감보가 함께 싸워 물리쳤다. 거기서 투멘 투베겐(일만 투

---

3)　　Quduqul-nu'u. 바로 앞(5-5-5)과 220절(9-27-7)에는 코토콜 습원(Qutuqul-nu'u).

4)　　urug-i yar '一族'.

베겐), 올론 동카이드(수많은 통가이드), 궤산된 케레이드 사람들도 칭기스 카한에게 들어왔다.[5]

케레이드의 옹 칸은 선대 예수게이 칸 시절에, 평화롭게 공존하면서 예수게이 칸과 의형제를 맺었다. 의형제를 맺게 된 내력은 옹 칸이 자기 아버지 코르차코스 보이록 칸[소생]의 동생들을 죽이려고 했기 때문에 작은아버지 구르 칸과 싸움이 일어났다.[6] 그런데 싸움에 져서 카라온 협곡으로 숨어들었다가 겨우 100명만 데리고 빠져 나와 예수게이 칸에게 오게 되었다. 예수게이 칸은 그를 자기에게 오게 하고, 자기 군대를 출동시켜 구르 칸을 카신[7] 쪽으로 몰아내고 그 백성을 도로 빼앗아 옹 칸에게 돌려주었다. 그 일로 해서 두 사람은 의형제가 된 것이었다.

151 그 뒤 옹 칸의 아우 에르케 카라가 제 형 옹 칸에게 죽임을 당하게 되자 도망하여 나이만의 이난차 칸에게 들어갔다. 이난차 칸이 군대를 보내니 오히려 옹 칸이 쫓겨 세 개의 도시[8]를 전전하다 카라 키다드[9]의 구르 칸[10]에게 들어갔다. 거기서도 서로 반목하게 되어

---

5) 유원수(1994 : 114)의 "투멘 투베겐, 올론 동가이드를 궤산시킨 케레이드……"는 오역. 독자 여러분께 사과드린다.

6) 177절에서 보건대 옹 칸이 죽인 것은 아버지의 아우들이 아니라 자기의 아우들이었다.

7) 唐申, Qašin. 黃河의 서쪽이라는 뜻의 漢語 河西에서 유래하는 명칭으로 내몽골의 오르도스 지역부터 섬서의 일부, 甘肅, 寧夏를 지배하던 탕구트(＝티베트계) 왕조 西夏(1032~1227)를 가리킴. 1227년 칭기스 카한의 몽골군에게 패망. Rachewiltz(1976 : 61~62) 참조.

8) 西夏의 수도 興慶(몽골어 Eriqaya), 위구르 사람들의 베쉬발릭, 카를룩 사람들의 카얄릭. Rachewiltz(1976 : 62).

9) Qara Kidad. 漢文 史科에 西遼, 페르시아어 문헌에 Qarâ khitâî. 遼(916~1125) 멸망 후 그 유민들이 宗親 耶律大石을 중심으로 하여 세운 왕조. 몽골에서 쫓겨온 나이만의 구출룩 칸에게 패망하기까지 河中 지방과 투르키스탄에 군림함. 김호동(2002 : 82, 206) 참조.『몽골 비사』에서는 151절을 비롯한 6곳에서 Qara Kidad, 248절을 비롯한 2곳에서 Qara Kitad로 출현.

오이고드(=위구르 사람들), 탕고드(=탕구트 사람들)의 도시들을 거쳐 겨우 염소 다섯 마리를 붙잡고 젖을 짜고, 낙타의 피를 찔러 먹으며, 지쳐서 구세우르 호수로 왔다.

칭기스 카한은 선대에 예수게이 칸과 의형제를 맺은 법도대로 우선 타카이 용사와 수케게이 제운을 사자로 보내고 나서[11] 켈루렌의 발원에서부터 몸소 맞으러 가서 "굶주리고 야윈 모습으로 오셨다"며 옹 칸에게 세금을 거두어 주고, 자기 진영에 들게 하여 보살폈다. 그 겨울에 함께 이목하여 칭기스 카한이 코바 카야에서 겨울을 났다.

152 거기서 옹 칸의 아우들과 귀족들이 공론하기를, "우리의 이 칸 형은 성품이 형편없다. 간에서 냄새가 난다. 형제를 죽였다. 카라 키다드에게도 들어갔다. 백성도 괴롭힌다. 이제 우리가 이를 어찌할 것인가?

옛날 일을 얘기하자면 일곱 살짜리를 메르키드 사람들이 납치해다가 검은 얼룩 새끼양 가죽 외투를 입혀 셀렝게의 보오라 초원에서 절그질이나 시켰다. 그의 아버지 코르차코스 보이록 칸이 다시 메르키드 사람을 공격하여 자기 아들을 거기서 구해 오니까 이번에는 타타르의 아자이 칸이 열세 살짜리를 어머니와 함께 다시 납치해다가 낙타를 치게 하였다. 낙타를 치고 다니던 중 아자이 칸의 양치기가 데리고 도망해 왔다.

다시 그 뒤에 나이만이 무서워서 도망하여 사르타올[12]의 땅, 추이

---

10) Gür-qan. 카라 키다드 君主의 칭호. 이 당시의 구르 칸은 耶律直魯古. 옹 칸의 작은아버지(구르 칸)나 자모카(구르 카)와는 별개의 인물.
11) 124절 말미에 두 사람의 임무가 소개되어 있다.

강[13]에 있는 카라 키다드의 구르 칸에게까지 갔다. 거기서도 1년을 못 배기고, 다시 등지고 떠나 오이오드(＝위구르 사람들), 탕오드(＝ 탕구트 사람들)의 땅으로 돌아다닐 때 궁핍하여 겨우 염소 다섯 마 리를 붙들고 젖을 짜고, 낙타의 피를 찔러 먹고 겨우 눈먼 가리온 말[14]을 타고 테무진 아들에게 오니까 테무진이 세금을 거두어 돌 보았다.

이제는 테무진 아들에게 자신이 그렇게 갔던 것을 잊어버리고 냄 새 나는 간을 품고 다닌다. 우리는 어떻게 할 것인가?"

이렇게들 공론한 말을 알톤 아숙이 옹 칸에게 고변했다. 알톤 아숙 은 "저도 이 모의에 가담했습니다. 그러나 제 칸인 그대를 도저히 버릴 수 없었습니다" 하고 말했다. 옹 칸은 이러한 공론을 한 엘 코 토르, 콜바리, 아린 타이지 등 제 아우들과 귀족들을 체포하도록 했다. 아우들 가운데 자카 감보는 도망쳐 나이만에 들어갔다. 옹 칸은 칼을 씌워 그들을 게르에 가두고는, "우리가 오이오드, 탕오 드의 땅으로 돌아다닐 때 뭐라고들 했느냐? 내가 어찌 너희들과 똑같이 생각하겠느냐?" 하고 말하고는 그들의 얼굴에 침을 뱉고 칼을 풀어 주었다.

칸이 자기네 얼굴에 침을 뱉자 게르에 있던 사람들이 모두 일어나 침을 뱉었다.

153   그 겨울을 나고 개해(1202)의 가을에 칭기스 카한은 차아안 타타르

---

12)   중앙아시아. 특히 호레즘의 무슬림들. Sarta'ul. 村上(1972 : 47~48. 주 24) 등을 참조.

13)   현대 지도의 추 강. 카라 키타드의 수도에 해당하는 발라사군이 그 상류 어디쯤에 있었을 것으로 추 정됨.

14)   117절의 가리온말에 대한 주를 참조.

(=차간 타타르), 알치 타타르, 도타오드 타타르, 알로카이 타타르 등의 타타르와 달란 네무르게스에서 싸웠다. 전투에 앞서 칭기스 카한은 "적을 일시적으로 제압하더라도 전투 중에 전리품 때문에 멈춰 서는 일이[15] 없도록 하자! 적을 완전히 무력화하고 나면 그 전리품은 우리들의 것이다. 그때 같이 나누자! 적에게 밀리면 공격 개시선으로 물러서자! 공격 개시선으로 안 돌아온 자는 베겠다!"고 군율을 정했다.

달란 네무르게스에서 싸워 타타르를 패퇴시켰다. 그들을 제압하고 그들의 백성을 올코이 실루겔지드로 몰리게 하여 약탈했다. 차간 타타르(=차아안 타타르), 알치 타타르, 도타오드 타타르, 알로카이 타타르 등의 강력한 백성들을 거기서 궤멸시키고 알탄, 코차르, 다리타이는 군율을 안 지키고 전리품 때문에 멈춰 섰기 때문에 제베와 코빌라이를 보내 가축을 비롯해 약탈한 것은 뭐가 되었든 전부 몰수케 했다.

154　　칭기스 카한은 타타르를 궤멸시켜 약탈을 끝내고, 그들의 나라와 백성을 어떻게 할 것인가를 지친(至親)들과 한 집에 들어가 의논했다.

　　　"옛날부터 타타르 사람들은
　　　할아버지들, 아버지들을 시해한 자들
　　　할아버지들, 아버지들의
　　　원수를 갚고,

---

15)　　약탈을 하느라고, 또는 약탈물을 지키느라고 전투를 중단하는 일.

복수를 하여

수레바퀴의 굴대 빗장에 키를 대보고 그보다 키가 큰 것들은 도륙을 내어 주자![16] 없어질 때까지 죽이자! 남은 것들은 노예로 만들자! 이리저리 갈라서 나누어 갖자!"고 의논을 정하였다.

의논을 정하고 집에서 나오자 타타르의 예케 체렌(큰 체렌)이 벨구테이에게 의논을 어떻게 정하였는가 물었다. 벨구테이가 "너희들 모두를 굴대 빗장에 대보고 도륙하기로 했다"고 대답했다. 벨구테이의 이 말에 예케 체렌이 자신의 타타르에게 포고를 내려 방어 진지를 구축하였다. 방어 진지를 구축한 타타르에게 우리의 군인들이 거듭 공격을 하다가 큰 손실을 입었다. 방어 진지를 구축한 타타르 사람들에게 계속 고통을 가해 마침내 항복을 받았다. 굴대 빗장에 대보고 도륙을 하니 타타르 사람들이 "모두 소매에 칼을 숨겼다가 몽골병을 베개 삼아 죽자!"고들 하여 또 큰 손실을 보았다.

그렇게 타타르를 굴대 빗장에 대보며 완전히 도륙하고 나서 칭기스 카한은 "우리가 지친간에 의논한 것을 벨구테이가 누설하는 바람에 우리 병력이 몹시 희생되었다. 이 뒤로는 벨구테이를 회의에 들어오지 못하게 하라! 의논이 끝날 때까지 밖에서 모두를 다스리게 하라! 다툼질, 도둑질, 사기질한 자들을 처단케 하라! 의논이 끝나고 다른 참석자들이 의식의 술을 마신 뒤에, 벨구테이와 다아리타이(=다리타이)는 거기 들어오도록 하라!"고 명을 내렸다.[17]

---

16) '어린애들만 남겨 놓고 다 죽여 버리자!'

17) 이복 아우인 벨구테이와 작은아버지 다리타이는 각각 회의의 기밀을 누설한 죄, 전투 중에 약탈을 금지한 군령을 위반한 죄로 종실 지친간의 회의에 참석할 자격을 박탈당한 것이다.

155　　그리고 타타르의 예케 체렌의 딸 예수겐 카돈을 칭기스 카한이 거기서 취했다. 총애를 받게 된 예수겐 카돈이 "카한께서 허락하신다면 말씀드리겠습니다만 카한께서는 저 같은 것조차 사람으로 여겨 돌보십니다. 제 언니는, 이름이 예수이인데, 저보다 윗길 가는 사람이며 칸에게 적합한 사람입니다. 이제 막 신랑을 맞아들였습니다. 지금은 이 난리 중에 도대체 어디로 갔는지?" 하고 말했다.

이 말에 칭기스 카한이 "네 언니가 너보다 낫다면 찾자! 네 언니를 찾으면 네가 양보하겠느냐?"고 물었다. 예수겐 카돈은 "카한께서 허락하신다면, 제 언니를 단지 보기만 할 수 있다면, 언니에게 제 자리를 양보하겠습니다!" 하고 대답했다. 이 말에 칭기스 카한이 찾아내도록 명을 내려 신랑과 함께 숲으로 들어가는 것을 우리의 군인들이 발견했다. 그녀의 신랑은 달아났다.

예수이 카돈을 그리로 데려왔다. 예수겐 카돈은 자기 언니를 보자 앞서 약속한 대로 일어나 자기가 앉았던 자리에 언니를 앉히고 자신은 그 밑에 앉았다. 예수겐 카돈이 말한 대로 칭기스 카한의 마음에 들었기 때문에 예수이 카토[18]를 데려다 〔카톤의〕 반열에 앉혔다.

156　　타타르 사람들을 약탈하고 하루는 칭기스 카한이 밖에 나와 예수이 카돈과 예수겐 카돈 사이에 앉아 함께 술을 마시고 있는데, 예수이 카돈이 크게 한숨을 지었다. 거기서 칭기스 카한이 속으로 알아차리고 보오르초, 모칼리를 비롯한 노얀들을 불러오게 해서, "그대들은 이 사람들 모두를 아이막[19] 아이막별로 모여 있게 하라! 자

---

18)　qatu. qatun의 변이형(?). 64 · 132절의 qatun, qadun에 대한 주를 참조.
19)　ayimay '部落'.

기 아이막의 사람이 아닌 자를 같이 모여 있게 하지 마라!" 하고 영을 내렸다.

그렇게 아이막 아이막별로 모여 있게 하자 젊고 잘생긴, 볼품 있는 사람 한 명이 아이막들로부터 외따로 서 있었다. "너는 어디 사람이냐?"고 하니까 그 사람은 "타타르의 예케 체렌의 예수이라는 딸과 혼인한, 부마 되는 사람이다. 적에게 약탈당할 때 무서워 달아났다가 이제 안정되었다고 생각하여 다시 와서는, 이 여러 사람 가운데 어떻게 알아보겠나 생각하고 돌아다녔다"고 했다.

이 말을 칭기스 카한에게 아뢰자, "틀림없이 역심을 품고 도적이 되어 돌아다녔다. 이제 무엇을 엿보러 왔느냐? 그자와 같은 것들을 굴대 빗장에 대보았다. 무엇을 지체하느냐? 눈에 안 띄는 데다 버려라!" 하고 명했다. 바로 그렇게 베어 버렸다.

157 　바로 그 개해, 칭기스 카한이 타타르 사람들에게 출정했을 때, 옹 칸은 메르키드 사람들에게 출정하여 톡토아 베키를 바르고진 분지 쪽으로 쫓아내고 톡토아의 큰아들 투구스 베키를 죽이고, 톡토아의 두 딸 코톡타이, 차알론, 그리고 그의 부인들을 뺏고, 그의 아들 코토와 칠라온은 백성들과 함께 포로로 하였으나 칭기스 카한에게는 아무 것도 안 주었다.

158 　그 뒤에 칭기스 카한과 옹 칸이 구추구드 나이만의 보이록 칸에게 출정하여 그가 올록 탁의 소콕 오손(차가운 물)에 있을 때 그에게 이르자 보이록 칸은 맞서 싸우지 못하고 알타이를 넘어 이동했다.

보이록 칸을 소콕 오손에서부터 추격하여 알타이를 넘어 쿰 싱기르의 우룽구 강[20]을 따라 내려가며 쫓아갔다. 예디 토블록[21]이라는 이름의 노얀이 그의 척후로 다니다가 우리의 척후에게 쫓겨 산

으로 달아나게 되었는데, 안장의 뱃대끈이 끊어지는 통에 거기서
붙들렸다. 우룽구 강을 따라 내려가며 추격하여 키실 바시 호수[22]
에서 따라잡아 보이록 칸을 거기서 궤멸시켰다.

159 그곳에서 칭기스 카한과 옹 칸이 돌아오는데 나이만의 전사 쿡세
    우 사브락이 바이다락 벨치르(바이다락 합수머리)[23]에서 전열을 갖
    추고 기다리고 있어 싸우게 되었다. 칭기스 카한과 옹 칸은 함께
    싸우기로 하고 전열을 갖추어 전진하다가 밤이 되어 내일 싸우자
    며 나란히 숙영했다. 그러나 옹 칸은 자기 진지에 불을 피워 놓고
    밤에 카라 세울[24]을 거슬러 이동해 버렸다.

160 그때 자모카는 옹 칸과 함께 있었는데, 같이 이동해 가면서 "저의
    테무진 형제는 전부터 나이만과 사자 왕래가 있었습니다. 지금은
    우리를 따라오지도 않습니다. 칸, 칸이여!

    남아 있는 붙박이 종달새가 저입니다.
    떠나가는 떠돌이 종달새가 제 형제입니다.

    나이만에게 간 것입니다. 나이만에 가담하기로 되어 남은 것입니
    다" 하고 말했다.

---

20) 오늘날의 중국 신강 북부(몽골 서남 국경 인접 지역) 지역을 흘러 울룽구르 호수로 들어가는 하천.
21) 『집사』의 예티 투클룩(Îtî Tûqlûq). 김호동(2002 : 223, 주 123) 참조.
22) 몽일합동조사단(1994 : 32)은 동경 87도 15분, 북위 47도 18분의 울룽구르 호수로 비정.
23) Bayidaray-belčir(바이다락 合水머리). 바이다락은 몽골 중부 지방을 흐르는 강의 이름. 바이드락
    (Байдрар). 유원수(1995 : 85) 참조.
24) Qara-se'ül. '검은 꼬리'라는 뜻. (사행) 하천의 흐름을 짐승의 꼬리로 표현한 듯. 몽일합동조사단
    (1994 : 31)은 동경 99도 20분, 북위 45도 35분의 울지이트 강으로 비정.

자모카의 그 말에 오브칙 사람 구린 용사[25]가 "왜 간사하게 그렇게 올곧은 형제를 모함하며 헐뜯어 얘기하는가?" 하고 힐난했다.

161 칭기스 카한이 밤을 그 자리에서 지내고는 싸우려고 다음날 일찍 날이 밝아 옹 칸의 진지를 보니까 없었다. "이놈들이 우리를 땔거리 삼고 있었다!"[26] 하고는 칭기스 카한도 이동하여 에데르[27]와 알타이의 합수머리를 도하, 계속 이동하여 사아리 초원에서 숙영했다. 그때부터 칭기스 카한과 카사르는 나이만의 야비함을 실감하고, 사람으로 아니 여기게 되었다.[28]

162 쿡세우 사브락은 옹 칸의 뒤에서 추격하여 셍굼의 처자와 속민까지 모두 약탈해 뺏고 텔레게투 어귀에 있는 옹 칸의 몇 사람의 백성과 가축, 식량까지 약탈하고 나서야 돌아갔다. 그 와중에 메르키드의 톡토아의 두 아들 코토와 칠라온이 거기 있던 자기네 모든 백성을 데리고 떨어져 나와 자신들의 아버지에게 합류하여 셀렝게를 따라 이동했다.

---

25) Ubučiqtai Gürin-ba'atur. '오브칙(부족 혹은 씨족) 출자의 (남자) 구린 용사'.

26) "Ede či bidan-i tülešilen aju'u(이놈들이 우리를 툴레시 삼고 있었다)." Mostaert(1950 : 304), Rachewiltz(1976 : 69~70), Cleaves(1982 : 86) 등은 툴레시(tüleši)를 '망자에게 태워 바치는 제사 음식', 따라서 '제사 뒤에는 더 이상 아무 쓸모도 없고, 그래서 버릴 수 있는 것'으로 파악. Цэрэл Содном(2000 : 277)은 툴(레)시가 제사 지낼 때 땔감 삼아 불에 넣는 지방, 기름, 술, 고기 등이라 하고 "자신들을 불에 바친 툴(레)시처럼 적의 입에 던져 버리고 간……"이라고 설명. 이들의 설명은 서로 다른 것이긴 하지만, tülešilen(土烈食連)의 방역 '微燒飯'을 생각할 때, 둘 다 상당한 근거가 있어 보인다.

27) Eder. 현대 몽골 지도의 이데르 강(Идэр гол).

28) 사실 이 문장은 '야비함을'로 새긴 몽골어 秀不兀的(tubu'ud-i~tübü'üd-i) '大騃行'의 뜻을 확실하게 알 수 없어 짐작으로 옮긴 것이다. 다른 학자들의 번역도 확실한 근거가 있어 보이지 않는다. 유원수(1994 : 120)의 "그때부터 칭기스 카한과 카사르는 나이만의 기반을 실감하고, 속민으로 아니 여기게 되었다" 역시 짐작에 의한 것이었다.

163　쿡세구 사브락[29]에게 약탈당하고 옹 칸은 칭기스 카한에게 사자를 보냈다. 사자를 보내, "나이만에게 내 백성과 처자를 약탈당했다. 그대 내 아들에게, 그대의 네 명의 준마[30]를 구하러 보낸다. 그들을 시켜 내 백성을 찾아 주도록 하라!"고 했다.

칭기스 카한은 그리로 보오르초, 모칼리, 보로올, 칠라온 용사 이들 네 준마를 군대를 주어 보냈다. 이들 네 준마가 미처 당도하기 전에 〔옹 칸의 아들〕 셍굼이 홀라안 벼랑에서 싸우게 되어 타고 있던 말의 뒷다리에 살을 맞았다. 포로가 될 위기의 순간에 이들 네 준마가 당도하여 구해 주고 백성과 처자도 모두 찾아 주었다.

그제사 옹 칸은 "옛날 그의 훌륭한 아버지가 이와 같이 가버렸던 나의 백성을 구해 주었습니다. 이제 다시 가버렸던 내 아들의 백성을 그가 네 명의 준마를 보내 구해 주었습니다. 이 은혜를 갚는 일을 천지신명께서 주관하소서!" 하고 기도했다.

164　다시 옹 칸이, "나의 예수게이 용사 형제가 가버린 나의 백성을 한 번 구해 주었다. 테무진 아들이 다시 잃어버렸던 나의 백성을 구해 주었다. 이들 부자는 떠나 버린 백성을 누구를 위해 거두어 주며 모아 주며 고생하는가? 나도 이제 늙었다.

　　내가 늙어
　　높은 곳에 오르니
　　나도 옛것이 되었다.

---

29)　Kögsegü Sabray. 159 · 162절의 쿡세우 사브락(Kögse'ü Sa[b]ray).

30)　몽골어 dörben külü'üd(네 준마)는 방역 '四傑'이 의미하는 바와 같이 다음에 소개되는 칭기스 카한 휘하에 있는 네 사람의 맹장을 가리킨다.

옛것이 되어
성산에 오르면[31]
온 나라는 누가 다스릴 것인가?

나의 아우들은 인품이 없다. 나의 독자는 없는 것이나 마찬가지인
셍굼뿐이다.[32] 테무진 아들을 셍굼의 형으로 만들어 두 아들을 갖
게 된 뒤 쉬어야 하겠다!" 하고 생각하고 칭기스 카한과 옹 칸이 토
올라 강의 카라 툰에 모여 부자가 되기로 언약했다. 부자가 되기로
언약한 법도는 옛날 예수게이 칸 아버지와 옹 칸이 형제가 되기로
약속한 법도에 따라, "아버지와 같다"고 하여 부자를 맺은 것이다.
서로 약속하기를,

> "많은 적을 공격할 때
> 함께 하나가 되어 공격하자!
> 도망 잘 하는 짐승을 사냥할 때
> 하나가 되어 함께 사냥하자!"

고들 했다. 다시 칭기스 카한과 옹 칸이, "우리 둘을 시기하는

> 이빨 있는 뱀에게 부추김을 받아도

---

31) Qaldud-ta yaru'asu '죽어 산에 안치되면'. 현대 몽골어에서 확인되지 않는 qaldun, qaldud의 뜻에
대해서는 유원수(1995 : 108) 참조.

32) 『몽골 비사』에서는 옹 칸에게 아들은 셍굼 하나뿐인 것으로 서술한다. 그러나 『집사』에는 아바쿠
(Abaqu)라는 이름의 아들이 하나 더 있다. 김호동(2002 : 208) 참조.

부추김에 빠지지 말자!

이빨로 입으로 서로 말하고 나서 믿자!

어금니 있는 뱀에게 이간질당해도

그 이간질을 서로 취하지 말자!

입으로 혀로 확인하고 나서 믿자!"

고 그렇게 다짐하고 친하게 같이 지냈다.

165 "친한 위에 겹으로 친하게 되자!"고 칭기스 카한이 생각하여 조치[33]를 위해 셍굼의 누이 차오르 베키를 구하면서, 셍굼의 아들 토사카에게는 우리의 코진 베키[34]를 주겠다고 청혼하였다. 그러자 셍굼이 자신을 대단하게 생각하고 "우리의 일가가 그들에게로 가면 문 옆에 서서 항상 상석을 바라보고 있을 것이다. 그들의 일가가 우리에게 오면 상석에 앉아 문 쪽을 바라보고 있을 것이다"[35]며 자신을 대단하게 생각하고 우리를 천히 여겨 말하면서, 차오르 베키도 안 주고, 안 좋아했다. 그 말에 칭기스 카한은 마음속으로부터 옹 칸과 닐카 셍굼[36]에게서 정나미가 떨어졌다.

---

33) 칭기스 카한의 큰아들.

34) 칭기스 카한의 큰딸. 김호동(2002 : 209, 272, 275) 참조.

35) 유원수(1994 : 123)의 과거형 해석 "……바라보고 있었다"는 일종의 오역. 셍굼의 말은, "차오르 베키는 테무진 가문에 시집가면 하대를 받을 것이고, 테무진의 딸 코진 베키는 우리 집안에 와서 상전 노릇을 할 터이니 〔신세진 일이 있다 해서 그런 혼인은 할 수 없다〕"는 뜻일 듯.

36) 『몽골 비사』에서는 셍굼(Senggüm)이 이 사람의 이름처럼 사용되고, 닐카(nilqa)는 셍굼을 꾸며 주는 말처럼 사용된다. 『몽골 비사』의 표기 nilqa와 같은 형태를 지닌 중세 몽골어 단어로는 '갓난이, 어린이'라는 뜻을 가진 단어가 있다. 그렇다면 전체적인 뜻은 '갓난이 셍굼'으로 nilqa가 별명, 셍굼이 이름에 해당하는 것처럼 보인다. 한편 Pelliot et Hambis(1951 : 332~334) 같은 연구자들은 『몽골 비사』의 nilqa는 Ilqa의 오류이며 Sänggüm, 즉 우리의 Senggüm은 漢語 相公까지 소급하는 관직명

166 그렇게 정나미가 떨어진 것을 자모카가 눈치채고 돼지해(1203)의
봄에 자모카, 알탄, 코차르, 그리고 카르다킨,[37] 에부게진, 노야킨
의 수게에테이, 토오릴, 카치온 베키가 한 생각들이 되어, 제제에
르 고지 북쪽 베르케 사막에 있던 닐카 셍굼에게로 이동해 갔다.
가서 자모카가 이간질하기를, "나의 테무진 형제는 나이만의 타양
칸에게 정보와 사자를 보내고 있다.

그의 입은 '아버지-아들'이라고 한다.
그의 본성은 그것이 아니다.

당신들은 믿고 있다. 기선을 잡지 아니하면 당신들에게 무슨 일이
생길까? 테무진 형제에게 출정하면 나는 측면에서 협공하겠다!"고
했다. 알탄과 코차르는 "우리가 후엘룬 어머니의 아들을,

형을 살해하고
아우를 죽여 주마!"고 했다.

에부게진, 노야킨, 카르타아드 사람들[38]은,

"그의 손을 손으로 잡고
그의 발을 발로 눌러 주겠다!"고 했다.

이었다고 함.

37)　Qardakidai. 아래(5-41-2)에서는 Qarta'ad.

38)　Qarta'ad. 위(5-40-2)에서는 Qardakidai.

토오릴은 "우리가 취할 방법은 가서 테무진에게서 그의 나라를 빼앗는 것이다!

　　제 나라를 빼앗기면
　　나라도 없이 그들이 어찌하겠는가?"

하고 말했다. 카치온 베키는 "닐카 셍굼 아들아, 네가 무슨 생각을 하든,

　　긴 것의 끝까지
　　깊은 것의 바닥까지

함께 가마!"고 했다.

167　이런 말들을 하자, 닐카 셍굼은 자기 아버지 옹 칸에게 그런 말들을 사이칸 투데엔을 시켜 일러 보냈다. 이런 말들을 전하자, 옹 칸은 "너희들은 내 아들 테무진에게 왜 그런 생각들을 하고 있는가?

　　이제까지 그를 의지하고 있었으면서
　　이제 나의 아들에게
　　그렇게 나쁜 생각을 하면
　　하늘이 우리를 아니 사랑할 것이다.

자모카가 다니면서 말이 생기는 것이다. '옳으니, 그르니' 하고 돌아다닌다"며 안 좋아하며 돌려보냈다. 다시 셍굼이 "입 있고, 혀 있

는 사람이 모두 그렇게 말하고 있는데 왜 아버지만 안 믿는 것입니까?"라며 두 번, 세 번 일러 보내도 안 되자 자신이 직접 가서,

"아버님이 이렇게 정정하게 살아 계실 때도
우리를 아무 것도 아니게 만들고 있습니다.

정말로 칸 아버지 그대가

흰 것에
사래 들고,
검은 것에
목이 메이면[39]

아버지의 아버지이신 코르차코스 보이록 칸이 고생해서 이만큼 모여 있던 아버지의 나라를 우리가 다스리게 하실 생각이십니까? 누구에게, 어찌 다스리게 하실 생각이십니까?" 하고 들이댔다.
그 말에 옹 칸이 "〔나와 테무진은 부자의 연을 맺었다. 그는 내 아들이다.〕 자기 아이를, 자기 아들을 어떻게 버리겠느냐? 이제 그에게 의지하고 있다가 나쁜 생각을 하면 옳겠느냐? 하늘이 우리를 아니 사랑하실 것이다" 하고 달랬다. 그 말에 그의 아들 닐카 셍굼이 화를 내며 문을 거칠게 닫고 나갔다. 옹 칸이 자기 아들 셍굼의 마음을 안타까이 여겨 다시 불러다가, "결국은 하늘이 우리를 사랑하지

---

39)　'우유에 사래가 들고, 고기 조각에 목이 메일 만큼 늙으면'.

않겠는가? 내가 어떻게 아들을 버리겠다고 하겠느냐? 너희들이 능력껏 해라! 너희들이 알아서 해라!"고 했다.

168 그러자 셍굼이 "그들은 우리의 차오르 베키를 원하고 있었습니다. '이제 약혼 잔치를 잡수러 오시오!' 하고 날을 잡아 불러다가 거기서 붙듭시다!" 하고 제안하여 '그러자!' 하고 의논을 정하고, "차오르 베키를 드리겠습니다! 약혼 잔치를 잡수러 오십시오!" 해서 칭기스 카한에게 보냈다.

초대를 받은 칭기스 카한은 단 열 사람만 갔다. 도중에 뭉릭 아버지의 집에서 묵었다. 뭉릭 아버지는 "차오르 베키를 구할 때 그들이 우리를 깔보고 안 주었다. 어찌 이제사 당치도 않게 약혼 잔치를 먹으라고 부르는가? 자기네를 대단하게 여기던 사람들이 이제는 왜 당치도 않게 주겠다고 부르고 있는가? 옳은가, 그른가? 무슨 생각들이 있다. 아들은 알고 가야 할 것이다. '봄이 되었다. 우리의 가축이 여위었다. 각자 가축을 돌보자'고 이유를 대어 보내자!"고 하였다.

그래서 보카타이와 키라타이만 약혼 잔치를 먹으라고 보내고 칭기스 카한은 뭉릭 아버지의 집에서 돌아왔다. 보카타이와 키라타이만 가자, "우리의 기도가 폭로되었다. 내일 아침 일찍 포위해 잡자!"고들 했다.

169 그렇게 "포위해 잡자"고 말을 정한 뒤, 알탄의 〔사촌〕 아우 예케 체렌(큰 체렌)[40]이 집에 와서는, "내일 일찍 테무진을 잡자고들 했다. 이 얘기를 테무진에게 전하러 가는 사람은 어떤 보답을 받게 될

---

40) 48·51절 참조. 154·155절의 타타르의 예케 체렌과는 물론 동명이인.

까?" 하고 말했다. 그러자, 그의 아내 알락 이드가 "그 쓸데없는 당신의 얘기는 도대체 무슨 망발입니까? 사람들이 그럴 듯하게 여길까 두렵습니다" 하고 나무랐다.

그런 말들을 주고받고 있을 때 그의 말치기 바다이가 (말)젖을 갖고 왔다가 듣고 갔다. 바다이가 가서 동무 말치기 키실릭에게 체렌이 한 얘기를 했다. 키실릭이 "내가 다시 가서 알아보겠다!"며 집으로 갔다.

체렌의 아들 나린 케엔(날씬한 케엔?)이 집 밖에 앉아서 화살을 다듬으며, "방금 우리가 무슨 말들을 했습니까?

혀를 뽑히겠습니다.
누구의 입을 조심시키겠습니까?"

하고 말했다. 그렇게 말하고 나서 나린 케엔이 다시 제 말치기 키실릭에게 "메르키드종 흰 말과 입이 흰 조류말[41]을 끌어와라! 매어두었다가 새벽에 출발할 것이다" 하고 지시했다. 키실릭이 가서 바다이에게 "아까 네가 한 말을 확인했다. 정말이었다. 이제 우리 둘이 테무진에게 소식을 전하러 가자!"고 약속하고 메르키드종 흰 말과 입이 흰 조류말을 끌어다 매어 놓았다.

저녁이 되자 자기네들의 [작은 천막] 집에서 새끼양을 한 마리 잡아 침상을 뜯어 불을 피워 익혀 길 양식을 준비하고,[42] 메르키드종 흰

---

41)   거무스레하거나 흐릿하게 누르스름한 말. 중세 몽골어 케에르(Ke'er). 중세 국어 조류몰(棗騮馬).

42)   몽골문은 iseri-yer-en bolyaju '자신들의 침상(寢床)으로 익혀'.

말과 입이 흰 조류말을 준비하여 매어 놓은 것들을 타고 밤을 도와
가서 칭기스 카한에게 밤에 당도했다. 집 뒤편에서[43] 예케 체렌이
한 말, 그의 아들 나린 케엔이 앉아서 화살을 다듬으며 한 말, 메르
키드종 흰 말과 입이 흰 조류말, 두 필의 거세마를 붙들어매라고
한 말 모두를 일러 주었다. 다시 바다이와 키실릭이 "칭기스 카안
께서 허락하신다면 말씀드리겠습니다만, 주저하실 것 없습니다.
포위해서 잡자고들 했습니다" 하고 고했다.

---

43)　남쪽이나 남동쪽을 향하고 있는 몽골 게르에서 상석은 문의 정반대편(=북쪽)이다. 따라서 게르 안
　　　으로 들어오지 못하고 밖에서 아뢰는 사람은 귀인이 자리잡은 북쪽, 즉 게르의 뒤편에서 이야기해야
　　　안에 있는 귀인이 알아들을 수 있을 것이다.

제 6권

케레이드의 배신과 그로 인한 절멸, 극으로 치닫는 위기, 위기를 극복하는 영웅,
동부 초원의 최강자 되기

옹 칸의 대 추격과 사투(170-172) 위기 탈출, 코일다르 등의 충성과 죽음(173-175)

아버지라 부르던 옹 칸, 맹우였던 자모카, 노비의 후손 토오릴,

옹 칸의 아들 셍굼에게 보내는 통렬한 비난(177-181)

형을 찾은 아우 카사르, 옹 칸을 안심시키는 카사르의 거짓 노래, 케레이드 기습, 사흘간 계속된 섬멸전(182-185)

그렇게 얘기하자 칭기스 카한은 바다이와 키실릭의 얘기를 믿고, 밤중인데도 곁에 있는 믿을 만한 자들에게 얘기하고 무게를 줄이기 우해 무엇이 되었든지 간에 다 버리고, 몸을 피해 그 밤으로 이동했다. 마오 고지[1]의 북쪽으로 이동하다가 북쪽 숲에다 오리앙카이 출신 젤메 고아를 믿고 후위로서 엄호하도록 남겨두고, 이동하고 또 이동하여 다음 날도 정오가 지나 해가 기울기 시작할 때, 칼라칼지드 사막에 이르러서야 비로소 점심을 먹기 위해 멈추었다. 점심을 먹고 있을 때 알치다이[2]의 거세마치기 치기다이와 야디르가 거세마들에게 이리저리 풀을 뜯기며 돌아다니다가 뒤에서 마오 고지의 남쪽으로 훌라안 보로가드[3]를 따라 접근하는 적이 일으키는 먼지를 보고, 거세마들을 몰고 와 적이 왔다고 보고했다. 보니까 마오 고지의 남쪽으로 훌라안 보로가드를 따라 먼지가 일고 있었다. "옹 칸 그가 쫓아오고 있다!"며 거세마를 붙들게 하여 짐을 싣고 거기서 떠났다. 그렇게 못 봤으면 부지불식간에 당했을 것이다.

옹 칸은 자모카와 함께 오고 있었다. 옹 칸이 오면서 자모카에게 "테무진 아들에게 싸울 만한 자들이 누가 있느냐?"고 물었다. 자모카가 "거기 오로오드, 망고드라고 하는 그의 백성들이 있습니다. 그의 그 백성들이 싸웁니다.

우회할 때마다

---

1) 몽일합동조사단(1994 : 30)에 의하면 지금도 같은 이름(모 운두르)으로 불리는 동경 118도 55분 20초, 북위 47도 41분 10초 지점의 고지.

2) 칭기스 카한의 아우인 카치온의 아들.

3) Hula'an-buruyad. '붉은 버드나무들'이라는 뜻의 地名.

대형이 정확합니다.

진퇴할 때마다

대오가 정확합니다.

어려서부터

칼과 창에 숙달된 사람들이 그들입니다.

검은색, 얼룩색 군기를 갖고 있습니다. 그들은 경계해야 할 자들입니다" 하고 대답했다.

그 말에 옹 칸이 "그렇다면 우리는 지르긴족 용사들을 카닥에게 맡겨 그들을 공격하게 하자! 지르긴족의 후위로 투멘 투베겐족의 아칙 시룬이 공격하게 하자! 투베겐족의 후위로 올론 동카이드족의 용사들이 공격케 하자! 동카이드족의 후위로 옹 칸의 1천 위사대를 거느리고 코리 실레문 타이지가 공격케 하라! 1천 위사대의 후위로 우리의 본대가 공격한다!"고 했다. 다시 옹 칸이 "자모카 아우, 우리 군대를 그대가 지휘하라!"고 했다.

자모카는 따로 빠져 나와 제 동무들에게, "옹 칸이 내게 자기의 군대를 지휘하라고 한다. 테무진 형제에게 내가 대적해 싸울 수 없었다. 이 군대를 나보고 지휘하라고 한다. 옹 칸은 범용한 나보다도 못하다. 능력에 한계가 있는 동무다. 테무진 형제에게 정보가 들어가게 하자! 형제가 이겨내게 하라!"며 칭기스 카한에게 정보가 들어가도록 비밀리에 다음과 같이 일러 보냈다.

"옹 칸이 내게 물었다. 테무진 아들에게 싸울 만한 자들이 누가 있느냐고 물어 내가 오로오드, 망고드들을 지목하여 이야기했다. 내 말에 그들은 자신들의 지르긴을 전위로 정했다. 지르긴의 후위는 투멘 투베겐의 아칙 시론으로 정했다. 동카이드의 후위는 옹 칸의 1천 위사대의 대장 코리 실레문 타이지로 정했다. 그 후위로 옹 칸의 본대가 선다고 했다. 다시 옹 칸이 ‘자모카 아우, 우리의 군대를 네가 지휘하라!'고 맡겼다. 이로써 한계가 있는 동무라는 것을 알아볼 수 있었다. 우리가 서로 군대를 지휘하여 무엇을 할 수 있겠는가? 일찍이 내가 형제와 싸울 수 없었다. 옹 칸은 나보다도 못하다. 형제여, 두려워 마라! 이겨내라!"고 하여 일러 보냈다.

이 말을 전하자, 칭기스 카한이 "오로오드의 주르체데이 백부, 그대는 무슨 말씀을 하시겠소? 그대를 전위로 합시다!"고 했다. 주르체데이가 채 무슨 소리를 내기도 전에 망고드의 코일다르 현자가 "주르체데이 형제 앞에서 내가 대적해 싸웁시다. 이후 나의 고아들을 형제가 알아서 돌보아 주시오!" 하고 나섰다. 주르체데이가 "칭기스 카안의 앞에서 우리 오로오드, 망고드가 전위로 싸웁시다!"고 했다.

그렇게 말하고 나서 주르체데이와 코일다르가 자신들의 오로오드, 망고드를 칭기스 카안의 앞에 정렬해 섰다. 정렬해 서자 적이 지르긴을 전위로 하여 다가왔다. 오자 오로오드, 망고드가 맞아 공격하여 지르긴을 제압했다. 제압하고 전진할 때 투멘 투베겐의 아칙 시론이 공격했다. 아칙 시론이 코일다르를 찔러 말에서 떨어뜨렸다. 망고드가 코일다르의 주위로 모여 섰다. 주르체데이가 오로오드로 공격하여 투멘 투베겐을 제압했다. 제압하며 전진할 때 올론 동카이드가 맞서 공격했다. 주르체데이가 다시 동카이드를 제압했다. 제압하며 전진할 때 코리 실레문 타이지가 1천 위사대로 공격했다. 주르체데이가 다시 코리 실레문 타이지를 물리치고, 제압하며 전진하고 있을 때 옹 칸과 상의도 없이 셍굼이 맞서 공격하다가 연지(臙脂) 바른 뺨에 살을 맞고 바로 그 자리에 떨어졌다. 셍굼이 낙마하자 케레이드가 모두 셍굼 주위를 에워싸고 섰다. 그들을 제압하고, 떨어지는 해가 산 위에 걸려 있을 때, 우리 편이 에워싸고 부상을 당하고 낙마한 코일다르를 데리고 돌아와 칭기스 카한은 우리의 병사들이 옹 칸과 맞서 싸운 곳에서 이동하여 거리를 두고 밤을 보냈다.

172 서서 밤을 새우고 날이 밝아 인원을 점검해 보니 우쿠데이,[4] 보로골,[5] 보오르초가 없었다. 칭기스 카한은 "우쿠데이와, 믿음직한 보오르초와, 보로골이 낙오되었다. 살든 죽든 그들은 헤어지지는 않았을 것이다" 하고 자위했다. 우리 편은 밤에 각자 거세마들을 붙든 채 서서 밤을 새우고 칭기스 카한이 "우리를 추격해 오면 맞서 싸우자!"고 하여 전열을 가다듬고 있었다. 날이 밝아 보니 뒤에서 한 사람이 온다. 보오르초였다.

보오르초가 오고 나서 칭기스 카한이 "영생의 하늘께서 아시도록 하라!"고 하면서 가슴을 두드렸다. 보오르초는 "공격시에 내 말이 살에 맞아 넘어지는 바람에 도보로 달려갈 때 바로 케레이드가 셍굼을 에워싼 백병전의 와중에 짐 실은 말이 그 짐이 다 쏟아질 듯이 하고 서 있는 것을 짐을 끊어 버리고 짐 안장에 올라타고 빠져

---

4) 斡闊歹(Öködei). 칭기스 카한의 셋째 아들로 몽골 카한의 위를 상속받는다. 『몽골 비사』에서는 우구데이(Ögödei)가 36회, 우쿠데이(Öködei)가 5회 사용됨. 『집사』에서는 Ûgötâî의 형태로 출현. 김호동(2002 : 130 등) 참조.

5) Boroyul. 137·138절에서 보로올(Boro'ul)로 소개된 인물. 『몽골 비사』에는 보로골로 24회, 보로올이 5회 등장.

나와 아군이 떨어져 나온 길을 밟아 찾아 가며 이제 왔습니다" 하
고 보고했다.

173   잠시 있으려니 다시 한 사람이 온다. 다가올 때 다리를 아래로 늘
어뜨리고 온다. 보니 한 사람 같다. 다 와서 오니 우쿠데이의 뒤에
보로골이 같이 타고 입가에 피를 흘리며 오고 있었다. 우쿠데이가
목 핏줄에 살을 맞고 피가 굳자 보로올이 혈관을 막는 피를 빨아내
입가로 흘리며 온 것이었다.

칭기스 카한이 보고 눈에서 눈물을 흘리며 마음 아파하면서 서둘러
불을 지피게 하여 열이 상처에 스며들게 하고 우쿠데이에게 마실
것을 찾아 주게 하고, "적이 오면 맞서 싸우자!"며 있었다. 보로골이
"적의 먼지가 저쪽으로, 마오 고지의 남쪽으로 홀라안 보르가드 쪽
으로 길게 나며 멀어져 갔습니다" 하고 보고했다. 보로골이 그 말을
하자, 칭기스 카한은 "적이 오면 맞서 싸울 것이다. 적이 퇴각했으
면 우리도 전열을 정비해서 다시 싸우자" 하고 이동했다. 올코이 실
루겔지드를 거슬러 이동해서 달란 네무르게스로 들어갔다.

174   그리로 뒤에서 카다안 달도르칸[6]이 처자와 헤어져 왔다. 와서 옹
칸이 한 얘기라고 하며, "옹 칸의 아들 셍굼이 오초막살[7]로 연지
바른 뺨을 맞아 말에서 떨어지자 그를 에워싸고 있는데 옹 칸이,

---

6)   120절에는 이 사람의 5형제가 테무진이 자모카와 갈라설 때 테무진에게 온 것으로 되어 있다. 그 뒤
옹 칸에게 가 있었거나 혹은 자모카에게 다시 들어갔던 모양이다.

7)   오초막이 화살의 이름인 것은 틀림없겠으나 형태와 기능, 그리고 어원은 알 수 없다. "오초막살로"에
해당하는 원문의 몽골어는 učuma'ar '射名敎'이나 208절(8-43-8)의 형태 učumayar(učumay-ar)를
참고하여 한글로는 오초막으로 전사.

'설마 질까 보냐 하던 것에

졌다.

감히 달려들겠는가 하던 것이

달려들어

내 사랑하는 아들의

뺨에

못을 박았다.

아들의 목숨을 걸고 공격하자!'고 했습니다. 그러자 아칙 시론이,
'칸, 칸! 그만두소서!

보이지 않는 곳에 있는 아들을

찾기 위하여

비법의 오색 끈을 갖추어

아보이 바보이 하며

찾으며 빕니다, 우리는.

이렇게 해서 태어나게 된 아들[8]

셍굼을 돌봅시다. 몽골의 대부분이 자모카, 알탄, 코차르와 함께
우리 편에 있습니다. 테무진과 함께 등을 돌려 나간

---

8) "보이지 않는 곳에 있는 아들"은 아마도 '(내 아들로 태어나도록 운명지어졌으나) 아직 태어나지 않
   은 아들', 실제로는 '없는 아들'. 따라서 전체적인 뜻은 '(없는) 아들 낳게 해달라고 온갖 정성을 다
   바쳐 빌고 빌어 겨우 얻은 귀한 아들'로 이해할 수 있을 듯.

몽골이 어디를 가겠습니까? 그들은

말이라고는 타고 있는 것뿐인 자들,

〔눈비도〕 나무 밑에서 가려야 할 자들이 되었습니다.

그들이 아니 오면 우리가 가서 그들을 말똥처럼 옷자락에 싸서 가
져옵시다' 하고 말했습니다. 아칙 시론의 이 말에 옹 칸이 '자, 그러
면 아들이 못 견딜까 걱정이다. 아들을 흔들리지 않게 보살펴라!'
하고 싸운 곳에서 되돌아 물러갔습니다" 하고 정황을 이야기했다.

175　　칭기스 카한은 달란 네무르게스에서 칼카[9]를 따라 하류 쪽으로 이
동하면서 인원을 점검했다. 헤아려 보니 2천 6백이 되었다. 1천
3백은 칭기스 카한과 칼카의 서안을 따라 이동했다. 1천 3백은 칼
카의 동안을 따라 오로오드, 망고드가 이동했다. 그렇게 이동하면
서 군량 조달을 위해 사냥을 하게 되었는데, 코일다르는 칭기스 카
한이 말려도 안 듣고 채 상처가 아물기도 전에 사냥감으로 달려들
었다가 상처가 악화되어 사망했다. 칭기스 카한은 칼카 강의 오르
습원의 켈테게이 카다[10]에 그의 뼈를 안장했다.

176　　칼카 강이 보요르 호수로 흘러 들어가는 초입[11]에 테르게, 에멜 등
의 옹기라드가 있다는 것을 알고 주르체데이에게 오로오드족을 딸
려 보냈다. 보내면서 "그들이, '옹기라드 사람들은 옛날부터

---

9)　　Qalqa　중국 대흥안령 산맥 남록에서 발원하여 몽골의 보이르 호수로 들어가는 강. 중국 지도에 哈拉
　　　哈河, 몽골 지도에 **Халхын гол**. 전장 399km. 현대사에는 1939년 8월 몽소연합군이 일본군을 대파
　　　한 전장으로 유명함.

10)　　Keltegei-qada(비탈 바위). 방역은 '半崖'이나 191 · 192절의 문맥으로 미루어 지명.

11)　　대략 등경 117도 50분, 북위 47도 54분 지점.

손녀딸의 얼굴로,

딸의 미모로'

라고 하면 받아들여라! 그들이 그 반대로 말하면 싸워라!" 하고 일러 보냈다. 그들은 주르체데이에게 귀순했다. 귀순해 오자 칭기스 카한은 그들의 아무 것도 건드리지 않았다.

177 거기서 옹기라드를 귀순시키고 나서 퉁게 개울 동쪽으로 옮겨 설영하고, 칭기스 카한이 아르카이 카사르와 수게게이 제운[12]에게 말을 받들게 했다.

"퉁게 개울의 동쪽에 하영했다. 풀도 좋아졌다. 군마들도 관절에 힘이 생겼다. 나의 칸 아버지에게 일러라!" 하고는,

"나의 칸 아버지, 당신은 무슨 까닭으로 나를 혼냈습니까? 혼을 내더라도 왜 못된 아들들, 못된 며느리들을 잠이라도 재워 가며 혼내지 않습니까? 왜

평화롭게 기거하는 침상을 자르고,

위로 나가는 연기를 흩뜨려[13]

그렇게 혼을 냅니까? 나의 칸 아버지여,

곁에서 싸고 도는 사람이

---

12) Sügegei-je'ün. 120절(3–35–5), 151절(5–11–10)의 수케게이 제운(Sükegei-je'ün), 124절(3–47–3), 아래(6–26–10)의 수케게이, 126절(3–50–3)의 수게게이와 같은 사람.

13) '침상을 부수고, 굴뚝을 무너뜨려'.

찔렀습니까?
앞뒤로 둘러싼 사람이
부추겼습니까?

나의 칸 아버지여, 우리 둘이 어떻게 합의했지요? 조르갈 벼랑의
홀라아노오드 볼다오드에서 우리가 약속하지 않았던가요?[14]

　'이빨 있는 뱀에게
부추김을 받아도
그 부추김에 빠지지 말자!
이빨로 입으로 확인하고 나서 믿자!'

고 약속하지 않았나요? 이제 나의 칸 아버지 그대가 이빨로 입으
로 확인하고 헤어졌습니까?

　'어금니가 있는 뱀에게
이간질당해도
이간에 속지 말자!
입으로 혀로 확인하고 나서 믿자!'

고 약속하지 않았던가요? 이제 나의 칸 아버지 그대가 입으로 혀

---

14)　163절에서는 장소가 홀라안 벼랑(Hula'an ɣud '붉은 벼랑들'). 여기서는 조르갈 곤(Joryal ɣun '조르
갈 벼랑')의 홀라아노오드 볼다오드(Hula'anu'ud bolda'ud '붉은 동산들').

로 확인하고 갈라섰습니까?

나는 조금이라도 있으면 많은 것을 찾지 않았습니다. 나쁜 것이라도 있으면 좋은 것을 구하지 않았습니다. 두 끌채가 있는 수레에서 한쪽 끌채가 부러지면 소는 끌 수가 없지요. 그와 같이 당신의 한쪽 끌채가 내가 아니었나요? 두 바퀴가 있는 수레에서 한쪽 바퀴가 부서지면 움직일 수가 없지요. 그와 같이 당신의 한쪽 바퀴가 내가 아니었나요?

옛일을 얘기하자면, 당신의 아버지 코르차코스 보이룩 칸의 뒤를 이어, 당신이 40 아들들의 맏이라고 해서 칸이 되었지요. 당신은 칸이 되고 나자 자기 아우 타이 테무르 타이지, 보카 테무르를 죽였지요. 당신의 아우 에르케 카라가 죽임을 당하게 되자 목숨을 부지하려고 빠져 나가 나이만의 이난차 빌게 칸에게로 달아났습니다. '제 아우들을 살해하는 자가 되었다'고 당신의 숙부 구르 칸이 당신에게 출병하자 당신은 겨우 백 명만 데리고 목숨만을 구해 달아나, 셀렝게를 따라 도망하여 카라온 협곡에 숨어들게 되었지요. 당신이 다시 거기서 나올 때 메르키드의 톡토아에게 당신의 딸 호자오르 부인을 바치고[15] 카라온 협곡에서 나와 나의 아버지 예수게이 칸에게 왔지요.

와서, '구르 칸 숙부에게서 나의 백성을 찾아 주오!' 하고 애걸해서 나의 아버지 예수게이 칸이 당신을 위해 그렇게 하려고 타이치오드에서 고난과 바가지를 데리고, 당신의 나라를 찾아 주겠다고 군

---

15) 메르키드의 톡토아 베키를 면대하기 위한 뇌물로(그래서 아쉬운 소리를 할 수 있도록). Cleaves (1982 : 104, 주 33) 참조.

대를 거느리고 가서 고르반 텔레수드에 있는 구르 칸을 이삼십 사
람만 살려 카신(＝西夏)[16] 쪽으로 몰아내고 당신의 나라를 되찾아
주었지요. 거기서 와서 토올라 강의 카라 툰에서, 나의 아버지 예
수게이 칸과 서로 형제가 되고 거기서 나의 옹 칸 아버지가 감격하
여, '그대의 이 도움을 그대의 후손의 후손에게까지 보답하도록 위
에 계신 천지신명께서 가호하소서!'라며 고마워한 것이었지요.

그 뒤 에르게 카라[17]가 나이만의 이난차 빌게 칸에게서 군사를 얻
어 강신에게 출병하여 오니까 당신은 자기 목숨만 부지하기 위하
여 백성을 버리고 소수의 사람만 도망해 나와 카라 키다드의 구르
칸에게, 추이 강의 사르다올[18]의 땅에 갔지요? 채 일년을 못 버티
고 다시 구르 칸에게서 등을 지고 나와 오이오드, 탕오드의 땅으로
초라하게 다닐 때 겨우 염소 다섯 마리를 붙잡고 젖을 짜 먹고, 낙
타의 피를 찔러 먹으며, 눈먼 가리온말 한 마리만 타고 왔지요. 아
버지 칸인 당신이 그렇게 궁하게 되어 온다는 것을 알고, 선대에
나의 아버지 예수게이 칸과 의형제를 맺었다는 것 때문에, 당신을
맞으러 타카이와 수케게이를 사자로 보내고, 나 역시도 몸소 켈루
렌의 부르기 기슭에서부터 마중을 나가 구세우르 호수에서 서로
만났지요.

당신이 '궁하게 되어 왔다'고 세금을 거두어 당신에게 주고, 선대
에 나의 아버지에게 형제가 되기로 한 법도에 따라 토올라 강의 카
라 툰에서 우리가 부자가 되기로 한 사연이 그렇지 않은가요? 그

---

16)　150절의 주 참조.

17)　Erge-qara. 151절. 이 절의 앞 부분에 나오는 에르케 카라(Erke-qara)와 동일 인물.

18)　Sardr̓ul. 152절의 사르타올.

겨울 당신을 나의 진영 내로 들어오게 하여 모셨지요. 겨울을 나고, 여름을 나고, 그 가을 메르키드 사람들의 톡토아 베키에게 출정하여 카딕릭 산맥의 무루체 세울에서 싸워 톡토아 베키를 바르고진 분지 쪽으로 몰아내고 메르키드 사람들을 약탈하여 그들의 많은 가축, 그들의 궁실, 그들의 곡식을 빼앗아 전부를 칸 아버지에게 드렸지요. 당신이 굶주리는 것을 한나절이 아니 가게 했지요. 수척한 것이 보름을 아니 가게 했지요.

또한 우리가 구추구르(나이만)의 보이록 칸[19]을 올록 탁의 소콕 오손에서 알타이를 넘게 하며 추격하여 우룽구를 따라 내려가다 키칠 바시 호수[20]에서 섬멸시켜 버렸지요. 거기서 돌아오는데 나이만의 쿡세우 사브락이 바이다락 벨치르에서 자기 부대를 지휘하여 싸우려고 기다리고 있었지요. 저물녘이 되어 '내일 일찍 싸우자'고 함께 진을 치고 밤을 보낼 때 나의 칸 아버지 당신은 자기 진지에다 불을 사르고 밤에 카라 세울을 거슬러 이동했지요.

다음날 일찍 보니까 당신들이 진지에 없어, '이놈들이 우리를 땔거리 삼고 있었다!'며 나도 거기서부터 이동하여 에데르와 알타이의 합수머리를 건너 사아리 초원에 설영했지요. 거기서 당신을 쿡세우 사브락이 추격하여 셍굼의 처자와 속민 전부를 빼앗고, 텔레구투 어귀에 있는 칸 아버지 당신의 몇몇 백성, 가축과 식량도 약탈해 가고, 메르키드의 톡토아의 아들 코도와 칠라온도 당신에게 와 있다가 그 싸움의 와중에 당신을 등지고 나와 자기네 속민들을 데리고,

---

19)　Güčügürtei Buyiruɣ-qan. 158절의 구추구드 나이만의 보이록 칸(Naiman-u Güčügüd-un Buyiruɣ-qan).

20)　Kičil-baši-na'ur. 158절의 키실 바시 호수(Kišil-baši-na'ur).

자기네 아버지에게 합류하여 바르고진으로 들어갔지요.

그러자 나의 칸 아버지 당신은 '쿡세우 사브락에게 나의 속민을 약탈당했다. 나의 아들은 자기의 네 명의 준마를 보내라!'고 하여 나는 당신같이 아니 생각하고 그리로 보오르초, 모칼리, 보로골, 칠라온 용사 이들 네 준마로 군대를 지휘하여 보냈을 때 이들 나의 네 준마가 도착하기 전에 셍굼이 홀라안 벼랑에서 싸우게 되어 말의 뒷다리에 살을 맞아 붙잡히게 되었을 때 나의 네 준마가 이르러 구하고, 처자와 백성까지 모두 찾아 주니까 거기서 나의 칸 아버지가 고마워하며, '아들 테무진이 떠나 버린 내 속민을, 네 명의 준마를 보내 구해 주었다'고 했지요.

이제 나의 칸 아버지 당신은 나의 무슨 죄를 꾸짖었습니까? 죄를 묻는 법도대로 사자를 보내시오! 보낼 때 콜바리 코리와 이두르겐을 보내십시오! 둘 다 못 보내겠으면 후자를 보내십시오!"라고 해서 보냈다.

₁₇₈ 이 말에 옹 칸이 "아! 죄도 많구나![21] 아들과 갈라서야 하는가? 〔그리하는 바람에 나는〕 도리에 어긋나고 말았다. 헤어져야 하는가? 〔그리하는 바람에〕 내가 의무를 저버리고 말았다"며 마음이 괴로워서, "이제 아들을 보고 못된 생각을 하면 이와 같이 피를 보리라!"고 맹세하며 새끼손가락 끝을 화살 오늬 다듬는 칼로 찔러 피를 흐르게 하여 뚜껑 있는 통에 담아 "내 아들에게 주어라!"고 해서 보냈다.

---

21) "Ai, soyiluy!" 이 표현의 의미, 어원에 대한 유원수(1994 : 139, 주 8)의 논의는 Rachewiltz(1977 : 54)를 인용하지 않은 큰 잘못이 있다. 독자 여러분께 사과드린다.

179 다시 칭기스 카한이 자모카 형제에게 이르라고 하며, "그대는 내가 아버지 칸과 잘 지내는 꼴을 보지 못해 갈라서게 했다. 우리 중에 먼저 일어난 자가 칸 아버지의 푸른 술잔으로 마시도록 되어 있었다. 그대는 내가 먼저 일어나 마셨기 때문에 질투했다.[22] 이제 그대들이 칸 아버지의 푸른 술잔을 비워라! 몇 번이고 비워라!"고 하여 보냈다.

다시 칭기스 카한이 알탄과 코차르에게 "너희 둘은 나를 죽여 공공연하게 버리려고 했느냐, 비밀리에 버리려고 했느냐? 코차르 너를 '네쿤 타이지의 아들'이라고 우리 중에서 네가 칸이 되라고 했을 때 네가 거절했다. 알탄 너를, '코톨라 칸이 다스렸다. 네 아버지가 다스린 바 있으니 네가 칸이 되라!'고 하니까 네가 사양했다. 내가 '위에서부터 바르탄 용사의 [큰집] 아들이!'라며 사차와 타이초에게 '너희들이 칸이 되라!'고 했지만 그들도 설득시키지 못했다.[23] 내가 너희들한테 칸이 되라고 해도 너희들은 못한다 하고, 너희들은 나더러 칸이 되라고 하고, 그래서 내가 다스리고 있었다. 너희들이 칸이 되었으면, 수많은 적에게 앞장서 달려들게 되었을 때 하늘에 가호되면, 나는

---

22) 총역도 "在前時每日誰早起呵. 將父親的馬乳. 用靑鍾飮有來. 爲我常早起的上頭. 嫉妬了"로 직역하고 있다. 사실을 빌어 또 다른 사실을 지적하는 표현인 듯하다.

23) "'De'ere-eče Bartan-ba'atur-un kö'ün!' ke'ejü Sača, Taiču qoyar-i, 'Ta qad boludqun!' ke'ejü yadaba je, bi.'" "'위에서부터 바르탄 용사의 아들이!'라고 생각하여 사차와 타이초를, '그대들이 칸들이 되시오!' 했지만 하지 못했다. 나는." 이 대목은 어딘가 잘못된 것이 틀림없다. 사차와 타이초의 할아버지 우킨 바르칵은 테무진의 할아버지인 바르탄 용사의 형으로 그들 형제들의 맏이였기 때문이다. 즉 사차와 타이초네 집안이 큰집이 되는 것이다(48·49절). 위와 같은 점을 고려하여 위와 같이 고쳐 보았다. 이 대목에 대한 상세한 논의는 村上(1972:184~185, 주 4), Rachewiltz(1977:55), Cleaves (1982:107~108, 주 44) 등을 참조.

적을 약탈할 때

볼이 고운 처녀, 귀부인을,

엉덩이 튼튼한 거세마를

데려다 줄 것이었다.

도망 잘 하는 짐승을 사냥할 때

몰이꾼들의 앞장에 서게 하면,

바위산의 짐승을

그 앞다리가 서로 닿도록 몰아 줄 것이었다.

낭떠러지의 짐승을

그 뒷다리가 하나 되도록 몰아붙여 줄 것이었다.

초원의 짐승을

그 배가 하나 되도록 포위를 죄어 줄 것이었다.

이제 나의 칸 아버지에게 잘 동무해 드려라! 너희들이 '쉽게 싫증을 내는 자들'[24]이라고 얘기될까 걱정이다. '차오드 코리[25]만 의지가 되었다'고 얘기들 되지 마라![26] 삼강의 발원이 아무에게도 설영되지 않게 하라!"[27]고 해서 보냈다.

---

24) '사람을 쉽게 배신하는 자들'.

25) Čaud-quri. 134절의 자오드 코리.

26) 우리의 번역은 '옹 칸이 의지할 만한 자는 차오드 코리(테무진)뿐이었다'는 뜻이다. 대개의 학자들은 '알탄과 코차르는 그동안 테무진의 위세에 의지해 그럴 듯하게 보이도록 가장할 수 있었을 뿐(이제 보니 아무 것도 아닌 것들)이다'는 쪽으로 이해하고 있다.

27) '삼강의 발원을 (케레이드를 포함하여) 누구에게도 빼앗기지 마라!' 오난, 켈루렌, 토올라 세 강은 모두 헨티 산맥의 서로 인접한 지역에서 발원하며, 세 강이 발원하는 지역은 알탄, 코차르, 테무진을 비롯한 몽골인들이 조상 대대로 거주하던 본향인데 몽골족의 칸 테무진은 케레이드의 옹 칸에게 패퇴하여 발조나로 밀려나고, 테무진을 배신하고 케레이드에 부역한 알탄과 코차르가 이 지역의 새로운

180 다시 칭기스 카한이 "토오릴 아우에게 일러라!" 하고는,

"아우라고 하는 사연은, 톰비나이와 차라카이 링코의 노예로 옥다가 붙들려 왔다. 노예 옥다의 아들은 노예 수베게이였다. 노예 수베게이의 아들은 쿠쿠추 키르사안이었다. 쿠쿠추 키르사안의 아들은 예게이 콩타가르[28]였다. 예게이 콩타가르의 아들 토오릴, 너는 누구의 나라를 주겠답시고 알랑대며 다니는가, 네가? 나의 나라를 알탄과 코차르 누구에게도 못 다스리게 할 것이다. 너를 그나마 '아우'라고 불러 주는 사연은,

> '내 고조부의
> 문지방 노예,
> 내 증조부의
> 문전 씨노예'

였기 때문이다."

181 다시 칭기스 카한이 "셍굼 형제에게 일러라!" 하고는,

> "옷을 입고 태어난 아들이 나였다.
> 벌거벗고 태어난 아들이 너였다.

우리의 칸 아버지는 우리 둘을 동등하게 돌보셨다. 〔내가 너희 부자

지배자로 군림하게 된 상황이다.

28) Yegei-qongtayar. 120절의 제게이 콩다코르와 근본적으로 같은 이름으로 보이지만 같은 사람은 아닐 것 같다.

의] 사이에 끼어들까 봐 셍굼 형제 네가 나를 시기하여 쫓아냈다. 이제 우리 칸 아버지의 마음을 괴롭히지 말고 조석으로 들며 나며 위로해 드리고 다녀라! 제 썩은 생각을 아니 버리고, 칸 아버지가 살아 계시는데도 칸이 되겠다고, 우리 칸 아버지의 마음을 괴롭히고 어지럽히지 마라!" 하고 말했다.

그리고 나서, "셍굼 형제는 내게 사자를 보내라! 보낼 때 빌게 베키와 투두엔 두 동무를 보내라!"고 해서 보냈다. "내게 사자가 올 때 칸 아버지도 두 명의 사자를 보내시오! 셍굼 형제도 두 명의 사자를 보내라! 자모카 형제도 두 명의 사자를 보내라! 알탄도 두 명의 사자를 보내라! 코차르도 두 명의 사자를 보내라! 아칙 시론도 두 명의 사자를 보내라! 카치온도 두 명의 사자를 보내라!" 하고 아르카이 카사르와 수게게이 제운으로 하여금 이러한 전언을 받들게 하여 보냈다. 이 말들을 이렇게 전하자, 셍굼이

"언제 칸 아버지라고 했던가?

살인마 늙은이라고 하지 않았던가?

언제 나를 형제라고 했는가? '무당 톡토아가 사르탁[29] 암양의 꼬리를 붙이고 다닌다'[30]고 하지 않았는가? 이런 말을 하는 저의는 뻔하다. 전쟁의 머리말이다. 빌게 베키와 투두엔은 전쟁의 기를 세

---

29) 152절의 사르타올(Sarta'ul)과 같이 중앙아시아, 특히 호레즘의 무슬림 주민을 가리키는 말. 여기서는 그 사람들의 고장을 가리키는 말로 사용됨.

30) 당사자들 사이에서는 무슨 뜻인지 명백한, 조롱(또는 경멸과 혐오)의 말이었겠지만 지금으로서는 이리저리 짐작만 할 수 있을 뿐이다. 村上(1972 : 192~193), Rachewiltz(1977 : 57~58) 참조.

워라! 거세마들을 살찌우도록 하라! 주저할 것 없다"고 했다.

그렇게 옹 칸에게 갔던 아르카이 카사르가 돌아올 때 수게게이 제운의 처자는 거기 토오릴에게 있었다. 차마 떠날 용기를 못 내고 수게게이 제운은 아르카이로부터 처져 그곳에 남고 말았다. 아르카이[카사르]가 와서 이 얘기들을 칭기스 카한에게 아뢰었다.

182 그러고 나서 칭기스 카한이 발조나 호수[31]로 가서 설영했다. 거기서 설영하고 지낼 때 초오스 차간의 고롤라스족과 바로 거기서 마주쳤다. 그들 고롤라스는 저항 없이 귀순했다.

옹구드족의 알라코시 디기드 코리[32]에게서 온 사르탁 사람 아산이 흰 낙타를 타고, 1천 마리의 거세양을 몰고, 담비, 다람쥐와 바꾸러 에르구네 강을 따라 내려오는 것을 가축에게 물을 먹이러 발조나 호수로 들어가다가 만났다.

183 칭기스 카한이 바로 발조나에서 가축에게 물을 먹이고 있을 때, 카사르는 자기 처와 예구, 예숭게, 토코 세 아들을 옹 칸에게다 버려 두고 소수의 동무들과 빠져 나와 형에게 간다며 칭기스 카한을 찾아 카라온 지돈 산맥[33]을 넘었으나 찾지 못하고 궁해져 날가죽과 힘줄을 먹고 다니다가 발조나에서 칭기스 카한과 합류했다.

칭기스 카한은 카사르가 오자 기뻐하며, 옹 칸에게 사신을 보내기로 했다. 제우리예드 사람 칼리오다르와 오리앙카이 사람 차고르

---

31) 몽일합동조사단(1994 : 30)에 의하면 현대 몽골의 고르왕 노르(헨티 아이막 다달솜). 칭기스 카한 탄신 800주년 기념비가 세워져 있는 휴양지다. 동경 119도 39분 30초, 북위 49도 02분.

32) 『집사』의 알라쿠쉬 티긴 쿠리(Alâqûsh Tigîn Qûrî). 옹구드족과 이들의 지도자인 알라코시 디기드 코리에 대해서는 김호동(2002 : 226~229) 등을 참조.

33) 대흥안령 산맥. 206절의 주 참조.

칸[34]에게 "칸 아버지에게 카사르의 말이라 하고 전해라! '내 형을

보고도
그의 모습을 놓쳤습니다.
찾아보아도
그의 자취를 찾을 수 없었습니다.
외쳐도
내 목소리는 그에게 안 들렸습니다.
저는 별을 바라보며,
나무 뿌리를 베개 삼아 눕습니다.

나의 처자는 칸 아버지에게 있습니다. 신망이 있는 사람을 보내 주시면 저는 칸 아버지에게로 가겠습니다' 하고 말했다고 일러라! 우리는 너희들을 뒤쫓아 이동하여 켈루렌 강의 아르갈 게우기에서 만나도록 하겠다.
너희들은 그리로 오도록 해라! 하고 만날 약속을 정해 보냈다.
그렇게 칼리오다르와 차고르칸을 보내고 주르체데이와 아르카이[카사르]를 첨병으로 하여 칭기스 카한도 발조나 호수에서부터 뒤

---

34)　Čayurqan. 120·124·127절의 차오르칸(Ča'urqan), 202·243절의 차오르카이(Ča'urqai)와 기본적으로 같은 이름일 수는 있겠으나 같은 사람인지는 『몽골 비사』만으로는 확인할 수 없음. 村上(1975 : 228~229, 주 11). 村上(1972 : 380)는 차오르칸과 차오르카이를 동일 인물로 보았으나 이 절과 184·185절에 나오는 차고르칸에 대해서는 언급이 없음. 村上(1975 : 228~229, 주 11)는 차오르칸을 120절에서 『秘史』에 보이는 잘라이르족 출신의 동명 인물과 혼동해서는 안 된다"고 하였으나 잘라이르족 출신의 차오르칸은 『몽골 비사』에 나오지 않는 듯.

쫓아가서 켈루렌의 아르갈 게우기에 이르렀다.

184 칼리오다르와 차고르칸이 옹 칸에게 이르러 카사르의 말이라고 하며 여기서 일러 보낸 말을 전했다. 옹 칸은 황금 장막을 세우고 경계 없이 잔치를 하고 있었다. 칼리오다르와 차고르칸의 말에 옹 칸이, 그렇다면 카사르를 오게 하라며, "신망이 있는 이투르겐[35]을 보내자!"며 함께 보냈다.

그렇게 해서 만나기로 약속한 장소 아르갈 게우기에 이르자 군세가 큰 것을 보고 사자 이투르겐이 말머리를 돌려 달아났다. 칼리오다르의 말이 빨랐다. 칼리오다르가 쫓아가서 차마 붙들 마음이 나질 않아 그의 앞으로 뒤로 질러 다니기만 하고 있을 때 차고르칸이 ― 그의 말은 느렸다 ― 뒤에서 화살의 최대 사정거리의 끝에서 이투르겐의 황금 안장을 놓은 검은 군마의 뒷다리를 쏘아 주저앉혔다. 거기서 이투르겐을 칼리오다르와 차고르칸이 붙들어 칭기스 카한에게 데려왔다.

칭기스 카간[36]은 이투르겐에게 아무 말도 아니하고 "카사르에게 데려다 주거라! 카사르가 알아서 하도록 하라!"고 했다. 데리고 가니 카사르는 이투르겐에게 아무 말도 아니하고 바로 그 자리에서 베어 버렸다.

185 칼리오다르와 차고르칸이 칭기스 카한에게, "옹 칸은 경계가 없었습니다. 황금 장막을 세우고 잔치를 합니다. 신속히 이동해 밤을

---

35) Itürgen. 177절의 이두르겐(Idürgen)과 같은 사람.

36) 다른 곳들의 칭기스 카한(Činggis-qahan), 칭기스 카안(Činggis-qa'an)과는 달리 이곳과 248절(11-4-2), 264절(11-52-6)에서는 칭기스 카간(Činggis-qayan)이다.

새워 기습 포위합시다!" 하고 건의했다. 이 말을 옳게 여겨 주르체데와 아르카이(카사르)를 첨병으로 하여 밤을 새워 행군해 가서 제저에르 고지의 제르 협곡 어귀에 있을 때 포위했다. 3일 밤, 3일 낮을 저항을 받아 가며 포위하고 있으니 사흘째 되는 날 그들이 지쳐 항복했다. 옹 칸과 셍굼이 밤에 어떻게 빠져 나갔는지를 아무도 몰랐다.

이 저항을 지휘한 자는 지르긴의 카닥 용사였다. 카닥 용사가 투항해 와서는 "3일 밤, 3일 낮을 저항한 것은 제 칸이 붙들려 죽는 것을 어떻게 보겠는가 하여, 죽게 할 수 없어서, 목숨을 부지해 떠나도록 하려고 전투를 지휘하며 저항한 것입니다. 이제 죽이면 죽겠습니다. 칭기스 카한에게 은혜를 받게 된다면 힘을 드리겠습니다!" 하고 맹세했다.

칭기스 카한이 카닥 용사의 말을 옳게 여겨, "제 칸을 버릴 수 없어 목숨을 부지해 떠나도록 하려고 저항하는 것은, 남자라면 응당 그래야 하지 않겠는가? 동무 될 만한 사람이다" 하고 허락하여 죽이지 않고, "코일다르의 목숨의 대가로[37] 카닥 용사는 100명의 지르긴 사람을 코일다르의 처자를 위해 복무케 하라! 남자 아이가 태어나면 후손의 후손에 이르기까지 따르며 복무케 하라! 여자 아이가 태어나면 그 부모가 자기네 마음대로 혼인시키지 못하게 하라! 코일다르의 처자 앞에서 뒤에서 부림받게 하라!"고 은혜를 베풀어 명

---

37) 코일다르(현자)는 칼라칼지드 사막 전투에서 몽골군의 선봉으로 싸우다가 투멘 투베겐의 아칙 시론에게 찔려 부상당하고(171절), 달란 네무르게스에서 칼카 하류로 이동하던 중 완치되기 전에 양식 사냥에 나서는 바람에 상처가 도져 사망하여 켈테게이 카다에 안장된 사람(175절).

을 내렸다. 코일다르 현자가 입을 앞서 연 때문에[38] 칭기스 카한
은, 코일다르의 공훈의 대가로 자식들이 후손의 후손에 이르도록
고아의 수당을 받으며 살게 하라고 명을 내렸다.

---

38) 칭기스 카한의 명령에 주르체데이가 미처 대답을 하기 전에 코일다르가 '선봉을 자원하면서 고아가
될 자식들의 후사를 당부한 바에 따라'. 171절 참조.

제 7 권

동부 몽골의 최강자 케레이드,

서부 몽골의 최강자 나이만을 섬멸하고 몽골 고원을 통일하다

100명의 속민을 상으로 받는 타카이 용사(186) 다르칸이 된 바다이와 키실릭(187)

옹 칸의 어이없고 비참한 최후(188) 셍굼을 배신한 쿠쿠추와 이를 비난하는 쿠쿠추의 아내(188)

돈골을 업신여기는 몽골 중서부의 최강자 나이만의 타양 칸과 그의 어머니 구르베수,

탄식하는 쿡세우 사브락(189-190)

나이만의 기도를 알려온 알라코시 디기드 코리, 나이만의 응징을 주장하는 다리타이와 벨구테이(190)

친위대 편성(191-192) 나이만 출정, 칭기스 카한, 형제와 동무들에 대한 자모카의 묘사, 심리전,

나이만 섬멸(193-197) 칭기스 카한의 의심(197)

186　그렇게 케레이드 사람을 굴복시키고 각처로 나누어 약탈했다. 솔도스족 타카이 용사[1]의 훈공으로 100명의 지르긴 사람을 그에게 주었다. 옹 칸의 아우 자카 감보에게는 두 딸이 있었는데 그 중 언니 되는 이바카 베키를 칭기스 카한이 취하고, 동생 되는 소르칵타니 베키를 톨로이[2]에게 주었다. 그 때문에 자카 감보와 그의 속민도 고두 "제2의 끌채가 되라!"고 은혜를 베풀어 약탈하지 않았다.

187　다시 칭기스 카한은 바다이와 키실릭의 공로에 대해, "옹 칸의

황금 장막을 살던 그대로,

황금 술병,

사발과 그릇,

이를 관리하던 사람들째

함께 갖도록 하고 케레이드부의 옹고지드씨를 그들의 시종[3]이 되게 하라! 바다이와 키실릭이 전통을 휴대토록 허용하고,[4] 의식의 술을 마시게 하며,[5] 후손의 후손까지 자유민이 되어 즐겨라!

---

1)　Su[n]ldudai Taqai-ba'atur. 120절에 타키(Taki), 124절에 타카이(Taqai), 126절에 다카이(Daqai), 151절에 타카이 용사(Taqai-ba'atur)로 나온 사람.

2)　Tolui. 칭기스 카한의 넷째 아들. Sorqaytani-beki와의 사이에서 칭기스 카한, 우구데이, 구육의 뒤를 이어 카한이 되는 장남 뭉케, 그 뒤를 잇는 넷째 아들 코빌라이, 중동의 지배자가 된 다섯째 아들 훌레구, 코빌라이와 카한의 자리를 다투다 패한 아홉째 아들 아릭 부케 등을 본다.

3)　몽골어 kešigten 宿衛的. 직역하자면 어원은 '은총(kešig) 있는(받은) 자들'로 추정되며 왕공의 지근 거리에서 왕공을 경호·시종·수발하는 제직의 통칭. 『元史』, 『고려사』의 怯薛은 이의 불완전한 음사(音寫)다. 이 절에서는 '시종'으로 번역하되 191절 이하에서 칭기스 카한이나 우구데이 카한의 kešigten은 '친위(대)'로 번역해 보기로 한다.

4)　124절에서 네 사람의 경호 책임자에게만 허용된 특권이다.

많은 적에게 달려들어

전리품을 노획하면

노획하는 대로 가져라!

도망 잘 하는 사냥감을 죽이면

죽인 대로 가져라!"[6]

하고 명을 내렸다. 다시 칭기스 카한이 "바다이와 키실릭이 내 생
명에 관계된 공을 세웠기 때문에, 영생의 하늘에 가호되어 케레이
드 백성을 굴복시키고 높은 자리에 올랐다. 이 뒤로 내 자리에 앉
은 내 후손의 후손도 이와 같은 공을 세운 자들을 대대로 기억하도
록 하라!"고 명을 내렸다.

케레이드 백성을 약탈하여

누구에게도 아니 모자라도록 나누었다.

투멘 투베겐을 서로 나누어 가져

골고루 다 돌아가도록 했다.

올론 동카이드를

하루도 안 걸려 다 약탈했다.

피 묻은 물건을 취하는 자

지르긴 용사들을

가르고 나누어도 모두에게 다 자라지는 못했다.

---

5)　이복 아우인 벨구테이와 작은아버지 다리타이가 박탈당한 특권이다(154절).

6)　일반적인 경우에는 자신이 노획한 전리품이나 사냥물이라도 일부 혹은 전부를 상납 및 공동 분배를
　　위해 일단 내놓아야 했던 모양이다.

케레이드 백성을 그와 같이 패망시키고 그해 겨울을 아브지아 쿠데게르[7]에서 났다.

188 옹 칸과 셍굼은 몸만 빼어 달아나다가 옹 칸이 목이 말라 디딕 사칼의 네쿤 오손에 들어갔다가 나이만의 전초 코리 수베치의 지역에 들게 되었다. 코리 수베치가 옹 칸을 체포했다. "나는 옹 칸이다" 하고 신분을 밝혔으나 못 알아보고, 안 믿고 거기서 죽였다.
셍굼은 디딕 사칼의 네쿤 오손으로 안 들어가고 밖으로 가다가 사막으로 들어갔다. 물을 찾다가 들말[8]들이 말 파리에 뜯기고 서 있는 것을 보고 말에서 내려 몰래 다가갔다. 셍굼의 동무인 거세마 관리자 쿠쿠추는 아내를 데리고 셍굼과 함께 셋이 같이 있었다. 셍굼은 자기 말을 거세마 관리자 쿠쿠추에게 붙들고 있게 했다. 거세마 관리자 쿠쿠추는 그의 말을 끌고 되돌아 달아났다. 그의 아내는,

"황금실로 짠 옷을 입을 때나
맞난 음식을 먹을 때나

항상 '나의 쿠쿠추!' 하고 챙기던 사람이다. 당신은 자기의 칸 셍굼을 어찌 그렇게 버리고 갈 수 있느냐?"고 하며 멈춰서 버렸다.
쿠쿠추가 "네년은 셍굼을 서방 삼았으면 하고 있구나!" 하고 윽박질렀다. 그 말에 그의 아내가, "나는 여자가 되어 개의 얼굴을 하고 있다고 얘기되었다![9] 그의 금잔이라도 주어라! 물이라도 떠 마시

---

7) Abǰi'a-ködeger(山名). 191절의 아브지가 쿠테게르(Abǰiya-köteger).

8) Qulad는 qulan(Equus hemionus)의 복수형. Qulan을 '들말'로 새긴다.

게 해라!"고 했다.

그러자 거세마 관리자 쿠쿠추가 셍굼의 금잔을 "받아라!" 하고 뒤로 던지고는 말을 달렸다. 그렇게 하고 와서는 칭기스 카한에게 거세마 관리자 쿠쿠추가 "제가 셍굼을 그렇게 사막에 버리고 왔습니다"라고 하면서 거기서 서로 한 말 모두를 빠짐없이 이야기하자, 칭기스 카한은 그의 아내에게 은사를 베풀고, 거세마 관리자 쿠쿠추는 "제 칸을 이렇게 버리고 왔다. 이런 사람이 이제 누구에게 동무한들 믿을 수 있겠는가?" 하며 베어 버렸다.

189 나이만의 타양 칸의 어머니 구르베수[10]가, "옹 칸은 왕년의 노대칸이었다. 그의 머리를 가져와라! 그 사람이면 우리가 제사를 지내주자!"고 해서 코리 수베치에게 사자를 보내 그의 머리를 잘라 보내도록 하였다. 옹 칸이라는 것을 알아보고는 흰색 큰 모전 위에 놓고 자신의 며느리들에게 며느리의 예를 올리게 하고, 잔을 올리게 하고, 호금을 켜게 하고, 잔을 받들어 제사 지냈다. 거기서 그렇게 제사를 지내는데 머리가 웃었다.

"웃었다"고, 타양 칸이 들부수고 짓밟고 내다 버리게 했다. 그러자 쿡세우 사브락[11]이 말했다. "죽은, 칸이었던 사람의 머리를 당신들이 잘라 가져와서, 다음에 바로 당신들이 들부수는 것이 무슨 옳은 일입니까? 우리의 개들이 짖어 대는 소리가 사나워졌습니다. 전에 이난차 빌게 칸이 말씀하셨습니다.

---

9) '개 같은 년(=화냥년) 소리를 들었다!'

10) 『몽골 비사』의 Gürbesü는 『집사』에서는 타양 칸의 아내로 기록된다. 김호동(2002 : 222) 참조.

11) 159절부터 등장하기 시작한 나이만의 전사.

'아내는 젊다.

남편인 나는 늙었다.

이 타양을

주술의 힘으로 낳았다.

아아, 나약하기도 하구나!

주술로 태어난 내 아들이

자연으로 태어난 많은

비천하고 사나운 백성을 건사하고 붙들 수 있을까?'

하고 걱정했습니다. 이제 개 짖는 소리가 점점 가까워지며 계속 짖어 대고 있습니다. 우리의 카돈 구르베수의 다스림은 날로 가혹해졌습니다. 나의 칸 타양은 유약합니다. 그대는 매 사냥하는 것과 몰이 사냥하는 것밖에는 다른 생각도 재간도 없습니다"고 했다.

그러자 타양 칸이 "이 동쪽에 몇 안 되는 몽골이 있다고 얘기들 한다. 그 백성들이 왕년의 노대칸 옹 칸을 자기네들의 화살로 놀라게 해 달아나게 해서 죽였다. 그들이 이제 그 칸이 되려고 한다는 것인가? 하늘에 해와 달이 둘 있는 것은 빛으로 밝히라고 둘이 있는 것이다. 땅 위에 두 칸이 어찌 가능한가? 우리가 가서 그까짓 몽골을 붙들어 오자!"고 했다.

그에 그의 어머니 구르베수가 "그들을 데려다 무엇 하려는가? 몽골 사람들은 냄새가 나쁘고 의복이 더러운 것들이다. 따로 멀리 떨어져 살도록 데려오지 마라! 그들의 아름다운 며느리들과 딸들만 데려다가 손발을 씻게 하고 다만 소와 양의 젖이나 짜게 해야 할 것이다" 하고 말했다.

그 말에 타양 칸이 "그렇다면 그들은 무엇을 갖고 있는 것들인가? 몽골에게 가서 그들의 전통이나 빼앗아 오자!"고 했다.

190　이 말에 쿡세우 사브락이 "아아, 당신들은 큰소리도 치십니다. 아아, 나약한 칸이여, 옳다고 생각합니까? 제발 근신하십시오!" 하고 말했다.

쿡세우 사브락이 말렸지만 토르비 타시라는 이름의 사자를 웅구드의 알라코시 디기드 코리에게 보내 "이 동쪽에 소수의 몽골이 있다고 한다. 당신은 우익이 되어라! 나는 여기서부터 협공하여 그까짓 몽골의 전통을 빼앗자!"고 했다.

알라코시 디기드 코리가 "나는 그대의 우익이 될 수 없다!"고 해서 보내고, 요코난[12]이라는 이름의 사자를 칭기스 카한에게 보내 "나이만의 타양 칸이 당신의 전통을 뺏으러 온다. 나더러 우익이 되라고 왔다. 나는 거절했다. 이제 나는 당신에게 일러 보낸다. 당신이 전통을 뺏길까 걱정이다"라고 했다.

바로 그때 칭기스 카한은 테메엔 초원(낙타 초원)에서 사냥하고, 툴킨 체우드[13]를 에워싸고 몰이 사냥을 하고 있었다. 알라코시 디기드 코리가 보낸 사자 요코난이 이 소식을 갖고 오자 어찌할 것인가를 의논하였는데, 많은 사람이 "우리의 거세마들은 말랐습니다. 우리가 이제 어찌할 수 있겠습니까?" 하고들 말했다.

그 말에 〔테무게〕 막내 노얀이 "거세마들이 말랐다는 것이 무슨 핑계들입니까? 내 거세마들은 살만 쪘습니다. 이런 말을 듣고 어찌

---

12)　김호동(2002 : 28, 주 146)에 의하면 요한이라는 기독교식 이름.

13)　몽일합동조사단(1994 : 31)에 의하면 각각 동경 114도 45분, 북위 50도 50분, 동경 114도 40분, 북위 51도 05분 지점의 호수 부근과 산지.

앉아만 있겠습니까?" 하고 반박했다.

벨구테이 노얀도 "살아 있으면서 적에게 제 전통을 뺏기면 사는 것이 무슨 소용입니까? 남자로 태어난 이상 죽더라도 제 전통과 활은 뼈와 함께 누워야 하는 것이 아니겠습니까? 나이만 사람들은 나라가 크고 백성이 많다고 하여 그동안 큰소리를 치고 있었습니다. 우리가 그들의 이 큰소리를 빌미하여 출정하면 그들의 전통을 빼앗는 것이야 〔무엇이〕 어렵겠습니까? 가면

> 그들의 많은 말떼가 멈춰 쉬느라고 낙오되지 않겠습니까?
> 그들이 궁실을 지고 가느라고 낙오되지 않겠습니까?
> 그들의 많은 백성이 높은 곳으로 피하려고 오르지 않겠습니까?

그들이 이렇게 큰소리를 치게 놔두고 어찌 앉아만 있겠습니까? 쳐들어갑시다!" 하고 주장했다.

¹⁹¹ 벨구테이 노얀의 이 말을 옳게 여겨 칭기스 카한이 사냥을 마치고 아브지가 쿠테게르[14]에서 이동하여 칼카의 오르 습원의 켈테게이 카다(비탈 바위)에서 숙영하면서 수를 헤아려 천 명을 단위로 부대를 편성하고 천호, 백호, 십호를 임명했다. 체르비도 임명했다. 도다이 체르비, 도콜코 체르비, 우겔레 체르비,[15] 톨론 체르비, 보차란 체르비, 수이게투 체르비 이들 여섯 체르비를 거기서 임명했다. 천 명, 백 명, 열 명 단위의 부대 편성을 마치고 80명의 숙위(宿衛), 70명의 위사(衛士)를 뽑아 친위대를 편성하는데 천호·백호의 자제

---

14) 187절의 아브지아 쿠데게르.

들은 물론, 낮은 신분의 자제들도 재주 있는 자, 체격이 좋은 자는 뽑아 들였다. 그리고 아르카이 카사르에게 은혜를 베풀어, "용사들을 뽑아 천호를 편성토록 하라! 전투의 날에 내 앞에서 싸우게 하라! 많은 날에(=평화시에는) 내 위사 친위가 되게 하라!"고 명을 내렸다. "70명의 위사를 우굴레 체르비가 통솔케 하라! 코도스 칼찬과 상의하고 있게 하라!"고 명령했다.[16]

192　다시 칭기스 카한이 "전통사(箭筒士)들, 위사들, 집사들, 문지기들, 거세마 관리자들은 낮에 임무에 들어가 해가 지기 전에 숙위와 교대하여 자기 거세마가 있는 데로 나가 밤을 보내게 하라! 숙위는 밤에 집 주위에서 누울 자들을 눕게 하고, 문에 서 있을 자들을 교대로 서 있게 하라! 전통사들과 위사들은 그 다음날 아침 우리가 국을 먹으면[17] 숙위에게 말하고 전통사들, 위사들, 집사들, 문지기들이 각각 자기 위치로 가도록 하라! 자기 위치에 있게 하라! 사흘 낮 사흘 밤의 근무일이 다하면 마찬가지 방법으로 사흘 밤을 지내고 교대하여 밤에 숙위로 있게 하라! 주위에 누워 밤을 지내게 하라!"고 명령했다. 그렇게 천 명 단위로 부대 편성을 마치고, 체르비를 임명하여 80명의 숙위와 70명의 위사를 친위 근무에 들이고, 아

---

15)　Ögele-čerbi. 120절의 우굴렌(Ögölen) 체르비, 124절의 우굴레이(Ögölei) 체르비, 아래 우굴레(Ögöle) 체르비와 같은 사람. 체르비는 앞서 120절에서 말한 대로 친위대의 고급 지휘관이겠으나 어원은 불명.

16)　宿衛, 衛士에 해당하는 몽골어는 kebte'ül과 turya'ud(turyay의 복수형)이며 방역은 宿衛와 散班. 각각의 임무는 192절 이하에서 파악할 수 있겠으나 두 어휘의 어근이 되는 동사 Kebte-'눕다'와 tur-'서다'가 시사하는 대로 대체로 야간 근무 친위대와 주간 근무 친위대로 이해할 수 있을 듯. 이들을 아우르는 친위(대)에 해당하는 몽골어 kešigten의 방역은 護衛, 輪班 등. 187절의 kešigten에 관한 주를 참조.

17)　'아침 식사를 마치면'.

르카이 카사르에게 용사들을 뽑아 주고, 칼카 강의 오르 습원의 켈테게이 카다에서 나이만 사람들에게 출정하였다.

193 쥐해 여름의 첫 달 열엿새, 붉은 만월의 날(1204년 음력 4월 16일경)[18] 군기에 술 뿌려 제사 지내고 출정하는데, 제베와 코빌라이를 전위로 하여 켈루렌 강을 거슬러 가서 사아리 초원에 이르니 캉카르 칸 산의 꼭대기에 나이만의 전초가 있었다. 우리의 전초와 쫓고 쫓기다 우리의 전초가 보잘것없는 안장을 얹은 싱콜라말[19] 한 마리를 나이만에게 빼앗겼다. 나이만의 전초가 그 말을 뺏고, "몽골의 ㄱ세마들이 야위었다"고들 했다.

아군이 사아리 초원에 이르러 행군을 멈추고 어떻게 할 것인지를 의논할 때, 도다이 체르비가 "우리는 소수입니다. 소수인데다가 지쳤습니다. 바로 이렇게 멈춰서 각자의 거세마들이 배가 부를 때까지 이 사아리 초원에 전개하여 야영하면서 모든 사람이 각자 다섯 군데씩 불을 피워, 불로 적을 겁에 질리게 합시다. 나이만 사람이 많다고 합니다만 그들의 칸은 집에서 나와 보지도 못한 어리보기라고 합니다. 불에 현혹되어 행동을 주저하고 있는 동안에 우리의 거세마들도 배를 불립니다. 거세마들을 배불려 나이만의 전초를 압박, 추격하여 그들이 본대에 합류케 강제하여 그 혼란한 틈에 싸우면 되겠습니까?" 하고 제안하였다.

---

18) 또 다른 여름의 첫 달 열엿새, 붉은 만월의 날은 ①타이치오드가 잔치를 벌인 날이자 테무진이 타이치오드로부터 탈출을 감행한 날(기억을 되살리기 위해 81절 참조). ②테무진과 자모카가 거영지를 옮기기로 한 날이자 두 사람이 갈라선 날(118절).

19) šingqula morin. 방역에 白馬. 현대 몽골어 사서류에서는 확인되지 않음. 24절의 오록 싱콜라에 대한 설경(등줄기는 검은 털로, 다른 부분은 파르스름한 빛이 나는 흰 털로 덮인 말) 역시 방역 '黑脊青白馬'를 번역한 것.

이 말을 옳게 여겨 칭기스 카한이 "그렇다면 불을 피우도록 하라!"
고 병사들에게 명을 내렸다. 그렇게 사아리 초원에 전개, 야영하면
서 사람마다 다섯 군데씩 불을 피우도록 했다. 밤에 나이만의 전초
가 캉카르 칸 산의 꼭대기에서 많은 불을 보고 "몽골을 소수라고
아니했는가? 별보다 많은 불이 있다"고 하며 타양 칸에게 초라한
안장을 얹은 싱콜라말을 바치면서, "몽골의 군사들이 사아리 초원
이 덮이도록 야영했습니다. 날마다 샘솟듯 늘어나고 있는 것일까
요?[20] 별보다 많은 불들이 있습니다" 하고 보고했다.

194 전초의 이 보고가 이르자 캉가이 산맥[21]의 카치르 오손에 있던 타
양 칸은 제 아들 구출룩 칸[22]에게 "몽골의 거세마들은 야위었다.
그러나 별보다 많은 불을 갖고 있다고 한다. 몽골은 많다. 이제 우
리가

어우러져 버리면
떨어내기가 어렵게 될 것이다.
일단 어우러져 버리면
그들은 제 검은 눈을 깜짝도 아니한다.

---

20) 'Üdür-tür undurun aqun-u?' 직역하면 '낮에 샘솟고 있는 것일까요?'. 溫都兒侖을 ündür-ün이
    아니라 undurun(동사 undur-'샘솟다'의 양태부동사형)으로 읽는 데 대해서는 小澤(1987 : 295∼
    296) 참조.

21) 오늘날의 몽골 지도에서도 항가이 산맥(Хангайн нуруу). 몽골 중서부 지방에 자리잡은 700km 길
    이의 산맥. 최고봉 오트공 텡게르 산은 해발 3905m.

22) 구출룩(Güčülüg)은, 앞으로 보겠지만, 아들이라면 도저히 내뱉을 수 없는 모욕을 타양에게 쏟아 붓
    는다. 『몽골 비사』가 이 부분에서 잘못된 것이 아닐까 하는 의심도 든다. 그러나 『집사』에서도 쿠쉴룩
    칸(Kûshlûk Khân), 즉 구출룩 칸은 타양 칸의 아들이다. 김호동(2002 : 335 등) 참조.

제 뺨을 찔려

검은 피가 나와도

피할 줄 모르는

완강한 몽골과

어우러져도 되겠는가?

몽골의 거세마들이 야위었다고 한다. 우리는 각자의 나라를 이끌고
알타이를 넘어 이동하면서 각자의 군대를 정비하고 그들을 끌고 가
서 알타이의 남쪽에 이르기까지 개싸움을 싸우며 가서—우리의 거
세마들은 살이 쪘다—배가 들어가게 하고, 몽골의 거세마들을 지
치게 하여 그들의 얼굴 위에 [화살을] 퍼붓자!"고 전갈을 보냈다.
그 말에 구출룩 칸이 "또 이렇다. 계집애 같은 타양이 용기가 없어
이런 얘기를 한다. 몽골이 많다니 다 어디서 왔는가? 몽골의 대부
분은 자모카와 함께 여기 우리에게 있다.

몸이 무거운 여자가 오줌 누는 데만큼도 아니 나가 본,
바퀴에 매인 송아지의 풀밭만큼도 멀리 못 가본[23]

---

23) 유목민들의 이동 가옥에는 지금도 화장실이 따로 없고 필요할 때마다 집 밖으로 나와 그다지 멀지 않
은 곳에서 적절히 방뇨하거나 배변한다. 임신한 여자나 노약자들의 경우, 건강한 성인 남자가 통상적
으로 나가는 별로 멀지도 않은 자리보다도 더 가까운 곳에서 일을 처리할 것이다. 따라서 "집 밖에도
못 나가 본 얼띤 녀석"이라는 말은 모욕의 극에 달한 언사다. "바퀴에 매인 송아지의 풀밭"이 의미하
는 바 역시 [집 근처에 세위 놓은 수레] 바퀴에 매어 놓은 송아지가 멀리 가봐야 그 매어 놓은 밧줄이
닿는 데까지뿐일 터이니 '집 뒤꼍' 정도라고 할 수 있을 것이다. '새끼 송아지보다도 어리숙한 놈'이
라고 모욕하고 있는 것이다.

계집애 같은 타양이 겁이 나서 이따위 전갈을 보낸 것이 아닌가?"
하고 사자에게 제 아버지가 아프도록, 상처를 입도록 해서 일러 보
냈다. 타양 칸은 제 아들에게 계집애 취급을 당하자,

> "힘 있고 자부심 있는 구출룩은
> 맞닿아 서로 죽일 날
> 부디 이 자부심을 버리지 마라!
> 부딪혀 어우러져 버리면
> 떨어지기가 진정 힘들 것이다"

하고 말했다.[24]

그 말에 타양 칸의 밑에서 관장하는 대노얀 코리 수베치[25]가 "당신
의 아버지 이난차 빌게 칸은 대등한 적에게 병사의 등을, 거세마의
엉덩이를 아니 보였습니다. 이제 아침 일찍인데[26] 당신은 어째 그
렇게 기겁을 하는 것입니까? 당신이 이렇게 용기가 없는 것을 알
았으면 비록 카돈 된 사람이지만 당신의 어머니 구르베수를 데려
다 군대를 지휘토록 했을 것 아닙니까?
아아, 안타깝도다! 쿡세우 사브락까지 늙어 버렸으니. 우리 군대의

---

24) 훗날 자기 아들과의 일전을 벼르는 말인지? 아니면 그렇게 자신 있으면 너 혼자 한번 몽골군과 싸워
보라는 말인지? 아니면 우리가 앞으로 몽골군과 싸울 때 부디 그 기개를 잃지 말라는 당부의 말인
지? 문법적으로는 세 가지 해석이 다 가능하나, 정황으로 미루어 첫 번째 경우일 가능성이 농후하다.

25) Tayang-qan-nu doro medekü yeke noyan Qori-sübeči(타양 칸의 밑에서 관장하는 대노얀 코리
수베치)는 188절에서는 Naiman-u qara'ul Qori-sübeči(나이만의 전초 코리 수베치)로 등장하였다.
혹시 동명이인?

26) 학자들은 대개 '아직 아무 일도 안 일어났는데'로 이해하고 있다.

기강도 허물어져 버렸다. 몽골의 시기, 몽골의 운세다. 아니 되었
다. 아아, 나약한 타양! 당신은 무능할 따름입니다" 하고 탄식하고
나서, 제 전통을 두드리고 몸을 돌려 말을 달음질쳤다.

195 그 말에 타양 칸이 화가 나서, "죽을 목숨, 괴로울 몸 모두 하나뿐
이다. 그렇다면 싸우자!" 하고 카치르 오손에서 이동하여 타미르
강[27]을 따라 내려가서 오르콘 강을 도하하여 나코 벼랑의 동쪽 자
락을 지나 차키르 마오드로 해서 접근해 왔다. 칭기스 카한의 전초
가 발견하고 "나이만이 접근한다"고 보고하였다.
칭기스 카한은,

"많은 데서 많은,
적은 데서 적은 손실이 나는 법이다."

하고 그들을 향하여 행군하여 그들의 전초를 추격하면서

"카라가나 행군으로 행군하여
호수 대형으로 전개한 뒤
끌 전투로 결판을 내자!"[28]

---

27) 항가이 산맥에서 시작하여 약 280km를 흘러 오르콘 강(오늘날의 오르홍 강)과 합쳐지는 아름다운
   강. 오늘날에는 몽골 현대 문학을 대표하는 로도이담바의 대하소설 『맑은 타미르 강』의 제목이자 배
   경으로 더욱 유명함. 유원수(2000) 참조.

28) 수적으로 열세인 몽골군이 같은 기병 집단으로서 기동력 면에서 일단 대등하다고 예상되는 대
   규모 병력의 나이만군과 싸워서 이기기 위한 공격 계획이었으므로 Rachewiltz(1978 : 73),
   Cleaves(1982 : 124), 村上(1972 : 284~287), 小澤(1987 : 326), Гаадамба(1990a : 364), 유원수
   (1994a : 159~160), Цэрэл Содном(2000 : 305~306), 박원길(2003) 등을 참고하고, 195 · 196절에

고 했다. 그렇게 정하고 칭기스 카한이 몸소 전위가 되고 카사르가 본대를 지휘하게 했다. 〔테무게〕 막내 노얀이 예비마들을 지휘하게 했다. 나이만은 차키르 마오드에서 물러나 나코 벼랑의 남쪽 산자락을 따라 진을 쳤다. 그렇게 나이만의 전초를 우리의 전초가 추격하여 나코 벼랑의 남쪽, 그들의 본대로 합류하도록 압박해 갔다. 그렇게 압박 추격해 오는 것을 보고—자모카가 나이만과 연합하여 출정하여 거기 있었는데—타양 칸이 자모카에게 물었다.

"저들은 무엇 하는 것들인가? 마치 이리가 양떼를 몰아 울타리에 이르도록 쫓아오는 것처럼 저들은 무슨 사람들이 저렇게 맹렬히 추격해 오는가?" 하고 물었다. 자모카가 "나의 테무진 형제는 네 마리의 개를 사람의 고기로 길러, 사슬을 채워 묶어 놓았다. 우리의 전초를 추격해 오는 것들이 그들이다. 저 네 마리 개는

무쇠 이마에
끌 주둥이
송곳 혀
강철 명치에

서의 상황 전개를 고려하여 아래와 같이 짐작해 본다. ① 카라가나(qarayana, 학명 caragana)屬에는 모두 20종에 가까운 식물이 있지만 대체로 "몽골 전역에 자생하는, 꽃이 피고 가지나 잎에 가시가 돋친, 키 작은 황갈색 밀생 잡목"이라고 할 수 있다. 따라서 몽골 초원에 무더기 지어 자라는 카라가나처럼 "밀집 대형의 다수의 제대가 신속하게 행군하여 적의 전초를 계속 압박 추격함으로써 주력에 합류토록 강제하여 적 주력의 정확한 위치를 파악하고, 적진에 심리적 혼란을 일으킨다." ② 호수는 널리 퍼져 있으며 물결은 계속 밀려오고 물러가므로 "일단 적 주력에 접근한 뒤에는 부대를 넓은 지역에 산개시켜 기동 공간을 확보하고 각 방향에서 신속하고 지속적인 공격과 후퇴를 반복하여 적이 신장 배치되도록 강요한다." ③ 끌은 나무에 구멍이나 홈을 파내는 데 쓰는 연모이므로 "신장 배치된 적진을 신속히 돌파, 지휘부를 포위 섬멸하는 데 전 제대의 공격력을 집중한다."

칼 채찍을 갖고 있으며
이슬을 먹고
바람을 타고 다닌다.
살육의 날
사람의 고기를 먹는다.
교전하는 날
사람의 고기를
양식으로 하는 자들이다.

화가 나서 으르렁대던 것들이 이제 사슬을 벗고 기뻐서 저렇게 침을 흘리며 오고 있는 것이 아니겠는가?" 하고 말했다. 〔이어〕 "저들 네 마리 개들이 누구냐 하면 제베와 코빌라이, 젤메와 수베에테이다" 하고 말했다.

타양 칸은 "과연 그렇다면, 저들 야비한 놈들로부터 멀리 떨어져 있자!"고 하며 뒤로 물러나 산을 등지고 진을 쳤다. 그 뒤에서 기뻐 날뛰며 빙빙 돌며 오는 자들을 보고 다시 타양 칸이 자모카에게 물었다.

"저들은 어떤 자들인가? 저들은

아침 일찍 풀어놓은 망아지들이
제 어미의 젖을 빨고
제 어미 주위를 까불며 뛰는 것처럼

왜 저렇게 빙빙 돌며 오는가?" 하고 물었다.

자모카가 "저들은

창 가진 남자를
쫓아가
피 묻은 물건을 빼앗는 자들,
칼 가진 남자를
몰아붙여 쓰러뜨려 죽이고
빼앗은 물건을 갖는 자들,
오로오드, 망고드라는 자들이다.

이제 기뻐서 저렇게 날뛰며 오는 것이 아니겠는가?" 라고 했다. 그러자 타양 칸이 "과연 그렇다면, 저들 야비한 놈들로부터 멀리 떨어져 있자!"고 하고 뒤로 물러나 산으로 올라가 진을 쳤다.
"그 뒤에 오는, 주린 매처럼 침을 흘리며, 머리를 쑥 내밀고 오는 자가 누구냐?" 고 타양 칸이 자모카에게 물었다. 자모카가 "저기 오는 자는 나의 테무진 형제다. 그의 온몸은

무쇠를 불려 만든
송곳으로도 찌를 틈이 없고
쇠를 두들겨 만든
큰 바늘로도 찌를 틈이 없다.

나의 테무진 형제가 주린 매처럼 이렇게 침을 흘리며 온다. 보았는가, 당신들은? 나이만 동무들이 몽골을 보면 새끼 염소의 종아리

가죽도 안 남아나게 할 것 같았는데.[29] 당신들이 보라!"고 했다.
이 말에 타양 칸이 "과연 두려운 것들이다. 산에 올라가 있자!"고
하며 더 높이 올라가 진을 쳤다. 다시 타양 칸이 자모카에게 "또 그
뒤에서 밀집하여 다가오는 자는 누구냐?"고 물었다.
자모카가 "후엘룬 어머니는 아들 하나를 사람의 고기로 기르고 있
었다.

    세 길 몸에

    큰 가축[30]의 세 살바기를 먹으며

    삼중 갑옷을 입고

    세 마리 황소가 끌어서 오고 있다.

    전통을 멘 사람을

    통째로 삼켜도

    목에 안 걸린다.

    온전한 남자를 집어삼켜도

    속을 달래지 못한다.

    성이 나서

    앙쿠아살[31]을 당겼다 놓으면

    산 넘어 있는 일, 이십 명을 꿰뚫어 맨다.

    싸우던 적이

---

29) '평소에 당신네 나이만들은 몽골을 보기만 하면 즉시 무엇 하나 남김없이 약탈해 버릴 것처럼 큰소
리치지 않았던가?'

30) 몽골어 bodo. 말·낙타·소 등 큰 가축.

31) angqu'a sumu. 원거리 다중 살상용 화살인 듯하나 정확한 형태나 기능은 알 수 없다.

초원을 가로지르고 있는 것을

케이부르살[32]로 쏘면

꿰어 뚫도록 쏜다.

크게 당겨 쏘면

9백 길 거리를 쏜다.

짧게 당겨 쏘면

5백 길 거리를 쏜다.

사람이 사람이 아닌,

꿈틀대는 망고스로 태어난

조치 카사르(손님 카사르)라고 얘기된다. 저 사람이다" 하고 말했다. 그러자 타양 칸이 "과연 그렇다면 산의 높은 곳에서 싸우자! 위로 올라가라!"며 높은 곳에 진을 쳤다. 다시 타양 칸이 자모카에게 "그 뒤에서 오고 있는 자는 누구냐?"고 물었다.

자모카가 "저자는 후엘룬 어머니의 갓난 아들 [테무게] 막내, 정이 있는 자[33]라고들 얘기한다.

일찍 자고 늦게 일어나는 자이지만

다중으로부터 처지는 일이 없고

대오에서 낙오하는 법이 없다"

고 했다. 타양 칸이 "과연 그렇다면 산꼭대기 위로 오르자!"고 했다. 자모카가 타양 칸에게 얘기를 이렇게 하고 나서 나이만에서 따로 빠져 나와 칭기스 카한에게 말이 들어가도록, "형제에게 일러라!" 하며 "타양 칸이

> 내 말에 얼이 빠져
> 위로 다투어
> 늘라서 도망쳐 갔다.
> 입으로 죽임을 당해서 질려
> 산으로 올라갔다.
> 형제여, 이겨내라! 그들은
> 산 위로 올라갔다.

이들은 맞서 싸울 기미가 없다. 나도 나이만에서 빠져 나왔다"고 하여 보냈다.

칭기스 카한은 해가 저물자 나코 벼랑의 산을 포위하여 진을 치고 묵었다. 그 밤에 나이만이 도망하다가 나코 벼랑의 절벽에서 떨어져 자신들의 시체 위로, 위로 쌓이면서, 뼈와 털이 부서지게 넘어지고 떨어지면서, 썩은 나무가 쌓이듯 서로 깔려 함께 죽었다. 그 다음날 타양 칸을 섬멸하였다.

구출룩 칸은 따로 있다가 소수의 인원만 데리고 등을 돌려 도망하여 계속 쫓기다가 타미르 강가에 설영했다. 자기 진영에 있을 수가 없어서 도망쳐 나와 떠났다. 나이만 사람들의 나라를 알타이의 남쪽에서 섬멸시켜 거둬들였다. 자모카와 있던 자다란, 카타긴, 살지

오드, 두르벤, 타이치오드,[34] 옹기라드가 바로 거기서 귀순했다. 타양의 어머니 구르베수를 데려다가 "너는 몽골의 냄새가 나쁘다고 하지 않았느냐? 지금은 왜 왔느냐?" 하고 힐난하고 칭기스 카한이 취했다.

197 그 쥐해(1204) 가을, 카라 달의 발원에서 메르키드의 톡토아 베키와 칭기스 카한이 싸워 톡토아를 쫓아내고 사아리 초원에 있는 그의 백성과 나라를 약탈했다. 톡토아는 아들 코도, 칠라온과 함께 소수의 인원으로 몸만 빼어 달아났다.

그렇게 메르키드 사람들이 약탈당하고 있을 때 호아스 메르키드[35]의 다이르 오손이 딸 콜란 카돈을 칭기스 카한에게 보이겠다며 데리고 오다가 도중에 병사들에게 차단되어 바아린의 나야[아] 노얀과 조우하게 되었다. 다이르 오손이 "나의 이 딸을 칭기스 카한에게 보이자고 온다"고 하자, 나야[아] 노얀이 "당신의 딸을 우리가 함께 데려다 보이자!"며 지체케 했다. 다이르 오손을, "당신이 혼자 가면 도중에 병사들이, 어지러운 시기에, 당신도 살려 두지 않고, 당신의 딸도 더럽힐 것이다" 하고 이야기하여 사흘 낮 사흘 밤을 지체케 했다. 그러고 나서야 나야[아] 노얀이 콜란 카돈과 다이르 오손을 데리고 칭기스 카한에게 왔다.

그래서 칭기스 카한이 나야아에게 "네가 어찌하여 지체시키고 있었느냐"며, 몹시 화를 내면서 "단단히 조져 물어 법을 삼자!"며 문초하였다. 콜란 카돈은 "나야아가 말했습니다. '나는 칭기스 카한의 큰

---

34) 유원수(1994 : 165)는 타이치오드를 빠뜨렸다. 독자 여러분께 사과드린다.

35) 102 · 105 · 109 · 111 · 117절에서는 오와스 메르키드로 등장.

노얀이다. 우리가 함께 당신의 딸을 카한께 보이자! 도중에 병사들이 난폭하게 굴고 있다'며 말렸습니다. 이제 나야아가 아닌 다른 병사들과 마주쳤다면 난리통에 혼란과 방해에 빠졌을 것입니다. 아아, 이 나야아와 우리가 마주친 것은 잘 된 일이었습니다. 이제 나야아를 문초할 동안 카한이 허락하신다면 하늘의 점지에 따라 부모가 낳아 주신 제 살을 조사하셨으면……"[36) 하고 아뢰게 했다.

나야아는 문초당하면서, "카한에 대한 다른 얼굴은 제게 없습니다.

> 외방 백성들의
> 볼이 고운 처녀와 귀부인
> 엉덩이가 튼튼한 거세마를 보게 되면
> '나의 카한의 것이다'

하고 생각하고 살았습니다. 제 마음이 이와 다르면 죽겠습니다"고 했다.

칭기스 카한이 콜란 카돈의 말을 옳게 여겨 그날로 주의 깊게 조사하니 콜란 카돈이 아뢴 바와 같아 칭기스 카한이 콜란 카돈에게 은혜를 베풀어 총애했다. 나야아의 말과 같아, 옳게 여겨 "참말이었다"며, "큰일을 맡기겠다"며 은혜를 베풀었다.

---

36) 몽골둔 mariyan-ača asaɣu'asu는 '살로부터 물으셨으면' > '살을 조사해 보셨으면' > '처녀인지 여부를 조사해 보시기를'을 뜻하는 셈실다.

제 8 권

모든 몽골인의 임금 칭기스 카한

나이만, 메르키드 추격 섬멸(198-199) 제 종자들에게 체포된 자모카, 보복과 명예로운 죽음을 바라는
자모카의 탄식(200-201) 칭키스 카한의 등극, 아홉 다리를 가진 흰 기, 논공 행상, 95개의 천호 조직(202)
시키 코토코가 제 공을 내세우는 노래(203)
뭉릭 아버지(204) 만호로 봉해진 보오르초, 모칼리, 코르치(205-207)
주르체데이에게 자신이 데리고 살던 여자 이바카 베키를 내림(208)

198 메르키드 백성을 약탈하고 톡토아 베키의 큰아들 코도의 카돈들인 투게이와 두레게네[1] 가운데 두레게네를 거기서 우구데이 카한[2]에게 주었다. 메르키드의 일부 백성이 이반하여 타이칼 산에 산채를 쌓았다. 그래서 칭기스 카한이 명을 내려 소르칸 시라의 아들 침바이가 지휘하는 좌익의 군사들로 하여금 산채를 쌓은 메르키드를 토벌하러 보냈다. 톡토아가 제 아들 코도, 칠라온과 소수의 인원으로 도망해 나간 것을 칭기스 카한이 추격하여 알타이의 남쪽에서 겨울을 나고 소해(1205) 봄에 아라이 고개로 넘어갔다. 가니 나이만의 구출룩 칸이 나라를 빼앗기고 도망해 나온 그 소수의 인원으로 에르디시 강(Erdiš, 이르티슈 강)[3]의 복도르마 발원[4]에서 메르키드의 톡토아와 동맹하여 전열을 가다듬고 있었다. 칭기스 카한이 이르러 전투가 벌어졌고 톡토아는 거기서 유시에 맞아 쓰러졌다. 그의 아들들은 그의 뼈를 거둘 수도 없고 그의 시신을 가져갈 수도 없어 그의 머리를 잘라 갖고 도망갔다. 거기서 나이만과 메르키드가 동맹하여 싸우다가 못 견디고 도망할 때 대부분은 에르디시를 도하하다 물에 빠져 죽었다. 에르디시를 도하한 소수의 나이만과

---

1) Döregene는 우구데이와의 사이에서 장남 구육(Güyük, 元定宗簡平皇帝) 등 다섯 아들을 보았으며 『元史』 등에 六皇后乃馬眞氏로 전하는 것으로 미루어 나이만 출신인 듯하다. 『집사』에서는 투레게네 카툰(Tôrâgene Khâtûn, 우리의 두르게네 카돈)이, 바로 앞절에 나오던 다이르 우순(우리의 다이르 오손)의 카툰이다. 김호동(2002:175) 참조.

2) 우구데이가 아직 등극하기 전인데도 카한이라는 칭호가 사용되고 있다. 훗날 얻게 될 지위가 미리 사용된 것이다.

3) 몽골 서부 알타이 산지에서 발원하여 중국 신강 북부, 카자흐 초원을 거쳐 시베리아의 오브 강과 합치는 강. 4248km. 자이상 호에 들어가기 전(618km)까지를 카라 이르티쉬(검은 이르티쉬)라고 함.

4) 몽일합동조사단(1994 : 30)에 의하면 오늘날에도 같은 이름(보하타르마 강, 사실은 부호타르마)으로 불리는 동경 83도 20분, 북위 49도 40분 지역.

메르키드는 강을 건너고 나서는 서로 헤어져 이동했다. 나이만의 구출룩 칸은 오이오르타이(=위구르), 카를로오드(=카를룩 사람들)[5]의 땅을 지나서 사르다올의 땅 추이 강에 있는 카라 키다드의 구르 칸에게 들어갔다. 메르키드의 톡토아의 아들들인 코도, 칼, 칠라온을 비롯한 메르키드는 캉글린,[6] 킵차오드(=킵차크 사람들)[7] 의 땅을 지나 계속 갔다.

칭기스 카한은 거기서 돌아와 아라이 고개를 넘어 후방에서 지냈다. 침바이는 타이칼 산채를 쌓은 메르키드를 무찔렀다. 칭기스 카한은 메르키드를 죽일 것들은 죽이게 하고 남은 것들을 병사들에게 약탈하게 했다.

앞서 귀순한 메르키드가 후방에서 다시 이반하여 봉기했다. 후방에 있는 우리의 가속들이 그들을 제압했다. 그러자 칭기스 카한은 "온전히들 있게 하자고 했다. 그러나 그들이 이반하였다"고 하며 메르키드를 뿔뿔이 흩어지도록 나누게 했다.[8]

199 그 소해(1205)에 칭기스 카한이 철제 전차를 가진 수베에테이를 톡토아의 아들들인 코도, 칼, 칠라온을 추격하도록 보내면서 수베[에]테이에게 명령을 받들게 하기를, "코도, 칼, 칠라온을 비롯한 톡토아의 아들들이

---

5) 일리 강 하류 지역을 중심 터전으로 하던 투르크계 유목민 집단.
6) 아랄 해 북부 지방을 중심으로 거주하던 투르크계 유목민 집단.
7) 카스피 해와 흑해 북부 초원을 중심 터전으로 삼던 투르크계 유목민 집단.
8) '가족을 온전히 유지하면서, 씨족을 제대로 이루고 살아갈 수 있도록 배려했으나 배반했으므로 모조리 노예로 만들어 나누어 가짐으로써 가족 간에, 친척 간에 뿔뿔이 흩어지도록 해버렸다.'

가면서 놀라고

돌아서서 활을 쏘며

올가미에 걸린 야생마, 살 맞은 사슴이 되어서 달아났다. 그들이 날짐승이 되어 하늘로 날아오르면 그대 수베에테이는 송골매가 되어 날아가 잡도록 하라. 땅굴토끼가 되어 발톱으로 땅을 파고 들어가면 그대는 쇠 지레가 되어 두들겨 가며 찾아내서 잡아 버려라. 물고기가 되어 바다로 들어가면 그대 수베에테이는 투망, 예인망이 되어 건져 올려 잡도록 하라.

또한 그대를 높은 고개를 넘어, 넓은 강을 건너 보낸다. 거리가 먼 것을 생각해서 군마가 야위기 전에 아껴라! 군량이 떨어지기 전에 아껴라! 거세마가 야위어 버린 뒤에는 아껴도 소용없다. 군량이 다 떨어져 버린 뒤에는 아껴도 소용없다. 그대들의 길에 사냥감이 많다. 멀리 생각하여 행군 중에 병사를 사냥감에 달려들게 하지 마라! 한도 없이 사냥하지 마라! 군량을 보충하려고 병사들에게 사냥을 시킬 때는 한도를 정하여 사냥하게 하라!

그렇게 한도를 정해 사냥할 때말고는 병사들이 안장 후걸이[9]를 매지 못하게 하라! 말에 굴레를 씌우지 말고 느슨하게 하고 다니게 하라! 그렇게 지휘해서 가면 병사가 달리는 것이 어찌 가능하겠는가?[10] 이렇게 군율을 정해 위반하는 자들을 붙잡아다가 때리도록

---

9) qudurya. 『몽어유해』에 후거리(革秋皮). 안장 뒤쪽에 걸어 말의 엉덩이 쪽으로 묶어 안장을 고정시키는 끈.

10) Cleaves(1982:134, 주 13)에 의하면 안장 뒤쪽을 끈으로 고정시키지 않으면 비탈길을 빨리 달려 내려갈 수 없으며, 재갈을 물리지 않으면 말을 마음대로 제어할 수 없어 역시 빨리 달릴 수 없는데, 말

하라! 명령을 위반한 자들 중에 우리에게 알려야 할 만한 것들은
우리에게 보내라! 우리에게 안 알려도 될 만한 많은 것들은 거기서
베도록 하라![11]

> 강의 저쪽으로
> 헤어질 그대들은
> 이 도리대로 행하라!
> 산의 저쪽으로
> 흩어질 그대들은
> 다른 것을 생각하지 마라!

영생의 하늘이 힘과 기를 더해 주사 톡토아의 아들들을 손에 넣게
되면 우리에게 데려올 것이 무엇이냐? 거기서 그대들이 베어 버려
라!" 하고 명령하였다.

또 칭기스 카한이 수베에테이에게 이르기를, "그대를 출정케 하는
것은, 내가 어릴 때 삼성 메르키드의 오도이드에게 보르칸 성산을
삼중으로 에워싸이고 크게 놀란 적이 있었다. 그러한 원수의 백성
들이 다시 입과 혀를 놀리고 다닌다.

> 긴 것의 끝,
> 깊은 것의 바닥까지

---

11)　　'우리가 알 만한 〔신분이 높은〕 자들은 후방으로 압송하여 처리케 하라! 우리가 모르는 대다수의 〔신
　　　분이 낮은〕 자들은 현지에서 처단하라!'

함께 가도록 하라!"[12] 하고 명령을 내리고 추격하여 끝장을 낼 수
있도록 철제 전차를 만들어 소해(1205)에 출정하게 했다. "그대들은

우리들이 뒤에 있어도 면전에서처럼
멀리 있어도 가까이에서처럼

생각하고 행하면 위에 계신 하늘에게도 가호될 것이다" 하고 말했다.
나이만과 메르키드를 무찔러 버리자, 자모카는 나이만과 있다가
거기서 제 나라를 빼앗기고는 동무 다섯을 데리고 비적이 되어 탕
로[13] 산으로 올라갔다. 수놈 산양[14]을 죽여 구워 먹을 때 거기서 자
모카가 제 동무들에게, "누구의 아들들이 오늘 야생의 수양을 죽여
이렇게 먹는가?" 하고 말했다.[15] 그 수놈 산양의 고기를 먹고 있는
사이에 그의 다섯 동무들이 자모카에게 손을 대어 붙들어 칭기스
카한에게 데려왔다. 자모카가 제 동무들에게 붙들려 와서는

카한 형제에게 일러라!
갈가마귀가
검둥오리를 잡아먹게끔 되었다.
평민과 노복은

---

12) '끝까지 따라가 끝장을 내라!'

13) Tanglu는 현 몽골 북서 국경 너머의 탄누 산맥(Тагнын нуруу). 러시아 지도의 탄누올라(Танну
     ola).

14) Uyu.ja, Ovis ammon.

15) Mos.aert(1950 : 376)에 의하면 대략 '너희들은 이렇게 구운 산양고기를 다 먹으니 운 좋은 줄들 알
     거라!'

제 칸에게 손을 대게끔 되었다.
나의 카한 형제가 무엇을 실수하겠는가?
잿빛 말똥가리가
암오리를
잡아먹게끔 되었다.
노복과 종자는
주인을 배반하고, 모의하여
붙들게까지 되었다.
나의 현명한 형제가 무엇을 실수하겠는가?"

하고 말했다.

자모카의 그 말에 칭기스 카한이 "제 칸에게 손을 댄 사람을 어떻게 살려 두겠는가? 그러한 사람이 누구에게 동무 되겠는가? 제 칸에게 손댄 사람들을 그들의 자손까지 베게 하라!"고 명하였다. 바로 자모카의 면전에서 그를 손댄 사람들을 베게 해주었다.

칭기스 카한이 "자모카에게 일러라!" 하며 "이제 우리 둘이 합쳐졌다. 동무하자!

서로 한쪽 끌채가 되어 지내면
그대는 혼자가 되어 헤어질 생각을 한다.
이제 하나로 함께 지내며
자신이 잊은 것을 서로 일깨우게 하며,
자신이 잠든 것을 서로 깨우게 하며 지내자!
따로 헤어져 다녀도

길함이 있는, 복 있는 나의 형제였다.
참으로 같이 죽는 날에는[16]
그대는 마음이, 가슴이 아파했다.
헤어져 따로 다녀도
서로 죽이는 날에는
그대는 명치가, 심장이 아파했다.
언제냐고 하면
케레이드 사람들과
칼라칼지드 사막에서
싸울 때

자기가 옹 칸 아버지에게 한 말들을 알려 보낸 그대의 공이 있다.
또한 '(나는) 나이만 사람들을

말로 죽이고
입으로 죽여서,
겁에 질리게 해놓았으니
(그대도 실전에서) 내가 한 것처럼 하라!'

하고 정보를 보낸 그대의 공이 있다"고 하였다.
201 자모카가 "옛날 어릴 적에 코르코낙 숲에서 칸 형제와 의형제를 맺
고는

---

16)   '사생결단으로 싸워야 했을 때는'.

아니 소화될 음식을 같이 먹고,

아니 잊혀질 말들을 서로 이야기하며

〔밤에는〕한 담요를 같이 덮고 지냈다.

가로막은 자에게 사주 받고

곁에 있는 자에게 들쑤셔져

헤어져 버리고 나자

마음에 못을 박는 말들을 주고받았기 때문에,

내 검은 얼굴을 벗기울까 봐,

〔다시〕가까이 할 수 없었다.

내 칸 형제의

따뜻한 얼굴을 〔다시〕볼 수 없었다.

못 잊을 말들을 서로 주고받았기 때문에,

빨간 내 얼굴이 드러날까 봐

영원한 마음을 가진 형제의

진실한 얼굴을 〔다시〕볼 수 없었다.

이제 나의 칸 형제가 용서하여 나와 동무하려고 한다. 동무했어야 할 때 동무하지 않았다. 이제 형제는 주위의 나라를 평정했다. 외방을 모두 합병했다. 칸의 자리는 그대에게 향했다. 천하가 이제 준비되어 있는데, 동무하여 무슨 도움이 될까? 오히려 검은 밤에 형제의 꿈에나 보일 것이다. 밝은 날, 그대의 마음이나 괴롭힐 것이다.

그대 옷깃의 이,

그대 안깃의 가시가 될 것이다.
내게는 많은 노파들이 있었다.
형제를
넘어설 생각을 하게 된 것이
잘못이었다.

이제 이 생애에, 형제와 나의 떠오르는 태양에서부터 지는 해에 이르기까지(=온 세상에), 나의 이름이 닿았다. 형제는 현명한 어머니를 갖고, 태생이 준걸로 태어났으며, 재능 있는 아우들이 있고, 호걸 동무들이 73마리 게세마가 되어 주어 내가 형제에게 졌다.
나는 어머니 아버지를 어려서 사별하여 아우들이 없고, 나의 아내는 수다쟁이, 동무들은 믿음성 없는 자들, 그래서 하늘에서 점지한 형제에게 졌다. 형제가 허락하면, 나를 빨리 떠나게 하면, 형제의 마음이 편안하다. 형제가 허락하여, 죽일 때 피가 안 나오게 죽여라! 죽어 누우면, 나의 유골이라도 높은 곳에서 영원히 그대의 후손의 후손에 이르기까지 가호하여 주겠다. 내가 축복이 될 것이다.

나는 근본이 다른 출생이었다.
월등한 출생인 형제의 수호령(守護靈)에 눌렸다.
내가 얘기한 말들을 잊지 말고
당신들은 아침 저녁으로 상기하며 얘기들 하라!

이제 나를 서두르도록 하라!"고 하자 칭기스 카한이,

"나의 형제는

따로 헤어져 다녀도 우리에게,

입 가득히 말해도

우리 목숨에

해를 끼치려고 생각한다는 말을 듣지 못했다. 본받을 만한 사람이
었다. 이는 안 된다. 죽이려 해도 점괘가 나오지 않는다. 까닭 없이
목숨을 해치면 안 된다.

무거운 길이 있는 사람이다. 이것이 그가 죽어야 할 까닭이라고 이
야기하도록 하라.

옛날 초지 다르말라[17]와 타이차르가 가축을 서로 강탈한 것 때문
에 자모카 형제 그대가 온당치 않게 반항하여 봉기해 와서 달란 발
조드에서 싸워 나를 제레네 협곡으로 몰아넣고 놀라게 하지 않았
는가? 이제 동무하자고 하면 아니 된다. 그대는 목숨을 아끼면 안
되게 되었다고 하더라고 말하라! 이제 그대의 말대로 피가 안 나오
게 가게 하라고 그랬다고 일러라!" 하고 분부하고는, "피가 안 나오
게 가게 하고 그의 뼈를 보이게 버리지 마라! 잘 거두어라!" 하고
명했다. 자모카를 거기서 가게 하고, 그의 뼈를 거두게 했다.

202 그렇게 몽골 및 주변 유목 민족의 나라들을 평정하고 범해(1206)에
오난의 발원에 모여 아홉 다리를 가진 흰 기[18]를 세우고 칭기스 카

---

17) Čoji Darmala. 128절의 조치 다르말라(Joči Darmala).

18) Yesün költü čaɤa'an tuɤ(九脚有的白纛), 즉 '아홉 개의 다리를 가진 白纛'은 오르도스 지방의
    Dörben költü qar-a sülde(네 다리를 가진 검은 纛)의 명칭의 유래로 미루어 主纛의 주위에 있는 아
    홉 개의 陪從纛을 다리에 비유한 이름일 가능성이 있다. Sayinjiryal 외(1983 : 280~288) 참조.

한에게 칸의 칭호를 바쳤다. 거기서 모칼리에게 고이옹[19]이라는 칭호를 주었다. 바로 거기서 제베를 나이만의 구출룩 칸을 추격하도록 출정시켰다. 몽골 온 나라가 즉위를 승인하고 나서 칭기스 카한은 "나라를 함께 세우며, 함께 행하던 자들에게 천호씩 나누어 천호를 맡기는 상을 내리겠다!"고 했다.

천호들을 임명하기를, 1 뭉릭 아버지, 2 보오르초, 3 모칼리 고이옹, 4 코르치, 5 일루게이, 6 주르체데이, 7 고난, 8 코빌라이, 9 젤메, 10 투게, 11 데게이, 12 톨론, 13 웅구르, 14 출게테이,[20] 15 보로골, 16 시기 코토코, 17 구추, 18 쿠쿠추, 19 코르코손, 20 후순, 21 코일다르, 22 실로카이, 23 제테이, 24 타카이, 25 차가안 고아, 26 알락, 27 소르칸 시라, 28 볼로간, 29 카라차르, 30 쿠쿠 초스, 31 수이케투, 32 나야아, 33 종쇼이,[21] 34 구추구르, 35 발라, 36 오로나르타이, 37 다이르, 38 무게, 39 보지르, 40 뭉구우르, 41 돌로아다이, 42 부겐, 43 코도스, 44 마랄, 45 제브케, 46 요로칸, 47 쿠쿠, 48 제베, 49 오도타이, 50 발라 체르비, 51 케테, 52 수베에테이, 53 뭉쿠, 54 칼자, 55 코르차코스, 56 게우기, 57 바다이, 58 키실릭, 59 케테이, 60 차오르카이, 61 옹기란, 62 토곤 테무르, 63 메게투, 64 카다안, 65 모로카, 66 도리 보카, 67 이도카다이, 68 시라콜, 69 다온, 70 타마치, 71 카오란, 72 알치, 73 토브사카, 74 통코이다이, 75 토보카, 76 아지나이, 77 투이데게르, 78 세체우

---

19) 모칼리가 國王(guiong)의 칭호를 받은 것은 실제로는 1217년의 일이라고 함. Pelliot et Hambis (1951 : 363) 등 참조.

20) Čülgetei. 120 · 124절의 칠구데이(Čilgütei)와 같은 사람.

21) Jungšoi (豪率). 120절의 종소. 243절의 종사이와 같은 사람일 듯.

르, 79 제데르, 80 올라르 부마, 81 킹기야다이, 82 보카 부마, 83
코릴, 84 아식 부마, 85 카다이 부마, 86 치구 부마[에게 각각 1천 호
를], 87 알치 부마에게 옹기라드 3천 호를, 88 보토 부마에게 이키
레스 2천 호를, 89 웅구드의 알라코시 디기드 코리 부마에게 웅구
드 5천 호를 맡겨, 숲의 사람들[22]을 제외한 몽골 나라의 95 천호에
칭기스 카한이 지명한 자들이 천호가 되었다.[23]

203 칭기스 카한이 분부를 내려 이미 부마들을 포함하여 이들 거명된
95 천호의 지도자들을 천호로 임명하는 중에 다시 분부를 내려 "공
이 있는 자들에게 상을 주겠다!"며 보오르초, 모칼리를 비롯한 노
얀들을 불러오게 하려고 할 때 집 안에 시기 코토코가 있었다. 부
르러 가라고 시기 코토코에게 분부하자, 시기 코토코가
"보오르초, 모칼리 들이 누구보다 탁월한 공을 세웠습니까? 누구
보다 뛰어난 힘을 바쳤습니까? 상을 내리실 차제이니 말씀드리겠
습니다만, 저도 무슨 빠지는 공을 세운 것이 아닙니다. 저도 무슨

---

22) 몽골 서쪽에서 서북쪽(이르티쉬~예니세이) 삼림 지대의 수렵 민족들. Rachewiltz(1980 : 43~44,
54~55) 참조.

23) 95명의 천호를 임명한 것이 아니라 95개 천호 조직의 장들을 임명한 것이므로 장으로 임명된 자연
인의 수가 반드시 95명일 필요는 없으나 천호 조직의 수는 95개일 것이 기대된다. 四部叢刊本 등에
등재된 이름들을 방역의 '人名'을 기준으로 끊어 읽으면 위와 같이 자연인의 수가 89, 조직의 수가
96개가 된다(인명 앞의 숫자는 필자가 임의로 붙인 것임). 村上(1972 : 342~343), 小澤(1988 :
96~98), 朴元吉(1994 : 565~567)은 35 발라와 36 오로나르타이를 한 사람으로, 53 뭉쿠와 54 칼자
를 한 사람으로 읽은 대신 62 토곤 테무르를 토곤, 테무르 두 사람으로 읽었고(자연인 88명, 조직
95), Ligeti(1971 : 171~ 172)와 Rachewiltz(1980 : 25~26)는 53 뭉쿠와 54 칼자만 Müngkö-qalja
한 사람으로 읽었으며(자연인 88명, 조직 95), Cleaves(1982 : 141~142)는 81 킹기야다이와 82 보
카 부마를 한 사람으로 읽었다(88명의 자연인과 95개의 조직). 위에 거론된 사람들이 한 사람인지,
서로 다른 두 사람인지를 다른 부분을 아무리 정독해 보아도『몽골 비사』의 내용만으로는 확인하기
가 어려우나 53 뭉쿠와 54 칼자는 한 사람인 것이 거의 틀림없다. 村上(1972:377~378), 김호동
(2002 : 319) 등 참조.

빠지는 힘을 드린 것이 아닙니다.

　　요람에 있을 때부터
　　당신의 높은 문지방에서
　　턱에 이렇게 수염이 나도록 자라며
　　다른 생각을 아니했습니다.
　　가랑이에 기저귀를 찰 때부터
　　당신의 황금 문지방에서 살며
　　입가에 수염이 이렇게 자라도록 크면서
　　틀린 생각을 아니했습니다. 〔후엘룬 어머니는〕 저를
　　자신의 다리에 뉘어
　　아들로 길렀습니다.
　　곁에 눕혀 저를 〔그대의〕
　　아우로 길렀습니다.

이제 제게 무슨 상을 내리시겠습니까?" 하고 물었다.
그 말에 칭기스 카한이 "여섯째 아우가 아닌가, 너는? 막내 아우인
너에게 아우로서의 몫을 나누어 주고, 또한 너의 공에 대한 상으로
아홉 번까지 죄를 묻지 않도록 하겠다!"고 대답하였다. 〔또한〕 "〔내
가〕 영생의 하늘에 가호되어 모든 나라를 영도하고 있을 때, 너는

　　보는 눈,
　　듣는 귀 되어

모든 나라를, 어머니에게, 우리에게, 아우들에게, 자식들에게 배속
될 백성을, 이름에 따라

> 모전 천막 거주자들이
> 갈라지게 하고,
> 널문 안에 사는 자들이
> 나눠지게 하여

분배해 주어라![24] 누구도 네 말을 어기지 못하게 하라!"는 분부가
있었다. 또한 시기 코토코에게 "온 나라의

> 도둑을 징계하고
> 거짓을 추궁하여
> 죽일 만한 사유가 있는 자들을 죽여라!
> 벌할 만한 사유가 있는 자들을 벌하라!"

하고 분부하면서 모든 자의 위에서 송사를 처결하도록 맡겼다. 또
한 "모든 백성을

> 몫을 나눈 것을,
> 송사를 처결한 것을

---

24) 　모전 천막, 널문은 유목민의 이동 가옥의 주요 구성물들. 따라서 모전 천막 거주자, 널문 안에 사는 자
는 둘 다 칭기스 카한에게 복속된 몽골 및 주변 유목민을 뜻한다.

푸른 책에 글로 써서 기록하라. 또한 후손의 후손에 이르기까지 시기 코토코가 내게 상의하여 법도로 정해 푸른 책, 흰 종이에 기록한 것을 변개하지 마라! 변개하는 사람은 죄인으로 다스리도록 하라!'는 분부 있었다.

시기 코토코는 "저와 같은 막내 아우가 어떻게 동등한 몫을 받겠습니까? 카한께서 상을 내리시려면 흙벽을 한 도시에서[25] 주시도록 하스서!" 하고 아뢰었다.

이 갈에, "너는 제 분수를 깨달았다. 네가 알아서 하라!"고 했다. 시기 코토코는 자기에게 그렇게 상을 내리자 밖으로 나와서 보오르초, 모칼리 등의 노얀들을 불러 들어가게 했다.

204 거기서 칭기스 카한이 뭉릭 아버지에게,

　　태어날 때 함께 태어난
　　자랄 때 함께 자란[26]

복 있고, 길한 그대여! 그대의 도움과 보호가 몇 번이고 있었다. 그 가운데 옹 칸 아버지와 셍굼이 나를 꾀어 불렀을 때, 가는 도중에 뭉릭 아버지 그대가 안 말렸으면,

　　소용돌이치는 물에,

---

25)　　'장차 정복할 도시 거주 정착민들의 땅에서'.

26)　　유원수(1994 : 181, 주 19)의 해석 배경은 자의라고 아니할 수 없다. 이 점 독자 여러분께 사과드리며 이 책에서는 직역을 하였다. 그러나 이런 문장은 211절에서처럼 젤메와 같은 동년배를 두고 말해야 적절할 것 같은 느낌은 여전하다.

들어가자는 것이었다. 이제 그 공을 생각하니, 후손의 후손에 이르기까지 어떻게 잊겠는가? 그 공을 생각하여, 이제 자리를 이쪽 끝에 만들어 앉히고, 해마다 달마다 의논하며, 선물과 상을 그대에게 주겠다. 그대의 후손의 후손에 이르기까지 축복하리라!" 하고 말씀하였다.

205 또한 보오르초에게도 "어렸을 때, 거세한 시르가말 여덟 마리를 강탈당하고 길에서 사흘 밤 사흘 낮을 보내며 뒤쫓아가다 만났다. 그대가 거기서 '지쳐서 오는 동무에게 동무하겠다'며 집의 아버지에게도 말하지 않고, 제 말젖을 짜다가 말고 가죽 부대, 젖통을 초원에 감춰 두고, 꼬리가 짧은 내 공골말을 놔두게 하고 내게 오록 싱콜라를 타게 하고, 그대 자신은 발빠른 호박색 말을 타고, 가축을 주인 없이 놔둔 채 서둘러 초원에서 곧장 출발하여, 함께 동무하여 다시 사흘 밤 사흘 낮을 쫓아 거세한 시르가말들을 강탈한 무리의 진영에 이르러 진영의 끝에 서 있는 거세마들을 우리가 빼앗아 몰고 도망하여 데려왔다. 그대의 아버지는 나코 부자였다. 그대, 그의 외아들이 무엇을 알고 내게 동무하고 있었겠는가? 그대는 다만 의기로 동무하였던 것이다.
그 뒤에 늘 그대를 생각하고 다니다가 벨구테이를 보내 "동무하자"고 하자, 그대는

　　등이 굽은 공골말을 타고,
　　잿빛 모포를 말등에 얹어

동무하러 오자 삼성 메르키드가 우리에게 쳐들어와서 보르칸 성산
을 삼중으로 포위하는 바람에 그대는 함께 포위되었다.

다시 그 뒤에 타타르 사람들과 달란 네무르게스에서 대치하며 밤
을 새우게 되었을 때 비가 낮으로 밤으로 계속 쏟아질 때, 그대는
밤에 내가 잠을 자라고 제 외투를 덮어 주고, 내 위에 비가 아니 들
도록, 밤이 다하도록 서서 제 한쪽 발을 단 한 번만 바꾸었다.[27] 그
대의 의기의 상징이었다. 그대의 숱한 의행을 어찌 이루 다 언급할
수 있겠는가?

보오르초와 모칼리는

나의 옳음이
나아가도록 이끌고,
나의 그름이
멈춰 서도록 말려

이 자리에 이르게 했다. 이제 만인의 상석에 앉혀 아홉 번까지 죄
를 묻지 않도록 하라! 보오르초가 우익의 알타이를 베고 자는 자
들[28] 만호를 다스리게 하라!"고 명을 내렸다.

206   또한 모칼리에게는 "우리가 코르코낙 숲의, 코톨라 칸이 뛰던 사글

---

27)   "칭기스 카한이 비를 덜 맞도록 자신의 외투를 벗어 (이중으로) 덮게 하고, 곁에 서서 밤새 거의 부동
자세로 지켜 주었다." 보오르초의 부동 자세가 칭기스 카한의 위로 빗물이 덜 드는 것과 직접적인 관
련은 없는 듯하다. 취침 중의 경호를 위하여, 혹시 외투가 벗겨지거나 하는 경우에 다시 잘 덮어 주려
고 밤새 곁에 서서 지키고 있었던 모양이다.

28)   알타이 산맥 주변에 거주하는 자, 즉 서부 몽골의 여러 부족.

라[가]르 모돈(우거진 나무)[29]에서 야영할 때 모칼리에게 하늘이 계시를 해 알렸기 때문에 나는 거기서 구운 고아를 생각하며 모칼리에게 언약한 바 있다. 그 언약대로 '모칼리의 후손 대대로 모든 백성의 국왕의 자리에 앉게 하라'며 고이옹이라는 칭호를 내린 바 있다. 모칼리 고이옹은 좌익의 카라온 지돈을 베고 자는 자들[30]의 만호를 다스리도록 하라!"는 명을 내렸다.

207 또한 코르치에게는 "그대는 전조를 미리 알고, 내가 어려서부터 이 날 이때까지

　　　습기에 같이 젖고
　　　추위에 함께 떨며

위안과 축복이 되어 행했다. 코르치가 그때 '예언이 옳게 되면, 하늘에 의해 그대의 뜻대로 이루어지면, 내게 30명의 아내를 허락하라!'고 했다. 이제 예언이 옳았으니 상으로 이들 귀순한 백성들의 좋은 여자를, 좋은 처녀를 보고 30명의 아내를 골라 가져라!" 하고 분부하였다.

또한 "코르치는 3천의 바아린 외에 타게이,[31] 아식과 함께 아다르킨의 치노스와 투울루스와 텔렝구드로 1만을 채워 다스리고, 에르디시 강을 따라 숲의 백성들에게 이르기까지 목영지를 자유로 선택하여 목영하며, 숲의 사람들을 평정하여 만호가 되어 다스리도

---

29)　Saɣla[ɣa]r modun. 57 · 117절 참조.
30)　대흥안령 산맥 주변에 거주하는 자, 즉 동부 몽골의 여러 부족.
31)　본문의 塔豥(Tagei)는 202절(8-25-5) 등의 Taqai(塔ᵃ孩), 즉 타가이의 오류일 듯.

록 하라!"고 명을 내렸다. "코르치의 허락 없이 숲의 사람들이 이리 저리 돌아다니게 하지 마라! 허락 없이 돌아다니는 자들에게는 무엇을 주저할 것인가?" 하고 명을 내렸다.

208 또한 주르체데이에게는 "그대의 주요한 공은 케레이드와 칼라칼지드 사막에서 싸울 때, 근심하고 있을 때, 코일다르 형제가 입을 열었고 그 일은 그대가 실현시켰다. 일을 실현시키기를, 주르체데이 그대가 공격하여 지르긴을, 투베겐을, 동카이드를, 코리 실레문이 지휘하는 1천의 위사대를, 주력을 모두 제압하고 대본대에 이르러 셍굼의 연지 바른 뺨을 오초막으로 쐈기 때문에 영생의 하늘에 의해 문이 열리고, 고삐가 풀렸다. 셍굼을 부상시키지 못했으면 우리가 어찌 되었겠는가? 주르체데이의 주요한 큰 공은 그것이 된다. 그 싸움에서 적과 떨어져 칼카를 따라 이동할 때 나는 주르체데이를 높은 산처럼 의지하는 마음으로 다녔다. 그렇게 가서 발조나 호수로 가축에게 물을 먹이러 갔다. 다시 발조나 호수에서 출정할 때 주르체데이를 전위로 삼아 케레이드에게 출전하여 천지에 의해 힘이 더해져서 케레이드 백성을 무찌르고 약탈하였다. 주요한 나라를 결딴냈고, 나이만, 메르키드가 질려 싸우지 못하고 궤멸되었다. 메르키드와 나이만을 섬멸하는 싸움에서 케레이드의 자카 감보는 그의 두 딸 때문에 제 속민들과 온전하게 살도록 놔두었던 것이다. 그럼에도 다시 적이 되어 이반한 것을 주르체데이가 유인하여 계책으로 붙들어 자카 감보를 끝장내 버렸다. 그 자카 감보의 나라를 다시 멸하고 약탈하였다. 주르체데이의 다음 공은 이것이다."

적과 서로 죽이는 날

제 목숨을 내놓았기 때문에,

적과 같이 죽는 날

죽기를 무릅쓰고 싸웠기 때문에

칭기스 카한이 이바카 베키[32]를 주르체데이에게 상으로 주며,

"너를 성품이 나쁘고

자태가 초라하다고 안 했다.

내 가슴에, 다리에 들어왔던

반열에 들어앉은 너를

주르체데이에게 내리는 것은

큰 도리를 생각하여, 주르체데이의

살육전의 날 방패가 된,

적으로부터 차폐물이 되어 준,

흩어진 나라를 합치게 한,

조각난 나라를 통일케 한,

그의 공적을 생각하기 때문에 너를 주는 것이다. 내 이후에 우리의
후손이 내 자리에 앉아, 이같이 공을 세운 도리를 생각하여 나의
말을 어기지 말고, 자손 대대로 이바카의 자리가 끊어지지 말게 하

---

32)   자카 감보의 두 딸 가운데 칭기스 카한이 취했던 큰딸. 186절.

라!"고 명을 내렸다.

다시 칭기스 카한이 이바카에게 "네 아버지 자카 감보가 네게 200명의 지참 노비와 집사장 아식 테무르, 집사장 알칙을 준 바 있다. 이제 네가 오로오드 백성들에게 갈 때 네가 가져온 지참 노비에서 집사장 아식 테무르와 100명을 두고 가라!"고 해서 칭기스 카한이 가졌다.

다시 칭기스 카한이 주르체데이에게는 "이바카를 네게 주었다. 오로오드 4천 호를 네가 다스리도록 하라!"고 상을 내렸다.

제 9 권

동무들(=충신들)에 대한 칭찬과 포상

네 충견(코빌라이, 젤메, 제베, 수베에테이)과
네 준마(보오르초, 모칼리, 보로골, 칠라온 용사)의 충성을 칭송함(209)

소시 적부터 충성을 바쳐온 동무들을 거명하고 칭송함, 젤메를 비롯한 충신들에게 아홉번까지
과실에 대해 면책 특권을 내림(210-213) 용감한 여인 알타니(214)

생명의 은인 소르칸 시라 부자에 대한 보상(219) 제 주인을 버리지 않은 나야아에 대한 포상(220)

친위대를 증강함(225-229)

209　또한 코빌라이에게는, "그대는

　　역사의 목덜미,
　　장사의 엉덩이를

눌러 주었다. 코빌라이, 젤메, 제베, 수베게테이[1] 그대들 나의 네 마리 개들을 의도한 곳으로 향하게 하면

　　'가라!'고 했을 때
　　돌이라도 부수고,
　　'덤벼라!' 했을 때
　　바위라도 치며,
　　흰 돌을 부수며
　　깊은 물을 끊고 있었다.

코빌라이, 젤메, 제베, 수베에테이 그대들 나의 네 마리 개들을 목표한 곳으로 보내고 보오르초, 모칼리, 보로올, 칠라온 용사 이들 나의 네 준마가 내 곁에 있으면, 전쟁의 날이 되면 주르체데이와 코일다르를 저들의 오로오드, 망고드와 함께 앞에 세우면, 나의 모든 마음이 편한 것이었다"고 했다. "그대 코빌라이는 군무 전반을 통할하고 있지 않겠는가?" 하고 상을 내려 명하였다.
또한 "베두운의 고약스러움 때문에 내가 괘씸하게 여겨 천호를 안

주었다. 그에게는 그대가 맞다. 그대와 함께 천호를 편성하여 상의하며 행하도록 하라"고 했다. 또한 "이 뒤로 우리는 베두운을 주시할 것이다" 하고 말했다.

210 게니게스의 고난에게는 "그대들 보오르초, 모칼리를 비롯한 노얀들이여! 도다이, 도콜코를 비롯한 체르비들이여!

검은 밤에 수늑대
밝은 날에 갈가마귀 되어
이동해야 할 때에 아니 멈춘,
멈춰야 할 때에 아니 움직인,
배반하는 사람과 부화하지 아니한,
원수진 사람과 뇌동하지 아니한

이 고난과 쿠쿠 초스와 의논 없이들 행하지 마라! 고난과 쿠쿠 초스와 의논하여 행하도록 하라!"고 분부하였다.

"내 아들들 가운데 맏이는 조치다. 고난은 자기의 게니게스를 지휘하여 조치의 밑에서 만호가 되도록 하라!"고 명을 내렸다. "고난, 쿠쿠 초스, 데게이, 우순 노인 이들 넷은

본 것을 아니 숨기고,
들은 것을 아니 감추고

있었다"고 했다.

211 젤메에게는 "자르치오드 노인이 풀무를 지고, 젤메가 요람에서, 보

르칸 성산에서 내려왔을 때, 오난 강의 델리운 동산에서 내가 태어
날 때, 담비 가죽으로 안감을 댄 배내옷을 준 바 있다. 그렇게 동무
한 이래

　　문지방의 노예,
　　문전의 씨종이 되었다.

젤메 그의 공은 많다.

　　태어날 때 같이 태어난
　　자랄 때 함께 자란
　　담비 가죽 배내옷의 사연이 있는,
　　복이 있고 길함이 있는 젤메,
　　아홉 번까지
　　죄를 묻지 말도록 하라!”

고 명을 내렸다.

212　톨론에게는 “아버지와 아들이 어찌 각각의 천호를 통치하게 되었
느냐? 〔하면〕 그대는 나라를 모아 아버지와 함께 다른 한쪽 날개가
되어 함께 이끌며, 함께 나라를 모았기 때문에 앞서 내가 체르비라
는 칭호를 준 바 있다. 이제 네가 모은 것으로 네 스스로 천호가 되
어 토로칸과 상의하며 다스리고 있거라” 하고 명을 내렸다.[2]

---

2)　또한 톨론에게는 “그대 부자는 두 사람 모두 천호를 제수하겠다. 왜냐하면 그대는 아버지와 함께 백

213 또한 집사장 웅구르에게는 "토고라온 삼형제, 타르고드 오형제, 그대 뭉게투 키얀의 아들 웅구르는 그대들의 창시오드, 바야오드로 한 무리가 되어

안개 속에서도 아니 헤매었다.
혼란 중에도 내게서 아니 떨어졌다.
습기에 함께 젖고
추울 때 같이 떨며 다녔다.

이제 무슨 상을 받겠는가?" 하고 물었다.
웅구르가 "상을 고르도록 하신다면, 제 바야오드 형제는 모든 부족마다 흩어져 있습니다. 허락하신다면, 제 바야오드 형제를 모으겠습니다!"고 하였다. "좋다, 그렇게 네 바야오드 형제를 모아 그대가 천호를 맡아라" 하고 명을 내렸다. 다시 칭기스 카한이 "웅구르와 보로올 그대 두 집사장이 바른쪽, 왼쪽에서 음식을 배급할 때

바른쪽에
선 자, 앉은 자들에게 아니 모자라게,
왼쪽에
정렬한 자, 아니 한 자들에게 아니 모자라게

성을 모아, 아버지와 함께 한쪽 날개가 되어 백성을 이끌었기 때문이다. 물론 그 공로로 체르비에 임명하였으나 그대 역시 천호가 되기에 충분하다. 그러니 그대는 그대 자신이 모은 백성으로 따로 천호를 만들고, 토로칸과 상의하며 통치하도록 하라."

그렇게 배급하면 나의 목이 안 메이고 마음이 편할 것이다. 이제 웅구르와 보로올은 출정하여 다닐 때 음식을 여러 사람에게 배급하여라!" 하고 명을 내렸다. "자리에 앉아서는 큰 술통의 좌우에서 음식을 책임지고 앉아 있거라! 톨론 등과 함께 정중앙에 북쪽을 향해(=상석을 보고) 앉거라!" 하고 자리를 가리켜 주었다.

214 다시 칭기스 카한이 보로골(=보로올)에게 "나의 어머니는 시기 코토코, 보로골, 구추, 쿠쿠추 너희들 넷을 〔다른〕 사람들의 목영지에서,

> 땅바닥에서 얻어
> 당신의 다리 사이로 밀어넣고
> 아들 삼아 돌보며 기를 때,
> 너희들의 목을 잡아 늘여
> 사람에 빠지지 않게 만들고,
> 너희들의 빗장뼈를 당겨 올려
> 남자답게 만들어

당신의 아들들인 우리에게 동무, 그림자를 만들자고 길렀다. 너희들은 기른 공과 은혜를 나의 어머니에게 확실하게 보답했다. 보로골은 내게 동무 되어,

> 급한 원정 중에도,
> 비 오는 밤에도
> 빈속으로 아니 자게 했다.

적과 대치하고 있을 때도
국 없이 자게 아니 하였다.

또한 할아버지들, 아버지들을 시해한 원한의 타타르 사람들을 굴
복시키고

원수를 갚고
복수를 하며

타타르 사람들을 굴대 빗장에 대보고 죽이고 벨 때, 죽임을 당하게
된 타타르의 카르길 시라가 달아나 도적이 되어 돌아다니다가 곤
궁하고 굶주리게 되자 다시 들어와 어머니 집에 와서 '저는 적선을
구하는 자입니다'라고 하여 〔어머니가〕 '적선을 구하는 자라면 거기
앉거라!'고 하였다. 〔그자가〕 바른쪽 침상의 문 쪽 끝에 앉아 있을
때 다섯 살짜리 톨로이가 밖에서 들어왔다가 다시 뛰어나가는 것
을 카르길 시라가 일어나서 제 겨드랑이에 끼고 나와 한 손으로 제
칼을 더듬어 뽑으며 갔다.
보로골의 아내 알타니가 어머니의 집에서 왼쪽에 앉아 있다가 어
머니가 '아이를 죽인다!'고 외치는 것과 동시에 알타니가 함께 뒤
쫓아 달려나와 카르길 시라의 뒤에서 한 손으로는 그의 머리 끄덩
이를 잡고 다른 손으로는 칼을 뽑고 있는 그의 팔을 잡아당기자 칼
을 떨어뜨렸다.

---

3)　jüldü '頭功'. 13절의 jildü에 관한 주를 참고.

집의 북쪽에서 제테이와 젤메가 뿔 없는 검은 소를 양식으로 잡고 있다가 알타니의 소리에 도끼를 들고, 주먹에 피를 묻힌 채로 달려가 타타르의 카르길 시라를 도끼로, 칼로 바로 그 자리에서 죽였다. 알타니, 제테이, 젤메 셋이 아이의 목숨을 구한 수훈[3]을 서로 다툴 때 제테이와 젤메가 '우리가 없었으면, 빨리 달려가서 안 죽였으면, 여자인 알타니가 무엇을 할 수 있었겠는가? 아이의 목숨에 해가 미쳤을 것이다. 수훈은 우리의 것이다'라고 했다. 알타니는 '내 소리를 안 들었으면 당신들이 어떻게 왔겠는가? 내가 뛰어 쫓아가서 그의 머리 끄덩이를 잡고 칼을 뽑고 있는 그의 팔을 잡아당겨 칼을 안 떨어뜨렸으면 제테이와 젤메가 달려올 때까지 아이의 목숨에 해가 아니 미칠 것이었겠는가?' 하고 주장했다.

말을 다 하고 보니 수훈은 알타니의 것이 되었다. 보로골의 아내는 보르골에게는 한쪽 끌채가 되었고, 톨로이의 목숨에 공이 있었다. 또한 보로골은 케레이드와 칼라칼지드 사막에서 싸울 때 우구데이가 목 핏줄에 살을 맞아 떨어지자 말 위에서 내려가 그의 굳은 피를 입으로 빨며 밤을 함께 보내고 다음날 말에 태워, 제대로 앉아 있지도 못하는 것을 뒤에서 끌어안고 막힌 피를 빨아 대며, 입가를 붉게 물들이며, 우구데이를 산 채로 안전하게 데리고 왔다. 나의 어머니께서 기르며 고생하신 은혜가 나의 두 아이의 목숨에 공이 되었다. 보로골은 내게 동무 되어

　내 외침과 부름에
　소리쳐 답하며 돕기를

꾸물댄 적이 없다. 보로골에게 아홉 번까지 죄를 묻지 말도록 하라!" 하고 명을 내렸다.

다시, "내 여자 후손들에게 상을 내리겠다!"고 했다.

215　다시, "내 여자 후손들에게 상을 내리겠다!"고 했다.[4]

216　또한 우순 노인에게는 "우순, 고난, 쿠쿠 초스, 데게이 이들 넷은 자기네가 본 것을, 자기네가 들은 것을 숨기거나 감추지 않고 가리키고 있었다. 자기네가 느낀 바를, 생각한 바를 말하고 있었다. 몽골의 도리, 노얀의 길, 베키가 될 이치였다. 바아린은 형의 후손들이다.[5] 베키의 길은 우리들 가운데 위에서부터 베키 우순 노인이 되도록 하라! 베키로 추대하여

　　　흰 데엘[6]을 입고,
　　　흰 거세마를 태워,

자리 위에 앉혀 받들고, 또한 해마다 달마다 의논하며 그렇게 지내도록 하라!"는 분부 있었다.

217　다시 칭기스 카한이 "코일다르 형제가 전투시에 자기의 목숨을 걸고, 먼저 입을 열어 전위를 자원한 공훈의 보답으로[7] 그의 자손이 대대로 고아의 수당을 받으며 살도록 하라!"는 분부 있었다.

218　또한 차간 고아[8]의 아들 나린 토오릴에게는 "그대의 아버지 차간

---

4)　215절의 내용은 이것뿐이며 214절의 마지막 문장의 반복이다.

5)　41 · 43절을 참조.

6)　몽골 사람들의 전통 의상으로 칼라와 섶이 있고 무릎이나 발목까지 내려오는 긴 소매 겉옷. de'el.

7)　'죽음을 겁내지 않고 선봉을 자원하였고, 결과적으로는 목숨을 바친 공로로'. 171 · 175절 참조.

고아는 나를 위해 목숨을 걸고 달란 발조드에서 싸우다가 자모카에게 피살되었다. 이제 토오릴은 제 아버지의 공으로 고아의 수당을 받게 하라!"고 하자, 토오릴이 "허락하신다면 말씀드리겠습니다만, 네구스 형제들[9]이 모든 부족마다에 흩어져 있습니다. 허락하신다면 네구스 형제를 모으겠습니다!"고 하였다. 칭기스 카한이 "그렇다면 네구스 형제를 모아 그대가 대대로 맡고 있도록 하라!"고 분부를 내렸다.

219   또한 소르칸 시라에게는 "그대들은 내가 어렸을 때, 타이치오드의 타고르타이 키릴톡 형제에게 시기를 받아 잡혀갔을 때, 거기서 '형제들에게, 제 형제들에게 시기당한다'며 아들 칠라온과 침바이, 딸 카다안으로 하여금 나를 돌보게 하고, 숨겨 주고 있다가 놓아 보냈다. 그 공, 그대들의 도움과 선행을 생각하며 검은 밤에는 꿈에서, 밝은 날에는 가슴에 생각하며 다녔다. 그대들은 타이치오드로부터 늦게 왔다. 이제 내가 그대들에게 상을 내린다면 무슨 상을 바라겠는가?" 하고 물었다.

그대들은 타이치오드로부터 늦게 왔다. 이제 내가 그대들에게 상을 내린다면 무슨 상을 바라겠는가?" 하고 물었다.

소르칸 시라가 아들 칠라온과 침바이와 "상을 내리신다면, 목영지를 자유로 선택하겠습니다! 메르키드의 땅 셀렝게를 목영지로 하여 자유로 살겠습니다. 또 다른 상은 칭기스 카한이 알아서 하소서!' 하고 대답했다.

그 말에 칭기스 카한이 "메르키드의 땅 셀렝게를 목영지로 하여 목

---

8) Čayan-γo'a. 120절(귀부)의 차가안 오와(Čaγa'an-uwa), 129절(죽음)의 차가안 오아(Čaγa'an-u'a), 202절(천호제수)의 차가안 고아(Čaγa'an-γo'a)와 같은 사람.

9) 네구스 형제들(Negüs aqa de'ü)의 '네구스(Negüs)'는 120·129절의 '네우스', 네우스족(<Ne'üdei '네우스 출신 남자')과 같은 (종족) 집단의 이름.

영지를 자유로 선택할 것, 자손 대대로 전통을 휴대케 하고, 의식의 술을 마시게 하며, 다르칸[10]으로서 살게 하라! 아홉 번까지 죄를 벌하지 말라!"고 명을 내렸다.

다시 칭기스 카한이 칠라온과 침바이에게 상을 내리기를, "옛날 칠라온과 침바이가 한 얘기들을 생각하면 〔이 정도 상으로〕 어찌 만족하겠는가, 그대들이? 칠라온과 침바이 그대들은 마음에 말할 것이 있으면, 부족한 것이 있으면, 중간에 다른 사람에게 말하지 말고 제 몸으로, 제 입으로, 그대들이 생각하는 바를 내게 말하라! 부족한 것이 있으면 직접 청하라!"고 분부를 내렸다.

"또한 소르칸 시라, 바다이, 키실릭 그대들 다르칸들은 자유를 누리면서

많은 적을 공격하여 전리품을 얻으면
얻는 대로 가져라!
도망 잘 하는 짐승을 사냥하면
죽이는 대로 가져라!"

하고 분부를 내렸다.

"소르칸 시라로 말하자면 타이치오드의 투데게[11]의 속민이었다. 바다이과 키실릭으로 말하자면 체렌의 말치기였다. 이제 나의 지팡이〔가 되어〕 전통을 휴대하고, 의식의 잔을 비우며, 다르칸의 지

---

10)　다르칸에 대해서는 51절의 설명을 참조.
11)　Tödege. 146절의 투두게(Tödöge)와 같은 사람.

위를 누리거라!" 하고 은혜를 베풀었다.

220 또한 나야아에게는 "시르구투 노인[12]이 아들 알락, 나야아와 함께 타르고다이 키릴톡을 우리에게 붙들어 오다가 도중에 코토콜 습원에 이르렀을 때, 나야아가 '우리가 우리의 칸을 어떻게 버리며, 붙들어 가겠습니까?'라고 하여 차마 버릴 수 없어 놓아 보내고 시르구투 노인이 아들 알락, 나야아와 함께 왔다.

거기서 종달이 나야아가 '우리 칸에게, 타르고다이 키릴톡에게 손을 대어 오다가 차마 죽일 수 없어 다시 놓아 보내고 왔습니다. 칭기스 카안에게 힘을 드리러 왔습니다. 자기 칸에게 손을 대어 끌고 오면, 이들 제 칸에게 손을 댄 속민을 이 뒤에라고 어찌 믿을 수 있겠는가라고들 할 것이라고 했습니다. 제 칸을 버릴 수 없었습니다' 하고 말했다.

제 칸을 버릴 수 없었던 이치는 큰 도리를 생각한 것이다 하고, 그의 말을 옳게 여겨 한 일을 맡기겠다고 했었다. 이제 보오르초에게 우익의 만호를 맡기도록 하라! 모칼리에게 고이옹〔國王〕의 이름을 주어 좌익의 만호를 맡게 했다. 이제 나야아가 중앙의 만호를 맡도록 하라!"고 명을 내렸다.

221 또한 "제베와 수베에테이는 스스로 획득한 것들, 자기네가 데려온 것들로 천호를 편성케 하라!"고 했다.

222 또한 데게이 양치기에게는 다른 천호를 편성할 때 빠진 자들을 모아 천호를 만들어 맡게 했다.

223 또한 구추구르 모치(목수)에게는 백성이 부족하여 여기서 저기서

거두어 자다란의 몰칼코와 동무하게 했다. "구추구르와 몰칼코가 하나의 천호를 이루고 서로 상의하며 지내라!"고 했다.

224 나라를 같이 세운 자들, 같이 고생한 자들을 천호로 삼고, 천호를 편성하여 천호의 백호, 십호들을 임명하고, 만호를 편성하여 만호로 임명하고 만호, 천호들 가운데 상 줄 만한 자들에게 상을 주고, 은사의 분부를 내릴 만한 자들에게 은사를 내리고 나서 칭기스 카한은 "앞서 80 숙위, 70 위사의 친위대가 있었다. 이제 영생의 하늘의 힘으로, 천지에 의해 기력이 더해져서, 모든 나라를 바로잡아 유일한 나의 고삐에 들게 한 이제, 내게 친위대원을 천호별로 뽑아 들여라! 숙위, 전통사, 위사들이 만 명을 채우도록 하라!"고 영을 내렸다.

또한 친위대를 뽑아 들이는 영을 천호마다 공포하여 "만호, 천호, 백호의 아들, 평민의 아들이 친위대에 들어올 때 재능 있는 자, 용모가 단정한 자, 우리 곁에서 행할 만한 자를 들도록 하라! 천호의 아들을 들게 할 때 그의 열 동무와 한 아우를 딸려서 보내도록 하라! 백호의 아들을 들게 할 때 그의 다섯 동무와 한 아우를 딸려서 보내도록 하라! 십호의 아들, 평민의 아들을 들게 할 때, 그의 세 동무와 한 아우를 딸려서, 본적지에서 말과 무장을 갖추어 보내라! 우리 곁에서 행하게 할 자들을 증강할 때 천호들[13]의 아들들에게 열 동무들을 본적지 천호, 백호로부터 거두어 주게 하라! 자기 아버지가 준 몫이 있으면, 자기 스스로 획득하고 모아들인 인마가 어느 정도 있으면, 가진 몫에다 우리가 정한 한도까지 달하도록 거두

---

13) 유원수(1994 : 198)의 "만호의 아들"은 오역. 독자 여러분께 사죄드린다.

어 그렇게 갖춰 주어라! 백호의 아들들에게 다섯 동무, 십호의 아들들, 평민의 아들들에게 세 동무를 바로 그 방법으로, 그의 〔아버지에게서 받은〕 몫에다 우리가 정한 한도에 달하도록 〔보태어〕 바로 그렇게 거두어 주도록 하라!"고 명을 내렸다.

"천흐, 백호, 십호와 우리의 대중들에게 이 영이 하달되고 나서도, 듣고 나서도 어기는 자는 중과실범이 되도록 하라! 우리에게 친위 근무를 들어와야 할 자, 회피를 하면 아니 될 자가 우리 곁에서 행하기를 기피한다면 다른 자를 대신 들게 하고, 그자는 벌하고, 눈에 안 띄는 먼 곳으로 보내라!"고 영을 내렸다. "우리 가운데서, 곁에서 행하며 배우고자 우리에게 올 사람을 말리지 말라!"고 했다.

225 칭기스 카안의 영대로 천호들에서 뽑고, 백호들, 십호들의 아들들을 바로 그렇게 분부대로 뽑아내게 하여, 앞서는 80 숙위가 있었다가, 800을 만들었다. 800에 더 보태 1천을 채우도록 하라고 했다. 숙위에 들려는 것을 말리지 말라는 분부가 있었다. 숙위를 예케 네우린이 지휘하여, 천 명을 통솔하고 있도록 하라는 분부가 있었다. 앞서 400의 전통사들을 뽑았다. 전통사들을 젤메의 아들 예순테에가 지휘하며 투게의 아들 부기데이와 상의하고 있도록 하라고 했다. "위사들과 함께 전통사들이 친위 근무에 들 때 예순테에가 전통사 1대를 지휘하여 들도록 하라! 부기데이가 전통사 1대를 지휘하여 들도록 하라! 호르코닥이 전통사 1대를 지휘하여 들도록 하라! 라블라카가 전통사 1대를 지휘하여 들도록 하라! 전통을 휴대하고 위사의 근무에 들 각 대의 전통사들을 그렇게 지휘하여 들도록 하라! 전통사들을 천으로 채워 예순테에가 지휘하고 있도록 하라!"는 분부가 있었다.

226 　앞서 우겔레 체르비[14]와 들어온 위사들을 천 명으로 채워 보오르초의 친족 가운데 우겔레 체르비가 통솔케 하라고 했다. 또 다른 1천의 위사를 모칼리의 친족 가운데 보카가 통솔케 하라고 했다. 일루게이의 친척들 가운데 알치다이가 1천의 위사를 통솔케 하라고 했다. 도다이 체르비가 1천의 위사를 통솔케 하라고 했다. 도콜코 체르비가 1천의 위사를 통솔케 하라고 했다. 주르체데이의 친족 가운데 차나이가 1천의 위사를 통솔케 하라고 했다. 알치의 친족 가운데 아코타이가 1천의 위사를 통솔케 하라고 했다. 아르카이 카사르가 뽑은 1천의 용사들을 그가 통솔하여 평시에는 위사들이 되게 하고 전투의 날에는 앞에 서서 용사들이 되게 하라고 명을 내렸다. 각 천호에서 뽑아 온 위사들이 8천이 되었다. 숙위는 전통사들과 함께 2천이 되었다. 1만의 친위대가 되었다. 칭기스 카한은 "우리 곁의 1만의 친위대를 강화시켜 대본대로서 있게 하라!"고 분부하였다.

227 　다시 칭기스 카한이 명령을 내려 위사들의 네 근무대의 선임자들을 임명하기를, "보카가 1대의 친위대를 통솔 지휘하여 들게 하라! 알치다이가 1대의 친위대를 통솔 지휘하여 들게 하라! 도다이 체르비가 1대의 친위대를 맡아 지휘하여 들게 하라! 도콜코 체르비가 1대의 친위대를 맡아 지휘하여 들게 하라!"고 네 근무대의 선임자들을 임명하고, 친위 근무에 임하는 규칙을 정하였다.

　"친위 근무에 들 때 대장은 자기에게 배속된 대원을 점검하여 근무에 들어가 3일 밤을 같이 지낸 뒤 서로 교대하도록 하라! 친위의

---

14)　120절의 우굴렌 체르비, 124절의 우굴레이 체르비, 191절의 우겔레 체르비, 우굴레 체르비 등과 같은 사람.

임무가 있는 자가 근무를 이탈하면 그 근무를 이탈한 자를 3대의
몽둥이로 가르치게 하라! 그 친위의 임무가 있는 자가 다시 두 번
째로 근무를 이탈하면 7대의 몽둥이로 가르치게 하라! 다시 같은
사람이 몸에 병도 없이, 대장들에게 상의도 없이, 세 번째로 근무
를 이탈하면 37대의 몽둥이로 가르치고 나서, 우리에게 행하기가
어려우니, 안 보이는 먼 곳으로 보내라!"고 명을 내렸다.

친위 근무대의 선임자들은 이 명령을 매 세 번째의 친위 근무 때마
다 친위대원에게 반복하여 듣게 하라! 아니 듣게 하면 친위 근무대
의 선임자들을 중과실범으로 처벌하라! 명령을 들었으면서도 어기
면 령령에 따라, 근무를 이탈하면 친위대원을 중과실범으로 처벌
하라!"는 분부가 있었다.

친위 근무대의 선임자들은 지휘자가 되었답시고, 내게는 다 동등
한 나의 친위대원을 내게 상의도 없이 처벌하지 마라! 법을 위반하
면 내게 알려라! 베게 할 이유가 있는 자들이 있으면 우리가 베게
하고, 때리게 할 이유가 있는 자들이 있으면 엎드리게 하여 때린
다! 지휘자입네 하여 내게는 모두 동등한 친위대원에게 자기의 손
발을 대고 몽둥이질을 하면 몽둥이의 대가는 몽둥이, 주먹의 대가
는 주먹으로 치르게 하라!"고 했다.

228 다시 칭기스 카한이 분부하기를, "밖에 있는 천호보다 나를 친위하
는 자가 높다. 밖에 있는 백호, 십호들보다 나를 친위하는 자의 구
종이 높다. 밖에 있는 천호들이 자신을 감히 나를 친위하는 자와 대
등하다고 여겨 다투면 천호 되는 사람을 벌하도록 하라!"고 했다.

229 다시 칭기스 카한이 친위 근무대의 대장들에게 영을 반포하기를,
"전통사들, 위사들이 친위 근무에 들어 낮 동안에 취할 행동은 각

자 자신의 위치로 가서 임무를 수행하다가 해에 아직 불이 있을 때 숙위와 교대하여 밖에 나가 자도록 하라! 우리에게 밤에는 숙위가 자며 있게 하라! 전통사는 전통을, 집사들은 기명을 숙위에게 나눠 주고 가도록 하라! 밖에서 잔 전통사들, 위사들, 집사들은 우리가 국을 먹을 때까지 마구간에 앉아 있다가 숙위들과 얘기하여 국을 다 먹고 나면 전통사들은 전통에, 위사들은 자기 위치로, 집사들은 자신의 기명에 돌아가도록 하라! 친위 근무 때마다 근무에 들기를 이 이치대로, 이 규칙대로 그렇게 하도록 하라!"고 했다.

"해가 진 뒤에 궁실의 뒤를, 앞을 가로질러 다니는 사람을 붙들어 숙위가 함께 밤을 지내고 다음날 숙위가 그를 문초하도록 하라! 숙위가 근무를 교대할 때 그들의 표신(標信)을 맡기고 들어오게 하라! 교대하여 나갈 때도 표신을 맡기고 나가도록 하라!"고 했다.

"숙위는 밤에 궁실 주위에 눕고, 문에 밀착하여 선 숙위는 밤에 들어오는 사람들을 그들의 머리가 깨지도록, 그들의 어깨가 내려앉도록 베어 버려라! 급한 보고가 있는 사람이 밤에 오면 숙위에게 얘기해서 집 뒤편에서[15] 숙위와 함께 서서 보고토록 하라!"고 했다.

"숙위보다 윗자리에 누구도 앉지 못하게 하라! 숙위에게 말하지 않고는 아무도 들어오지 못하게 하라! 아무라도 숙위의 위로 다니지 못하게 하라! 숙위의 사이로 돌아다니지 못하게 하라! 숙위의 수를 묻지 못하게 하라! 숙위의 위로 〔넘어다니는〕 사람을 숙위가 체포하라! 사이로 다니는 사람을 숙위가 체포하라! 수를 물은 사람은 그 사람이 바로 그날 탄 거세마를 안장째, 굴레째 입은 옷과 함께[16]

---

15)   169절의 "집 뒤편"에 관한 주를 참조.

숙위가 갖도록 하라!"고 했다. 엘지게데이는 신망이 있는 자였지만
해가 저문 뒤에 누워 있는 숙위의 위로 〔넘어〕다니다가 숙위에게
어떻게 체포되었느냐?(＝체포돼 어찌 되었는지 명심들 하라!)

---

16)　유원수(1994 : 201)의 "겉에 입은 옷"은 "굴레째 입은 옷과 함께"의 오역. 독자 여러분께 사과드린다.

제 10 권

강화되는 카한의 권위, 친위대의 증강, 저항 잔당 토벌, 어머니, 형제들과의 불화

친위대를 칭송하는 칭기스 카한의 노래(230) 친위대를 증강, 정비함(231-234) 위구르의 귀순(238) 맏아들 조치의 원정(239) 코리 토마드의 보로골 살해와 응징(240) 분봉과 어머니의 불만, 텝 텡게리의 간계, 카사르와의 불목, 어머니의 분노(243-244) 텝 텡게리의 테무게 구타, 부르테의 분노와 읍소, 허리가 꺾여 죽는 텝 텡게리, 뭇매 맞을 위기를 모면하는 칭기스 카한(245-246)

　칭기스 카한이 이르기를,

“구름 낀 밤

천창이 있는 나의 집을

둘러싸고 누워

나를 편히 잠들게 하고

이 자리에 이르게 한

나의 노병 숙위들!

별이 있는 밤

나의 궁실 주위에 누워

잠자리에서 아니

놀라게 한

상서로운 나의 숙위들!

나를 높은 자리에 이르게 했다.

움직이고 있는 눈보라 속에서,

떨리는 추위 속에서,

퍼붓고 있는 빗속에서,

격자 벽을 갖추어 세운 내 집 주위에서,

잠도 못 자고 서서,

나의 심장을 쉬게 한

성심의 나의 숙위들!

나를 기쁨의 자리에 이르게 했다.

넘쳐흐르는 적들 가운데서도,

아래 벽에 덮개 모전을 둘러친[1] 나의 집 주위에서도,

눈도 깜짝하지 않고

막고 서 있던

믿음직한 나의 숙위들!

자작나무 껍질 전통이

살짝만 움직여도

지체없이 진용을 갖추는

기민한 나의 숙위들!

버드나무 전통이

살짝만 움직일 때도

지체하지 않고 진용을 갖추는

민첩한 동작의 나의 숙위들!

길함이 있는

나의 노병 숙위들이라고 하라!

우굴레 체르비와 같이 들어온 70 위사들을 큰 위사들이라고 하라! 아르카이 〔카사르〕의 용사들을 노병 용사들이라고 하라! 예순테에, 부기데이 등의 전통사들을 큰 전통사들이라고 하라!"고 분부하였다.

231 "95 천호에서 내 몸 곁으로 사유로 하여 뽑아 온 1만의 친위대를, 내 뒤를 이어 이 자리에 앉을 아들들은 자손 대대로 내 유산처럼 여겨 한을 아니 품도록 잘 돌보아라! 나의 이 1만의 친위대를 위안과 축복이라고 여기며들 지내지 않겠는가?" 하고 말했다.

---

1) 유원수(1994 : 204)의 "묶는 끈이 있는"은 오역인 듯. Mostaert(1951 : 387) 참조.

232 칭기스 카한이 또한 "궁실의 시녀들과 시동들, 낙타치기들, 소치기들을 숙위가 관리하고 궁의 집수레를 돌보도록 하라! 기치, 전고, 창검을 숙위가 돌보도록 하라! 기명 역시 숙위가 돌보도록 하라! 우리의 음식을 숙위가 관장하게 하라! 진한 고기 음식을 숙위가 관장하여 조리하게 하라! 음식이 떨어지게 되면 관장을 한 숙위들에게서 찾으리라!"고 했다.

"전통사들이 음식을 배급할 때 관장한 숙위들과 의논 없이 배급하게 하지 마라! 음식을 배급할 때는 먼저 숙위에게 배식하도록 하라!"고 했다. "궁실 출입을 숙위가 다스리게 하라! 문에는 문지기 숙위가 궁실에 몸을 붙여 서 있게 하라! 숙위 가운데 두 명이 들어와 큰 술통을 받들고 있게 하라!"고 했다. "숙위 중에서 목영지 관리인이 다니며 궁실을 설치하게 하라! 우리가 매 사냥, 몰이 사냥을 할 때 숙위는 우리와 매 사냥을 같이하며, 몰이 사냥을 같이하며 다니게 하라! 수레에도 형편을 보아 가며 약간의 숙위를 배치하도록 하라!"고 했다.

233 다시 칭기스 카한이 "우리가 몸소 출정하지 않으면 숙위도 우리와 별도로 출정하게 하지 마라!"고 했다. "이렇게 얘기했는데도 명을 여기고 숙위를 시기하여 출정케 하는, 군무를 맡은 체르비는 중과 실범으로 다스리도록 하라!"고 분부하였다.

"그대들은 '숙위가 어찌 출정하지 아니하는가?' 하고 얘기할지도 모르겠다. 나의 숙위야말로 내 황금 생명을 지킨다. 매 사냥을 하며, 몰이 사냥을 하며 다닐 때 고생들 한다. 궁을 관리하며, 이동할 때는 평온한 틈을 보아 수레를 돌본다. 나의 몸을 지키며 자기가 쉬운가? 집수레, 대후방이 이동할 때, 정주하고 있을 때, 돌보기가

쉬운가? 그렇게 이중〔삼중〕의 온갖 임무가 있는 자들이니 우리와
별개로 출정하지 말도록 하라고 하는 것이다"라고 했다.

234 다시 분부 있기를, "시기 코토코와 함께 재판을, 숙위 가운데서 누
가 재판을 같이 듣도록 하라!"고 했다. "숙위가 전통, 활, 갑주, 화
살촉을 관리하고 배급하도록 하라! 거세마들을 돌보며 그물을 싣
고 다니도록 하라!"고 했다.

"숙위가 체르비와 함께 피륙을 배급하도록 하라!"고 했다. 전통사
들, 위사들의 숙영지를 지정하여 "예순테에, 부키데이[2] 등의 전통
사들, 알치다이, 우굴레, 아코타이 등의 위사들은 궁의 바른편에서
임무를 행하도록 하라!"고 정했다. "보카, 도다이 체르비, 도콜코
체르비, 차나이 등의 위사들은 궁의 왼편에서 행하도록 하라!"고
정했다. "아르카이의 용사들은 궁의 앞에서 행하도록 하라!"고 정
했다. "숙위는 궁실과 수레를 돌보고, 궁의 바로 옆에서, 왼편에서
행하도록 하라!"고 했다.

"모든 친위 위사들을, 궁 주위와 궁실의 시동들, 말치기들, 양치기
들, 낙타치기들, 소치기들을, 궁을 관리하며 도다이 체르비가 통솔
케 하라!"고 맡기었다. "도다이 체르비는 궁을 관리하면서 궁의 뒤
에서

　　　남은 음식을 먹고,
　　　말똥을 태우며

---

2)　Bükidei. 225·230절의 부기데이(Bügidei)와 같은 사람.

행하도록 하라!"는 분부가 있었다.

235 코빌라이 노얀을 카를로오드(=카를룩 사람들)에게 출정시켰다. 카를로오드의 아르슬란 칸이 코빌라이에게 투항했다. 코빌라이 노얀이 아르슬란 칸을 데려와 칭기스 카한을 알현시켰다. 저항하지 아니했다고 칭기스 카한이 아르슬란에게 은혜를 베풀어 "딸을 주겠다!"고 했다.

236 수베에테이 용사는 철제 수레를 갖고 메르키드의 톡토아의 코토, 칠라온 등을 비롯한 아들들을 추격, 출정하여 추이 강에서 따라잡아 무찌르고 왔다.

237 제베는 나이만의 구출룩 칸을 추격해 사릭 벼랑[3]에서 따라잡아 무찌르고 왔다.

238 오이 오드(=위구르 사람들)의 이도오드[4]가 칭기스 카한에게 사신을 보냈다. 아드키락과 다르바이를 사신으로 하여,

> "구름이 개여
> 어머니이신 태양을 본 듯,
> 얼음이 풀려
> 강물을 얻은 듯

칭기스 카안의 명성을 듣고 몹시 기뻤습니다. 칭기스 카한께서 허락하신다면,

---

3) Sariγ-qun(노란 벼랑). 그 위치에 대해서는 Rachewiltz(1982 : 61∼62) 참조.
4) Idu'ud. 『집사』의 이디쿠트(idîqût). '행운을 가진 사람'이라는 뜻. 高昌 위구르 국왕의 칭호로 당시의 이디쿠트는 바르축(Bârchûq). 김호동(2002 : 241∼242) 참조.

황금 띠의 죔쇠라도,

진홍 옷의 자투리도 얻는다면

그대의 다섯째 아들이 되어 힘을 바치겠습니다!" 하고 아뢰어 왔다. 그 말에 칭기스 카한이 허락하여 답을 보내기를, "딸도 주마! 다섯째 아들이 되도록 하라! 금, 은, 진주, 자개, 금단(金緞), 혼금단(渾金緞),[5] 비단을 갖고 이도오드가 오도록 하라!"고 하여 보내자, 이도오드가 "허락받았다"고 기뻐하며 금, 은, 진주, 자개, 비단, 금단, 혼금단, 피륙을 갖고 와서 칭기스 카한을 알현했다. 칭기스 카한이 이도오드에게 알 알톤을 주었다.

239 토끼해(1207)에 조치에게 우익의 군대를 지휘하여 숲의 사람들[6]에게 출정하게 했다. 보카가 향도하여 갔다. 오이라드(=오이라트)의 코도카 베키가 투멘 오이라드(=일만 오이라트)에 앞서 귀순해 왔다. 와서 조치를 이끌어 자기의 투멘 오이라드에게 안내하여 식시드[7]에서 귀순토록 했다.

조치는 오이라드, 보리야드(=부리야트), 바르곤, 오르소드,[8] 캅카나스, 캉가스, 토바스(=투바 사람들)를 귀순시키고 투멘 키르기수드(=일만 키르기수드 ,혹은 키르기즈 사람들)에 이르자 키르기소드(=키르기즈 사람들)의 노얀들인 예디 이날, 알 디에르, 우레벡 디긴

---

5) 방역이 金段子, 渾金段子인 몽골어는 각각 načid와 dardas. 274절(12-27-1)에서는 naqud(渾金), načidud(織金), dardas(繡金)가 나옴. 현대 몽골어 여러 방언과 문어를 통해 확인할 수 없는 단어들임.

6) 202절의 주 참조. 몽골 서쪽에서 서북쪽(이르티슈~예니세이)에 거주하던 삼림 수렵 민족들.

7) Šiyšid. 144절의 시스기스.

8) Ursud(~Ursut), 『집사』의 우라수트(Ûrâsût), 김호동(2002 : 189) 참조.

등이 흰 송골매, 흰 거세마, 검은 담비 들을 갖고 귀순해 와서 조치를 알현했다.

시비르, 케스디임, 바이드, 토카스, 텐렉,[9] 투엘레스, 타스, 바지기드(＝바시키르 사람들)에서 이쪽으로 숲의 백성들을 귀순시키고 조치가 키르기수드의 만호, 천호들을, 숲의 사람들의 노얀들을 데려다 칭기스 카한에게 흰 송골매, 흰 거세마, 검은 담비 들을 바치며 알현케 했다.

오이라드의 코도카 베키를 맞아 "먼저 귀순하여 자기의 투멘 오이라드를 이끌고 왔다" 하여 상을 내려 그의 아들 이날치에게 체체이겐을 주었다. 이날치의 형 투룰치에게 조치의 딸 콜로이칸을 주었다. 알라카 베키를 웅구드〔의 알라코시 디기드 코리의 아들 보요카(孝要合)〕에게 주었다.[10]

칭기스 카한이 조치에게 상을 내리며, "내 아들들의 맏이, 너는 처음으로 집을 떠나 먼 길을 무사히 가서 인마를 상하게 하지 아니하고, 괴롭히지 아니하고, 상서로운 숲의 사람들을 귀순시키고 왔다. 그 백성을 네게 주겠다!"고 했다.[11]

240 또한 보로올 노얀을 코리 토마드 사람들에게 출정시켰다. 토마드 사람들의 노얀 다이도콜 소코르(다이도콜 소경)가 죽고 그의 아내 보토코이 타르곤(보토코이 뚱뚱이?)이 토마드 사람들을 통치하고

---

9) 207절(8-41-9)의 텔렝구드(텔렝 사람들). Rachewiltz(1982 : 67) 참조.

10) 김호동(2002 : 229) 참조. 한편 Rachewiltz(1982 : 68)는 알라카와 결혼한 남자가 알라코시 디기드 코리의 조카 Jinguê였다고 함.

11) Rachewiltz(1982 : 64~68)는 이 절이 1207~1208년, 1218~1219년에 일어난 두 사건의 혼합(내지는 혼동)이라고 하면서 이 절에 소개된 사건, 종족, 지명, 인명을 확인하기 위한 여러 연구 논문에 관한 정보도 상세히 소개하고 있다.

있었다. 보로골 노얀이 〔코리 토마드 땅에〕 도착하여 세 사람이 대군 앞에서 가다가 날이 저물자 알지 못하는 사이에 깊은 숲에서 오솔 길로 잘못 들게 되었다. 그들의 전초가 뒤에서 기습하여 오솔길을 막고 보로골 노얀을 붙들어 죽였다.

토마드가 보로골을 죽였다는 것을 알고 칭기스 카한이 몹시 화가 나서 몸소 출정하려 들자 보오르초와 모칼리가 칭기스 카안이 그 만둘 때까지 말렸다. 다시 두르베드족의 두르베이 독신('지독한 두 르베이')을 임명하고 "군대를 엄하게 지휘하고, 영생의 하늘에 빌 어, 토마드 사람들을 항복시키도록 힘쓰라!"고 명령을 내렸다.

두르베이가 군대를 지휘하여, 먼저 군대가 다닐 만한 길마다, 전초 가 지킬 만한 목마다 허식으로 병력을 출몰케 하면서, 붉은 황소[12] 나 다니던 험한 길로 〔주력을 전진시키면서〕, 용기 없는 자를 매질하 기 위해 한 병사에게 매 10개씩을 지우고, 도끼, 손도끼, 톱, 끌, 무 기를 갖추게 하고, 붉은 황소나 다니던 길로, 길에 있는 나무들을 자르게 하고, 베게 하고, 톱질하게 하여 길을 만들어 가며 산 위로 올라가 토마드 사람들의 천창 위에서, 경계를 풀고 잔치하고 있을 때 습격했다.

241 앞서 코르치 노얀과 코도카 베키가 토마드에게 붙잡혀 보토코이 타르곤에게 있었다. 코르치가 붙잡힌 까닭은 토마드 사람들의 처 녀들, 미인들로 30명의 여자들을 갖도록 하라는 허락이 있자, 토마 드 사람들의 딸들을 취하겠다며 그곳으로 갔다. 그러자 이미 귀순

---

12) Hula'an buqa는 방역이 '獸名'이고, 사람은 다니기가 힘든 길로 다니는 점으로 미루어 '붉은 황소' 가 아니라 지금은 이름이 바뀐 어떤 산짐승의 이름일 가능성이 높아 보인다. 아니면 buqa '황소'가 buyu '사슴'의 잘못일 가능성도 전혀 배제할 수는 없어 보인다.

했던 사람들이 다시 저항을 하며 코르치 노얀을 붙잡았다.

코르치가 토마드에게 붙잡혔다는 것을 칭기스 카한이 알고 숲의 사람들의 행위를 처리하라고 코도카를 보냈는데, 코도카 베키 역시 붙들렸다. 토마드 사람들을 항복시키고 나서 보로골의 죽음에 대한 대가로 〔유족에게〕 100명의 토마드를 주었다. 코르치가 30명의 처녀를 취했다. 코도카 베키에게 보토코이 타르곤을 주었다.

242 칭기스 카한이 어머니에게, 아들들에게, 아우들에게 백성을 나누어 주겠다며, "나라를 모으며 고생하신 것은 어머니다. 내 아들들 가운데 맏이는 조치다. 내 아우들 가운데 가장 어린 것은 〔테무게〕 막내다"라고 하면서 어머니에게 막내의 몫과 함께 1만의 백성을 주었다. 어머니는 싫어서 아무 소리도 하지 않았다. 〔맏아들〕 조치에게 9천의 백성을 주었다. 〔둘째 아들〕 차아다이에게 8천의 백성을 주었다. 〔셋째 아들〕 우구데이에게 5천의 백성을 주었다. 〔막내아들〕 톨로이에게 5천의 백성을 주었다. 〔큰 아우〕 카사르에게 4천의 백성을 주었다. 〔둘째 아우 카치온의 아들〕 알치다이[13]에게 2천의 백성을 주었다. 〔배다른 아우〕 벨구테이에게 1천 5백의 백성을 주었다. "〔작은아버지〕 다아리타이(=다리타이)는 게레이드(=케레이드)[14]와 어울렸다.[15] 눈에 안 띄도록 죽여 버리겠다!"고 하였다.

그러자 보오르초, 모칼리, 시기 코토코가

---

13) 『집사』의 일치데이(Ilchîdâi). 김호동(2001 : 249) 참조.

14) Gereyid. 134절의 주를 참조.

15) 다리타이의 불충, 배신 행위에 대해서는 122·153절, 김호동(2001 : 243~244) 등을 참조. 그러나 『집사』의 뉘앙스로 볼 때, 이 소동이 벌어지기 전에 다리타이가 알탄, 코차르와 함께 처형당한 듯함.

"제 불을 제가 끄는 것과 같습니다.

제 집을 제가 허무는 것과 같습니다.

훌륭하신 그대의 아버지를 떠올릴 만한 것으로는 오직 그대의 작은아버지만 남아 있습니다. 어떻게 버리겠습니까? 그가 깨닫지 못하고 한 짓이니 그만두소서! 훌륭하신 그대 아버지의 막내 아우의 목영지가 연기를 내고 있도록 하소서!"[16] 하고

코에서 연기가 나오도록

분명하게 얘기들 하자

"자, 그러자!" 하고, 훌륭한 아버지를 생각해서, 보오르초, 모칼리, 시기 코토코의 말에 가라앉았다.

243   "나는 어머니와 〔테무게〕 막내에게 1만의 백성을 드리고 노얀들 가운데 쿠추, 쿠쿠추, 종사이,[17] 코르카손[18]을 임명했다. 조치에게 고난, 뭉케우르,[19] 케테를 임명했다. 차아다이에게 카라차르, 뭉케,[20] 이도코다이[21]를 임명했다." 다시 칭기스 카한이 "차아다이는 격렬하다. 예민한 성격을 갖고 있다. 쿠케 초스[22]가 아침 저녁으로 곁

---

16)   '그와 일족이 계속 살아갈 수 있도록 하소서!' (굴뚝에서) 연기를 낸다는 말은 집 안에 사람이 살고 있다는 뜻.

17)   Jungsai. 120절의 종소, 202절의 종쇼이와 같은 사람.

18)   202절의 코르코손과 같은 사람.

19)   202절의 뭉구우르.

20)   202절의 뭉코(?).

21)   Idoqudai. 202절의 이도카다이(Iduqadai).

에 있으면서 자기가 생각한 바를 얘기해 주며 있도록 하라!"는 분부를 내렸다. 우구데이에게 일루게[23]와 데게이를 임명했다. 톨로이에게 제데이[24]와 발라를 임명했다. 카사르에게 제브케를 임명했다. 알치다이에게 차오르카이[25]를 임명했다.

244 콩코탄의 뭉릭 아버지의 아들은 일곱이었다. 일곱의 가운데는 쿠쿠추 텝 텡게리[26]였다. 그들 일곱 콩코탄들이 카사르에게 뭇매질을 했다. 카사르가 "일곱 콩코탄에게 뭇매를 맞았다"며 칭기스 카안에게 무릎 꿇으니, 칭기스 카한은 다른 일들로 화가 나 있던 참이었기 때문에 화가 치미는 대로 "너는 산 사람에게는 누구에게도 지지 않는다[고 흰소리치더니] 네가 어쩌다 졌느냐?"고 하였다. 카사르가 눈물을 흘리며 일어나서는 기분이 나빠서 사흘 동안 오지 않았다.

그러자 텝 텡게리가 칭기스 카안에게, "영생의 하늘의 명령이 칸을 계시하여 이릅니다. 한번은 테무진이 나라를 잡도록 하라고 합니다. 한번은 카사르를 얘기합니다. 카사르를 급습하지 않으면 어찌될지 모릅니다" 하고 얘기하니 칭기스 카한이 그 밤으로 카사르를 잡으러 갔다. 구추와 쿠쿠추[27]가 "카사르를 잡으러 갔다"고 어머니

---

22) Köke-čos. 202절의 쿠쿠 초스와 같은 사람.

23) 202절의 일루게이.

24) Jedei. 120·202절 등의 제테이(Jetei)와 같은 사람.

25) 202절에 나오는 95 천호 가운데 하나. 120·124·127절의 차오르칸과는 동일 인물(?).

26) Teb-tɛnggeri는 '가장 신통력 있는 巫, 최고의 巫'라는 뜻의 쿠쿠추의 칭호. 『집사』에 의하면 톨론 체르비(191절 등)와 수게투 체르비(우리의 수이게투 체르비 등, 120절 등) 역시 그 일곱 아들들 가운데 둘. 乙 호동(2002 : 281~282) 참조.

27) 물론 위의 무당 쿠쿠추가 아니라 베수드의 목영지에서 주워다 기른 쿠쿠추(119·138·202·214·243절 등).

에게 알렸다.

어머니가 알고, 밤이었지만 서둘러 흰 낙타를 매어 검은 수레를 타고 밤새워 가서 해뜰 무렵에 도착하니 칭기스 카한은 카사르의 소매를 묶고, 그의 모자와 허리띠를 뺏고 심문을 하고 있었다. 어머니가 나타나자 놀라 두려워했다. 어머니는 수레에서 내려 묶여 있던 카사르의 소매를 몸소 풀어 주고, 모자와 허리띠를 카사르에게 돌려주었다. 화가 나서, 분을 이기지 못하고 다리를 꼬고 앉아 자기의 두 젖을 꺼내 두 무릎 위로 넘쳐 내리게 하고는, "보았느냐? 너희들이 빨던 젖이 이것이다. 이

  물어 찢다 못해
  제 자궁을 물어뜯는 놈들아!
  제 배꼽을 자르는 놈들아!

카사르가 어쨌느냐? 테무진이 나의 이 젖 하나를 비웠다. 카치온과 [테무게] 막내 둘이서 이 젖 하나를 다 비우지 못했다. 카사르가 있어서 내 젖을 둘 다 비워 내 가슴이 시원하도록 가라앉혀, 가슴이 시원해지게 한 것이다. 그리하여 나의 재능 있는 테무진은 가슴에 재능이 있고,

  나의 카사르는
  활 쏘는 재능이 있기 때문에
  활을 쏘며 이반해 나간 것을
  활로 쏴서 귀순해 들어오게 한 것이다.

겁에 질려 이반해 나간 것을

멀리서 쏴서 귀순해 들어오게 한 것이다.

이제 적을 무찔렀다고 하여 카사르를 못 본다, 너희들이!" 하고 꾸짖었다.

어머니를 가라앉히고 나서 칭기스 카한이, "어머니를 화나게 해서 두렵고 두려웠다. 부끄럽고 부끄러웠다"고 하고는 "물러나자, 우리가!" 하며 물러났다. 어머니에게 안 알리고 몰래 카사르의 백성을 뺏고 1천 4백의 백성만 남겨 주었다.

어머니가 알고 그 생각으로 곧장 지름길을 택한 사연은 그러하다.[28] 잘라이르의 제브케[29]가 놀라서 거기서 바르고진으로 도망쳐 들어갔다.

245 그 뒤에 아홉 언어의 사람들이[30] 텝 텡게리에게로 모여 칭기스 카안의 마구간으로부터도 여럿이 텝 텡게리에게로 모이게 되었다. 테무게 막내의 속민들 가운데도 텝 텡게리에게로 간 사람들이 있었다. 〔테무게〕 막내 노얀은 떠난 백성을 찾으려고 소코르라는 이름의 사자를 보냈다. 텝 텡게리가 사자 소코르에게 "〔테무게〕 막내와 너는 사자씩이나 두고, 사자씩으로나 다니게 되었구나!"[31] 하면서

---

28) '지름길을 택하다'는 '금방 늙어 버리다' > '얼마 안 가 세상을 떠나다'로 이해할 수도 있을 듯하다. 또 한편으로는 큰아들의 처사(속민을 빼앗은 일)에 실망한 나머지 곧장 자기 처소로 돌아간 사연이라고 해석할 수도 있을 듯하다. 마지막으로는 큰아들이 카사르를 체포하러 간다는 것을 알고 그 당장 지름길로 달려온 사연이라고 할 수도 있을 것 같다.

29) 칭기스 카한이 카사르의 보좌(감시?)역으로 임명한 자(243절 참조).

30) 테브 텡게리에게 모여든 사람들의 수가 많고, 출자도 다양하여, 그 사용 언어로만 구분해도 아홉 개나 되는 큰 집단이었다(?).

사자 소코르를 때리고, 〔그가 타고 간 말을 빼앗고〕, 그 안장을 지워, 걸려서 돌려보냈다.

〔테무게〕 막내는 자기의 사자 소코르를 때리고 걸려서 돌려보내자 다음날 자신이 직접 텝 텡게리에게 갔다.

가서 "내가 사자 소코르를 보냈더니 때려서, 걸려서 보냈기에 이제 내가 내 백성을 찾으러 직접 왔다"고 했다. 일곱 명의 콩코탄 형제가 테무게 막내를 여기저기서 에워싸고는, "네가 네 사자 소코르를 보내는 것이 옳다. 〔그래 어쨌다는 거냐?"며 윽박질렀다. 붙잡아 두들겨 팰 기세들이었다.〕 붙들릴 것이, 맞는 것이 두려워 〔테무게〕 막내 노얀이, 사자를 보낸 것은 내 편에서 잘못이라고 했다. 콩코탄 칠형제는, 잘못했으면 무릎 꿇고 빌라고 하며 텝 텡게리의 뒤에서 무릎을 꿇게 했다.

그러고도 자기 백성을 안 돌려 주자 〔테무게〕 막내가 다음날 새벽 칭기스 카안이 일어나기도 전에, 침상 안에 있을 때 들어가 울며 무릎 꿇고, "아홉 언어의 사람들을 텝 텡게리가 모아들여 제게 속한 사람들을 찾으러 소코르라는 이름의 사자를 보냈습니다. 제 사자 소코르를 때리고, 걸려서, 안장을 지워 돌려보냈습니다. 제가 직접 찾으러 가니까 콩코탄 칠형제놈들이 여기저기서 에워싸고 강제로 빌게 하고 텝 텡게리의 뒤에서 무릎 꿇렸습니다" 하고 말하고 나서 울었다.

---

31) 일본어를 아는 독자는 몽골문 Odčigin ta jirin elčiten bolju'ui에 대한 小澤重男(1989 : 180~183)의 탁월한 해설과 다른 연구자들의 오류에 대한 지적을 참고하기 바란다. Odčigin ta jirin에서 일반적인 접속사 qoyar(둘 > -와, -과) 대신에 여성형 jirin을 사용한 것은 남자인 막내와 소코르를 최대한 모욕하기 위해서이다.

칭기스 카안이 미처 무슨 소리를 내기도 전에 부르테 부인이 침상 안에서 몸을 일으키고 앉아 담요 자락으로 가슴을 가리고 〔테무게〕 막내가 우는 것을 보고 눈물을 떨어뜨리고는, "어떻게 된 것입니까, 콩코탄 그놈들이? 전에는 카사르에게 뭇매를 때렸습니다. 이제는 또 이 〔테무게〕 막내를 왜 제 뒤에 무릎 꿇립니까? 무슨 법도입니까? 이제 이들 잇개나무, 소나무 같은 당신의 아우들을 이렇게 음해들 합니다. 진정으로 이후에

> 쓰러진 큰 나무같이 당신의 몸이
> 쓰러져 가면
> 난마 같은 당신의 나라를 누구에게 다스리게 하겠습니까,
> 그들이?
> 큰 기둥 같은 당신의 몸이
> 넘어져 가면
> 새떼 같은 당신의 나라를 누구에게 다스리게 하겠습니까,
> 그들이?

잇개나무, 소나무 같은 당신의 아우들을 이렇게 음해하는 사람들이 하물며 나의 서넛, 어리고 보잘것없는 자식들이 일어설 때까지 무엇을 다스리도록 놔두겠습니까? 어떻게 된 콩코탄놈들입니까? 자기 아우들을 그들에게 그렇게 당하게 하고도 어떻게 보고만 있습니까, 당신은?" 하고 말하고 나서 부르테 부인이 눈물을 떨어뜨렸다. 부르테 부인의 이 말에 칭기스 카한이 〔테무게〕 막내에게, "텝 텡게리가 이제 온다. 할 수 있는 방법 중에서 어떻게 해야 할지는 네가

알아서 해라!"고 했다. 그 말에 [테무게] 막내가 일어나서 눈물을 닦고 나가 세 명의 장사를 대기시켜 놓았다. 잠시 있자니 뭉릭 아버지가 일곱 아들과 왔다. 일곱이 모두 들어와 텝 텡게리가 술통의 바른편에 앉자 [테무게] 막내가 텝 텡게리의 옷깃을 붙잡고, "네가 어제 나를 빌게 만들었다. 겨뤄 보자!"며 문 쪽으로 잡아끌었다. 텝 텡게리가 [테무게] 막내에 맞서 옷깃을 잡고 맞싸웠다. 텝 텡게리의 모자가 실랑이 중에 화로 위에 떨어졌다. 뭉릭 아버지가 그의 모자를 집어들고 냄새를 맡고 자기 품에 넣었다.

칭기스 카한이 "싸우려거든 나가서 싸우라!"고 꾸짖었다. [테무게] 막내가 텝 텡게리를 끌고 나가자, 문 기둥 사이에 앞서 대기시킨 세 명의 장사들이 텝 텡게리를 붙잡아 끌고 나가 그의 등허리뼈를 분질러 왼편의 수레들 끝에 버렸다. [테무게] 막내가 들어와 이르기를, "텝 텡게리가 [감히] 나를 빌게 만들었다. '겨뤄 보자!'고 하니까 응하지 않고 꾀를 내어 드러눕는다. 형편없는 동무였다"고 하자 뭉릭 아버지가 알아차리고 눈물을 떨어뜨리고 나서,

> "갈색 대지가 흙 덩어리만할 때부터,
> 바다로 들어가는 강이 개울만할 때부터

동무했습니다, 저는"이라고 했다.

그의 여섯 아들이 문을 막고 화로를 둘러싸고 서서 소매들을 걷어붙였다. 칭기스 카한이 놀라고, 눌려서 "비켜라! 나가자!" 하고 겨우 빠져 나왔다. 칭기스 카안 주위에 전통사들, 위사들이 에워싸고 섰다. 칭기스 카한이 수레들의 끝에서 텝 텡게리를 등허리뼈를 분

질러 버린 것을 보고 뒤에서 잿빛 텐트 하나를 가져오게 하여 텝
텡게리 위에 치게 하고, "탈것을 들여오게 하라! 이동하자!" 하고
거기서 떠났다.

246 텝〔텡게리〕을 놓아 둔 텐트의 천창을 막고, 문을 눌러 사람이 〔접근
못하도록〕 지키게 하자 사흘째 되던 날 밤, 날이 누렇게 밝을 무렵
에 집의 천창을 열고 몸과 함께 나갔다. 확인해 보니 확실히 그 텝
〔텡게리〕임이 거기서 확인되었다.

칭기스 카한은 "텝 텡게리가 내 아우에게 손발을 댔기 때문에, 내
아우들과의 사이를 근거 없이 이간했기 때문에, 하늘이 아니 사랑
하여, 제 목숨이 몸과 함께 떠나게 되었다"고 했다. 또한 칭기스 카
한은 "제 아들들의 성품을 탓하지 않고, 감히 대등하다고 생각하여,
〔그 화가〕 텝 텡게리의 머리에 이르렀다. 너희들의 그러한 성품을
알아보았다면 자모카, 알탄, 코차르 등과 같은 사연이 있는 자들을
만들었을 것이다" 하고 뭉릭 아버지를 꾸짖었다. 그리고 나서 다시,
"아침에 약속한 것을 저녁에 깨뜨린다면, 저녁에 약속한 것을 아침
에 깨뜨린다면, 부끄러운 일이라고 얘기될 것이다. 예전에 약속했
다. 자, 그렇게 하자!"고 용서하고 다시 누그러졌다. 또한 "제 지나
친 성격을 다잡았더라면 뭉릭 아버지의 후손과 누가 다투었겠는
가?" 라고 했다. 텝 텡게리가 죽고 나자 콩코탄의 기가 꺾였다.

제 11권

세계의 정복자 칭기스 카한, 중국, 중앙아시아 원정의 개시, 예견되는 제국의 분열

금 원정, 동골군의 차브치얄 돌파, 제베의 동창성 함락, 금의 항복 (247-248) 서하의 충성 서약(249-250)

金의 배신과 재 원정, 인육을 먹는 비참한 남깅성의 상황 (251) 정직한 시기 코토코(252)

외교 사절의 피살과 호레즘 정벌의 불가피성, 예수이의 후계 문제 거론,

차아다이가 조치를 메르키드의 잡놈이라고 모욕, 폭발하는 조치, 중신들이 차아다이를 나무람,

쿠쿠 초스의 구구절절한 노래(254)

우구데이가 후계자로 지명됨(255) 호레즘 원정과 몽골군의 승승장구(256-259)

막내아들 톨로이의 바른 행실과 세 형의 잘못(260) 멈추지 않는 몽골군의 원정과 개선(261-264)

247 　그 뒤에 칭기스 카한은 양의 해(1211)에 키타드 사람들에게 출정했다. 후주(撫州)를 취하고, 후네겐 고개(野狐嶺)[1]를 넘어 순데이후(宣德府)를 취하고, 제베와 구이구넥 용사를 전위로 보냈다. [키타드 사람들이] 차브치얄 고개(居庸關)[2]에서 완강히 저항하자, 제베가 "그들을 유인하여 끌어내서 겨뤄 보자!"며 철군했다. 철군하자, 키타드의 군대가 "추격하자!"며 산천을 덮도록 쫓아온다. 순데이후의 멧부리에 이르러 제베가 군대를 뒤로 돌려 공격하여 밀려오는 적을 제압했다.

　칭기스 카한이 본대를 이끌고 키타드[3](금의 군대)를 후퇴시켜 카라 키타드[4]와, 주르체드[5](여진 사람들)와, 주인[6]의 용맹한 군대를 제압하여 차브치얄에 이르도록 썩은 나무가 쌓이듯 죽였다. 제베가 차브치얄의 관문을 취하고, 고개들을 빼앗고 넘어, 칭기스 카한이 시라 덱투르(龍虎臺)에서 숙영했다. 종도(中都)[7]를 공격하고 성마

---

1) 　몽골어 지명 Hünegen daba'a 역시 '여우 고개'라는 뜻.

2) 　북경 북서쪽 60km 지점 만리장성의 한 관문. 중국에서 (내)몽골, (내)몽골에서 중국으로 드나들던 주요 길목이었음.

3) 　방역의 '契丹行'은 잘못. 위 주 1) 참조.

4) 　Qara Xitad. 방역은 '契丹'. 151절의 주를 참조. 그러나 이 절에서의 용례로 미루어 카라 키타드(∼키다드), 즉 黑契丹은 중앙아시아로 서천한 西遼뿐 아니라 金朝에 귀부한 자들까지, 즉 遼의 모든 유민, 후예를 가리키는 개념.

5) 　Jürced. Jürcen(女眞)의 복수형.

6) 　53절의 Jüin irgen(주인 사람들)에 대한 해설 참조.

7) 　金朝의 수도. 대략 오늘날 북경의 南半에 해당한다고 함. Rachewiltz(1984 : 107) 참조. 유원수(1994 : 218)의 重都는 잘못이며 독자 여러분께 사과드린다. 방역은 大都가 4회(247·248·263절), 北平이 12회(251·252·273절) 나오며 총역에서는 北平이 5회(247·248·252·263·273절), 中都가 2회(252절) 나오며 燕京이라는 이름도 252절의 총역에서 한 번 사용되었다. 같은 도시에 대해 서로 다른 네 가지 명칭이 사용된 것은 『몽골 비사』의 漢譯者(들)의 수, 시기 등과 관련하여 우리의 호기심을 자극하기에 충분하다.

다 도시마다 군대를 보내 공격하게 했다.

제베를 동창성(東昌城)을 공격하도록 보냈다. 동창성에 도착하여 공격하였으나 함락시킬 수 없어 회군하여 엿새 걸리는 곳에 이르렀을 때 갑자기 군대를 다시 돌려 예비마 한 마리씩 끌고 밤을 새워 달려가서 기습하여 동창성을 취했다.

248 제베가 동창성을 취하고 돌아와서 칭기스 카간[8]과 합류했다. 종도를 공격당하자 알탄 칸(금국 황제)의 큰 노얀 옹깅 승상[9]이 알탄 칸에게, "천지의 시운이 대좌를 교체할 시기에 이르렀습니다. 몽골은 몹시 강력한 기세로 와서 우리의 용맹한 카라 키타드(거란족)와, 주르체드(여진족)와, 주인의 주력 부대들을 제압하고 궤멸되도록 죽였습니다. 믿고 있던 차브치얄도 빼앗겼습니다. 이제 우리가 다시 군사를 갖추어 내면, 다시 몽골에게 제압당하면, 틀림없이 우리의 성마다 파괴될 것입니다. 다시 우리에게 몰려들게 하면 아니 되며, 그때는 그들은 우리에게 적이 되어 동무하지 않을 것입니다.

칸이 허락하신다면, 몽골의 칸에게 지금은 귀순하여 화의합시다! 화의에 들어 몽골이 물러가면, 물러간 뒤에 다시 다른 생각을 우리가 해봅시다! 몽골의 사람도, 군마도 땅이 맞지 않아 병들어 간다고 얘기들 합니다. 그들의 칸에게 딸을 줍시다! 금, 은, 피륙, 재화를 군인들에게 무겁게 내어줍시다! 우리의 이 화의를 받아들일 수도 있을 것입니다" 하고 제언하였다.

알탄 칸이 옹깅 승상의 이 말을 옳게 여겨, "그렇게 되도록 하라!"

---

8) 184절(6-49-5)의 주를 참조.
9) 金朝의 황제 宣宗(1213~1223)과 그의 右丞相 完顏承暉(?~1215). 일명 完顏復興. 村上(1976: 146~147) 등 참조.

며 귀순하여 칭기스 카안에게 공주 이름의 딸[10]을 바치고 금, 은,
피륙 물화를 군인들의 힘이 감당할 수 있을 때까지 종도에서 내어
옹깅 승상을 칭기스 카한에게로 보내왔다. 귀순해 오자 칭기스 카
한이 그들의 화의를 받아들여 도시마다 공격하고 있던 부대들을
돌아오게 하여 철군했다. 옹깅 승상은 모조(莫州), 후주(撫州)라는
이름의 멧부리까지 칭기스 카안을 배웅하고 돌아갔다. 피륙, 물화
를 우리의 군인들이 실을 수 있는 데까지 싣고, 짐을 깁으로 묶고
행군했다.[11]

249   그 출정한 김에 카신 사람들[12]에게 갔다. 향하여 가니 카신 사람들
의 브르칸[13]이 귀부하여, "그대의 오른팔이 되어 힘을 바치겠습니
다" 하고 아뢰면서 차카 이름의 딸[14]을 칭기스 카안에게 내주었다.
다시 보르칸 칸은 "칭기스 카안의 명성을 듣고 두려워하고 있었습
니다. 이제 위엄 있는 그대가 몸소 이르시니 위엄이 두렵습니다.
두려워서 우리 탕오드(=탕구트) 사람들은 그대의 오른팔이 되어
힘을 바치겠습니다" 하고 약속했다. "힘을 드리기를,

    움직이지 않는 거주지를 가진 자들,

---

10) 宣宗의 전임자이자 숙부인 衛紹王(1209~1213)의 딸 岐國公主. 村上(1976 : 148) 등 참조.
11) '명주실로 짠 무늬 없는 비단'을 짐을 싸는 데나 사용할 정도로 몽골측이 받은 재화의 질과 양이 엄청
    났다는 뜻.
12) 카신 사람들에 대한 150절의 주를 참조.
13) Burqan '부처님'. 238절의 이도오드가 위구르 사람들의 최고 통치자를 가리키듯 불교 국가였던 탕구
    트 사람들의 최고 통치자(西夏의 君主)를 가리키던 말. Rachewiltz(1984 : 115~116) 등 참조.
14) 차카(Čaqa)는 사람의 이름이 아니라 품계일 가능성도 있음. 앞절의 '공주 이름의 딸' 참조.
    Rachewiltz(1984 : 115~116) 참조.

〔진흙을〕 이겨 쌓은 성들을 가진 자들입니다.
동무하여
급한 원정에 나설 때,
첨예한 전투를 벌일 때,
급한 원정에 따라갈 수 없습니다.
첨예한 전투에서 싸울 수 없습니다, 우리는.

칭기스 카안이 허락하신다면, 우리 탕오드 사람들은

키 큰 데레순풀[15]을 가리개로 하여 기른
많은 낙타를 내어 공물로 드리겠습니다.
털을 짜서 피륙을 만들어 바치겠습니다.
놓는 매를 조련하고, 수집하여
그중에 좋은 것으로 골라 보내며 살겠습니다!"

하고 아뢰었다. 아뢰고 나서 약속을 지켜

탕오드 사람들로부터
낙타를 징발하여
이루 다 몰고 갈 수 없도록

가져다 주었다.

---

15)　　deresün '蒢棘草'. 나래새를 닮은 풀. Lasiagrostis splendens.

키타드 사람들의 알탄 카안(＝금국 황제)을 귀부시켜

많은 피륙을 취하고,

카신 사람들의 보르칸을 귀부시켜

많은 낙타를 취하였다.

칭기스 카한은 양의 해(1211)의 그 출정에서 키타드 사람들의

아코타이[16]라는 이름의

알탄 칸을 귀부시키고

탕오드 사람들의

일로코 보르칸[17]을 귀부시키고

돌아와 사아리 초원에 설영했다.

251   그 뒤 제우곤[18](＝송 조정)에 귀부를 설득하러 보낸 조브칸을 비롯
한 여러 사신들이 키타드 사람들의 황제 아코타이 알탄 카안에게
방해당하였다. 칭기스 카한은 개의 해(1214)에 키타드 사람들에게

---

16)   당시 금국 황제의 이름은 完顔吾睹補, 즉 吾睹補(Udubu). 따라서 아코타이(Aqutai)는 金朝의 창건
자인 完顔阿骨打의 阿骨打(Aguda)에서 유래하여 당시의 몽골 사람들이 金朝의 황제를 가리키던 명
칭이었던 듯. 村上(1976 : 153∼154) 등 참조.

17)   보르칸(Burqan)은 249절에서 보았듯이 西夏(탕구트) 최고 통치자의 칭호. 그 중에서도 일로코 보르
칸(Iluqu Burqan)은 당시 西夏 군주 李安全(襄宗, 재위 1206∼1211)을 가리키던 칭호. 本初佛이라
는 뜻이라고 함. 村上(1976 : 152) 등 참조.

18)   Jeügon(趙官). 방역 '宋'에서 짐작할 수 있듯이 '趙'는 宋의 國姓, '官'은 朝廷을 뜻할 것이다.

다시 출정했다. "귀부를 했으면서도 제우곤에 보내는 사신들을 어째서 방해하는가?" 하고 출정할 때, 칭기스 카한은 통곤(潼關) 관문[19]으로 향하고 제베를 차브치얄로 향하게 했다. 칭기스 카안이 통곤 관문으로 향했다는 것을 알탄 칸이 알고 일레, 카다, 후부게투르에게 군대를 지휘케 하여, 병력을 증강시키고 홀라안 데겔렌[20]을 전위로 하여, "통곤 관문에서 싸워 고개를 넘지 못하게 하라!"며 서둘러 보냈다.

통곤 관문에 이르니 키타드의 군대가 〔자기네〕 땅이라며 대응해 왔다. 칭기스 카한은 일레, 카다, 후부게투르와 싸워 일레, 카다를 물리쳤다. 톨로이와 추구 부마[21]가 측면에서 공격하여 홀라안 데겔렌을 퇴각시키고 와서 일레와 카다를 밀어붙여 제압하고 키타드를 썩은 나무가 쌓이듯 죽였다.

자기네 키타드 군대가 전멸당했다는 것을 알고 알탄 칸이 종도에서 나와 도망하여 남깅성(南京城)[22]으로 들어갔다. 그들의 남은 군인들은 〔굶어〕 말라죽어 가며 자기네 사람의 고기를 먹었다. "톨로이와 추구 부마가 잘했다"고 칭기스 카안이 매우 칭찬했다.

252 칭기스 카한이 호시오(河西務)에서 숙영하고 나서 종도의 시라 초원에서 숙영했다. 제베는 차브치얄의 관문을 부수고 차브치얄을

---

19) 퉁구안. 중국 섬서성 동변. 황하 만곡부의 남변에 자리잡은 군사·교통의 요충.

20) Hula'an degelen(붉은 옷). Rachewiltz(1984 : 123)는 원문에 '種'이라고만 방역된 Hula'an-degelen을 이 시기에 산동 지방을 무대로 金朝에 저항하던 반군 紅襖(軍)이었다고 보는 견해와, 그 반대로 이들을 제압하기 위해 편성되었던 花帽軍일 가능성도 있다고 보는 견해를 골고루 소개하고 있다.

21) Čügü gürigen. 202절의 치구 부마(Čigü güregen)와 같은 사람.

22) 방역 '汴梁'에서 알 수 있듯이 오늘날의 난징이 아니라 河南省 북동부. 황하 남쪽의 유서 깊은 도시 開封.

지키던 군대를 밀어붙이고 와서 칭기스 카한에게 합류했다. 알탄 칸은 종도에서 나올 때 종도 안에 카다를 료쇼(留守)로 삼아 맡기고 갔다. 칭기스 카한이 종도의 금, 은, 재화와 피륙을 점검시키러 웅구르 집사장, 아르카이 카사르, 시기 코토코를 보냈다. 이들 셋이 온다고 카다가 금을 섞어 짠, 무늬를 넣은 피륙을 갖고 종도에서 나와 마중했다.

시기 코토코가 카다에게 "전에 이 종도의 재화는 바로 종도의 알탄 칸의 것이었다. 이제 종도는 칭기스 카안의 것이다. 칭기스 카안의 재화, 피륙을 왜 몰래 훔쳐다 갖다 주는가, 그대가? 나는 안 받겠다"고 하고 받지 않았다. 웅구르 집사장과 아르카이 〔카사르〕는 받았다. 이들 셋이 종도의 재화, 물품을 점검하고 왔다.

거기서 칭기스 카한이 웅구르, 아르카이 〔카사르〕, 시기 코토코에게 "카다가 무엇을 주었느냐?"고 물었다. 시기 코토코가 "금을 섞어 짠, 무늬를 넣은 피륙을 갖고 와서 주었습니다. 제가 '전에 이 종도는 알탄 칸의 것이었다. 이제는 칭기스 카안의 것이 되었다. 그대 카다는 왜 칭기스 카안의 재화를 몰래 훔쳐다 주는가?' 하고 꾸짖고 안 받았습니다. 웅구르와 아르카이는 그가 준 것을 받았습니다" 하고 보고했다. 칭기스 카한이 거기서 웅구르와 아르카이 〔카사르〕를 대우 꾸짖었다. 시기 코토코에게는 "너는 큰 도리를 생각했다"며 크게 칭찬하고,

"나의 보는 눈,
　나의 듣는 귀 되어

살도록 하라!"는 말씀이 있었다.

253   알탄 칸이 남깅에 들어갔다가 스스로 귀부하고 고두를 하며 텡게리라는 이름의 아들[23]을 100명의 동무들과 함께 칭기스 카한의 위사가 되게 하라고 보냈다. 그가 귀순하자, 칭기스 카한은 "회군하자!"며 차브치얄로 해서 거기서 회군하였다. 카사르에게 좌익의 군사를 주어 바다를 끼고 가도록 하면서, "베이깅성[24](北京城)에서 숙영해라! 베이깅성을 귀부시키고 그 저쪽으로 주르체드의 호카노[25]를 거쳐 가서 호카노가 저항할 생각을 하면 공격해라! 그가 귀부하면 주변의 그들의 성을 거쳐 올라 강(松花江), 나오 강(嫩江)들을 따라가다 타오르 강(洮兒河)을 거슬러 와서 대 후방에 합류하라!"고 해서 보냈다. 카사르와 노얀들 가운데 주르체데이, 알치, 톨론 체르비를 함께 보냈다.

카사르가 베이깅성을 귀부시키고, 주르체드의 호카노를 귀부시키고, 연도에 있는 성들을 귀부시키고 타오르 강을 거슬러 와서 대 후방에 설영했다.

254   그 뒤에 칭기스 카한이 사르타올 사람들에게 오코나를 비롯한 100명의 사절단을 보냈는데, 모두 암살당하였다.[26] "내 황금 굴레를 사

---

23)   Rachewiltz(1984 : 128)에 의하면 浦鮮萬奴가 아들 帖哥를 바친 일을 『몽골 비사』가 혼동한 것. 村上(1976 : 166~167)이 소개하는 那珂通世의 견해로는 金哀宗(1223~1234)이 조카 訛可를 보낸 일에 대한 착오(?).

24)   방역 '大寧'이 가리키듯 오늘날의 중국 北京이 아니라 金대에 北京大定府, 元대에 大寧路라고 부르던 지역. 오늘날의 遼寧, 내몽골, 河北이 만나는 지점. 그 성의 위치에 대해서는 Rachewiltz(1984 : 129) 등을 참조.

25)   Fuqanu. 이 무렵 요동 지방을 근거로 삼고 있던 大眞國, 일명 東眞國(1216~1233)의 창업주 浦鮮萬奴. Rachewiltz(1984 : 128) 등 참조.

르타올 사람들에게 끊겼다"며 "오코나를 비롯한 100명의 사절단의

　　원수를 갚고
　　복수를 하러

사르타올 사람들에게 출정하자!"고 하였다.
그러자 예수이 카돈이 칭기스 카안에게 제기하여 아뢰기를, "카한께서는

　　높은 고개 넘어
　　넓은 강들을 건너
　　긴 전쟁에 원정하여
　　여러 나라를 바로잡으시기를

생각하셨습니다. 태어난 생명에 영원한 것은 없는 법입니다.

　　큰 나무 같은 그대의 몸이
　　기울어 가면
　　난마 같은 당신의 나라를
　　누구에게 맡기시렵니까?
　　큰 기둥 같은 그대의 몸이

---

26)　1218년 몽골의 사절단이 시르 다리야 중류에 있는 호레즘(몽골 비사의 사르타올)의 국경 도시 오트라르에서 지사 이날칙에게 재화를 강탈당하고 살해당한 사건. 김호동 외(1998 : 348) 참조.

쓰러져 가면
새떼 같은 그대의 나라를
누구에게 맡기시렵니까?

그대가 낳으신
네 분의 걸출한 아드님들 가운데
누구를 말씀하시렵니까?

아들들, 아우들, 여러 평민들, 저희들 못난 것들에게도 중요성이
이해되고 있을 때, 제가 깨달은 바를 제언하게 되었습니다. 분부를
알게 하소서!" 하고 아뢰었다.
칭기스 카한이 "비록 카돈 된 사람이지만 예수이의 말이 옳은 가운
데 옳다. 누구도, 아우들, 아들들 너희들도, 보오르초, 모칼리 들도
이런 문제를 제기하지 않았다. 나도

선대로부터 이어받은 것이 아니라
잊고 있었다.
죽음의 고통에 아니 시달렸기 때문에
자고 있었다"

고 하고는, "내 아들들의 맏이는 조치다. 너는 무슨 말을 하겠는
가? 말하라!" 하고 분부했다.
조치가 무슨 소리를 내기도 전에 차아다이가, "조치가 말하라고 할
때는 조치에게 맡겨 말씀하시는 것입니까? 우리가 어떻게 이 메르

키드의 잡놈한테 통치되겠습니까?" 하고 뱉어 버렸다. 조치가 일어
나 차아다이의 옷깃을 틀어쥐고, "칸 아버지께서도 달리 말씀하신
적이 없다. 네가 어떻게 나를 차별하느냐? 네가 무슨 재주로 나보
다 나으냐? 너는 단지 괴팍스러움만 나보다 더할 뿐이다.

  멀리 쏴서 네게 떨어지면
  내 엄지손가락을
  잘라 버리겠다.

씨름을 해서라도 네게 지면 넘어진 자리에서 안 일어나겠다. 칸 아
버지의 분부를 알게 하소서!" 하고 말했다.
조치와 차아다이가 서로 옷깃을 틀어쥐고 다투고 있을 때 조치의
팔을 보오르초가 잡아 끌고, 차아다이의 팔을 모칼리가 잡아 끌었
지만, 칭기스 카한은 듣고서도 잠자코 앉아 있었다. 쿠쿠 초스가
윈편에 있다가 "차아다이, 그대는 왜 서두르는가? 그대의 칸 아버
지는 아들들 가운데 그대를 지목하고 있었다. 그대들이 태어나기
전부터

  별이 있는 하늘은
  돌고 있었다.
  여러 나라가 싸우고 있었다.
  제자리에 들지 아니하고
  서로 빼앗고 있었다.
  흙이 있는 대지는

뒤집히고 있었다.
모든 나라가 싸우고 있었다.
제 담요에서 아니 자고
서로 공격하고 있었다. 그럴 때
〔다른 남자를〕 원해서 간 것이 아니다.
교전 중에 그리 되었다.
〔다른 남자에게로〕 도망쳐 간 것이 아니다.
전투 중에 그리 되었다.
〔다른 남자를〕 사랑하여 간 것이 아니다.
살육전이 벌어지는 와중에 그리 되었다.

거룩하신 제 카돈 어머니의

기름〔같이 부드러운〕 마음이 굳어 버리도록,
젖〔과 같이 부드러운〕 심장이 엉켜 버리도록 말한다, 그대는.
따뜻한 곳에서
힘차게,
같은 배에서 아니 태어났는가, 그대들은?
뜨거운 곳에서
격렬하게,
같은 씨에서 아니 나왔는가, 그대들은?
그 심장에서 태어난 제 어머니를
탓하게 되면,
그녀의 정이

차갑게 식어

꺼져 버리게 하면 안 된다.

그 배에서 태어난 제 어머니를

원한 품게 하면,

그녀의 한을

짓밟으면 안 된다.

그대들의 칸 아버지께서

모든 나라를 세울 때

당신의 검은 머리를 안장에 매달고,

당신의 검은 피를 가죽 부대에 담고,

당신의 검은 눈을 깜빡도 하지 않고,

당신의 평평한 귀를 베개에다 아니 놓고,

당신의 소매를 베고,

당신의 옷자락을 깔고,

당신의 침으로 해갈하며,

당신의 잇새에 낀 것으로 요기하며,

이마의 땀이 발바닥에 이르도록,

발바닥의 땀이 이마에 오르도록,

무릅쓰고 애쓰고 다니실 때 그대들의 어머니는 함께 고생하며

높다랗게 머리를 묶고,

잘끈 허리띠를 동여매고,

모자를 단단히 눌러 쓰고,

끊어져라 허리띠를 졸라매고 그대들을 기를 때

삼킬 사이에

일부를 주고

당신의 목구멍을 좁혀

당신의 모든 것을 주고

주린 채 다녔던 것이다.

그대들의 빗장뼈를 잡아당겨

남자답게 누가 만들었는가?

그대들의 목을 잡아 늘여

사람답게

누가 만들었는가?

그대들의 몸을 씻기고

그대들의 발꿈치를 들게 하여

남자의 어깨뼈에,

거세마의 엉덩이에 닿게 하고

이제 당신의 그대들이 잘 되기를 보겠다고

생각하고 계시지 않은가?

거룩하신 우리의 카돈께서는,

태양처럼 밝고

호수처럼 넓은 생각을

갖고 계시던 분이었다"고 했다.

255 그러자 칭기스 칸[27]이 "조치를 왜 그렇게 말하는가, 너희들은? 내 아들들의 맏이는 조치가 아니냐? 이 뒤로는 그렇게 말하지 마라!"고 엄명을 내렸다. 이 말에 차아다이가 한풀 꺾여, "조치의 힘 있음을, 재능을 반박하지 않겠습니다.

> 입으로만 죽인 것은(=짐승은)
> 말에 실을 수가 없습니다.
> 말로만 죽인 것은(=짐승은)
> 그 가죽을 벗길 수가 없습니다.

아들들의 맏이는 조치와 우리 둘입니다.

> 칸 아버지께
> 함께 힘을 바치겠습니다.
> 제 임무를 회피한 자를
> 길게 베어 버리겠습니다!
> 낙오한 자의 발꿈치 힘줄을
> 가로 잘라 버리겠습니다!

우구데이야말로 온후합니다. 우구데이를 지명합시다! 우구데이는 칸 아버지의 곁에 있으면서

---

27) 다른 곳에서와는 달리 Činggis-qahan, Činggis-qa'an, Činggis-qaɣan이 아니라 Činggis-qan.

모습이 큰 모자[28]의

처신을 익히게 하시면 될 것입니다"

하고 말했다.

이 말에 칭기스 카한이 "조치는 뭐라고 하겠느냐, 네 얘기를?" 하고 물었다. 조치가 "차아다이가 말했습니다. 차아다이와 우리 둘은 더불어 힘을 바치겠습니다. 우구데이를 지명합시다!" 하고 말했다. 칭기스 카한이 분부하기를, "더불어 할 것이 무엇이 있느냐? 어머니이신 대지는 넓다. 강들과 물들은 많다. 서로 떨어질 만큼 영지를 넓혀라! 이방을 다스리면서 떨어져 지내도록 하겠다!"고 하였다.

다시 칭기스 카한이 "조치와 차아다이는 제가 한 약속들을 지켜라! 백성들에게 비웃음당하지 않도록 하라! 속민들에게 비웃음 사지 않도록 하라! 일찍이 알탄과 코차르는 이와 같이 말을 정하고서도 약속을 지키지 않아 어떻게 당했느냐? 어찌 되었느냐? 이제 알탄, 코차르의 후손들과 너희들은 구별되도록 하자! 그들을 보고도 너희들이 어떻게 실수를 하겠는가?"라고 하였다.

그러고 나서 "우구데이는 무슨 말을 하겠느냐? 말하라!"고 했다. 우구데이가 "카한 아버지께서 허락하신다면, 말하라고 하시면 아뢰겠습니다만, 제가 무슨 말을 하겠습니까? 할 수 없다고 어떻게 말하겠습니까? '할 수 있는 데까지는 이겨 내겠습니다' 하고 말씀드리겠습니다. 이후에 제 후손에

---

28) 모습이 큰 모자 > 카한이 쓰는 큰 관 > 카한으로서의 크나큰 지위(에 부합하는).

사초(莎草) 풀로 싸놓아도
소에게 아니 먹힐 〔형편없는〕 자가
고기 기름으로 싸놓아도
개에게 아니 먹힐 〔형편없는〕 자가
태어나더라도,
뿔사슴이 가로지르고
쥐가 기어나오는 것을 놓칠 만큼이야 〔무능〕하겠습니까?

'제가 드릴 말씀은 이렇습니다' 하고 아룁니다. 제가 다른 무슨 말
씀을 올리겠습니까?" 하고 말했다.
이 말에 칭기스 카한이 말씀하시기를, "우구데이는 이런 얘기를 하
면 된다"고 했다. 또한 톨로이에게 "너는 무슨 말을 하겠느냐? 말하
라!"고 했다. 톨로이가 "저는 카한 아버지께서 지명하신 제 형의 곁
에 있으면서

잊은 것을 일깨우고,
잠든 것을 깨워,
'그러자' 하는 동무,
절따말[29]의 채찍이 되어
'그러자' 할 때 아니 늦고,
대오에서 떨어지지 아니하며,

---

29) 붉은 빛이 도는 누런 말. 멀리서 보면 거무스레해 보임. 중세 몽골어 je'erde(mori), 중세 국어 졀따물
(赤馬). 金炯秀(1974 : 281), Цэвэл(1966 : 288) 참조.

긴 정복전에 원정을 나가고
짧은 전투에서 싸워 주겠습니다!"

하고 아뢰었다. 칭기스 카한이 옳게 여겨 분부하기를, "카사르의
후손을 자기들 중의 하나가 다스리게 하라! 〔카치온의 아들〕 알치다
이의 후손을 자기들 중의 하나가 다스리게 하라! 〔테무게〕 막내의
후손을 자기들 중의 하나가 다스리게 하라! 벨구테이의 후손을 자
기들 중의 하나가 다스리게 하라! 그렇게 생각하고, 내 후손을 자
기들 중의 하나가 다스리게 하고, 내 명을 어기지 않고 훼손하지
않으면, 잘못되지 않으며 실수하지 않을 것이다, 너희들은. 우구데
이의 후손이

사초 풀로 싸놓아도
소에게 아니 먹힐 〔형편없는〕 자가
고기 기름으로 싸놓아도
개에게 아니 먹힐 〔형편없는〕 자가 태어나더라도

내 후손 중에 적어도 하나는 훌륭한 자가 태어나지 않겠는가?" 하
고 분부를 내렸다.

256 칭기스 카한이 출정하면서 탕오드(＝탕구트) 사람들의 보르칸에게
사신을 보내, "그대는 '그대의 우익이 되겠습니다!'고 했다. 나는
사르타올 사람들에게 내 황금 굴레를 끊기고 확실히 하러 출정했
다. 우익이 되어 출전하라!"고 하였다. 그런데 보르칸이 채 무슨 소
리를 내기도 전에 먼저 아샤 감보가 "힘도 없으면서 칸은 다 무엇

이냐?"고 하며, 군사도 아니 보태고 큰소리를 쳐서 보냈다.

그러자 칭기스 카한이 "우리가 어떻게 아샤 감보 같은 자에게까지 이런 이야기를 듣고 있겠는가?"라고 하였다. 그리고는 "방도를 강구하면 그들에게로 군대를 돌리는 것은 어려울 것도 없다. 그러나 지금은 다른 사람에게 향하고 있을 때이니 예정대로 하자! 영생의 하늘에게 보호되어, 황금 고삐를 단단히 잡고 돌아와, 그때 처리하도록 하자!" 하고 말했다. 그렇게 말하고……

257 토끼해(1219)에 사르타올 사람들에게로 아라이를 넘어 출정할 때 칭기스 카한은 카톤 중에서 콜란 카톤을 데리고 떠나면서 아우들 가운데 〔테무게〕 막내 노얀에게 대 후방을 맡기고 출정했다. 제베를 전위로 보냈다. 제베의 후속 부대로 수베에테이를 보냈다. 수베에테이의 후속 부대로 토코차르를 보냈다. 이들 셋을 보내면서, 외곽으로 통과하여 솔탄[30]의 반대편으로 나가 있다가 우리가 당도하면 협공하기로 하였다.

제베가 칸 멜릭[31]의 도시들을 건드리지 않고 외곽으로 통과해 갔다. 그의 뒤에서 수베에테이가 마찬가지 방법으로 도시를 건드리지 않고 나갔다. 그의 뒤에서 토코차르가 칸 멜릭의 변경 도시들을 약탈하고 그의 농민들을 약탈했다. 칸 멜릭이 자기네 도시들을 약탈당하자 대항하면서 이동해서 잘랄딩 솔탄[32]에게 합류했다. 잘랄

---

30) Sultan. 당시의 호레즘의 통치자 술탄 무함마드 호레즘 샤(Sulṭân Muḥammad Khwârezm Shâh). Rachewiltz(1984 : 153~154) 참조.

31) Qan Melig. 당시의 헤라트 지사 말릭 칸 아민 알 물크(Malik-khân Amîn al-Mulk). Rachewiltz(1984 : 142) 참조.

32) J̌alalding-Soltan. 술탄 무함마드의 아들 잘랄 앗딘 망구베르티(Jalâl ad-Dîn Manguberti). 김호동 외 (1998 : 352) 참조.

딩 솔탄과 칸 멜릭은 칭기스 카안에 맞서 출전했다.

칭기스 카안의 앞에서 시기 코토코가 전위로 갔다. 잘랄딩 솔탄과 칸 멜릭이 시기 코토코를 제압하고 칭기스 카한에게까지 압박해 올 때 제베, 수베에테이, 토코차르가 잘랄딩 솔탄과 칸 멜릭의 뒤에서 들어와 다시 그들을 제압하여 도륙하였다. 보카르(=부하라), 세미스갑(=사마르칸드), 오다라르(=오트라르) 성에서 그들이 합류치 못하도록 제압하며 신 강(=인더스 강)까지 추격해 가자 그들이 신 강으로 풍덩 뛰어들어 많은 사르타올 사람을 거기 신 강에서 섬멸하였다.

잘랄딩 솔탄과 칸 멜릭은 자기네 목숨만 부지한 채 신 강을 거슬러 도망쳤다. 칭기스 카한은 신 강을 거슬러 가서 바드케센(=바닥샨)을 약탈하고 나아가 에케 개울, 게운 개울에 이르러 바로안 초원(=파르완 평야)에서 야영하였다. 잘랄딩 솔탄과 칸 멜릭을 추격하도록 잘라이르족의 발라를 보냈다. 제베와 수베에테이를 매우 칭찬하면서 "제베, 그대는 지르고아다이라는 이름이었다. 타이치오드로부터 와서 제베가 되었다"고 〔추억의〕 말을 했다.

토코차르는 "칸 멜릭의 변경 도시들을 제 마음대로 약탈하여 칸 멜릭이 이반하게 했다. 법을 삼아 참수하자!"고 정하였다가, 다시 참수만은 면하도록 한 뒤, 몹시 꾸짖고 벌로 군대의 지휘〔권〕을 박탈하였다.

258 그렇게 칭기스 카한이 바롤라 초원(=파르완 평야)에서 돌아와 조치, 차아다이, 우구데이 세 아들에게 우익의 군사를 주면서, "아모이 강(=아무 다리야)을 건너 우룽게치(=우르겐치) 성에 설영하라!"고 해서 보냈다. 톨로이를 이로(=헤라트), 이세부르(=니샤푸르)를

비롯한 여러 도시에 설영하라!"고 해서 보냈다. 칭기스 카한 자신은 오디라르(＝오트라르) 성에 설영했다.

조치, 차아다이, 우구데이 세 아들이 "우리들의 부대가 통합되었습니다. 우룽게치 성에 이르렀습니다. 우리 가운데 누구의 말대로 행합니까?" 하고 아뢰어 보냈다. 칭기스 카한은 "우구데이의 말대로 행하라!"고 해서 보냈다.

259 그렇게 칭기스 카한이 오도라르(＝오트라르) 성을 항복시키고 오도라르 성에서 이동하여 세미스갑 성에 설영했다. 세미스갑 성에서 이동하여 보카르 성에 설영했다. 거기서 칭기스 카한은 발라를 데리고 알탄 개울의 산등성이에 있는 솔탄(＝술탄)의 여름 궁전에서 여름을 나며 톨로이에게 사자를 보냈다. "해가 뜨거워졌다. 다른 부대들은 설영했다. 너는 우리와 합류하라!"고 해서 보냈다. 톨로이는 이로, 이세부르 등의 성을 취하고, 시스텐(＝시스탄) 성을 부수고, 촉체렌(＝축차란) 성을 깨고 있다가 사자가 이 말을 전하자 촉체렌 성을 깨고 돌아 내려와 칭기스 카한과 합류했다.

260 조치, 차아다이, 우구데이 세 아들은 우룽게치 성을 항복시키고 셋이서 성의 사람들을 서로 나누고 칭기스 카안에게 몫을 아니 내었다. 이들 세 아들이 설영하고 오자 칭기스 카한이 조치, 차아다이, 우구데이 세 아들을 꾸짖고 사흘간 알현시키지 않았다.

그러자 보오르초, 모칼리, 시기 코도코가 "우리는 불복하고 있던 사르타올 사람들의 솔탄을 굴복시키고 그의 도시들과 백성을 취했습니다.

　　나뉘어 취해진 우룽게치 성,

서로 나누어 갖는 아들들 모두

칭기스 카안의 것입니다. 천지가 힘을 보태사 사르타올 사람들을
이렇게 굴복시킨 데 대해, 그대의 많은 병사와 군마가 기뻐 날뛰고
있습니다. 카한께서는 왜 이렇게 화를 내고 계십니까? 아들들은
자신들의 잘못을 깨닫고 두려워했습니다. 〔이번 일을〕 장래의 교훈
으로 삼게 하소서! 아들들의 기를 죽일까 걱정입니다. 용서하시고,
알현시키십시오" 하고 아뢰었다.
칭기스 카한이 화를 참고 조치, 차아다이, 우구데이 세 아들을 알
현시키고 꾸짖기를,

노인들의 말씀을
내던지며,
옛말을
들이대 가며,
서 있던 땅으로
꺼져 들도록,

이마의 땀도 닦을 수 없도록, 큰소리를 내어 꾸짖음과 가르침을 듣
도록 하였다.
그러자 콩카이 전통사, 콩타가르 전통사, 초르마칸 전통사 이들 세
전통사들이 칭기스 카안에게,

"보라매가

아들들이 겨우 이만큼 원정하여 배우고 있을 때 아들들의 기를 꺾어 가며 왜 이렇게 계속 꾸짖습니까? 아들들이 두려워서 자신감을 잃을까 두렵습니다.

해가 지는 곳에서 뜨는 곳에 이르기까지 적의 백성이 있습니다. 저희들 투부드(=티베트) 개[33]들을 부추겨서 보내시면, 저희들에게 천지가 힘을 보태 주시면, 저희가 적의 백성을, 금, 은, 피륙, 물화, 백성과 속민을 그대에게 가져오겠습니다. '어떤 백성이냐?'고 하신다면 '이 서쪽의 박타드(=바그다드) 사람들의 칼리바이 솔탄(=술탄 칼리프)[34]이라는 것이 있다'고 말씀드립니다. 그에게 저희들이 원정을 하겠습니다" 하고 아뢰었다.

카한이 화를 풀고, 이런 말들에 화를 가라앉히고, 칭기스 카한이 옳게 여겨 명을 내려, 콩카이, 콩타가르, 초르마칸 이들 세 전통사들에게 은혜를 베풀어, "아다르긴족의 콩카이와 돌롱기르족의 콩타가르를 내 곁에 있게 하라!"고 했다. 우테겐족의 초르마칸을 박타드 사람들에게, 칼리바이 솔탄에게 원정시켰다.[35]

261 또한 힌두스(=인도) 사람들, 박타드 사람들 사이에 있는 아로(=헤라트), 마로(=메르브), 마다사리(=마잔다란) 사람들의 아브토 성에

---

33) Töbödüd noqod. 덩치가 크고 사나운 것으로 유명한 티베트산 개. 사냥과 경계 등에 능하다고 함. Rachewiltz(1984 : 153) 참조.

34) Qalibai-Soltan. Khalîfa-Sulṭân. 바그다드의 압바스조의 칼리프 알 나시르(1180~1225). Rachewiltz (1984 : 153) 참조.

35) 그러나 초르마칸이 바그다드 원정에 나선 것은 몽골에서는 우구데이, 바그다드에서는 알 나시르의 손자 무스탄 시르(1226~1242)의 통치 기간. Rachewiltz(1984 : 153~154) 참조.

두르베드족의 두르베이 독신[36]을 원정케 했다.

262 또한 수베에테이 용사를 북쪽으로 캉린, 킵차오드(=킵차크인들),
바지기드(=바슈키르 사람들), 오로소드(=러시아인들), 마자라드(=
헝가리인들), 아소드, 사소드, 세르케수드(=체르케스인들), 케시미
르(=카슈미르), 볼라르(=볼가 불가르), 라랄(케렐의 착오) 이들 11
아이막의 외방 민족에 이르기까지, 이딜(=볼가), 자약(=우랄) 등
물 많은 강들을 건너 키와(=키에프), 멘케르멘[37] 성에 이르기까지
원정케 했다.[38]

263 사르타올 사람들을 취하고 나서 칭기스 카한이 다시 분부하여 각
성마다 다로가치[39]들을 두었다. 우룽게치 성에서 얄라와치(=마흐
무드 얄라바치), 마스코드(=마스우드 벡)라는 두 사람의 코롬시 가
문(=쿠루스미, 즉 호레즘 사람)의 부자가 사르타올로 와서 도시의
법도와 체제에 대해 칭기스 카안에게 아뢰고, 법도대로 통치하도
록 건의하였다.

그의 아들 마스코드 코롬시(=마스우드 벡 쿠루스미, 즉 호레즘 사람
마스우드 벡)를 우리의 다로가[40]들과 함께 보카르(=부하라), 세미
스겐(=사마르칸드), 우룽게치(=우르겐치), 오단(=호탄), 키스카르

---

36) 두르베이 독신에 대해서는 240절 참조.

37) 멘케르멘 역시 키예프를 가리키는 투르크어. Rachewiltz(1984 : 156) 참조.

38) 실제로는 우구데이 카한 시절 바토와 수베에테이가 이끈 대서방 원정(1236~1242) 중에 일어난 사
     건들과의 혼동. Rachewiltz(1984 : 155) 참조.

39) 몽골어 daruyačin. 방역 '鎭守官'. 점령지의 軍政長官(職).

40) 몽골어 daruya. 방역 '鎭守'. daru-의 의미는 위의 daruyačin의 daru-와 같이 '누르다, 다스리다'. 여
     기 접사 -ya가 첨가되어 '長'이라는 명사가 파생된 것. 할하 방언에서도 дарга는 대·소 조직의 '長,
     長의 職, 군대의 장교(신분)' 등을 뜻함.

(＝카슈가르), 오리양(＝야르칸드), 구센(＝쿠차), 다릴(＝타림) 등의
도시들을 통치하도록 맡겼다.

아버지 알라와치를 데려다 키타드(＝金國. 〔北〕中國)의 종도(中都)
성을 통치하도록 했다. 사르타올 사람들 가운데 알라와치와 마스
코드 두 사람이 도시의 법도와 체제를 감당할 수 있었기 때문에 키
타드 사람들을 통치하도록 우리의 다로가들과 함께 임명한 것이었
다.

264　사르타올 사람들에게 7년을 원정하고 거기서 잘라이르족의 발라
를 기다렸다. 발라는 신 강을 건너 잘랄딩 술탄과 칸 멜릭을 힌두
스의 땅에 이르도록 쫓았으나 놓쳤다. 힌두스의 중부에 이르도록
추격하였으나 찾지 못하고, 회군하면서 힌두스의 변방 백성들을
약탈하고 수많은 낙타, 수많은 거세 염소들을 가져왔다. 칭기스 카
간[41]이 거기서 돌아오다가 도중에 에르디시(＝이르티슈)에서 여름
을 나고 원정 7년째 되는 해인 닭의 해(1225) 가을에 토올라 강의
카타 툰(검은 숲)에 있는 행궁에서 묵었다.

---

41)　184절(6-49-5)의 주를 참조.

제 12 권

영웅의 승천, 강력한 후계자, 발전하는 제국, 『몽골 비사』 성립 경위

배신자 탕구트 응징을 위한 출정, 사냥 중 낙마하여 위독해지는 칭기스 카한,
끝끝내 반항하는 탕구트에 대한 철저한 응징(265-267)
승천으로 표현되는 영웅의 죽음(268) 우구데이의 등극, 중동, 중국 원정 계속 추진(269-271)
톨로이의 희생(272) 바그다드의 귀부, 손자들(바토, 부리, 구육, 뭉케)의 대활약(274)
조치의 아들 바토와 우구데이의 아들 구육, 차아다이의 아들 부리의 갈등, 우구데이의 분노가 폭발, 진정(275-277)
친위대 정비(278) 역참 설치 등 우구데이가 마련한 제도들, 우구데이의 반성(279-281)
『몽골비사』의 성립 경위(282)

그해 겨울을 나고, 탕올[1] 사람들에게 출정하기 위해 새로이 병력을 헤아려 개해(1226)의 가을에는 칭기스 카한이 탕오드(=탕구트) 사람들에게 출정했다. 카돈들 가운데 예수이 카돈을 데리고 갔다. 가는 도중에 겨울이 되었다. 아르보카에 이르러 그곳의 수많은 들말을 사냥하게 되었다. 칭기스 카한은 조소토 보로[2]를 타고 있었다. 들말들이 닥쳐오자 조소토 보로가 놀라는 바람에 칭기스 카한이 말에서 떨어졌다. 살이 몹시 아파서 초오르카드에서 야영했다. 그 밤을 지내고 다음날 아침 예수이 카돈이 "아들들, 노얀들이 상의하시오! 카한께서 간밤에 열이 몹시 높았습니다" 하고 말했다. 거기 아들들과 노얀들이 모이자 콩코탄의 톨론 체르비가, "탕오드 사람들은

〔진흙을〕 이겨 쌓은 성을 가진 자들,
움직이지 않는 거주지를 갖고 있는 자들,
〔진흙을〕 이겨 쌓은 성을 짊어지고 어디로 안 갑니다.
움직이지 않는 거주지를 버리고 딴 데로 안 갑니다, 그들은.

우리는 물러났다가 카한의 열이 내리면 다시 출정합시다" 하고 제안하였다.
모든 아들들, 노얀들이 이 말을 옳게 여겨 칭기스 카한에게 아뢰자 칭기스 카한이 "탕오드 사람들이 우리보고 '배짱이 없어서 돌아갔

---

1) Tangul. Tangud(탕구트)의 잘못된 표기.
2) J̌osotu boro. 황갈색 점박이 잿빛 말.

다'고 할 것이다. 우리는 사신이라도 보내고, 바로 이 초오르카드에서 휴양하다가 그들의 얘기를 알아보고 물러나도 된다"고 하고 거기서 사신에게 말을 받들게 하였다.

"몇 해 전에 보르칸 너는, '우리 탕오드 사람들은 그대의 우익이 되겠다!'고 했다. 네가 그렇게 얘기하길래, 사르타올 사람들이 화의에 아니 들길래, 출정하자고 부탁을 하니 너 보르칸은 자신의 약속을 지키지 않고, 군대도 아니 주었고, 모욕하는 말을 보냈다. 다른 것을 목표했을 때였으므로 나중에 확인해 보기로 하고 우선 사르타올 사람들에게 출정하여, 영생의 하늘이 가호하사 사르타올 사람들을 옳은 방향으로 들게 하고 이제 보르칸에게 말을 확인해 보려고 오고 있다"고 해서 보냈다.

그러자 보르칸이 "모욕하는 말은 내가 안 했다"고 했다. 아샤 감보가 나서며, "모욕하는 말들은 내가 했다. 이제라도 너희들 몽골이 싸움을 배웠으니, 싸우자고 한다면 나는 알라샤이(賀蘭山)에서 목영하며, 모직 장막[3]이 있고, 낙타 짐을 갖고 있다. 알라샤이를 향해 내게 오라! 거기서 싸우자! 금, 은, 피륙, 재화가 필요하면 에리 카야(寧夏), 에리 제우(西凉)를 목표로 해라!" 하고 말을 전해 보냈다. 이 말을 칭기스 카한에게 전하자, 고열로 시달리고 있던 칭기스 카한이 "자, 그러자! 이렇게 큰소리를 치는데 어떻게 물러나겠는가? 죽을 때 죽더라도 그 흰소리를 근거로 삼아 가자!"고 하였다. "영생의 하늘이여, 그대에게 맡기겠습니다!" 하고 칭기스 카한이 알라샤

---

3) 몽골어 terme ger(撒帳房)의 terme는 Lessing(1982 : 806)에 따르면 티베트어 Ther-ma의 차용으로 '모직'을 뜻한다. 184절에서 옹칸의 altan terme를 '황금 장막'이라고 번역한 바 있다.

이를 향해 갔다. 가서 아샤 감보와 싸워 그를 제압하고 알라샤이 산 위에 요새를 쌓은 아샤 감보를 잡고, 모직 장막을 빼앗고, 낙타 짐을 가진 그의 백성들이 재가 되어 날리도록 약탈했다. 용맹스럽고 사내다운 탕오드들을 도살하고, 군인들에게 "이런저런 탕오드들을 잡는 대로, 찾는 대로 가져라!" 하고 분부하였다.

266 칭기스 카한이 차소토 산[4] 위에서 여름을 나고, 아샤 감보와 산에 올라 저항하던 모직 장막을 가진, 낙타 짐을 가진 탕오드들을 군대를 보내 의도한 바대로 전멸할 때까지 약탈했다. 거기서 보오르초와 모칼리에게 "힘이 자라는 데까지 갖도록 하라!"고 상을 내렸다.

다시 칭기스 카한이 분부하여 보오르초와 모칼리에게 상을 내리면서, "키타드 사람들로부터 약탈한 것을 주지 않았다"고 하며, "키타드 사람들의 주인[5]을 그대 둘이 똑같이 서로 나누어 가져라!

그들의 잘난 아들들이
매를 데리고 그대들을 따라다니게 하라!
그들의 아름다운 딸들이 자라
그대 아내들의 치마를 간수케 하라!

키타드 사람들의 알탄 칸의 믿음직한 총신들은 몽골의 할아버지들, 아버지들을 시해한 카라 키타드와 주인 사람들이었다. 이제 나의 믿음직한 총신들은 보오르초와 모칼리 그대들 둘이다"라는 말

---

4) Časutu. '눈이 있는'. 따라서 '눈 덮인'. 방역도 '雪山名'.
5) 타타르인들을 주축으로 이루어진 것으로 추측되는 金朝의 변경 수비대. 53·247절 등을 참고.

씀이 있었다.

267　칭기스 카한이 차소토에서 이동하여 오라카이 성에서 묵고, 오라카이 성에서 이동하여 두르메게이 성(靈州城)을 깨뜨리고 있을 때 보르칸이 칭기스 카한을 알현하러 왔다. 보르칸은 황금 불상을 비롯한 금은 기명을 아홉 가지로 아홉 벌씩, 동남동녀 각 아홉 명, 거세마와 낙타 각 아홉 마리 등 온갖 것을 아홉 가지씩 아홉 색으로 갖추어 알현하였다. 보르칸을 문을 닫은 채 〔밖에서〕 알현케 했다. 그가 알현할 때 칭기스 카한은 속으로 기분이 나빴다. 사흘째 되는 날 칭기스 카한이 일로코 보르칸에게 시도르고[6]라는 이름을 주어 일로코 보르칸 시도르고를 오게 하고 "일로코가 사라지게 하라! 톨론 체르비가 손을 대어 없애 버려라!" 하고 명을 내렸다.

거기서 톨론 체르비가 "일로코에게 손을 대 끝장을 내버렸습니다" 하고 아뢰자, 칭기스 카한이 "탕오드 사람들에게 얘기를 확인하러 오는 도중에 아르보카의 들말들을 사냥하다가 아프게 된 내 살이 낫도록 하라고, 내 목숨, 내 몸을 아껴 제언한 자가 톨론이다. 우리는 적의 독기 어린 말 때문에, 영생의 하늘이 힘을 보태 주사, 적이 우리 손에 들어오게 하고, 우리의 원수를 갚았다. 일로코가 가져온 이 이동식 행궁을 가구 기명째 톨론이 갖도록 하라!"고 분부를 내렸다.

268　탕오드 사람들을 약탈하고, 일로코 보르칸에게 시도르고라는 이름을 주어 그를 끝장내고, "탕오드 사람들의 어머니, 아버지의 자손들을 철저하게 죽여 없애고 음식을 먹을 때도 철저하게 죽여 없앤

___

6)　중세 몽골어 šiduryu는 '정직(한)'이라는 뜻. 일로코 보르칸에 대해서는 250절의 주를 참조.

다[7] 그 죽여 절멸시키는 말을 하고 있거라" 하고 명을 내렸다. 탕오
드 사람들이 말을 하고 지키지 않았기 때문에 탕오드 사람들에게
칭기스 카한이 두 번째로 원정하여 무찌르고 돌아와 돼지해(1227)
에 하늘로 올랐다. 올라간 뒤에 예수이 카돈에게 탕오드 사람들을
대단히 많이 주었다.

269　쥐해(1228)에 차아다이, 바토를 비롯한 우익의 아들들, 〔테무게〕 막
내 느얀, 예구, 예순게[8]를 비롯한 좌익의 아들들, 톨로이를 비롯한
본영의 아들들, 딸들, 부마들, 만호, 천호들이 무리가 되어 켈루렌
강의 쿠데우 섬에 모두 모여, 칭기스 카한이 지명한 그 분부대로
우구데이 카한을 칸으로 추대했다.

차아다이 형은 자기 아우 우구데이 카한을 칸으로 추대하였다. 자
기 아버지 칭기스 카한의 황금 생명을 지키고 있던 칸 아버지의 숙
위, 전통사, 8천의 위사를, 즉 나의 칸 아버지의[9] 몸 곁에서 행하고
있던 그의 사유의 1만 친위대를, 차아다이 형과 톨로이가 우구데이
카한에게 위임했다. 본영의 백성들을 마찬가지 방식으로 위임했다.

270　우구데이 카한이 칸으로 추대되고 나서 안에서 행할 1만의 친위대
를, 그리고 본영의 백성들을 자신의 사유로 만들고 나서 우선 차아
다이 형과 의논하여 자기 아버지 칭기스 카한이 미완으로 놔두었
던 박타드(=바그다드) 사람들의 칼리바이 솔탄(=술탄 칼리프)에게

---

7)　'철저하게 죽여 없애고', '철저하게 죽여 없앤다'는 각각 몽골어 muquli musquli-yi ügei bolyan과
　　muq.ıli musquli ügei ke'⟨y⟩en을 짐작으로 옮겨 본 것이다. 유원수(1994 : 244, 주 5)의 짐작은 근거
　　없이 극단으로 흐른 느낌이 든다.

8)　183절의 예숭게. 예구, 예순게 모두 칭기스 카한의 아우 카사르의 아들들.

9)　qan ečige-yin minu. 『몽골 비사』의 저자 혹은 구술자가 칭기스 카한의 아들들 가운데 한 사람이었
　　을까?

원정한 초르마칸 전통사의 후속 부대로 오코토르와 뭉게투를 원정시켰다.

또한 앞서 캉린, 킵차오드, 바지기드, 오로소드, 아소드, 세수드,[10] 마자르(=헝가리), 케시미르, 세르게수드,[11] 보카르,[12] 케렐 사람들에게 이르기까지, 아딜(=볼가),[13] 자약(우랄) 등의 물 많은 강들을 건너 메케드,[14] 멘케르멘,[15] 케이베[16]를 비롯한 도시로 원정을 나간 수베에테이 용사가 그 백성들에게 곤경을 당하여 수베에테이의 후속 부대로 바토, 부리, 구육, 뭉게(=뭉케[17])를 비롯한 여러 아들들(왕자들)을 출전시켰다. 이들 출전한 모든 아들들을 바토가 지휘하도록 하라고 명을 내렸다. 본영에서 나간 자들을 구육이 지휘하도록 하라고 명을 내렸다.

"이들 원정할 자들을, 나라를 다스리는 아들들(왕자들)은 자기 맏아들을 출정시키도록 하라! 나라를 다스리지 않는 아들들(왕자들)도 만호, 천호, 백호, 십호의 장들, 대중 누구든지, 자기 맏아들을 출정시키도록 하라! 딸들(공주들)과 부마들도 같은 방식으로, 자기네 맏아들을 출정시키도록 하라!"고 명을 내렸다. 우구데이 카한이 이르

---

10) 262절의 사소드.
11) 262절의 세르케수드.
12) 볼라르의 착오 또는 誤記. Rachewiltz(1984 : 156) 참조.
13) 262절의 이딜.
14) 1239년 몽골군에 의해 파괴된 코카서스 지방의 알란 사람들의 수도 마가스. Rachewiltz(1985 : 60) 참조.
15) 키예프의 투르크어 이름.
16) 키예프의 또 다른 이름.
17) Batu, Büri, Güyüg, Möngge(=Möngke)는 각각 조치, 차아다이, 우구데이, 톨로이의 맏아들(구실을 하던 아들들).

기를 "이 맏아들을 출정시키는 도리 역시 차아다이 형에게서 비롯되었다. 차아다이 형은 '수베에테이의 후속 부대로 내 맏아들 부리를 출정케 한다. 맏아들을 출정케 하면 병사가 충분하게 나온다.

병사가 여럿이면
기세 높이, 힘차게 다닐 수 있다.
저 멀리 적병이 많은 외방 나라들이 있다.

그 끝에는 완강한 사람들이 있다고 한다. 그들은 화가 나면 자기 칼에 죽을 사람들, 그들의 칼은 예리하다고 얘기들 한다'고 얘기를 전해 왔다"고 했다.
우구데이 카한은 "우리도 차아다이 형의 신중한 판단에 따라, 맏아들을 내보내자고 한 그 말에 따라 방방곡곡에 선포하고 바토, 부리, 구육, 뭉게(=뭉케)를 비롯한 아들들(왕자들)을 원정케 하는 이치는 이와 같은 것이다" 하고 말했다.

271 다시 우구데이 카한이 차아다이 형에게 "저는 아버지 칭기스 카한께서 준비해 놓으신 자리에 앉았습니다. '무슨 덕망이 있길래 대위에 앉았는가?' 하고 이야기되지 않을까 걱정됩니다. 차아다이 형이 옳게 여기신다면, 우리의 카한 아버지께서 키타드 사람들의 알탄 칸(=금국 황제)을 미완으로 두었습니다. 이제 저는 키타드 사람들에게 출정하겠습니다!" 하고 의논하여 보냈다.
차아다이 형이 옳게 여겨 "무슨 착오가 있겠는가? 후방에 훌륭한 사람을 임명하고 출정하시오! 나도 여기서 군대를 내겠소!"라고 해서 보냈다. 대 후방에 올다가르 전통사를 임명하고……

 토끼해(1231)에 우구데이 카한이 키타드 사람들에게 출정하면서 제베를 전위로 보냈다. 키타드의 군대를 제압하여 썩은 나무가 쌓이듯 도륙하고 차브치알을 넘어 각 방향으로 그들의 성들, 도시들을 공격하러 군대를 보내고 우구데이 카한은 시라 덱투르에 주둔했다. 거기서 우구데이 카한이 병이 나서 입과 혀가 마비되어 견딜 수 없게 되자 여러 무당, 점쟁이들을 불러 무꾸리를 하였다.

무꾸리를 해보니 "키타드 사람들의 땅과 물의 귀신들이 자기네 백성이 약탈당하고 성들, 도시들이 파괴당하자 단단히 달라붙는다. 백성과 속민, 금과 은, 가축과 식량을 그 대신으로 주마 했으나 풀어지기는커녕 더 단단히 달라붙는다. 친척을 바치면 되겠는가 하고 물으니 카한이 눈을 뜨고 물을 청하여 마시고, "무슨 일이냐?" 하고 물었다.

무당들이 "키타드 사람들의 땅과 물의 귀신들이 자기네 땅과 물이 파괴당하고, 백성과 속민이 약탈당하자 단단히 달라붙습니다. '다른 무엇이라도 대신으로 주마!'고 했으나 더욱 심하게 혼미해지셨습니다. '친척으로 되겠는가?' 하고 물으니 풀어집니다. 이제 분부를 알게 하소서!" 하고 아뢰었다. "곁에 아들들(대왕들) 가운데 누가 있느냐?"고 하니 톨로이 아들(대왕)이 곁에 있었다.

(톨로이가) "홍복의 칭기스 카한, 우리의 아버지께서는

위로 형들,
밑으로 아우들이 있었지만

카한 형 그대를

거세마처럼 고르고,
거세양처럼 쓰다듬어

당신의 큰 자리에 그대의 몸을 지목하여 여러 백성을 그대의 위에
실어 주었습니다. 저는 카한 형의 곁에 있으면서

'잊으신 것을 일깨우고,
잠드신 것을 깨우며 행하라!'

고 명을 받았습니다. 이제 저의 카한 형 그대를 잃으면 제가

누구의 잊은 것을 일깨우며,
누구의 잠든 것을 깨우겠습니까?

진정으로 내 카한 형이 잘못되시면(=죽으면)

많은 몽골 나라가
고아가 될 것이다.
키타드 사람들은
매우 만족할 것이다.
카한 형 대신에 내가 죽겠다!
연어[18]의 등허리뼈를 내가

---

18)   Salmo taimen.

분질렀다.

철갑상어의 등허리뼈를 내가

분질렀다.[19]

일레를 내가

이겼다.

카다를 내가

찔렀다.[20]

얼굴이 잘생기고,

키가 큰 내가 있다.

무당들은 재앙을 빌어라! 저주하라!"고 하였다.

무당들이 저주하자 저주의 물을 톨로이 아들(대왕)이 마셨다. 잠시 있다가 "취했습니다, 제가. 내가 취한 것이 깰 때까지 고아가 된 어린 조카들, 과부가 된 계수를 마음이, 지혜가 자랄 때까지 카한 형께서 맡아 돌보아 주실 것을 약속하소서! 할 말을 다 했습니다, 저는. 취했습니다, 저는" 하고 나가 잘못된(=죽은) 사연은 그와 같다.

273 그렇게 알탄 칸을 무찌르고 세우세라는 이름을 주고,[21] 그들의

---

19) 연어(tulu)의 등허리뼈, 철갑상어(kileme)의 등허리뼈를 분질렀다는 것이 무엇을 상징하는지는 알 수 없으나 당사자들 사이에서는 뜻이 분명한 표현이었을 듯.

20) Ile-yi와 Qada-yi는 각각 '面前-行', '在外-行'으로 방역되어 있으나 251절에 등장하는 金의 지휘관들의 이름이다.

21) Se'üse(薛兀薛)는 방역 小廝(작은 하인 녀석, sieu-sï 〉seüsï)로 알 수 있듯이 金 哀宗(1224~1234)을 모욕하는 이름. 아마도 당시의 몽골인들에게는 Se'üse에 가깝게 들렸을 그의 본명 完顔守緖의 守緖(Siəu-siu)와 관련시킨 민중 어원이나 재해석일 듯. Rachewiltz(1985 : 66) 등 참조.

금과 은,

금을 섞어 짠, 무늬를 넣은 피륙과 재물

알라샨 명마와 말치기들을 약탈하고

알긴치와 탐마치[22]를 남겨두고

남깅(南京)과 종도(中都)[23] 각로의 성에 다로가치를 두고 평안하게 돌아와 카라코롬[24]에 설영했다.

274 초르마칸 전통사가 박타드 사람들을 귀순시켰다. 그 땅이 좋고 물화가 좋다는 것을 알고 우구데이 카한이 초르마칸 전통사에게 "바로 거기 탐마로 앉아 황금, 금 세공품, 황금실로 짠 능라, 황금실을 섞어 짠 비단, 황금실로 자수를 넣은 비단, 진주, 자개, 목이 길고 다리가 긴 토비차오드 말들, 구링 엘로우드 낙타들, 다오시 키치도드 낙타들,[25] 짐 신는 카치도드 노새들을 해마다 보내도록 하라!"고 명을 내렸다.

수베에테이 용사의 후속 부대로 원정한 바토, 부리, 구육, 뭉게(= 뭉케)를 비롯한 여러 아들들(대왕들)이 캉린, 킵차오드, 바지기드를 귀순시키고, 에질(=볼가), 자약(우랄)을 [건너], 메게드[26]성을 부수

---

22) 몽골어 alginči. 최전방에서 수색, 정찰, 첩보 수집, 경계, 습격 등의 임무를 수행하는 부대나 그 구성원을 가리킴. 37절에서는 '앞장'으로 번역. 몽골어 tamma(či)는 점령지의 물화를 징발, 관리, 운송하는 것이 주요 임무 중의 하나로 추측되는 직책.

23) 방역 北平.

24) Qara qorum. 이 시기(대략 1235~1260) 몽골 세계 제국의 수도. 현재의 지명은 몽골국 우브르항가이 아이막 하르호링솜.

25) Tobiča'ud(西馬每), güring elöüd(駝名), da'usi kičidud(駱名)는 말과 낙타의 종류(아마도 원산지?)를 이르는 용어에 몽골식 복수형 어미가 첨가된 것이겠으나 어간에 해당되는 부분의 의미는 확인되지 않음.

고, 오로소드(＝러시아 사람들)를 도륙하여 소멸되도록 약탈했다. 아소드, 세수드, 볼라르(＝볼가 불가르), 만케르만,[27] 키와(＝키예프)를 비롯한 성들의 백성을 약탈하고 귀순시켜 다로가치, 탐마치들을 남겨두고 돌아왔다.

앞서 주르체드(＝女眞), 솔랑가스[28]에 원정한 잘라이르타이 전통사의 후속 부대로 예수데르 전통사를 원정시켰다. "탐마로 앉게 하라!"고 명을 내렸다.

275　　바토가 킵차크 원정 중에 우구데이 카한에게 사자를 통해 아뢰어 보내기를, "영생의 하늘의 힘으로, 카한 숙부의 음덕으로 메게드 성을 부수고, 오로소드를 약탈하고 열하나의 외방 백성을 옳은 방향에 들게 하고, 황금 고삐를 돌려 잡고 '이별의 잔치를 하자!'[29]고들 하여 큰 천막을 세우고 잔치를 하였습니다. 제가 이들 모든 아들들(＝왕자들)[30]의 연장자로서 한두 잔 의식의 술을 먼저 마셨습니다. 그랬다고 부리와 구육이 제게 기분 나빠하며 잔치를 아니 하고 떠나 버리는 수모를 당했습니다.

부리가 떠나면서, "바토는 동등한 사이에 어떻게 먼저 마시는가?

　　수염 난 노파들이

---

26)　　Meged. 270절의 메케드(Meked).

27)　　262·270절의 멘케르멘. 즉 키예프.

28)　　이곳의 주르체드(여진)는 金朝의 중추 세력이 아니라 고려 장성 북편의 여진인들인 듯. Rachewiltz (1985 : 70~71) Solangyas의 방역, 총역 모두 '高麗'이나 周采赫(1999 : 11, 주 6) 등 역사학자들은 솔랑가스가 고려라는 데 대해 의심의 여지가 없는 듯.

29)　　'Salulčaqui qurim qurimlaya!' 각자 헤어져 각자의 영지로 회군하기에 앞서 잔치를 하자!

30)　　방역은 '大王(的)'.

대등하게 굴었으니

뒷발바닥으로 밀고

앞발바닥으로 밟아야 하겠다"

고 했습니다.

구육은 "그 전통을 가진 노파들을 너와 내가 가슴을 도려내 버리자!"고 했습니다. 엘지기데이의 아들 하르가손은 "그들에게 나무 꼬리를 붙여 주자!"[31]고 했습니다. 우리는,

'다른 간장(속셈)을 가진

적대적인 사람들에게 출정하여

〔우리끼리〕 시비가 일게 되었다'

하고 〔걱정하고〕 있을 때 부리와 구육이 그와 같이 얘기하고는 의논도 없이 떠나 버렸습니다. 이제 카한 숙부의 분부를 알게 하소서!" 하고 아뢰어 보냈다.

276 바토의 이 말에 카한이 몹시 노해서 구육을 알현도 못하게 하고, "이 형편없는 놈은 누구 말에 부화해서 형 되는 사람에게 입찬 소리를 하는 것인가? 달걀 한 개쯤이야 썩게 놔두어라! 그 형 되는 사람의 가슴에 적대를 하고 있었다.

---

31) 당시의 몽골 사람들 사이에서는 뜻이 분명한 조롱의 언사였겠으나 확인되지는 않음. Cleaves (1982 : 216, 주 66), 小澤(1989 : 489, 주 7) 참조. 181절의 "사르탁 암양의 꼬리를 붙이고……" 등을 참조.

알긴치로 풀어

그의 열 손가락의 손톱이

다 닳아 빠지도록,

산맥 같은 성들 위로

기어오르게 하겠다!

탐마로 놓아

그의 다섯 손가락의 손톱이

다 빠져 달아나도록

쌓아 올린 단단한 성벽 위로

기어오르게 하겠다!

너 사람 못된, 형편없는 하르가손은 감히 누구를 흉내내어 우리의 친족에게 입차게, 큰소리를 치고 있었는가? 구육과 하르가손을 함께 보내자! 하르가손을 베려고 했다. 〔그러나〕 '차별했다'고 할 것이다, 그대들이. 부리에 대해서는, 바토에게 말해라! 차아다이 형에게 일러 보내게 해라! 차아다이 형이 처리하시도록 해라!" 하고 말했다.

277 아들들(＝왕자들) 가운데 멩게이(＝뭉케), 노얀들 가운데 알치다이, 콩코르타이, 장기 등이 "그대의 아버지 칭기스 카한의 분부는,

초원(＝야전)의 일은

초원에서 처리하는 것이었습니다.

집(＝조정)의 일은

집에서 처리하는 것이었습니다.

카한께서 용서하신다면 말씀드리겠습니다만, 카한은 구육에게 화가 나 계십니다. 초원의 일입니다. 바토에게 맡겨 보내면 안 되겠습니까?" 하고 제언하여 아뢰었다.

이 말을 카한이 옳게 여겨 화를 가라앉히며 구육을 알현시키고 훈계의 말로 꾸짖기를, "원정하여 가는 도중에

　'엉덩이 있는 사람의
　엉덩이가 아니 남아나도록 했다'

고 얘기된다.[32] 너는.

　'병사들의 사기를
　꺾으며 갔다'

고 얘기된다, 너는. 오로소드를 그 너의 분노에 놀라게 해 귀순시킨 것이라고 여기고 있는 것이냐, 너는? 오로소드를 혼자서 귀순시킨 것처럼 생각하고 거만한 마음을 안고, 형 되는 사람에게서 이탈하여 왔다, 너는. 우리의 아버지 칭기스 카한의 말씀에도 있다.

　'여럿은 겁나게 한다.
　깊은 것은 죽게 한다'

---

32)　'네가 원정 중에 병사들을 하도 모질게, 걸핏하면 두들겨패는 바람에 병사들 가운데 엉덩이 성한 놈이 없을 정도였다는 보고를 받은 바 있다.'

는 것이 아니었느냐? 혼자서 해낸 것인 양, 수베에테이와 부젝의 보호 속에 다니고서는, 여럿이, 모두가 협력하여 오로소드, 킵차오드를 항복시키자 한두 명의 오로소드, 킵차오드를 잡고는 겨우 새끼 염소의 종아리에 불과한 노획물을 갖고 대장부 행세를 하며, 한번 집을 떠나 무슨 대단한 일이라도 혼자서 해낸 듯이 언성을 높이며 왔다, 너는.

멩게이(=뭉케), 알치다이, 콩코르타이, 장기 등이 우구데이 카한의

오르내리는 심장을
곁에서 동무 되어 멈추게 했다.
끓는 냄비를
넓은 국자가 되어 진정시켰다.

"그러자! 초원의 일은 바토를 지명했다. 구육과 하르가손을 바토가 처리케 하라!"고 해서 보냈다. "부리를 차아다이 형이 알아서 하시게 하라!"고 했다.

278 다시 우구데이 카한이, 칭기스 카한 아버지께 행하던 숙위, 궁사, 위사 등 모든 친위대원의 근무 방식을 다시 확인하는 영을 반포하였다. "카한 아버지의 분부를 따라 앞서 어떻게들 행하고 있었느냐? 이제 그 법도대로 행하도록 하라!"고 하며 "궁사, 위사들은 예전의 법도대로 낮에는 각자 자기 위치로 갔다가 해가 있을 동안에 숙위와 교대하여 밖에서 자도록 하라!"고 명을 내렸다.

"밤에는 우리 처소에서 숙위가 자도록 하라! 문에, 집 주위에 숙위가 서도록 하라! 궁의 뒤로, 앞으로 숙위가 순찰하도록 하라! 해가

진 뒤 밤에 다니는 사람을 숙위가 붙들어 밤을 지내게 하라! 모두 헤어진 뒤에, 잠자던 숙위가 아닌, 안으로 위반하고 들어오는 사람을 붙든 숙위는 그들의 머리를 가르고 베어 버리도록 하라!"

"밤에 급한 보고가 있는 사람이 오면 숙위에게 말하고 집 뒤에서 숙위와 함께 서서 얘기하게 하라! 궁실에 들고 나는 것을 콩코르타이와 시라칸 등의 자사올[33]이 숙위와 함께 다스려라! 엘지기데이는 신망이 있다 하여 저물녘에 숙위의 위로 다니다가 숙위에게 붙들렸다"고 하며, "명령을 어기지 않는 숙위야말로 신뢰할 만한 자다"라고 하며 명을 내렸다.

"숙위의 수를 묻게 하지 마라! 숙위의 자리 위로 다니게 하지 마라! 숙위 사이로 다니게 하지 마라! 숙위 위로 다니는, 사이로 다니는 사람을 숙위가 붙들도록 하라! 숙위의 수를 묻는 사람을 그 사람이 그날 탄 거세마를 안장을 얹은 채로 굴레를 씌운 채로, 입고 있던 옷과 함께 숙위가 갖도록 하라! 숙위의 자리에 누구도 앉지 못하게 하라!

숙위는 기치, 전고, 창검, 기명을 관리토록 하라! 음식을, 진한 고기 음식을 숙위가 감독하도록 하라!"고 분부를 내렸다. "궁실과 수레를 숙위가 관리하도록 하라! 우리가 몸소 출정하지 아니하면 숙위도 우리와 별도로 출정하게 하지 마라! 우리가 매 사냥을 할 때, 몰이 사냥을 할 때 일부 숙위를 궁실과 수레에 헤아려 놓아 두고, 일부 숙위는 우리와 같이 다니게 하라!"고 했다.

"숙위 중에서 목영지 관리인이 다니며 궁실을 세우게 하라! 문에

밀착하여 숙위의 문지기가 서 있게 하라! 모든 숙위를 카다안 천호가 통솔하도록 하라!"고 명을 내렸다.

또한 숙위의 각 대장들을 임명하기를, "카다안과 볼라카다르가 일대가 되어 서로 상의하며 궁의 좌우편에서 반반씩 자리하고 지휘하도록 하라! 아말과 차나르가 서로 상의하여 일대가 되어 친위 근무에 임하며 궁의 좌우편에서 반반씩 지휘하게 하라! 카다이와 코리 카차르가 서로 상의하여 일대가 되어 들어와 궁의 좌우편에 반반씩 자리하고 지휘하도록 하라! 얄박과 카라오다르가 서로 상의하여 일대가 되어 친위 근무에 임하며 궁의 좌우편에 반반씩 자리하고 지휘하도록 하라!

또한 카다안, 볼카다르[34]의 일대, 아말, 차나르의 일대 이들 두[35] 근무대는 궁의 왼편에 주둔하면서 친위 임무에 들도록 하라! 카다이와 코리 카차르의 일대, 얄박과 카라오다르의 일대 이들 두 근무대는 궁의 바른편에 주둔하면서 친위 임무에 들도록 하라! 이들 네 근무대의 숙위를 카다안이 통솔하도록 하라!

또한 숙위는 내 몸 가까이 궁 주위에 서고, 문에 밀착하여 눕도록 하라! 숙위 중에서 두 사람이 궁에 들어와 술통을 받들게 하라!"고 분부를 내렸다. 또한 전통사들을 예순투에,[36] 부키데이,[37] 호르코닥, 라발카[38]가 네 대로 나누어 지휘하며 전통을 휴대하고, 위사들

---

34) Bulqadar. 위의 볼라카다르(Bulaqadar)와 같은 사람.

35) 일반적인 qoyar(둘) 대신 여성형 혹은 지소형이라고 할 jirin(둘)을 사용한 것은 우구데이가 자신의 숙위를 총애하는 심리를 표현한 것인 듯.

36) Yesüntö'e. 234절 (10-9-1)의 예순테에(Yesünte'e).

37) 225절의 부기데이(Bügidei). 234절의 부키데이에 관한 주를 참조.

의 네 대의 친위 임무에 각자 휘하 궁사를 지휘하여 함께 들도록 하라!"고 명을 내렸다.

또한 위사대의 장들을 앞서 통솔하고 있던 자들의 친족들 가운데서 임명하여, "앞서 통솔하고 있던 알치다이와 콩코르타카이[39]가 서로 상의하여 일대를 지휘하여 들도록 하라! 테무데르와 제구가 서도 상의하여 일대를 지휘하여 들도록 하라! 망고타이는 후비대도 통솔하고, 일대를 지휘하여 들도록 하라!"〔고 명을 내렸다〕.

다시 카한은 "모든 노얀들은 엘지기데이를 선임자로 하여, 엘지기데이의 말대로 행하라!"고 명을 내렸다. 또한 "친위의 임무가 있는 자가 근무에 들 때 게을리하면 앞서의 명령의 법도대로 몽둥이 3대로 가르치도록 하라! 그 임무 있는 자가 다시 두 번째로 임무를 이탈하면 몽둥이 7대로 가르치도록 하라! 또한 같은 사람이 몸에 병도 없고 다른 이유도 없이, 근무대의 대장에게 상의도 없이, 세 번째로 근무를 이탈하면 우리에게 행하기 어려운 자다. 몽둥이 37대로 가르치고 나서 먼 곳에, 눈에 안 띄는 데로 보내자!

또한 근무대의 대장이 근무대원을 제대로 점검하지 않아 근무를 이탈하면 근무대의 대장들을 벌주겠다! 또한 근무대의 대장은 사흘마다 근무에 들 때와 교대할 때 이 영을 대원에게 듣게 하라! 명령을 듣고서도 대원이 임무를 이탈하면 명령한 방식대로 벌주자! 이 명령을 대원에게 들려주지 않은 근무대의 대장들은 죄를 묻도록 하라! 또한 근무대의 대장들은 내게는 다 동등하게 들어온 나의 친위

---

38)   Labalqa. 225절의 라블라카(Lablaqa).

39)   Qongqortaqai. 277절의 콩코르타이(Qongqortai)와 같은 사람.

대원을 우리와 상의도 없이, 지휘자가 되었답시고 꾸짖지 못하게 하라! 법을 저촉하면 우리에게 알려라! 죽게 할 이유가 있는 자면 우리가 베게 하고, 징계할 사유가 있는 자면 우리가 가르친다. 지휘자가 되었답시고 우리에게 아니 알리고, 제 손발을 대면 주먹의 대가는 주먹, 채찍의 대가는 채찍으로 치르게 하라!"고 했다.

또한 "밖에 있는 천호보다 내 친위대원이 높다. 밖에 있는 백호, 십호보다 내 친위대원의 구종이 높다. 밖에 있는 천호들이 나의 친위대원과 다투면 천호를 벌하겠다!"고 영을 세웠다.

279 다시 우구데이 카한이 이르기를, "칭기스 카한 아버지께서 고생하며 세우신 나라를 괴롭히지 말도록 하자!

그들의 발을
흙에,
그들의 손을
땅에

놓게 하고 즐기게 하자! 카한 아버지께서 준비해 놓으신 자리에 앉아 백성을 괴롭히지 않도록, 단지 우리의 국을 위하여[40] 이들 나라에서 무리마다 한 마리씩 두 살바기 양을 해마다 바치게 하라!

양 100마리당 한 마리씩 내어 그들 가운데 없는, 부족한 자들에게 주게 하라! 또한 형제, 수많은 병사와 거세마, 친위대가 모이게 되면, 어떻게 마실 것을 그때마다 백성들로부터 징발하겠는가? 방방

---

40)　'카한의 식량으로' > '카한의 재정을 위하여'.

곡곡의 천호들마다 암말을 내어 젖을 짜되, 젖 짜는 자들이 그 말 떼를 돌보게 하고, 목영지 관리자들이 상주하면서 교대로 망아지 치기가 되게 하라!

또한 〔황실의〕 형제들이 모이면 선물과 상을 주자! 피륙, 은 덩어리,[41] 전통, 활, 갑주, 무구, 〔토지세로 거둔〕 곡물을[42] 채우고 그 고를 지키게 하자! 각처에서 고지기와 곡창지기를 뽑아 지키게 하라! 또한 나라 사람들에게 목영지와 물을 나누어 주자! 목영지를 나누어 줄 때 매 천호마다 목영지 관리자를 뽑아 내면 되겠는가? 또한 사막의 땅에는 짐승밖에는 다른 것이 안 산다. 백성들이 널찍널찍이 살게 하라! 차나이와 오이오르타이는 목영지 관리자들을 지휘하여 사막의 땅에서 우물을 찾고 담을 치도록 하라!

또한 우리는 사신들이 달릴 때 나라를 따라[43] 달리게 한다. 달리는 사신의 행함도 지체된다. 나라 백성들에게도 고통이다. 이제 우리는 완벽하게 정비하여 방방곡곡의 천호로부터 역참지기와 역마지기를 내어 자리자리마다 역참을 두어 사신이 쓸데없이 나라를 따라 달리지 않고 길로 달리게 하면 옳지 않겠는가? 이 일들을 차나이와 볼카다르가 알아보고 우리에게 제언하게 하면 옳을 것이다" 하고 생각하고, "차아다이 형께서 아시게 하라! 이 얘기 되는 일들이 적절하면, 옳게 여기시면 이러한 일들을 차아다이 형부터 시행

---

41) 유원수(1994 : 259)의 "도끼"는 銀錠 등 이 시기의 화폐 제도 등에 대한 무지에서 비롯된 오역인 듯. 杉山(1999 : 336~338) 참조.

42) 유원수(1994 : 259)의 "……를 창고에"는 倉(몽골어 čang)에 대한 무지에서 나온 오역인 듯. Poppe(1957 : 83, 주 10) 참조.

43) '백성들(이 모여 사는 곳)을 따라'.

하시도록 하라!"고 해서 보냈다.

차아다이 형이 물어 보낸 이런 일들을 모두 옳게 여겨, "그렇다면 하도록 하라!"고 회답을 해왔다. 또한 차아다이 형은 "나는 여기서부터 우리 역참이 〔카한의 역참과〕 서로 연결되도록 하겠다. 또한 여기서 바토에게도 사신을 보내겠다. 바토도 제 역참을 〔우리들의 역참과〕 연결시키게 하라!"며 "모든 일 가운데 역참을 놓게 하는 일은 옳은 중에 옳은 제안이다" 하고 해답을 보내왔다.

280 그러자 우구데이 카한은 "차아다이 형, 바토를 비롯한 우익의 아들들(왕자들), 형제들 모두, 〔테무게〕 막내 노얀, 예구, 예순게를 비롯한 좌익의 형제들, 모든 아들들(왕자들), 본영의 딸(공주)과 사위(부마)들, 만호, 천호, 백호, 십호 모두 찬성했다. 찬성하기를, '바다와 같은 카한의 국을 위해서 두 살바기 거세양을 무리당 1년에 한 마리 내는 것이 무슨 큰일이겠는가? 100마리의 양에서 두 살 난 양을 한 마리씩 내어 없고 부족한 자에게 주는 것은 좋은 일이다. 역참을 놓아 역참지기, 역마지기를 내면 여러 백성들도 편안하고 사신들도 다니기 편하다'며 모두 찬성했다고 하면서 카한의 분부를 차아다이 형과 의논하여, 차아다이 형이 찬성하여 모든 나라에서, 방방곡곡의 모든 천호로부터, 카한의 명으로 매년 국에 쓸, 무리 가운데 한 마리씩 두 살 난 거세양을, 100마리의 양에서 두 살 난 양 한 마리를 내게 했다.

암말을 내게 하여 망아지치기를 앉혔다. 망아지치기, 고지기, 곡물지기를 내게 했다. 역참지기, 역마지기를 내게 하여, 자리마다 거리를 참작하여 역참을 두게 하고 아라찬과 토코차르가 다스리게 하고 역참 한 자리에 20명의 역마지기를 두었다. 자리마다 20여 명

의 역마지기를 두었다. 역마용 거세마, 식용의 양, 젖을 짤 암말들,
수레에 맬 소, 수레들이 여기서 우리가 정한 기준에서

> 짧은 끈 하나만 모자라도
> 명치에서 등허리 쪽으로 [몸통을 상하로] 베어 처벌하라!
> 수저만한 바퀴살이 부족해도
> 코를 [기준선으로 몸통을 좌우로] 갈라 처벌하라!"고

명을 내렸다.[44]

281 우구데이 카한은 "아버지의 큰 자리에 앉아, 카한 아버지의 뒤에
내가 한 일은 이러하다.

> 자코드의 사람들에게 원정하여
> 자코드 사람들을 무찔렀다.[45]

다음에 내가 한 일은 우리 사신들이 도중에 빨리 달릴, 그리고 온
갖 필수품들을 운반하기 위한 역참을 놓은 것이다.
그 다음 일은 물 없는 곳에 우물을 찾아내게 하여 나라 백성들에게
물과 풀이 족하게 했다.
또한 각 방향의 도시의 사람들에게 알긴치, 탐마치들을 두어 나라
백성들의

---

44) 이 명령에 대한 다양한 견해는 Mostaert(1951 : 396~400, 주 144), 小澤(1989 : 548~549, 주 8) 등을
참조.
45) 몽골어 ǰaqud-un irgen-dür, ǰaqud irgen의 방역은 각각 '金人的 百姓行', '金人每 百姓'.

발을 흙에,
손을 땅에

놓고 살게 했다. 카한 아버지의 뒤에 네 가지 일을 보탰다. 또한 카
한 아버지에 의해 대위에 앉혀져 여러 나라를 내 위에 지고 가게
되고 나서도

내가 포도주와 과일주에 지는 것은
그릇된 점이었다.

나의 한 가지 잘못은 이것이었다.
다음의 잘못은 법도 없이 여인의 말에 들어, 〔테무게〕 막내 숙부의
나라에서 처녀들을 데려오게 하는 실수가 있었다. 나라의 주인, 카
한이면서 법도 없이 부끄러운 일에 관계한 나의 한 가지 잘못은 이
것이었다.
또한 도콜코를 음해한 것이 한 가지 잘못이다. 어떻게 잘못이냐 하
면, 나의 카한 아버지의, 올곧은, 자신의 카한을 위해 무릅쓰는 도
콜코를 음해한 것은 잘못이며 실수다. 이제 나를 위해 누가 그렇게
무릅써 주겠는가? 나는 내 카한 아버지를 위해, 모두를 위해, 도리
에 힘쓰는 사람을 내가 알아보지 못하고 음해한 것을 스스로 비난
하는 것이다.
나는 또한 천지신명이 점지하여 태어난 짐승이 형제 쪽으로 갈까
봐 탐심을 내어 장벽을 쌓고, 울을 둘렀다가 형제들로부터 책망하
는 얘기를 들었다. 잘못이었다. 나는 카한 아버지의 뒤에 네 가지

일을 보탰다. 네 가지 일은 잘못되었다"고 했다.

282 대 쿠릴타이에 모여, 쥐해 7월에, 켈루렌의 쿠데에 섬의 돌로안 동
산과 실긴첵 사이에 행궁들이 묵고 있을 때 쓰기를 마쳤다.

전사

― 轉寫 ―

전사(轉寫)

『몽골 비사』의 전사는 몽골어를 공부하는 사람뿐 아니라 몽골의 문화, 역사, 알타이 비교언어학을 연구하는 이들 모두에게 필요한 것이기 때문에 이 책에서도 특별히 그 전사체를 제시하기로 하였다. 전사의 방법은 크게 두 가지 유형으로 나눌 수 있는데 그 하나는 한자본에 기록된 형태를 통해 중세 몽골어의 모습을 추정하여 전사하는 것이다.[1] 매우 옳은 생각이고, 누구나 궁극의 목표로 해야 할 유형이다.

다른 하나는 한자본에 기록된 형태대로 전사하는 것이다.[2] 이 유형의 장점은 전사자의 자의를 최소화할 수 있는 것이다. 그러나 단점도 있다. 그 극단적인 예가 『몽골 비사』의 첫 번째 단어에서부터 발견된다. 제목에 해당하는 1-1-1 忙ᄫ豁侖紐察 脫察安, 즉 Mangqol-un niuca to[b]ca'an이라는 대목에서 Mangqol은 '몽골'이다. 몽골은 중세 몽골어에서도 mongγol (~moŋgol)로 발음되었다는 것을 의심할 사람은 없을 것이다. 그럼에도 적혀있는 한자에 충실하자면 Mangqol이라고 전사하는 답답함부터 견뎌야 한다. 그러나 Mangqol을 Mongγol로 전사하게 되면 1-4-4 古溫 '人'도 gü'ün이 아닌 kü'ün으로 전사할 수 있게 된다.

우리의 전사는 첫 번째 유형에 더 가까운 것이다. 중세 몽골어의 형태를 확신할 수 없는 경우가 아직 허다하고, 우리가 이러저러했으리라고 여기고 있는 중세 몽골어의 어형들이 사실과 매우 다를 수도 있지만, 그래도 이제는 아는 데까지, 믿는 데까지는 중세 몽골어에서의 형태를 제시하는 것이 옳고, 콩골어학이 한 걸음 더 나아가는 데도 보탬이 될 것이라고 여기기 때문이다.[3]

---

1) 이러한 전사의 대표적인 예가 小澤(1984~1989)이다. Mostaert(1950~1952), Cleaves(1982)의 전사 역시 같은 원칙을 따른 것이고, 훌륭하지만, 전문 전사는 아니고 토론, 번역에 필요한 부분만 전사한 것이다.

2) 이러한 전사는 Ligeti(1971), Rachewiltz(1972), 栗林 외(2001) 등이 채용한 원칙에 가깝다. 그러나 이들의 전사도 늘 한자에 충실하기만 한 것은 아니고, 적절히 조정하기도 하는 것을 볼 수 있다. 이들이 몽골을 Mongqol~mongqol로. 전사하는 것도 그 예가 될 것이다.

3) 물론 이것이 오히려 혼돈을 부르는 경우, 오히려 무원칙해 보이는 경우도 있겠지만 정 염려가 되는 사람은 위에서 소개한 한자본에 충실하게 전사한 저작들과 비교하며 사용함으로써 그러한 염려를 크게 줄일 수 있을 것으로 본다.

이 책에서는 한자본의 명백한 오류에 대해서는 적시를 하고, 교감을 할 것이다. 전사에 사용한 기호는 다음과 같다. 아래 제시한 기호 외에 마침표(.), 쉼표(,), 물음표(?), 느낌표(!), 큰따옴표(" "), 작은따옴표(' '), 말없음표(……), 줄표(—), 붙임표(-)는 우리말 문장부호의 용례와, 또한 몽골어학의 용례와 일치한다고 보아도 무방할 것이다.

전사에 사용한 기호

1. 2-3-4 : 같은 줄의 오른쪽에 있는 형태들이 우리의 『몽골 비사』의 저본인 四部叢刊本 『元朝秘史』의 2권, 3쪽, 4째 줄에 나옴.

2. 〔 〕: 필요한 부분이 잘못 빠짐.

   (1) 부가기호가 빠진 예: 1-1-4의 格兒該 '妻'를 格[舌]兒該로 교감하고 Gergei로 전사(부가 기호를 보충한 경우 라틴자 전사형에는 별도의 표시를 하지 못함).

   (2) 작은 글자가 빠진 예: 1-5-7의 脱[舌]列先 '生了的'을 脱[舌]列克先으로 보고 töre〔k〕sen으로 전사. * 보충된 작은 글자들의 예: 〔b〕= 卜, 〔g〕= 克, 〔l〕= 勒, 〔m〕= 木, 〔n〕= 你, 〔γ〕= 黑, 〔d〕= 惕 등.

   (3) 정규 글자가 빠진 예: 12-55-10의 委亦思 '勾當'을 委亦〔列〕思로 보고 ü<i>yi〔le〕s로 전사. * 보충된 정규 글자들의 예:〔a〕= 阿, 〔e〕= 額, 〔r〕= 부가기호 舌과 함께 兒, 즉 〔舌兒〕, 〔u〕 또는 〔ü〕= 兀

   (4) 단어가 빠진 예: 12-41-7에서 斡[舌]兒朶因 '宮的'과 沼溫 '左' 사이에 巴[舌]剌溫이 빠졌다고 보고 ordo-yin 〔bara'un〕 je<ü>'ün과 같이 보충하여 전사.

   (5) 단어 이상이 빠진 예: 1-29-5에서 想昆必[勒]格 '名'와 俺巴孩壇 '名每' 사이에 想昆必[勒]格因 可溫이 빠졌다고 보고 Senggüm bilge, 〔Senggüm bilge-yin kö'ün〕 Ambaγai(俺巴[中]孩)-tan과 같이 보충하여 전사.

3. / / : 불필요한 부분이 잘못 들어감.

   (1) 부가기호가 잘못 들어간 예: 1-5-3의 孛[舌]捓克 '叢'은 孛捓克의 잘못이라고 여겨 bölög(孛/舌/捓克)으로 나타냄.

   (2) 작은 글자가 잘못 들어간 예: 1-25-2의 孛黑魯罷 '做了'에서 작은 글자 黑이 잘못 들어갔다고 보고 孛/黑/魯罷와 같이 교감하고 bol<u>ba로 전사.

   (3) 정규 글자가 잘못 들어간 예: 6-18-3의 荅闌揑木[舌]兒格薛額徹(Dalan nemürges-eece) '地名

處'를 苔闌揑木ᵗ兒格薛徹로 보아 苔闌揑木ᵗ兒格薛/額/徹로 교감하고 Dalan nemürges-ece
로 전사.

4. < > : 잘못 들어간 것은 아니나 남는 자질.

  예) 1-7-6의 孛魯罷 '做了' bol<u>ba에서 <u>

  예) 1-15-7의 薛溫ᵗ禿 '尾' se'ü<n>ltü에서 <n>

5. XYZ←ABC: 四部叢刊本에 나오는 형태는 ABC이나 기대되는 형태는 XYZ.

  예) 1-12-1의 qamtu(ᵗ含禿←ᵗ合禿). 즉 ᵗ合禿 '一同'는 ᵗ含禿(qamtu)의 잘못이라는 뜻.

6. ABC++XYZ : ABCXYZ라는 한 단어가 두 줄로 나뉘어 ABC 부분은 앞줄 끝에, XYZ 부분은
다음 줄 처음에 나타남.

  예) 1-9-5와 1-9-6에서 戈ᵗ劣와 額速訥로 나뉘는 戈ᵗ劣額速訥 '野物的'.

  1-9-5 .... Tere görö

  1-9-6 +'esün-ü..

7. 진한 글자:

  * 대문자: 음운, 의미, 형태 등으로 압운하는 운문 각 행의 첫 분절음들.

  * 소문자: 같은 행 안에서 행의 첫 분절음과 압운하는 어휘의 첫 분절음들.

  따라서 아래 1-13-5~7은 다음과 같은 운문으로 여기는 것임.

  1-13-5 ……**Qa**ra teri'ütü

  1-13-6 kü'ü-dür(途⁽舌⁾兒) **Qa**nilɣan yekin ügüled ta? **Qa**muɣ-un(ᵗ合木ᵗ渾←ᵗ合水ᵗ渾) qad
  bolu'asu,

  1-13-7 **Qa**račus(ᵗ合⁽舌⁾剌除思) tende uqad ǰe……

  Qara teri'ütü kü'ü-dür

  Qanilɣan yekin ügüled ta?

  Qamuɣ-un qad bolu'asu,

  Qaračus tende uqad ǰe……

0

1-1-1   Mongɣol-un niuča to[b]ča'an(脱[卜]察安)

1

1-1-2   Činggis-qahan(^[中]合罕)[4]-<n>u huǰa'ur(忽札兀^[舌]兒)

1-1-3   De'ere tenggeri-eče ǰaya'atu töregsen Börte(孛^[舌]兒帖)-čino aǰu'u.

1-1-4   Gergei(格^[舌]兒該) inu Qo'ai-mara<n>l aǰi'ai. Tenggis ketülǰü irebe.

1-1-5   Onan-müren-<n>ü teri'ün-e Burqan(不^[舌]峏^[中]罕)-qaldun(^中合_勒敦←哈_勒敦)-<n>a nuntuɣlaǰu

1-1-6   töregsen Bataɣi-qan(^[中]罕) aǰu'u.

2

1-1-9   Bataɣi-qan(^[中]罕)-<n>u kö'ün Tamača, Tamača-yin kö'ün Qoričar(^[中]豁^舌里察^[舌]兒)-mergen(篾^[舌]兒干),

1-1-10   Qoričar(^[中]豁^舌里察^[舌]兒)-mergen(篾^[舌]兒干)-<n>ü kö'ün Auǰam-boro'u<n>l, Auǰam-boro'ul-un(孛^舌羅^{/中/}兀侖) kö'ün

1-2-1   Sali-qača'u, Sali-qača'u-yin kö'ün Yeke-nidün, Yeke-nidün-<n>ü kö'ün Sem-soči,

1-2-2   Sem-soči-yin kö'ün Qarču(^中合^[舌]兒出).

3

1-2-6   Qarču(^中合^[舌]出)-yin kö'ün Borǰigidai(孛^[舌]兒只吉歹)-mergen(篾^[舌]兒干), Mongɣolǰin-ɣo'a gergeitü(格^[舌]兒該禿) aǰu'u.

1-2-7   Borǰigidai(孛^[舌]兒只吉歹)-mergen(篾^[舌]兒干)-<n>ü kö'ün Toroɣolǰin-ba<i>yan,

---

4)   『몽골비사』에서 '皇帝'를 가리키는 형태들로 다음과 같은 조합들이 있다.
   1. 合罕(=hahan, 1-1-2를 비롯하여 5곳)
   2. ^中合罕(=qahan, 1-30-3을 비롯하여 385곳)
   3. ^中合^中罕(=qaqan 즉 qaɣan, 6-49-5를 비롯하여 3곳)
   4. ^中合阿納 등(=qa'an-a, 4-40-7을 비롯하여 어간부가 qa'an으로 전사되는 40곳)
   위 4는 당시의 현실음 qa'an의, 위 3은 위구르 몽골 문자 표기형인 qaɣan의 한자 전사형이고, 1, 2는 3의 단순 오류형들일 가능성이 높다. 그러나 단 3번 출현하는 ^中合^中罕을 옳은 형태로, 385번이나 출현하는 ^中合罕을 그 오류형으로 단언하기도 미심쩍다. 그래서 合罕은 ^[中]合罕으로 교감하여 ^中合罕과 함께 qahan으로 전사하고, ^中合^中罕은 교감하지 않고 qaɣan으로 전사한다.

Boroγčin-γo'a gergeitü(格[舌]兒該禿),

1-2-8 Boroldai-suyalbi ǰala'utu, Dayir(荅驛[舌]兒), Boro qoyar(中豁牙[舌]兒) külü'üd aγtastu

1-2-9 büle'e. Toroγolǰin-<n>u kö'ün Duwa-soqor(鎖中豁[舌]兒), Dobun-mergen(篾[舌]兒干)

1-2-10 qoγar(中豁牙[舌]兒) büle'e.

4

1-3-4 Duwa-soqor(鎖中豁[舌]兒) manglai dunda γaγča nidütü, γurban(中忽[舌]兒班) ne'ürid

γaǰar-a

1-3-5 qaraqu büle'e.

5

1-3-7 Nigen üdür(兀都[舌]兒) Duwa-soqor(鎖中豁[舌]兒) Dobun-mergen(篾[舌]兒干) de'ü-lü'e-

be'<y>en Burqan(不[舌]峏中罕) -qaldun(中合勒敦 ← 哈勒敦)

1-3-8 de'ere γarba(中合[舌]兒罷). Duwa-soqor(鎖中豁[舌]兒) Burqan(不[舌]峏中罕)-qaldun(中合勒

敦 ← 哈勒敦) de'ere-če qaraǰu

1-3-9 Tünggelig-γoroqan huru'u nigen bölög irgen(亦[舌]兒堅) ne<ü>'üǰü oroǰu

1-3-10 ayisuqu-yi qaraǰu üǰeǰü

6

1-4-3 ügülerün(嗚話列[舌]論 ← 嗚話列[舌]論), "Tede ne<ü>'üǰü ayisuqun irgen(亦[舌]兒堅)

-<n>ü dotora

1-4-4 nigen qara'utai(中合[舌]剌兀台) tergen-ü(帖[舌]兒格訥) ö<n>lǰige-de nigen ökin sayin

bu<i>yu. Kü'ün-<n>e ese

1-4-5 ögtegsen bö'esü, Dobun-mergen(篾[舌]兒干) de'ü-de'<y>en, čima-da, γuyuya!"

ke'ǰü

1-4-6 Dobun-mergen(篾[舌]兒干) de'ü-yü'<y>en üǰere ilebe.

7

1-4-9 Dobun-mergen(篾[舌]兒干) tede irgen(亦[舌]兒堅)-dür(都[舌]兒) kürü'esü ünen kü γo'a

sayin,

1-4-10 aldar(阿勒荅[舌]兒) nere yeketei, Alan-γo'a neretei, kü'ün-<n>e ber(別[舌]兒) ögte'ei

üdü'üi

1-5-1　ökin aǰu'u.

8

1-5-3　Tede bölög(孛/舌/捊克) irgen(亦[舌]兒堅) ber(別[舌]兒) Köl-Barɣuǰin(巴[舌]兒中忽眞)
　　　-töküm-ün eǰen

1-5-4　Barɣudai(巴[舌]兒中忽歹)-mergen(篾[舌]兒干)-<n>ü ökin Barɣuǰin(巴[舌]兒中忽眞)-ɣo'a
　　　neretei ökin-<n>i Qori-tumad-un noyan

1-5-5　Qorilartai(中豁舌里剌[舌]兒台)-mergen(篾[舌]兒干)-<n>e ögtegsen aǰu'u. Qori(中豁[舌]里)-
　　　tumad-un ɣaǰar-a

1-5-6　Ariɣ-usun-<n>a Qorilartai(中豁[舌]里剌[舌]兒台)-mergen(篾[舌]兒干)-<n>ü Barɣuǰin(巴
　　　[舌]兒中忽眞)-ɣo'a(中豁阿)-ča

1-5-7　töre[g]sen Alan-ɣo'a neretei(捏[舌]列台) ökin tere.

9

1-6-1　Qorilartai(中豁舌里剌[舌]兒台)-mergen(篾[舌]兒干) Qori-tumad-un ɣaǰar(中合札[舌]兒)
　　　-tur-iyan buluɣan, keremün,

1-6-2　görö'etei ɣaǰar-iyan qorilalduǰu(中豁舌里剌勒都周) ma<u>'ulalduǰu,

1-6-3　Qorilar(中豁舌里剌[舌]兒) oboɣtu bolǰu, "Burqan(不[舌]峏中罕)-qaldun(中合勒敦 ← 哈勒
　　　敦)-<n>u görö'esün

1-6-4　görü'üli sayitu, ɣaǰar(中合札[舌]兒) sayin" ke'<y>en Burqan(不[舌]峏中罕)-qaldun
　　　-<n>u eǰed,

1-6-5　Burqan(不[舌]峏中罕) bosɣaɣsan Šinči-ba<i>yan Uriangqai(兀舌良中孩)-dur(途[舌]兒)
　　　ne<ü>'üǰü ayisun aǰu'u.

1-6-6　Qori-tumad-un Qorilartai(中豁舌里剌[舌]兒台)-mergen(篾[舌]兒干)-<n>ü ökin, Ariɣ
　　　-usun-<n>a

1-6-7　töre[g]sen Alan-ɣo'a-yi tende ɣuyuǰu Dobun-mergen(篾[舌]兒干)-<n>ü abuɣsan

1-6-8　yosun teyimü.

10

1-7-2　Alan-ɣo'a Dobun-mergen(篾[舌]兒干)-dür(途[舌]兒) ireǰü qoyar(中豁牙[舌]兒) kö'ün
　　　töre'ülbi.

1-7-3   Bügünütei, Belgünütei nereten büle'e.

11

1-7-5   Duwa-soqor(鎖ᵗᶜᵸ豁[舌]兒) aqa inu dörben(朵[舌]兒邊) kö'ütü büle'e. Tedüi atala

1-7-6   Duwa-soqor(鎖ᵗᶜᵸ豁[舌]兒) aqa inu ügei bol<u>ba. Duwa-soqor(鎖ᵗᶜᵸ豁[舌]兒) ügei

         bolu[γ]san-u

1-7-7   qoyina dörben(朵[舌]兒邊) kö'üd inu Dobun-mergen(篾[舌]兒干) abaγa-yu'an

1-7-8   uruγ-a ülü bolγan, doramǰilaǰu qaγačaǰu geǰü ne<ü>'übe.

1-7-9   Dörben(朵[舌]兒邊) oboγtan bolǰu Dörben(朵[舌]兒邊) irgen(亦[舌]兒堅) tede bolba.

12

1-8-2   Te'ün-ü qoyina(ᵗᵸ豁亦納) nigen üdür(兀都[舌]兒) Dobun-mergen(篾[舌]兒干)

         Toqočaγ(脱ᵗᵸ豁察黑)-ündür(溫都[舌]兒) de'ere

1-8-3   görö'elere γarba(ᵗᵸ合[舌]兒罷). Hoi dotora Uriangqadai(兀ᵗᵃ良ᵗᵸ合歹 ← 兀ᵗᵃ良哈歹)

         kü'ün čö'e buγu

1-8-4   alaǰu qabirγar(ᵗᵸ合必[舌]兒ᵗᵸ合[舌]兒 ← ᵗᵸ合必兒哈兒) inu abid inu širaǰu bükü-yi

         ǰol<u>γaǰu

13

1-8-7   Dobun-mergen(篾[舌]兒干) ügülerün, "Nökör(那可[舌]兒), širolγa(失[舌]羅勒ᵗᵸ合)-da!"

         ke['e]ǰü'ü.

1-8-8   "Ögsü!" ke'eǰü, a'ušigitu ǰildü arasun inu abču čö'e buγu-yin

1-8-9   miqa(米ᵗᵸ合 ← 米哈) kübčin-i Dobun-mergen(篾[舌]兒干)-<n>e ö[g]be.

14

1-9-1   Dobun-mergen(篾[舌]兒干) tere čö'e buγu-yi ačiǰu ayisurun ǰa'ura(札兀[舌]刺)

1-9-2   nigen yadanggi kü'ün kö'ün-be'<y>en kötölǰü yabuqu-yi ǰolγaǰu,

15

1-9-4   Dobun-mergen(篾[舌]兒干), "Ya'un kü'ün či?" ke'<y>en asaγu'asu tere kü'ün

1-9-5   ügülerün, "Bi Ma'aliγ-ba<i>ya'udai. Yadaǰu yabumu. Tere görö+

1-9-6   +'esün-ü miqan-ača(米ᵗᵸ合納察 ← 米哈納察) na-da ög! Bi ene kö'ün-be'<y>en čima

         -da ögsü!"

1-9-7　ke⌈'e⌉ǰü'ü.

16

1-9-10　Dobun-mergen(篾^[舌]兒干) tere üge-dür(圖^[舌]兒) čö'e buɣu-yin örö'ele ɣuya inu

1-10-1　quɣulǰu ö⌈g⌉ǰü(斡_[兀]抽←斡周), tere kö'ün-<n>i inu a⌈b⌉čiraǰu ger(格^[舌]兒) dotora

1-10-2　ǰaruǰu aqu büle'e.

17

1-10-4　Teyin atala Dobun-mergen(篾^[舌]兒干) ügei bolba. Dobun-mergen-i(篾^[舌]兒格泥)

　　　　ügei boluɣsa+

1-10-5　+n-u qoyina(^[中]豁亦納), Alan-ɣo'a ere ügei'üi bö'ed ɣurban(^中忽^[舌]兒班) kö'üd

　　　　töre'ü<n>lbi(脫^舌列溫_勒畢←脫^舌列溫畢_勒).

1-10-6　Buɣu-qatagi(^中合塔吉←^中合荅吉), Buqatu-salǰi, Bodončar(孛端察^[舌]兒)-mungqaɣ

　　　　nereten(捏^[舌]列田) büle'e.

18

1-10-9　Urida Dobun-mergen-eče(篾^[舌]兒格捏扯) töregsen Belgünütei, Bügünütei, qoyar(^中

　　　　豁牙^[舌]兒) kö'üd

1-10-10　inu eke-yü'<y>en Alan-ɣo'a-yin ečine ügüleldürün,

1-11-1　"Ene eke bidan-u, aqa de'ü üye qaya kü'ün ügei ere ügei'üi

1-11-2　bö'etele ede ɣurban(^中忽^[舌]兒班) kö'üd töre'ü<n>lbi. Ger(格^[舌]兒) dotora ɣaɣča

1-11-3　Ma'aliɣ-Ba<i>ya'udai kü'ün bu<i>yu. Ede ɣurban(^中忽^[舌]兒班) kö'üd te'ün-ü 'ei bui

　　　　ǰe." ke'<y>en

1-11-4　eke-yü'<y>en ečine keleldüküi-yi eke anu Alan-ɣo'a uqaǰu,

19

1-11-7　qabur(^中合卜^[舌]兒) nigen üdür(兀都^[舌]兒) köngšilemel qonin činaǰu, Belgünütei,

1-11-8　Bügünütei, Buɣu-qatagi(^[中]合塔吉), Buqatu-salǰi, Bodončar(孛端察^[舌]兒)-mungqaɣ

　　　　ede tabun

1-11-9　kö'üd-iyen ǰergelen(者^[舌]兒格連) sa'u<n>⌈l⌉ǰu, niǰi'el müsüd "Quɣuludqun!"

1-11-10　ke'eǰü ögbe. Niǰi'el-i ya'u ba<i>yi'u<n>⌈l⌉qun? Quɣučiǰu o'orba(斡斡^[舌]兒罷).

1-12-1　Basa, tabun müsüd qamtu(^中含禿←^中合禿) ču⌈ɣ⌉laǰu "Quɣuludqun!" ke⌈'e⌉ǰü ögbe.

1-12-2　Tabɔ'ula tabun čuγtai müsüd kü'üleldün bariǰu bitü'ü<n>[l]ǰü quγulun

1-12-3　yadaba.

20

1-12-6　Tende Alan-γo'a eke inu ügülebi. "Ta Belgünütei, Bügünütei

1-12-7　qoγar(中豁牙[舌]兒) kö'üd minu! Nama-yi, 'Ede γurban(中忽[舌]兒班) kö'üd-i

　　　töre'ü<n>lbi(脱[舌]列溫勒畢 ← 脱[舌]列溫畢勒).

1-12-8　Ker-ü, ya'un-u kö'üd bu<i>yu?' ke'<y>en sereldün keledümüi.

1-12-9　Sereküi ber(別[舌]兒) tanu ǰöb.

21

1-13-1　Sörid büri če<ü>gen šira kü'ün ger-ün erüke totoγa-yin gege-'er(額[舌]兒)

1-13-2　oroǰu, ke'eli minu biliǰü, gege'<y>en inu ke'eli-dür(突[舌]兒) minu

1-13-3　šinggekü büle'e. Γarurun(中合[舌]魯舌侖) naran sara-yin kili-yer(耶[舌]兒) šira noqai(那[中]孩) metü

1-13-4　šičaba<n>lǰaǰu γarqu(中合[舌]兒中忽) büle'e. Deleme yekin ügüled ta?

1-13-5　Te<ü>'ü-ber(別[舌]兒) uqa'asu(兀中合阿速 ← 兀哈阿速), Temdeg inu Tenggiri-yin

　　　kö'üd(可兀惕 ← 可兀勒) bu<i>yu ǰe! Qara teri'ütü

1-13-6　kü'ün-dür(途[舌]兒) Qanilγan yekin ügüled ta? Qamuγ-un(中合木中渾 ← 中合水中渾)

　　　qad bolu'asu,

1-13-7　Qaračus(中合[舌]剌除思) tende uqad ǰe!" ke'ebe.

22

1-14-1　Basa Alan-γo'a tabun kö'üd-te'<y>en söyü'er(雪余額[舌]兒) üge ügülerün,

1-14-2　"Ta tabun kö'üd minu γayča(中合黑察 ← 中合惕察) ke'eli-eče törebe. Ta tuγar-un(禿中合舌侖 ← 禿中合侖) tabun müsüd

1-14-3　metü γayča γayča bolu'asu, tere niǰi'el müsüd metü

1-14-4　ken-e ber(別[舌]兒) kilbara quγuldaqun, ta. Tere čuγtai müsüd metü

1-14-5　qamtu(中含禿) nigen eyeten bolu'asu, ken-e ber(別[舌]兒) kilbara yekin bolqun,

　　　ta?" ke'ebi.

1-14-6　　Atala Alan-γo'a eke anu ügei bolbi.

23

1-14-9　　Eke-yü'<y>en Alan-γo'a-yi ügei boluγsan-<n>u qoyina, aqa-nar(納[舌]兒)

1-14-10　　de'ü-ner(捏[舌]兒) tabu'ula adu['u]sun, ide'e-ben qubiyaldurun,

1-15-1　　Be[l]günütei, Bügünütei, Buγu-qatagi, Buqatu-sa[l]ǰi dörbe'üle(朶[舌]兒別兀列)

abulčaba.

1-15-2　　Bodončar-a mungqaγ buda<u>'u bu<i>yu ke'<y>en uruγ-a ülü to'an, qubi ese

1-15-3　　ögbe.

24

1-15-6　　Bodončar(孛端察[舌]兒), 'Uruγ-a ülü to'a[γ]daǰu e[n]de atala ya'un?' ke'eǰü

1-15-7　　**Γo**l da'aritu, **Γo**doli se'ü<n>ltü oroγ-šingqula-yi unuǰu,

1-15-8　　'**Ükü**'esü inu **ükü**sügei! **A**'asu inu **a**suγai!' ke'eǰü

1-15-9　　Onan-müren hürü'ü(忽[舌]魯兀) yorčiǰu(約[舌]兒赤周) talbiba. Yorčiǰu(約[舌]兒赤周)

Balǰun-ara[l]

1-15-10　　kürčü(古[舌]兒抽), tende ebesün nembüle ger(格[舌]兒) kiǰü tende aba. Sa'uba.

25

1-16-3　　Teyin aqui-dur-iyan boro[γ]čin(孛[舌]羅[黑]臣) qarčiγai(中合[舌]兒赤中孩) qara-quru

bariǰu iden

1-16-4　　büküi-yi üǰeǰü **Γo**l(中豁勒) da'aritu, **Γo**doli(中豁多黎) se'ü<n>ltü oro[γ]-šingqula

-yin

1-16-5　　kilγasu<n>-bar(巴[舌]兒) huraqalaǰu(中/忽[舌]刺中合刺周) bariǰu asaraba.

26

1-16-7　　Ideküi ide'<y>en ügei arun, čino-yin qun-dur(途[舌]兒) qorγaγsan(中豁[舌]兒中合[黑]三)

görö'esün

1-16-8　　mariyaǰu qarbuǰu(中合[舌]兒鏷周) alaǰu ideldü'ed, čino-yin idegsen-<n>i

1-16-9　　temgüldüǰü ide'ed, ö'er-ün qo'olai(中豁斡來)-da'an, qarčiγai(中合[舌]兒赤中孩)-ba'an

ber(別[舌]兒)

1-16-10　　teǰi'eldün tere hon γarba(中合[舌]兒罷).

27

1-17-2 Qabur(^中合不^[舌]兒) bol<u>ba. Noγod ireküi čaγ-tur(圖^[舌]兒) qarčiγai(^中合^[舌]兒赤^[中]孩)-ba'an teyile'ü<n>lǰü

1-17-3 o'orba(斡斡^[舌]兒罷). Noγod, γala<u>'ud **Qo**ǰi'ulas tutum **qo**ngši'ud, **Hü**ngǰi'üles

1-17-4 tutum **hü**ngši'üd hünistele talbiba.

1-17-6 Düyiren-gerü-deče(迭扯 ← 荅察) Tünggelig-γoroqan huru'u bölög irgen(亦^[舌]兒堅)

1-17-7 ne<ü>'üǰü irebe. Bodončar(孛端察^[舌]兒) tede irgen(亦^[舌]兒堅)-dür(途^[舌]兒) qarčiγai(^中合^[舌]兒赤^[中]孩)-ba'an

1-17-8 o'oru'ad odču üdür(兀都^[舌]兒) esügčileǰü, söni ebesün nembüle

1-17-9 ger(格^[舌]兒)-tür-iyen ireǰü qonoqu büle'e.

29

1-18-2 Tede irgen(亦^[舌]兒堅) Bodončar-un qarčiγai(^中合^[舌]兒赤^[中]孩) γuyu'asu, ese ögbe.

1-18-3 Tede irgen(亦^[舌]兒堅) Bodončar-i ken-ü 'ei ba ya'un-u'ai be? ke'<y>en asaγqu

1-18-4 ügei, Bodončar(孛端察^[舌]兒) be[r](別^[舌]兒) tede irgen-i(亦^[舌]兒格泥) ya'un irgen(亦^[舌]兒堅) ke'<y>en asa'u<n>l+

1-18-5 +čaqu ügei yabulduba.

1-18-7 Buγu-qatagi aqa inu Bodončar(孛端察^[舌]兒)-mungqaγ de'ü-yü'<y>en, ene Onan

1-18-8 -müren hürü'ü odula'a ke'<y>en erin ireǰü, Tünggeli[g]-γoroqan(^[中]豁^舌羅^中罕)

1-18-9 huru'u ne<ü>'üǰü ire[g]se[d] irgen(亦^[舌]兒堅)-dür(途^[舌]兒), teyimü teyimü kü'ün,

1-18-10 teyimü mori<n>tu(秣^[舌]驎禿) büle'e ke'<y>en sura'asu,

1-19-3 tede irgen(亦^[舌]兒堅) ügülerün, "Kü'ün ber(別^[舌]兒) morin ber(別^[舌]兒) činu suraqu-dur(途^[舌]兒)

1-19-4 adali bu<i>yu. Qarčiγaitu(^中合^[舌]兒赤^[中]孩圖) ǰe bu<i>yu. Üdür(兀都^[舌]兒) büri man-dur(蠻途^[舌]兒) ireǰü

1-19-5 esügčileǰü odumu. Söni maγa(馬^中合 ← 馬哈) qa'a(^中合阿 ← 哈阿) qonoqu(^[中]豁那^[中]

忽]) aǰu'u? Hörene-ümere

1-19-6 -eče kei bolu'asu, qarčiɣai(ᶜʰ合⁽ᵗ⁾兒赤⁽ᶜʰ⁾孩)-bar(巴⁽ᵗ⁾兒) bari'uluɣsan noyud(那⁽ᶜʰ⁾忽
惕)

1-19-7 ɣala<u>'ud-un ödün hüsün anu burɣaliɣ(不⁽ᵗ⁾兒ᶜʰ合里黑) časun metü butaraǰu

1-19-8 keyisčü(客亦思抽 ← 客亦思周) iremü. E[n]de oyira bu<i>yu ǰe. Edö'e irekü čaɣ

1-19-9 bolba. Qorumud(⁽ᶜʰ⁾豁⁽ᵗ⁾魯木惕) küliče!" ke'ebe.

32

1-20-3 Qoram(⁽ᶜʰ⁾豁舌藍) atala Tünggeli[g]-ɣoroqan(ᶜʰ豁舌羅⁽ᶜʰ⁾罕) ö'ede nigen kü'ün ayisun
bu<i>yu.

1-20-4 Kürčü(古⁽ᵗ⁾兒抽 ← 古兒周) irebesü, Bodončar(孛端察⁽ᵗ⁾兒) mün aǰu'u. Buɣu-qatagi
aqa inu üǰe'ed

1-20-5 taniǰu abu'ad uduridču Onan-müren ö'ede qataraǰu

1-20-6 yorčiǰu(約⁽ᵗ⁾兒赤周) talbiba.

33

1-20-8 Bodončar(孛端察⁽ᵗ⁾兒) Buɣu-qatagi aqa-yu'an qoyina-ča(⁽ᶜʰ⁾豁亦納察) daɣaǰu
qataraǰu(ᶜʰ合塔舌剌周 ← ᶜʰ合荅舌剌周)

1-20-9 yabu[ǰu] ügülerün, "Aqa, aqa! Beye teriü'tü, De'el ǰaqatu(札ᶜʰ合禿 ← 札哈禿)
sayin." ke'ebe.

1-20-10 Aqa inu Buɣu-qatagi tere üge inu ya'un-a ber(別⁽ᵗ⁾兒) ese bolɣaba.

34

1-21-2 Basa mün üge ügüle'esü, aqa inu ya'un-a ber(別⁽ᵗ⁾兒) ülü bolɣan

1-21-3 qari'u(ᶜʰ合舌里兀 ← 哈舌里兀) inu ese d<u>ongɣodba. Bodončar(孛端察⁽ᵗ⁾兒) yabuǰu
basa mün kü üge ügülebe.

1-21-4 Tere üge-dür(圖⁽ᵗ⁾兒) aqa inu ügülerün, "Tuɣar-ača mün mün ya'un üge
ügülemü,

1-21-5 či?" ke'ebe.

35

1-21-7 Tende-če Bodončar(孛端察⁽ᵗ⁾兒) ügülerün, "Tuɣar-un Tünggelig-ɣoroqan-a bükün

1-21-8　irgen(亦[舌]兒堅), yeke üčügen(兀出干←兀出于), ma<u>'ui sayin, teri'ü šiyira

　　　　ügei'ün **S**ača'un bui.

1-21-9　**K**i<n>lbar(勤勒巴[舌]兒) irgen(亦[舌]兒堅) bui. Bida teden-i ha'uluya!" ke'ebe.

36

1-22-1　Tende-če aqa inu ügülerün, "J̌e, teyin bö'esü, ger(格[舌]兒)-tür-iyen kürčü(古[舌]兒

　　　　抽)

1-22-2　aqa-nar(納[舌]兒) de'ü-ner(捏[舌]兒) eyetü<n>[l]düjü, tede irgen-i(亦[舌]兒格泥)

　　　　ha'uluya!"

1-22-3　ke'e[l]düjü

37

1-22-5　ge͞-(格[舌]兒)-tür-iyen kürü'ed, aqa-nar(納[舌]兒) de'ü-ner(捏[舌]兒) kelele[l]düjü

　　　　morilaba.

1-22-6　Mün Bodončar-i alginči ha'ulɣaba.

38

1-22-8　Bodončar(孛端察[舌]兒) alginči ha'ulǰu dunda ke'elitei eme-yi bariǰu,

1-22-9　"Ya'uǰin kü'ün či?" ke'<y>en hasa[ɣ]ba. Tere eme ügülerün, "J̌arči'ud(札[舌]兒赤兀

　　　　惕←札兒赤兀勒)

1-22-10　Adangqan Uriangqaǰin, bi." ke'ebe.

39

1-23-3　Tede irgen-i(亦[舌]兒格泥) aqa(阿[中]合)-nar(納[舌]兒) de'ü-ner(捏[舌]兒) tabu'ula

　　　　da<u>'uliǰu, **A**du'un ide'en-e

1-23-4　haran tudqar-a(禿[中]惕合[舌]兒剌), **A**qui sa'uqui-a kürbe(古[舌]兒罷).

40

1-23-6　Tere dunda ke'elitei eme Bodončar(孛端察[舌]兒)-tur(途[舌]兒) ireǰü kö'ülebi.[5]

1-23-7　J̌ad irgen-ü(亦[舌]兒格訥) kö'ün büle'e ke'<y>en J̌aǰiradai nereyidbe. J̌adaran-u

1-23-8　ebüge tere bol<u>ba. Tere J̌adaradai-yin kö'ün Tügü'üdei neretü(捏[舌]列禿)

---

5)　十五卷本에 可兀脱[舌]列畢 '兒坐了' kö'ü törebi.

büle'e.

1-23-9   Tügü'üdei-yin kö'ün Büri-bulčiru büle'e. Büri-bulčiru-yin kö'ün Qara-qada'an

1-23-10   büle'e. Qara-qada'an-u kö'ün J̌amuqa büle'e. J̌adaran oboɣtan

1-24-1   tede bol<u>ba.

41

1-24-5   Tere eme basa Bodončar(孛端察〔舌〕兒)-ača nigen kö'ün töre'ülbi. Bariǰu

1-24-6   abuɣsan eme büle'e ke'<y>en, tere kö'ün-i Ba'aridai nereyidbe.

1-24-7   Ba'arin-u ebüge tere bol<u>ba. Ba'aridai-yin kö'ün Čiduqul-bökö.

1-24-8   Čiduqul-bökö emes olotu büle'e. Kö'ün inu mene metü törebe.

1-24-9   Menen Ba'arin(巴阿〔舌〕鄰) oboɣtan tede bol<u>ba.

42

1-25-2   Belgünütei Belgünüd obo[ɣ]tan bol<u>ba(孛/黑/魯罷). Bügünütei Bügünüd

   oboɣtan

1-25-3   bol<u>ba. Buɣu-qatagi Qatagin oboɣtan bol<u>ba. Buqatu(不ᵗ合禿 ← 不ᵗ忽禿)

   -salǰi

1-25-4   Salǰi'ud(撒勒只兀惕 ← 撒勒只兀勒) obo[ɣ]tan bol<u>ba. Bodončar(孛端察〔舌〕兒)

   Borǰigin(孛〔舌〕兒只斤) oboɣtan bol<u>ba.

43

1-25-7   Bodončar-un a[b]lin-eme-deče töregsen(脫〔舌〕列克先) barim-šiyiratu(失亦〔舌〕剌禿),

   Qabiči neretü(捏〔舌〕列禿)

1-25-8   büle'e. Tere Qabiči-ba'atur-un eke-yin inǰe ireg[se]n-i

1-25-9   Bodončar(孛端察〔舌〕兒) tataǰu büle'e. Nigen kö'ün törebe(脫〔舌〕列罷).

   J̌e<ü>'üredei(沼兀〔舌〕列歹) neretü (捏〔舌〕列禿)

1-25-10   büle'e. J̌e<ü>'üredei urida ǰügeli-dü[r](突〔舌〕兒) oron büle'e.

44

1-26-3   Bodončar(孛端察〔舌〕兒) ügei boluɣsan-u qoyina(〔中〕豁亦納) tere J̌e<ü>'üredei-yi,

   'Ger(格〔舌〕兒) daru'a(荅〔舌〕魯阿)

1-26-4   Adangqa Uriangqadai kü'ün alu'a. Te'ün-ü'ei bui ǰe.' ke'eǰü,

1-26-5 jügeli-deče γarγaju(^中合^[舌]兒^中合周), J̌e<ü>'üreyid oboγtu bol<u>γaju

J̌e<ü>〔'ü〕re〔yi〕d-ün(沼〔兀〕^舌列〔亦〕敦)

1-26-6 ebüge tere bol<u>ba.

45

1-26-9 Qabiči-ba'atur-un kö'ün Menen-tudun büle'e. Menen-tudun-<n>u kö'ün

1-26-10 Qači-külüg, Qačin, Qači'u, Qačula, Qači'un, Qara<n>〔l〕dai(^中合^[舌]闌_{〔勒〕}歹), Način-

ba'atur(把阿禿^[舌]兒)

1-27-1 dolo'an büle'e.

46

1-27-4 Qači-külüg-ün kö'ün Qaidu, Nomulun eke-deče töregsen büle'e.

1-27-5 Qačin-<n>u kö'ün Noyagidai neretei büle'e. Noyamšig aburitu tula

1-27-6 Noyakin oboγtan bol<u>ba. Qači'u-yin kö'ün Barulatai neretü büle'e.

1-27-7 Yeke beyetü, ide'en-e baru〔γ〕büle'e. Barulas oboγtan bol<u>ba.

1-27-8 Qačula-yin kö'ün ide'en-e baruγ tula Yeke Barula, Üčügen Barula

1-27-9 nereyidčü(捏^舌列亦_揚抽 ← 捏^舌列亦_勒抽), Barulas oboγtan bolγaju, Erdemtü(額^[舌]兒點

圖) Barula,

1-27-10 Tödö<y>en Barula teri'üten Barulas tede bol<u>ba. Qara<n>〔l〕dai(^中合^[舌]闌_{〔勒〕}歹)-

yin kö'üd

1-28-1 buda'an qutγulaqu eki teri'ü üge'ün tula Buda'ad oboγtan

1-28-2 tede bol<u>ba. Qači'un-<n>u kö'ün Adarkidai(阿荅^[舌]兒乞歹) neretü büle'e.

1-28-3 Aqa de'ü ja'ura adaruγči(阿荅^[舌]魯_黑赤) tula Adargin(阿荅^[舌]兒斤) oboγtan bolba.

1-28-4 Način-ba'atur-un kö'üd Uru'udai, Mangγutai nereten(捏^舌列田 ← 捏^舌列壇) büle'e.

Uru'ud,

1-28-5 Mangγud oboγtan tede bol<u>ba. Način-ba'atur-un a〔b〕lin-eme-deče töregsen(脫

^[舌]列_克先)

1-28-6 Šiju'udai, Doqoladai nereten büle'e.

47

1-29-3 Qaidu-yin kö'üd Bai-šingqor(升^中豁^[舌]兒)-do〔γ〕šin, Čaraqai(察^舌刺^中孩)-lingqu,

Ča<u>’uǰin-örtegei(斡[舌]兒帖該) γurban(中忽[舌]兒班)

1-29-4   büle’e. Bai-šingqor(升中豁[舌]兒)-doγšin-u kö’ün Tumbinai-sečen büle’e. Čaraqai(察剌[中]孩)-lingqu-yin

1-29-5   kö’ün Senggüm-bilge. 〔Senggüm-bilge-yin kö’ün〕 Ambaγai-tan(俺巴[中]孩壇) büle’e. Ta<i>yiči’ud oboγtan bol<u>ba. Čaraqai(察舌剌[中]孩)-lingqu-yin

1-29-6   berigen-eme-deče töregsen Besütei neretü büle’e. Besüd oboγtan

1-29-7   tere(帖舌列 ← 帖迭) bol<u>ba. Ča<u>’uǰin-örtegei(斡[舌]兒帖該)-yin kö’üd, Oronar(斡舌羅納[舌]兒), Qongqotan,

1-29-8   Arula〔d〕, Sönid, Qabturqas(中合ㅏ禿[舌]兒中合思), Geniges obo〔γ〕tan tede bol<u>ba.

48

1-30-3   Tumbinai-sečen-<n>ü kö’ün Qabul-qahan, Sem-sečüle qoyar(中豁牙[舌]兒) büle’e. Sem-sečüle-yin

1-30-4   kö’ün Bültečü-ba’atur(把阿禿[舌]兒) büle’e. Qabul-qahan-<n>u kö’üd dolo’an büle’e.

1-30-5   Angqa yeke inu Ökin-barqaγ(巴[舌]兒中合黑), Bartan(把[舌]兒壇)-ba’atur(把阿禿[舌]兒), Qutu〔γ〕tu(中忽禿[黑]禿)-münggür(蒙古[舌]兒),

1-30-6   Qutula-qahan, Qulan, Qada’an, Tödö‘<y>en-o〔d〕čigin ede dolo’an büle’e.

49

1-30-10   Ökin-barqaγ-un(巴[舌]兒中合中渾) kö’ün Qutu〔γ〕tu-ǰürki(主[舌]兒乞 ← 禹兒乞) büle’e. Qutu〔γ〕tu-ǰürki(主[舌]兒乞 ← 禹兒乞)-yin kö’üd

1-31-1   Sača(撒察 ← 薛扯)-beki, Taiču qoyar(中豁牙[舌]兒) büle’e. J̌ürki(主[舌]兒乞 ← 禹兒乞) oboγtan tede bol<u>ba.

50

1-31-3   Bartan(把[舌]兒壇)-ba’atur-un kö’üd Menggetü-kiyan, Nekün-taiǰi, Yesügei-ba’atur(把阿禿[舌]兒),

1-31-4   Daritai(荅[舌]里台)-odčigin ede dörben(朵[舌]兒邊) büle’e. Qutuγtu-münggür-ün kö’ün

1-31-5   Büri-bökö büle’e. Onan-<n>u-tün-dür(圖[舌]兒) qurimlaqui(中忽[舌]林剌[中]恢)

-dur(突[舌]兒) Belgütei-yin

1-31-6　mürü qangɣas ča[b]čiɣsan tere büle’e.

51

1-31-9　Qutula(^[中]忽圖剌)-qahan-<n>u kö’üd Ĵoči, Girma’u(吉^[舌]兒馬兀), Altan ɣurban(^[中]忽
^[舌]兒班) büle’e.

1-31-10　Qulan(^[中]忽闌)-ba’atur-un(把阿禿^[舌]侖) kö’ün Yeke-čeren(扯^[舌]連) büle’e. Badai,
Kišiliɣ(乞失黎黑 ← 乞失黎勒) qoyar(^[中]豁牙^[舌]兒)

1-32-1　darqa<n>d-un(荅^[舌]兒^[中]罕敦) noyan tere büle’e. Qada’an, Tödö<y>en qoyar(^[中]豁牙
^[舌]兒) uruɣ üge’ün

1-32-2　büle’e.

52

1-32-5　Qamuɣ Mongɣol-i Qabul-qahan meden aba. Qabul-qahan-<n>u qoyina, Qabul
-qahan-<n>u

1-32-6　üge-ber(別^[舌]兒), dolo’an kö’üd-iyen bö’etele, Senggüm-bilge-yin kö’ün
Ambaɣai(俺巴^[中]孩)-qahan

1-32-7　qamuɣ Mongɣol-i meden aba.

53

1-32-9　Buyur(捕魚^[舌]兒)-na’ur(納浯^[舌]兒), Kölen-na’ur(納浯^[舌]兒) qoyar(^[中]豁牙^[舌]兒) ĵa’ura
Urši’un(兀^[舌]兒失溫)-müren-<n>e bükün

1-32-10　Ayiri’ud, Buiru’ud Tatar(塔塔^[舌]兒) irgen-e(亦^[舌]兒格揑) Ambaɣai(俺巴^[中]孩)-qahan
ökin ögčü

1-33-1　ö’esün ökin-iyen hüdeĵü odqu bolun, Tatar(塔塔^[舌]兒) Ĵüyin irgen(亦^[舌]兒堅)

1-33-2　Ambaɣai(俺巴^[中]孩)-qahan-<n>i bariĵu Kitad-un Altan-qahan-<n>a a[b]ču odqui
-dur(突^[舌]兒)

1-33-3　Ambaɣai(俺巴^[中]孩)-qahan Besütei kü’ün Balaɣači e[l]čin-i’er(額_[勒]赤泥額^[舌]兒)
ügüleĵü ilerün,

1-33-4　Qabul-qahan-<n>u dolo’an kö’üd-ün dundadu Qutula-da ügülerün, ″Harban(哈^[舌]
兒班) kö’üd-ün

1-33-5　　dotora Qada'an-taiji-da ügüle!" ke'<y>en ügülejü ilerün, "Qamuɣ-un(中合木中渾←哈木渾) qahan,

1-33-6　　ulus-un ejen bol<u>ju, öki-ben ö'esün hüdeküi-ben nama-'ar(納馬阿[舌]兒)

1-33-7　　kesedkün! **Ta**tar(塔塔[舌]兒) irgen-e(亦[舌]兒格揑) bariɣda'a, bi. **Ta**bun quru'ud-iyan

1-33-8　　kimu<n>l **ta**mutala, **Har**ban(哈[舌]兒班) quru'ud-iyan **ha**'udtala, **Ha**či minu **a**buran

1-33-9　　sori[d]qun!" ke'ejü ilejü'ü.

54

1-34-4　　Tere čaɣ-tur(突[舌]兒) Yesügei-ba'atur(把阿禿[舌]兒) Onan-müren-<n>e šiba<u>'ulan yabuqui(迓步[中]恢)-dur(突[舌]兒)

1-34-5　　Merkid-ün(篾[舌]兒乞敦) Yeke-čiledü Olqunu'ud irgen-eče(亦[舌]兒格揑扯) öki a[b]ču

1-34-6　　e'üsgejü ayisuqu-yi jol<u>ɣaju önggeyijü üje'esü,

1-34-7　　öngge jisü bušitai öki qatu üjejü, ger(格[舌]兒)-tür-iyen qarin ha<u>'u<n>lju

1-34-8　　Nekün-taiji aqa-yu'an, Daritai-odčigin de'ü-ben uduridču irejü'üi.

55

1-35-1　　Kürküi(古[舌]兒恢)-lü'e Čiledü ayuju — qurdun(中忽[舌]兒敦←古兒敦) qubitu aju'u —

1-35-2　　qubi-yu'an ɣuya inu deledčü quburi nambalis buru['u][d]qui-lu'a

1-35-3　　qoyina-ča inu ɣurba'ula(中忽[舌]兒巴兀剌) uda'alalduba. Čiledü qoši'un

1-35-4　　qučilis qariju tergen(帖[舌]兒堅)-dür-iyen ireküi-lü'e

1-35-5　　tende Hö'elün-üjin ügülerün, "Tede ɣurban(中忽[舌]兒班) haran-i(哈舌剌泥←中合舌剌泥) uqaba-'u, či?

1-35-6　　Čirai, čirai-ača busud bui. Amin-dur(圖[舌]兒) činu kürküi(古[舌]兒恢)

1-35-7　　čiraitan(赤[舌]兒來壇) bui. Amin ele činu bö'esü, **Ö**<n>ljge tutum **ö**kid,

1-35-8　　**Qa**ra'u tutum **qa**tud bui. Amin ele činu bö'esü, öki qatu olu+

1-35-9　　+yi je, či. Busu nerete-yi Hö'elün taki nereyid<u>yu je, či, Amin-iyan

1-35-10　　qoroɣ(中豁[舌]羅黑)! Hünür(忽訥[舌]兒) minu hünüsčü yabu!" ke'<y>en čamča-ban mültüljü

1-36-1　　morin de'ere-če naruyidču abqui(阿卜[中]恢)-lu'a ɣurba'ula(中忽[舌]兒巴兀剌) qoši'un

1-36-2　　qučilduju kürčü(古[舌]兒抽) aisuqu-lu'a Čiledü qurdun(中忽[舌]兒敦) qubi-yin

1-36-3 γuya inu deledču ǰuqus duta'aǰu Onan-müren

1-36-4 ö'ede duta'aba.

56

1-36-9 Γurba'ula(中忽[舌]兒巴兀剌) qoyina-ča nekeǰü dolo'an quburi dabatala

1-36-10 hüldeǰü(中/忽勒迭周) qariǰu ireǰü, Hö'elün-üǰin-i Yesügei-ba'atur(把阿禿[舌]兒)

1-37-1 delbege-deče kötölǰü, Nekün-taiǰi aqa inu uduridču,

1-37-2 Daritai(荅[舌]里台)-odčigin de'ü inu kiligü dergečeǰü(迭[舌]兒格扯周) ayisuqui(阿亦速
[中]恢)-dur(突[舌]兒)

1-37-3 Hö'elün-üǰin ügülerün, "Aqa minu Čiledü, **Kei** ö'ede **ke**kül-iyen

1-37-4 **ke**yisümüser(客亦速木薛[舌]兒), **Ke**'er(客額[舌]兒) γaǰar-a **ke**'eli-ben ölösümüser(幹羅
速木薛[舌]兒)

1-37-5 buliyi. **Edö**'e ker(客[舌]兒) ele qoyar(中豁牙[舌]兒) šibülger-iyen, **Nigente**

1-37-6 aru de'ere-yen o'orču(幹幹[舌]兒抽), **nigente** ebür(額不[舌]兒)-en de'ere o'orču(幹幹
[舌]兒抽)

1-37-7 **Nigente** uruγšida, **nigente** qoyinaγšida ker(客[舌]兒) ele kiǰü

1-37-8 odmui?" ke'ed **Onan**-müren-<n>i tolkistala, **hO**i ǰubur(主不[舌]兒) da<u>'uristala

1-37-9 yeke da<u>'u-bar(巴[舌]兒) u<i>yilaǰu ayisuqui(阿亦速[中]恢)-dur(突[舌]兒), Daritai
-o[d]čigin

1-37-10 dergečeǰü(迭[舌]兒格扯周) yabuǰu ügülerün(鳴詁列[舌]論), "**Teberikü** činu **Daba**'ad(荅
巴阿[惕]←荅巴阿[勒]) olon

1-38-1 **d**ababa. **U**<i>yila[γ]daqu činu Usud olon ketülbe.

1-38-2 **Qa**yila'asu **Qa**rayiǰu(中合[舌]喇亦周) ülü üǰekü čima-yi. **Qa**yibasu,

1-38-3 **Qa**'uluγa inu ülü ol<u>qu či. Sem boli!" ke'eǰü idqaba(亦[惕]中合罷←亦[惕]哈罷).

1-38-4 Hö'elün-üǰin-i Yesügei tedüi ger(格[舌]兒)-tür-iyen a[b]čiraba(阿[卜]赤[舌]剌罷).

1-38-5 Hö'elün-üǰin-i Yesügei-yin abčiraγsan(阿[卜]赤[舌]剌[黑]三) yosun teyimü.

57

1-39-1 Ambaγai(俺巴[中]孩)-qahan-<n>u Qada'an, Qutula qoyar-i(中豁牙[舌]里) nereyidču
ilegse'er(亦列[克]薛額[舌]兒)

1-39-2　qamuɣ(ᵗ合木黑 ← 哈木黑) Mongyo[1](忙ᵗ豁₍勒₎), Ta<i>yiči'ud, Onan-<n>u

　　　　Qorqonaɣ(ᵗ豁ᵗ兒ᵗ豁納黑)-ǰubur(主不ᵗ兒) quraǰu

1-39-3　Qutula-yi qahan bolɣaba. Mongɣol-un ǰirɣalang(只ᵗ兒ᵗ合郎) de[b]sen qurimlan

1-39-4　ǰirɣaqu(只ᵗ兒ᵗ合ᵗ忽) büle'e. Qutula-yi qa ergü'ed(額ᵗ兒古額傷), Qorqonaɣ -

　　　　un(ᵗ豁ᵗ兒ᵗ豁納ᵗ渾)

1-39-5　Saɣlaɣar(撒黑剌ᵗ合ᵗ兒 ← 撒黑剌哈兒)-modun horčin(豁ᵗ兒兒臣), **Qa**birɣa(ᵗ合必ᵗ兒ᵗ

　　　　合 ← 哈必兒哈)-da(荅 ← 塔) **qa**'uluɣa(ᵗ合兀魯ᵗ合 ← 哈兀魯ᵗ合), **E**bdüg-te **öl**keg

1-39-6　bol<u>tala debsebe.

58

1-39-9　Qutula qahan bolu'ad Qada'an-taiǰi qoyar(ᵗ豁牙ᵗ兒) Tatar(塔塔ᵗ兒)

1-39-10　irgen(亦ᵗ兒堅)-dür(圖ᵗ兒) morilaba. Tatar-un Kötön-baraqa, J̌ali-buqa(不ᵗ花)

1-40-1　qoyar(ᵗ豁牙ᵗ兒)-tur(圖ᵗ兒) harban(哈ᵗ兒班 ← ᵗ合兒班) ɣurbanta(ᵗ忽ᵗ兒班塔)

　　　　qadqu[1]duǰu, Ambaɣai(俺巴ᵗ孩)-qahan-<n>u

1-40-2　**Ösöl ösön**, **Kisal kisa**n yadaba.

59

1-40-5　Tende Yesügei-ba'atur(把阿禿ᵗ兒) Tatar-un Temüǰin-üge, Qori-buqa(不ᵗ花)

　　　　teri'üten

1-40-6　Tatar-i da<u>'uliǰu ire'esü(亦ᵗ列額速 ← 亦ᵗ列阿速), tende Hö'elün-üǰin ke'elitei

1-40-7　bürün, Onan-<n>u Deli'ün-boldaɣ-a büküi-dür(突ᵗ兒) ǰöb tende Činggis-qahan,

1-40-8　töreǰü'üi. Töreküi-dür(突ᵗ兒) bara'un ɣar(ᵗ合ᵗ兒)-tur-iyan ši'a-yin tedüi

1-40-9　nödün hadqun(哈傷ᵗ渾 ← ᵗ合傷渾) töreǰü'üi. Tatar-un Temüǰin-üge-yi

　　　　a[b]čiraɣsan-dur(突ᵗ兒)

1-40-10　törebe(脫ᵗ列罷) ke'<y>en Temüǰin nere ögküi teyimü.

60

1-41-4　Yesügei-ba'atur-un Hö'elün-üǰin-eče Temüǰin, Qasar(ᵗ合撒ᵗ兒), Qači'un,

1-41-5　Temüge ede dörben(朵ᵗ兒邊) kö'üd törebe. Temülün neretei nigen ökin

1-41-6　törebi. Temüǰin-<n>i yesün nasutu büküi-dür(突ᵗ兒) J̌oči-Qasar(ᵗ合撒ᵗ兒)

1-41-7　dolo'an nasutu büle'e. Qači'un-elči tabun nasutu büle'e.

1-41-8　Temüge-odčigin γunan büle’e. Temülün ölegetei büle’e.

61

1-42-1　Yesügei-ba’atur(把阿禿[舌]兒) Temüjin-<n>i yesün nasutu büküi-dür(突[舌]兒)
　　　　Hö’elün

1-42-2　eke-yin törküd(脱[舌]兒古惕) Olqunu’ud irgen(亦[舌]兒堅)-dür(途[舌]兒), naγaču-nar-ača

1-42-3　inu öki γuyusu ke’<y>en, Temüjin-<n>i abu’ad yorčiba(約[舌]兒赤罷).

1-42-4　Odqui(斡惕[中]恢)-dur(突[舌]兒) Čegčer(扯克徹[舌]兒), Čiqurqu(赤中忽[舌]兒中忽 ← 赤中忽兒
　　　　古) qoyar-un([中]豁牙[舌]侖) ja’ura Unggiradai

1-42-5　Dei-sečen-<n>i jolγaba.

62

1-42-8　Dei-sečen ügülerün, “Yesügei quda, ken-dür(途[舌]兒) joriju ayisula’a?”

1-42-9　ke’ejü’ü. Yesügei-ba’atur(把阿禿[舌]兒) ügülerün, “Ene kö’ün-ü minu

1-42-10　naγaču-nar(納[舌]兒) Olqunu’ud irgen(亦[舌]兒堅)-dür(途[舌]兒) öki γuyusu ke’<y>en

1-43-1　ayisulu’a.” ke’ejü’ü. Dei-sečen ügülerün, “Ene kö’ün

1-43-2　činu **Ni**dün-dür-iyen γaltu, **Ni**’ür(你兀[舌]兒)-tür-iyen geretü kö’ün bui.

63

1-43-5　Yesügei quda, bi ene söni je<ü>’üdün je<ü>’üdülebe bi. Čaγa’an(察中合安 ← 察中罕
　　　　← 察罕) šingqor(升中豁[舌]兒)

1-43-6　naran sara qoyar-i adqun(阿惕[中]渾) nisčü(你思抽 ← 你思周) irejü γar(中合[舌]兒)
　　　　de’ere minu tu’uba.

1-43-7　Ene je<ü>’üdün-<n>iyen kü’ün-e ügülerün, ’Naran(納[舌]闌) sara-yi qaraju üjegden

1-43-8　büle’e. Edö’e ene šingqor(升中豁[舌]兒) adquju abčiraju

1-43-9　γar(中合[舌]兒)-tur(圖[舌]兒) minu tu’uba. Čaγa’an(察中合安 ← 察中罕 ← 察罕)
　　　　ba<u>’uba. Yambar(黯巴[舌]兒) ele sayi üje+

1-43-10　+’ülümü?’ ke’ejü, Yesügei quda, ene je<ü>’üdün minu čima-yi

1-44-1　ele kö’ü-be’<y>en uduridču ireküi-e üjegsen aju’u.

1-44-2　Je<ü>’üdün sayin je<ü>’üdülebe. Ya’un je<ü>’üdün aqu? Kiyad

1-44-3　irgen-ü(亦[舌]兒格訥) sülder(速勒迭[舌]兒) irejü ja’aγaγsan(札阿中合黑三 ← 札阿哈黑三)

aǰu'u.

64

1-44-6　Ba Unggirad irgen(亦[舌]兒堅), erte(額[舌]兒帖) üdür-eče J̌e'e-yin ǰisün, Ökin-ü

　　　　önggeten.

1-44-7　**Ul**us **ül**ü temečed, **Qa**čar(中合察[舌]兒) γo'a ökid-i **Qa**han

1-44-8　boluγsan-a tanu **Qa**saγ tergen(帖[舌]兒堅)-dür(圖[舌]兒) unu'u<n>lǰu **Qa**ra

1-44-9　bu'ura kölgeǰü **qa**tara'u<n>lǰu odču, **Qa**tun sa'urin-dur(圖[舌]兒)

1-44-10　**qa**mtu sa'ulumu. Ba **Ul**us irgen(亦[舌]兒堅) **ül**ü temečed

1-45-1　**Ö**ngge sayid **ök**id-iyen ösgeǰü **Ö**<n>lǰigetei tergen(帖[舌]兒堅)-dür(圖[舌]兒)

1-45-2　unu'u<n>lǰu, **Ö**le bu'ura kölgeǰü **e**'üsgeǰü odču **Ü**ndür(溫都[舌]兒)

1-45-3　sa'urin-dur(圖[舌]兒) **ö**re'ele eted sa'u<n>lqui(撒溫勒[中]恢). Ba erten-eče(額[舌]兒帖捏

　　　　扯) Unggirad

1-45-4　irgen(亦[舌]兒堅), **Qa**tun qalqatan(中合勒中合壇 ← 哈勒中合壇), **Ök**id **öč**ilten, **J̌e**'e-yin

　　　　ǰisün, **Ök**in-ü

1-45-5　öngge-ber(別[舌]兒) büle'e, ba.

65

1-45-7　**Nu**'un kö'üd manu **Nu**ntuγ qarayu. Ökin kö'ün manu **Ö**ngge üǰegdeyü.

1-45-8　Yesügei quda, ger(格[舌]兒)-tür(圖[舌]兒) minu oduya! Ökin minu üčü'ügen

　　　　bu<i>yu.

1-45-9　Quda üǰetügei!" ke'eǰü Dei-sečen ger(格[舌]兒)-tür-iyen uduridču

1-45-10　ba<u>'u<n>lba.

66

1-46-3　Öki inu üǰebesü, **Ni**'ür(你兀[舌]兒)-tür-iyen geretei, **Ni**dün-dür-iyen γaltai

1-46-4　ökin-i üǰeǰü, **O**yin-dur-iyan **O**ro'u<n>lba. Temüǰin-<n>eče nigen nasun

1-46-5　yeke, harbantai(哈[舌]兒班台) aǰu'u. Börte(字[舌]兒帖) neretei. Söni qonoǰu(中豁那周)

　　　　manaγaši(馬納中合石 ← 馬納哈石)

1-46-6　öki inu γuyubasu, Dei-sečen ügülerün, "**O**lonta-'u γuyu'u<n>lǰu

1-46-7　ögbesü de'ejilegdekü. **Č**ö'<y>ente-'ü γuyu'u<n>lǰu ögbesü

1-46-8　doramǰilaɣdaqu. Ökin kü'ün-ü ǰaya'an töregsen e'üden

1-46-9　-dür(圖[舌]兒) Ötölkü ügei. Ökin-iyen be **ögsü**! **K**ö'ün-iyen be

1-46-10　**k**üriged-te talbiǰu o[d]!" ke'ebe. J̌e bolulčaǰu

1-47-1　Yesügei-ba'atur(把阿禿[舌]兒) ügülerün, "Kö'ü-ben küreged(古[舌]列格惕)-te talbisu! Kö'ü minu

1-47-2　noqai-yača(那[中]孩牙察) čočimta-'u büle'e. Quda, kö'ü minu noqai-yača(那[中]孩牙察) bü soči'u<n>[l]!"

1-47-3　ke'ed kötö<n>l morin-iyan belge ögčü, Temüǰin-<n>i küreged-te

1-47-4　talbiǰu odču……

67

1-47-9　Yesügei-ba'atur(把阿禿[舌]兒) ǰa'ura Čegčer-ün Šira-ke'er-e Tatar(塔塔[舌]兒) irgen(亦[舌]兒堅)

1-47-10　qurimlan([中]忽[舌]林闌) büküi-dür(突[舌]兒) ǰol<u>ɣaǰu(勺魯[中]合周 ← 勺魯哈周) uridasču qurim([中]忽[舌]林)-dur(圖[舌]兒) anu ba<u>'uba(保兀/勒/罷).

1-48-1　Tede Tatar(塔塔[舌]兒) tanin aǰu'u. Yesügei-kiyan ire'ei ke'ed, uridan-u

1-48-2　da<u>'uliɣdaɣsan kegesü-ben duradču oyisuladun ɣuǰirǰu([中]忽只[舌]兒周)

1-48-3　qoro qoliǰu ögči'üi. J̌a'ura ma<u>'ui odču ɣurban([中]忽[舌]兒班) qonoɣ

1-48-4　yabuǰu ger(格[舌]兒)-tür-iyen kürü'ed ma<u>'ui bolǰu,

68

1-48-8　Yesügei-ba'atur(把阿禿[舌]兒) ügülerün, "Dotora minu ma<u>'ui bui. Dergede(迭[舌]兒格迭)

1-48-9　ken bui?" ke'eǰü, Qongqotadai Čaraqa ebügen-ü kö'ün Münglig

1-48-10　oɣira bui ke'e'[e]sü, uriǰu ire'ü<n>[l]ǰü ügülereün, "Čaqa minu

1-49-1　Münglig, kö'üd üčügetü büle'e, bi. Kö'ü-ben Temüǰin-i

1-49-2　küriged-te talbiǰu irerün, ǰa'ura Tatar(塔塔[舌]兒) irgen-e(亦[舌]兒格捏) oyisulaɣ+

1-49-3　+da'a, bi. Dotora minu ma<u>'ui bu<i>yu. Üčüged qočoruɣsad([中]豁搠[舌]魯黑撒惕)

1-49-4　de'ü-ner-iyen, belbisün bergen-iyen(別[舌]兒格泥顏) asaraqu-yi či mede!

1-49-5　Kö'ü minu Temüǰin-i ötörken(幹脫[舌]兒刊) odču abču ire, Čaqa minu Münglig!"

1-49-6   ke'ed nögčibe.

69

2-1-2   Yesügei-ba'atur-un üge-yi buši ülü bolɣan Münglig odču

2-1-3   Dei-sečen-<n>e ügülerün, "Yesügei aqa Temüjin-i maši möröljü

2-1-4   öre-ben ebedümü. Temüjin-i abura irebe." ke'ejü'ü. Dei-sečen

2-1-5   ügülerün, "Quda kö'ü-ben mörölkü(抹[舌]劣[勒]古) bö'esü, odtuɣai(幹[傷]禿[中]孩)！ Üjejü

2-1-6   ötör iretügei(亦[舌]列禿該 ← 亦[舌]列禿孩)！" ke'ejü Münglig ečige Temüjin-i a[b]ču irebe.

70

2-1-8   Tere qabur Ambaɣai(俺巴[中]孩)-qahan-<n>u qatud Örbei, Soqatai jirin yekes-e ɣajaru(中合札[舌]魯)

2-1-9   inerü ɣaruɣsan(中合[舌]魯[黑]三)-dur, Hö'elün-üjin odču qojid kürčü qojida'uldaju (中豁只荅兀/兀/[勒]荅周)

2-1-10   Hö'elün-üjin Örbei, Soqatai jirin-e ügülerün, "Yesügei-ba'atur-i

2-2-1   ükübe-'ü ke'ejü, kö'üd-i minu yeke ülü bol<u>qui(字魯[中]恢)-yača yekes-ün

2-2-2   kešig-eče, bile'ür-eče, sarqud-ača, yekin qojida'ulumui, ta? Üje'ed

2-2-3   ideküi, ülü sergü'ülün ne<ü>'ükün bol<u>bai, ta." ke'ejü'ü.

71

2-2-7   Tere üge-dür(圖[舌]兒), Örbei, Soqatai jirin qatud ügülerün, "Uriju ülü

2-2-8   ögteküi mörtei(抹[舌]兒台), či. Učira'asu idekü youstai, či. Kürejü ülü ögtekü

2-2-9   mörtei, či. Kürte'esü(古[舌]兒帖額速) idekü yosutai, či. Ambaɣai(俺巴[中]孩)-qahan -<n>i

2-2-10   ükübe-'ü, či ke'ejü, Hö'elün-<n>e kürtele(古[舌]兒帖列) eyin ke'egdeküi bolbi.

72

2-3-2   Arɣa-ča(阿[舌]兒中合察), eden-i, ekes kö'üd-i, nuntuɣ-tur(圖[舌]兒) gejü ne<ü>'üdkün！

2-3-3   Ta ber(別[舌]兒) bü a[b]ču yabudqun！" ke'ed manaɣarši(馬納中合[舌]兒石) üdür-eče

2-3-4　Ta<i>yiči'ud-un Taryutai(塔[舌]兒[中]忽台 ← 塔兒[中]忽白)-kiri<n>[l]tuγ, Tödö'<y>en
　　　　-girte(吉[舌]兒帖)-tan Ta<i>[yi]či'ud

2-3-5　Onan-müren huru'u ködölbe. Hö'elün-üjin-<n>i, ekes kö'üd-i

2-3-6　geju ne<ü>'ügderün, Qongqotadai Čaraqa ebügen odču idqaqu-dur(突[舌]兒),

2-3-7　Tödö'<y>en-girte ügülerün, "**Če**'el usun niduralu'a. **Če**<ü>gen

2-3-8　čila<u>'un če<ü>'ürelü'e(潮兀[舌]列魯額 ← 潮兀[舌]列魯阿)." ke'e'ed ne<ü>'üje'ei.
　　　　Čaraqa ebügen-i

2-3-9　"Ker(客[舌]兒) idqaqu, či?" ke'<y>en qoyina-ča([中]豁亦納察) jida-bar(巴[舌]兒) jo
　　　　γudus

2-3-10　qadquju'u.

73

2-4-4　Čaraqa ebügen yaratu bolju ger(格[舌]兒)-tür-iyen ireju

2-4-5　berke(別[舌]兒客) kebteküi-dür(突[舌]兒), Temüjin üjere odču'u. Tende Qongqotadai

2-4-6　Čaraqa ebügen ügülerün, "Sayin ečige-yin činu quriyaγdaγsan([中]忽[舌]里牙黑荅黑三 ←
　　　　古[舌]里牙黑荅黑三)

2-4-7　ulus-i manu, bürin-ü ulus a[b]ču ne<ü>'ügderün idqaqu bolun

2-4-8　eyin kigdebe." ke['e]ju'ü. Te'ün-dür(圖[舌]兒) Temüjin u<i>yila'ad γarču([中]合[舌]兒
　　　　抽)

2-4-9　yorčiba(約[舌]兒赤罷). Hö'elün-üjin geju ne<ü>'ügderün, tuγlaju beye-ber(別[舌]兒)

2-4-10　morilaju jarimud irgen-i(亦[舌]兒格泥) ičuγaba. Tede ber(別[舌]兒) ičuγaγdaγsan

2-5-1　irgen(亦[舌]兒堅) ülü toγtan Ta<i>yiči'ud-un(泰亦赤兀敦 ← 泰亦只兀敦) qoyina-ča
　　　　ne<ü>'üju'üi.

74

2-5-5　Ta<i>yiči'ud aqa de'ü Hö'elün-üjin-<n>i, belbisun(別勒必孫 ← 別惕必孫)-<n>i,
　　　　kö'üd üčüged

2-5-6　ekes kö'üd-i nuntuγ-tur(圖[舌]兒) geju ne<ü>'ügdeju, Hö'elün-üjin

2-5-7　eme mergen(篾[舌]兒干) töreju, üčüged kö'üd-iyen teji'erün, Ukitala

2-5-8　boγtalaju, ho['o]jitala büseleju, Onan-müren ö'ede irada

2-5-9 gü<i>yijü, ölirsün(斡里^[舌]兒孫) moyilsun temgüjü, üdür(兀都^[舌]兒) söni qo'olai

2-5-10 teji'ebe. **S**ölsütei töregsen üjin eke, **S**utan kö'üd-iyen

2-6-1 teji'erün, **Č**igörsün(赤戈^[舌]兒孫) širo bariju, **S**üdün čičigina uquju

2-6-2 teji'ebi. Eke üjin-ü **Qa**liyarsun(中合里牙^[舌]兒孫) manggirsun-iyar(忙吉^[舌]兒速你牙^[舌]兒) teji'e[g]se[d]

2-6-3 kö'üd, **Qa**d bolura(孛魯^舌剌 ← 索魯^舌剌) kürbi(古^[舌]兒畢). **J̌a**rčimtai(札^[舌]兒沉台) üjin eke-yin ǰa'uɣasu-bar(巴^[舌]兒)

2-6-4 teji'egsed kö'üd, **J̌a**saɣtan sečed bolba.

75

2-6-7 **Γo**'a(中豁阿) üjin-ü **Γo**ɣosun manggirsu(忙吉^[舌]兒速)-'ar(阿^[舌]兒) teji'egsed **Qa**'uluɣa

2-6-8 kö'üd, **Qo**yira'ud sayid bolba. **E**res sayid bolun baraju,

2-6-9 **E**rekün omoqun ele boldaba. "**E**ke-yü<y>en teji'eye!"

2-6-10 ke'eldüjü, **E**ke Onan-<n>u **e**rgi(額^[舌]兒吉) de'ere sa'uju

2-7-1 **E**lgü'ür(額勒古兀^[舌]兒) ge<ü>'ügi ǰasalduju, **E**remdeg ǰemdeg ǰiɣasu **e**lgüjü

2-7-2 geügileǰü, **J̌e**'ü-ber(別^[舌]兒) ge<ü>'ügi eke'ü<n>lǰü, **J̌e**büge qadara

2-7-3 geügileǰü, **Či**lüme ɣubči'ur(中忽卜赤兀^[舌]兒 ← 古卜赤兀兒) huyaǰu(中/忽牙周), **J̌i**ramud ǰiɣasu

2-7-4 ši'üǰu, **J̌i**či eke-yü<y>en hači teji'ebe.

76

2-7-7 Nigen üdür(兀都^[舌]兒), Temüjin, Qasar(中合撒^[舌]兒), Begter(別克帖^[舌]兒), Belgütei dörben(朵^[舌]兒邊) qamtu sa'uju

2-7-8 geügi tataqui(塔塔中恢) dotora nigen gege'<y>en soɣosun oroǰu'ui.

2-7-9 Temüjin, Qasar(中合撒^[舌]兒) qoyar-ača Begter(別克帖^[舌]兒), Belgütei qoyar(中豁牙^[舌]兒) buliǰu abuba.

2-7-10 Temüjin, Qasar(中合撒^[舌]兒) qoyar(中豁牙^[舌]兒) ger(格^[舌]兒)-tür(禿^[舌]兒) ireǰü üjin eke-de

2-8-1 ügülerün, "Nigen gege'<y>en soɣosun geügi ǰa'uɣsan-i(札兀黑撒泥 ← 札兀惕撒泥)

Begter(別_克帖[舌]兒)

2-8-2　Belgütei aqa de'ü qoyar-a buliǰu abtaba(阿_卜塔罷 ← 阿_卜荅罷), ba." ke'esü,

2-8-3　üjin eke ugülerün, "Yegü'üǰe'ei. Aqa-nar(納[舌]兒) de'ü-ner(捏[舌]兒) yekin teyin

2-8-4　kildümüi, ta? **Se'ü**der-eče busu nökör(那可[舌]兒) ügei, **Se'ü**<n>[l]-eče busu

2-8-5　čiču'a ügei bui, bida. Ta<i>yiči'ud aqa de'ü-ye'<y>en γaši'u ker(客[舌]兒)

2-8-6　aburaqun, bida? ke'eǰü büküi-dür(突[舌]兒), erte(額[舌]兒帖) Alan eke-yin

2-8-7　tabun kö'üd metü yekin eye üge'ün bui? Ta bütügei!" ke'ebi.

77

2-9-2　Tende-če Temüǰin, Qasar(^中合撒[舌]兒) qoyar(^中豁牙[舌]兒) ülü ta'alan ügülerün,

2-9-3　"Ččigen nigente bilǰi'ür(必_勒只兀[舌]兒) γodoliduγsan-i teyinkü buliǰu

2-9-4　abula'a. Edö'e basa teyinkü buliba. Qamtu ker(客[舌]兒) alduqun(阿_勒都^中渾 ← 阿_愓都
^中渾),

2-9-5　bida?" ke'ed, e'üden o'orču γarču(^中合[舌]兒抽 ← ^中合兒周), yorčiba(約[舌]兒赤罷).

2-9-6　Begter(別_克帖[舌]兒) hulqun de'ere širγa(失[舌]兒^中合) aγta-tan yesün mori(秣[舌]驪)
qaraǰu(^中合[舌]瞮剌周)

2-9-7　sa'u[ǰu] büküi-dür(突[舌]兒), Temüǰin ümere-če daldadču, Qasar(^中合撒[舌]兒)
emüne-če

2-9-8　daldadču, sumu-ban sambaǰu kürküi(古[舌]兒恢)-dür(突[舌]兒) Begter(別_克帖[舌]兒)
üǰe'ed

2-9-9　ügülerün, "Ta<i>yiči'ud aqa de'ü-yin γaši'un da<u>'usun yadan

2-9-10　hači kene aburan čidaqun-u ke'eǰü büküi-dür(突[舌]兒)

2-10-1　nama-yi yekin nidün-ü surimusun, aman-u qaγasun bolγamui, ta?

2-10-2　**Se'ü**der-eče busu nökör(那可[舌]兒) ügei, **Se'ü**l-eče busu čiču'a ügei-dur(突[舌]兒)

2-10-3　yekin teyin sedkiba, ta? Γolumta minu bü büre<n>lgetükün!

2-10-4　Belgütei-yi bü tebčidkün!" ke'e'ed, ǰabilan sa'uǰu küličebe.

2-10-5　Temüǰin, Qasar(^中合撒[舌]兒) qoyar(^中豁牙[舌]兒) emüne-če ümere-če ötermeleǰü(斡帖
[舌]兒篾列周)

2-10-6　odba.

78

2-11-2　Ger-tür(圖[舌]兒) ireǰü oroqui(斡[舌]羅[中]恢)-lu'a, üǰin eke kö'üked-ü<y>en

2-11-3　čirai uqaǰu ügülerün, "Baraγsad! **Qa**la'un-ača minu **qa**lad

2-11-4　γarurun, **Γ**ar(中合[舌]兒)-tur-iyan **qa**ra nödün **ha**dqun(哈楊[中]渾) töreligi.

2-11-5　Ene **Qa**rbisu(中合[舌]兒必速)-ban **qa**ǰaqu **qa**sar(中合撒[舌]兒) noqai metü, **Qa**da

-dur(途[舌]兒)

2-11-6　dobtulqu **qa**blan metü, **A**'ur-iyan darun yadaqu **ar**slan(阿[舌]兒思闌) metü,

2-11-7　"**A**midu ǰalgisu!" ke['e]kü mangγus(蟒中忽思 ← 蟒古思) metü, **Se**'üder(薛兀迭[舌]兒)-

tür-iyen

2-11-8　dobtulqu **ši**ngqor(升中豁[舌]兒) metü, **Se**m-iyer(薛米耶[舌]兒) ǰalgiqu **ču**raγa metü,

2-11-9　**Bo**toγan-iyan **bo**rbi(孛[舌]兒必) qaǰaqu **bu**'ura metü, **Bo**roγan(孛舌羅[中]罕)-dur(圖[舌]

兒)

2-11-10　šiqaqu čino metü, **Kö'üd-iyen** gelin yadaǰu **kö'üd-iyen** idekü

2-12-1　anggir(昂吉[舌]兒) metü, **Ke**bteši-yen(客卜帖石顏 ← 客卜迭石顏) **kö**nde'esü

ömerkü(斡篾[舌]兒古) čö'eböri

2-12-2　metü, **Ba**riǰu ülü sa'araqu **ba**rs(巴[舌]兒思) metü, **Ba**lamud

2-12-3　dobtulqu **ba**ruγ(巴舌魯黑 ← 巴舌魯思) metü **Ba**raba. **Se**'ü**d**er-eče busu nökör(那可[舌]

兒) ügei

2-12-4　-dür(突[舌]兒), **Se**'ül-eče busu čiču'a ügei-dür(突[舌]兒), Ta<i>yiči'ud aqa

2-12-5　de'ü-yin qaši'un da<u>'usun yadan büküi-dür(突[舌]兒), hači ken-e aburaqun-u

2-12-6　ke'eǰü büküi-dür(突[舌]兒) ker(客[舌]兒) aya ke'<y>en eyin kildümüi, ta?" ke'<y>en

2-12-7　kö'üd-iyen **Qa**'učin üges **Qa**darun, **Ö**tögüs üges **O**rkidun(斡[舌]兒乞敦)

2-12-8　maši ma<u>'ulabi.

79

2-13-5　Tedüi atala Ta<i>yiči'ud-un Tarγutai-kiri<n>ltuγ turγa'ud-iyan(土[舌]兒中合兀的顏)

2-13-6　udurridču(兀都舌里楊抽 ← 兀都舌里勒抽),[6) "**Qo**luγad **qo**'oǰiǰu'u. **Ši**lüged **ši**beriǰü'ü."

ke'<y>en ireǰü'üi.

2-13-7　Ayuǰu ekes kö'üd aqa-nar(納[舌]兒) de'ü-ner(捏[舌]兒) šiγui(石[中]恢) hoi-dur(圖[舌]兒)

qoryo+

2-13-8　+laǰu(中豁[舌]兒中豁剌周), Belgütei mudud quyuru tatalaǰu šibe'e bariǰu,

2-13-9　Qasar(中合撒[舌]兒) qarbulalduǰu(中合[舌]兒鏌剌勒都周), Qači'un, Temüge, Temülün yurban-i(中忽[舌]兒把泥) ǰaba

2-13-10　ǰa'ura dürüǰü bu<n>lyaldun büküi-dür(突[舌]兒), Ta<i>yiči'ud ungšiǰu

2-14-1　uġilerün, "Aqa-ban Temüǰin-i ile(亦[舌]列)! Busud-i tan-u kere[g] ügei." ke<y>en

2-14-2　ungšidaǰu, Temüǰin-i morila'u<n>[l]ǰu buru'udqan hoi-dur(圖[舌]兒) duta+

2-14-3　+'aǰu odqui(幹楊[中]恢)-yi Ta<i>yiči'ud üǰeǰü hüldeǰü, Tergüne(帖[舌]兒古捏)-ündür
-ün

2-14-4　šiyui(石[中]恢)-dur(都[舌]兒) širyuǰu(石[舌]兒中忽周) orobasu, Ta<i>yiči'ud oron yadaǰu

2-14-5　šiyui(石[中]恢)-dur(都[舌]兒) horčin(豁[舌]兒臣) sakiǰu……

80

2-15-1　Temüǰin šiyui(石[中]恢) dotora yurban(中忽[舌]兒班) qonoǰu "Ґarsu(中合[舌]兒速)!" ke<y>en mori-yan(秣[舌]驪顏)

2-15-2　k̇ẗö[l]ǰü ayisuqui(阿亦速[中]恢)-dur(突[舌]兒) morin-ača(秣[舌]驪納察) eme'e[l] inu müⅼtüreǰü

2-15-3　qočorču'u(中豁搠[舌]兒出兀). Qariǰu üǰe'esü, eme'el kömü<n>ldürgelegse'er(可門勒都[舌]兒格列克薛額[舌]兒)

2-15-4　olangla[y]sa'ar(幹郎剌[黑]撒阿[舌]兒) mültüreǰü qočorču'u(中豁搠[舌]兒出兀). "Olang či boltuyai(字勒禿[中]孩),

2-15-5　kömü<n>[l]dürge(可門[勒]都[舌]兒格) basa ker(客[舌]兒) mü[l]türekü büle'e? Tenggeri i[d]qan(亦[惕][中]罕)

2-15-6　aqu-yu?" ke'eǰü qariǰu, basa yurban(中忽[舌]兒班) qonoba. Basa yarču(中合[舌]兒抽)

2-15-7　ayisuqui(阿亦速[中]恢)-dur(突[舌]兒) šiyui(石[中]恢)-yin amasar-a qošiliy-un tedüi čaya'an(察中合安 ← 察中罕 ← 察罕) gürü

2-15-8　amasar-a bö[g]len(字[克]連 ← 字速) unaǰu'u. "Tenggeri idqan aqu-yu?" ke'eǰü

---

6)　방역의 "ㄹㄱ" 비슷한 글자는 "引"이 잘못된 것일 듯.

2-15-9   qariǰu basa ɣurban(中忽[舌]兒班) qonoba. Basa yesün qonoɣ ide’<y>en

2-15-10   ügei aǰu, nere ügei ker(客[舌]兒) ükü[g]deküi? Ɣarsu(中合[舌]兒速)!" ke’eǰü

2-16-1   tere amasar(阿馬撒[舌]兒) böglen unaɣsan qošiliɣ-un tedüi čaɣa’an(察中合安 ← 察中罕
          ← 察罕) kürü

2-16-2   horčin(豁[舌]兒臣) ɣarbasu(中合[舌]兒巴速 ← 中合兒也速) ülü bolqu modud-i sumuči
          kituɣai-[ba]r-iyan

2-16-3   hoɣtori’ad mori-yan(秝[舌]驪顏) qaltari’ulu’ad ɣarqui(中合[舌]兒[中]恢)-lu’a Ta<i>yiči’ud

2-16-4   sakiǰu aǰu’u. Bariǰu abču odba.

§1

2-16-10   Temüǰin-i Tarɣutai-kiri<n>ltuɣ a[b]ču odču ulus irgen(亦[舌]兒堅)

2-17-1   -dür-iyen ǰasaɣlaǰu ayi<n>l-dur(圖[舌]兒) nigen qono’ulun qono’ulun

2-17-2   bitü’ülün yabuqui(迓步[中]恢)-dur(突[舌]兒), ǰun-u teri’ün sara-yin harban ǰirwa’an
          -a(只[舌]兒瓦阿納)

2-17-3   hula’an tergel(帖[舌]兒格勒) üdür(兀都[舌]兒) Ta<i>yiči’ud Onan-<n>u ergi(額[舌]兒吉)
          de’ere

2-17-4   qurimlalduǰu naran šingge’esü tarqaba(塔[舌]兒中合罷). Temüǰin-i tere

2-17-5   qurim-dur(突[舌]兒) gelbüre kö’ün kü’ün abčiraǰu büle’e. Qurim-un

2-17-6   haran-i tarqa’ulun(塔[舌]兒中合兀侖), tere gelbüre kö’ün-eče buɣa’u tataǰu

2-17-7   abču, heki inu nigente deledü’ed gü<i>yiǰü, Onan-<n>u

2-17-8   tün dotora "Kebte’esü üǰegdekü" ke’eǰü, usun-u qargi(中合[舌]兒乞)

2-17-9   -dur(圖[舌]兒) gedergü(格迭[舌]兒古) kebteǰü(客卜帖周 ← 客卜迭周), buɣa’u-ban usun
           huru’u urusqan

2-17-10   ni’ür(你兀[舌]兒) ile kebtebe(客卜帖罷 ← 客卜迭罷).

§2

2-18-5   Tere aldaɣsan kü’ün yeke da<u>’u-bar(把[舌]兒), "Bariya kü’ün aldaba!"

2-18-6   ke’<y>en qayilaqui(中合亦剌[中]恢)-dur(突[舌]兒), tarqaɣsad(塔[舌]兒中合黑撒傷)
          Ta<i>yiči’ud quriǰu

2-18-7   ireǰü, üdür(兀都[舌]兒) metü sara’ul-a Onan-<n>u tün-<n>i bederebe.

2-18-8 Qargi(中合[舌]兒乞)-dur(圖[舌]兒) kebteǰü büküi-yi Suldus-un Sorqan(鎖[舌]兒中罕)-šira

2-18-9 ǰö[b] da'ariǰu üǰeǰü ügülerün, "J̌ö[b] ele eyimü arγatu(阿[舌]兒中合禿)-yin

2-18-10 tula **Ni**dün-dür-iyen γaltu, **Ni**'ür(你兀[舌]兒)-tür-iyen geretü ke'<y>en

2-19-1 Ta<i>yiči'ud aqa de'ü-de'<y>en teyin ele naitaγdan aǰu'u.

2-19-2 Či, teyin kü ke[b]te! Ülü ǰa'aqu, bi." ke'ed nögčibe.

2-19-3 "Basa qarin bedereye!" ke'eldüküi(客額勒都中/灰)-dür(突[舌]兒) Sorqan(鎖[舌]兒中罕)
        -šira ügülerün,

2-19-4 "Mün mün mör-i'er-en, ese üǰegsen γaǰar-iyan üǰe'ed qarin

2-19-5 bedereye!" ke'ebe. "J̌e kü!" ke'eldübe(客額勒都罷 ← 客額楊都罷). Mün mün mör
        -iyer(抹[舌]里耶[舌]兒) qarin

2-19-6 bedereǰü, basa Sorqan(鎖[舌]兒中罕)-šira da'ariǰu ügülerün, "Aqa

2-19-7 de'ü činu ama-'an šidü-ben bile'üden ayisu. Teyin ke[b]te!

2-19-8 Qada'uǰi kü!" ke'ed nögčibe.

83

2-20-3 "Basa qarin bedereye!" ke'eldüküi-dür(突[舌]兒) Sorqan(鎖[舌]兒中罕)-šira ügülerün,

2-20-4 "Ta<i>yiči'ud kö'üd ta, gege'<y>en čaγa'an(察中合安 ← 察哈安) üdür(兀都[舌]兒)
        kü[b]čin kü'ü aldaba.

2-20-5 Edö'e qarangqui(中合舌郎[中]恢) söni ker(客[舌]兒) olqun? Bida basa mün mün mör
        -iyer(抹[舌]里耶[舌]兒)

2-20-6 ese üǰe[g]sen γaǰar-iyan üǰe'ed qarin bedere'ed tarqaǰu(塔[舌]兒中合周),

2-20-7 manaγar(馬納中合[舌]兒) üdür(兀都[舌]兒) či'u<n>lǰu eriye! Qa'a odqu(斡楊[中]忽), tere
        buya'utu

2-20-8 kü'ün?" ke'ebe. "J̌e!" ke'e[l]düǰü qarin bedereǰü

2-20-9 Sorqan(鎖[舌]兒中罕)-šira(失[舌]剌) basa da'ariǰu ügülerün, "Edüi bedere'ed(別迭[舌]列額
        楊)

2-20-10 qariǰu manaγar(馬納中合[舌]兒) eriye ke'eldübe. Edö'e man-i

2-21-1 tarqa'ulun(塔[舌]兒中合兀侖 ← 塔兒哈兀侖) baraǰu, eke-ben de'ü-ner-iyen erin(額[舌]鄰)
        od! Nama-yi

2-21-2　üjebe ke'<y>en, kü'ün-e üjegde'esü, üjegdebe ke'<y>en, bü kelele!"

2-21-3　ke'ed nögčibe.

84

2-21-8　An-i tarqa'ulun(塔⁽舌⁾兒ᵐ合兀侖 ← 塔兒哈兀侖) baraju dotora-ban sedkiju, "Öčigen ayi<n>l

2-21-9　bitü'ü<n>[l]ju qono'u<n>lqui(⁽ᶜʰ⁾豁那溫[勒]⁽ᶜʰ⁾恢)-dur(突⁽舌⁾兒) Sorqan(鎖⁽舌⁾兒ᵐ罕)-šira-yin ger(格⁽舌⁾兒)-tür(圖⁽舌⁾兒) qonobasu(⁽ᶜʰ⁾豁那巴速)

2-21-10　Čimbai, Čila<u>'un qoyar(⁽ᶜʰ⁾豁牙⁽舌⁾兒) kö'üd inu örö jirüke-ben ebedču,

2-22-1　söni nama-yi üjeju buya'u minu a[b]ču sulalaju qono[n] a'ululai.

2-22-2　Edö'e basa Sorqan(鎖⁽舌⁾兒ᵐ罕)-šira nama-yi üjeju, ülü ja'an nögčin aba.

2-22-3　Edö'e mün kü tede nama-yi aburamu je." ke'eju Sorqan(鎖⁽舌⁾兒ᵐ罕)-šira-yin

2-22-4　ger(格⁽舌⁾兒) erin Onan-müren hürü'ü yorčiba(約⁽舌⁾兒赤罷).

85

2-22-9　Ger-ün belge sün tüsürü'ed esüg-iyen söni-de üdür(兀都⁽舌⁾兒) čayitala

2-22-10　büleku büle'e. Tere belge sonosču yabubasu, büle'ür-ün da<u>'u

2-23-1　sonosču kürču(古⁽舌⁾兒抽) ger(格⁽舌⁾兒)-tür(圖⁽舌⁾兒) inu orobasu, Sorqan(鎖⁽舌⁾兒ᵐ罕)-šira,

2-23-2　"Eke-ben de'ü-ner-iyen erin od ese-ü kelelü'e, bi? Yekin

2-23-3　irebe, či?" ke'ebe. Čimbai, Čila<u>'un qoyar(ᶜʰ豁牙⁽舌⁾兒) kö'üd inu ügülerün,

2-23-4　"Šiba<u>'uqan-i turimtai buta-dur(圖⁽舌⁾兒) qoryobasu(ᶜʰ豁⁽舌⁾兒ᵐ豁巴速) buta aburaju'ui.

2-23-5　Edö'e bidan-dur(突⁽舌⁾兒) iregsen-i yekin teyin ke'emü, či?" ke'<y>en

2-23-6　ečige-yü'<y>en üge ülü ta'alan buya'u inu čučalju

2-23-7　γal-dur(圖⁽舌⁾兒) tüleju, qoyitu nungyasutu tergen(帖⁽舌⁾兒干)-dür(圖⁽舌⁾兒) unu'u<n>[l]ju

2-23-8　Qada'an neretei dü<i>yi-ben, "Amitu kü'ün-e bü kelele!" ke'eju

2-23-9　asara'u<n>lba.

86

2-24-5 Γutu'ar(^中忽禿阿^[舌]兒) üdür(兀都^[舌]兒), "Kü'ün ni'uba ǰe!" ke'eldüǰü, "Ö'er(斡額^[舌]兒) ǰa'ura

2-24-6 nengǰile<n>[l]düye!" ke'eldüǰü nengǰile<n>[l]dübe. Sorqan(鎖^[舌]兒^中罕)-šira-yin

2-24-7 ger(格^[舌]兒)-tür(圖^[舌]兒), tergen(帖^[舌]兒干)-dür(圖^[舌]兒) iseri-yin doro kürtele(古^[舌]兒帖列) nengǰiǰü,

2-24-8 qoyitu nungγasutu tergen-dür(圖^[舌]兒) unuǰu amasar-a büküi

2-24-9 nungγasu tatalaǰu, köl-dür(圖^[舌]兒) kürküi(古^[舌]兒恢)-dür(突^[舌]兒) Sorqan(鎖^[舌]兒^中罕)-šira,

2-24-10 "Ene basa eyimü qala'un-a nungγasun dotora ker(客^[舌]兒) da'usqu?"

2-25-1 ke'esü nengǰi'ü<n>[l]sün ba<u>'uǰu yorčiba(約^[舌]兒赤罷).

87

2-25-5 Nengǰi'ül-i oduγsan-u qoyina Sorqan(鎖^[舌]兒^中罕)-šira ügülerün(嗚詁列^[舌]論),

2-25-6 "Nama-yi hünesü-'er(額^[舌]兒) keyisgen a[l]daba. Edö'e eke-ben

2-25-7 de'ü-ner-iyen erin od!" ke'eǰü aman čaγa'an eremüg qulaγči+

2-25-8 +n-i(^中忽剌_黑赤泥 ← ^中忽剌_黑赤沉) unu'u<n>[l]ǰu tel quriyan bolγaǰu, gö[kü]'ür(哥〔古〕兀^[舌]兒) nambuγa ǰasaǰu,

2-25-9 eme'el ülü ögün, kete ülü ögün, numu ögčü,

2-25-10 qoyar(^中豁牙^[舌]兒) sumu ögbe. Tedüi ǰasaǰu ilebe.

88

2-26-4 Temüǰin teyin odu'ad šibe'eleǰü qoryolaγsan(^中豁^[舌]兒^中豁剌_黑三)

2-26-5 γaǰar-tur-iyan kürčü(古^[舌]兒抽), ebesün-ü alurqai(阿魯^[舌]兒^中孩)-bar(巴^[舌]兒) Onan

2-26-6 -müren ö'ede möčgiǰü, höröne-če Kimurγa(乞沐^[舌]兒^中合)-γoroqan oro+

2-26-7 +ǰu iren aǰu'u. Tere ö'ede möčigi'<y>ed, Kirmuγa-γoroqan-<n>u

2-26-8 Beder(別迭^[舌]兒)-qoši'un-u Qorčuqui(^中豁^[舌]兒出^[中]恢)-bolda γ-a büküi-dür(突^[舌]兒) ǰol<u>γa[l]duba.

2-27-2 Tende neyile<n>ldüǰü odču Burqan(不^[舌]兒^[中]罕)-qaldun-u ebür-e, Güre<n>lgü

2-27-3 dotora Senggür(桑沽[舌]兒)-ɣoroqan-u Qara-ǰirügen-ü Kökö-na'ur(納浯[舌]兒)

2-27-4 nuntuɣlaǰu aqui(阿[中]恢)-dur(突[舌]兒) tarbaɣad(塔[舌]兒巴[中]合[楊]), küčügür(窟出古[舌]兒) alaǰu

2-27-5 iden büle'e.

90

2-27-8 Nigen üdür(兀都[舌]兒) širɣa(失[舌]兒[中]合) aɣta-tan naiman mori ger-ün dergede(迭[舌]兒格迭)

2-27-9 ba<i>yiǰu büküi-yi de'erme(迭額[舌]兒篾) ireǰü üǰetele de'ermedčü(迭額[舌]兒篾[楊]抽)

2-27-10 yorčiba(約[舌]兒赤罷). Yabuɣad, üǰeǰü qočorba([中]豁綽[舌]兒罷). Belgütei oɣotur(斡[中]豁都[舌]兒)

2-28-1 dargi(荅[舌]兒吉) qongɣor-i unuǰu tarbaɣačilara(塔[舌]兒巴[中]合赤剌[舌]剌) odču büle'e.

2-28-2 Üdeši naran šinggegsen-<n>ü qoyina Belgütei dargi(荅[舌]兒吉) oɣotur(斡[中]豁都[舌]兒)

2-28-3 Qongɣor([中]晃[中]豁[舌]兒)-tur(途[舌]兒) tarbaɣad(塔[舌]兒巴[中]合[楊]) ačiǰu niɣsaɣalǰatala yabuɣan

2-28-4 kötö[l]ǰü irebe. "Širɣa(失[舌]兒[中]合) a[ɣ]tatan-i de'erme(迭額[舌]兒篾) a[b]ču

2-28-5 odba." ke'esü Belgütei ügülerün, "Bi nekesü!" ke'ebe.

2-28-6 Qasar([中]合撒[舌]兒) ügülerün(嗚詀列[舌]論), "Či ülü čidaqu. Bi nekesü!" ke'ebe.

2-28-7 Temüǰin ügülerün, "Ta ülü čidaqu. Bi nekesü!" ke'eǰü, dargi(荅[舌]兒吉)

2-28-8 qongɣor-i Temüǰin unuǰu širɣa(失[舌]兒[中]合) a[ɣ]ta-tan-i ebesün-ü

2-28-9 alurqai(阿魯[舌]兒[中]孩)-bar(巴[舌]兒) möčigiǰü ɣurban([中]忽[舌]兒班) qonoǰu manaɣar(馬納[中]合[舌]兒) erte(額[舌]兒帖)

2-28-10 mör(抹[舌]兒)-tür(突[舌]兒) olon adu'un-dur(圖[舌]兒) nigen gürümele kö'ün kü'ün

2-29-1 ge'ü sa'an aqu-yi ǰolɣaǰu širɣa(失[舌]兒[中]合) aɣta-tan-i surabasu, tere

2-29-2 kö'ün ügülerün, "Ene manaɣar(馬納[中]合[舌]兒) naran urɣuqu(兀[舌]兒忽[中]忽)-yin urida

2-29-3 širɣa(失[舌]兒[中]合) a[ɣ]ta-tan naiman mori, e'ü-ber(別[舌]兒) hü[l]deǰü yorčiba(約[舌]兒赤罷).

2-29-4　Mör(抹[舌]兒) inu bi ǰa’aǰu ögsü!” ke’ed oγotur(斡[中]豁都[舌]兒) qongyor-i

2-29-5　ta[l]bi’u<n>[l]ǰu Temüjin-<n>e oroγ šingqula-yi unu’u<n>lba.

2-29-6　Mün ö’esün qurdun(中忽[舌]兒敦) qubi-yi unuba. Ger(格[舌]兒)-tür-iyen be [r](別[舌]兒])ülü

2-29-7　odun, nambuγa sa’ul<u>γa-ban ke’er-e bügüjü(不古周 ← 不中忽周) talbiba.

2-29-8　“Nökör(那可[舌]兒), či bürün maši mungtaniǰu ayisu aǰu’u. Ere-yin

2-29-9　mung nigen bui je. Bi čima-dur(赤馬途[舌]兒) nököčesü! Ečige minu

2-29-10　Naqu-ba<i>yan ke’egdeyü. Bi γaγča kö’ün inu. Bi Bo’orču(孛斡[舌]兒出)

2-30-1　neretü bui.” ke’e’ed širya(失[舌]兒中合) a[γ]ta-tan-u mör-iyer(抹舌里牙[舌]兒) inu

2-30-2　möčgiǰü, γurban(中忽[舌]兒班) qonoǰu üdeši naran quburi tašin büküi-dür(突[舌]兒)

2-30-3　nigen küri’en irgen(亦[舌]兒堅)-dür(途[舌]兒) kürbe(古[舌]兒罷). Širya(失[舌]兒中合) aγta-

　　　　tan naiman mori

2-30-4　tere yeke küri’en-ü kiǰa’ar-a ebesülen(額別速連 ← 額別速速) ba<i>yiǰu büküi-yi

2-30-5　üjebe. Temüjin ügülerün(嗚詁列[舌]論), “Nökör(那可[舌]兒), či ende ba<i>yi!

2-30-6　Bi, širya(失[舌]兒中合) a[γ]ta-tan — tede bui — hü[l]deǰü γarsuγai(中合[舌]兒速中孩)!”

　　　　ke’ebe.

2-30-7　Bo’orču(孛斡[舌]兒出) ügülerün, “Nököčesü ke’<y>en irele’e, bi. Ende

2-30-8　yekin ba<i>yiqu?” ke’ed qamtu do[b]tulǰu oro’a[d]

2-30-9　širya(失[舌]兒中合) aγta-tan-i hüldeǰü γarba(中合[舌]兒罷).

91

2-32-1　Qoyina-ča haran ubur(兀不[舌]兒) subur(速不[舌]兒) nekeǰü ayisu. Nigen čaγa’an(察中
　　　　合安 ← 察哈安)

2-32-2　moritu kü’ün u’urγa(兀兀[舌]兒中合) bariǰu γaγča-’ar(中合黑察阿[舌]兒) gü<i>yičeǰü

　　　　ayisu.

2-32-3　Bo’orču(孛斡[舌]兒出) ügülerün(嗚詁列[舌]論), “Nökör(那可[舌]兒), numu sumu na-da

　　　　ača! Bi qarbula<n>[l]dusu(中合[舌]兒不闌[勒]都速)!”

2-32-4　ke’ebe. Temüjin ügülerün(嗚詁列[舌]論), “Minu tula či erüste’üǰei!

2-32-5　Bi qarbula<n>ldusu(中合[舌]兒鏷闌[勒]都速)!” ke’eǰü esergü(額薛[舌]兒古) qarin qarbula<n>lduba(^中合^{〔舌〕}兒不闌_勒都罷).

2-32-6　Tere čaγa'an moritu(秣^{〔舌〕}驪禿) kü'ün u'urya-bar-iyan dokiǰu ba<i>yiba.

2-32-7　Qoyitus nököd gü<i>yičeǰü irebe. Naran šinggeǰü odba.

2-32-8　Dü'üšin bolǰu ayisu qoyitu tede haran baru'an boldaǰu

2-32-9　ba<i>yiǰu qočorba(^{〔中〕}豁綽^{〔舌〕}兒罷).

92

2-33-4　Tere söni düli'ed γurban(^中忽^{〔舌〕}兒班) üdür(兀都^{〔舌〕}兒) γurban(^中忽^{〔舌〕}兒班) söni düliǰü
　　　　kürbe(古^{〔舌〕}兒罷).

2-33-5　Temüjin ügülerün, "Nökör(那可^{〔舌〕}兒), bi čima-dača anggida ede morid-iyan(秣^{〔舌〕}
　　　　驪的顏)

2-33-6　a[b]qu-'u büle'e. Qubiyalduya(^中忽必牙_勒都牙 ← 古必牙_勒都牙)! Kedüi-yi a[b]qu?
　　　　Ke'emü!"

2-33-7　ke'ebe. Bo'orču(孛斡^{〔舌〕}兒出) ügülerün, "Bi sayin nökör-i, čima-yi, mungtaniǰu

2-33-8　ayisu ke'<y>en sayin nökör-e tusa bo[l]su ke'<y>en nököčeǰü irebe(亦^{〔舌〕}列罷),

2-33-9　bi. O<n>[l]ǰa-'u ke'eǰü a[b]qu, bi? Ečige minu Naqu-ba<i>yan neretü

2-33-10　bu<i>yu. Naqu-ba<i>yan-u γaγča kö'ün inu bi bu<i>yu. Ečige-yin minu

2-34-1　ǰü'e[g]sen na-da tügetele bu<i>yu. Bi ülü a[b]qu! Tusa boluysan minu

2-34-2　ya'un tusa bolqu? Ülü a[b]qu!" ke'ebe.

93

2-34-7　Naqu-ba<i>yan-u ger(格^{〔舌〕}兒)-tür(圖^{〔舌〕}兒) kürbe(古^{〔舌〕}兒罷). Naqu-ba<i>yan kö'ü
　　　　-ben Bo'orču(孛斡^{〔舌〕}兒出)-yi

2-34-8　ǰa[b]qaǰu nisun nilbusu-bar(巴^{〔舌〕}兒) aǰu'u. Gene[d]te kürteǰü(古^{〔舌〕}兒帖周), kö'ü
　　　　-ben

2-34-9　üǰeǰü, nigente u<i>yilamu. Nigente dongyodumu. Kö'ün inu

2-34-10　Bo'orču(孛斡^{〔舌〕}兒出) ügülerün, "Ya'un bolba? Sayin nökör(那可^{〔舌〕}兒) mungtaniǰu

2-35-1　ayisun aǰu'u. Nököčeǰü odula'a, bi. Edö'e irebe." ke'ed

2-35-2　ha'u<n>[l]ǰu odču, ke'er-e bügügsen(不古_克先 ← 不^中忽_黑三) nambuya sa'ul<u>ya
　　　　-ban a[b]čiraba.

2-35-3 Temüjin-<n>e tel quriɣan alaǰu künesü ögü'ed, nambuɣa

2-35-4 de'ürge(迭兀[舌]兒格) ǰasaǰu künesle'ü<n>[l]be. Naqu-ba<i>yan ügülerün,

    "Qoyar(中豁牙[舌]兒)

2-35-5 ǰala'us bui, ta. Üǰe<n>[l]dügtüd! Mönö qoyina bü te[b]čildü[g]tüd!"

2-35-6 ke'ebe. Temüjin odču ɣurban(中忽[舌]兒班) söni ɣurban(中忽[舌]兒班) üdür(兀都[舌]兒)

    yorčiǰu(約[舌]兒赤周)

2-35-7 Senggür(桑沽[舌]兒)-ɣoroqan-a ger(格[舌]兒)-tür-iyen kürbe(古[舌]兒罷). Hö'elün eke,

2-35-8 Qasar(中合撒[舌]兒) ki'ed de'ü-ner inu herüǰü aǰu, üǰeǰü

2-35-9 bayasba.

94

2-36-6 Tende-če Temüjin, Be[l]gütei qoyar(中豁牙[舌]兒) Dei-sečen-<n>ü Börte(孛[舌]兒帖)

    -üǰin-i

2-36-7 — yesün nasutu büküi-dür(突[舌]兒) üǰeǰü iregse'er(亦[舌]列克薛額[舌]兒) qaɣačaǰu

    büle'e —

2-36-8 Kelüren-müren(沐[舌]漣) hürü'ü erin(額[舌]鄰) o[d]ba. Če[g]čer(扎[克]徹[舌]兒),

    Čiqurqu(赤中忽[舌]兒中忽) qoyar-un

2-36-9 ǰa'ura Dei-sečen Unggira[d] tende aǰu'u. Dei-sečen Temüjin-i

2-36-10 üǰeǰü maši yeke bayasču ügülerün(鳴詁列[舌]論), "Ta<i>yiči'ud aqa de'ü

2-37-1 činu naitamu ke'<y>en medeǰü maši herüǰü čököle'ei. Aran

2-37-2 üǰebe ǰe, čima-yi!" ke'ed Börte(孛[舌]兒帖)-üǰin-i neyile'üle'ed

2-37-3 e'üsgebe. E'üsgen ayisurun Dei-sečen ǰa'ura Kelüren-ü

2-37-4 Uraɣčol-nu-dača qariba. Gergei(格[舌]兒該) inu Börte(孛[舌]兒帖)-üǰin-ü eke

2-37-5 Čotan neretei buliyi. Čotan öki-yen hüdeǰü Güre<n>lgü

2-37-6 dotora Senggür(桑沽[舌]兒)-ɣoroqan-a büküi-dür(突[舌]兒) kürgeǰü(枯[舌]兒格周) irebe.

95

2-38-2 Čotan-i qari'ulu'ad, Belgütei-yi, "Bo'orču(孛斡[舌]兒出)-yi nököčeye!" ke'<y>en

2-38-3 uriǰu ilebe. Bo'orču(孛斡[舌]兒出), Be[l]gütei-yi kürge'ülü'ed(古[舌]兒格兀魯額惕)

2-38-4 ečige-dür-iyen ülü kelelen **B**ögötür(孛戈禿[舌]兒) qongyor-i unu'ad, **B**oro

2-38-5 örmüge(幹[舌]兒木格)-ben **b**ögtürü'ed, Belgütei-lü'e irebe. Tere

2-38-6 nököčegse'er(那可徹_克薛額[舌]兒) nököčeküi yosun teyimü.

96

2-38-10 Senggür(桑沽[舌]兒)-γoroqan-ača ne<ü>'üjü Kelüren-müren-ü teri'ün Bürgi(不[舌]兒吉)

2-39-1 -ergi(額[舌]兒吉)-de nuntuγlan ba<u>'uju, Čotan eke-yin šidkü<n>l ke'<y>en

2-39-2 qara buluγan daqu abčiraju büle'e. Tere daqu-yi

2-39-3 Temüjin, Qasar(中合撒[舌]兒), Belgütei γurban(中忽[舌]兒班) a[b]ču odču "Erte(額[舌]兒帖) üdür(兀都[舌]兒)

2-39-4 Yesügei-qan ečige-lü'e Kereyid irgen-ü Ong-qan anda

2-39-5 ke'eldügsen aju'u. Ečige-lü'e minu anda ke'eldügsen

2-39-6 ečige metü bui je." ke'<y>en "Ong-qan-i Tu'ula-yin Qara-tün-<n>e bu<i>yu"

2-39-7 ke'<y>en medejü odba. Ong-qan-dur(途[舌]兒) Temüjin kürčü(古[舌]兒抽) ügülerün,

2-39-8 "Erte(額[舌]兒帖) üdür(兀都[舌]兒) ečige-lü'e minu anda ke'eldügsen

2-39-9 aju'u. Ečige kü metü bu<i>yu je ke'ejü gergei(格[舌]兒該) ba<u>'u<n>lju

2-39-10 emüsgel(額木思格_勒 ← 額木思格_克) čima-da a[b]čiraba." ke'<y>en buluγan daqu(荅中忽) ögbe.

2-40-1 Ong-qan maši bayasču ügülerün, "**Qa**ra buluγan daqu-yin qari'u,

2-40-2 **Qa**γačaγsan ulus-i činu, **Qa**mtudqaju ögsü! **Bu**luγan daqu-yin

2-40-3 qari'u, **Bu**taraγsan ulus-i činu, **Bü**güdke[l]düjü ögsü!

2-40-4 **Bö**'öre(字幹[舌]列 ← 字可[舌]列)-yin **b**ögse-dür(圖[舌]兒), **Č**e'ere(扯額[舌]列 ← 扯客[舌]列)-yin **č**e'eji-dür(圖[舌]兒) atuγai!"

2-40-5 ke'ebe.

97

2-41-3 Tende-če qariju Bürgi(不[舌]兒吉)-ergi(額[舌]兒吉)-de büküi-dür(突[舌]兒) Burqan(不[舌]屾[中]罕)-qa[l]dun-ača

2-41-4 Uriangqadai kü'ün Jarči'udai(札[舌]兒赤兀歹) ebügen kü'ürge(窟兀[舌]兒格)-ben ü[ü]rčü(兀[兀][舌]兒抽)

2-41-5　J̌elme neretü kö'ün-iyen uduridču(兀都[舌]里[楊]抽←兀都[舌]里[勒]抽) ireǰü J̌arči'udai

2-41-6　ügülerün, "Onan-<n>u Deli'ün-bolday-a büküi-dür(突[舌]兒), Temüǰin-i

2-41-7　töröküi-dür(突[舌]兒), buluyan nelkei ögüle'e, bi. Ene ko'ü-ben

2-41-8　J̌elme-yi ögüle'e kü, bi. Üčügen ke'<y>en abču odula'a.

2-41-9　Edö'e J̌elme-yi Eme'el-iyen toqu'ul! E'üde-'<y>en

2-41-10　negü'ü<n>l!" ke'eǰü ö[g]be.

98

2-42-4　Kelüren-müren-<n>ü teri'ün-e, Bürgi(不[舌]兒吉)-ergi(額[舌]兒吉)-de ba<u>'uǰu

　　　　büküi-dür(突[舌]兒),

2-42-5　nigen manaɣar(馬納[中]合[舌]兒) erte(額[舌]兒迭) gere<n>l šira<n>l üdür(兀都[舌]兒)

　　　　geyin büküi-dür(突[舌]兒)

2-42-6　Hö'elün eke-yin ger(格[舌]兒)-dotora ködölküi Qo'a[ɣ]čin emegen

2-42-7　bosču ügülerün, "Eke, eke, Öter(斡帖[舌]兒) bos! Ɣaǰar([中]合札[舌]兒) derbelü+

2-42-8　+müi(迭[舌]兒別魯梅). Tübüri'ün sonostamu. J̌alqamšiɣtan Ta<i>yiči'u[d] ayisun

2-42-9　aqun-u? Eke öter(斡帖[舌]兒) bos!" ke'ebi.

99

2-43-2　Hö'elün eke ügülerün, "Kö'üd-i öter(斡帖[舌]兒) seri'ülüdkün!" ke'ed

2-43-3　Hö'elün eke öter(斡帖[舌]兒) kü bosbi. Temüǰin-tan kö'üd

2-43-4　öterlen(斡帖[舌]兒連) kü bosu'ad morid-iyan(秣[舌]驪的顏) bariǰu, Temüǰin nigen

2-43-5　mori(秣[舌]驪) unuba. Hö'elün eke nigen mori(秣[舌]驪) unuba. Qasar([中]合撒[舌]兒)

2-43-6　nigen mori(秣[舌]驪) unuba. Qači'un nigen mori(秣[舌]驪) unuba. Temüge-odčigin

2-43-7　nigen mori(秣[舌]驪) unuba. Belgütei nigen mori(秣[舌]驪) unuba. Bo'orču(孛斡[舌]兒
　　　　出)

2-43-8　nigen mori(秣[舌]驪) unuba. J̌elme nigen mori(秣[舌]驪) unuba. Temülün-<n>i

2-43-9　Hö'elün eke ebür(額不[舌]兒)-tür-iyen de'ürbe(迭兀[舌]兒別). Nigen mori(秣[舌]驪)
　　　　kötö<n>l

2-43-10　ǰasaba. Börte(孛[舌]兒帖)-üǰin-e mori dutaba.

100

2-44-4　Temüjin aqa-nar(納[舌]兒) de'ü-ner(捏[舌]兒) morilaju(秣[舌]驪剌周), erte(額[舌]兒帖)

　　　　bö'e[d]-te

2-44-5　Burqan(不[舌]兒[中]罕) jüg ɣarba(中合[舌]兒罷). Qo'aɣčin emegen Börte(孛[舌]兒帖)-üjin-i

　　　　ni'usu ke'<y>en

2-44-6　**B**öken qara'utai tergen(帖[舌]兒堅)-dür(圖[舌]兒) unu'u<n>lju, **B**ö'ere alaɣ

2-44-7　hüker(忽客[舌]兒) kö[l]jü, Tenggeri(騰格[舌]里～Tenggeli[g])-ɣoroqan ö'ede ködöljü

2-44-8　ayisun büküi-dür(突[舌]兒), herü baru-da üdür(兀都[舌]兒) geyin büküi-dür(突[舌]兒),

2-44-9　esergün-eče(額薛[舌]兒古捏扯) čerig haran qataraju hergijü(赫[舌]兒吉周) kürčü(古[舌]

　　　　兒抽)

2-44-10　ireju, "Ya'un kü'ün či?" ke'<y>en hasaɣba. Qo'a[ɣ]čin emegen

2-45-1　ügülerün, "Bi Temüjin-ü'ei bui. Yeke ger(格[舌]兒)-tür(圖[舌]兒) qonin kirɣara(乞[舌]兒

　　　　中合舌剌)

2-45-2　irele'e. Ger(格[舌]兒)-tür-iyen qariju ayiši." ke'ebi.

2-45-3　Tende-če ügülerün, "Temüjin ger(格[舌]兒)-tür(圖[舌]兒) bu<i>yu-u? Ger(格[舌]兒)

　　　　keji'e

2-45-4　bu<i>yu?" ke'ebi. Qo'aɣčin emegen ügülerün, "Ger(格[舌]兒) či

2-45-5　oyira bu<i>yu. Temüjin-i büküi-yi ügei ese uqabi. Qoyina-ča

2-45-6　bosu'ad irebi, bi." ke'ebi.

2-46-2　Tede čeri'üd tedüi qataraba. Qo'aɣčin emegen bö'ere

2-46-3　alaɣ hüker-iyen deledü'ed öterlen(斡帖[舌]兒連) ne'ükü bolun

2-46-4　tergen(帖[舌]兒格訥)-ü tenggeli quyus odba. Tenggeli-ben quɣura[ɣ]daju

2-46-5　yabuɣad-iyar(迓步中合的牙[舌]兒) hoi-dur(圖[舌]兒) gü<i>yijü oroya ke'eldün büküi

　　　　-dür(突[舌]兒)

2-46-6　daruča müd čeri'üd Belgütei-yin eke-yi sundula'u<n>lduju

2-46-7　qoyar(中豁牙[舌]兒) köd inu čerbegelje'ü<n>ljü(扯[舌]兒別格勒者溫勒周) qataraju(中合塔舌

　　　　剌周←中合荅舌剌周) kürčü(古[舌]兒抽)

2-46-8　ire'ε[d] "Ene tergen(帖[舌]兒堅) dotora ya'un te'ejü amu?" ke'ebe.

2-46-9　Qo'aɣčin emegen ügülerün, "Ungyasun te'ejü amu." ke'ebi.

2-46-10　Tede čeri'üd-ün aqa-nar(納[舌]兒) inu ügülerün, de'ü-ner(捏[舌]兒) kö'üd-iyen,

2-47-1　"Ba<u>'uǰu üǰedkün!" ke'ebe. De'ü-ner(捏[舌]兒) kö'üd inu ba<u>'uǰu

2-47-2　qa'έtai tergen-ü(帖[舌]兒格訥) qa'alɣa(中合阿勒中合 ← 中合阿揚中合) abqui(阿卜[中]恢)-lu'a
　　　　 dotora qatun(中合禿你 ← 中合禿黑) ǰe

2-47-3　kü'ün sa'uǰu, ima-yi tergen-eče(帖[舌]兒格捏扯) čirču(赤[舌]兒抽) ba<u>'u<n>lǰu,

2-47-4　Qo aɣčin ǰirin-i sundula'u<n>lǰu abu'ad, Temüǰin-ü qoyina+

2-47-5　+-ča ebesün-ü alurqai(阿魯[舌]兒中孩)-bar(巴[舌]兒) mö[č]giǰü Burqan(不[舌]兒中罕) ǰüg

2-47-6　ɣarɔa(中合[舌]兒罷).

102

2-48-2　Temüǰin-ü qoyina-ča Burqan(不[舌]兒中罕)-qaldun-<n>i ɣurbanta(中忽[舌]兒班塔)
　　　　 qučǐ'u<n>lǰu

2-48-3　erüsün yadaba. Eyin teyin bu<n>lǰi'asu umubu šibar(失巴[舌]兒) berke(別[舌]兒客)

2-48-4　ho inu čadqulang moɣai-ya širɣu'asu(失[舌]兒中忽阿速) ülü bolqu

2-48-5　berke(別[舌]兒客) šiɣui(失[中]恢) qoyina-ča inu daɣaǰu erüsün yadaǰu'ui.

2-48-6　Tede Ɣurban(中忽[舌]兒班) Merkid(篾[舌]兒乞揚) aǰu'u. Uduyid Merkid-ün(篾[舌]兒乞敦)
　　　　 Toɣto'a,

2-48-7　Uwas Merkid-ün(篾[舌]兒乞敦) Dayir(苔亦[舌]兒)-usun, Qa'ad Merkid-ün(篾[舌]兒乞敦)
　　　　 Qa'atai-darmala(苔[舌]兒麻刺)

2-48-8　ede Ɣurban(中忽[舌]兒班) Merkid(篾[舌]兒乞揚), erten-ü(額[舌]兒帖訥) Hö'elün eke-yi
　　　　 Čiɛdü-deče(迭扯 ← 苔察)

2-48-9　buliǰu abtala'ai ke'<y>en edö'e tere ösö[l] ösön ire[g]se[d]

2-48-10　aǰɹ'u. Tede Merkid(篾[舌]兒乞揚) ügüle[l]dürün, "Hö'elün-<n>ü hači aburan

2-49-1　edö'e emes-i anu abuba. Hači-yan aburaba, bida." ke'el+

2-49-2　+düǰü, Burqan(不[舌]崡中罕)-qaldun-<n>ača ba<u>'uǰu geyid-tür-iyen

2-49-3　aǰiraba.

2-49-9   Temüjin, "Tede Ɣurban(^中忽^[舌]兒班) Merkid(篾^[舌]兒乞惕) maɣad geyid-tür-iyen

         ajiraba-yu(由←田),

2-49-10 bügčü-'ü amui?" ke<y>en Belgütei, Bo'orču(孛斡^[舌]兒出), Ĵelme ɣurban-i(^中忽^[舌]兒

         巴泥)

2-50-1   Merkid-ün(篾^[舌]兒乞敦) qoyina-ča(^中豁亦納察) uqa'uta ɣurban(^中忽^[舌]兒班) qonoɣ

         daɣa'u<n>lju

2-50-2   Merkid-i(篾^[舌]兒乞的) küngke'ü<n>ljü, Temujin Burqan(不^[舌]兒^中罕) de'ere-če

         ba<u>'uju

2-50-3   e[b]če'ü-ben mö'eledču ügülerün, "Qo'aɣčin eke-yi **S**olangya

2-50-4   bolju **so**nosqu-yin tula, **Ü**nen bo[l]ju **ü**jekü-yin tula,

2-50-5   **Bü**dün beye-'en **bu**ru'udun(不^[舌]魯兀敦), **Bu**giya moritu(秝^[舌]驪禿) **Bu**ɣu-yin horim

         horimlaju

2-50-6   **Bu**rɣasun(不^[舌]兒^中合孫) ger(格^[舌]兒) gerlen(格^[舌]兒連), **Bur**qan(不^[舌]峏^中罕) de'ere

         ɣarula'a.

2-50-7   **Bur**qan(不^[舌]峏^中罕)-qaldun-a **Bö**'esün-ü tedüi amin-iyan **Bu**<n>lji'u<n>ldaba, bi.

2-50-8   **Ɣa**ɣčaqan amin-iyan **qa**yiralan, **Ɣa**ɣča moritu(秝^[舌]驪禿), **Qa**ndaɣai-yin

2-50-9   horim horimlaju, **Qal**ɣasun ger(格^[舌]兒) gerlen(格^[舌]兒連), **Qal**dun de'ere

2-50-10 ɣarula'a, bi. **Qal**dun-burqan-a(不^[舌]峏^中合納) **Ɣar**ča(^中合^[舌]兒察)-yin tedüi amin-iyan

2-51-1   **Qal**qalaɣdaba je, bi. Maši ayu'u<n>ldaba, bi. Burqan(不^[舌]峏^中罕)-qaldun-i

2-51-2   **Ma**naɣar(馬納^中合^[舌]兒) büri **ma**liyasuyai! **Ü**dür(兀都^[舌]兒) büri(不^[舌]里) **ö**čisügei!

         Uruɣ-un **u**ruɣ

2-51-3   minu Uqatuɣai!" ke<y>en naran esergü(額薛^[舌]兒古) büse-ben küjü'ün-dür-iyen

2-51-4   erigeleju, maɣalai-ban ɣar(^中合^[舌]兒)-tur-iyan se'ejigeleju, ɣar-iyan

2-51-5   e[b]če'ün-dür-iyen mö'ele[d]ču, naran [jüg] yesünte sögö[d]ču sačuli öči'üli

         ö[g]be.

104

3-1-2   Tedüi kelelejü Temüjin, Qasar, Belgütei ɣurban, Kereyid-ün

3-1-3　To'ori<n>l Ong-qan-dur, Tu'ula-müren-<n>ü Qara-tün-<n>e(捏 ← 納) büküi-dür

3-1-4　odču(斡ₗₑ抽 ← 斡ₗₑ抽) ügülerün, "Γurban Merkid-te genen büküi-dür ireǰü

3-1-5　eme kö'ü-ben da<u>['u]liǰu a[b]taba(阿₍ₕ₎塔罷 ← 阿荅罷). Qan ečige minu eme kö'ü

3-1-6　aburaǰu ögtügei ke'<y>en irebe, ba." ke'ebe. Tere üge-yin

3-1-7　qari'u, To'ori<n>l Ong-qan ügülerün, "Bi nidoni čima-da ese-ü

3-1-8　ügülele'e? Buluγan daqu na-da a[b]čirarun, 'Ečige-yin čaγ-un

3-1-9　anda ke'eldügsen ečige metü bu<i>yu ǰe' ke'<y>en emüsgegde'esü,

3-1-10　tende bi ügülerün, 'Buluγan daqu-yin qari'u Butaraysan ulus-i činu

3-2-1　Bügüdgeldüǰü ögsü! Qara buluγan daqu-yin qari'u Qaγačaγsan

3-2-2　ulus-i činu Qamtudqalduǰu ögsü!' ke'<y>en 'Če'ere<i>(扯額舌來 ← 扯客舌來)-yin če'eǰi-dür

3-2-3　atuγai! Bö'öre<i>(字斡舌來 ← 字可舌來)-yin bögse-dür atuγai!' ese-ü ke'ele'e, bi?

3-2-4　Edö'e tere üge-dür-iyen kürün, Buluγan daqu-yin qari'u,

3-2-5　Bügüde Merkid-i büreltele, Börte-üǰin-i činu aburaǰu

3-2-6　ögsü, bi! Qara buluγan daqu-yin qari'u, Qamuγ Merkid-i qaltačiǰu,

3-2-7　Qatun Börte-yi činu, Qari'ulǰu abčiraya, bida! Či J̌amuqa

3-2-8　de'ü-de kelen kiǰü ile! J̌amuqa de'ü Qorqonaγ-ǰubur-a bui ǰe.

3-2-9　Bi ende-če(額₍ᵢ₎迭扯 ← 額ₗₑ迭扯) qoyar tümed morilasu! Bara'un γar bolun

3-2-10　J̌amuqa de'ü qoyar tümed bolǰu ǰe<ü>'ün γar bolun morilatuγai(林舌驪/ᵗ舌/刺秃ᵗ孩)!

3-3-1　Bidan-u bolǰa'an J̌amuqa-dača boltuγai!" ke'ebe.

105

3-3-8　Temüǰin, Qasar, Belgütei γurban To'ori<n>l-qan-<n>ača qariǰu

3-3-9　ger-tür-iyen kürčü, Temüǰin J̌amuqa-dur Qasar, Belgütei

3-3-10　qoyar-i ilerün, "J̌amuqa anda-da ügüle!" ke'<y>en ügüleǰü ilerün,

3-4-1　"Γurban Merkid-te ireǰü Oro-ban hoγtorγu bolγa[γ]da'a,

3-4-2　bi. Önör nigenten busud-u, bida? Ösöl-iyen ker ösekün?

3-4-3　Ebür-iyen hemtü<n>lde'e, bi. hEeligen-ü uruγ busud-u, bida?

3-4-4 **Hači**-yan ker(客[舌]兒) **hači**laqun(哈赤剌[中]渾), bida?" ke'ejü ilebe. J̌amuqa

3-4-5 anda-da ügülejü ilegsen üge edüi. Basa Kereyid-ün

3-4-6 To'ori<n>l-qan-u ügülegsen üges-i J̌amuqa-da ügülejü ilerün,

3-4-7 "Erte üdür Yesügei-qan ečige-de minu tusa sayi

3-4-8 kigdegsen-i sedkijü, "Nököčesü, bi! Qoyar tümed bolǰu

3-4-9 bara'un γar bolun morilasu! J̌amuqa de'ü-de kelelejü ile.

3-4-10 J̌amuqa de'ü qoyar tümed morilatuγai! Qamtudqu bolǰa'an

3-5-1 J̌amuqa de'ü-deče boltuγai." ke'ebe." Ede üges-i da'usγan

3-5-2 baraju J̌amuqa ügülerün, "Temüjin anda-yi **O**ro ho[γ]torγu

3-5-3 bolba ke'<y>en medejü **Ö**rö minu ebedbe. **E**bür hemterebe ke'<y>en

3-5-4 medejü h**E**lige minu **e**bedbe. **Ö**söl-iyen **ö**sön, **U**duyid,

3-5-5 **U**was Merkid-i ülüdkejü, **Ü**jin Börte-yen aburaya!

3-5-6 **Ha**či-yan aburan, **Qa**muγ Qa'ad Merkid-i qaltačiju(中合勒塔赤周 ← 中合勒塔亦周),
Qatun

3-5-7 Börte-yü'<y>en **Qa**ri'ulun aburaya! Edö'e tere **Gö**lme

3-5-8 dabšiqui(答卜失[中]恢)-dur, **Kö**'ürge-yin da<u>'u bolγaju kökideg Toγto'a Bu'ura

3-5-9 -ke'er-e bui ǰe. **Da**bčitu qor darbalǰaqui-dur da<i>yiǰi[γ]či

3-5-10 **Da**yir-usun, edö'e Orqon(斡[舌]兒[中]洹), Selengge qoyar-un Talqun

3-6-1 -aral-a bui ǰe. **Qa**mqa'ulsun ke<i>yisküi-dür **Qa**ra hoi temečegči

3-6-2 **Qa**'atai-darmala, edö'e **Qa**raǰi-ke'er-e bui ǰe. Edö'e

3-6-3 bida dötelen **Ki**<n>lγo-müren-<n>i **ki**nggüs — **Sa**qal ba<i>yan esen atuγai! —

3-6-4 **Sa**l huyaǰu oroya. Tere kökideg Toγto'a-yin **E**rüke

3-6-5 de'ere inu oroǰu, **E**rkin e'ede inu embürü

3-6-6 da'ariǰu, **E**me kö'ü inu **E**čültele ha<u>'uluya! **Qu**tuγ

3-6-7 e'ede inu **Qu**γuru da'ariǰu, **Qo**tola ulus-i inu

3-6-8 qo'osun boltala ha<u>'uluya!

106

3-7-6 J̌amuqa basa ügülerün, "Temüjin anda, To'ori<n>l-qan aqa

3-7-7 qoyar-a ügüle!" ke'<y>en ügülerün, "Bi bürün, **Qa**ra'atu tuγ-iyan

3-7-8 sačuba, bi. **Qa**ra buqa-yin arasun-<n>iyar bürigsen, **B**ürkiren

3-7-9 büküi da<u>'utu kö'ürge-ben deledbe, bi. **Qa**ra qurdun-iyan

3-7-10 unuba, bi. **Qa**tangyu de'el-iyen emüsbe, bi. **Qa**tan ǰida-ban

3-8-1 bariba, bi. **Qa**tγurasutu sumun-iyan onolaba. **Qa**'ad

3-8-2 Merkid-tür **Q**adquldun morilaya bö'ed ke'<y>en ügüle!

3-8-3 **U**rtu(兀⁽ᵗⁱ⁾兒圖) qara'atu tuγ-iyan sačuba, bi. h**Ü**ker-ün arasu-bar

3-8-4 bürigsen **Ö**tken da<u>'utu kö'ürge deledbe, bi. **O**roγ qur+

3-8-5 +dun-iyan unuba, bi. h**Ü**desütü quyaγ-iyan(⁽ᵗⁱ⁾忽牙吉顔) emüsbe, bi.

3-8-6 **O**ngyitu ü<n>ldü-be'<y>en bariba, bi. **O**notu sumun-iyan onolaba,

3-8-7 bi. **U**duyid Merkid-tür **Ü**kü<n>ldüye bö'ed ke'<y>en ügüle!

3-8-8 **T**o'ori<n>l-qan aqa morilarun, Burqan-qaldun-u ebür-iyer

3-8-9 Temüǰin anda-yi da'ari'ad ireǰü, Onan-müren-<n>ü

3-8-10 teri'ün-e, Botoγan-bo'orǰi-da bolǰalduya! Ende-če

3-9-1 morilarun, Onan-müren ö'ede — anda-yin ulus ende bui —

3-9-2 Anda-yin ulus-ača nigen tümen, bi ende-če nigen tümen, qoyar

3-9-3 tümen bolǰu, Onan-müren ö'ede odču, Botoγan-bo'orǰi-da,

3-9-4 bolǰal γaǰar-a neyile<n>ldüye!" ke'<y>en ügüleǰü ilebe.

107

3-9-9 J̌amuqa-yin ede üges inu Qasar, Belgütei qoyar

3-9-10 ireǰü Temüǰin-e ügüleǰü To'ori<n>l-qan-<n>a kelen

3-10-1 kürgebe. To'ori<n>l-qan J̌amuqa-yin ede üges kürge'ülü'ed

3-10-2 qoyar tümed morilaba. To'ori<n>l-qan morilarun,

3-10-3 Burqan-qaldun-u ebür, Kelüren-ü Bürgi-ergi ǰorin

3-10-4 ayiši ke'<y>en Temüǰin Bürgi-ergi-de bürün, mör-tür bui

3-10-5 ke'<y>en ǰayilan Tünggelig ö'ede ne<ü>'üǰü, Tana-γorqon-a

3-10-6 Burqan-qaldun-u ebür ba<u>'uǰu Temüǰin tende-če čerig

3-10-7 e'üsgeǰü To'ori<n>l-qan nigen tümen, To'ori<n>l-qan-<n>u

3-10-8　de'ü Ĵaqa-gambu nigen tümen, qoyar tüme<n>d-iyer Kimurγa

3-10-9　-γorqon-u Ayi<n>l-qaraγana-da ba<u>'uǰu büküi-dür neyilen

3-10-10　ba<u>'ubai.

108

3-11-6　Temüǰin, To'ori<n>l-qan, Ĵaqa-gambu γurban qamtudču tende-če

3-11-7　ködölǰü Onan-<n>u teri'ün Botoγan-bo'orǰi-da kürbesu

3-11-8　Ĵamuqa bolǰal γaǰar-a γurban üdür urida kürčü'üi.

3-11-9　Ĵamuqa ede Temüǰin, To'ori<n>l, Ĵaqa-gambutan-u

3-11-10　čeri'üd-i üǰe'ed Ĵamuqa qoyar tümed čeri'üd-iyen

3-12-1　jasaǰu ba<i>yiǰu'ui. Ede-ber Temüǰin, To'ori<n>l-qan,

3-12-2　Ĵaqa-gambu-tan čeri'üd-iyen jasa'ad kü kürü<n>lčeǰü, ǰiči

3-12-3　tani<n>lduǰu, Ĵamuqa ügülerün, "**Bo**ro'an ber bolu'asu

3-12-4　**Bo**lǰal-dur, **Qu**ra ber bolu'asu **Qu**ral-dur bü qoǰidaya

3-12-5　ese-'ü ke'eldüle'ei? Bida Mongγol ǰe! Andaγartan

3-12-6　busutu? **Ĵe**-deče qoǰidaγsan-i **Ĵe**rge-deče γarγaya!

3-12-7　ke'eldule'ei." ke'ebe. Ĵamuqa-yin üge-dür To'ori<n>l-qan

3-12-8　ügülerün, "Bolǰal γaǰar-a γurban üdür qoǰid ba<i>yiba ke'<γ>en

3-12-9　qodulaqu-yi čimarlaqu-yi Ĵamuqa de'ü medetügei!"

3-12-10　ke'ebe. Bolǰal-un čimar edui ügüleldüǰü.

109

3-13-6　Botoγan-bo'orǰin-ača ködölǰü Ki<n>lγo-müren-<n>e kürčü

3-13-7　sal huyaǰu(^中/忽牙周) ketülü'ed Bu'ura-ke'er-e Toγto'a-beki-yin

3-13-8　**E**rüke(額^[舌]魯格) de'ere-če **E**rkin **e**'ede **E**mbürü da'arin

3-13-9　oroǰu **E**me kö'ü inu **E**čültele da<u>['u]liba. **Q**udu[γ]

3-13-10　e'ede inu **Q**uγuru da'ariǰu **Q**otola ulus inu

3-14-1　**Q**okiratala da<u>['u]liba. Toγto'a-beki-yi kebte'e bö'etele

3-14-2　kürkü-yi Ki<n>lγo-müren-<n>e bükün ǰiγa[su]čin buluγačin görö'ülüčin(戈^[舌]劣兀
　　　魯臣)

3-14-3   talbïysad dayin ayiši ke'<y>en söni dülin kelen kürgen odču'ui.

3-14-4   Tere kelen kürge'ülü'ed, Toɣto'a Uwas Merkid-ün

3-14-5   Dayir-usun qoyar qamtudču Selengge hürü'ü Barɣujin

3-14-6   orcn, čö'<y>en beyes-iyen duta'an buru'udču'ui.

110

3-15-1   Merkid-ün ulus Selengge hürü'ü söni-de dürbeju

3-15-2   yabuqui-dur bidan-u čeri'üd dürbeju yabuqun

3-15-3   Merkid-i söni-de kü daručaju da<u>'ulin talan

3-15-4   yabuqui-dur, Temujin dürbejü ayisuqun irgen

3-15-5   -dür Börte! Börte! ke'<y>en ungšiju yabuqui-dur učiraju

3-15-6   — Börte-ujin tede dürbekün irgen-dür büjü'üi —

3-15-7   Temüjin-ü da<u>'u sonosču, taniju tergen-eče ba<u>'u'ad

3-15-8   gü<i>yiju ireju, Börte-üjun, Qo'aɣčin emegen jirin Temüjin-ü

3-15-9   jilu'a čilbür söni taniju bariju'ui. Sara'ur büle'e.

3-15-10   Üje'esü Börte-üjin-i taniju teberi<n>ldün tusulčaba.

3-16-1   Tende-če Temüjin, To'ori<n>l-qan, Jamuqa anda qoyar-a

3-16-2   mün söni bö'ed ügüleju ilerün, "Erikü kereg-iyen

3-16-3   o[l]ba, bi. Söni bü düliye! Ende ba<u>'uya, bida!" ke'eju

3-16-4   ile'e. Merkid-ün ulus dürbejü ayisuqui (阿亦速[中]恢)-yi söni-de

3-16-5   sandurču ayisuqui (阿亦速[中]恢) ja'ura mün tende ba<u>'uju qonobai.

3-16-6   Börte-üjin-i teyin jol<u>ɣalduj. Merkid irgen-eče

3-16-7   aburaɣsan yosun eyimu.

111

3-17-4   Türün urida Uduyid Merkid-ün Toɣto'a (脱黑脱阿 ← 脱𥔐脱阿)-beki, Uwas

3-17-5   Merkid-ün Dayir-usun, Qa'atai-darmala ede Ɣurban

3-17-6   Merkid, ɣurban ja'ud haran (哈舌闌 ← 中合舌闌) üdür-ün erte Toɣto'a-beki

3-17-7   -yn de'ü Yeke-čiledü-deče Yesügei-ba'atur-a Hö'elün

3-17-8   eke-yi buliju abtalai ke'<y>en te'ün-i ösön hačilan (哈赤[舌]闌)

3-17-9   odču'ui. Temüjin-i Burqan-qaldun-<n>i γurbanta quči'ulqui(中忽赤兀勒[中]恢)

3-17-10   -dur, Börte-üjin-i tende erüsčü, Čiledü-yin de'ü

3-18-1   Čilger-bökö-de asara'uluγsan aǰu'u. Tere asaraγsan(阿撒[舌]剌黑三 ← 阿撒[舌]剌楊三)-'ar

3-18-2   aǰu, Čilger-bökö da<i>yiǰiǰu γarurun ügülerün, "Qara-kere'e

3-18-3   Qalisu kölisü idekü ǰaya'atu bö'etele, Γala<u>'un, toγura'u+

3-18-4   +n-i idesü ke'<y>en ǰešin aǰu'u. Γatar ma<u>'ui Čilger bi,

3-18-5   Qatun üǰin-dür Qalqu bolun, Qamuγ Merkid-te hunta<u>'u[bolba].

3-18-6   Qaraču ma<u>'u Čilger, Qara teri'ün-dür-iyen kürtekü bolba.

3-18-7   Γayčaqan amin-iyan qoroγun, Qarangqu qabčal šiγusu(石[舌]兒窟速 ← 石[舌]兒窟連)!

3-18-8   Qalqa ken-e boldaqu-yu, bi? Quladu ma<u>'u šiba<u>'un

3-18-9   Quluγana küčügene idekü ǰaya['a]tu bö'etele, Qun

3-18-10   toγuraun-i idesü ke'<y>en ǰešin aǰu'u. Qunar ma<u>'u

3-19-1   Čilger bi, Qutuγtai, sutai üǰin-i quriyaǰu irekü bolun,

3-19-2   Qotola Merki[d](篾[舌]兒乞[楊])-te hunta<u>'u bolba. Qokir ma<u>'u Čilger,

3-19-3   Qokimai teri'ün-dür-iyen kürtekü bolba, bi. Qorγosun-u

3-19-4   tedüi amin-iyan qoroγun, Qaratu qarangγu qabčal-a

3-19-5   širγusu!, Qorγosun-u tedüi amin-a minu Qoriya-'an

3-19-6   ken-e boldaqu-yu, bi?" ke'e'ed daiǰin duta'aǰu'u.

112

3-20-3   Qa'atai-darmala-yi erüsbe. Abčiraǰu Qa[b]tasun buya'u

3-20-4   emüsgeǰü Qaldun-burqan-<n>a ǰori'ulba. Belgütei-yin

3-20-5   eke tere ayi<n>l-dur bu<i>yu ke'<y>en ǰa'aγdaǰu

3-20-6   Belgütei eke-yü'<y>en abura odču ger-tür inu

3-20-7   Belgütei bara'un e'üden-ber oroqu-lu'a(斡[舌]羅[中]忽魯阿) eke inu

3-20-8   nabtarqai nekei de'eltei ǰe<ü>'ün e'üden-ber γaru'ad

3-20-9   γadana busu kü'ün-<n>e ügülerün, "Kö'üd minu qad bolǰu'u

3-20-10   ke'egdemüi. Bi ende ma<u>'ui kü'ün-dür tübeǰü, edö'e

3-21-1   kö'üd-iyen ni'ür ker üǰeküi, bi?" ke'ed gü<i>yiǰü

3-21-2　šiɣui(石[中]恢) hoi-dur šiɣuǰu'u. Tedüi eriǰü ese o<n>ldalai.

3-21-3　Belgütei-noyan Merkidei ele yasutu kü'ün-<n>i

3-21-4　"Eke-yi minu abčira!" ke'eǰü ɣodolidqu büle'e.

3-21-5　Burqan-<n>i qučilduɣsad ɣurban ǰa'ud Merkid-i

3-21-6　uruɣ-un uruɣ-a kürtele hünesü-'er keyistele

3-21-7　ülidgebe. Hülegsed eme kö'ün anu Ebüridkün

3-21-8　metüs-i Ebüridbe. E'üden-dür oro'uldaqun

3-21-9　metüs-i E'üden-dür-iyen oro'ulba.

113

3-22-6　To'ori<n>l-qan, J̌amuqa qoyar-i Temüǰin büširen ügülerün,

3-22-7　"Qan ečige minu, J̌amuqa anda qoyar-a nököčegdeǰü

3-22-8　tenggiri ɣaǰar-a gücü nemegdeǰü, Erketü tenggiri-de

3-22-9　nereyidču(捏[舌]列亦[揚]抽), Eke etügen-e kürgeǰü, Ere hačitu

3-22-10　Merkid irgen-i, Ebür ba anu hoɣtorɣui bolɣabai.

3-23-1　hElige ba anu hEmtelbei, bida. Oro ba anu hOɣtorɣui

3-23-2　bolɣabai. Uruɣ-un ba kü'ün(古温 ← 舌温)-<n>i Ülüdgebei, bida. hÜlegsed-i ba

3-23-3　anu arbilabai ǰe, bida. Merkid irgen-i tedüi busanɣaǰu

3-23-4　ičuya!" ke'eldübei.

114

3-23-8　Uduyid Merkid dürberün, buluɣan maɣalaitu, mara<n>l-un

3-23-9　ɣodun ɣudustu, ilkin(亦[勒]/赤/勤) ǰarqaɣ üsün-ü buluɣan ǰalɣaɣsan

3-23-10　de'eltü, tabun nasutu, Küčü neretü(捏[舌]列禿), nidün-dür-iyen ɣaltu

3-24-1　ko'üken-i bidan-u čeri'üd nuntuɣ-tur qočoruɣsan-i

3-24-2　oǰu abčiraǰu, Hö'elün eke-de sauɣa(掃[中]花) abču odču

3-24-3　ögbei.

115

3-24-7　Temüǰin, To'ori<n>l-qan, J̌amuqa ɣurban qamtudču Merkid-ün

3-24-8　Čorɣan ger čoɣoli'ulǰu, Čoɣtai eme-yi arbilaǰu,

3-24-9   Orqan, Selengge qoyar-un Talqun-aral-ača ičurun,

3-24-10   Temüjin, Ĵamuqa qoyar qamtu[d]ču, Qorqonaɣ-jubur jorin

3-25-1   ičubai. To'ori<n>l-qan ičurun, Burqan(不舌岎[中]罕)-qaldun-<n>u gerü-ber

3-25-2   Hökörtü-jubur(主不舌兒 ← 主舌兒不) da'arin, Ɣača'uratu-subčid, Huliyatu

3-25-3   -subčid da'arin görü'-<y>en inu abala'ad, Tu'ula-yin

3-25-4   Qara-tün-<n>i jorin(勺[舌]鄰) ičubai.

116

3-25-9   Temüjin, Ĵamuqa qoyar Qorqonaɣ-jubur-a neyilen ba<u>'uju

3-25-10   erten-ü anda bolu<n>lčaɣsan-iyan duradulčan anda

3-26-1   tungqulduju amaralduya ke'eldübei. Angqa urida

3-26-2   anda bolu<n>lčarun, Temüjin harban(哈[舌]兒班 ← 中合兒班) nigen nasutu büküi(不/
          中/灰)-dür

3-26-3   Ĵamuqa qura<n>ltuɣ ši'a Temüjin-<n>e ögčü, Temüjin-ü

3-26-4   činggültügtü ši'a [araljiju] anda bolu<n>lčaju anda ke'eldügsen

3-26-5   mölsün-dür ši'aljaqui-dur, tende anda ke'eldüle'ei.

3-26-6   Te'ün-ü qoyina([中]豁亦訥 ← 豁亦訥) qabur alanggir numutan qarbiyaldun

3-26-7   büküi(不/中/灰)-dür, Ĵamuqa bura'u-yin qoyar eber ni'aju

3-26-8   nükeleju, da<u>'utu yor-iyan Temüjin-e ö[g]čü, Temüjin-ü

3-26-9   arča manglaitu ɣodoli ara<n>ljiju andačila<n>ldubai.

3-26-10   Nögöte anda ke'eldü[g]sen yosun teyimü.

117

3-27-5   Uridus(兀[舌]里都思), ötögüs-ün üge sonosču anda kü'ün amin nigen, ülü

3-27-6   tebčildün, amin-u ariči boluyu ke'<y>en amaralduqui yosun

3-27-8   teyimü. "Edö'e basa anda tungqulduju amaraya!"

3-27-9   ke'eldüju, Temüjin Merkid-ün Toɣto'a-yi

3-27-10   arbilaju(阿舌兒必/舌/剌周) abuɣsan altan büse Ĵamuqa anda-da

3-28-1   büsele'ülbei. Toɣto'a-yin esgel qali'un-i

3-28-2   Ĵamuqa anda-da unu'ulbai. Ĵamuqa Uwas Merkid-ün

3-28-3   Dayir-usun-i arbilaǰu abuγsan altan büse

3-28-4   Temüǰin anda-da büse'ülbei. Dayir-usun-u kü

3-28-5   ebertü ünügün čaγa'an-i Temüǰin-e unu'ulbai.

3-28-6   Qorqonaγ-ǰubur-un Гuldaγar-qun-<n>u ebür-e Saγlaγar

3-28-7   -mudun-a anda ke'eldüǰü amaralduǰu qurimlan

3-28-8   toyilan ǰirγalduǰu söni könǰile-de'<γ>en γaγča qonolduqun

3-28-9   büle'e.

118

3-29-5   Temüǰin. J̌amuqa qoyar amaraldurun nigen hon.

3-29-6   nögö'e hon-u ǰarim amaralduǰu, tere aγsan nuntuγ-ača

3-29-7   nigen üdür ne<ü>'üye ke'eldüǰü ne<ü>'ürün, ǰun-<n>u teri'ün

3-29-8   sara-yin harban ǰirγo'an-a hula'an tergel üdür

3-29-9   ne<ü>'übei. Temüǰin. J̌amuqa qoyar qamtu terged-ün

3-29-10   urida yabuǰu ayisurun J̌amuqa ügülerün.

3-30-1   "Temüǰin anda, anda! A'ula šiqan ba<u>'uya! Adu'učin bidan-u

3-30-2   Alačuγ-a kürtügei! Гol-dur šiqan ba<u>'uya! Qoni<n>čid.

3-30-3   quriγačid bidan-u Qo'olai-a kürtügei!" ke'ebe.

3-30-4   Temüǰin. J̌amuqa-yin ene üge-yi uqan yadaǰu sem-iyer

3-30-5   ba<i>yiǰu qočorču, [ne]'üri dunda terged küličejü.

3-30-6   ne<ü>'üri bö'ed. Temüǰin Hö'elün eke-de "J̌amuqa anda

3-30-7   ügülemü. A'ula-dur šiqan(失[中]罕) ba<u>'uya! Adu'učin bidan-u

3-30-8   Alačuγ-a kürtügei! Гol-dur šiqan ba<u>'uya! Qoni<n>čid.

3-30-9   quriγačid bidan-u Qo'olai-a kürtügei!" ke'<γ>en

3-30-10   ügülemü. Bi ene üge inu uqan yadaǰu qari'u inu

3-31-1   ya'u ba ese ügülebe, bi. Eke-deče asaγsu ke'<γ>en

3-31-2   irebe, bi." ke'ebe. Hö'elün eke-yi dongγodu'a

3-31-3   üdü'üi-e Börte-üǰin ügülerün, "J̌amuqa anda

3-31-4   u<i>yidangγa ke'egden büle'e. Edö'e bidan-ača

3-31-5　u<i>yidqu čaɣ bolba. Tuɣar-un J̌amuqa anda-yin

3-31-6　kelelegsen kelen bida-dur bö'ed ǰešikü üge bu<i>yu.

3-31-7　Bida bü ba<u>'uya! Ene ködölügse'er šili'uya!

3-31-8　Qaɣačan, söni dülin ködöluye bö'ed!" ke'ebe.

119

3-32-5　Börte-üjin-ü üge-ber ǰöbšiyeǰü, ülü ba<u>'un,

3-32-6　söni dülin ködölǰü ayisuqui-dur, ǰa'ura mör-tür

3-32-7　Ta<i>yiči'ud-i da'ariba. Ta<i>yiči'ud ber kökiǰü

3-32-8　mün söni bö'ed ǰöričen J̌amuqa ǰüg ködölbe kü.

3-32-9　Ta<i>yiči'ud-un Besüd-ün nuntuɣ-tur nigen üčügen, Kököčü

3-32-10　neretü kö'ün-i nuntuɣ-tur qočoruɣsan-i bidan-u'ai

3-33-1　abu'ad ireǰü Hö'elün eke-de ögbe.

3-33-2　Hö'elün eke teǰiyebe.

120

3-33-6　Tere söni dülijü üdür geyi'esü üǰe'esü

3-33-7　J̌alayir-un Qači'un-Toɣura'un, Qaraqai-Toɣura'un, Qara<n>ldai(中合[舌]闌勒歹 ← 哈[舌]闌
勒歹)

3-33-8　-Toɣura'un, ede ɣurban Toɣura'un aqa-nar de'ü-ner

3-33-9　söni dülildüǰü ayisun aǰu'u. Basa Taɣud-un

3-33-10　Qada'an-daldurqan aqa-nar de'ü-ner tabun Taɣud

3-34-1　ayisun kü aǰu'u. Basa Münggetü-kiyan-u kö'ün Ünggür-tan

3-34-2　Čangši'ud, Baya'ud-iyar-an ayisun kü aǰu'u. Barulas-ača

3-34-3　Qubilai, Qudus aqa-nar de'ü-ner irebei.

3-34-4　Mangɣud-ača J̌etei, Doqolqu-čerbi(徹[舌]兒必) aqa de'ü qoyar

3-34-5　irebei. Bo'orču(字斡[舌]兒出)-yin de'ü Ögölen-čerbi

3-34-6　Arulad-ača qaɣačaǰu aqa-dur-iyan Bo'orču(字斡[舌]兒出)-dur

3-34-7　neyilen irebei kü. J̌elme-yin de'ü Ča'urqan(察兀[舌]兒中罕),

3-34-8　Sübe'etei-ba'atur Uriangqan-ača qaɣačaǰu, J̌elme

3-34-9   -dür neyilen(捏亦連←捏亦速) irebei. Besüd-eče Degei, Küčügür

3-34-10   aqa de'ü qoyar irebei kü. Suldus-ača

3-35-1   Čilgütei, Taki, Ta<i>yiči'udai aqa-nar de'ü-ner

3-35-2   irebei kü. J̌alayir-un(札剌亦[舌]侖) Seče-domoγ, Arqai(阿[舌]兒[中]孩)-qasar([中]合撒[舌]兒),
          Bala

3-35-3   qoyar kö'üd-iyer-en irebei kü. Qongqotan-ača

3-35-4   Söyiketü-čerbi irebei kü. Sükeken-ü J̌egei,

3-35-5   Qongdaqor-un([中]晃荅[中]豁[舌]侖) kö'ün Sükegei-ǰe'ün irebei kü. Ne'üdei

3-35-6   Čaγa'an-uwa irebei kü. Olqunu'ud-un Kinggiyadai,

3-35-7   Γorolas-ača Seči'ür, Dörben-eče Möči-bedü'ün

3-35-8   irebei kü. Ikires-ün Butu ende kürege[d]-te

3-35-9   yabuγsa'ar irebe kü. Noyakin-ača J̌ungso

3-35-10   irebe kü. Oronar-ača J̌iroγo'an irebei kü.

3-36-1   Barulas-ača Suqu-sečen, Qaračar kö'ün-lü'e-ben

3-36-2   irebei kü. Basa Ba'arin-u Qorči-üsün ebügen

3-36-3   Kökö-čos, Menen Ba'arin-iyer-en nigen küre'<y>en

3-36-4   irebei kü.

121

3-37-7   Qorči ireǰü ügülerün, "Bodončar boγda-yin bariǰu

3-37-8   abuγsan eme-deče töregsen, ba. J̌amuqa-lu'a **K**e'eli

3-37-9   nigeten, **K**eke γaγčatan büle'ei, bi. J̌amuqa-dača

3-37-10   ülü qaγačaqun büle'e, ba. J̌a'arin ireǰü na-dur

3-38-1   nidün-dür-iyen üǰe'ülbei. Qo'aγčin üni'<y>en ireǰü

3-38-2   J̌amuqa-yi horčiǰu(/[中]豁[舌]兒赤周) yabuǰu ger tergen inu

3-38-3   mürgüle'ed, J̌amuqa-yi mürgüǰü, öre'ele

3-38-4   eber-iyen quγuraǰu, soǰir ebertü bolǰu,

3-38-5   'Eber(額別[舌]兒) minu ača!' ke'<y>en, ke'<y>en J̌amuqa-yin ǰüg mö'ören(抹幹[舌]
          連)

3-38-6   mö'ören širo'ai sačun sačun ba<i>yimu. Muqular

3-38-7   qo'a hüker yeke gerlüge(格[舌]兒魯格) de'ere ergüjü

3-38-8   köljü jigtüjü. Temüjin-ü qoyina-ča yeke terge+

3-38-9   +ür-iyer mö'ören mö'ören ayisurun.

3-38-10   'Tenggiri γajar eyetü[l]düjü. Temüjin-i ulus-un

3-39-1   ejen boltuγai(孛勒禿[中]孩) ke'<y>en ulus te'ejü a[b]ču

3-39-2   ayisu.' ke'<y>en ja'arid nidün-dür üje'ü[l]jü

3-39-3   na-dur ji'amui. Temüjin či ulus-un ejen

3-39-4   bolu'asu nama-yi ji'a[γ]san-u tula ker

3-39-5   jirγa'u[l]qu, či?" ke'ebe." Temüjin ügülerün.

3-39-6   "Ünen teyin ulus mede'ülü'esü, tümen-ü noyan

3-39-7   bolγasu!" ke'ebe. Ele edü törö-yi ji'aγsan

3-39-8   kü'ün-<n>i nama-yi tümen-ü noyan bolu'asu ya'un

3-39-9   jirγalang bui? Tümen-ü noyan bo[l]γa'a[d] ulus-un

3-39-10   γo'as. sayid ökid darqalan abγa'ulju

3-40-1   γučin ba emestü bolγa! Basa ya'uba keleleg+

3-40-2   +sen-i minu esergü(額薛[舌]兒古) sonos!" ke'ebe.

122

3-41-1   Γunan teri'üten Geniges nigen küre'<y>en irebei kü.

3-41-2   Basa Daritai-odčigin nigen küre'<y>en irebei kü.

3-41-3   Jadaran-ača Mulqalqu irebei kü. Basa Unjin

3-41-4   Saqayid nigen küre'<y>en irebe kü. Jamuqa-dača tedüi

3-41-5   qaγačan ködölü'<y>ed, Kimurγa(乞沐[舌]兒中合)-γoroqan-u Ayil

3-41-6   -qaraγana ba<u>'uju büküi-dür basa Jamuqa(札木[中]合)-dača qaγačaju

3-41-7   Jürkin-ü Sorγatu-jürki-yin kö'ün Sača-beki, Taiču

3-41-8   qoyar nigen küre'<y>en. basa Nekün-taiji-yin kö'ün Qučar-beki

3-41-9   nigen küre'<y>en. basa Qutula-qan-u kö'ün A[l]tan-odčigin

3-41-10   nigen küre'<y>en ede basa Jamuqa-dača qaγačan ködöljü

3-42-1 Temüjin-i Kimurɤa-ɤoroqan-u(⁽中⁾豁⁽舌⁾羅⁽中⁾合訥) Ayil-qaraɤana-da

3-42-2 ba<u>'uǰu büküi-dür neyilen ba<u>'ubai Tende-če ne<ü>'üǰü

3-42-3 Gürelgü dotora Senggür-ɤoroqan-u Qara-ǰürügen-ü

3-42-4 Kökö-na'ur ba<u>'ubai.

123

3-42-10 Altan, Qučar, Sača-beki bürün(不⁽舌⁾侖) eyetüldüǰü

3-43-1 Temüjin-e ügülerün, ″Čima-yi qan bolɤaya! Temüjin-i

3-43-2 qan bolu'asu, ba **O**lon dayin-dur alginči ha'ulǰu,

3-43-3 **Ö**ngge sayin ökin qatun, **O**rdo ger, **Qa**ri irgen-ü

3-43-4 **Qa**čar ɤo'a **qa**tun öki, **Qa**rɤam sayin aɤta

3-43-5 **Qa**tara'u[l]ǰu a[b]čiraǰu ö[g]sü, ba! Oro'a(幹⁽舌⁾羅阿) görö'esün

3-43-6 abala'asu **U**tura'u[l]ǰu ögsü, ba! **Ke**'er-ün görö'esün-ü

3-43-7 **Ke**'eli inu nigetele šiqaǰu ögsü! **Qu**n-u

3-43-8 görö'esün-ü **Гu**ya inu nigetele šiqaǰu ögsü,

3-43-9 ba! **Qa**dqulduqui üdür, **Qa**la činu buši bolɤa'asu

3-43-10 **Qa**ri(⁽中⁾合⁽舌⁾里 ← 哈⁽舌⁾里) širi-deče, **Qa**tun eme-deče manu **Qa**ɤača'ulǰu,

3-44-1 **Qa**ra teri'ü manu **Гa**ǰar kösör-tür geǰü od!

3-44-2 **E**ngke üdür, **E**ye činu e[b]de'esü, **E**res qara-dača

3-44-3 **E**me kö'üd-eče manu hiriče'ülǰ, **E**ǰe ügei ɤaǰar-a

3-44-4 geǰü od!″ **E**düi üge bara[l]duǰu(巴⁽舌⁾剌⁽勒⁾都周), **E**yin aman aldaǰu

3-44-5 Temüjin-i Činggis-qahan ke<y>en nereyi[d]čü, qan bo[l]ɤaba.

124

3-44-10 Činggis-qahan bolu'ad, Bo'orču-yin de'ü Ögölei-čerbi

3-45-1 qor a[ɤ]saba. Qaǰi'un-Toɤura'un(脱⁽中⁾忽⁽舌⁾剌溫) qor(⁽中⁾豁⁽舌⁾兒) a[ɤ]saba. J̌etei,

3-45-2 Doqolqu-čerbi aqa de'ü qoyar qor aɤsaba. Önggür,

3-45-3 Söyiketü-čerbi, Qada'an-daldurqan ɤurban ügülerün,

3-45-4 ″**M**anaɤar-un undan bü **M**egüde'ülsügei! **Ü**de-yin undan bü

3-45-5 **O**soldasuɤai!″ ke<y>en ba<u>'určin bolba. Degei ügülerün,

3-45-6 ¨Šilegü irge Šülen bolγaǰu, Manaγar bü Megüdesü!

3-45-7 Qonoγ-tur bü Qoǰidasu! Alaγči'ud qoni<n>d-i adu'ulaǰu,

3-45-8 Alam dü'ürgesü! Qongqoči'ud qoni<n>d-i(ᄀᄇ谿紉的) adu'ulaǰu

3-45-9 Qoton(ᄀᄇ谿團) dü'ürgesü! Qo'olančar ma<u>'ui büle'e, bi. Qoni<n>d

3-45-10 adu'ulaǰu, Qonǰiyasun idesü, bi!¨ Degei qoni<n>d

3-46-1 adu'ulaba. De'ü inu Güčügür ügülerün,

3-46-2 ¨Čo'orγatai tergen-i, Či'ü inu bü Či'ude'ülsü!

3-46-3 Tenggisgetei tergen-i, Terge'ür de'ere bü Te'ü+

3-46-4 +re'ülsü!¨ ke'eǰü, ¨Ger tergen doyasu!¨ ke'ebe.

3-46-5 Dodai-čerbi ¨Ger dotora Gergen tudqar-i basa'alasuγai!¨

3-46-6 ke'ebe. Qubilai, Čilgütei, Qarqai(ᄀᄇ合ᄀ兒ᄇ孩)-Toγura'un γurban-<n>i

3-46-7 Qasar-lu'a bolun üldüs aγsaǰu Güčürgegün-i

3-46-8 Küǰü'üd anu kinggüridkün! Omorqaγun-i Omori'ud

3-46-9 onglaǰidqun!¨ ke'ebe. Belgütei, Qaraldai Toγura'un

3-46-10 qoyar-i Aγta barituγai! Aγtačin boltuγai¨ ke'ebe.

3-47-1 ¨Ta<i>yiči'udai, Qutu, Moriči, Mulqalqu γurban-<n>i

3-47-2 Adu'u adulatuγai!¨ ke'ebe. Arqai-qasar,

3-47-3 Taqai, Sükegei, Ča'urqan dörben-<n>i Qola-yin qo'očaγ,

3-47-4 Oyira-yin odora boltuγai ke'ebe. Sübe'etei-

3-47-5 ba'atur ügülerün, ¨Quluγana bolǰu Quriyaldusu!

3-47-6 Qara-keri'e bolǰu, Гada'un bükün-i qarmaldusu!

3-47-7 Nembe'e isgei bolǰu Nemürleldün sorisu!

3-47-8 Gerisge isgei bolǰu, Ger ǰüg gerisgeleldün

3-47-9 sorisu!¨ ke'ebe.

125

3-48-6 Tende Činggis-qahan qan bolǰu, Bo'orču, J̌elme qoyar-a

3-48-7 ügülerün, ¨Ta qoyar nama-yi Se'üder-eče busu

3-48-8 nökör ügei-dür, Se'üder bolǰu, Sedkil minu

3-48-9 amu'ulba ǰe, ta. **Se**dkil-dür atuɣai!" ke'ebe.

3-48-10 "**Se**'ül-eče busu čiču'a ügei-dür, **Se**'ül bolǰu **J̌**irüke

3-49-1 amu'ulba ǰe, ta. **Č**e'eǰi dotora minu atuɣai!"

3-49-2 ke'ebe. "Ta qoyar(⁽中⁾豁牙舌兒) urida ba<i>yiɣsa'ar ede

3-49-3 bükün-i aqalaǰu ülü aqun(阿⁽中⁾渾), ta?" ke'ebe. Basa

3-49-4 Činggis-qahan ügülerün, "Tenggiri ɣaǰar-a(中合札⁽舌⁾剌) güčü nemeǰü

3-49-5 ihe'egde'esü, ta! J̌amuqa anda-ača nama-yi ke'<y>en

3-49-6 sedkiǰü(薛惕乞周 ← 薛勒乞周), nököčesü ke'<y>en ire[g]sed, ötögüs öl<n>ǰe+

3-49-7 +ten, nököd minu ülü-'ü bolu'uǰai, ta?!" ke'ebe.

3-49-8 "J̌üg, ǰüg tušibai, tan-i."

126

3-50-2 Činggis-qahan-<n>i qan bolɣabai ke'<y>en Kereyid-ün To'oril

3-50-3 -qan-dur Daqai, Sügegei qoyar-i elči ilebei.

3-50-4 To'oril-qan Temüǰin kö'ün-i minu qan bolɣaqu nai

3-50-5 ǰöb. Mongɣol ta qa üge'ün ker aqun, ta? Ene eye-ben

3-50-6 bü ebdedkün! Eye ǰanggi-ban(班 ← 邊) bü taludqun! J̌aqa-ban bü

3-50-7 dantuludqun(談禿魯惕中渾 ← 談禿魯黑中渾)!" ke'eǰü ileǰü……

127

4-1-2 Arqai-qasar, Ča'urqan qoyar-i J̌amuqa-dur elči ile'esü

4-1-3 J̌amuqa ügülerün, "Altan, Qučar qoyar-a ügüle!" ke'<y>en

4-1-4 ügüleǰü ilerün, "Altan, Qučar ta qoyar, Temüǰin anda, ba

4-1-5 qoyar ǰa'ura anda-yin **S**übe'e **s**ečiǰü, **Q**abirɣa **q**adquǰu yekin

4-1-6 qaɣača'ulbai, ta? Anda, ba qoyar-i ülü qaɣača'ulun qamtu büküi(不⁽中⁾灰)

4-1-7 -dür Temüǰin anda-yi qan yekin ese bolɣabai, ta? Edö'e yambar

4-1-8 ele sedkil sedkiǰü qan bolɣabai, ta? Altan, Qučar ta qoyar

4-1-9 ügülegsen üges-tür-iyen kürün, **A**nda-yin sedkil amu'ulǰu, **A**nda-da minu

4-1-10 sayiqatur kü nököčeǰü ögüdkün!" ke'eǰü ileǰü……

128

4-2-5 Te'ün-ü qoyina Ǯamuqa-yin de'ü Daičar, Ǯalama-yin

4-2-6 ebür-e, Ölegei-bulaɤ-a bürün bidan-u Sa'ari-ke'er-e

4-2-7 bükü Ǯoči-darmala-yin adu'un de'ermedüre(迭額舌兒篾都[舌]列)

4-2-8 o[d]ču'ui. Daičar, Ǯoči-darmala-yin adu'un

4-2-9 de'ermedčü abču odču'ui. Ǯoči-darmala adu'u-ban

4-2-10 de'ermedčü odtaǰu nököd-iyen ǰürüke yadaɤdaǰu

4-3-1 mün Ǯoči-darmala nekeǰü odču söni adu'un-u'an

4-3-2 kiǰi'ar-a kürčü morin-u'an del de'ere helige-ber-iyen

4-3-3 kebteǰü kürčü Daičar-un niru'u inu quyuru

4-3-4 qarbuǰu ala'ad adu'u-ban abu'ad ireǰü'ü.

129

4-3-8 De'ü-ben Daičar-i ala[ɤ]daba ke'<y>en Ǯamuqa teri'üten

4-3-9 Ǯadaran harban ɤurban qarin(中合[舌]鄰) nököčeǰu ɤurban

4-3-10 tümed bolǰu Ala'u'ud-turɤa'ud-iyar(~turqa'ud-iyar) dabaǰu

4-4-1 Činggis-qahan-dur morilaǰu ayisai ke'<y>en Ikires-eče

4-4-2 Mülke-totaɤ, Boroldai qoyar(中豁牙[舌]兒) Činggis-qahan-<n>i

4-4-3 Güre<n>lgü-de büküi(不/中/灰)-dür kelen kürgen ire'ǰü'üi. Ene

4-4-4 kelen mede'ed — Činggis-qahan harban ɤurban küre'ed(古[舌]列額惕)

4-4-5 büle'ei — ɤurban kü tümed bolǰu Ǯamuqa-yin esergü

4-4-6 inu morilaǰu Dalan-balǰud ba<i>yilduǰu

4-4-7 Činggis-qahan Ǯamuqa-da tende ködölgegdeǰü Onan-u

4-4-8 Ǯerene-qabčiɤai-a qorbai. Ǯamuqa ügülerün,

4-4-9 "Onan-u Ǯerene-de qorɤabai, bida" ke'eǰü

4-4-10 qarirun, Činos-un kö'üd-i dalan toɤo'od

4-5-1 bučalɤaǰu, Ne'üdei Čaɤa'an-u'a-yin teri'ü inu hoɤtolǰu

4-5-2 morin-u se'ül-dür čirču odču'ui.

130

4-5-8   Tende J̌amuqa-yi tende-če qari'ulu'ad **Uru'ud**-un,

4-5-9   J̌ürčedei **Uru'ud**-iyan uduridu'ad, **Mangγud**-un

4-5-10   Quyuldar **Mangγud**-iyan uduridu'ad, J̌amuqa-dača

4-6-1   qaγačaǰu Činggis-qahan-dur irebei. Qongqotadai(中晃中豁塔歹 ← 中晃中豁苔歹)

4-6-2   Münglig ečige tende J̌amuqa-dur aǰu, Münglig ečige

4-6-3   dolo'an kö'üd-lü'e-ben J̌amuqa-dača qaγačaǰu,

4-6-4   tende Činggis-qahan-dur neyilen irebei. J̌amuqa-dača

4-6-5   edün irgen(亦[舌]兒堅) irebei ke'<y>en Činggis-qahan ö[e]r

4-6-6   -tür-iyen ulus irebei ke'<y>en bayasču, Činggis-qahan

4-6-7   Hö'elün-üǰin, Qasar, J̌ürkin-ü Sača-beki, Taiču-tan

4-6-8   bolun Onan-<n>u tün-dür qurimlaya ke'eldüǰü qurimlarun

4-6-9   Činggis-qahan-<n>a, Hö'elün-üǰin-<n>e, Qasar-a, Sača-beki-de

4-6-10   ki'ed teri'ülen nigen tüsürge tüsürčü'üi.

4-7-1   Basa Sača-beki-yin üčü'ügen eke Ebegei-yi teri'ülen

4-7-2   nigen tüsürge tüsürküi(禿速[舌]兒/[中]/灰)-yin tula Qoriǰin qatun, Qu'určin(Γu'určin)

4-7-3   -qatun ǰirin, "Nama ülü teri'ülen Ebegei-yi teri'ülen ker

4-7-4   tüsürüyü?" ke'<y>en ba<u>'urči Šiki'ur-i ašigiǰu'ui. Ašigiγ+

4-7-5   +daǰu(阿失吉[黑]苔周 ← 阿失吉[克]苔周) ba<u>'urči Šiki'ur ügülerün, "Yesügei-

        ba'atur(把阿都[舌]兒)

4-7-6   Nekün-taiǰi qoyar-i üküküi-yin tula eyin ašigiγdaqui(阿失吉[黑]苔[中]恢 ← 阿失吉[克]苔恢)

4-7-7   minu ya'un?" ke'e'ed, yeke da<u>'u-bar u<i>yilaǰu'ui.

131

4-8-4   Tere qurim bidan-ača Belgütei ǰasa'ad, Činggis-qahan-<n>u

4-8-5   aγta bariǰu ba<i>yin büle'e. J̌ürkin-eče Büri-bökö

4-8-6   tere qurim ǰasan büle'e. Bidan-u kirü'es-e/e/če(乞[舌]魯額薛/額/徹)

4-8-7   Qadagidai kü'ün čilbur(赤勒不[舌]兒) qulaγuγsan-<n>i qulaγai bariǰu'ui.

4-8-8   Büri-bökö tere kü'ü-ben qoyimasču — Belgütei nasuda

4-8-9   abaldurun bara'un qangču-ban mültüljü ničügün yabuqu

4-8-10   büle'e. Teyin mültülügsen ničügün mürü inu — Büri(不[舌]里)-bökö

4-9-1   üldü-'er qangyas čab<u>čiju'u. Belgütei teyin ča[b]čiydaju

4-9-2   bö'ed(字額[楊]←字額[勒]) ya'un-a ba ülü bolyan, ülü senggeren čisun

4-9-3   čuburi'ulju yabuqui-yi Činggis-qahan se'üder-tür

4-9-4   sa'uju qurim dotora-ča üjejü yarču ireju ügülerün,

4-9-5   "Ker eyin kigden büle'ei. Bida?" ke['e]küi-dür Belgütei

4-9-6   ügülerün(嗚詁列[舌]論), "Mer(篾[舌]兒) üdü'üi büle'e. Minu tula aqa de'ü-dür

4-9-7   ma<u>'uqalin bolulča'ujai, bi! Ülü aljaqu, bi. Ila'ari bu<i>yu.

4-9-8   Aqa de'ü-dür sayi ijilidulčen büküi-dür, aqa, bütügei!

4-9-9   Qorumud ba<i>yi!" ke'ebe.

132

4-10-4   Činggis-qahan Belgütei tedüi idqa'asu ülü bolun modun-u

4-10-5   geši'üd quyuru tatalaju itüges-ün büle'üd suyučiju

4-10-6   a[b]ču ašigilalduju Jürkin-i ilayču Qorijin qadun,

4-10-7   Qu'určin qadun jirin-i buliju abubai. Jiči müd jokilduya

4-10-8   ke'egdeju Qorijin qadun, Qu'určin qadun jirin-i iču'aju

4-10-9   jokilduya ke'<y>en elčileldün büküi-dür Kitad irgen-ü

4-10-10   Altan-qan Tatar-un Megüjin-se'ültü-ten eye-dür-iyen

4-11-1   ülü oro[y]darun Ongging-čingsang-a čeri'üd jasaju(札撒周←札撒間)

4-11-2   busa'ara bö'ed ke'eju ileju'üi. Ongging-čingsang

4-11-3   Megüjin-se'ültü teri'üten Tatar-i(塔塔[舌]里) Ulja ö'ede adu'u

4-11-4   ide'<y>en se[l]te(薛[勒]帖←撒帖) türiju ayiši ke'<y>en kelen medebei.

4-11-5   Tere kelen mede'ed

133

4-11-10   Činggis-qahan ügülerün, "Erte üdür-eče Tatar irgen

4-12-1   Ebüges ečiges-i baraysad Öšiten irgen büle'e.

4-12-2   Edö'e ene qanalya-dur qamsaya, bida!" ke'e'ed

4-12-3　To'ori<n>l-qan-dur(突[舌]兒), ˝Altan-qan-u Ongging-čingsang Tatar-un

4-12-4　Megüjin-se'ültü teri'üten Tatar-i Ulja ö'ede türijü

4-12-5　ayiši ke'emüi. Ebüges ečiges-i bidan-u baraɣsad

4-12-6　Tatar-i qamsaya, bida! To'ori<n>l-qan ečige öter iretügei!˝

4-12-7　ke'<y>en ene kelen kürgen(古[舌]兒堅) elčin ilebei. Ene kelen

4-12-8　kürge'ülü'ed Tori<n>l-qan ügülerün, ˝Kö'ün minu jöb

4-12-9　kelelejü ilejü'ü. Qamsaya, bida!˝ ke'e'ed ɣutu'ar

4-12-10　üdür čerig-iyen či'ulɣaju čerig e'üsgejü

4-13-1　To'ori<n>l-qan öterlen jigtünejü(只克禿捏周 ← 亦克禿捏周) Činggis-qahan,

4-13-2　To'ori<n>l-qan qoyar Jürkin-ü Sača-beki, Taiču teri'üten

4-13-3　Jürkin-e(主[舌]兒乞捏) kelelejü ilerün, ˝Erte üdür-eče(兀都[舌]列徹) Ebüges

4-13-4　ečiges-i bidan-u baraɣsad Tatar-i Edö'e ene

4-13-5　qanalɣa-dur Qamsaya! Qamtu morilaya!˝ ke'ejü

4-13-6　ilebei. Jürkin-e iregdeküi(亦古列克迭/中/灰)-eče jirɣo'an üdüd

4-13-7　küličejü, yadaju, Činggis-qahan, To'ori<n>l-qan qoyar

4-13-8　qamtu čerig e'üsčü, Ulja huru'u Ongging-čingsang-lu'a

4-13-9　qamsan ayisuqui-dur Ulja-yin Qusutu-šitü'<y>en, Naratu

4-13-10　-šitü'<y>en-e Tatar-un Megüjin teri'üten Tatar tende

4-14-1　qorɣa bariju'ui. Činggis-qahan, To'ori<n>l-qan qoyar

4-14-2　teyin qorɣalaɣsad-i, Megüjin-se'ültü-yi, qorɣan-ača

4-14-3　inu bariju Megüjin-se'ültü-yi tende alaju

4-14-4　münggün ölegei, tanatu könjile inu Činggis-qahan tende

4-14-5　abula'ai.

134

4-15-2　Megüjin-se'ültü-yi alaba ke'<y>en Činggis-qahan, To'ori<n>l-qan

4-15-3　qoyar Ongging-čingsang Megüjin-se'ültü-yi alaju'ui ke'<y>en

4-15-4　mede'ed maši bayasču, Činggis-qahan-<n>a ja'ud-quri nere

4-15-5　ögbe. Gereyid-ün To'ori<n>l-a ong nere tende ö[g]be.

4-15-6 Ong-qan nere Ongging-čingsang-un nereyidü[g]se'er(捏舌列亦都[克]薛額[舌]兒)

tende-če bo[l]ba.

4-15-7 Ongging-čingsang ügülerün, "Megüjin-se'ültü-yi qamsaju

4-15-8 alaysan tanu Altan-qan-a maši yeke tusa kibei, ta.

4-15-9 Ene tusa-yi tanu A[l]tan-qan-a öčisü, bi!

4-15-10 Činggis-qahan-<n>a e'ün-eče yeke nere nemeküi(捏箋/中/灰)-yi,

4-16-1 jeütau nere ögkü-yi Altan-qan medetügei!" ke'ebe.

4-16-2 Ongging-čingsang tende-če tedüi bayasču ičubai.

4-16-3 Činggis-qahan, Ong-qan qoyar tende Tatar-i da'uliju

4-16-4 qubiyalduju abulčaju geyi-tür-iyen qariju

4-16-5 ba<u>'ubai.

135

4-16-10 Tatar-un qoryalaysan Naratu-šitü'en-e ba<u>'uysan(保兀黑三 ← 保兀勒三)

4-17-1 nuntuy-tur talaqui-dur nigen üčügen kö'üken-i ge[g]sen-i

4-17-2 bidan-u čeri'üd nuntuy-ača olju'ui. Altan e'emeg

4-17-3 dörebčitü daji toryan buluya'-ar dotorlaysan

4-17-4 heligebčitü üčü'ügen kö'üken-i a[b]čiraju Činggis-qahan

4-17-5 Hö'elün eke-de sauya(掃[中]花) ke'<y>en ögbei. Hö'elün eke

4-17-6 ügülerün, "Sayin kü'ün-ü kö'ün aju'u je. Huja'ur sayitu

4-17-7 kü'ün-ü uruy(兀[舌]鲁黑) bu<i>yu je. Tabun kö'üd-iyen de'ü, jiryodu'ar

4-17-8 kö'ün bolyan Šikiken-quduqu ke'<y>en nereyidčü

4-17-9 eke asaraba.

136

4-18-2 Činggis-qahan-<n>u a'uruy Hariltu-na'ur-a büle'ei.

4-18-3 A'uru'ud-tur qočoruysan-i Jürkin tabin

4-18-4 haran-u qu[b]čan tonoju'ui. Harban haran-i

4-18-5 alaju'ui. Jürkin-e teyin kigdebe ke'<y>en

4-18-6 bidan-u a'uru'ud-tur qočoruysad Činggis-qahan-<n>a

4-18-7   ǰa'abasu, ene kelen sonosu'ad Činggis-qahan

4-18-8   maši kilinglaǰu ügülerün, "ürkin-<n>e ker eyin

4-18-9   kigden büle'ei, bida?! Onan-<n>u tün-dür qurimlaqui

4-18-10 -dur ba<u>'urči Šiki'ür-i müd kü ašigibai.

4-19-1   Belgütei-yin mürü müd kü ča[b]čibai. J̌okilduya

4-19-2   ke'egdeǰü Qoriǰin qadun, Qu'určin ǰirin-i iču'aǰu

4-19-3   ögbei, bida. Te'ün-ü qoyina erten-ü öšiten

4-19-4   kigten ebüges ečiges-i bidan-u baraysad

4-19-5   Tatar-i qamsan morilaya ke'<y>en J̌ürkin-i ǰiryo'an(只舌兒[中]豁安)

4-19-6   üdüd küličeǰü ese kü iregdebe. Edö'e basa

4-19-7   da<i>yisun-dur šiqan, da<i>yisun müd kü boluyi." ke'e'ed

4-19-8   Činggis-qahan J̌ürkin-dür morilabai(秣[舌]驪剌罷). J̌ürkin-i

4-19-9   Kelüren-ü Ködö'e-aral-un Dolo'an-bolda'ud-ta

4-19-10 büküi(不/[中]/灰)-dür irgen inu da<u>'ulibai. Sača-beki,

4-20-1   Taiču qoyar čö'<y>en be[ye]s-iyen duta'abai.

4-20-2   Qoyina-ča anu nekeǰü Teletü-amasar-a güyičeǰü,

4-20-3   Sača-beki, Taiču qoyar-i baribai. Bariǰu

4-20-4   Činggis-qahan Sača, Taiču qoyar-a ügülerün, "Erte

4-20-5   üdür bida ya'u ke'eldüle'ei?" ke'egdeǰü

4-20-6   Sača, Taiču qoyar([中]豁牙舌兒) ügülerün, "Ügülegsen üge-dür-iyen

4-20-7   ba ese kürbei. Üges-tür manu kürge!"

4-20-8   ke'e'ed, üges-iyen medereǰü tüšiǰü ögbei.

4-20-9   Üges-i anu medere'ülǰü üges-tür anu kürgen

4-20-10 büte'eǰü mün tende gebei.

137

4-21-7   Sača, Taiču qoyar-i büte'ed qariǰu ireǰü

4-21-8   J̌ürkin-ü irge ködölgeküi-dür, J̌alayir-un Telegetü

4-21-9   -ba<i>yan-u kö'ün Gü'ün-u'a, Čila'un-qa<i>yiči, J̌e[b]ke

4-21-10   γurban tede Ĵürkin-dür aĵu'ui. Gü'ün-u'a Muqali,

4-22-1   Buqa qoyar kö'üd-iyer-iyen a'ulĵaĵu ügülerün,

4-22-2   "**Bo**soγa-yin činu **Bo**'ol **b**oltuγai! **Bo**soγa-dača činu

4-22-3   **bu**lĵï'asu, **Bo**rbi(字[舌]兒必) inu hoγtol! **E**'üden-<n>ü činu

4-22-4   **Em**ču bo'ol boltuγai! **E**'üden-<n>eče činu **he**yilü'esü,

4-22-5   **E**liged anu **e**dkeĵü gedkün!" ke'eĵü ögbei.

4-22-6   Čila'un-qayiči Tüngge, Qaši qoyar kö'üd-iyen basa

4-22-7   Činggis-qahan-dur a'ulĵaĵu ügülerün, "**A**ltan

4-22-8   bosoγa činu sakiĵu **A**tuγai ke'<y>en ögbei,

4-22-9   bi. **A**ltan bosoγa-dača činu **A**nggida odu'asu

4-22-10 **A**mi inu tasulĵu gedkün! **Ö**rgen **e**'üden

4-23-1   **E**rgüĵü(額[舌]兒古周) **ö**gtügei ke'<y>en ögbe, bi. **Ö**rgen e'üden

4-23-2   -<n>eče činu **Ö**'ere odu'asu, **Ö**re inu mideriĵü

4-23-3   gedükün!" ke'ebe. Ĵebke-yi Qasar-a ögbe.

4-23-4   Ĵebke Ĵürkin-ü nuntuγ-ača Boro'ul(字[舌]羅兀勒) neretü üčügen

4-23-5   kö'üken-i abčiraĵu Hö'elün eke-de a'ulĵan

4-23-6   ögbe.

138

4-24-2   Hö'elün eke Mer[ki]d-ün nuntuγ-ača oldaγsan Güčü

4-24-3   neretü kö'üken-i, Ta<i>yiči'ud-un dotora Besüd-ün

4-24-4   nuntuγ-ača oldaγsan Kököču neretü kö'üken-i,

4-24-5   Tatar-un nuntuγ-ača oldaγsan Šigiken-qutuqu neretü

4-24-6   kö'üken-i, Ĵürkin-ü(主[舌]兒乞訥) nuntuγ-ača oldaγsan Boro'ul

4-24-7   neretü kö'üken-i, ede dörben-i ger dotora

4-24-8   teĵi'erün, Hö'elün eke, "Kö'üd-te'<y>en **Ü**dür(兀都[舌]兒) **ü**ĵekü-yin

4-24-9   nidün, **S**öni **s**onosqu-yin čikin ken-e bolγaqu-yu?" ke'<y>en

4-24-10 ger dotora teĵi'ebei.

139

4-25-3　Ede J̌ürkin irgen-ü yosun, J̌ürkin bolurun, Qabul

4-25-4　-qan-u([中]合訥) dolo'an kö'üd-ün angqa aqa Ökin-bar<a>qaγ

4-25-5　büle'e. Kö'ün inu Soryatu-ǰürki büle'e. J̌ürkin

4-25-6　bolurun, Qabul-qan-u kö'üd-ün aqa ke'eǰü, iregen-ü' <y>en

4-25-7　dotora-ča ilγaǰu, **He**lige-dür sölstü, **He**rekei(赫[舌]列克 ← 赫[舌]列該)-dür

4-25-8　hončitan, **A**'ušigi dü'üreng ǰirüketü(只[舌]魯格禿), **A**man dü'üreng

4-25-9　a'urtan(阿兀[舌]兒壇) **Er**e tutum **Er**demüdten bökös güčüten-i

4-25-10　ilγaǰu ögčü, a'urtan, sölsüten, omo[γ]tan

4-26-1　ǰörkimes(拙[舌]兒乞篾思) tula J̌ürkin ke'egdekü yosun teyimü.

4-26-2　Teyim-ün omoγtan irgen-i Činggis-qahan dorayita'u[l]ǰu

4-26-3　J̌ürkin oboγtu-yi ülidkebei. Irgen-i, ulus-i

4-26-4　inu Činggis-qahan ö'er-ün emčü irgen bolγabai.

4-26-9　Činggis-qahan nigen üdür, Büri-bökö, Belgütei qoyar-i

4-26-10　abaldu'uluya ke'ebe. Büri-bökö J̌ürkin-dür

4-27-1　büle'e. Büri-bökö Belgütei-yi örö'ele γar-iyar

4-27-2　bariǰu örö'ele köl-iyer toyidču unaγaǰu ülü

4-27-3　ködölgen daruqu büle'e. Büri-bökö, ulus-un bökö, tende

4-27-4　Belgütei, Büri-bökö qoyar-i abaldu'ulbai. Büri-bökö

4-27-5　ülü ilaγdaqu kü'ün unaǰu ögbe. Belgütei

4-27-6　darun yadan mürüdeǰü, sa'ari de'ere γarču, Belgütei

4-27-7　ginčas kiǰü Činggis-qahan-<n>i üjekü-lü'e qahan

4-27-8　ilügei-<y>iyen ǰa'uba. Belgütei uqa[ǰu] odču de'ere

4-27-9　inu aγdalaǰu qoyar ǰaqas inu solbin megeǰilen

4-27-10　tataǰu niru'u inu ebüdügleǰü quγulǰu ilebe.

4-28-1　Büri-bökö niru'u(你[舌]魯兀)-ban quγuraǰu ügülerün, "Belgütei-ye

4-28-2　ülü ilaγdaqu büle'e, bi. Qahan-<n>ača ayuǰu

4-28-3　aryadan unaqu ariyaqu bolun, amin-dur-iyan

4-28-4　kürtebe(古[舌]兒帖罷), bi." ke'e'ed üküjü ilebe.

4-28-5　Belgütei niru'u inu quyuru tata'ad čirču

4-28-6　o'orkiju yorčiba(約[舌]兒赤罷). Qabul-qan-u dolo'an kö'üd-ün

4-28-7　aqa Ökin-barqaɣ büle'e. Uda'adu Bartan-ba'atur

4-28-8　büle'e. Kö'ün inu Yesügei-ba'atur büle'e. Te'ün-ü

4-28-9　uda'adu Qutuɣtu-münggür(蒙古[舌]兒←蒙列[舌]兒) büle'e. Kö'ün inu Büri

4-28-10　büle'e. **B**arildu'a, **B**artan-ba'atur-un kö'ün-eče

4-29-1　alus, **B**arqaɣ-un omoɣtan kö'üd-tür(途[舌]兒) nököčekün

4-29-2　bolun, **B**üri-bökö ulus-un bökö, **B**elgütei-ye niru'u-ban

4-29-3　quyuldaju ükübe.

141

4-30-1　Te'ün-ü qoyina, takiya ji<n>l, Qadagin, Salji'ud

4-30-2　qamtudču Qadagin-u Baqu-čorogi teri'üten Qadagin,

4-30-3　Salji'ud-un Čirgidai-ba'atur teri'üten Dörben, Tatar

4-30-4　-tur jokilduju Dörben-<n>ü Qaji'un-beki teri'üten

4-30-5　Tatar-un Alči, Tatar-un Jalin-buqa teri'üten, Ikires-ün

4-30-6　Tüge-maqa teri'üten, Unggirad-un(翁吉[舌]刺敦←翁吉[舌]列敦) Dergeg, Emel,

4-30-7　Alqui-tan, Ɣorolas-un Čonaɣ, Čaɣa'an teri'üten,

4-30-8　Naiman-ača Güčü'üd Naiman-u Buyiruɣ-qan, Merkid-ün

4-30-9　Toɣto'a-beki-yin kö'ün Qutu, Oyirad-un Quduɣa-beki,

4-30-10　Ta<i>yiči'ud-un Tarɣutai-kiriltuɣ, Qodun-orčang,

4-31-1　A'uču-ba'atur-tan Ta<i>yiči'ud edün qarin Alqui

4-31-2　-bula-a či'ulju Jajiradai Jamuqa-yi qa ergüye

4-31-3　ke'<y>en ajirɣa ge'ün ke'üs čabčilalduju

4-31-4　andaɣalduju tende-če Ergüne-müren hürü'ü ne<ü>'üjü

4-31-5　Kan-müren Ergüne-de čidɣuqu šina'a-yin a'unu'u-da

4-31-6　Jamuqa-yi tende gür-qa ergübei. Gür-qa ergü+

4-31-7   +'ed Činggis-qahan, Ong-qan qoyar-tur morilaya

4-31-8   ke'eldübei. Morilaya ke'eldügsen-i Гorolas-un

4-31-9   Qoridai Činggis-qahan-<n>i Güre<n>lgü-de büküi(不/中/灰)-dür

4-31-10   ene kele kürgeǰü ileǰü'ü. Ene kele

4-32-1   ire'ülü'ed Činggis-qahan Ong-qan-dur ene kele

4-32-2   kürgeǰü ile'esü. Ong-qan kele kürge'ülü'ed čerig

4-32-3   e'üsčü ötörlen Činggis-qahan-dur Ong-qan kürčü

4-32-4   irebei(亦[舌]列罷).

142

4-32-9   Ong-qan-<n>i ire'ülü'ed Činggis-qahan, Ong-qan qoyar

4-32-10   qamtudču J̌amuqa-yin esergü inu morilaya

4-33-1   ke'eldüǰü Kelüren-müren hürü'ü morilarun,

4-33-2   Činggis-qahan Altan, Qučar, Daritai γurban-i manglai

4-33-3   yabu'ulba. Ong-qan Senggüm, J̌aqa-gambu, Bilge-beki γurban-i

4-33-4   manglai yabu'ulbai. Ede manglan-ača uruγši basa

4-33-5   qara'ul ilerün, Enegen-güiletü-de nigen sa'urin

4-33-6   qara'ul talbibai. Te'ün-ü činan-a Čegčer-e nigen

4-33-7   sa'urin qara'ul talbi'ulba. Te'ün-ü činan-a

4-33-8   Čiqurqu-da nigen sa'urin(撒兀[舌]鄰 ← 撒兀[舌]數) qara'ul talbi'ulbai.

4-33-9   Bidan-u manglan Altan, Qučar, Senggüm-tan Udkiya

4-33-10   kürčü ba<u>'uya ke'eldün büküi-dür Čiqurqu-da

4-34-1   talbiγsan qara'ul-ača kü'ün ha'ulǰu ireǰü, dayin ayiši

4-34-2   ke'<y>en kele kürgen irebe. Tere kele ire'ed

4-34-3   ülü ba<u>'un, dayin-u esergü kele abuya ke'<y>en yabuǰu

4-34-4   kürülčeǰü kele a[b]ču ke[d] bui ke'<y>en asaγu'asu,

4-34-5   J̌amuqa-yin manglan Mongγol-ača(忙[中]豁剌察) A'uču-ba'atur, Naiman-u

4-34-6   Buyiru[γ]-qan, Merkid-ün Toγto'a-yin kö'ün Qutu(中忽禿),

4-34-7   Oyirad-un Quduγa-beki ede dörben J̌amuqa-yin

4-34-8 manɣlan yabuǰu'ui. Bidan-u manɣlan teden-dür ungšila[l]duǰu

4-34-9 ungšiǰu, ǰilda boldaǰu, "Manaɣar qadqulduya!"

4-34-10 ke'eǰü ičuǰu ɣol-dur neyilen qonoba(^(中)豁那罷).

143

4-35-5 Manaɣarši yabu'ulǰu kürülčeǰü(古^[舌]魯勒扯周), Köyiten bayi[l]duǰu

4-35-6 doroɣši de'egši iquriqaldun ǰibši'erü<n>lčen büküi(不/^中/灰)-dür

4-35-7 — Müd Buyiruɣ-qan, Quduɣa(^中忽都^中合) qoyar ǰada medekün aǰu'ui —

4-35-8 ǰadalaqun bolun ǰada hurbaǰu, müd anu de'ere

4-35-9 ǰada bolǰu'u. Müd yabun yadaǰu nuras-tur(途^[舌]兒) ɣuladu+

4-35-10 +'ad, "Tenggeri-de ese ta'alaɣdaba, bida." ke'e[l]dü'ed

4-36-1 butaraǰu'ui.

144

4-36-5 Naiman-u Buyiruɣ-qan Altai-yin ebür(額不^[舌]兒) Uluɣ-taɣ ǰorin

4-36-6 qaɣačan ködölǰü'üi. Merkid-ün Toɣto'a-yin kö'ün Qutu

4-36-7 Selengge ǰorin ködölǰü'üi. Oyirad-un Quduɣa(^中忽都^中合 ← ^中忽都哈)-beki

4-36-8 hoi temečen Šisgis ǰorin ködölǰü'üi. Ta<i>yiči'ud-un

4-36-9 A'uču-ba'atur Onan ǰorin ködölǰü'üi. J̌amuqa

4-36-10 ö'er-iyen qa ergügsed(額^[舌]兒古_克薛_楊) irgen-i da<u>'uli'ad

4-37-1 Ergüne(額^[舌]泖古涅) hürü'ü J̌amuqa qarin ködölǰü'üi. An-i

4-37-2 teyin butaraɣdaǰu Ong-qan Ergüne hürü'ü J̌amuqa-yi

4-37-3 nekebe. Činggis-qahan(^(中)合罕) Onan ǰüg Ta<i>yiči'ud-un

4-37-4 A'uču-ba'atur-i nekebe. A'uču-ba'atur ulus-tur-iyan

4-37-5 kürü'ed(古^[舌]魯額_楊) ulus-iyan dürbe'ülün ködölge'ed

4-37-6 A'uču-ba'atur, Hodun-orčang Ta<i>yiči'ud Onan-u

4-37-7 činaǰi ete'ed hüle'üd tulastan čeri'üd-iyen

4-37-8 ǰasaǰu "Qadqu<n>lduya!" ke'<y>en ǰasaǰu ba<i>[yi]ǰu'ui.

4-37-9 Činggis-qahan kürü'ed Ta<i>yiči['u][d](~Ta<i>yiǰi['u][d])-lu'a qadqu<n>lduba.

4-37-10 Maši ekerün, ekerün qadqu<n>lduǰu ǰilda bo[l]daǰu mün

4-38-1　qadqu<n>lduγsan(^中合_惕^[中]渾_勒都_黑三) γaǰar-a šitü[l]düǰü qonoba. Ulus ba

4-38-2　dürbeǰü ayisurun, mün kü tende čeri'üd-lü'e-ben qamtu

4-38-3　küre'eleǰü qonolduba.

145

4-38-8　Činggis-qahan tere qadqu<n>ldu'an-dur suǰiyasu-ban šilür+

4-38-9　+teǰü čisun töridge'esü ülü bolun amduridarun

4-38-10　naran šingge'ülün mün tende šitüldüǰü ba<u>'uǰu böglegsen

4-39-1　čisun-i J̌elme šimin šimin ama'an čisudaǰu, J̌elme

4-39-2　busu kü'ün ülü itegen sakilduǰu sa'uǰu söni düli

4-39-3　boltala(李_勒塔剌 ← 李_勒荅剌) böglegsen čisun-i ama-'ar dü'üreng ǰalgi'ad

4-39-4　asγa'ad söni düli nögči'esü Činggis-qahan dotora'-an

4-39-5　sergüǰü ügülerün, "Čisun haγču baraba. Unda'asumu,

4-39-6　bi." ke'ebe. Tende-če J̌elme maγalai γudusun

4-39-7　de'el qubčasun-iyan bügüde-yi talǰu γaγča doto'aǰi+

4-39-8　+tu čurama ničügün šitüldüǰü, ba<i>yiqun dayin dotora'un

4-39-9　gü<i>yiǰü činan-a külelegsen(古^[舌]列列_克先) irgen-ü tergen-dür

4-39-10　anu unuǰu esü'üd eriǰü yadaǰu dürberün

4-40-1　ge'üd-iyen ülü sa'an talbiγsad aǰu'u. Esüg olun

4-40-2　yadaǰu nigen yeke büri'etei taraγ tergen-eče

4-40-3　inu abu'ad ergüǰü irebe. J̌a'ura odurun

4-40-4　ba⁷⁾ irerün ba kü'ün-<n>e ese üǰegdebe. Tenggeri kü

4-40-5　ihe'ebe ǰe. Taraγ büri'etü-yi abčira['a]d mün J̌elme

4-40-6　ö'esün kü usun eriǰü abčiraǰu taraγ ǰi'üreǰü

4-40-7　qa'an-a u'ulba. Γurbanta amuǰu u['u]ǰu qahan ügü+

4-40-8　+lerün, "Dotora nidün minu geyibe." ke'e'ed

4-40-9　ön<g>deyiǰü sa'utala üdür geyiǰü gegen bolǰu

4-40-10　üǰe'esü tere sa'uγsan horčin(⁽ᵗ⁾/豁ᶠ兒臣) J̌elme-yin šimin

4-41-1　šimin böglegsen čisun asγaγsan horčin(⁽ᵗ⁾/豁ᶠ兒臣) namurqan

4-41-2　bolǰu'u. Činggis-qahan üǰeǰü ügülerün, "Ene ya'un

4-41-3　bolumu? Qolo asγa'asu yambar aǰu'u?" ke'ebe.

4-41-4　Tende-če J̌elme ügülerün, "Čima-yi anduriγdarun, qolo

4-41-5　odu'asu čima-dača alǰiyaqui-ača ayuǰu ya'araǰu,

4-41-6　ǰalgiqu-yi ǰalgi'ad, asγaqu(阿思ᵗ合ᵗ忽)-yi asγa'a. Anduriǰu

4-41-7　ke'eli-dür minu teki kedüi oroba." ke'ebe.

4-41-8　Činggis-qahan basa ügülerün, "Nama-yi eyimü bolǰu

4-41-9　gebten bö'etele, ničügün yekin gü<i>yiǰü oroba, či?

4-41-10　Bariγda'asu nama-yi eyimü-yi ülü-'ü ǰi'aqu büle'e,

4-42-1　či?" ke'ebe. J̌elme ügülerün, "Minu sedkil,

4-42-2　ničügün odurun, ker ber bariγda'asu, bi tan-dur

4-42-3　oroqu duratu büle'e. Uqaǰu(兀ᵗ合周 ← 兀哈周) bariǰu alaya ke'<y>en

4-42-4　qu[b]časun minu bügüde-yi talǰu, γaγča emüdün

4-42-5　talu'a üdü'üi-e multus alda'ulǰu tan-dur edüi

4-42-6　idüreǰü irebe, bi ke'ekü büle'e. Nama-yi

4-42-7　ünen bolγaǰu qubčasun na-da ögčü(斡ₖ抽 ← 斡ₖ周) asaraqu büle'e.

4-42-8　Bi morin unu'ad üǰetele edüi ǰa'ura ülü-'ü irekü

4-42-9　büle'e. Bi teyin sedkiǰü qa'an-u qangqaγsan(ᵗ杭ᵗ合黑三 ← 杭哈黑三) sedkil

4-42-10　erüssügei ke'<y>en nidün qara eyin sedkiǰü

4-43-1　odulu'a, bi." ke'ebe. Činggis-qahan ügülerün,

4-43-2　"Edö'e ya'un ke'ekü? Erte üdür Γurban(⁽ᵗ⁾忽ᶠ兒班) Merkid

4-43-3　ireǰü, Burqan(不⁽ᵗ⁾嵋⁽ᵗ⁾罕)-<n>i γurbanta(ᵗ忽ᶠ兒班塔 ← ᵗ忽ᶠ兒班苔) quč'ulqui(ᵗ忽
　　赤兀ₗₑ⁽ᵗ⁾恢)-dur, amin minu

4-43-4　nigete a[b]ču γarulu'a, či. Edö'e basa haγču(哈黑抽 ← 哈里抽)

4-43-5　büküi čisun-i ama-'ar šimi<n>ǰü amin minu sengtelbe,

4-43-6　či. Basa qangqaǰu(⁽ᵗ⁾杭ᵗ合周) anturin büküi-dür amin-<n>iyan

4-43-7   öreǰü da<i>yisun kü'ün-dür nidün qara oroǰu

4-43-8   undan qangqaǰu, amin minu oro'ulba(斡[舌]羅兀勒罷), či. Ede γurban

4-43-9   tusas-i činu sedkil dotora(朵脱[舌]剌) minu atuγai!" ke'<y>en

4-43-10   ǰarliγ bolba.

146

4-45-1   Üdür geyin bara'asu šitüldüǰü qonoγsad čeri'üd

4-45-2   söni bö'ed butaraǰu'ui. Küre'elegsed irgen küngken

4-45-3   ülü čidaqun ke'<y>en küre'elegsed γaǰar-ača ese

4-45-4   ködölǰü'üi. Dürbegsed ulus-i ičuγaya ke'<y>en

4-45-5   Činggis-qahan qonoγsan γaǰar-ača morilaǰu dürbekün

4-45-6   irgen-i iču'an yabuqui-dur, daba'an(荅巴安 ← 荅巳安) de'ere nigen

4-45-7   hula'an de'eltü eme kü'ün "Temüǰin ǰe!" ke'<y>en yeke

4-45-8   da<u>'u-'ar qayilan u<i>yilan ba<i>yiqu-yi Činggis-qahan

4-45-9   ö'esün sonosču, "Ya'un kü'ün-ü eme teyin qayilan

4-45-10   bu<i>yu?" ke'<y>en asa'ura kü'ün ilebe. Tere kü'ün odču

4-46-1   asaγbasu, tere eme kü'ün ügülerün, "Sorqan-šira-yin

4-46-2   ökin, bi. Qada'an neretei. Ere-yi minu ende čeri+

4-46-3   +'üd bariǰu alan bu<i>yu. Ere-yü'<y>en alaγdarun,

4-46-4   Temüǰin-i ere-yi minu aburatuγai ke'<y>en ungšiǰu

4-46-5   qayilaǰu(中合亦剌周) u<i>yilaba, bi." ke'ebe. Tere kü'ün ireǰü

4-46-6   Činggis qa'an-a ene üge(兀格/兀/) ügüle'esü,[8] Činggis-qahan

4-46-7   ene üge sonosu'ad, qataraǰu kürčü Činggis-qahan

4-46-8   Qada'an-dur ba<u>'uǰu teberi<n>ldübei. Ere-yi inu

4-46-9   bidan-u čeri'üd urida alaǰu'ui. Tede irge

4-46-10   ičuγa'ad Činggis-qahan yeke čerig mün tende ba<u>'uǰu

4-47-1   qonobai. Qada'an-i uriǰu ire'ülǰü(亦[舌]列兀勒周) dergečen

---

8)   四部叢刊本에는 嗚詁列額速의 嗚가 희미하게나마 보임.

4-47-2 　sa'ulbai. Manaγarši üdür Sorqan-šira, J̌ebe

4-47-3 　qoyar Ta<i>yiči'ud-un Tödöge-yin haran aγsad tede qoyar

4-47-4 　ber irebei kü. Činggis-qahan Sorqan(鎖[舌]兒[中]罕)-šira-yi

4-47-5 　ügülerün, "**Kü**jühün-deki **kü**ndü mudun-i **Kö**ser-e o'o[ru]'uluγsan(斡斡[舌魯]兀魯
黑三),

4-47-6 　**J̌a**qa-daki **ǰa**rbiyal mudun-i **J̌a**yila'uluγsan ta, ečiges

4-47-7 　kö'üd-ün tusa aju'ui ǰe, ta. Yekin udabai, ta?" ke'ebei.

4-47-8 　Sorqan-šira ügülerün, "Bi dotora-'an bölen itgel(~idkel)

4-47-9 　sedkiǰü büle'ei. Yekin ya'araqu, bi? Ya'araǰu urid

4-47-10 　ire'esü, Ta<i>yiči'ud noyad minu qočoruγsan eme kö'ün,

4-48-11 　adu'un ide'en-i minu hünesü-'er geyisgekün, tede

4-48-12 　ke'eǰü ülü ya'aran edö'e qahan-dur-iyan neyilen

4-48-13 　idüreǰü irebei, ba." ke'ebei. Kelelen bara'asu

4-48-14 　"J̌ö[b]!" ke'ebe.

147

4-49-2 　Basa Činggis-qahan ügülerün, "Köyiten bayi<n>lduǰu iquri+

4-49-3 　+γaldun ǰibšiyerü[l]čen(只卜失耶[舌魯]勒塵) büküi(不[中]灰)-dür, tede niru'un de'ere-
če

4-49-4 　sumun ireǰü minu ǰebelekü aman čaγa'an(察[中]合安 ← 察[中]罕) qula-yin aman niri'u

4-49-5 　inu quγu ken qarbula'a, a'ula de'ere-če?" ke'ebe.

4-49-6 　Tere üge-dür J̌ebe ügülerün, "A'ula de'ere-če bi

4-49-7 　qarbula'a. Edö'e qa'an-a ükü'ülde'esü halaγan-u tedüi

4-49-8 　γaǰar(中合札[舌]兒) hö'eǰü qočorsu! Soyurqaγda'asu, qa'an-u

4-49-9 　emüne **Če**'el usun-i hoγtoru, **Če**<ü>gen čila<u>'un ča/u/ru dobtulǰu

4-49-10 　ö[g]sü! '**Kür**!' ke'egsen γaǰar-a **Kö**kö **g**ürü **ke**'ürü(客兀[舌]魯), '**Qal**!'

4-50-1 　ke'egsen-dür **Qa**ra **g**ürü **q**ayaru dobtulǰu

4-50-2 　ögsü!" ke'ebe. Činggis-qahan ügülerün, "Da<i>yisun

4-50-3 　yabuγsan kü'ün alaγsan-iyan, da<i>yisurγaγsan-iyan beye-yen

4-50-4　ni'uǰu kele-ben bučaǰu ayu. Ene bürün ke'esü, munda

4-50-5　alaγsan-iyan, da<i>yisuryaγsan-iyan ülü buča[ǰu], munda ǰi'an bu<i>yu.

4-50-6　Nököčeltü kü'ün bu<i>yu. J̌iryo'adai neretü aǰu'u.

4-50-7　Mün ǰebelekü aman čaya'an(察ᵗ合安 ← 察ᵗ罕) qula-yi minu aman niru'u

4-50-8　qarbuγsan-u tula J̌ebe nereyi[d]čü ǰebeleye, ima-yi!"

4-50-9　ke'<y>en J̌ebe nereyidčü "Dergede minu yabu!" ke'<y>en

4-50-10　ǰarliγ bolba. J̌ebe Ta<i>yiči'ud-ača ireǰü(亦ᵗ列周)

4-51-1　nököčegsen yosun teyimü.

148

5-1-2　Činggis-qahan tende Ta<i>yiči'ud-i da<u>'uliǰu Ta<i>yiči'utai

5-1-3　yasutu kü'ün-i, A'uču-ba'atur Hoton-orčang, Qudu'udar-tan

5-1-4　Ta<i>yiči'ud-i, uruy-un uruy-a kürtele hünesü-'er

5-1-5　keyisgen kidubai. Ulus irgen-i anu ködölgeǰü

5-1-6　ireǰü, Činggis-qahan Quba-qaya übülǰebei.

149

5-1-8　Ničügüd Ba'arin-u Širgü'etü ebügen Alaγ, Naya'a

5-1-9　kö'üd-lü'e-ben Ta<i>yiči'ud-un noyan Taryutai-kiri<n>ltuγ

5-1-10　hoilaǰu büküi(不ᵗ灰)-yi öšitü(斡失禿 ← 斡失禿) kü'ün büle'e ke'<y>en morilan ülü

5-2-1　čidaqu Taryutai(塔ᵗ兒ᵗ忽台)-yi bariǰu tergen-dür unu'ulǰu

5-2-2　Širgü'etü ebügen, Alaγ, Naya'a kö'üd-lü'e-ben

5-2-3　Taryutai-kiri<n>ltuγ-i bariǰu ayisuqui-dur Taryutai-kiri<n>ltuγ-un

5-2-4　kö'üd de'ü-ner inu buliǰu abuya ke'<y>en gü<i>yičeǰü

5-2-5　ireǰü'üi. Kö'üd de'ü-ner-i inu gü<i>yičeǰü ireküi-lü'e

5-2-6　Širgü'etü(失ᵗ兒古額禿) ebügen bosun yadaqu Taryutai-yi tergen

5-2-7　de'ere unuǰu gedergü(格迭ᵗ兒古) de'ere inu aytalan sa'uǰu

5-2-8　kituyai γaryaǰu ügülerün, "Kö'ün de'ü-ner činu

5-2-9　čima-yi buliǰu abura irebei. Čima-yi qan-iyan

5-2-10　γardaba ke'<y>en ese teki ala'asu, qan-iyan γardaba

5-3-1　ke'<y>en alaqu kü! Ala'asu teki mün kü alaɣdaqu kü, bi!

5-3-2　Mün ele üküküi(兀窟/[中]/灰)-dür-iyen dere abun üküsü!" ke'e'ed

5-3-3　aɣtalaǰu yeke kituɣai-yiɣar-an qo'olai inu quɣulura

5-3-4　kürküi(古[舌]兒/[中]/灰)-dür Tarɣutai-kiri<n>ltuɣ yeke da'u-'ar de'ü-ner

5-3-5　kö'üd-iyen qa<i>[yi]laǰu kelelerün, "Širgü'etü nama-yi alan

5-3-6　bu<i>yu. Alan bara'asu, ükügsen, amin ügei beye minu

5-3-7　abču odču yeki'üǰei, ta! Nama-yi ala'ai üdü'üi-e

5-3-8　öter qaridqun! Temüǰin nama-yi ülü alaqu. Temüǰin-i

5-3-9　üčügen čaɣ-tur **Ni**dün-dür-iyen ɣaltu, **Ni**'ür-tür-iyen

5-3-10　geretü büle'e ke'<y>en **E**ǰen ügei nuntuɣ-tur qočorču

5-4-1　amui ke'<y>en **Ab**ura odču **ab**čiraǰu **Su**rɣa'asu **su**rqu

5-4-2　metü bu<i>yu ke'<y>en **So**na üri'e da'aɣan **su**rɣaqu metü

5-4-3　**Su**rɣan(速[舌]兒[中]罕) **so**yin yabula'a. **Ükü'ül**sü ke'esü **ükü'ül**ün

5-4-4　yadaqu-yu büle'e, bi? Edö'e **O**yi inu **o**roǰu amu.

5-4-5　**Se**dkil inu **se**ngtereǰü amu ke'egdemüi. Temüǰin nama-yi

5-4-6　ülü ükü'ülkü. Ta kö'üd de'ü-ner minu öter qaridqun!

5-4-7　Širgü'etü nama-yi alaǰu ile'üǰei!" ke'<y>en yeke da'u-'ar

5-4-8　qa<i>[yi]laba. Kö'üd de'ü-ner inu ügüleldürün, "Ečige-yin

5-4-9　amin inu aburaya ke'<y>en irebei, bida. Širgü'etü

5-4-10　amin inu ükü'ülün bara'asu, qo'osun amin ügei

5-5-1　beye inu yekikün, bida? Munda ala'ai üdü'üi-e öter

5-5-2　qariya([中]合[舌]里牙←哈[舌]里牙)!" ke'eldüǰü qaribai. Teden-i ireküi-dür

5-5-3　Alaɣ, Naya'a-tan Širgü'etü ebügen-ü kö'üd inu

5-5-4　heyilügsed irebei. Teden-i ire'ülü'ed ködölǰü

5-5-5　ayisurun ǰa'ura Qutuqul-nu'u-da kürü'esü tende

5-5-6　Naya'a ügülerün, "Bida ene Tarɣutai-yi bariǰu

5-5-7　kürü'esü, Činggis-qahan bidan-i tus qan-iyan ɣardaǰu

5-5-8　ireǰü'üi ke'<y>en Činggis-qahan bidan-i tus-iyan ɣardaǰu

5-5-9　iregsed ya'un itegelten haran? Ede bidan-dur

5-5-10　basa ker nököčekün? Nököčel üge'ün haran, tus

5-6-1　qan-iyan ɣardaɣsad haran-i mököri'üldekün! ke'ejü

5-6-2　mököri'üldekün-ü'ü, bida? Munda Taɣutai-yi ende-če talbiju

5-6-3　ileǰü, bida beyes-iyen Činggis-qahan-<n>a güčü ögüre

5-6-4　irebe, ba ke'ejü oduya! Taɣutai-yi bariju ayisula'ai.

5-6-5　Tus qan-iyan tebčin yadaju üǰe'ed ker ükülkün

5-6-6　ke'ejü talbiju ileǰü ba büširen güčü ögsü ke'<y>en

5-6-7　irebei, ba ke'eye!" ke'ebe. Naya'a-yin ene

5-6-8　üge ečiges kö'üd ǰöbšiyeldüǰü Taɣutai-kiri<n>ltuɣ-i

5-6-9　Ququl-nu'u-dača talbiju ileǰü müd Širgü'etü

5-6-10　ebügen Alaɣ, Naya'a kö'üd-lü'e-ben ire'esü, "Yekin

5-7-1　ireǰü?" ke'ebe. Širgü'etü ebügen Činggis-qahan-<n>a

5-7-2　ügülerün, "Taɣutai-kiri<n>ltuɣ-i bariju ayisurun ǰiči

5-7-3　tus qan-iyan üǰe'ed ker ükü'ülküi ke'ejü tebčin

5-7-4　yadaju talbiju ileǰü Činggis-qahan-<n>a güčü ögsü ke'<y>en

5-7-5　irebe." ke'ebe. Te'ün-dür Činggis-qahan ügülerün,

5-7-6　"Qan-iyan Taɣutai-yi ɣardaju(中合[舌]兒荅周) iregsed(亦[舌]列克薛惕 ← 亦列克撒惕)

　　　　bö'esü tus

5-7-7　qan-iyan ɣardaɣsad haran-i, tan-i uruɣ-iyar mököri'ül+

5-7-8　+dekün büle'e. Ta tus qan-iyan tebčin yadaɣsan sedkil

5-7-9　tan-u ǰöb bui." ke'<y>en Naya'a-yi soyurqaba.

150

5-8-10　Te'ün-ü qoyina Činggis-qahan-dur Kereyid-ün J̌aqa-gambu

5-9-1　Tersüd-te büküi-dür nököčere irebe. Tere iregsen-dür

5-9-2　Merkid qadquldura ire'esü, Činggis-qahan, J̌aqa-gambu

5-9-3　ki'ed qadqulduǰu iču'abai. Tende Tümen Tübegen, Olon

5-9-4　Dongqayid, butaraɣsan Kereyid irgen ber Činggis-qahan-dur

5-9-5   oroǰu ire'üle'ei. Kereyid-ün Ong-qahan bürün urida

5-9-6   Yesügei-qa'an-u čaγ-tur sayi-bar el alduγsan-dur

5-9-7   Yesügei-qan-lu'a anda ke'eldügsen aǰu'u. Anda ke'eldüküi

5-9-8   yosun inu Ong-qan ečige-yü<y>en Qurčaqus-buyiruγ-qan-u

5-9-9   de'ü-ner-iyen alaqu-yin tula Gür-qan abaγa-lu'a-ban

5-9-10   bu<n>lγa(奔勒ᵗᶻ合 ← 奔勒哈) bolulčaǰu Qara'un(ᵗᶻ合ᵗ剌溫 ← 哈ᵗ剌溫)-qabčal

         širγu'uldaǰu

5-10-1   ǰa'un kü'ün γarču Yesügei-qan-dur ire'esü, Yesügei

5-10-2   -qan ima-yi ö'er-tür-iyen iregdeǰü, ö'esün čerig

5-10-3   morilaǰu(秣⁽ᵗᶻ⁾驪剌周) Gür-qan-i Qašin ǰüg hüldeǰü irge orγa

5-10-4   inu Ong-qan-<n>a abču ögügsen-ü tula anda bolulčaqu(字魯ᵗᶻ察⁽ᵗ⁾忽)

5-10-5   tere.

151

5-11-1   Te'ün-ü qoyina Ong-qan-<n>u de'ü Erke(額⁽ᵗᶻ⁾兒客)-qara Ong-qan aqa-da'an

5-11-2   alaγdarun, buru'udču(不⁽ᵗᶻ⁾魯兀⁽ᵗ⁾抽) odču Nayiman-u Inanča-qan-dur

5-11-3   oroǰu'ui. Inanča-qan čeri'üd ileǰü ǰiči Ong-qan γurban

5-11-4   balaγad bitün yorčiǰu Qara Kidad-ün Gür-qan-dur

5-11-5   oduγsan aǰu'u. Tende-če bu<n>lγa bolun U<i>yiγud-un, Tangγud-un

5-11-6   balaγad da'ari'ad tabun ima'ad širgü'eleǰü sa'al+

5-11-7   +duǰu, teme'en-ü čisun qanaǰu ide'ed yadaǰu

5-11-8   Güse'ür-na'ur-a ire'esü, Činggis-qahan uridu Yesügei-qan

5-11-9   -lu'a anda ke'eldügsen yosu-'ar Taqai(塔⁽ᵗ⁾孩)-ba'atur,

5-11-10 Sükegei-ǰe'ün qoyar-i elči ile'ed, Kelüren-ü teri'ün-eče

5-12-1   Činggis-qahan ö'esün esergü odču ölösčü

5-12-2   turuǰu irebe ke<y>en Ong-qan-<n>a γubčir-i γubčiǰu

5-12-3   ögčü, küre'<y>en dotora oro'ulǰu teǰi'ebe. Tere

5-12-4   übül ǰerge-'er ne<ü>'üǰü Činggis-qahan Quba-qaya-yi

5-12-5   übülǰebe.

5-12-10 Tende Ong-qan-<n>u de'ü-ner noyad ki'ed ügüleldürün,

5-13-1 "Ene qan aqa bidan-u üge'ü aburitu hümegei helige

5-13-2 ebüridčü yabuyu. Aqa de'ü-yi baraba. Qara Kidad-tur

5-13-3 ba oroba kü. Ulus ba ǰoba'amu. Edö'e e'ün-i

5-13-4 ker kikün, bida? Erte üdür ke'esü dolo'an nasutu-yi

5-13-5 Merkid irgen da<u>'uliǰu odču qara(中合[舌]刺) alaɣ ešige

5-13-6 daqu emüsgeǰü Selengge-yin Bu'ura-ke'er-e Merkid-ün

5-13-7 a'ur nödübe kü. Qurčaqus Buyiruɣ-qan ečige inu

5-13-8 ǰič. Merkid irge ha'ulǰu kö'ü-ben tende aburaǰu

5-13-9 ire'esü basa Tatar-un Aǰai-qan harban(哈[舌]兒班 ← 中合[舌]兒班) ɣurban

5-13-10 nasutu-yi eke selte basa da<u>'uliǰu odču

5-14-1 teme'ed-iyen adula'ulun yabuqui(迻步[中]恢)-dur Aǰai-qan-u

5-14-2 qoniči abu'ad horɣuǰu irebe(亦[舌]列罷) ǰe. Basa te'ün-ü

5-14-3 qoyina Naiman-ača ayuǰu buru'udču Sarta'ul-un ɣaǰar-a

5-14-4 Čui-müren-<n>e Qara Kidad-un Gür-qan-dur odba ǰe. Tende

5-14-5 niɣen hon ülü da'usun ǰiči da<i>yiǰin ködölǰü Ui'ud-un

5-14-6 Tangud-un ɣaǰar-iyar bitüǰü yaburun yadaǰu tabun

5-14-7 ima'ad širgü'eleǰü sa'aǰu teme'en-ü čisun qanaǰu

5-14-8 ideǰü, ɣaɣča soqor qali'un(中合/[舌]里溫) moritu yadaǰu

5-14-9 Temüǰin kö'ün-dür ire'esü ɣubčir-i ɣubčiǰu teǰi'ebe

5-14-10 ǰe. Edö'e Temüǰin kö'ün-dür teyin yabuɣsan-iyan

5-15-1 umartaǰu hümegei helige ebüridčü yabumu. Ker

5-15-2 kikün, bida?" ke'eldübei. Eyin ügüleldügsen üges-i

5-15-3 Altun-ašuɣ Ong-qan-<n>a ayiɣaɣlaǰu'u. Altun-ašuɣ ügü+

5-15-4 +lerün, "Bi ber ene eye-dür oroldula'a kü.

5-15-5 J̌iči qan-iyan čima-yi tebčin yadaba." ke'eǰü tende

5-15-6 Ong-qan eyin ügüleldügsed, El-qutur, Qulbari,

5-15-7　Arin-tayiǰi-tan de'ü-ner-iyen, noyad-iyan bari'ulǰu'ui. De'ü-ner-e+

5-15-8　+če Ĵaqa-gambu buru'udču Naiman-dur oroǰu'u. Teden-i

5-15-9　bari'as selte ger-tür oro'ulǰu Ong-qan ügülerün,

5-15-10　"Bida Ui'ud-un, Tangud-un γaǰar-iyar ayisuqui(阿亦速⁽中⁾恢)-dur ya'u

5-16-1　ke'eldüle'ei? Tan-u metü ya'u sedkikü, bi?" ke'ed

5-16-2　ni'ür-tür anu nilbuǰu baria's anu talbi'ulba.

5-16-3　Qan-a(⁽中⁾合納 ← ⁽舌⁾合納) ele nilbuγdaǰu ger-tür bükün haran bügüde'er

5-16-4　bosču nilbuǰu'ui.

153

5-17-2　Tere übül übülǰeǰü noqai ǰil namur(納木⁽舌⁾兒) inu Činggis-qahan

5-17-3　Čaγa'an(察⁽中⁾合安 ← 察阿安) Tatar, Alči Tatar, Duta'ud, Aluqai Tatar

5-17-4　tede Tatar-tur Dalan-nemürges ba<i>yilduǰu qadqul+

5-17-5　+duqui-yin urida Činggis-qahan ǰasaγ ügüleldürün, "Da<i>yisun kü'ü

5-17-6　daru'asu olǰa-dur bü ba<i>yiya! Darun bara'asu tere

5-17-7　olǰa bidan-u'ai bui ǰe. Qubiyaldud ǰe, bida. Nökör kü'ün-e

5-17-8　iču'aγda'asu türün-ü dobtuluγsan γaǰar-tur-iyan

5-17-9　eke'erüye! Turun-u dobtulγan-dur ese eke'erügsen

5-17-10　kü'ün-i mököri'ülüye!" ke'<y>n ǰasaγlaldubai. Dalan-nemürges

5-18-1　qa[d]qulduǰu Tatar-i kögölgebei. Daruǰu Ulqui-šilügelǰid

5-18-2　-te ulus-tur anu neyile'ülǰü da<u>'ulibai.

5-18-3　Čaγa'an(察⁽中⁾合安 ← 察⁽中⁾罕 ← 察罕) Tatar, Alči-Tatar, Duta'ud Tatar, Aluqai Tatar,

5-18-4　erkid irge(亦⁽舌⁾兒格) tende muqudqaǰu(木⁽中⁾忽楊⁽中⁾合周 ← 木⁽中⁾忽楊哈周), ǰasaγ

　　　　ügüleldügsen

5-18-5　üges-tür Altan, Qučar, Daritai γurban üges-tür

5-18-6　ülü kürün olǰa-dur ba<i>yiǰu'ui. Üges-tür ese kürbe

5-18-7　ke'<y>en Ĵebe, Qubilai qoyar-i ileǰü olǰalaγsad adu'un

5-18-8　ya'uke abuγsad-i bügüde-yi abqa'ulba.

154

5-19-3   Tatar-i muqudqaǰu da<u>[ʻu]lin baraǰu ulus irgen anu

5-19-4   ker kikün ke'<y>en Činggis-qahan yeke eye uruɣ-iyar-iyan

5-19-5   ɣaɣča ger-tür oroǰu eyetüldübe. Eyetüldürün, "Erte üdür-eče

5-19-6   Tatar irgen Ebüges ečiges-i baraɣsan büle'e. Ebüges

5-19-7   ečiges-ün Ösöl ösöǰü Kisa<n>l kisaǰu či'un-dür üliǰü

5-19-8   kiduǰu alaǰu ögüye! Ülidtele kiduya! Hülegsed-i

5-19-9   bo'oliduya! J̌üg ǰüg qubiyalduya!" ke'<y>en eye baralduǰu ger

5-19-10   -teče ɣaru'asu Tatar-un Yeke-čeren Belgütei-eče, "Yambar

5-20-1   eye eyetüldübei?" ke'<y>en asaɣǰu'u. Belgütei ügülerün,

5-20-2   "Tan-i bügüde-yi či'un-dur üliǰü kiduya ke'eldübei."

5-20-3   ke'eǰü'ü. Belgütei-yin ene üge-dür Yeke-čeren Tatar-tur-iyan (都[舌]里顔)

5-20-4   turgqay talbiǰu qorɣalaǰu'u (中豁舌兒中合/黑/剌主兀). Qorɣa[la]ɣsad Tatar-tur

5-20-5   bican-u čeri'üd e'erekün bolun maši samšiǰu'u. Qorɣalaɣ+

5-20-6   +sad Tatar-i ǰoboǰu oro'ulǰu ülidken či'un-dur üliǰu

5-20-7   kičuqui-dur Tatar ügüleldürün, "Kü'ün tutum qančun-dur-iyan

5-20-8   kituɣai qančulaǰu dere abun üküye!" ke'eldüǰü, basa

5-20-9   maši kü samšiǰu'u. Tedüi Tatar-i či'un-dür üliǰu kidun

5-20-10   baraǰu tende Činggis-qahan ǰarliɣ bolurun, "Bida uruɣ-iyar-iyan

5-21-1   yeke eye baralduɣsan-i Belgütei-yin ǰa'aqu-yin tula bidan-u

5-21-2   čeri'üd maši samšiyabai. E'ün-ü qoyina yeke eye-dür

5-21-3   Belgütei bü orotuɣai! Eye baratala (巴[舌]剌塔剌 ← 巴[舌]剌荅剌) ɣadana (中合荅納 ← 哈荅
   納). bükün-i ǰasa+

5-21-4   +tuɣai! J̌asa'ad kere'ür-i qulaɣai qudal u<i>yileten-i

5-21-5   ǰarɣulatuɣai! Eye bara'asu ötög u[ʻu]ɣsan-u qoyina Belgütei,

5-21-6   Da'aritai qoyar tende orotuɣai!" ke'<y>en ǰarliɣ bolba.

155

5-22-5   Tende Tatar-un Yeke-čeren-ü ökin Yesügen qatun-i Činggis-qahan

5-22-6   tende abba. Ta'alaɣdarun Yesügen qadun ügülerün, "Qahan

5-22-7   soyurqa'asu nama-yi kü'ün-e bodo-da bolγaǰu asaramu.

5-22-8   na-dača egeči, Yesüi neretei, na-dača de'ere, qan kü'ün-e ǰokiqui

5-22-9   aǰi'ai ǰe. Sa<i>yi küregen küregelen büligi. Edö'e maγa ene

5-22-10   bodulγan-dur qa'aγši(^中合阿_黑石←哈阿_黑石) yorčibi." ke'ebi. Ene üge-dür

5-23-1   Činggis-qahan ügülerün, "Egeči činu čima-dača sayin bügsen

5-23-2   bö'esü, eri'ülüye! Egeči-yen ire'esü ǰa<i>yilaǰu

5-23-3   ögkü-yü, či?" ke'ebe. Yesügen qadun ügülerün, "Qahan soyur+

5-23-4   +qa'asu, egeči-yen ele üǰe'esü, egeči-de'<y>en ǰa<i>yilasu!"

5-23-5   ke'ebe. Ene üge-dür Činggis-qahan ǰarliγ tungqa'aǰu

5-23-6   eri'ülü'esü ögtegsen küregen-lü'e qamtu hoilaǰu

5-23-7   yabuqu-yi bidan-u čeri'üd ǰolγaǰu'ui. Ere inu duta'aǰu'u.

5-23-8   Yesüi qatun-i tende abčiraba. Yesügen qadun egeči-yen üǰe+

5-23-9   +'ed urida ügülegsen üge-dür kürün bosču sa'uγsan sa'urin

5-23-10   -dur-iyan sa'ulǰu mün ö'esün doro sa'ubi. Yesügen qatun-u

5-24-1   üge-dür adali boldaǰu Činggis-qahan oyin-dur-iyan

5-24-2   oro'ulǰu Yesüi-qatu[n-i] abču ǰerge-dür sa'ulba.

156

5-24-8   Tatar irgen-i da<u>['u]lin baraǰu, nigen üdür Činggis-qahan

5-24-9   γada sa'uǰu undalaldurun Yesüi qadun, Yesügen-qadun ǰirin-ü

5-24-10   dunda sa'uǰu undalaldun büküi-dür Yesüi-qadun yekede

5-25-1   se<ü>'ürelbi. Tende Činggis-qahan dotora-'an sedkiǰü Bo'orču

5-25-2   Muqali-tan noyad-i uriǰu ire'ülǰü ügülerün, "Ta ede

5-25-3   ele či'uluγsad haran bügüde-yi ayimaγ, ayimaγ

5-25-4   ba<i>yidqun! Ö'er-eče busu ayimaγ-un kü'ün-i ö'ere

5-25-5   böldeyidkedkün!" ke'<y>en ǰarliγ bolba. Tedüi ayimaγ

5-25-6   ayimaγ-iyar-iyan ba<i>yi'asu nigen ǰala'ui sayin kürümele

5-25-7   kü'ün ayima'ud-ača ö'ere ba<i>yiba. "Či ya'un kü'ün bui?"

5-25-8   ke'esü, tere kü'ün ügülerün, "Tatar-un Yeke-čeren-ü

5-25-9   Yesüi neretei ökin ögtegesen küregen kü'ün büle'e, bi.

5-25-10   Da<i>yisun-a da<u>'uliɣdarun ayuǰu buru'udču yabuǰu edö'e

5-26-1   amurliba ǰe ke'<y>en ireǰü, olon haran dotora ya'u taniɣ+

5-26-2   +daqu ke'eǰü yabula'a." ke'ebe. Ene üge-yi

5-26-3   Činggis qa'an-a öči'esü ǰarliɣ bolurun, "Mün kü da<i>yisu sedkiǰü

5-26-4   o'orčaɣ bolǰu yabuǰu'u. Edö'e ya'u görüre ireǰü'ü?

5-26-5   Inu metüs-i či'un-dur ülibei. Ya'u sa'aramui? Nidün-ü

5-26-7   ečine gedkün!" ke'ebe. Tedüi kü mököri'ülbei.

157

5-27-2   Mün noqai ǰil Činggis-qahan-<n>i Tatar irgen-dür morilaɣsan-dur

5-27-3   Ong-qan Merki[d] irgen-dür morilaǰu Toɣto'a-beki-yi

5-27-4   Barɣuǰin-töküm ǰüg hüldeǰü Toɣto'a-yin yeke kö'ün Tögüs

5-27-5   -beki alaǰu Toɣto'a-yin Qutuɣtai, Ča'alun(察阿/舌/侖) ǰirin ökid inu

5-27-6   qatud inu abču Qutu, Čila'un qoyar kö'üd-i inu irge

5-27-7   selte da<u>'uliǰu Činggis qa'an-a ya'u ber ese ögbe.

158

5-28-1   Te'ün-ü qoyina Činggis-qahan, Ong-qan qoyar Naiman-u Güčügüd-ün Buyiruɣ

5-28-2   -qan-dur morilaǰu Uluɣ-taɣ-un Soqoɣ-usun-a büküi-dür

5-28-3   kürčü Buyiruɣ-qan ba<i>yildun yadaǰu Altai daban ködöl+

5-28-4   +be. Soqoɣ-usun-ača Buyiruɣ-qan(中/罕)-<n>i nekeǰü Altai daba+

5-28-5   +'ulun Qum-šinggir-ün Ürünggü hürü'ü(忽/舌/魯兀) hüldeǰü yabuqui-dur

5-28-6   Yedi-tubluɣ neretü noyan inu qara'ul yabuǰu bidan-u

5-28-7   qara'ul-a hüldegdeǰü a'ula ö'ede duta'aqu bolun

5-28-8   olang-<n>iyan tasuraɣdaǰu tende bariɣdalu'a. Ürünggü hürü'ü

5-28-9   hülde'ed Kišilbaši-na'ur-a güyičeǰü Buyiruɣ-qan-<n>i tende

5-28-10   muqudqaba.

159

5-29-5   Tende-če Činggis-qahan, Ong-qan qoyar qariǰu ayisuqui-dur

5-29-6　Naiman-u qadqulduγči Kögse'ü-sa[b]ray Bayidaray-belčir-e

5-29-7　čerig ǰasaǰu qadqulduqu bolun aǰu'u. Činggis-qahan, Ong-qan

5-29-8　qoyar qadqulduya ke'<y>en čerig ǰasaǰu kürčü ǰilda

5-29-9　boldaǰu manaγaru qadqulduya ke'<y>en ǰerge-'er qonobai.

5-29-10　Tende Ong-qan ba<i>yidal-dur-iyan γal-nu'ud tüle'ülǰü söni bö'ed

5-30-1　Qara-se'ül ö'ede ködölǰü'üi.

160

5-30-5　Tende J̌amuqa, Ong-qan-lu'a qamtu ködölülčejü yaburun Ong-qan-<n>a

5-30-6　J̌amuqa ügülerün, "Temüǰin anda minu urida-ča Naiman-dur

5-30-7　elčitü büle'e. Edö'e ese irebei. Qan! qan!

5-30-8　**A**qu qayiruγana bi bu<i>yu ǰe. **A**ǰiraqu bildü'ür anda

5-30-9　minu bu<i>yu. Naiman-dur odču'ui ǰe. Oroqu bolun qočo+

5-30-10　+rba." ke'eǰü'üi. J̌amuqa-yin tere üge-dür Ubčiγtai Gürin

5-31-1　-ba'atur(把阿禿舌兒 ← 札阿禿舌兒) ügülerün, "J̌üsüridčü yekin teyin šili'ün aqa

5-31-2　de'ü-yü'<y>en ülkinǰengkün ügüle-yü?" ke'ebe.

161

5-31-6　Činggis-qahan söni mün tende(田迭 ← 由迭) qonoǰu qadqulduya ke'<y>en

　　　　manaγar

5-31-7　erte geyi'ülün Ong-qan-<n>u ba<i>yidal-dur üǰe'esü

5-31-8　ügei boldaǰu, "Ede či bidan-i tülešilen aǰu'u." ke'ed tende-če

5-31-9　Činggis-qahan ködölǰü Eder, Altai-yin belčir-iyer

5-31-10　ketülǰü tere ködölügseyer kö[dö]lǰü Sa'ari-ke'er

5-32-1　ba<u>'ubai. Tende-če Činggis-qahan, Qasar qoyar Naiman-u

5-32-2　tübü'üd-i uqaǰu haran-a ese to'olai.

162

5-32-6　Kögse'ü-sa[b]ray Ong-qan-<n>u qoyina-ča nekeǰü Senggüm-ün eme kö'ü,

5-32-7　irge orγa selte da<u>'uliǰu abču, Ong-qan-<n>u Telegetü

5-32-8　-amasar-a bükün ǰarimud irge adu'un ide'e da<u>'uliǰu

5-32-9　　abu'ad qariju'ui. Tere so'or-tur Merkid-ün Toɣto'a-yin

5-32-10　Qutu, Čila'un qoyar kö'üd tende bürün irge-ben abu'ad

5-33-1　　qayačaju ečige-dür-iyen neyilen Selengge hürü'ü

5-33-2　　ködöljü'üi.

163

5-33-6　　Kögsegü-sabraɣ-a da<u>'uliɣdaju Ong-qan Činggis-qahan-dur elči

5-33-7　　ileju'üi. Elči ilerün, "Naiman-a irege orɣo-ban, eme kö'ü-ben

5-33-8　　da<u>'uliɣdaba, bi. Kö'ün-eče-yen dörben külü'üd-i činu ɣuyuju

5-33-9　　ilebe, bi. Irge orɣo minu aburaju ögtügei!"

5-33-10　ke'eju ileju'üi. Činggis-qahan tende Bo'orču(字斡[舌]兒出), Muqali,

5-34-1　　Boroɣul, Čila'un-ba'atur ede dörben(朵[舌]兒邊) külü'üd-iyen čerig

5-34-2　　jasaju ilebe. Ede dörben külü'üd-i kürküi(古[舌]兒/[中]/灰)-yin urida

5-34-3　　Hula'an-ɣud-da Senggüm ba<i>yilduqu bolun, morin-u'an ɣuya qaɣdaju

5-34-4　　a[b]taqu(阿[卜]塔[中]忽 ← 阿荅[中]忽) bolju büküi-dür ede dörben külü'üd kürčü

5-34-5　　abura'ad, irge orɣa eme kö'ü bügüde-yi aburaju

5-34-6　　ögbei. Tende Ong-qan ügülerün, "Erte sayin ečige-de

5-34-7　　inu ene metü odun baraɣsan ulus-iyan aburaju

5-34-8　　ögtele'e. Edö'e basa kö'ün-ü'<y>en odun baraɣsan ulus-i

5-34-9　　minu dörben külü'üd-iyen ireju aburaju ögtebe.

5-34-10　Hači qari'ulqu([中]合[舌]里兀[勒][中]忽)-yi tenggeri ɣajar-un ihe'el medetügei!"

5-35-1　　ke'ebe.

164

5-35-7　　Basa Ong-qan ügülerün, "Yesügei-ba'atur anda minu odun baraɣsan

5-35-8　　ulus minu nigente aburaju ögebe. Temüjin kö'ün

5-35-9　　basa oduɣsan ulus minu aburaju(阿不[舌]剌周 ← 阿不剌主兀) ögbe.

5-35-10　Ede ečige kö'ün qoyar odun baraɣsan ulus na-da

5-36-1　　quriyaju ögürün, ken-ü emün-e quriyaju ögün jobomui.

5-36-2　　Bi ber edö'e ötölbe. Nama-yi **Ötöljü Ündüd**-te

5-36-3   ɣaru'asu **Q**a'učidba, bi. **Q**a'učidču **Q**aldud-ta ɣaru'asu

5-36-4   **Q**amuɣ ulus ken medekü? De'ü-ner minu aburi ügei'ün bui.

5-36-5   Γaɣča kö'ün minu ügei šitü Senggüm ɣaɣča bu<i>yu. Temüǰin

5-36-6   kö'ün-i Senggüm-ün aqa bolɣaǰu qoyar kö'ütü bolǰu amu+

5-36-7   +suɣai!" ke'eǰü Činggis-qahan-lu'a Ong-qan Tu'ula-yin

5-36-8   Qara-tün-<n>e quriǰu ečige kö'ü ke'eldübei. Ečige kö'ün

5-36-9   ke'eldüküi yosun urida erte üdür Yesügei-qan ečige

5-36-10   -lü'e Ong-qan anda ke'eldügsen yosu-'ar ečige metü

5-37-1   ke'eǰü, ečige kö'ün ke'eldüküi yosun teyimü. Üge

5-37-2   ügüleldürün, "**O**lon da<i>yisun-dur ha'ulurun, **Q**amtu nigen-e

5-37-3   ha'uluya! **O**ro'a görögesün-dür abalarun, **N**igen-e kü qamtu

5-37-4   abalaya!" ke'eldübei. Basa Činggis-qahan, Ong-qan qoyar

5-37-5   ügüleldürün, "Bida qoyar-i na<i>yidaǰu **Sü**dütü moɣai-a

5-37-6   **S**ödürte'esü, **S**ödürgen-dür bü oroya! **S**üdü-'er,

5-37-7   ama-'ar ügüleldüǰü büšileye! **A**ra'atu moɣai-a

5-37-8   **a**darda'asu, **A**darqan-i inu bü abulčaya! **A**ma-'ar,

5-37-9   kele-'er olulčaǰu büšireye!" ke'<y>en teyin üge baralduǰu

5-37-10   ama'aralin aldubai.

165

5-38-7   "Amaraɣ de'ere dabqur amaraɣ boluya!" ke'<y>en Činggis-qahan

5-38-8   sedkiǰü J̌oči-de Senggüm-ün döyi Ča'ur-beki-yi ɣuyirun,

5-38-9   "Senggüm-ün kö'ün Tusaqa-da bidan-u Qoǰin-beki-yi aralǰin

5-38-10   ögüye!" ke'<y>en ɣuyi'asu, tende Senggüm ö'er-iyen yekeǰilen

5-39-1   sedkiǰü ügülerün, "Bidan-u uruɣ(兀⁽舌⁾魯黑) an-dur odu'asu ala'u+

5-39-2   +n-a ba<i>yiǰu, e'enegče qoyimar qaraqu aǰu'u.

5-39-3   Anu uruɣ(兀⁽舌⁾魯黑) bidan-dur ire'esü qoyimar-a sa'uǰu

5-39-4   ala'un-a qaran aǰu'u." ke'<y>en ö'er-iyen yekeǰilen sedkiǰü

5-39-5   bidan-i doramǰilan ügüleǰü, Ča'ur-beki-yi ülü ögün

5-39-6 ese ta'alaǰu'ui. Tere üge-dür Činggis-qahan dotora-'an

5-39-7 Ong-qan, Nilqa-Senggüm qoyar-tur dura qočorču'u.

166

5-40-1 Teyin dura qočoruysan-i J̌amuqa uqaǰu γaqai ǰil qabur

5-40-2 J̌amuqa, Altan, Qučar, Qardakidai, Ebügeǰin, Noyakin(那牙勤←那不勤),

5-40-3 Söge'etei, To'ori<n>l, Qači'un-beki tede bolun, nigen eyeten

5-40-4 bolǰu, ne<ü>'üǰü odču J̌eǰe'er-ündür-ün gerü-de,

5-40-5 Berke-eled-te Nilqa-Senggüm-dür odču J̌amuqa ulgin ügülerün,

5-40-6 "Temüǰin anda minu Naiman-u Tayang-qan-dur keletü, elčitü

5-40-7 bu<i>yu. Aman inu ečige kö'ü ke'eǰü amu. Aburi inu

5-40-8 ö'ere bu<i>yu. Itegeǰü(亦帖格周←亦帖格主兀) amui ta. Ese nende'esü tan-a

5-40-9 ya'u bolqu? Temüǰin anda-dür morila'asu, bi! Kö[n]delen-eče

5-40-10 oroldusu!" ke'eǰü'ui. Altan, Qučar qoyar ügülerün,

5-41-1 "Ba Hö'elün eke-yin kö'ün-i, Aqa-yi alaǰu, De'ü-yi tebčiǰü

5-41-2 ögsügei!" ke'eǰü'üi. Ebügeǰin, Noyakin, Qarta'ad ügülerün,

5-41-3 "Tar inu γardaǰu, Köl inu köldeǰü ögsügei!" ke'eǰü'üi.

5-41-4 To'ori<n>l ügülerün, "Arya-ča odču Temüǰin-i ulus inu

5-41-5 abuya! Ulus-yan abta'asu(阿ㅏ塔阿速←阿ㅏ荅阿速), Ulus ügei'ü bolu'asu

5-41-6 yekikün, tede?" ke'eǰü'üi. Qači'un-beki ügülerün, "Nilqa-Senggüm

5-41-7 kö'ün čima-yi ya'u sedki'esü Urtu-yin üǰü'ür-e, Gün-ü

5-41-8 hira'ur-a kürülčesü!" ke'eǰü……

167

5-42-5 Ede üges ügülegdeǰü Nilqa-Senggüm ečige-dür-iyen

5-42-6 Ong-qan-dur tede-'er üges Sayiqan-töde'en-iyer ügü+

5-42-7 +leǰü ileǰü'üi. Ede-'er üges ügülegdeǰü Ong-qan

5-42-8 ügülerün, "Kö'ün-i minu Temüǰin-dür yekin teyin sedkin bu<i>yu,

5-42-9 ta? Eǰi'e turuγ ima'ari bolǰu bö'ed, Edö'e

5-42-10 kö'ün-dür minu Teyin ma<u>'ui sedki'esü, Tenggeri-de ülü

5-43-1   ta'alaɣdaqun, bida. Ĵamuqa yabudaɣ keletü büle'e. Ĵöb-ü'ü

5-43-2   tab-u'u ügülen bu<i>yu." ke<y>en ese ta'alaĵu ileĵü'üi. Basa

5-43-3   Senggüm ügüleĵü ilerün(亦/舌/列舌侖), "Amatu, keletü kü'ün ügülen

5-43-4   bö'etele, yekin ülü büširegdekü?" ke'<y>en ĵiči ɣuči ügüleĵü

5-43-5   ile'ed yadaĵu ö'esün be'<y>en gedün odču ügülerün,

5-43-6   "Bel čima-yi edüi büküi(不/中/灰) čaɣ-tur Bidan-i ya'un-a ber ülü

5-43-7   bolɣan bu<i>yu. Ünen-ber qan ečige-yen čima-yi Čaɣa'an-a

5-43-8   sača'asu, Qara-da qaɣa'asu, Qurčaqus-buyiruɣ-qan

5-43-9   ečige-yin činu ĵoban edüi quriyaĵu aɣsan ulus-i

5-43-10 činu mana-'u mede'ülkü? Ken-e ber yekin mede'ülkü?"

5-44-1   ke'eĵü'üi. Tere üge-dür Ong-qan(〔中〕罕) ügülerün, "Čaɣa-yan, kö'ü-ben

5-44-2   ker tebčikü? Eĵi'e tuluɣ ima'ari bolĵu ma<u>'ui

5-44-3   sedki'esü ĵokiqu-yu? Tenggeri-de ülü ta'alaɣdaqun, bida."

5-44-4   ke'eĵü'üi. Tere üge-dür kö'ün inu Nilqa-Senggüm ma<u>'uilaĵu

5-44-5   e'üden o'orču ɣarču'u. Ĵiči kö'ün-ü'<y>en Senggüm-ün duran

5-44-6   qayiralaĵu uriĵu ire'ülĵü Ong-qan ügülerün,

5-44-7   "Tenggeri-de maɣa ta'alaɣdaqu, bida. Kö'ün-i ker

5-44-8   tebčisü ke'emüi? Ta čidan ele ü<i>yiledüdkün! Ta

5-44-9   mededkün!" ke'eĵü'üi.

168

5-45-7   Tende-če Senggüm ügülerün, "Müd-lü bidan-u Ča'ur-beki-yi

5-45-8   ɣuyu[n] büle'e. Edö'e bu'ulĵar idere iredkün ke'<y>en

5-45-9   üdür bolĵaĵu(字勒札周 ← 字愓札周) uriĵu ire'ülĵü tende bariya!" ke'el+

5-45-10 +düĵü, "Ĵe!" ke'<y>en eye baralduĵu, "Ča'ur-beki-yi ögüye!

5-46-1   Bu'ulĵar idere iredkün!" ke'<y>en ilebei. Uriɣdaĵu

5-46-2   Činggis-qahan harban haran ayisurun, ĵa'ura Münglig ečige-yin

5-46-3   ger-tür qono'asu(〔中〕豁那阿速), tende Münglig ečige ügülerün,

5-46-4   "Ča'ur-beki-yi ɣuyu'asu müd-lü bidan-i doramĵilaĵu ülü

5-46-5   ög:in büle'e. Edö'e ker buru'ui-a bu'ulǰar

5-46-6   idɛre uriǰu'u? Ö'ed-iyen yekeǰilekün haran buru'ui-a

5-46-7   yekin ögsü ke'<y>en uriqun büle'ei? J̌öb-ü'ü tab-u'u sedkil bui.

5-46-8   Kč'ün uqaǰu oddaqu. ʿQabur bolba. Adu'un bidan-u

5-46-9   turuγad bui. Adu'u-ban teǰi'eye' ke'<y>en šiltaǰu ileye!"

5-46-10 ke eǰü ülü odun, Buqatai, Kiratai qoyar-i "Bu'ulǰar

5-47-1   idedkün!" ke'eǰü ileǰü Činggis-qahan Münglig ečige-yin

5-47-2   ger-teče qaribai. Buqatai, Kiratai qoyar-i kürküi-lü'e

5-47-3   "Sɛregdebei, bida. Manaγar erte büčiǰü bariya!"

5-47-4   ke'eldübei.

169

5-47-10 Teyin büčiǰü bariya ke'<y>en üge baralduγsan-i A[l]tan-u de'ü

5-48-1   Yeke-čeren ger-tür-iyen ireǰü ügülerün, "Manaγar erte

5-48-2   Tɛmüǰin-i bariya ke'eldübei. Ene üge-yi Temüǰin-e

5-48-3   kelen kürgen odqu (斡楊忽 ← 斡勒忽) kü'ün-i yambar ele bolγaγdayu?" ke'e+

5-48-4   +ǰü'üi. Teyin ügüleküi-dür eme inu Alaγ-yid ügülerün,

5-48-5   "Tere deleme üge činu ya'un (牙溫 ← 才溫) bolumui? Haran ba

         üne<n>m<i>[ši]ge'üǰei!"

5-48-6   ke'eǰü'üi. Teyin keleleküi-dür adu'uči inu Badai sün

5-48-7   kūrgere ireǰü ene üge-yi sonosču qariba. Badai

5-48-8   yorčiǰu nökör adu'uči Kišiliγ-a Čeren-ü ügülegsen

5-48-9   üges ügüleǰü'ü. Kišiliγ ügülerün, "Bi basa odču

5-48-10 uqasuγai!" ke'eǰü ger-tür odču'ui. Čeren-ü kö'ün

5-49-1   Narin-ke'<y>en γada sa'uǰu sumud-iyan hürün sa'uǰu ügülerün,

5-49-2   "Tuγar bida ya'u ke'eldüle'ei. **K**ele-ben abtaqun (阿卜塔渾 ← 阿卜荅坤)! **K**en-ü

         ama

5-49-3   idqaqun?" ke'eǰü'üi. Teyin ke'ed Narin-keyen basa

5-49-4   aduči-da'an Kišiliγ-a ügülerün, "Merkidei čaγa'an (察合安 ← 察哈安), aman čaγa'an(察⁺合安 ← 察哈安)

5-49-5　ke'er qoyar-i bariǰu abčira! Huyaǰu söni erte

5-49-6　morilaqu." ke'eǰü'üi. Kišiliγ yorčiǰu Badai-ya ügü+

5-49-7　+lerün, "Tuγar-un kelen činu bolγa'aba. Maγad(馬⁺合惕 ← 馬哈惕) bolba.

5-49-8　Edö'e bida qoyar Temüǰin-e kelen kürgen yorčiya!" ke'<y>en

5-49-9　üge baralduǰu Merkidei čaγa'an(察⁺合安 ← 察哈安), aman čaγa'an(察⁺合安 ← 察哈安) ke'er qoyar-i

5-49-10　bariǰu ireǰü, huyaǰu, üdeši bü'ed qoš-dur-iyan

5-50-1　nigen quriγa-ban alaǰu iseri-yer-en bolγaǰu, Merkidei

5-50-2　čaγa'an(察⁺合安 ← 察哈安), aman čaγa'an(察⁺合安 ← 察哈安) ke'er qoyar belen huyaγsad-i

5-50-3　unuǰu söni-de yorčiǰu Činggis-qahan-dur söni

5-50-4　kürčü ger-ün ümere-če Badai, Kišiliγ qoyar ügülerün,

5-50-5　Yeke-čeren-ü ügülegsen üges, kö'ün-i inu Narin-keyen-<n>ü

5-50-6　sumud-iyan hürün sa'uǰu ügülegsen-i, "Merkidei čaγa'an(察⁺合安 ← 察哈安),

5-50-7　aman čaγa'an(察⁺合安 ← 察哈安) ke'er qoyar aγtas bariǰu huya!" ke'egsen

5-50-8　üges bügüde-yi ügüleǰü ögbei. Basa Badai, Kišiliγ

5-50-9　qoyar ügülerün, "Činggis qa'an-i soyurqa'asu, ariγal

5-50-10　ügei bui. Büčiǰü bariγa ke'<y>en üge baralduba." ke'ebe.

170

6-1-2　Teyin ügülegdeǰü Činggis-qahan Badai, Kišiliγ qoyar-un

6-1-3　üges büšireǰü söni bö'ed dergede'ün(迭⁽⁵⁾兒格迭溫) bükün itegelten-e

6-1-4　kelen ki'ed künggelen ya'uke-ben ge'ed buruilan söni

6-1-5　bö'ed ködölbei. Mau-ündür-ün gerü(格⁽⁵⁾鲁)-er ködölürün,

6-1-6　Mau-ündür-ün gerü-de Uriangqadai J̌elme-γo'a-yi itegeǰü

6-1-7　qoyina-'an čaγdulsun bolγan qara'ulsun talbiǰu ködölǰü

6-1-8　tere(帖⁽⁵⁾列) ködölügse'er manaγarši üdür düli(都⁽⁵⁾里) naran

6-1-9　kebeli'ülün(客別里兀⁽⁵⁾侖) Qalaqalǰid-eled kürčü üderin ba'uba.

6-1-10　Üderidču büküi-dür Alčidai-yin aɣtas adu'ula'ulsun

6-2-1　Čigidai, Yadir, ǰüyile ǰüyile noɣo'an-dur aɣtas-iyan

6-2-2　adu'ulan yabuqui-dur qoyina-ča(^中豁亦納察) Mau-ündür-ün ebür-iyer

6-2-3　Hula'an-buruɣad da'arin ayisuqui(阿亦速^中灰 ← 阿亦連^中灰) da<i>yin-u to'usun-i

　　　　üǰeǰü

6-2-4　da<i>yin kürbei ke'eǰü aɣtas-iyan hülde'ed ireǰü

6-2-5　da<i>yin kürbei ke'egdeǰü üǰe'esü Mau-ündür-ün ebür-i+

6-2-6　+yer Hula'an-buruɣad da'arin to'osun ɣarɣaǰu Ong-qan

6-2-7　tere nekeǰü ayisun aǰu'ui ke'eǰü tende-če

6-2-8　Činggis-qahan to'osun üǰe'ed aɣtas-iyan bari'ulu'ad

6-2-9　ača'alaǰu morilabai. Tedüi ese üǰe'esü

6-2-10　gened büle'ei. Tere ayisuqui-dur J̌amuqa Ong-qan-lu'a

6-3-1　qamtu ayisulčaǰu ayisun aǰu'ui. Tende Ong-qan J̌amuqa-

6-3-2　dača asaɣču'u. "Temüǰin kö'ün-dür qadqulduqun metüs

6-3-3　ked bui?" ke'<y>en asaɣču'u. J̌amuqa ügülerün, "Tende Uru'ud,

6-3-4　Mangyud ke'<y>en irgen inu bui. Tede irgen inu qadquldumui

6-3-5　ǰe. To'oriqui(脫幹^舌里^中灰) tutum **T**oyi ǰokiyu. **D**erelkü-kü tutum **D**em

6-3-6　ǰokiyu. **Ü**čügen-eče **Ü**ldü ǰida-dur daduɣsan irgen,

6-3-7　tede. Qaraɣči'ud, alaɣči'ud tuɣtan bui, tede. Serelten

6-3-8　irgen bui ǰe." ke'eǰü'üi. Tere üge-dür Ong-qan ügülerün,

6-3-9　"Teyin bö'esü bida teden-dür J̌irgin ba'atud-iyan

6-3-10　Qadag-i tüšiyeldün, J̌irgin ba'atud-iyan do[b]tulɣaya!

6-4-1　J̌irgin-ü geǰige Tümen Tübegen-ü Ačiɣ-širün-i dobtulɣaya!

6-4-2　Tübegen-ü(土別格訥 ← 土別格泥) geǰige Olon Dongqayid ba'atud-i dobtulɣaya!

6-4-3　Dongqayid-un geǰige Ong-qan-<n>u minɣan turɣa'ud-i(土^舌兒^中合兀的) uduridun

6-4-4　Qori-šilemün-taiǰi dobtultuɣai! Minɣan turɣa'ud-un geǰige bida

6-4-5　yeke ɣol dobtulai ǰe." ke'eǰü'üi. Basa Ong-qan ügülerün,

6-4-6　"J̌amuqa de'ü bidan-u čerig či ǰasa!" ke'eǰü'üi. Tere üge-dür

6-4-7   J̌amuqa öre böldeyidču ɣarču nökö[d]-de‹y›en ügülerün,

6-4-8   "Ong-qan ene čerig-iyen nama-yi ǰasa ke'emü. Anda-dur

6-4-9   bi qadquldun yadan yabulu'a. Ene čerig nama-yi ǰasa

6-4-10   ke'emüi. Ong-qan düled na-dača činaru aǰu'u. Čaɣtu nökör

6-5-1   bu‹i›yu. Anda-dur kele oro'uluya(斡[舌]羅兀魯牙)! Anda qada'učituɣai!"

6-5-2   ke'eǰü J̌amuqa doro'un(多[舌]羅溫) Činggis-qahan-dur kele oro'ulǰu

6-5-3   ügüleǰü ilerün, "Ong-qan na-dača asaɣba. Temüǰin kö'ün

6-5-4   -dür qadquldqun metüs ked bui ke'‹y›en asaɣu'asu bi

6-5-5   ügülerün, Uru'ud, Mangyud-i tumbulan ügülebe, bi. Minu

6-5-6   üge-dür müd J̌irgin-iyen tumbulaǰu manglailan ǰasalduba.

6-5-7   J̌irgin-ü geǰige Tümen Tübegen-ü Ačig-širün-i ke'eldübe.

6-5-8   Dongqayid-un geǰige Ong-qan-‹n›u minɣan turɣa'ud-un noyan

6-5-9   Qori-šilemün-taiǰi-yi ke'eldübei. Te'ün-ü geǰige mün

6-5-10   Ong-qan-u yeke ɣol čerig-iyer ba‹i›yisu ke'eldübei.

6-6-1   Basa Ong-qan ügülerün, "J̌amuqa de'ü ene čerig či ǰasa!"

6-6-2   ke'‹y›en nama-yi tüšin ügülemüi. E'ü-ber uqa'asu čaɣtu

6-6-3   nökör bu‹i›yu. Čerig-iyen ǰasaldun ya'u čidaqun. Erte(額[舌]兒迭) bi

6-6-4   anda-dur qadquldun yadaǰu yabulu'a. Ong-qan na-dača

6-6-5   činaru(赤納[舌]魯) aǰu'u. Anda bü aɣu! Qada'uǰi!" ke'eǰü ileǰügü.

171

6-7-6   Ene kele ire'ülü'ed Činggis-qahan ügülerün, "Uru'ud-un

6-7-7   J̌ürčedei ebin či ya'u ke'emü? Čima-yi manglailaya!" ke'ebe

6-7-8   J̌ürčedei-i dongɣodqu-yin urida Mangyud-un Quyildar-se+

6-7-9   +čen ügülerün, "Anda-yin emüne bi qadquldusu! Mönö qoyina

6-7-10   önečid kö'üd-i minu asaraqu-yi anda medetügei!" ke'ebe.

6-8-1   J̌ürčedei ügülerün, "Činggis qa'an-u emüne bi Uru'ud, Mangyud

6-8-2   manglailan qadquldusu!" ke'eǰü'üi. Teyin ke'ed J̌ürčedei,

6-8-3   Quyildar qoyar Uru'ud, Mangyud-iyar-iyan Činggis qa'an-u

6-8-4   emüne ǰasaǰu ba<i>yibai. Ba<i>yiqui-lu'a dayin

6-8-5   manglailaǰu kürčü irebei. Ireküi-lü'e Uru'ud,

6-8-6   Mangγud esergü dobtulǰu J̌irgin-i darubai. Daruǰu

6-8-7   ayisuqui-dur Tümen Tübegen-ü Ačiγ-širün dobtulbai.

6-8-8   Dobtulǰu Ačiγ-širün Quyildar-i qadquǰu ba<u>'ulǰu'u.

6-8-9   Mangγud Quyildar-un de'ere eke'erčü'üi. J̌ürčedei

6-8-10 Uru'ud-i'er-iyen dobutulǰu Tümen-tübegen-i darubai(荅[舌]魯罷).

6-9-1   Daruǰu ködölgeǰü ayisuqui(阿亦速[中]恢)-dur Olon Dongqayid

6-9-2   esergü dobtulbai. J̌ürčedei basa Dongqayid-i

6-9-3   daruba. Daruǰu ayisuqui(阿亦速[中]恢)-dur Qori-šilemün-tayiǰi minγan

6-9-4   turγa'ud-iyar dobtulbai. J̌ürčedei basa Qori-šilemün

6-9-5   -tayiǰi-yi iču'aǰu daruǰu ayisuqui(阿亦速[中]恢)-dur Ong-qan-<n>ača

6-9-6   eye ügei-ü Senggüm esergü dobtulqu bolun enggesge

6-9-7   qačar-iyan qaγdaǰu Senggüm mün tende unaǰu'u. Senggüm-i

6-9-8   unaγdaǰu Kereyid bügüde-'er Senggüm-ün de'ere eke'erčü

6-9-9   ba<i>yibai. An-i daruǰu šinggeküi naran quburi de'ere

6-9-10 tašin buküi-dür bidan-u'ai eke'erčü Quyildar-i(中忽亦勒荅[舌]里), unaγsan

6-10-1 yaratu-yi abu'ad qariǰu Činggis-qahan bidan-u'ai

6-10-2 Ong-qan-ača qadqulduγsan γaǰar-ača qaγačaǰu üdeši-de

6-10-3 ködölǰü qaγačan qonobai(中豁那罷).

172

6-11-2 Ba<i>yiǰu qonoǰu üdür geyi'ülün bügüdge'esü Ögödei(斡歌歹 ← 斡闊歹),

6-11-3 Boroγul, Bo'orču γurban ügei aǰu'u. Činggis-qahan ügü+

6-11-4 +lerün Ögödei(斡歌歹 ← 斡闊歹)-lü'e itegelten Bo'orču, Boroγul qoyar

6-11-5 qočorču'u. "Aǰu ber üküǰü ber ya'u qaγačaqun,

6-11-6 tede?" ke'ebe. Bidan-u'ai söni-de a[γ]tas-iyan bariǰu

6-11-7 qonoǰu Činggis-qahan ügülerün, "Qoyina-ča bidan-u

6-11-8 nekeǰü ire'esü, qadqulduya!" ke'<y>en ǰasaǰu ba<i>bai.

6-11-9   Üdür gege'<y>en bolɣaǰu üǰe'esü, qoyina-ča nigen kü'ün

6-11-10   ayisu. Kürčü ire'esü Bo'orču aǰu'u. Bo'orču-yi

6-12-1   kürču ire'ülü'ed Činggis-qahan ügülerün,

6-12-2   ˝Müngke tenggeri medetügei!˝ ke'eǰü ebče'ü-ben mö'eled+

6-12-3   +be(抹額列楊罷 ← 抹客額列楊罷). Bo'orču ügülerün, ˝Dobtulqui(多卜禿勒[中]恢)-dur
　　　　　morin-iyan

6-12-4   unatala qaɣdaǰu yabuɣan(迋步[中]罕) gü<i>yiǰü yabuqui-dur mün

6-12-5   Kereyid Senggüm-ün de'ere eke'er〔ču〕ba<i>qui(擺亦[中]恢) so'or

6-12-6   čölö-dür ači'atu morin ači'a-ban kebeli'ülǰü ba<i>yin

6-12-7   büküi-yi ači'a inu hoɣtolǰu(/中/豁黑脱勒周) inggirčaɣ-tur inu

6-12-8   unuǰu ɣarču bidan-u qaɣačaǰu(中合中合察周 ← 中合中合察中忽) ɣaruɣsan(中合[舌]魯黑三)
　　　　　mör müdkin yabuǰu

6-12-9   olǰu edüi irebe, bi.˝ ke'ebe.

173

6-13-5   Basa qorumud atala basa nigen kü'ün ayisu. Kürčü

6-13-6   ayisuqui-dur doro inu köl-iyen unǰilǰaǰu ayisu.

6-13-7   üǰe'esü ɣaɣča kü'ün metü bu<i>yu. Iren bara'asu Ögödei(斡歌歹 ← 斡闊歹)-yin

6-13-8   qoyina-ča([中]豁亦納察) Boroɣul sundulaǰu aman-u ǰabaǰin-iyar

6-13-9   čisun čuburi'ulǰu kürčü irebe. Ögödei(斡歌歹 ← 斡闊歹) suǰiyasu-ban

6-13-10   sumun-a tusdaǰu čisun inu haɣdarun Boroɣul(字[舌]羅中忽勒 ← 字[舌]羅中思勒) ama-'ar
　　　　　-iyan

6-14-1   šimiǰü böglegsen čisun ǰabaǰin-iyar čuburi'ulǰu

6-14-2   irebe. Činggis-qahan üǰeǰü nidün-eče-'<y>en nilbusun

6-14-3   čuburi'ulǰu duran alǰa'ad, ɣal ötör tüle'ülü'ed

6-14-4   qala'un da'a'ulu'ad Ögodei-e(斡歌迭耶 ← 斡闊迭耶) undan eri'ülǰü

6-14-5   ögke'ülǰü, da<i>yisun ire'esü qadqulduya ke'eǰü büle'ei.

6-14-6   Boroɣul ügülerün(嗚詁列[舌]論), ˝Da<i>yisun-u to'osun činaɣši Mau-ündür-ün

6-14-7   ebür-iyer Hula'an-boruɣad(字[舌]魯中合揚) ǰüg to'osun urtuda

6-14-8   ɣarču činaɣši yorčibai." ke'ebe. Boroɣul[-un]

6-14-9   tere üge-dür ire'esü qadqulduqun büle'ei. Da<i>yin-a

6-14-10 buru'uilan ködölde'esü, bida čerig-iyen ǰibši'erčü(只卜失額[舌]兒抽)

6-15-1   qadquldud ǰe ke'eǰü ködölbei. Ködölürün Ulqui

6-15-2   -šilügelǰid ö'ede ködölü'ed Dalan-nemürges

6-15-3   orobai.

174

6-15-9   Tende qoyina-ča Qada'an-daldurqan eme kö'ün-eče-'<y>en

6-15-10 qaɣas irebe. Ireǰü Qada'an-daldurqan Ong-qan-u üge ke'<y>en

6-16-1   ügülerün, "Ong-qan kö'ü-ben Senggüm-i učuma-'ar enggesge qačar

6-16-2   unatala qaɣdaǰu de'ere inu ekerčü tende

6-16-3   ügüleǰü'üi. 'Hiluɣadqu-yu metü-dür Hiluɣadba.

6-16-4   Qalqu-yu metü-dür Qalqun bolun Qayiran kö'ün-ü minu Qačar

6-16-5   -tur Qada'asun qada'ulbai. Kö'ün-ü ami erüsün

6-16-6   dobtulduya!' ke'esü te'ün-dür Ačiɣ-širün ügülerün,

6-16-7   'Qan, qan, bütügei! Ečine bükü kö'ü Erirün, Elbesün ǰalama

6-16-8   kiǰu Abui, babui ke'<y>en Erin ǰalbarimui, bida. Edün

6-16-9   tö[re]rün(脫[舌列][舌]侖) baraɣsan kö'ü Senggüm-i asaraya! Mongɣol-un olonkin

6-16-10 J̌amuqa-lu'a, Altan, Qučar-lu'a bidan-dur bui.

6-17-1   Temüǰin-lü'e da<i>yiǰiǰu ɣaruɣsan Mongɣol qa'a odqun,

6-17-2   tede? Morin unu'atan, Modun nemüreten bolbai, tede. An-i

6-17-3   ese ire'esü odču morin-u ǰunda'ul metü qormailaǰu

6-17-4   a[b]čirad ǰe, bida, tede'er-i.' ke'ebe. Ačiɣ-širün-ü

6-17-5   ene üge-dür Ong-qan ügülerün, 'J̌e, teyin bö'esü kö'ün

6-17-6   alǰa'uǰai. Kö'ün-i ülü dengselgen asaradqun!' ke'ed

6-17-7   qadqulduɣsan ɣaǰar-ača qarin ičubai." ke'ebe.

175

6-18-3   Tende-če Činggis-qahan Dalan-nemürges-eče(捏木[舌]兒格薛/額/徹) Qalqa

6-18-4   huru'u ködölürün to'o to'olaldubai. To'olaldu'asu

6-18-5   qoyar minγan ǰirwa'an ǰa'ud bolbai. Nigen minγan

6-18-6   γurban ǰa'ud Činggis-qahan Qalqa-yin höreneǰi eted-iyer

6-18-7   ne<ü>'übei. Nigen minγan γurban ǰa'ud Qalqa-yin doronaǰi

6-18-8   eted-iyer Uru'ud, Mangγud ne<ü>'übei. Teyin ne<ü>'üǰü

6-18-9   ayisuqui(阿亦速[中]恢)-dur künesün-e abalan yabuqui(迓步[中]恢)-dur Quyildar

6-18-10   yaras-iyan ana'ai üdü'üi-e Činggis-qahan-<n>a idqa'asu

6-19-1   ülü bolun görö'esün-dür dobtulqu bolun hügdereǰü(/中/忽克迭舌列周)

6-19-2   nögčibe. Tende Činggis-qahan Qalqa-yin Ör-nu'u-yin

6-19-3   Keltegei-qada-da yasun inu talbi'ulba.

176

6-19-8   Qalqa-yin Buyur-na'ur-tur čidγuqu huǰa'ur-a Terge,

6-19-9   Emel(額篾田 ← 阿篾勒)-ten Unggirad bui ke'<y>en medeǰü J̌ürčedei-i

6-19-10   Uru'ud-iyar(兀[舌]魯兀的牙舌兒) ilebei. Ilerün, "Unggirad irgen erte

6-20-1   üdür-eče ǰe-yin ǰisü-'er, Ökin-ü öngge-'er' ke'esü

6-20-2   elsed ǰe. Müd bulγa inu ke'esü qadquldud ǰe, bida.

6-20-3   ke'eǰü ile'esü J̌ürčedei-dür elsen oroǰu'ui.

6-20-4   Elsen oroγdaǰu Činggis-qahan ya'u-ber anu ese

6-20-5   köndebei.

177

6-20-9   Tende Unggirad-i oro'ulu'ad odču Tüngge-γoroqan-u(中豁[舌]羅中合訥)

6-20-10   dorona ba<u>'uǰu Činggis-qahan Arqai-qasar-a Sügegei-ǰe'ün

6-21-1   qoyar-a da<u>'u bari'ulurun Tüngge-γorqan-u dorona ba<u>'ubai.

6-21-2   "Ebesün-ber inu sayin bolǰu'ui. Aγtas manu

6-21-3   üyelebei. Qan ečige-de minu ügüle!" ke'<y>en ügülerün,

6-21-4   "Qan ečige minu ya'un čimar-tur nama ayu'ulbai,

6-21-5   či? Ayu'ulqu bö'esü ma<u>'un kö'üd-iyen ma<u>'un berined-iyen

6-21-6   nuyir qangqan yekin ülü ayu'ulu, či? **D**ing sa'uqui(撒兀[中]恢) iseri

6-21-7   boγunidqaǰu **D**e'egši γarqui(^中合^舌兒^[中]恢) hüni dölüsgeǰü yekin

6-21-8   teyin ayu'uluba, či? Qan ečige minu **Γ**alǰirqu-yu

6-21-9   kü'ün-e **Q**adquγdaba, či? **K**öndeledüyü kü'ün-e **K**öki'üldebe, ´

6-21-10   či? Qan ečige minu, bida qoyar ya'u ke'eldüle'ei?

6-22-1   J̌orγal-qun-u Hula'anu'ud-bolda'ud-ta bida ese-'ü

6-22-2   ügüleldülü'ei? **S**üdütü moγai-a **S**ödürte'esü **S**ödürgen

6-22-3   -dür inu bü oroya! **S**üdü-'er ama-'ar olulčaǰu

6-22-4   büšireye ese-'ü ke'eldüle'ei? Edö'e qan ečige minu

6-22-5   südü-'er ama-'ar-u olulčaǰu qaγačaba, či? **A**ra'atu

6-22-6   moγai-a adarta'asu **A**darqan-dur bü oroya! **A**ma-'ar

6-22-7   kele-'er olulčaǰu büšireye ese-'ü ke'eldüle'ei?

6-22-8   Edö'e qan ečige minu ama-'ar kele-'er-ü olulčaǰu

6-22-9   anggičiraba, či? Qan ečige minu bi čö'<y>en ber bö'esü

6-22-10   olon-<n>i ülü eri'ülkü büle'e. Ma<u>'ui ber bö'esü

6-23-1   sayin-i ülü eri'ülkü büle'e, bi. Qoyar kilügütei tergen

6-23-2   nögö'e kilügü-ben quγura'asu hüker inu ǰigdün yadayu.

6-23-3   Tere metü nögö'e kilügün činu, bi ese-'ü aǰu'u?

6-23-4   Qoyar kürdütei tergen nögö'e kürdü-ben quγura'asu

6-23-5   ne<ü>'ün yadayu. Tere metü nogö'e kürdün činu bi ese-'ü

6-23-6   aǰu'u? Erte üdür ke'esü Qurčaqus-buyiruγ-qan

6-23-7   ečige-yü'<y>en qoyina döčin kö'üd-ün aqa ke'eǰü qan

6-23-8   bolǰu'u ǰe, či. Qan bolun baraǰu de'ü-ner-iyen Tai-temür

6-23-9   -tayiǰi, Buqa(不^[中]花)-temür qoyar-i alaba ǰe, či. Erke-qara

6-23-10   de'ü činu alaγdarun ami-yan qoroγču γarču

6-24-1   Naiman-u Inanča-bilge-qan-dur buru'u[d]ču oroǰu'u ǰe.

6-24-2   De'ü-ner-iyen alaγči bolba ke'eǰü Gür-qan abaγa činu

6-24-3   čima-dur morilaǰu ire'esü, či ǰa'un kü'ün ami-yan

6-24-4   qoroγun buru'u[d]ču Selengge hürü'ü duta'aǰu Qara'un-

6-24-5   qabčal širγuldaba(石[舌]兒中忽勒荅罷) ǰe, či. J̌iči tende-če γarurun Merkid-ün

6-24-6   Toγto'a-da Huǰa'ur-üǰin ökin-iyen ni'urqan ögčü

6-24-7   Qara'un-qabčal-ača γarču Yesügei-qan ečige-dür minu

6-24-8   ire'esü, či tende ügülerün, Gür-qan abaγa-dača ulus

6-24-9   minu aburaǰu ög! ke'egdeǰü Yesügei-qan ečige

6-24-10   minu čima-da teyin ke'<y>en iregdeǰü Ta<i>yiči'ud-ača

6-25-1   Γunan, Baγaǰi qoyar-i uduridču ulus činu aburaǰu

6-25-2   ögsü ke'<y>en čerig ǰasaǰu odču Γurban-telesüd-te

6-25-3   bükün(不坤←不中渾) Gür-qan-i qorin γučin kü'ün-i Qašin ǰüg hü[l]deǰü

6-25-4   ulus činu aburaǰu ö[g]be ǰe. Tende-če ireǰü

6-25-5   Tu'ula-yin Qara-tün-<n>e qan([中]罕) ečige minu Yesügei-qan-lu'a

6-25-6   anda bolulčaǰu tende Ong-qan ečige minu büširen

6-25-7   ügülerün, ene tusa-yin činu hači uruγ-un uruγ-a činu

6-25-8   hači qari'ulqu-yi de'ere tenggeri γaǰar-un ihe'el

6-25-9   medetügei ke'<y>en büširegsen aǰu'u ǰe, či. Te'ün-ü qoyina

6-25-10   Erge-qara Naiman-u Inanča-bilge-qan-<n>ača čeri'üd γuyuǰu

6-26-1   čima-dur morilaǰu ire'esü, či ami-'an qoroγun

6-26-2   ulus-iyan geǰü čö'<y>en kü'ün duta'aǰu γarču Qara Kidad-un

6-26-3   Gür-qan-dur Čüi-müren-e Sarta'ul-un γaǰar-a odba ǰe, či.

6-26-4   Nigen hon ülü da<u>'usun basa Gür-qan-<n>ača da<i>yiǰiǰu γarču

6-26-5   Ui'ud-un, Tangud-un γaǰar-iyar yadaǰu ayisurun, tabun

6-26-6   ima'ad širgö['e]leǰü sa'aǰu ideǰü, teme'en-ü čisun

6-26-7   qanaǰu ideǰü γayča soqor qali'un moritu irebe(亦[舌]列罷)

6-26-8   ǰe, či. Qan ečige-yin čima-yi teyin yadaǰu ayisu ke'<y>en

6-26-9   medeǰü, urida Yesügei-qan ečige-lü'e minu anda ke'el+

6-26-10   +dügsen-ü tula, sedkiǰü Taqai(塔[中]孩), Sükegei qoyar-i esergü

6-27-1   činu elči ile'ed, basa bi ö'esün Kelüren-ü

6-27-2   Bürgi-ergi-deče uγdun yorčiǰu Güse'ür-na'ur-a

6-27-3　ǰol<u>γaldubai ǰe, bida. Čima-yi yadaǰu irebe ke'<y>en

6-27-4　γubčir-i γubčiǰu čima-da ögü'ed uridu（兀[舌]里都）ečige-dür

6-27-5　minu anda ke'eldügsen yosu-'ar Tu'ula-yin Qara-tün-<n>e

6-27-6　bida qoyar-un ečige kö'ün ke'eldügsen yosun tere ülü-'ü bui?

6-27-7　Tere übül čima-yi küre'<y>en dotora oro'ulǰu teǰi'ebe

6-27-8　ǰe. Übül übülǰeǰü, ǰusaǰu, namur inu Merkid

6-27-9　irgen-ü Toγto'a-beki-dür morilaǰu Qadiγliγ-niru'un-u（你[舌]魯兀訥）

6-27-10　Mürüče-se'ül qadqulduǰu Toγto'a-beki-yi Barγuǰin（巴[舌]兒[中]忽眞）-tököm

6-28-1　ǰüg hüldeǰü, Merkid irge da<u>'uliǰu, olon adu'u

6-28-2　ordo ger anu tariyad anu bügüde-yi abču qan（[中]窄）ečige

6-28-3　-de ögbe ǰe, bi. Ölösügsen-i činu üdür düli-de

6-28-4　ese kürgebe ǰe. Turuγsan-i činu sara-yin ǰarim-a

6-28-5　ese kürgebe ǰe, bi. Basa bida Güčügürtei Buyiruγ（不亦[舌]魯黑）-qan-i

6-28-6　Uluγ-taγ-un Soqoγ-usun-ača（兀速[舌]納察）Altai daba'ulun hüldeǰü（/[中]忽勒迭周）

6-28-7　Ürünggü hürü'ü odu'ad Kičilbaši-na'ur-a moqudqaǰu

6-28-8　abu'ai ǰe, bida. Tende-če qariǰu ayisuqui-dur Naiman-u

6-28-9　Kögse'ü-sa[b]raγ Baidaraγ-belčir-e čeri'üd-iyen ǰasaǰu

6-28-10　ba<i>yilduqui-dur üdeši ǰilda boldaǰu manaγaru erte（額[舌]兒迭）

6-29-1　qadqulduya ke'<y>en ǰasalduǰu qono'asu qan ečige minu

6-29-2　či ba<i>[yi]dal-dur-iyan γal-nu'ud tüle'ülǰü söni-de Qara-se'ül

6-29-3　ö'ede ködölbe ǰe, či. Manaγar erte üǰe'esü

6-29-4　ba<i>yidal-dur-iyan ügei boldarun čima-yi ködöldeǰü, ede či

6-29-5　bidan-i tülešilen aǰu'u ke'eǰü bi ber ködölǰü

6-29-6　Eder, Alta[i]-yin belčir-iyer ketülǰü ireǰü Sa'ari

6-29-7　-ke'er-e ba<u>'uba ǰe. Tende čima-yi Kögse'ü-sabraγ nekeǰü

6-29-8　Senggüm-ün eme kö'ü irge orγa bügüde-yi abu'ad

6-29-9　qan ečige-yin činu Telegetü-amasar-a bükün ǰarimud

6-29-10　irgen, adu'un, ide'<y>en činu da<u>'uliǰu odu'asu

6-30-1　Merkid-ün Toɣto'a-beki-yin kö'ün Qudu, Čila'un qoyar irge

6-30-2　orɣa-bar-iyan čima-dur bürün tere(帖⁽ᵗ⁾列) so'or-tur ečige

6-30-3　-dür-iyen neyilen Barɣujin oron, čima-dača da<i>yijin

6-30-4　ködöljü'üi je. Tende qan ečige minu či, Naiman-u Kögse'ü-sa(b)raɣ-a

6-30-5　irge orɣa-ban da<u>'uliɣdaba, bi. Kö'ün minu dörben külü'ü+

6-30-6　+d-iyen ögčü ire ke'ejü ire'esü, činu metü ülü sedkin

6-30-7　tende bi Bo'orču, Muqali, Boroɣul, Čila'un-ba'atur

6-30-8　ede dörben külü'üd-iyer-iyen čeri'üd jasaju ile'esü,

6-30-9　ede dörben külü'üd-ün minu urida Hula'an-ɣud-da Senggüm

6-30-10　ba<i>yilduqu bolun, morin-u'an(秣⁽ᵗ⁾驪訥安) ɣuya qaɣdaju abdaqu bolju

6-31-1　büküi(不/ᶜʰ/灰)-dür ede dörben külü'üd minu kürčü Senggüm-i

6-31-2　abura'ad eme kö'ü irge orɣa selte bügüde-yi

6-31-3　aburaju ögü'esü, tende qan ečige minu büširen ügülerün,

6-31-4　kö'ün-ü'<y>en Temüjin-e odun baraɣsan irge orɣo-ban dörben(朶⁽ᵗ⁾兒邊)

6-31-5　külü'üd-iyen irejü aburaju ögtebe ke'ejü büle'e.

6-31-6　či. Edö'e qan ečige minu yambar čimar-tur minu

6-31-7　čimadba, či? Čimarun yosun-dur elčin ile(亦/ᵗ/列)! Ilerün(亦/ᵗ/列舌侖)

6-31-8　Qu(l)bari-quri, Idürgen qoyar-i ile(亦/ᵗ/列)! Qoyar-i ese ile'esü(亦/ᵗ/列額速)

6-31-9　nögöji-yi ile ke'ejü ile'esü……

178

6-33-7　Ede üges-tür Ong-qan ügülerün, "Ai soyiluɣ! Kö'ün-eče-'<y>en

6-33-8　qaɣačaqu-yu? Törö(脫⁽ᵗ⁾劣)-deče qaɣačaba. Hirijekü-yü?

6-33-9　Ü<i>yile-deče hiričebei, bi." ke'<y>en dura alja'ad

6-33-10　ügülerün, "Edö'e kö'ü-ben üjejü ma<u>'ui sedki'esü(薛楊乞額速 ← 薛勒乞額速)

6-34-1　ene metü čisu-ban ɣarɣaɣdasu!" ke'<y>en andaɣaju

6-34-2　šigi quru'un-u'an toli onuči kituɣai-bar qadquju

6-34-3　čisun čuburi'ulju üčü'ügen daɣtai-dur kiju, "Kö'ün-e minu

6-34-4　ög!" ke'ejü ilebe.

179

6-34-8 Basa Činggis-qahan, "J̌amuqa anda-da ügüle!" ke'<y>en ügülerün,

6-34-9 "Qan ečige-deče minu üǰen yadaǰu qaɣača'ulba, či.

6-34-10 Urida bosuysan bidan-u qan ečige-yin kökö čung u'uqu

6-35-1 büle'e. Na-da urida bosču u['u]ɣdarun na<i>yidaba ǰe, či.

6-35-2 Edö'e qan ečige-yin kökö čung baradqun! Kedüi ǰe

6-35-3 qoro[d]qun ta!" ke'eǰü ilebe. Basa Činggis-qahan, "Altan,

6-35-4 Qučar qoyar-a ügüle!" ke'<y>en ügülerün, "Ta qoyar nama

6-35-5 tebčiǰü ile'ü-'ü gesü ke'ele'ei? Ta ǰuqaǰu-'u gesü ke'ele'i?

6-35-6 Ta Qučar-i, čima-yi, Nekün-tayiǰi-yin kö'ün ke'eǰü bidan-ača

6-35-7 či qan bol ke'esü ese bolba ǰe. Či. Altan-i, čima-yi,

6-35-8 Qutula-qan-lu meden yabulu'a. Ečige-yü'<y>en meden aɣsa+

6-35-9 +'ar či qan bol ke'esü ese kü bolba ǰe. Či. de'e+

6-35-10 +re-eče Bartan-ba'atur-un kö'ün ke'eǰü Sača, Taiču qoyar-i

6-36-1 ta qad boludqun ke'eǰü yadaba ǰe. Bi. tan-i qad

6-36-2 boludqun ke'eǰü yadaǰu, tan-a či qan ke'egdeǰü

6-36-3 meden yabuba ǰe. Bi tan-i qad boluysan bö'esü olon da<i>yin

6-36-4 -dur alginči ha'ulɣaɣda'asu, tenggeri-de ihe'egde'esü,

6-36-5 **D**a<i>yisun kü'ün-<n>i **d**a<u>'uliqui-dur **Q**ačar ɣo'a öki qadun

6-36-6 eme-yi **Q**arɣa sayin aɣta **Ab**čiraǰu ögü'ei büle'e ǰe,

6-36-7 bi. **O**ra'a görö'esün-dür **u**tura'ulda'asu, **Q**ada-yin

6-36-8 görö'esün **Q**a inu nigetele šiqaǰu ögü'ei büle'e ǰe, bi.

6-36-9 **Q**un-<n>u görö'esü **Γ**uya inu nigetele šiqaǰu ögü'ei

6-36-10 büle'e ǰe, bi. **K**e'er-ün görö'esü **K**e'eli inu nigetele

6-37-1 šiqaǰu ögü'ei büle'e ǰe, bi. Edö'e qan ečige-de

6-37-2 minu sayitur nököčeǰü ögüdkün! U<i>yidangqa

6-37-3 ke'egde'üǰe, ta! Ča'ud-quri-yin turuɣ ele aǰu'ui bü

6-37-4 ke'e'ülüdkün! Γurban müred-ün teri'ün ken-e ber bü

6-37-5   ba<u>'uludqun!" ke'ejü ilebe.

180

6-38-3   Basa Činggis-qahan, "To'ori<n>l de'ü-de ügüle!" ke'<y>en ügülerün,

6-38-4   "De'ü ke'ekü yosun Tumbinai, Čaraqai-lingqu qoyar-un Oɣda

6-38-5   -bo'ol-i-'ar bilaǰu irebe ǰe. Oɣda-bo'ol-un kö'ün

6-38-6   Sübegei-bo'ol büle'e. Sübegei bo'ol-un kö'ün

6-38-7   Kököčü-kirsa'an büle'e. Kököčü-kirsa'an-u kö'ün

6-38-8   Yegei-qongtaɣar büle'e. Yegei-qongtaɣar-un kö'ün To'ori<n>l či

6-38-9   ken-ü ulusud ögsü ke'<y>en ǰusuridun yabuyu, či?

6-38-10 Minu ulus Altan, Qučar qoyar ken-e ber ülü

6-39-1   mede'ülkün bu<i>yu ǰe! Čima-yi de'ü ke'ekü yosun **B**orqai-yin

6-39-2   minu **B**osoɣa-yin **b**o'ol, **E**linčüg-ün minu **E**'üden-ü

6-39-3   **e**mčü bo'ol ke'ejü ilekü-yi minu eyimü."

181

6-39-8   Basa Činggis-qahan, "Senggüm anda-da ügüle!" ke'<y>en ügülerün,

6-39-9   "**Degeltü** törögsen kö'ün bi aǰu'u ǰe. **Ničügün**(你出/中/棍) törögsen

6-39-10 kö'ün či aǰu'u ǰe. Qan ečige bidan-u bida qoyar-i

6-40-1   sača'u asaraqu büle'e. J̌a'ura oroɣdaqui-yača

6-40-2   Senggüm anda nama naidaǰu hüldebe(/中/忽勒迭罷) ǰe, či. Edö'e

6-40-3   qan ečige-yin bidan-u ǰürüke inu ülü ǰobo'an üde

6-40-4   manaɣar-i oroǰu ɣarču sergü'eǰü yabu! Üyen-ü

6-40-5   sedkil-iyen ülü talbin qan ečige-yi amidu

6-40-6   bö'etele qan bolsu ke'<y>en qan ečige-yin bidan-u

6-40-7   sedkil ǰobo'aǰu bü alɣasa'ul!" ke'ed, "Senggüm anda

6-40-8   na-dur elči ile! Ilerün(亦/古/列/舌/侖), Bilge-beki, Tödö'<y>en

6-40-9   qoyar-un nököd-i ile!" ke'ejü ilebe. "Na-dur

6-40-10 elčin ilerün(亦/古/列/舌/侖), qan ečige qoyar elčin ile!

6-41-1   Senggüm anda qoyar kü elčin ile! J̌amuqa anda qoyar

6-41-2 kü elčin ile! Altan qoyar kü elčin ile!

6-41-3 Qučar qoyar kü elčin ile! Ačiɤ-širün qoyar kü

6-41-4 elčin ile! Qači'un qoyar kü elčin ile!" ke'<y>en

6-41-5 Arqai-qasar, Sügegei-ǰe'ün qoyar-iyar edüi üges

6-41-6 da<u>'u bari'ulǰu ilebe. Ede üges eyin

6-41-7 ügülegdeǰü Senggüm ügülerün, "Keli qan ečige

6-41-8 ke'ekü büle'e? Kidu'ači ebügen ese-'ü ke'ekü

6-41-9 büle'e? Nama keli anda ke'<y>en büle'e? Toɤto'a-bö'e

6-41-10 Sartaɤčin(撒[舌]兒塔黑臣) qonin-u se'ül ǰubčiǰu yabuyu ese-'ü

6-42-1 ke'ekü büle'e? Ede-'er üges-ün arɤas

6-42-2 uqaɤdaba. Qadquldu'an-u teri'üd üges bui. Bilge-beki

6-42-3 Tödö'<y>en qoyar qadqulduqui tuɤ bosɤadqun! Aɤtas

6-42-4 taryula'uludqun! Ariyal ügei bui ǰe!" ke'ebe.

6-42-5 Tedüi Ong-qan-<n>ača Arqai-qasar qariqui-dur, Sügegei-ǰe'ü+

6-42-6 +n-ü eme kö'ün tende To'ori<n>l-dur aǰu'u. Odqu

6-42-7 ǰürüke yadaǰu, Sügegei-ǰe'ün Arqai-yača qočorču'ui.

6-42-8 Arqai ireǰü ede üges Činggis-qahan-<n>a

6-42-9 ügülebe.

182

6-43-8 Tedüi Činggis-qahan odu'ad(斡都阿[揚]←斡都阿[勒]) Balǰuna-na'ur ba<u>'ba.

6-43-9 Tende ba<u>'uqui-dur Čo'os-čaɤa'an(察[中]合安←察[中]罕←察罕) Ɤorulas ǰöb tende

6-43-10 učiraldubai(兀赤[舌]剌[勒]都罷). Tede Ɤorulas ülü bulɤan elsen

6-44-1 irebei. Önggüd-ün Alaquši-digid-quri-dača Asan

6-44-2 Sartaɤtai čaɤa'an(察[中]合安←察[中]罕←察罕) teme'etü minɤan irges da'u[l]ǰu

6-44-3 Ergüne-müren hurü'ü buluɤad keremün qudaldǰu

6-44-4 abura ayisurun, Balǰuna usulan oroqui-dur

6-44-5 učiraba.

183

6-44-9   Činggis-qahan mün Balǰuna usulan büküi(不/中/灰)-dür, Qasar

6-44-10   eme kö'ü-ben, Yegü, Yesüngge, Tuqu-tan γurban kö'üd-iyen

6-45-1   Ong-qan-dur(突[舌]兒) geǰü čö'<y>en beyes nököd-iyer-iyen γarču

6-45-2   "Aqa-yu'an!" ke'<y>en Činggis qa'an-i erin Qara'un-ǰidun-u

6-45-3   niru'ud kigüriǰü olun yadan yadaǰu širi širbüsün

6-45-4   ideǰü yabu'ad Balǰuna-da Činggis-qahan-dur neyilebe.

6-45-5   Qasar-i ire'ülü'ed(亦[舌]列兀魯額[楊] ← 亦[舌]列兀魯阿[楊]) bayasču, Činggis-qahan,

6-45-6   "Ong-qan-dur elčin ileye!" ke'<y>en eyetüǰü J̌e<ü>'üriyedei

6-45-7   Qali'udar, Uriangqadai Čaγurqan qoyar-iyar ügüleǰü

6-45-8   ilerün, "Qan ečige-de Qasar-un üge ke'<y>en ügüledkün!" ke'<y>en

6-45-9   ügülerün, "Aqa-yan **Qara**ǰu **qara**'a inu ǰabqaba.

6-45-10   **Qa**<i>yiǰu **qa**'uluγa inu olun yadabai. **Qa**yilaǰu

6-46-1   da<u>'u-ban ese sonosdabai. **ho**d qaraǰu

6-46-2   **U**rbang deretü(迭[舌]列禿) bolǰu gebtemü, bi. Eme kö'ün minu

6-46-3   qan ečige-dür bui. Itegemǰi ere-'<y>en olu'asu qan

6-46-4   ečige-dür odqu, bi ke'eǰü ilebe ke'<y>en

6-46-5   ügüledkün! Basa ügülerün, ba tan-i uda'aran ködölǰü

6-46-6   Kelüren-ü Arγal-geügi-de bolǰalduya! Ta tende

6-46-7   iredkün!" ke'<y>en bolǰalduǰu tedüi Qali'udar,

6-46-8   Čaγurqan qoyar-i ile'ed J̌ürčedei, Arqai

6-46-9   qoyar-i alginčilaǰu Balǰuna-na'ur-ača

6-46-10   Činggis-qahan uda'aran e'üsülčeǰü γarun

6-47-1   morilaγsa'ar Kelüren-ü Arγal-geügi-de

6-47-2   kürbe.

6-48-1   Qali'udar, Čaγurqan qoyar Ong-qan-dur kürčü Qasar-un

6-48-2   üge ke'<y>en ende-če ügüleǰü ilegsen üges ügüleǰü'üi.

6-48-3　Ong-qan altan terme bosɣaǰu gened qurimlan aǰu'ui.

6-48-4　Qali'udar, Čaɣurqan qoyar-un üge-dür Ong-qan ügülerün,

6-48-5　"Teyin bö'esü Qasar iretügei ke'eǰü itegemǰi

6-48-6　Itürgen-i ileye ke'<y>en ileldüǰü'üi. Tedüi ile'ed

6-48-7　bolǰal ɣaǰar-a Arɣal-geügi-de kürküi(古⁽ᵗ⁾兒恢)-lü'e Baru'a

6-48-8　yeke-yi üǰeǰü Itürgen(亦禿⁽ᵗ⁾兒堅)-elčin qarin duta'aǰu.

6-48-9　Qali'udar-un morin qurdun aǰu'u. Qali'udar gü<i>yičeǰü

6-48-10　bariqu ǰürke yadaǰu urida'un qoyina'un inu

6-49-1　hoɣtoriqan yabuqui-dur — Čaɣurqan-u morin uda'an aǰu'u —

6-49-2　Qoyina-ča sumun-u kürküi üǰü'ür-e Itürgen-ü altan

6-49-3　eme'eltü qara aɣta-yin quyang huǰa'ur sa'utala

6-49-4　qarbuǰu'u. Tende Itürgen-i Qali'udar, Čaɣurqan qoyar

6-49-5　bariǰu Činggis-qaɣan-dur abčirabai. Činggis-qahan

6-49-6　Itürgen-dür ülü keleleldün, "Qasar-tur abču

6-49-7　oddqun! Qasar medetügei!" ke'ebe. Abču

6-49-8　odu'asu Qasar Itürgen-dür(突⁽ᵗ⁾兒) ülü keleleldün mün

6-49-9　tende čabčiǰu gebe.

185

6-50-5　Qali'udar, Čaɣurqan qoyar Činggis-qahan-<n>a ügülerün,

6-50-6　"Ong-qan gened bui. Altan terme bosɣaǰu qurimlamui.

6-50-7　Ötörlen igülgüǰü sönid düliligeǰü nenden büčiye!"

6-50-8　ke'ebe. Ene üge-yi ǰöbšiyeǰü J̌ürčedei, Arqai

6-50-9　qoyar-i alginčila'ulǰu sönid düli'ed kürčü J̌eǰe'er-

6-50-10　ündür-ün J̌er-qabčiɣai-yin amasar-a büküi(不ᐟ⁽ᵗ⁾灰)-dür büčibei.

6-51-1　Ɣurban söni ɣurban üdüd bulɣaɣdarun büčiǰü ba<i>yibasu

6-51-2　ɣutu'ar üdür yadaǰu müd orobai. Ong-qan, Senggüm

6-51-3　qoyar-i söni ker ber ɣaruɣsan-i ese medegdebe.

6-51-4　Ene bulɣalduɣči J̌irgin-ü Qadaɣ-ba'atur aǰu'u.

6-51-5   Qaday-ba'atur oroǰu ireǰü ügülerün, "Ʇurban sönid

6-51-6   ɣurban üdüd bulɣaldurun, tus qan-<n>iyan üǰe'ed bariǰu

6-51-7   ker ala'ulqu ke'<y>en tebčin yadaǰu amin-iyan qoroyun

6-51-8   küngketügei ke'<y>en su'ora'ulun bulɣaldula'a, bi. Edö'e

6-51-9   ükü'ülde'esü üküsü! Činggis-qahan-<n>a soyurqayda'asu

6-51-10   güčü ögsü!" ke'ebe. Činggis-qahan Qaday-ba'atur-un üge-yi

6-52-1   ǰöbšiyeǰü ǰarliɣ bolurun, "Tus qan-<n>iyan tebčin yadaǰu

6-52-2   amin qoroyun küngketügei ke'<y>en bulɣalduqu ere tere

6-52-3   ülü-ü bui. Nököčegdekü kü'ün büle'e." ke'e'ed soyurqaǰu

6-52-4   ülü ükü'ülün Quyildar-un amin-u tula Qaday-ba'atur-i

6-52-5   ǰa'un J̌irgin-i Quyildar-un eme kö'ün-e inu güčü

6-52-6   ögtügei! Nu'un kö'ün töre'esü Quyildar-un uruy-un uruy-a

6-52-7   kürtele dayaǰu güčü ögtügei! Ökin kö'ün töre'esü

6-52-8   ečige eke anu ö'er-ün dura-'ar bü qudalatuyai!

6-52-9   Quyildar-un eme kö'ün-ü emüne ümere-yen ǰarutuyai!"

6-52-10   ke'<y>en soyurqan ǰarliɣ bolba. Quyildar-sečen-ü

6-53-1   aman urida nekegsen-ü tula Činggis-qahan soyurqaǰu

6-53-2   ǰarliɣ bolurun, "Quyildar-un uruy-un uruy-a

6-53-3   kürtele Quyildar-un tusa-yin tula önečid-ün abliɣa

6-53-4   abun atuyai!" ke'<y>en ǰarliɣ bolba.

186

7-1-2   Tedüi Kereyid irge dora<i>yita'ulǰu ǰüg ǰüg

7-1-3   qubiyaǰu tala'ulbai. Su<n>ldudai Taqai-ba'atur-un

7-1-4   tusa-yin inu tula nigen ǰa'un ǰirgin-i ögbe.

7-1-5   Basa Činggis-qahan ǰarliɣ bolurun — Ong-qan-u de'ü

7-1-6   J̌aqa-gambu ǰirin ökid aǰu'ui — Egečimed inu

7-1-7   Ibaqa-beki-yi Činggis-qahan ö'esün aburun döyimed

7-1-8   Sorqaɣtani-beki-yi Tolui-ya ögbe. Tere

7-1-9 ši<n>lta'an-iyar, J̌aqa-gambu-yi, "Ima-da

7-1-10 qarɣatan emčü irge ber tumda'a

7-2-1 nögö'e kilgün bol!" ke'ejü soyurqaǰu ese

7-2-2 tala'ulba.

187

7-2-6 Basa Činggis-qahan ǰarliɣ bolurun "Badai, Kišiliɣ

7-2-7 qoɣar-un tusa-yin anu tula Ong-qan-<n>u **A**ltan terme

7-2-8 sa'uɣsa'ar **A**ltan gürü'e **A**yaɣa saba **A**saraɣsad

7-2-9 **hA**ran selte Ongɣoǰid Kereyid-i kešigten anu

7-2-10 boltuɣai! Qorčila'ulǰu ötögle'ülǰü uruɣ-un

7-3-1 uruɣ-a kürtele darqalan ǰirɣadqun! **O**lon dayin-dur

7-3-2 ha'ulu'asu, **O**lǰa olu'asu, **O**luɣsa'ar abudqun!

7-3-3 **U**ra'a görö'esün ala'asu, **A**laɣsa'ar abudqun!"

7-3-4 ke'<y>en ǰarliɣ bolba. Basa Činggis-qahan ǰarliɣ

7-3-5 bolurun, "Badai, Kišiliɣ qoyar-un amin ǰa'ura tusa

7-3-6 kürgegsen-ü tula müngke tenggeri-de ihe'egdeǰü,

7-3-7 Kereyid irge dora<i>[yi]ta'ulǰu(多舌來[亦]塔兀勒周 ← 多舌來荅兀勒周) ündür-ün oron

-dur

7-3-8 kürbe ǰe. Mona qoyina uruɣ-un uruɣ-a minu

7-3-9 oron-dur sa'uǰu ene metü tusa kürgegsed-i

7-3-10 ulam ulam uqatuɣai!" ke'<y>en ǰarliɣ bolba. **K**ereyid

7-4-1 irge(亦[舌]兒格) da<u>'uliǰu **K**en-e ber(別[舌]兒) ese dutatala

7-4-2 tüɣe'eldübei. **T**ümen Tübe'en-i **t**üge'eldüǰu

7-4-3 **T**ügetele abulčabai. **O**lon Dongqayid **O**ɣuɣa üdür-e

7-4-4 ülü kürgen tala'ulba ǰe. **Č**isutu tonoɣ abuɣči

7-4-5 **J̌**irgin-Ba'atud-i **J̌**isuǰu qubiyaǰu kürgeldün

7-4-6 yɛdabai. Kereyid irge tedüi qoru'aǰu tere

7-4-7 übül Abǰi'a-ködeger-i übülǰebei.

7-5-4   Ong-qan, Senggüm qoyar beyes-iyen da<i>yiǰiǰu γarču

7-5-5   odu'ad, Didig-saqal-un Nekün-usun-a Ong-qan qangγaǰu(^(中)杭^中合周) oroqu

7-5-6   bolun Naiman-u qara'ul Qori-sübeči-dür oroǰu'u.

7-5-7   Qori-sübeči Ong-qan-<n>i bariǰu'u. "Bi Ong-qan bu<i>yu." ke'esü

7-5-8   ülü tanin ese büšireǰü tende alaǰu'u. Senggüm

7-5-9   Didig-saqal-un Nekün-usun-a ülü oron γada'un yorčiǰu

7-5-10   čü<n>l-dür oroǰu usurqarun qulad šilu'atuǰu

7-6-1   ba<i>yiqun-i Senggüm ba<u>'uǰu mariyaǰu'u. Senggüm-ün nökör

7-6-2   Kököčü aγtači emetü Senggüm-lü'e γurba'ula

7-6-3   aǰu'u. Mori-yen Kököčü aγtači-da'an bari'ulǰu'ui.

7-6-4   Kököčü aγtači aγta inu kötölü'ed qarin

7-6-5   qataraǰu'ui. Eme inu ügülerün, "**A**ltata-yi emüsküi-dür,

7-6-6   **A**mtata-yi ideküi-dür, Kököčü minu ke'ekü büle'e.

7-6-7   Qan-<n>iyan Senggüm-i yekin teyin tebčiǰü geǰü odun bu<i>yu,

7-6-8   či?" ke'eǰü eme inu ba<i>yiǰu qočorču'u. Kököčü

7-6-9   ügülerün, "Senggüm-i erelesü ke<y>en bu<i>yu ǰe, či!" ke'eǰü'ui.

7-6-10   Tere üge-dür eme inu ügülerün, "Eme kü'ün noqai

7-7-1   ni'ürtei ke'egdeyi ǰe, bi. Altan ǰanta<u>'u ber inu

7-7-2   ög! Usun ber udquǰu u'utuγai!" ke'eǰü'üi. Tende-če

7-7-3   Kököčü aγtači, "Altan ǰanta<u>'u inu ab!" ke'<y>en

7-7-4   qoyinaγši oru'ad qataraǰu'u. Tedüi ire'ed

7-7-5   Činggis-qahan-dur Kököčü aγtači ireǰü Senggüm-i

7-7-6   teyin Čü<n>l-dür geǰü irebe, bi. "ke'<y>en tende

7-7-7   ügüleldügsen üges-iyen bügüde-yi tegüs ügüleǰü

7-7-8   ögü'esü Činggis-qahan ǰarliγ bolurun eme-yi

7-7-9   inu soyurqaǰu mün Kököčü aγtači-yi tus qan-<n>iyan

7-7-10   eyin tebčiǰü ireǰü'üi. Eyimü kü'ün edö'e ken-dür(突^舌兒)

 nököče'esü itegegdekü?" ke'eǰü čabčiǰu gebei.

189

7-9-1 Naiman-u Tayang-qan-<n>u eke Gürbesü ügülerün, "Ong-qan erten-ü

7-9-2 ötögü yeke qan büle'e. Teri'ü inu abčiradqun! Mün

7-9-3 bö'esü tayiya, bida!" ke'eǰü Qori-sübeči-dür

7-9-4 elči ileǰü teri'ü inu hoγtolǰu abčira'ulǰu

7-9-5 taniǰu čaγa'an(察[中]合安 ← 察[中]罕 ← 察罕) toloγ de'ere talbiǰu berined-iyen

7-9-6 berile'ülǰü ötögle'ülǰü qu'urda'ulǰu ayaγa

7-9-7 bariǰu tayiǰu'ui. Tende teri'ün teyin tayiγdarun, "Ineǰü'ü!

7-9-8 ine'ebe!" ke'<y>en Tayang-qan kemkerü gečikile'ülǰü'üi.

7-9-9 Tende Kögse'ü-sa[b]raγ ügüleǰü'üi. "Ükügsen qan kü'ün-ü teri'ün

7-9-10 inu ta kü hoγtolǰu(/中/豁[黑]脱[勒]周) abčirad nögö'ete ta kü

7-10-1 ya'un ǰokiqui(勺[中]乞[中]恢)? Noqan-u bidan-u qučaqui([中]忽察[中]恢) da<u>'un

7-10-2 ma<u>'ui bolbi. Inanča-bilge-qan ügülele'e. Eme ǰala'ui.

7-10-3 Ere bi ötölbe. Ene Tayang-yi Elbesü-'er

7-10-4 töre'ülüle'e. A<i>yi torluγ! Töregsen kö'ün minu

7-10-5 Törülmiši olon Doromǰin ma<u>'ui ulus minu asaraǰu

7-10-6 barin čidaqu-yu ke'ele'e. Edö'e noqan-u da<u>'un

7-10-7 idüreküi. Qučal qučamui. Qadun-<n>u bidan-u Gürbesü-yin

7-10-8 ǰasaγ qurča bolbi. Qan minu torluγ Tayang ǰö'ölen

7-10-9 bu<i>yu. Či šiba<u>'ulaqu abalaqu qoyar-ača buši sedkil

7-10-10 erdem ügei bui." ke'egdeǰü tende Tayang-qan ügülerün(鳴詀列[舌]論),

7-11-1 ene dorona čö'eked Mongγol bui ke'egdemüi. Tede

7-11-2 irgen ötögü yeke erten-ü Ong-qan-<n>i qor-iyar-iyan

7-11-3 ayu'ulǰu da<i>yiǰu'ulǰu ükü'ülbe. Edö'e mün

7-11-4 qan bolsu ke'<y>en aqun-u, tede? Tenggeri de'ere naran

7-11-5 sara qoyar gereten gege'<y>en boltuγai ke'<y>en naran sara

7-11-6 qoyar bui ǰe. Γaǰar de'ere qoyar qa<n>d ker bolqu?

7-11-7 Bida odču tede ked Mongɣol-i abčiraya!" ke'eǰü'üi.

7-11-8 Te'ün-dür eke inu Gürbesü ügülerün, "Yeki'üǰe!

7-11-9 Tede'er-i Mongɣol irgen hünür ma<u>'u-tan, qubčasu

7-11-10 baratutan büle'ei. Anggida qolo buǰu bütügei! Šili'un

7-12-1 berined ökid-i anu maɣa abčira'ulǰu ɣar köl anu

7-12-2 ukiya'ulǰu üni'ed qoni<n>d-iyan maɣa sa'a'ulqun ele!"

7-12-3 ke'eǰü'üi. Te'ün-dür Tayang-qan ügülerün, "Teyin bö'esü

7-12-4 ya'utan aqun, tede? Mongɣol-dur odču qor anu maɣa

7-12-5 abčiraya!" ke'eǰü'üi.

190

7-13-6 Ede'er üges-tür Kögse'ü-sabraɣ ügülerün, "A<i>yi!

7-13-7 Yeke üge ügüled, ta! A<i>yi, torluɣ qan ǰokiqu-yu, bui?

7-13-8 ni'udqun!" ke'eǰü'üi. Kögse'ü-sa[b]raɣ-a idqa'ulu'ad bürün

7-13-9 Torbi-taši neretü elči Önggüd-ün Alaquši-digid-quri-da

7-13-10 ügüleǰü ilerün, "Ene dorona čö'eken Mongɣol bui

7-14-1 ke'egdemüi. Či bara'un ɣar bol! Bi ende-če qamsaǰu

7-14-2 tede ked Mongɣol-un qor anu abuya!" ke'eǰü ileǰü'ü.

7-14-3 Tere üge-dür Alaquši-digid-quri qari'u ügülerün,

7-14-4 "Bara'un ɣar bolun ülü čidaqu, bi." ke'eǰü ile'ed

7-14-5 Alaquši-digid-quri Yuqunan neretü elči-yer-iyen

7-14-6 Činggis-qahan-<n>a ügüleǰü ilerün, "Naiman-u Tayang-qan qor

7-14-7 činu abura iremüi. Namayi bara'un ɣar bol

7-14-8 ke'eǰü ireǰü'ü. Bi ese bolba. Edö'e bi čima-da

7-14-9 sere'ülǰü ilebe. Ireǰü qor-iyan abta'uǰai(阿卜塔兀澤←阿卜荅兀澤), či."

7-14-10 ke'eǰü ileǰü'üi. J̌öb tende Činggis-qahan Teme'<y>en-ke'er-i

7-15-1 abalaǰu Tülkinče'üd-i qomorču büküi-dür

7-15-2 Alaquši-digid-quri-yin ilegsen(亦/舌/列克先) Yuqunan elči ene kelen

7-15-3 kürgen irebe. Ene kelen-dür aba de'ere

7-15-4　bö'ed ker kikün ke'eldü'esü, olon kü'ün ügülerün,

7-15-5　"Aɣtas bidan-u turuɣad bui. Yekikün, bida?"

7-15-6　ke'eldüjü'i. Te'ün-dür Odčigin-noyan ügülerün,

7-15-7　"Aɣtas turɣad ke'<y>en yekin ši<n>ltaɣdaqu? Minu aɣtas

7-15-8　tarɣud bui. Eyimü üges sonosču yekin sa'uɣdaqu?"

7-15-9　ke'ebe. Basa Belgütei-noyan ügülerün, "Amidui

7-15-10　bö'etele nökör-e qor-iyan abta'asu (阿ᵓ塔阿速 ← 阿ᵓ荅阿速) aɣsan ya'un

7-16-1　tusa bui? Töregsen ere-de ükü'esü taki qor numun

7-16-2　-lu'a-ban (魯阿班 ← 魯額邊) yasun-lu'a nigente kebte'esü ülü-'ü sayin bui?

7-16-3　Naiman irgen ulus yeketü, irge olotu ke'<y>en

7-16-4　yeke üge ügülen aju'u. Bida ene anu yeke üge-dür

7-16-5　šiqan morilaju odču anu qor abu'asu berked-ü'ü

7-16-6　aju'u? Odu'asu Olon adu'un anu joɣsaju ülü-'ü

7-16-7　qočoru'ujai? Ordo ger anu e'üreǰü ülü-'ü

7-16-8　qočoru'ujai? Olon ulus anu ündür etüged-tür (突⁽ᶻᵉᵗ⁾兒)

7-16-9　qorura ülü-'ü ɣaru'ujai? Müd ene eyimü yeke üge

7-16-10　ügüle'üljü ker sa'uɣdaqu? Morilaya!" bö'ed

7-17-1　ke'ebe.

191

7-18-1　Belgütei-noyan-u ene üge-yi ǰöbšiyeǰü Činggis-qahan

7-18-2　aba ba<u>'u'ad Abjiɣa-köteger-eče ködöljü Qalqa-yin

7-18-3　Ör-nu'u-yin Keltegei-qada ba<u>ju to'a-ban to'olalduju

7-18-4　minɣan tende minɣalaju, minɣan-u noyan, ǰa'un-u noyan,

7-18-5　harban-u (哈⁽ᶻᵉᵗ⁾兒巴訥 ← 中合⁽ᶻᵉᵗ⁾兒巴訥) noyan tende tüšibei. Čerbin-i tende kü

7-18-6　tušibei. Dodai-čerbi, Doqolqu-čerbi, Ögele-čerbi,

7-18-7　Tolun-čerbi Bučaran-čerbi, Söyiketü-čerbi

7-18-8　ede ǰirwa'an čerbin-i tende tüšibei. Minɣan

7-18-9　minɣalan, ǰa'u ǰa'ulan, harban (哈⁽ᶻᵉᵗ⁾兒班 ← 中合⁽ᶻᵉᵗ⁾兒班) harbalan (哈⁽ᶻᵉᵗ⁾兒巴蘭 ← 中合⁽ᶻᵉᵗ⁾兒巴

闌) baraǰu

7-18-10   na<i>yan kebte'ül, dalan turγa'ud tende kešigten

7-19-1   iľγaǰu oro'ulurun(幹舌羅兀/舌/魯舌侖) minγad-un, ǰa'ud-un kö'üd-i,

7-19-2   de'ü-ner-i utu dürü-yin kü'ün-ü kö'üd-i de'ü-ner-i oro'ulurun(幹舌羅兀/舌/魯舌侖)

7-19-3   erdemü[d]ten, beye šil sayitan iľγaǰu oro'ulbai.

7-19-4   Tende Arqai-qasar-i soyurqaǰu, "Ba'atud-i iľγaǰu

7-19-5   minγalatuγai! Qadquldu'an üdür emüne minu ba<i>yiǰu

7-19-6   qadquldutuγai! Olon üdür turγaγ kešigten minu

7-19-7   boltuγai!" ke'<y>en ǰarliγ bolba. Dalan turγa'ud-i

7-19-8   Ögöle-čerbi aqalaǰu atuγai! Qudus-qalǰan-lu'a

7-19-9   eyetüldüǰü adqun!" ke'ebe.

192

7-20-5   Basa Činggis-qahan ǰarliγ bolurun, "Qorčin, turγa'ud,

7-20-6   kešigten, ba<u>'urči, e'üdenči, aγtači, üdür

7-20-7   kešig oroǰu naran šinggekü-yin urida kebte'ül-e ǰayilaǰu

7-20-8   aγtas-tur-iyan γarun qonotuγai! Kebte'ül söni ger

7-20-9   horčin kebtekün-iyen kebte'ülǰü, e'üden-dür

7-20-10   ba<i>yiqun-iyan kešiglen ba<i>yi'ultuγai! Qorčin, turγa'ud

7-21-1   manaγar-i inu bidan-i sülen ide'esü kebte'ül

7-21-2   -dür keleleǰü qorčin, turγa'ud, ba<u>'určin, e'üdečin

7-21-3   mün, mün mör-tür-iyen yabutuγai! Sa'urin-dur-iyan sa'utuγai!

7-21-4   Γurban söni γurban üdür kešig üdür-iyen da<u>'usču

7-21-5   mün kü yosu-'ar γurban söni qonolduǰu

7-21-6   ye'üdgelǰü söni kebte'ül atuγai! Horčin kebteǰü

7-21-7   qonotuγai!" ke'<y>en ǰarliγ bolba. Tedüi minγan minγalan

7-21-8   baraǰu, čerbi tüšiǰü na<i>yan kebte'ül dalan turγa'ud

7-21-9   kešigten oro'ulǰu Arqai-qasar-a ba'atud iľγaǰu

7-21-10   Qalqa-yin Ör-nu'u-yin Keltegei-qada-dača Naiman irgen

7-22-1   -dür morilarun……

193

7-22-5   Quluɣana ǰi<n>l ǰun-<n>u teri'ün sara-yin harban(哈^舌兒班←^中合^舌兒班) ǰirwa'an

7-22-6   üdür, hula'an tergel-e tuɣ saču'ad morilarun,

7-22-7   Kelüren(客魯^(舌)漣) ö'ede J̌ebe, Qubilai qoyar-i alginčilaǰu

7-22-8   yabu'ad Sa'ari-ke'er-i kürü'esü(古^(舌)魯額速) Qangqarqan-u teri'ün-e(帖^舌里兀捏←帖^舌里兀帖)

7-22-9   Naiman-u qara'ul tende aǰu'u. Bidan-u qara'ul-a hüldeldüǰü

7-22-10   bidan-u qara'ul-ača nigen šingqula morin ma<u>'uqan eme'eltü-yi

7-23-1   Naiman-u qara'ul-a abtaǰu'ui. Naiman-u qara'ul tere morin

7-23-2   abču ügüleldürün, "Mongɣol-un aɣtas turuɣad aǰu'u."

7-23-3   ke'eldüǰü'üi. Bidan-u'ai Sa'ari-ke'er-i kürčü tende

7-23-4   töridčü ker kikün ke'eldü'esü tende Dodai-čerbi

7-23-5   Činggis-qahan-<n>a duradqarun, "Bidan-lu čö'<y>en bui. Čö'<y>en de'ere

7-23-6   čileǰü irebei. Eyin kü töridčü aɣtas-iyan

7-23-7   čadtala ene Sa'ari-ke'er-i delgen ba<u>'uǰu amitu

7-23-8   ele kü'ün tutum ere-yin tabun anggida ɣal-nu'ud tüleǰü

7-23-9   ɣal-iyar oɣǰadqaya! Naiman irgen olon ke'egdemüi.

7-23-10   Qan anu ger-teče ese ɣaruɣsan tanggi ke'egdemüi.

7-24-1   Ґal-iyar hülürige'ültele bidan-u aɣtas ber čadmu ǰe.

7-24-2   Aɣtas-iyan čatqan Naiman-u qara'ul-i hülde'ed

7-24-3   daručaǰu ɣol-dur anu neyile'ülün, tere sama<u>'ui-dur

7-24-4   qadquldu'asu bolqu-yu?" ke'<y>en duradqa'asu ene üge-yi

7-24-5   ǰöbšiyeǰü Činggis-qahan ǰarliɣ bolurun, "Teyin bö'ed

7-24-6   ɣal-nu'ud tüle'üldkün!" ke'<y>en čeri'üd-te ǰasaɣ tungqabai.

7-24-7   Tedüi Sa'ari-ke'er-i delgen ba<u>'uǰu amitu ele kü'ün

7-24-8   tabun anggida ɣal-nu'ud tüle'ülbei. Söni Naiman-u qara'ul

7-24-9   Qangɣarqan-u teri'ün-eče söni olon ɣal üǰeǰü, "Mongɣol-i

7-24-10　čö'eken ese kü ke'<y>en büle'ei? Hodun-<n>ača olon γaltan bui."

7-25-1　ke'<y>en Tayang-qan-dur ma<u>'uqan eme'eltü šingqulaqan morin

7-25-2　ögčü ile'ed. "Mongγol-un čeri'üd Sa'ari-ke'er-i bütetele

7-25-3　ba<u>'ulu'a. Üdür-tür ündür-ün aqun-u hodun-<n>ača olon

7-25-4　γaltan bui." ke'ejü ilejü'üi.

194

7-26-3　Qara'ul-un ene kele kürtejü — Tayang-qan Qangγai-yin Qačir

7-26-4　-usun-a aju'ui — ene kele kürge'ülü'ed Güčülüg-qan

7-26-5　kö'ün-dür-iyen kelelejü ilerün. "Mongγol-un aγtas turuγad

7-26-6　aju'ui. Hodun-<n>ača olon γaltan ke'emui. Mongγol olon

7-26-7　aju'ui. Edö'e bida **Q**amtudun bara'asu **Q**aγačaqui(中合中合察〔中〕恢)

7-26-8　berke bolqun-u? **Q**amtudun bara'asu **Q**ara nidün-<n>iyen

7-26-9　širmes ülü kikün, tede. **Q**ačar-iyan **q**adquγda'asu

7-26-10　**Q**ara čisun γaru'asu **Q**altari<n>l ügei **Q**atanggin Mongγol

7-27-1　-dur **Q**amtudu'asu bolqu-yu? Mongγol-un aγtas turuγad

7-27-2　ke'egdemüi. Bida ulus-iyan Altai daba'ulun segü'ülün

7-27-3　ködöljü čerig-iyen jibši'erčü ani uduju yabuju

7-27-4　Altai-yin ölkes kürtele noqai kerel kerejü yabuju —

7-27-5　bidan-u aγtas tarγud bui — ke'eli segü'ülün Mongγol-un

7-27-6　aγtas čangγarda'ulun ni'ür de'ere anu asγaya.

7-27-7　bida!" ke'ejü ilejü'üi. Tere üge-dür Güčülüg-qan

7-27-8　ügülerün. "Ana'ai-yin eme Tayang jirüke yadarun, ene

7-27-9　üges ügülejü'üi. Mongγol-un olon qa'a-ča irejü'üi?

7-27-10　Mongγol-un olongkin Jamuqa-lu'a ende bidan-dur bui.

7-28-1　**K**ündü eme-yin ši'eküi γajar-a ese γaruγsan, **K**ürdün-ü

7-28-2　tuγul-un belji'el-dür ese kürügsen eme Tayang

---

9)　/g/로 전사되는 작은 글자 克이 잘못 빠진 마지막 보기.

7-28-3　　jirüke yadarun ese'-ü ede üges ügüleǰü ileǰü'üi?"

7-28-4　　ke'<y>en elčin-eče ečige-yü'<y>en eberetele bertetele

7-28-5　　ügüleǰü ileǰü'üi(亦列主爲 ← 亦列主恢). Ene üge-dür(突[舌]兒) Tayang-qan ö'er-iyen

7-28-6　　emečilegden ügüle[g]deǰü[9] Tayang-qan ügülerün, "**G**üčütü

7-28-7　　omoγtu **G**üčülüg, **K**ürülčeküi alalduqui(阿剌勒都[中]恢) üdür

7-28-8　　maγa ene omoγ-iyan bü talbituγai! **K**ürülčen(古[舌]魯勒纆) qamtudun

7-28-9　　bara'asu **Q**aγačaqui(中合中合察[中]恢) maγa berke bui ǰe." ke'ebe.

7-28-10　　Tere üge-dür Tayang-qan-<n>u doro medekü yeke noyan

7-29-1　　Qori-sübeči ügülerün, "Inanča-bilge-qan ečige činu

7-29-2　　sača nökör-e ere-yin aru, aγta-yin qarγam ese

7-29-3　　üǰe'ülüle'e. Edö'e či manaγar erte bö'ed

7-29-4　　yekin ǰirüke yadamu, či? Čimayi eyin ǰirüke yadaqui(牙荅[中]恢)-yi

7-29-5　　medegsen bö'esü, qadun-ber kü'ün bö'esü, eke-yi

7-29-6　　činu Gürbesü-yi abčiraǰu čerig ülü'-ü ǰasa'ulqu

7-29-7　　büle'e? Čima! Qayiran Kögse'ü-sabraγa ötöldeküi ya'un?

7-29-8　　Čerig-ün bidan-u ǰasal sülbergüi bolbi. Mongγol-un

7-29-9　　čaγ ǰaya'an bui ǰe. Ese bolbi. A<i>yi turluγ!

7-29-10　　Tayang yadaqu metü ele bu<i>yu, či" ke'ed qor-iyan

7-30-1　　deledü'ed buru'u(不[舌]祿兀) qataraba.

195

7-31-2　　Te'ün-dür Tayang-qan kilinglaǰu ügülerün, "Ükükü

7-31-3　　amin ǰoboqü beye bügüde nigen bu<i>yu ǰe. Teyin bö'esü

7-31-4　　qadqulduya!" ke'eǰü Qačir-usun-ača ködölǰü

7-31-5　　Tamir huru'u(忽[舌]魯兀) yabu'ad Orqon-i ketülǰü

7-31-6　　Naqu-qun-<n>u doronaǰi qormai da'arin Čakir-ma'ud

7-31-7　　kürčü ayisuqui-dur Činggis-qahan-<n>u qara'ul üǰeǰü

7-31-8　　Naiman kürčü ayisai ke'<y>en kelen kürge'esü

7-31-9　　ene kelen kürge'ülü'ed Činggis-qahan ǰarliγ bolurun

7-31-10　　Olon-<n>ača olon, Čö<y>en-<n>eče čö<y>en qor bolumu je."

7-32-1　　ke'ed esergü anu morilaǰu qara'ul-i anu

7-32-2　　hülde'ed čerig ǰasarun, Qaraɣana yorčil yorčiǰu,

7-32-3　　Na'ur ba<i>yi[l]du['a] ba<i>yilduǰu, Ši'üči qadquldu'a qadqulduya!"

7-32-4　　ke'eldübei. Teyin ke'ed Činggis-qahan ö'esün

7-32-5　　alginčilaǰu, Qasar-i ɣol ǰasa'ulba. Odčigin-noyan-i

7-32-6　　kötöd ǰasa'ulba. Naiman Čakir-ma'ud-ača ičuǰu

7-32-7　　Naqu-qun-<n>u ebür a'ula-yin qormai kiǰin ba<i>yiǰu'ui.

7-32-8　　Tedüi Naiman-u qara'ul-i bidan-u qara'ul hülde'ed(忽勒迭額惕 ←ᵗʰ忽勒荅額惕)

7-32-9　　Naqu-qun-<n>u ebür yeke ɣol-dür anu neyiletele

7-32-10　　hülde'ed kürčü'üi. Teyin hüldeǰü kürküi(古ᵗˢ兒/ᵗʰ灰)-yi

7-33-1　　Tayang-qan üǰeǰü — J̌amuqa tende Naiman-lu'a čerig morilaǰu

7-33-2　　ireldüǰü tende aǰu — Tayang-qan J̌amuqa-dača asaɣču'u.

7-33-3　　"Tede ya'ud olon qonid čino hüldeǰü qotan-dur(突ᵗˢ兒) kürtele

7-33-4　　hüldeǰü irekü metü ede ya'ud haran teyin hüldeǰü

7-33-5　　ayisai?" ke<y>en asayba. J̌amuqa ügülerün, "Temüǰin anda

7-33-6　　minu dörben noqais-i kü'ün-<n>ü miqa-'ar teǰi'eǰü

7-33-7　　ginǰileǰü huyaǰu aqu büle'e. Tede qara'ul-i bidan-u

7-33-8　　hüldeǰü(ᵗʰ忽勒迭周) ayisuqun tede bui je. Tede dörben noqais,

7-33-9　　Širemün manglaitan, Ši'üči qoši'utan, Šibüge keleten

7-33-10　　Temür(帖木[ᵗˢ]兒) öreten, Üldü mina'atan, Ši'üder-i ideǰü, Kei unuǰu

7-34-1　　yabud, tede. Alalduqui üdür hAran-u miqa ided,

7-34-2　　tede(帖迭 ← 田迭). Kürülčekü üdür Kü'ün-ü miqa künesüled, tede.

7-34-3　　Ginǰi-ben mütüldeǰü, edö'e ese'-ü buɣsaǰu aɣsad,

7-34-4　　bayasču teyin šilemelǰen ayisai, tede?" ke'eǰü'üi.

7-34-5　　"Tede dörben noqais ked tede?" ke'esü, "J̌ebe, Qubilai

7-34-6　　qoyar, J̌elme, Sübe'etei qoyar tede dörben bui."

7-34-7　　ke'eǰü'üi. Tayang-qan ügülerün, "Ele tede doromǰi-'ača

7-34-8   qolo ba<i>yiya!" ke'eǰü qoyinaγši iquriǰu a'ula(阿/ᵗ/兀剌)

7-34-9   asan ba<i>yiba. Te'ün-ü qoyinača duyalǰu to'oriγaqu

7-34-10   ayisqun-i üǰeǰü basa Tayang-qan J̌amuqa-dača

7-35-1   asa[γ]ču'u. "Tede ya'ud Erte talbiγsad unuγan

7-35-2   Eke-yü'<y>en sün kököǰü Eke-yü'<y>en horčin torolun

7-35-3   gü<i>yikü unuγad metü yekin teyin to'oriqan ayisai,

7-35-4   tede?" ke'<y>en asaγču'u. J̌amuqa ügülerün, "Tede, J̌ildatu

7-35-5   ere-yi ǰi'üǰü, Čisutu tonoγ tonoγčin, Uldutu ere-yi

7-35-6   hüldeǰü(/ᵗ/忽勒迭周) Unaγaǰu alaǰu, Üb tonaγ abuγčin Uru'ud

7-35-7   Mangγud ke'egded. Tede edö'e ese-'ü bayasču

7-35-8   teyin duyalun ayisai, tede?" ke'eǰü'ü. Tende-če

7-35-9   Tayang-qan ügülerün, "Ele teyin bö'esü tede

7-35-10   doromǰi-ača qolo ba<i>yiya!" ke'eǰü basa qoyinaγši

7-36-1   a'ula abarin ba<i>yiba. Te'ün-ü qoyina-ča ayisuqun

7-36-2   öyesegsen šiba<u>'un metü šilemelčeǰü quši'uraǰu

7-36-3   ayisqun ken bu<i>yu?" ke'<y>en Tayang-qan J̌amuqa-dača

7-36-4   asaγču'u. J̌amuqa ügülerün, "Ene ayisqu

7-36-5   Temüǰin anda minu kübčin beye inu Širemü-'er

7-36-6   Širegdegsen(失ᵗ列克迭克先←失ᵗ列克迭克三) Šibüge-de qadququi-a čölö ügei'ü,

7-36-7   Temür-iyer dabtaγsan Tebene-de qadququi-a čölö

7-36-8   ügei-'ü Temüǰin anda minu öyesegsen šiba<u>'un metü

7-36-9   eyin šilemelǰen ayisulu. Üǰebe-yü'ü, ta Naiman

7-36-10   nököd! Mongγol-i üǰe'esü ešige-yin γodu ülü

7-37-1   hüle'ülküi-eče büle'ei. Ta üǰedkün!" ke'ebe.

7-37-2   Ene üge-dür Tayang-qan ügülerün, "Ele amsa'ari!

7-37-3   Aul'a abarin ba<i>[yi]ya!" ke'eǰü a'ula abariǰu

7-37-4   ba<i>yiǰu'u. Basa Tayang-qan J̌amuqa-dača asaγurun, "Basa

7-37-5   tere qoyina-ča ǰuǰa'an-a ayisuqun ken bu<i>yu?" ke'<y>en

7-37-6 asa[γ]ba. J̌amuqa ügülerün, "Hö'elün eke nigen kö'ü-ben

7-37-7 kü'ün-ü miqa-bar teǰi'eǰü büle'e. Γurban alda

7-37-8 beyetü, Γunaǰin bodo idešitü, Γurban dabqur

7-37-9 quyaγ emüsčü, Γurban buqa ǰitgü'ülǰü ayisu ǰe.

7-37-10 Qortu kü'ün-i Qotola-yi ǰalgi'asu, Qo'olai-dur-iyan

7-38-1 ülü tordayu. Kübčin ere-yi yemkü'esü Öre ülü ǰasayu.

7-38-2 A'urla'asu(阿兀[舌]兒剌阿速), Angyu'a sumu-ban deliǰü talbi'asu,

7-38-3 A'ula alus bükün harban(哈[舌]兒班 ← 中合兒班), qorin haran-i(哈舌剌泥 ← 合舌剌泥)
        ülgetele

7-38-4 qarbuyu(中合舌兒鏷由 ← 中合舌兒鏷田). Kereldügsen nökör-i, Ke'er ketüs bükün-i

7-38-5 Keyibür sumu-ban deliǰü talbi'asu, Kelkitele

7-38-6 ülketele qarbuyu. Yekede deliǰü qarbu'asu

7-38-7 Yesün ǰa'ud alda γaǰar-a qarbuyu. Tatan deliǰü

7-38-8 qarbu'asu, Tabun ǰa'ud alda γaǰar-a qarbuyu.

7-38-9 Kü'ün kü'ün-<n>eče busu Gürölgü mangyus töregsen

7-38-10 J̌oči-qasar ke'egdeyü. Tere bu<i>yu ǰe." ke'eǰü'üi.

7-39-1 Tende-eče Tayang-qan ügülerün, "Ele teyin bö'esü,

7-39-2 a'ula-yin ündür temečeye! De'egši abaridqun!"

7-39-3 ke'eǰü a'ula abarin ba<i>yiba. Basa Tayang-qan

7-39-4 J̌amuqa-dača asayurun, "Te'ün-ü qoyina-ča ayisuqun

7-39-5 ken bu<i>yu?" ke'eǰü'üi. J̌amuqa ügülerün, "Tere Hö'elün

7-39-6 eke-yin nilqa kö'ün Odčigin, heligetü ke'egdeyü.

7-39-7 Erte untaγči, orai-a bosuγči, Baru'an-ača

7-39-8 ber ülü qočoruyu. Ba<i>[yi]dal-ača ber ülü qočodayu."

7-39-9 ke'eǰü'üi. Tayang-qan ügülerün, "Teyin bö'esü,

7-39-10 a'ula-yin horgil de'ere γaruya!" ke'eǰü'üi.

196

7-42-1 J̌amuqa Tayang-qan-a ede üges eyin ügüle'ed,

7-42-2   Naiman-<n>ača qaγačan böldeyidču γarču Činggis-qahan-<n>a

7-42-3   kele oro'ulǰu ilerün, "Anda-da ügüle!" ke'<y>en

7-42-4   ügüleǰü ilerün, "Tayang-qan **Ü**ge-dür minu **ü**küdgüǰü

7-42-5   **Ö**'ede temečen ürgüǰü γarbai. **A**ma-'ar

7-42-6   **a**laγdaǰu **a**yuǰu, **A**u'la **a**barin γarbai.

7-42-7   **A**nda, qada'uči! Müd **A**'ula-dur γarbai. Ede

7-42-8   esergülekü čirai ügei'ün bui. Bi bürün Naiman-<n>ača

7-42-9   qaγačaba." ke'eǰü ileǰü'üi. Činggis-qahan naran

7-42-10   ǰilda boldaǰu Naqu-qun-u a'ula-yi büselkün

7-43-1   ba<i>yiǰu qonobai. Tere söni Naiman buru'uyilan

7-43-2   ködölkün bolun, naqu de'ere-če qulalču, de'ere

7-43-3   de'ere-'<y>en qutaγlalduǰu yasu hüsü-ben(邊←班) kemkerü

7-43-4   unalduǰu hunǰi'u ba<i>yitala daru[l]čaǰu üküldüǰü'üi.

7-43-5   Manaγaši inu Tayang-qan-i muqudqaǰu abubai.

7-43-6   Güčülüg-qan ö'ere aγsa'ar čö'<y>en kü'ün da<i>yiǰin ködölǰü

7-43-7   gü<i>yičegderün(癸趨扯克迭[古]侖), Tamir-a küre'eleǰü'ü. Tere küre'<y>en-dür-iyen

7-43-8   ba<i>yin yadaǰu ködölǰü duta'aǰu γarču odba.

7-43-9   Naiman irgen-ü ulus-i Altai-yin ö<n>lke-de muqudqaǰu

7-43-10   quriyabai. J̌amuqa-lu'a aγsad J̌adaran, Qatagin,

7-44-1   Salǰi'ud, Dörben, Ta<i>yiči'ud, Unggirad ki'ed tende kü

7-44-2   orobai. Tayang-un eke Gürbesü(古[古]兒別速)-yi Činggis-qahan

7-44-3   abčira'ulǰu ügülerün, "Či, Mongγol-un hünir ma<u>'ui

7-44-4   ke'eǰü ese-'ü büle'e? Edö'e yekin irebe,

7-44-5   či?" ke'eǰü Činggis-qahan abula'a.

197

7-45-2   Mün quluγana ǰil namur Qaradal-huǰa'ur-a Merkid-ün

7-45-3   Toγto'a-beki-lü'e Činggis-qahan ba<i>yilduǰu Toγto'a-yi

7-45-4   ködölgeǰü Sa'ari-ke'er-e irge orγa ulus

7-45-5　inu da<u>'ulibai. Toɣto'a Qudu, Čila<u>'un kö'üd

7-45-6　-lü'e-ben čö'<y>en kü'ün beyes-iyen duta'aǰu ɣarbai.

7-45-7　Tedüi Merkid irgen da<u>'[u]liɣdarun Ho'as Merkid-ün

7-45-8　Dayir-usun, öki-yen Qulan qatun-i Činggis-qahan-<n>a

7-45-9　üǰe'ülsü!" ke'<y>en abču ayisurun ǰa'ura（札兀[舌]剌）čeri'üd-te

7-45-10　ǰetgügdeǰü（者楊古克迷周）Ba'aridai Naya['a]-noyan-dur（突[舌]兒）učiraǰu

7-46-1　Dayir-usun ügülerün, "Ene öki-yen Činggis-qahan-<n>a

7-46-2　üǰe'ülsu! ke'<y>en ayisu, bi." ke'eǰü'üi. Tende Naya['a]-noyan

7-46-3　ügülerün, "Ökin-i činu bida qamtu üǰe'ülüye（兀者兀魯耶←兀者兀魯牙）!"

7-46-4　ke'<y>en töridgeǰü'üi. Töridgerün, Dayir-usun-i, "Či

7-46-5　ɣaɣča-'ar odu'asu ǰa'ura čeri'üd sama<u>'ui čaɣ-tur

7-46-6　čima-yi ber ülü a'ulqu, öki-taki činu

7-46-7　sama<u>'uraqu." ke'eǰü ɣurban üdür ɣurban söni

7-46-8　töridgeǰü'üi. Tende-če Qulan qadun-lu'a Dayir-usun-i

7-46-9　abu'ad qamtu Naya['a]-noyan Činggis-qahan-dur

7-46-10　kürgebe. Tende-če Činggis-qahan Naya['a]-yi, "Yekin

7-47-1　töde'eǰü aba, či?" ke'<y>en maši kilinglaǰu, "Qatangyui-a

7-47-2　mara'an asaɣču ǰasaɣ bolɣaya!" ke'<y>en asaɣun

7-47-3　büküi-dür Qulan qadun ügülerün, "Naya'a ügülele'e.

7-47-4　Činggis-qahan-<n>u yeke noyan bu<i>yu, bi. Bida qamtu öki

7-47-5　činu qahan-<n>a üǰe'ülüye! J̌a'ura čeri'üd sama<u>'uraqu

7-47-6　ke'<y>en idqalu'a. Edö'e Naya'a-dača busud

7-47-7　čeri'üd-tür učira'asu sama<u>'u-dur düiküi-dür

7-47-8　oroqu-yu aǰu'u. Qai! Ene Naya'a-dur učiraqui（兀赤[舌]剌[中]恢）

7-47-9　manu sayin bolba. Edö'e Naya'a-dača asaɣtala

7-47-10　qahan sourya'asu tenggeri-yin ǰaya'a-'[a]r ečige eke

7-48-1　töre'ülügsen mariyan-<n>ača asaɣu'asu……" ke'<y>en

7-48-2　öči'ülǰü'üi. Naya'a asaɣdarun, "Qahan-<n>ača busu

7-48-3   ni'ür minu ügei bui ǰe. **Q**ari irgen-ü **Q**ačar γo'a

7-48-4   öki qadun, **Q**arγam sayin aγta učira'asu,

7-48-5   **Q**ahan-<n>u'an kü ke'eǰü amu ǰe, bi. E'ün-eče busu

7-48-6   sedkil minu bö'esü üküsü, bi!" ke'eǰü'üi.

7-48-7   Činggis-qahan Qulan qadun-<n>u öčil ǰöbšiyeǰü, mün

7-48-8   üdür-iyer bö'ed bolγan sori'asu Qulan qadun-<n>u

7-48-9   öčil adali boldaǰu Činggis-qahan Qulan qadun-<n>i

7-48-10 soyurqaǰu ta'alaba. Naya'a-yin üges adali

7-49-1   boldaǰu ǰöbšiyeǰü, "Ünen ügetü aǰu'u." ke'<y>en

7-49-2   "Yeke ü<i>yile tüšisü!" ke'<y>en soyurqaba.

198

8-1-2   Merkid irgen da<u>'uliǰu Toγto'a-beki-yin

8-1-3   yeke kö'ün Qudu-yin qadu<n>d Tügei, Döregene

8-1-4   ǰirin-eče Döregene-yi tende Ögödei-qahan-<n>a

8-1-5   ögbe. Merkid-ün ǰarimud ulus

8-1-6   da<i>yiǰiǰu taiqal qorγa qorγalaǰu'ui.

8-1-7   Tende Činggis-qahan ǰarliγ bolurun

8-1-8   Sorqan(鎖舌兒[中]罕)-šira-yin kö'ün Čimbai-yi noyalaǰu

8-1-9   ǰe<ü>'ün γar-un čeri'üd-iyer qorγalaγsad

8-1-10   Merkid-i e'ere'ülün ilebei.

8-2-1   Toγto'a, Qudu, Čila'un kö'üd-iyer-iyen čö'<y>en beyes

8-2-2   da<i>yiǰiǰu γaruγsan-i Činggis-qahan nekeǰü Altai-yin

8-2-3   ebür-e übülǰeǰü hüker ǰil qabur Arai-yiγar

8-2-4   dabaǰu odu'asu, Naiman-u Güčülüg-qan ulus-iyan

8-2-5   abqa'ulǰu tere da<i>yiǰiǰu γaruγsa'ar čö'<y>en

8-2-6   kü'ün Merkid-ün Toγto'a qoyar neyileǰü

8-2-7   Erdis-ün Buγdurma-huǰa'ur-a qamtudču čerig-iyen

8-2-8   ǰasaǰu aǰu'ui. Činggis-qahan kürčü ba<i>yildu'asu

8-2-9　Toγto'a tende šiba-yin sumun-a tusdaǰu unaǰu'u.

8-2-10　Kö'üd inu yasu inu barin yadaǰu, beye-yi inu

8-3-1　abču odun yadaǰu, teri'ü inu hoγtolǰu

8-3-2　abču yorčiǰu'u. Tende Naiman, Merkid bolun

8-3-3　qamtudču ba<i>yildun, yadaǰu buru'uilan ködölürün,

8-3-4　Erdiši ketülürün čubtusču olonki-yan

8-3-5　usun-dur ükülǰü'üi. Čö'<y>en γaruγsad Naiman,

8-3-6　Merkid Erdiši ketülün baraǰu qaγačan

8-3-7　ködölǰü'üi. Naiman-u Güčülüg-qan Ui'urtai,

8-3-8　Qarlu'ud-i da'arin Sarda'ul-un γaǰar-a Čüi müren-e(沐ᵗ列捏 ← 沐ᵗ列扛)

8-3-9　bükün Qara Kidad-un Gür-qan-dur neyilen odču'ui.

8-3-10　Merkid-ün Toγto'a-yin kö'üd Qudu, Qal(ᵗ合勒 ← ᵗ合惕), Čila'un

8-4-1　teri'üten Merkid Qanglin-i, Ki<n>[b]ča'ud-i da'arin

8-4-2　yorčiǰu'ui. Tende-če Činggis-qahan qariǰu Arai-yiyar

8-4-3　dabaǰu a'uru'ud-tur ba<u>'ubai. Čimbai taiqal

8-4-4　qorγa qorγalaγsad Merkid-i muqudqaǰu'ui.

8-4-5　Tende Merkid-i Činggis-qahan ǰarliγ(札ᵗ兒/ᵗ里黑) bolurun

8-4-6　kiduqun-i anu kidu'ulǰu, hülegsed-i anu

8-4-7　čeri'üd-te tala'ulbai. Basa urida oroγsan

8-4-8　Merkid a'uru'ud-ača da<i>yiǰin bosču'u.

8-4-9　A'uru'ud-tur(突ᵗ兒) bükün kötöčin bidan-u teden-i

8-4-10　daruǰu'u. Tende Činggis-qahan ǰarliγ

8-5-1　bolurun, ˝Tundaqa ba a'uluya ke'elü'e. Müd

8-5-2　ele da<i>yiǰin aǰu'u.˝ ke'<y>en Merkid-i ǰüg ǰüg

8-5-3　hülüdtele qubiya'ulbai.

199

8-6-2　Mün hüker ǰil Činggis-qahan(ᵗ合罕) ǰarliγ bolurun,

8-6-3　Sübe'etei-yi, temür(帖木ᵗ兒) telegetü-yi, Toγto'a-yin Qudu, Qal,

8-6-4 Čila'un teri'üten kö'üd-i inu neke'ülün ilerün,

8-6-5 Sübe[ʼe]tei-e Činggis-qahan ǰarliɣ bolǰu

8-6-6 da<u>ʼu bari'ulurun, "Toɣto'a-yin Qudu(⁽中⁾忽都), Qal, Čila'un

8-6-7 teri'üten kö'üd inu **O**dun **o**yǰadču, **Q**arin

8-6-8 **q**arbučaǰu, uquryatu qulan, sumutu buyu bolǰu

8-6-9 odbai. Teden-i ǰi'ürtü bolǰu nisčü

8-6-10 tenggeri-dür ɣaru'asu, či Sübe'etei šingqor

8-7-1 bolǰu nisčü ülü-'ü bari'uǰiyi? Tarbaɣan bolǰu

8-7-2 kimusu-'ar-iyan maltaǰu ɣaǰar-tur oro'asu

8-7-3 čalir bolǰu čokiǰu eriǰü ülü-'ü(兀祿兀 ← 不祿兀) güyičekü, či?

8-7-4 J̌iɣasun bo[l]ǰu¹⁰⁾ tenggis dalai-dur oro'asu,

8-7-5 či Sübe'etei gölmi ɣubči'ur bolǰu ši'uǰu

8-7-6 ɣubčiǰu ülü-'ü abqu, či? Basa ündür daba'a

8-7-7 daban örgen müren ketülün ilebe. Čima-yi

8-7-8 ɣaǰar-un qola-yi sedkiǰü čerig-ün ula'a turu'ai

8-7-9 üdü'üi-e(兀都兀耶 ← 兀都兀牙) qayirala[d]qun! Künesü-ben bara'ai üdü'üi-e(兀都

   兀耶 ← 兀都兀牙)

8-7-10 quči'adqun! Aɣta turun bara'asu, qayirala'asu,

8-8-1 ülü boluyi. Künesün baran bara'asu, quča'asu ülü

8-8-2 boluyi. Mör-tür tan-u görö'esün olon bui ǰe.

8-8-3 Alus sedkiǰü yabuqui-dur čerig-ün kü'ün-i

8-8-4 görö'esün-dür bü ha'ulɣadqun! Kem ügei bü abaladqun!

8-8-5 Čerig-ün kü'ün-e künesün-e neme'esün önggekü-yen

8-8-6 boltuɣai ke'<ɣ>en abalabasu kemleǰü abaladqun!

8-8-7 Kemten aba-dača anggida čerig-ün kü'ün-ü eme'el-ün

8-8-8 qudurɣa bü qudurɣala'ul! Qada'ar ülü

---

10) /l/로 전사되는 작은 글자 勒이 잘못 빠진 마지막 보기.

8-8-9   nemürgen sudalbiǰu yabutuɣai! Teyin ǰasalduǰu

8-8-10   yabu'asu čerig-ün kü'ün ha'ulun ker čidaqu?

8-9-1   Eyin ǰasaɣlaǰu bö'ed ǰasaɣ dabaɣsad-i bariǰu

8-9-2   nišituɣai! Bidan-u ǰarliɣ dabaɣsad-i bidan-a

8-9-3   taniɣdaqun metüs-i bidan-a ögčü iledkün(亦/舌/列楊坤)!

8-9-4   Bidan-a ülü taniɣdaqun olon-i mün tende bö'ed

8-9-5   mököri'ülüdkün! **M**üren-e čina'un **M**öseldükün ta **M**ün

8-9-6   yosu-'ar yabudqun! **A**'ula-yin čina'un **A**lqasalduqun

8-9-7   ta **A**nggida ö'ere bü sedkidkün! Müngke tenggeri-de

8-9-8   güčü a'uɣa nemegdejü Toɣto'a-yin kö'üd-i

8-9-9   ɣar-tur-iyan oro'ulu'asu, bidan-dur abčiratala

8-9-10   ya'un bui? Tende ta gedkün(格楊坤←格楊冲)!" ke<y>en ǰarliɣ bolba.

8-10-1   Sübe'etei-<y>e Basa Činggis-qahan ügülerün, "Čima-yi

8-10-2   ayala'ulurun, bi üčügen čaɣ-tur Ɣurban Merkid-ün

8-10-3   Uduyid-ta Burqan-qaldun-<n>i ɣurbanta quči'ulǰu

8-10-4   ayu'uldala'a, bi. Teyimü öšiten irgen-i

8-10-5   edö'e basa aman kelen aldaǰu odču'ui.

8-10-6   **U**rtu-yin üǰü'ür-e, **G**ün-<n>ü hiru'ar-a kürülčetugei!"

8-10-7   ke<y>en neke'ülün, üǰü'ülen temür telege deledčü

8-10-8   hüker ǰil ča'ura'ulbai. "Bidan-i **E**čine

8-10-9   ber bö'esü ile metü, **Q**olo ber bö'esü oyira

8-10-10 metü sedkiǰü yabu'asu, de'ere tenggeri-de ber

8-11-1   ihe'egdemüi ǰe, ta." ke<y>en ǰarliɣ bolba.

200

8-12-1   Naiman, Merkid-i muqudqan bara'asu J̌amuqa Naiman-

8-12-2   lu'a bürün, tende ulus-iyan abta'asu(阿ㅏ塔阿速←阿ㅏ荅阿速), mün tabun nöködtü

8-12-3   o'orčaɣ bolǰu Tanglu de'ere ɣarču uɣulǰa

8-12-4   alaǰu širaǰu iderün, tende J̌amuqa nököd-te'<y>en

8-12-5   ügüle'ǰü'ü. "Ken-ü kö'üd ene üdür uyulǰa

8-12-6   alaǰu eyin idemü?" ke'eǰü'ü. Tere uyulǰa-yin

8-12-7   miqa iden büküi ǰa'ura tabun nököd inu

8-12-8   J̌amuqa-yi yardaǰu bariǰu Činggis-qahan-dur

8-12-9   abčiraǰu'u. J̌amuqa nököd-te'<y>en bariǰu iregdeǰü,

8-12-10   "Qahan anda-da ügüle! Qara keri'e Qarambai noyosu

8-13-1   bariqu bolba. Qaraču bo'ol Qan-dur-iyan Γar

8-13-2   kürgekü bolba. Qahan anda minu ya'u egdekü?

8-13-3   Boro quladu Borčin sono bariqu bolba. Bo'ol,

8-13-4   nekün Büdün eǰen-iyen bosoǰu nendeǰü Bariqu

8-13-5   bolba. Boyda anda minu ya'u egdekü?" ke'<y>en

8-13-6   ügüle'esü, J̌amuqa-yin tere üge-dür Činggis-qahan

8-13-7   ǰarliy bolurun, "Tus qan-dur-iyan yar kürgegsen

8-13-8   kü'ün-i ker a'uldaqu? Teyimün kü'ün ken-dür

8-13-9   nököčekü? Tus qan-dur-iyan yar kürgegsed haran-i

8-13-10   uruy-a anu kürtele mököri'ülüdkün!" ke'<y>en

8-14-1   ǰarliy bolba. Mün J̌amuqa-yin ile imayi

8-14-2   yardaysan haran-i mököri'ülǰü ögbei.

8-14-3   Činggis-qahan, "J̌amuqa-da ügüle!" ke'<y>en ügülerün,

8-14-4   "Edö'e bida qoyar qamtudba. Nököčeye(那可扯耶 ← 那可扯牙)!

8-14-5   Öre'ele kilgün bolu<n>lčaǰu a'asu Ö'ermičilen

8-14-6   qayačan sedkimü, či. Edö'e nigen-e qamtu aǰu,

8-14-7   Umartaysan-iyan duradqalduǰu, Untaraysan-iyan

8-14-8   seri'ülülčeǰü aya! Ö'ere ber anggida

8-14-9   yabu'asu Ö<n>lǰeitü qutuytu anda minu büle'e.

8-14-10   Ünen(兀年 ← 元年) üküldüküi üdür, Öre ǰürüke-ben ebedkü

8-15-1   büle'e, či. Anggida ber ö'ere yabu'asu,

8-15-2   Alalduqui üdür A'ušigi ǰürüke-ben ebedkü

8-15-3 büle'e, či. **K**eli ke'esü, **K**ereyid irgen-lü'e

8-15-4 **Q**alaqalǰid-eled-te **Q**adqulduqui-dur, Ong-qan

8-15-5 ečige-de ügülegsed üges-iyen sere'ülǰü

8-15-6 ilegsen tusa činu bui ǰe. Basa Naiman irgen-i

8-15-7 **Ü**ge-'er **ü**kü'ülǰü **A**ma-'ar **a**laǰu

8-15-8 **A**yu'uluγsan-iyan **A**dalidqatuγai!" ke'eǰü

8-15-9 kele ilegsen činu tusa bolǰu'ui ǰe." ke'<y>en

201

8-16-9 ügüle'esü J̌amuqa ügülerün, "Erte üdür

8-16-10 üčüged čaγ-tur Qorqonaγ-ǰubur-a qan anda-

8-17-1 lu'a anda ke'eldürün, **Ü**lü šinggeküi(升格[中]灰) **i**de'e

8-17-2 **i**deldüǰü, **Ü**lü umartaqu **ü**ges **ü**güleldüǰü,

8-17-3 **K**önǰile-de'<y>en qaγaldaǰu aγdaǰu'u ǰe. **K**öndöledü-de

8-17-4 **k**öki'üldeǰü, **Q**alǰirqu-da **q**adγuγdaǰu, **Q**aγačan

8-17-5 baraǰu, **Q**adaγatu üges ügüleldüle'e ke'<y>en

8-17-6 **Q**ara ni'ür-iyen **q**a'uldaqui([中]合兀勒答[中]恢)-ača **Q**alidun yadan,

8-17-7 **Q**an anda-<y>iyan, **Q**ala'un čirai üǰen yadaǰu yabuba ǰe,

8-17-8 bi. **Ü**lü uma〔r〕taqu(兀馬〔[舌]兒〕塔[中]忽) **ü**ges **ü**güleldüle'e ke'<y>en

8-17-9 **hU**la'an ni'ür-iyen übčigdeküi-eče **U**rtu

8-17-10 sedkiltü anda-iyan **Ü**nen čirai **ü**ǰen yadaǰu

8-18-1 yabuba ǰe, bi. Edö'e qan anda minu soyurqaǰu

8-18-2 nama-yi nököčeye ke'eǰü'üi. **N**ököčeküi(那可扯[中]灰) čaγ-tur

8-18-3 ese **n**ököčeldübe, bi. Edö'e anda **T**ögörigei

8-18-4 ulus-i **T**übšidkebei. **Q**ari tutum-i **Q**amtudqaba.

8-18-5 Či qan oro čima-dur(赤馬都[舌]兒) ǰoriba. Delekei(迭列克 ← 迭列該) edö'e

8-18-6 belen boluγsan-dur nököčeǰü ya'un tusa bolqu, bi?

8-18-7 Munda anda-yin qara sönin-ü ǰe<ü>'üdün-dür činu

8-18-8 oroqu, bi. Gege'<y>en üdür-ün sedkil činu ǰoba'aqu, bi.

8-18-9　J̌aqa-yin činu böʼesün, J̌ašing-un činu örügesün

8-18-10　bolqu, bi. **A**rbin emegetü büleʼe, bi. **A**nda-ača

8-19-1　**A**lus-i sedkikü bolun(字/舌/侖) **A**lǰiʼas boldaba, bi.

8-19-2　Edöʼe ene törelki-dür anda ba qoyar-un

8-19-3　urγuqui naran-<n>ača šinggeküi(升格灰 ← 外格ʷ灰) naran-dur kürtele

8-19-4　nere minu kürbe ǰe. Anda sečen eketü törü<n>lki

8-19-5　külüg töreǰü(脱[舌]列周), erdemü[d]ten deʼü-nertü, örlüʼüd

8-19-6　nököd-iyer-iyen(那可的耶ʰ里顔 ← 那可的都ʰ里顔), dalan γurban aγtas-iyar-iyan

8-19-7　bolǰu anda-da hülegdebe ǰe. Bi bürün

8-19-8　eke ečige-deče üčügen qočorču deʼü-ner ügeiʼü,

8-19-9　eme minu domoγči, itegel ügeiʼü nöködtü.

8-19-10　Te<ü>ʼü ber tenggeri-eče ǰayaʼatu anda-da

8-20-1　hülegdebe ǰe. Anda soyurqaʼasu, nama-yi

8-20-2　ötör nögčeʼesü, anda ǰürüke-ben amumu ǰe, či.

8-20-3　Anda soyurqaǰu alaʼulurun, čisu ülü γarγan

8-20-4　alaʼul! **Ü**küǰü gebteʼesü **Ö**lüg yasun minu

8-20-5　**Ü**ndür etügen-dür **E**ʼür-e(額兀ʰ列 ← 額兀ʰ剌) turuγ **U**ruγ-un uruγ-a

8-20-6　činu kürtele iheǰü ögsü! **H**irüʼer boluyu ǰe,

8-20-7　bi. **H**uǰaʼur öʼere törülkitü büleʼe, bi.

8-20-8　**H**üleʼü törülkitü anda-yin sülder-e daruγdaba ǰe,

8-20-9　bi. **Ü**gülegsen **ü**ges minu **Ü**lü umartan

8-20-10　**Ü**de manaγar duradču **Ü**güleldükün, ta! Edöʼe

8-21-1　nama-yi ötörletügei!" keʼ<y>en ügüleʼesü, edeʼer

8-21-2　üges-tür inu Činggis-qahan ügülerün, "**A**nda

8-21-3　minu **A**nggida ber yabuǰu bidan-dur **A**man düʼüren

8-21-4　keleleǰü, **A**min-dur qor sedkikü-yi inu ese

8-21-5　sonosdaba ǰe. Surdaqu(速ʰ兒荅[中]忽) küʼün büleʼe. Mün ülü

8-21-6　bolumui. Uküʼülüye(兀窟兀ₗₑ魯耶 ← 兀窟兀ₗₑ魯牙) keʼesü tölge-dür ülü

8-21-7　　oromui. Ši<n>lta'an ügei amin-dur qor ki'esü ülü

8-21-8　　ǰokimui. Kündü mörtü kü'ün bui. Ene maɣa(馬^ᵗ合 ← 馬哈) ši<n>lta'an

8-21-9　　inu ügüledkün! Erte Čoǰi-darmala, Taičar

8-21-10　qoyar-un adu'u-ban de'ermedülčegsen-ü tula

8-22-1　　J̌amuqa anda či buru'ui-a bulɣa köyidčü ireǰü

8-22-2　　Dalan-balǰud-ta qadqulduǰu J̌erene-qabčiɣai-a qorɣoǰu

8-22-3　　nam-yi tende ese-'ü ayu'ulula'a, či? Edö'e

8-22-4　　nököčeye(那可扯耶 ← 那可扯牙) ke'esü ülü boluyu. Amin činu

8-22-5　　qayira[la]'asu ese bolba, či ke'<y>en ügüledkün!

8-22-6　　Edö'e činu üge-ber čisu ülü ɣarɣan

8-22-7　　nögči'etügei ke'<y>en ügüle ke'ed, Čisu ülü

8-22-8　　ɣarɣan nögči'eǰü, yasu inu ile bü gedkün!

8-22-9　　Sayitur baridqun!" ke'<y>en ǰarliɣ bolba.

8-22-10　J̌amuqa-yi tende nögči'eǰü yasu inu bari'ulba.

202

8-24-2　　Tedüi šisgei to'urɣatu ulus-i šidurqudqaǰu

8-24-3　　bars ǰil Onan-<n>u teri'ün-e quriǰu yesün költü

8-24-4　　čaɣa'an tuɣ ba<i>yi'ulu'ad Činggis-qahan-<n>a qan nere

8-24-5　　tende ögbei. Muqali-da guiong nere tende kü

8-24-6　　ögbe. J̌ebe-yi Naiman-u Güčülüg-qan-i neke'ülün

8-24-7　　tende kü ča'ura'ulbai. Mongɣolǰin ulus-i

8-24-8　　ǰibšiyerün baraǰu Činggis-qahan ǰarliɣ bolurun,

8-24-9　　ulus ba<i>yi'ululčan yabulduɣsad-ta minɣan minɣalaǰu

8-24-10　minɣad-un noyad tüšiǰü, "Soyurqal üge ügülesü!" ke'<y>en

8-25-1　　ǰarliɣ bolba. Minɣad-un noyad tüšin nereyidürün,

8-25-2　　Münglig ečige, Bo'orču, Muqali-guiong, Qorči, Ilügei,

8-25-3　　J̌ürčedei, Гunan, Qubilai, J̌elme, Tüge, Degei, Tolon,

8-25-4　　Önggür, Čülgetei, Boroɣul, Šigi-qutuqu(^中忽禿^[舌]忽), Güčü, Kököčü,

8-25-5　Qorqosun, Hüsün, Quyildar, Šiluqai, J̌etei, Taqai,

8-25-6　Čaγa'an-γo'a, Alaγ, Sorqan-šira, Buluγan, Qaračar

8-25-7　Kökö-čos, Süyiketü, Na<i>ya'a, J̌ongšoi, Gücügür(古出古﹝舌﹞兒), Bala

8-25-8　Oronartai, Dayir, Müge, Büjir, Münggü'ür, Dolo'adai,

8-25-9　Bögen, Qudus, Maral, J̌ebke, Yuruqan, Kökö, J̌ebe,

8-25-10　Udutai, Bala-čerbi, Kete, Sübe'etei, Müngkö, Halǰa,

8-26-1　Qurčaqus, Geügi, Badai, Kišiliγ, Ketei, Ča'urqai,

8-26-2　Unggiran(﹨中﹨翁吉﹝舌﹞闌), Toγon(脫﹝中﹞歡)-temür, Megetü, Qada'an, Moroqa

8-26-3　Dori-buqa, Yiduqadai, Širaqul, Da<u>'un, Tamači, Qa'uran,

8-26-4　Alči, Tobsaqa, Tungquidai, Tobuqa, Aǰinai, Tüyideger,

8-26-5　Seče<ü>'ür, J̌eder, Olar küregen, Kinggiyadai,

8-26-6　Buqa küregen, Quri<n>l, Ašiγ küregen, Qadai küregen, Čigü küregen,

8-26-7　Alči küregen γurban minγad, Unggirad Butu küregen

8-26-8　qoyar minγad Ikires, Önggüd-ün Alaquši-digid

8-26-9　-quri küregen tabun minγad Önggüd, Hoi-yin irgen-eče

8-26-10　anggida Mongγol ulus-un minγad-un noyad-i Činggis-qahan-<n>u

8-27-1　nereyidügsen yeren tabun minγad-un noyad bolba.

203

8-27-5　Küreged-lü'e(魯額←魯阿) nigene basa Činggis-qahan ǰarliγ

8-27-6　bolurun, "Ede nereyidügsed yeren tabun minγad-un noyad-i

8-27-7　minγan tüši'ed bürün, tere dotora Činggis-qahan

8-27-8　ǰarliγ bolurun, "Tusatan-a soyurqal ögsü!" ke<y>en

8-27-9　"Bo'orču, Muqali teri'üten noyad-i iretügei!"

8-27-10　ke'eküi-dür ger dotora Šigi-qutuqu büle'e.

8-28-1　"Urira od!" ke<y>en Šigi-qutuqu-da ügüle'esü

8-28-2　Šigi-qutuqu ügülerün, "Bo'orču, Muqali-tan ken-eče

8-28-3　hüle'ü tusa kile'e? Ken-eče hüle'ü gücü ögüle'e?

8-28-4　Soyurqal ögdeküi-e(斡克迭古耶←斡克迭古牙), bi ya'un duta'u tusa ese

8-28-5   bolula'a? Ya'un duta'u güčü ese ögüle'e, bi?

8-28-6   Ölegeitei büküi(不/屮/灰)-eče, Ündür bosoγa-dur činu

8-28-7   Eri'ün-dür edüi saqal uryutala ösčü

8-28-8   Ö'ere ese sedkibe ǰe, bi. Ala-dur

8-28-9   ši'egte-eče, Altan bosoγa-dur činu aǰu,

8-28-10   Aman-dur saqal edüi uryutala ösčü,

8-29-1   Alǰi'as ese gedkibe ǰe, bi. Köl-dür-iyen

8-29-2   kebte'ülǰü, Kö'üčilen ösgebe ǰe, nama-yi.

8-29-3   Dergede-'<y>en kebte'ülǰü, De'üčilen ösgebe ǰe,

8-29-4   nama-yi. Edö'e na-da yambar soyurqal ögümü?"

8-29-5   ke'eǰü'üi. Tere üge-dür Činggis-qahan Šigi-qutuqu-da

8-29-6   ügülerün, "J̌iryodu'ar de'ü busu-'u, či? Oroču

8-29-7   de'ü-de'<y>en čima-da soyurqal de'ü-ner-ün qubi-yiyar

8-29-8   qubilaldu! Basa tusas-un činu tula yesün aldal

8-29-9   -dur bü aldatuγai!" ke'<y>en ǰarliγ bolba. "Müngke

8-29-1   tenggeri-de ihe'egdejü gür ulus-i ǰügle'ülǰü

8-30-1   büküi-dür, či Üǰekü-yin nidün, Sonosqu-yin čikin

8-30-2   bolǰu, gür ulus-i eke-de bidan-a de'ü-ner-e

8-30-3   kö'üd-te qubi irgen-ü nere-'er Isgei tu'uryatan-i

8-30-4   Čiriče'ülǰü, Qabtasun(屮合卜塔孫 ← 屮合卜荅孫) e'üdeten-i Qayača'ulǰu

8-30-5   qubilaǰu ög! Ken ber činu üge buši bü

8-30-6   bolγatuγai!" ke'<y>en ǰarliγ bolba. Basa

8-30-7   Šigi-qutuqu-yi gür ulus-un Qulaγai-yi kese'ejü,

8-30-8   Qudal-i moqa'aǰu. Ükü'üldekün yosutan-i ükü'ül!

8-30-9   Alda'uldaqun yosutan-i alda'ul!" ke'<y>en

8-30-10   gür de'ere-yin ǰaryu tüšibe. Basa gür irgen-ü

8-31-1   Qubi qubilaysan-i J̌aryu ǰaryulaysan-i

8-31-2   kökö debter bičig bičijü debterlejü uruy-un

8-31-3 uruɣ-a kürtele Šigi-qutuqu-yin na-dur eyetüǰü

8-31-4 yosulaǰu kökö bičig čaɣa'an ča'alsun-dur

8-31-5 debteregsen-i bü ye'üdketügei! Ye'üdkekün haran

8-31-6 aldaltan boltuɣai!" ke'<y>en ǰarliɣ bolba.

8-31-7 Šigi-qutuqu ügülerün, "Minu metü oročul de'ü

8-31-8 sača'u denggečen qubi ker abqu? Soyurqa'asu

8-31-9 širo'ai yo'urɣatu balaɣasun-ača ögkü-yi

8-31-10 qahan-<n>u soyurqal medetügei!" ke'<y>en öčiǰü'ü.

8-32-1 Ene üge-dür, "Ö'erün beye-ben či čaɣlaba. Či

8-32-2 mede!" ke'ebe. Šigi-qutuqu ö'er-iyen

8-32-3 teyin soyurqa'ulun(莎余[舌]兒[中]合兀/[舌]/侖) baraǰu ɣarču([中]合[舌]兒出) Bo'orču,

8-32-4 Muqali-tan noyad-i uriǰu oro'ulǰu'u.

204

8-33-3 Tende Činggis-qahan ǰarliɣ bolǰu Münglig ečige-de

8-33-4 ügülerün, "**T**örekü-lü'e **t**öreldügsen, **Ö**skü-lü'e

8-33-5 **ö**sülčegsen **Ö**<n>lǰeitü qutuɣtu či! Tusa ihe'<y>el

8-33-6 činu kedün ber aǰu'u ǰe. Tere dotora

8-33-7 Ong-qan ečige Senggüm anda qoyar nama-yi arɣadan

8-33-8 uriɣsan-dur ayisurun, ǰa'ura Münglig ečige-yin

8-33-9 ger-tür qono'asu Münglig ečige či ese

8-33-10 idqa'asu, **Q**uilun([中]忽亦侖) büküi usun-dur **hU**lalun büküi ɣal

8-34-1 -dur oroɣda'ai büle'ei ǰe. Tere tusa-yi sayi sedkiǰü

8-34-2 uruɣ-un uruɣ-a kürtele ker umartaɣdaqu? Tere

8-34-3 tusa sedkiǰü edö'e sa'uri ene nu'u huǰa'ur-a

8-34-4 sa'ulǰu hon-dur sara-dur sataǰu öglige

8-34-5 soyurqal čima-da ögsü! Mali'an asuɣai!

8-34-6 Uruɣ-un uruɣa kürtele." ke'<y>en ǰarliɣ bolba.

205

8-34-9   Basa Činggis-qahan Bo'orču-da ügülerün, ˝Üčügen

8-35-1   čaγ-tur širγa(失[舌]兒[中]合) aγta-tan naiman morid de'ermedtejü

8-35-2   ja'ura γurban qonoju nekejü ayisuqui(阿亦速[中]恢)-dur

8-35-3   jolγaldubai je. Či tende ügülerün, mungtanijü(蒙塔你周 ← 邦列你周)

8-35-4   ayisuqui nökör-tür nököčeldüsü ke'<y>en ger-tür,

8-35-5   ečige-dür-iyen ber kelen ügei'ü ge'ü-ben sa'an arun

8-35-6   nambuγa sa'ulu'γa-ban ke'er-e bürküjü minu oγatur

8-35-7   qongγor-i talbi'ulju na-da oroγ-šingqula-yi unu'ulju,

8-35-8   či ö'esün qurdun qubi-yi unuju adu'u-ban

8-35-9   ejen ügei talbiju ya'araju ke'er-eče bü'ed

8-35-10   nama-lu'a nököčejü basa γurban qonoγ nekejü

8-36-1   širγa aγta-tan-i de'ermedügsen küre'<y>en-dür

8-36-2   kürü'esü(古[舌]魯額速) küre'en-ü kiji'ar-a ba<i>yiqun-i

8-36-3   de'ermedün hüldejü duta'aju abčirabai je,

8-36-4   bida qoyar. Ečige činu Naqu-ba<i>yan aju'u. Či

8-36-5   γaγča kö'ün inu ya'u medejü na-dur nököčekü

8-36-6   büle'e? Sedkil-ün külüg-iyer nököčebei je, či.

8-36-7   Te'ün-ü qoyina sedkiju yabuju, b, Belgütei-yi

8-36-8   ileju nököčeye ke'esü, či **B**ökötür qongγor-i

8-36-9   unuju, **B**oro örmege(斡[舌]兒篾格)-ben **b**ögtürčü nököčen

8-36-10   ire'esü Гurban Merkid bidan-dur ireju

8-37-1   Burqan(不[舌]崵[中]罕)-<n>i γurbanta quči'ulqui-dur qučilduba je,

8-37-2   či. Basa te'ün-ü qoyina Tatar irgen-dür

8-37-3   Dalan-nemürges-te šitü'e'eldüjü qono'asu,

8-37-4   qura üdür söni ürgülji jüsereküi-dür

8-37-5   söni nama-yi noyir a[b]tuγai ke'<y>en nemürge-ben

8-37-6   nemürügse'er minu de'ere qura ülü čübüri'ülün

8-37-7   söni da'ustala ba<i>yiǰu öre'ele köl-iyen

8-37-8   γayčanda ye'üdkeǰü büle'e, či. Külüg-ün činu

8-37-9   belge aǰu'u ǰe. Te'ün-eče busu ali külüg-i činu

8-37-10   ügüleǰü da'usqu? Bo'orču, Muqali qoyar

8-38-1   J̌ö[b] minu yabutala J̌igtüǰü Buru'u-yi minu

8-38-2   Ba<i>yitala idqaǰu ene oron-dur kürgebe.

8-38-3   Edö'e bürin-ü de'ere sa'uri sa'uǰu yesün alda

8-38-4   -dur bü aldatuγai! Bo'orču bara'un γar-un

8-38-5   Altai derelekün-ü tümen medetügei!" ke'<y>en

8-38-6   ǰarliγ bolba.

206

8-39-5   Basa Muqali-da Činggis-qahan ügülerün, "Bida

8-39-6   Qorqonaγ-ǰubur-un Qutula-qan-<n>u debsekü Sayla[γa]r

8-39-7   -modun-a ba<u>'u'asu Muqali-da tenggeri-yin ǰa'arin

8-39-8   üge temdeg-ün(忝迭昆 ← 忝帖昆) tula, bi tende Gü'ün-γo'a-yi

8-39-9   sedkiǰü Muqali-da üge baralu'a. Te<ü>'ü-ber

8-39-10   sa'uri de'ere sa'uǰu Muqali-yin uruγ-un uruγ-a

8-40-1   kürtele gür irgen-ü guiong boltuγai ke'<y>en

8-40-2   guiong nere ögbe. Muqali-guiong ǰe<ü>'ün γar-un

8-40-3   Qara'un-ǰidun-i derelekün-ü tümen medetügei!" ke'<y>en

8-40-4   ǰarliγ bolba.

207

8-40-8   Činggis-qahan Qorči-da ügülerün, "ǰöngleǰü nama-yi

8-40-9   üčügen büküi(不/中/厌)-eče eǰi'e turuγ Noyitan nöbšildüǰü

8-40-10   Köyiten köbšildüǰü nendü qutuγ bolǰu

8-41-1   yabuba ǰe. Či Qorči tere čaγ-tur ügülerün,

8-41-2   J̌öng ǰöb bolu'asu, tenggeri-de sedkil-dür(突[舌]兒)

8-41-3   kürgegde'esü nama γučin emes-tü bolγa!'

8-41-4　ke'ele'e, či. Edö'e ǰöb tula soyurqaǰu

8-41-5　ede oroγsad irgen-ü sayin eme-yi sayin öki

8-41-6　üǰeǰü γučin emes s<o>ongγuǰu a[b]b!" ke'<y>en

8-41-7　ǰarliγ bolba. Basa Qorči γurban minγad Ba'arin-u

8-41-8　de'ere Taqai(塔⁺孩 ← 塔該), Ašiγ qoyar-lu'a Adarkin-u

8-41-9　Činos, Tö'ölös, Telenggüd bolun tüme dü'ürčü

8-41-10　Qorči medeǰü Erdiši γudus(⁽中⁾忽都思) hoi-yin irgen-dür

8-42-1　kürtele nuntuγ darqalan nuntuγlaǰu hoi-yin irgen-i

8-42-2　daru'ulun Qorči tümen medetügei!" ke'<y>en ǰarliγ

8-42-3　bolba. Qorči-dača eye ügei'ü hoi-yin irgen

8-42-4　eyin teyin bü yabutuγai! Eye üge'ü yabuqu-yi ya'u

8-42-5　sa'araγdaqu?" ke'<y>en ǰarliγ bolba.

208

8-43-1　Basa Činggis-qahan J̌ürčedei-e(主⁺兒扯迭耶 ← 主⁺兒扯荅牙) ügülerün, "Erkin tusa

8-43-2　činu Kereyid-lu'a Qalaqalǰid-eled qadqulduqui-dur,

8-43-3　herü'ǰü büküi-dür, Quyildar anda aman aldaba ǰe.

8-43-4　Ü<i>yile inu J̌ürčedei či ü<i>yiledbe ǰe.

8-43-5　Üyiledürün J̌ürčedei či dobtulǰu J̌irgin-i,

8-43-6　Tübegen-i, Dongqayid-i, Quri-šilemün-i, minγan turγa'ud-i,

8-43-7　erkid čeri'üd-i, bügüde-yi, daruǰu yeke γol-dur

8-43-8　kürčü Senggüm-ün enggesge qačar učumaγ-'ar

8-43-9　qarbuγsan-u tula müngke tenggeri-de e'üden ǰilo'a

8-43-10　negegdebei ǰe. Senggüm-i ese širγaγsan bö'esü

8-44-1　yambar maγa bolqun büle'ei, bida? J̌ürčedei-yi

8-44-2　erkin yeke tusa tere bolba ǰe. Tere qayačaǰu

8-44-3　Qalqa huru'u ne<ü>'ürün J̌ürčedei-yi ündür a'ula-yin

8-44-4　nemüre(捏木⁺列 ← 捏木⁺剌) metü sedkiǰü yabuqu büle'e, bi. Tere

8-44-5　odču Balǰuna-na'ur usulara kürbe ǰe. J̌iči

8-44-6　　Bal ǰuna-na'ur-ača morilarun J̌ürčedei-yi alginčilaǰu

8-44-7　　Kereyid-tür morilaǰu tenggeri yaǰar-a güčü

8-44-8　　nemegdeǰü Kereyid irge muqudqaǰu da<u>'uliba.

8-44-9　　Erkid ulus ongǰaldaǰu Naiman, Merkid čirai-ban

8-44-10　　quyuraǰu ba<i>yildun yadaǰu busangyaydabai ǰe.

8-45-1　　Merkid, Naiman-i busangqui so'or-tur Kereyid-ün

8-45-2　　J̌aqa-gambu ǰirin ökid-ü'<y>en ši<n>ltay-iyar ö'er-ün

8-45-3　　qariyatan ulus-iyar-'an tumtaya aysan aǰu'u ǰe.

8-45-4　　Nögö'ete da<i>yisun bolun qayačaysan-i J̌ürčedei

8-45-5　　uduǰu arya-bar J̌aqa-gambu-yi qayačan baraysan-i

8-45-6　　yardaǰu bariǰu bütü'eǰü'ü ǰe. Tere J̌aqa-gambu-yin

8-45-7　　ulus-i nögö'ete ülüdken talabai. J̌ürčedei-yin

8-45-8　　nögö'e tusa inu ene bui ǰe. Alalduqui üdür

8-45-9　　Ami-yan öregsen-ü (斡舌列克薛訥 ← 斡舌列克撒訥) tula, Üküldüküi (兀窟勒都中灰) üdür

8-45-10　　Ölümlegsen-ü tula, Činggis-qahan Ibaqa (亦巴中合 ← 亦巴哈)-beki-yi

8-46-1　　J̌ürčedei-<y>e soyurqaǰu ögürün, Ibaqa-da ügülerün,

8-46-2　　"Čima-yi Ülige če'eǰi činu üge'üi, Üǰesgüleng

8-46-3　　tala ma<u>'ui ese ke'ebe ǰe, bi. Ebür-tür

8-46-4　　köl-dür oroysan, J̌erge-dür ǰergelen ba<u>'uysan

8-46-5　　čima-yi J̌ürčedei-<y>e soyurqarun, yeke töre sedkiǰü

8-46-6　　J̌ürčedei-yin Qadquldu'an üdür qalqa boluysan-u,

8-46-7　　Da<i>yisun kü'ün-dür dalda boluysan-u, Qayačaysan

8-46-8　　ulus qamtudqaysan-u, Butaraysan ulus

8-46-9　　bügüdgeldügsen tusas-un inu törö sedkiǰü čima-yi

8-46-10　　ögbe. Mönö qoyina minu uruy bidan-u

8-47-1　　oro sa'uǰu ene metü tusa kigsen töre sedkiǰü

8-47-2　　minu üge buši ülü bolyan uruy-un uruy-a kürtele

8-47-3　　Ibaqa-yin oro bü tasultuyai!" ke'<y>en ǰarliy bolba.

8-47-4　Basa Činggis-qahan Ibaqa-da ügülerün, “J̌aqa-gambu

8-47-5　ečige činu čima-da qoyar ǰa’ud ingǰes čima-da

8-47-6　Ašiγ-temür ba<u>’urči, Alčiγ ba<u>’urči qoyar ögčü

8-47-7　büle’e. Edö’e Uru’ud irgen-dür či odurun

8-47-8　geriyes-iyen na-da ingǰes-eče-’<y>en, Ašiγ-temür

8-47-9　ba<u>’urči-yan nigen ǰa’un-i ögčü od!” ke’eǰü abu’a.

8-47-10　Basa Činggis-qahan J̌ürčedei-e(主[舌]兒扯迭耶) ügülerün, “Ibaqa-<y>iyan

8-48-1　čima-da ögbe. Dörben minγad Uru’ud-iyan či

8-48-2　medeǰü ülü-’ü aqu, či?” ke’<y>en soyurqaǰu

8-48-3　ǰarliγ bolba.

209

9-1-2　Basa Činggis-qahan Qubilai-a ügülerün, “**Gü**čütü-yin

9-1-3　**kü**ǰü’ün, **Bö**kö-yin **bö**gse daruǰu ögbe ǰe, či.

9-1-4　Ede Qubilai, J̌elme, J̌ebe, Sübegetei ta dörben

9-1-5　noqas-iyan se[d]kigsen-dür ǰori’ulǰu ile’esü,

9-1-6　“**K**ür!” ke’egsen-dür(突[舌]兒) **G**ürü **k**emkelün, **Q**al ke’egsen-dür

9-1-7　**Q**ada **q**aγalun, **Č**e<ü>gen čila’un-i(赤剌兀泥 ← 亦剌兀泥) če<ü>’ülün, **Č**e’el usun-i

9-1-8　nitülün abai ǰe, ta. Qubilai, J̌elme, J̌ebe, Sübe’etei ta

9-1-9　dörben noqas-iyan ǰoriγsan γaǰar-a ileǰü Bo’orču

9-1-10　Muqali, Boroγul, Čila’un-ba’atur ede dörben

9-2-1　külü’üd-iyen dergede-’<y>en a’asu, qadquldu’an üdür

9-2-2　bolu’asu J̌ürčedei, Quyildar qoyar-i Uru’ud,

9-2-3　Mangγud-iyar-an urida’an ba<i>yi’ulu’asu bügüde

9-2-4　sedkil-iyen amuqu büle’e, bi.” ke’ebe. “Či

9-2-5　Qubilai čerig-ün ü<i>yile bügüde-yi aqalaǰu ülü-ü

9-2-6　aqu?” ke’<y>en soyurqaǰu ǰarliγ bolba. Basa,

9-2-7　“Bedü’ün-ü moǰirqaγ-un tula bi ma<u>’uilaǰu yabuǰu

9-2-8　minγan ese ögbe. Či ima-da ǰöb bui ǰe.

9-2-9   Čima-lu'a minγalaǰu eyetüldüǰü yabuγdaqu."

9-2-10   ke'ebe. Basa, "Mönö qoyina Bedü'ün-i uqad ǰe,

9-3-1   bida." ke'ebe.

210

9-3-7   Basa Činggis-qahan Genigedei Γunan-a ügülerün, "Ta

9-3-8   Bo'orču, Muqali teri'üten noyad-ta Dodai, Doqolqu-tan

9-3-9   čerbin-e, ene Γunan Qara söni gendü čino, Gege'<y>en üdür

9-3-10   qara keri'e bolǰu, Ne<ü>'üküi(耨兀/⁽中⁾/灰)-dür ese ünǰigsen,

9-4-1   Ünǰiküi(溫只/⁽中⁾/灰)-dür ese ne<ü>'ügsen, Bosu kü'ün-lü'e buši

9-4-2   ni'ür ese ǰübčigsen, Öšitü kü'ün-lü'e ö'ere

9-4-3   ni'ür ese ǰübčigsen Γunan, Kököčös qoyar-ača

9-4-4   eye üge'ü bü ü<i>yile[dü]dkün! Γunan, Kököčös

9-4-5   qoyar-tur eyetüǰü ü<i>yile[dü]dkün!" ke'<y>en ǰarliγ

9-4-6   bolba. "Kö'üd-ün minu aqa J̌oči bui ǰe. Γunan

9-4-7   Geniges-iyan teri'üleǰü J̌oči-yin doro tümen-ü noyan

9-4-8   boltuγai!" ke'<y>en ǰarliγ bolba. "Γunan, Kököčös,

9-4-9   Degei, Usun ebügen ede dörben, Üǰegsen-iyen ülü

9-4-10   ni'un, Sonosuγsan-iyan ülü qabčiqun büle'e.

9-5-1   Ede dörben bui ǰe."

211

9-5-6   Basa Činggis-qahan J̌elme-de ügülerün, "J̌arči'udai ebügen

9-5-7   kü'[ü]rege-ben ü['ü]rčü J̌elme ölegeite-eče

9-5-8   Burqan(不舌嶹⁽中⁾罕)-qaldun-ača ba<u>'uǰu irerün, Onan-<n>u Deli'ün-boldaγ-a

9-5-9   nama-yi töreküi(脱舌列/⁽中⁾/灰)-dür buluγan nelke ögčü büle'ei.

9-5-10   Tere nököčegse'er Bosoγa-yin bo'ol,

9-6-1   E'üden-ü emčü bolba ǰe. J̌elme-yin tusa inu

9-6-2   olon bui ǰe. Töreküi(脱舌列/⁽中⁾/灰)-lü'e töröldügsen,

9-6-3   Ösküi(斡思/⁽中⁾/灰)-lü'e esülčegsen, Buluγan nelke

9-6-4　huǰa'urtu, **Ölǰetü** qutuɣtu J̌elme,

9-6-5　**Ye**sün aldal alda'asu, **Er**e'ü-dür bü

9-6-6　orotuɣai!" ke'<y>en ǰarliɣ bolba.

212

9-7-1　Basa Činggis-qahan Tolun-a ügülerün, "Ečige

9-7-2　kö'ün ö'ere minɣa ker medekü büle'e?

9-7-3　Či ulus quriyaldun ečige-deče öröle

9-7-4　ǰi'ür bolun ǰigtüldüǰü ulus quriyalduɣsan

9-7-5　tula čerbi nere ögbe ǰe. Edö'e ö'erün

9-7-6　oluɣsan, ǰö'egsen-iyer-iyen ö'er-ün minɣa

9-7-7　bolǰu Turuqan-dur eyetüldüǰü ülü-'ü

9-7-8　aqu, či?" ke'<y>en ǰarliɣ bolba.

213

9-8-1　Basa Činggis-qahan Önggür(汪古[舌]兒) ba<u>'urči-da ügülerün,

9-8-2　"Turban Toɣura'ud, tabun Tarɣud, Münggetü-kiyan-u

9-8-3　kö'ü či Önggür, Čangši'ud Baya'ud-iyar ta na-dur

9-8-4　nigen küre'<y>en bolǰu, či Önggür **B**udan-dur ese

9-8-5　to'oliba ǰe, či. **B**ulɣa-dur ese qayačaba ǰe,

9-8-6　či. **N**oyitan **n**öbšildüǰü, **K**öyiten(闊亦田 ← 闊亦由) **k**öbšildüǰü

9-8-7　yabuba ǰe. Či edö'e yambar soyurqal abqu,

9-8-8　či?" ke'esü Önggür ügülerün, "Soyurqal

9-8-9　s<o>ongɣu'ulu'asu, Baya'ud aqa de'ü minu qari qari

9-8-10　tutum-dur bura tara bui. Soyurqa['a]su Baya'ud

9-9-1　aqa de'ü-<y>en či'ulɣasuɣai!" ke'e'esü, "J̌e, teyin

9-9-2　Baya'ud aqa de'ü-yen či'ulɣaǰu či mede, minɣan!"

9-9-3　ke'<y>en ǰarliɣ bolba. Basa Činggis-qahan ǰarliɣ

9-9-4　bolurun, "Önggür(汪古[舌]兒), Boro'ul qoyar bara'un, ǰe<ü>'ün

9-9-5　ete'ed ta qoyar ba<u>'určin(保兀[舌]兒臣) ide'<y>en tüge'erün(禿格額[舌]侖 ← 禿客額[舌]

侖）

9-9-6   **B**ara'un ete'ed **b**a<i>yiγsan sa'uγsan-a

9-9-7   ülü duta'ulun, **J̌**e<ü>'ün ete'ed **ǰ**ergelegsen（者[舌]兒格列_克先）

9-9-8   esegsen-e ülü duta'ulun, ta qoyar-i teyin

9-9-9   tüge'e'esü, minu qo'olai ülü qučin

9-9-10   sedkil amuyu. Edö'e Önggür（汪古[舌]兒）, Boro'ul

9-10-1   qoyar（^中豁牙[舌]兒）morilaǰu yabuǰu ide'e olon kü'ün-e

9-10-2   tüge'edkün!" ke'<y>en ǰarliγ bolba. Sa'uri sa'urun

9-10-3   yeke tüsürge（禿速[舌]兒格）-yin bara'un ǰe<ü>'ün ete'ed ide'e

9-10-4   basa'alaǰu sa'udqun（撒兀^傷^中渾 ← 撒兀^傷坤）! Toluntan-lu'a tüblen sa'utuγai!"

9-10-5   ke'<y>en sa'urin ǰi'aǰu ögbe.

214

9-11-1   Basa Činggis-qahan Boroγul-a ügülerün, "Eke minu

9-11-2   Šigi-qutuqu, Boroγul, Güčü, Kököčü ta dörben（朶[舌]兒邊）-<n>i

9-11-3   irgen-ü（亦[舌]兒格訥）nuntuγ-ača, **K**öser-eče olǰu **K**öl

9-11-4   -dür-iyen dürüǰü **K**ö'üčilen asaraǰu teǰi'erün

9-11-5   **K**üǰü'ün-eče tanu tataǰu, **K**ü'ün-lü'e sača'un

9-11-6   bolγaǰu, **E**gem-eče tanu tataǰu, **E**re-lü'e

9-11-7   sača'u bolγaǰu, kö'üd-ü'<y>en man-a nökör（那可[舌]兒）se'üder（薛兀迭[舌]兒）

9-11-8   bolγasu ke'<y>en teǰi'ebe ǰe. Tan-i teǰi'egsen hači-ban

9-11-9   eke-de maγa minu kedüi hači tusa

9-11-10   qari'ulba, ta. Boroγul na-dur（納都[舌]兒）nököčeldüǰü

9-12-1   **Q**urdun ayan-dur, **Q**ura söni **Q**o'osun ese

9-12-2   **q**ono'ulba ǰe, či. **Š**itü'eleldüǰü bükui da<i>yisun-dur

9-12-3   **S**ülen ügei ese qono'ulba ǰe, či. Basa ebüges

9-12-4   ečige-yi baraγsad öšiten kišiten Tatar

9-12-5   irgen-i doraida'ulǰu **Ö**söl **ösö**n **K**isal **kisa**n

9-12-6   Tatar irgen-i či'ün-dür üliǰü ülidken

9-12-7　kiduqui(乞都⁽中⁾灰)-dur alaɣdarun, Tatar-un Qargil-šira

9-12-8　o'určaɣ bolun ɣarču ǰiči yadaǰu ölösčü(斡⁽舌⁾羅思抽)

9-12-9　oroǰu ireǰü(亦⁽舌⁾列周), eke-dür ger-te oroǰu, "Sayi

9-12-10　eri'ülsün bu<i>yu, bi." ke'eǰü, "Sayi eri'ülsün

9-13-1　bö'esü tende sa'u!" ke'egdeǰü höreneǰi iseri-yin

9-13-2　ala'un-a üǰü'ür-e sa'uǰu büküi-dür(突⁽舌⁾兒) Tolui tabun nasutu

9-13-3　ɣadana-ča oroǰu ireǰü ǰiči gü<i>yiǰü ɣarču

9-13-4　odun büküi-yi Qargil-šira bosu'ad kö'üken-i

9-13-5　su'u-dur-iyan qabčiǰu ɣarču yabuǰu ayisurun

9-13-6　kituɣai-ban temteǰü ǰuyulun yabuqui-dur(突⁽舌⁾兒) Boroɣul-un

9-13-7　gergei Altani eke-yin ger-tür dorona

9-13-8　sa'uǰu büle'e. Eke qayilaǰu, "Kö'ün baraba(巴⁽舌⁾剌罷)!"

9-13-9　ke'eküi-lü'e Altani uda'araldun gü<i>yuǰü

9-13-10　ɣarulčaǰu Qargil-šira-yin qoyina-ča gü<i>yičeǰü,

9-14-1　šibilger inu bariǰu nögö'e ɣar-iyar-iyan

9-14-2　kituɣai ǰuyulun büküi ɣar inu bariǰu tataqui-lu'a

9-14-3　kituɣai-ban aldaǰu'ui. Ger-ün(格⁽舌⁾侖) ümere J̌etei, J̌elme

9-14-4　qoyar muqular qara hüker telen alaǰu

9-14-5　büküi-dür(突⁽舌⁾兒) Altani-yin da<u>'un-dur(突⁽舌⁾兒) J̌etei, J̌elme

9-14-6　qoyar süke bariǰu nudurɣaš-iyan hula'adaǰu

9-14-7　gü<i>yiǰü ireǰü Tatar-un Qargil-šira-yi süke-ber

9-14-8　kituɣai-bar mün tende alaǰu'ui. Altani, J̌etei,

9-14-9　J̌elme ɣurban kö'ün-ü amin aburaɣsan ǰüldü

9-14-10　temečeldü'esü, J̌etei, J̌elme qoyar ügülerün,

9-15-1　"Man-i ügei bö'esü, ötör gü<i>yiǰü kürčü

9-15-2　ese ala'asu, Altani eme kü'ün yekin büle'e?

9-15-3　Kö'ün-ü amin-dur qor kürgekü büle'e. J̌üldü

9-15-4　man-u-'ai bui ǰe." ke'ebe. Altani ügülerün,

9-15-5　"Minu da<u>'un ese sonosu'asu ta ker irekün(亦[舌]列坤)

9-15-6　büle'ei? Nama-yi gü<i>yijü gü<i>yičejü šibilger inu

9-15-7　bariju kituɣai juɣuluɣsan ɣar inu tataju,

9-15-8　kituɣai ese aldaɣsan bö'esü, Jetei, Jelme

9-15-9　qoyar-i kürčü iretele kö'ün-ü amin-dur qor

9-15-10　ülü-'ü kürgekü büle'e?" ke'ebe. Ügülen bara'asu

9-16-1　jüldü Altani-yin bolba. Boroɣul-un gergei

9-16-2　Boroɣul(孛[舌]羅[中]忽[勒])-dur nogö'e kilgün bolun Tolui-yin

9-16-3　amin-dur tusa bolba. Basa Boroɣul

9-16-4　Kereyid-lü'e Qa[la]qaljid-eled qadquldui-dur

9-16-5　Ögödei suji'asu-ban sumun-a tusda'asu una'asu

9-16-6　Boroɣul de'ere ba<u>'ulduju haɣuɣsan čisun

9-16-7　inu ama-'ar-iyan šimiju söni qonolduju([中]豁那[勒]都周) manaɣarši

9-16-8　morin-dur(突[舌]兒) unu'ulju sa'un yadaqu-yi sundulaju

9-16-9　Ögödei-yin qoyina-ča([中]豁亦納察) teberiju böglegsen činu

9-16-10　šimin šimin aman-u jabaji-yar(札巴只牙[舌]兒) hula'adaju

9-17-1　Ögödei-yin amin esen kürgejü irejü büle'e.

9-17-2　Eke-yin minu teji'<y>en jobaɣsan hači(哈赤 ← [中]合赤) qoyar([中]豁牙[舌]兒)

9-17-3　kö'üd-ün minu amin-dur tusa bolba je. Boroɣul

9-17-4　na-dur nököčejü Darba'an uriya-dača Da<u>'un

9-17-5　dem-eče ese qojidaba je. Boroɣul yesün aldal

9-17-6　alda'asu bü aldatuɣai!" ke'<y>en jarliɣ bolba.

9-17-7　Basa ökin uruɣ-iyan(兀[舌]魯吉顏) soyurqal ögüye(斡古耶 ← 斡古牙)!"

9-17-8　ke'ebe.

215

9-19-1　Basa, "Ökin uruɣ-iyan soyurqal ögüye(斡古耶 ← 斡古牙)!"

9-19-2　ke'ebe.

216

9-19-4   Basa Činggis-qahan Usun ebügen-e ügülerün, "Üsün,

9-19-5   Гunan, Kökö-čos, Degei ede dörben üǰegsen-iyen,

9-19-6   sonosuysan-iyan ülü ni'un qabčin ǰi'an aqun

9-19-7   büle'ei. Uqaysan sedkigsen-iyen kelelen aqun

9-19-8   büle'ei. Mongyol-un törö noyan, mör(抹[舌]兒) beki bolqui

9-19-9   yosun aǰu'ui. Ba'arin aqa-yin uruy büle'ei. Beki

9-19-10   mör(抹[舌]兒) bidan-u dotora de'ere-eče beki Usun

9-20-1   ebügen boltuyai! Beki ergü'ed Čaya'an

9-20-2   de'el emüsčü Čaya'an(察ᵗ合安 ← 察ᵗ罕) ayta unu'ulǰu

9-20-3   sa'uri de'ere sa'ulǰu takiǰu, basa hon sara

9-20-4   sataǰu teyin atuyai!" ke'<y>en ǰarliy bolba.

217

9-20-8   Basa Činggis-qahan ügülerün, "Quyildar([中]忽亦勒苔舌兒) anda

9-20-9   qadquldu'an-dur(突[舌]兒) ami-yan öreǰü urida aman

9-20-10   ne'egsen-<n>ü tusa-yin tula uruy-un uruy-a

9-21-1   kürtele önöčid-ün abliya abun atuyai!"

9-21-2   ke'<y>en ǰarliy bolba.

9-21-5   Basa Činggis-qahan([中]合罕) Čaya'an(察ᵗ合安 ← 察ᵗ罕)-yo'a([中]豁阿)-yin kö'ün

          Narin-to'ori+

9-21-6   +l-a ügülerün, "Ečige činu Čaya'an(察ᵗ合安 ← 察ᵗ罕)-yo'a([中]豁阿) minu

9-21-7   emüne kiči'eǰü qadqulduqu bolun

9-21-8   Dalan-balǰud-ta qadqulduqui-dur J̌amuqa-da

9-21-9   alaydalu'a. Edö'e To'oril ečige-yü'<y>en

9-21-10   tusa önöčid-ün abliya abtuyai!" ke'egdeǰü

9-22-1   To'oril ügülerün, "Soyurqa'asu, Negüs aqa

9-22-2   de'ü minu qari-tutum bura tara bui.

9-22-3   soyurqa'asu Negüs aqa de'ü-yü'<y>en či'ulγa+

9-22-4   +suγai!" ke'e'esü Činggis-qahan ǰarliγ bolurun,

9-22-5   "Teyin bö'esü Negüs aqa(阿[中]合) de'ü-yen či'ulγaǰu,

9-22-6   či uruγ-un uruγ-a kürtele medeǰü ülü-ü

9-22-7   aqu?" ke'<y>en ǰarliγ bolba.

219

9-23-1   Basa Činggis-qahan Sorqan-šira-da ügülerün, "Nama-yi

9-23-2   üčügen čaγ-tur(圖[舌]兒) Ta<i>yiči'ud-un Tarγutai(塔[舌]兒[中]忽台)-kiri<n>ltuγ(乞[舌]鄰勒

禿黑 ← 乞[舌]侖勒禿黑)

9-23-3   aqa de'ü-de na<i>yitaǰu bari'asu tende aqa de'ü-de'<y>en

9-23-4   na<i>yitaγdamu ke'<y>en Sorqan-šira, Čila'un, Čimbai

9-23-5   kö'üd-iyer-iyen Qada'an-i ökin-iyen asara'ulǰu

9-23-6   ni'uǰu aǰu nama-yi talbiǰu ilebe ǰe, ta. Tere tusa

9-23-7   sayin-i tan-u sedkiǰü qara söni ǰe<ü>'üd-ün-dür

9-23-8   gege'<y>en üdür če'eǰi-dür(突[舌]兒) sedkiǰü yabuba ǰe, bi.

9-23-9   Ta ǰe na-dur Ta<i>yiči'ud-ača uda'an-a irebe ǰe.

9-23-10   Edö'e bi tan-i soyurqa'asu yambar soyurqal

9-24-1   ta'alaqun(塔阿剌[中]渾), ta?" ke'ebe. Sorqan-šira, Čila'un, Čimbai

9-24-2   kö'üd-iyer-iyen bolun ügülerün, "Soyurqa'asu, nuntuγ

9-24-3   darqalasu! Merkid-ün γaǰar Selengge-yi nuntuγlaǰu

9-24-4   darqalasu! Basa busu soyurqal Činggis-qahan medetügei!"

9-24-5   ke'ebe. Te'ün-dür(突[舌]兒) Činggis-qahan ügülerün, "Merkid-ün

9-24-6   γaǰar Selengge-yi nuntuγ ba darqaladqun(荅[舌]兒[中]合剌惕[中]渾) kü!

9-24-7   uruγ-un uruγ-a kürtele qorčila'ulǰu ötögle'ülǰü

9-24-8   darqaladqun! Yesün aldal-dur, ere'ü-dür

9-24-9   bü orotuγai!" ke'<y>en ǰarliγ bolba. Basa Činggis-qahan

9-24-10   Čila'un, Čimbai qoyar-i soyurqarun(莎余[舌]兒[中]合[舌]侖 ← 莎余[舌]兒[中]合[中]侖), "Erte Čila'un,

Čimbai

9-25-1　　qoyar-un ügülegsen üges sedkiǰü, ker qandaqu,

9-25-2　　ta? Čila’un, Čimbai ta qoyar sedkil-iyen ügülekün

9-25-3　　bö’esü, duta’ui-ban γuyiqun bö’esü, ǰa’ura

9-25-4　　kü’ün-e bü keleldkün! Ö’er-ün beyes-iyer ama-’ar(阿[舌]兒)

9-25-5　　na-dur ta ö’esüd sedkigsen-iyen keleledkün!

9-25-6　　Duta’u-yu’an ö’esün γuyidqun([中]忽亦[楊]中[渾])!” ke<y>en ǰarliγ(札[舌]兒里[黑]) bolba.

9-25-7　　“Basa Sorqan(鎖[舌]兒中罕)-šira, Badai, Kišiliγ ta darqad basa

9-25-8　　darqalarun, **O**lon da<i>yisun-dur(突[舌]兒) ha<u>’ulǰu **Ol**ǰa **o**lu’asu

9-25-9　　**O**luγsa’ar abudqun! **O**ro’a görö’esün-dür(突[舌]兒)

9-25-10　　**a**bala’asu, **A**laγsa’ar **a**budqun!” ke<y>en

9-26-1　　ǰarliγ(札[舌]兒里[黑]) bolba. Sorqan(莎[舌]兒中罕)-šira ke’esü, Ta<i>yiči’ud-un

9-26-2　　Tödege-yin haran aǰu’ui ǰe. Badai, Kišiliγ qoyar

9-26-3　　ke’esü, Čeren-ü adu’učin aǰu’ui ǰe. Edö’e minu

9-26-4　　turuγ qorčila’ulǰu ötögle’ülǰü darqalan

9-26-5　　ǰirγadqun(只[舌]兒中合[楊]中[渾])!” ke<y>en ǰarliγ(札[舌]兒里[黑]) bolba.

220

9-27-4　　Basa Činggis-qahan Naya’a-da ügülerün, “Širgö[‘e]tü ebügen,

9-27-5　　Alaγ, Naya’a kö’üd-lü’e-ben, tan-lu’a Tarγutai-

9-27-6　　kiriltuγ-i bidan-dur(突[舌]兒) bariǰu ayisurun, ǰa’ura

9-27-7　　Qutuγul-nu’u-da kürčü tende Naya’a ügülerün,

9-27-8　　“Tus qan-iyan ker tebčiǰü bariǰu odqun, bida!”

9-27-9　　ke’eǰü, tebčin yadaǰu talbiǰu ileǰü Širgö[‘e]tü

9-27-10　　ebügen, Alaγ, Naya’a kö’üd-lü’e-ben ireǰü tende

9-28-1　　Naya’a bilǰi’ur ügülerün, “Tus qan-iyan, Tarγutai-kiril+

9-28-2　　+tuγ-i γardaǰu([中]合[舌]兒苔周←[中]合[舌]兒塔周) ayisurun ǰiči tebčin yadaǰu

9-28-3　　talbiǰu ileǰü, ba Činggis qa’an-a güčü ögüre irebe.

9-28-4　　Qan-iyan γardaǰu([中]合[舌]兒苔周←[中]合[舌]兒塔周) ile’esü(亦[舌]列額速), tus qan-iyan

　　　　　　γardaγsa[d]([中]合[舌]兒苔[黑]撒[楊]←[中]合[舌]兒塔[黑]撒)

9-28-5   haran mönö qoyina ker(客[舌]兒) itegegdekün ede

9-28-6   ke'egdekün." ke'eǰü'ü. Qan-iyan tebčin yadaba

9-28-7   ke'esü, tende tus qan-iyan tebčin yadaγsan yosu

9-28-8   yeke törö-yi sedkiǰü'üi ke'<y>en üge inu ǰöbšiyeǰü, nigen

9-28-9   ü<i>yile-dür(突[舌]兒) tüšiye ke'ele'ei. Edö'e Bo'orču-da

9-28-10   bara'un γar-un tümen medetügei! Muqali-da guiong nere ögčü

9-29-1   ǰe<ü>'ün γar-un tümen mede'ülbe. Edö'e Naya'a tüb-ün tümen

9-29-2   medetügei!" ke'<y>en ǰarliγ(札[舌]兒里黑) bolba.

221

9-29-6   Basa, "J̌ebe, Sübe'etei qoyar ö'erün oluγsad,

9-29-7   ǰö'egse'er-iyen minγalatuγai!" ke'ebe.

222

9-29-9   Basa Degei-qoniči-da bügde'ül-i či'ulγaǰu

9-29-10   minγa mede'ülbe.

223

9-30-2   Basa Güčügür(古出古[舌]兒)-moči-da irge dutaγdaǰu(都塔黑荅周 ← 禿塔黑荅周) ende
         -če

9-30-3   tende-če γubčiǰu J̌adaran-ača Mulqalqu ǰüg-iyer

9-30-4   nököčelü'e. "Güčügür(古出古[舌]兒), Mulqalqu qoyar nigen-e

9-30-5   minγalaǰu eyetüldüǰü adqun!" ke'ebe.

224

9-30-8   Ulus ba<i>yi'ululčaγsad ǰobolduγsad-i

9-30-9   minγad-un noyad bolγaǰu, minγa minγalaǰu minγad-un, ǰa'ud-un,

9-30-10   harbad-un noyad tüšiǰü, tümeleǰü, tümed-ün noyad

9-31-1   tüšiǰü, tümed-ün, minγad-un noyad-ta soyurqal ögtekün(斡克帖/中/坤)

9-31-2   metüs-e soyurqal ögčü, soyurqal ǰarliγ bolqun-a

9-31-3   bolǰu Činggis-qahan ǰarliγ bolurun, "Urida

9-31-4   nayan kebte'ülsütü dalan turγaγ kešigtentü büle'e.

9-31-5   Edö'e müngke tenggeri-yin güčün-dür(突[舌]兒), tenggeri γaǰar-a

9-31-6   güčü uqa nemegdeǰü, gür ulus-i šiduryudqaǰu

9-31-7   γaγča ǰilu'a-dur-iyan oro'uluγsan-dur(突[舌]兒), edö'e

9-31-8   na-dur(納都[舌]兒) kešigten turγaγ minγad minγad-ača ilγaǰu

9-31-9   oro'uludqun! Oro'ulurun, kebte'ül qorčin turγaγ

9-31-10   oro'ulurun, tümen dü'ürgen oro'uludqun!" ke'<y>en

9-32-1   ǰarliγ(札[舌]兒里黑) bolba. Basa Činggis-qahan kešigten ilγaǰu

9-32-2   oro'ulqu-yi ǰarliγ minγad minγad-ta tungqarun, "Bidan-dur(突[舌]兒)

9-32-3   kešigten oro'ulurun, tümed-ün, minγad-un, ǰa'ud-un

9-32-4   noyad-un kö'üd, düri-yin kü'ün-ü kö'üd ororun, erdemü[d]ten

9-32-5   šil sayid-i, bidan-u dergede yabuqun metüs-i oro'ultuγai(斡[舌]羅兀勒禿[中]孩)!

9-32-6   Minγad-un noyad-un kö'üd-i oro'ulurun, harban nöködtü

9-32-7   nigen de'ü inu daγa'ulǰu iretügei(亦[舌]列禿該)! J̌a'ud-un noyad-un

9-32-8   kö'üd-i oro'ulurun, tabun nöködtü nigen de'ü-yi

9-32-9   daγa'ulǰu iretügei! Harbad-un noyad-un kö'üd-i

9-32-10   oro'ulurun, düri-yin kü'ün-ü kö'üd-i oro'ulurun, γurban

9-33-1   nökörtü nigen kü de'ü-yi daγa'ulǰu huǰa'ur-ača ula'a

9-33-2   güčü ǰasaǰu iretügei! Bidan-dur(突[舌]兒) dergede yabu'ulqun-i

9-33-3   bökelerün, minγad-un noyad-un kö'üd-te harban nököd

9-33-4   huǰa'ur minγan, ǰa'un-ača γubčiǰu ögtügei! Ečige-yen

9-33-5   ögügsen qubi([中]忽必) kešig bö'esü, inu beye qad-iyar

9-33-6   oluγsan ǰö'egsen ere aγta kedüi bö'esü, inu

9-33-7   emčü qubi-ača anggida bidan-u kemlegsen kem-iyer(客米耶[舌]兒) γubčiǰu,

9-33-8   teyin γubčiǰu ǰasaǰu ögtügei! J̌a'ud-un noyad-un kö'üd-te

9-33-9   tabun nököd, harbad-un noyad-un kö'üd-te düri-yin kü'ün-ü

9-33-10   kö'üd-te γurban nököd mün kü yosu-'ar inu emčü qubi-

9-34-1   ača anggida mün teyin γubčiǰu ögtügei!" ke'<y>en

9-34-2   ǰarliγ bolba. Minγad-un, ǰa'ud-un, harbad-un noyad

9-34-3　olon kü'ün bidan-u ene ǰarliɣ kürge'ülü'ed

9-34-4　sonosu'ad bürün dabaqun haran aldaltan boltuɣai!

9-34-5　Bidan-dur kešig oro'uldaqun haran buldariǰu

9-34-6　ülü bolqun haran bidan-u dergede yabuqui(迓步[中]恢)-ban

9-34-7　berkešiye'esü, busu-yi oro'ulǰu, tere kü'ün-i

9-34-8　ere'üleǰü nidün-ü ečine qolo ɣaǰar-a ileye(亦列耶←亦列牙)!" ke<ɣ>en

9-34-9　ǰarliɣ(札[舌]兒里[黑]) bolba. Dotona bidan-u dergede(迭[舌]兒格迭) yabuǰu

9-34-10　surulčasu ke'eǰü bidan-dur(突[舌]兒) irekün haran-i bü

9-35-1　idqatuɣai!" ke'ebei.

225

9-35-10　Činggis qa'an-u ǰarliɣ(札[舌]兒里[黑]) boluɣsa'ar(孛魯[黑]撒阿[舌]兒) minɣa-dača

9-36-1　ilɣaǰu ǰa'ud-un harbad-un noyad-un kö'üd-i mün kü

9-36-2　ǰarliɣ-iya[r](札[舌]兒里/[黑]吉牙[舌]兒]) ilɣaǰu ɣarɣaǰu ireǰü — urida nayan

9-36-3　kebte'ül büle'ei — naiman ǰa'ud bolɣabai. "Naiman ǰa'ud

9-36-4　de'ere minɣa dü'ürtügei!" ke'ebei. "Kebte'ül-dür

9-36-5　oroqun-i bü idqatuɣai!" ke<ɣ>en ǰarliɣ bolba.

9-36-6　"Kebte'ül-i Yeke-ne'ürin aqalaǰu minɣa medeǰü atuɣai(阿禿[中]孩)!"

9-36-7　ke<ɣ>en ǰarliɣ(札[舌]兒里[黑]) bolba. Urida dörben ǰa'ud qorčin([中]豁[舌]兒臣)

9-36-8　ilɣabai. Ilɣaǰu "Qorčin-i J̌elme-yin kö'ün

9-36-9　Yesünte'e aqalaǰu Tüge-yin kö'ün Bügidei-lü'e

9-36-10　eyetüldüǰü atuɣai!" ke'ebe. "Turɣa'ud(禿[舌]兒[中]合兀[揚])-lu'a

9-37-1　qorčin, kešig kešig-tür(圖[舌]兒) oroldurun Yesünte'e

9-37-2　nigen kešig qorčin-i aqalaǰu orotuɣai! Bügidei nigen kešig

9-37-3　qorčin-i aqalaǰu orotuɣai! Horquday nigen kešig

9-37-4　qorčin-i aqalaǰu orotuɣai! Lablaqa nigen kešig qorčin-i([中]豁[舌]兒赤泥)

9-37-5　aqalaǰu orotuɣai! Qor aɣsaqui-a turɣa'ud-un kešig

9-37-6　kešig qorčin-iyan teyin aqalaǰu oro'ultuɣai(斡[舌]羅兀[勒]禿[中]孩)! Qorčin-i

9-37-7　minɣan dü'ürgeǰü, Yesünte'e aqalaǰu atuɣai!" ke<ɣ>en

9-37-8   ǰarliɣ(札[舌]兒里黑) bolba.

226

9-38-4   "Urida Ögele(幹格/[舌]列)-čerbi-lü'e oroɣsad turɣa'ud

9-38-5   de'ere minɣan dü'ürgejü Bo'orču-yin uruɣ-ača(兀[舌]魯[中]合察)

9-38-6   Ögele(幹格/[舌]列)-čerbi medetügei!" ke'ebei. "Nigen minɣan turuɣa'ud-i

9-38-7   Muqali-yin uruɣ-ača Buqa nigen minɣan turɣa'ud-i medetügei!"

9-38-8   ke'ebei. "Ilügei-yin uruɣ-ača Alčidai-yi nigen minɣan

9-38-9   turɣa'ud-i medetügei!" ke'ebei. "Nigen minɣan(敏[中]罕) turɣa'ud-i

9-38-10   Dodai-čerbi medetügei! Nigen minɣan turɣa'ud-i Doqolqu(朶[中]豁勒[中]忽)

9-39-1   -čerbi medetügei!" ke'ebei. "Nigen minɣan turɣa'ud-i

9-39-2   J̌ürčedei-yin uruɣ-ača Čanai medetügei! Nigen minɣan

9-39-3   turɣa'ud-i Alči-yin uruɣ-ača Aqutai medetügei!

9-39-4   Nigen minɣan turɣa'ud-i Arqai-qasar(中合撒[舌]兒) nigen minɣan

9-39-5   ilɣaɣsan ba'atud-i medejü olon üdür turɣaɣ

9-39-6   boltuɣai! Qadquldu'an üdür urida ba<i>yiǰu ba'atud

9-39-7   boltuɣai!" ke'<y>en ǰarliɣ(札[舌]兒里黑) bolba. Minɣad minɣad-ača

9-39-8   ilɣaǰu iregsed naiman minɣad turɣa'ud

9-39-9   bolba. Kebte'ül, qorčin-lu'a qoyar kü minɣad

9-39-10   bolbai. Tümen kešigten bolba. Činggis-qahan

9-40-1   ǰarliɣ bolurun, "Bidan-u ča'ada tümen kešigten-i

9-40-2   bökeleǰü yeke ɣol bolun atuɣai!" ke'<y>en ǰarliɣ(札[舌]兒里黑) bolba.

227

9-40-9   Basa Činggis-qahan ǰarliɣ bolǰu turɣa'ud-un dörben

9-40-10   keši'üd-ün ötögülekün-i tüširün, "Buqa nigen kešig

9-41-1   kešigten-i medejü kešigten-i ǰasaǰu orotuɣai!

9-41-2   Alčidai nigen kešig kešigten-i medejü kešigten-i

9-41-3   ǰasaǰu orotuɣai! Dodai-čerbi nigen kešig kešigten-i

9-41-4   medejü kešigten-i ǰasaǰu orotuɣai! Doqolqu-čerbi

9-41-5   nigen kešig kešigten-i medeǰü kešigten-i ǰasaǰu

9-41-6   orotuγai!" ke<y>en dörben kešiʼüd-ün ötögüs-i tüšiǰü

9-41-7   kešig oroqui ǰarliγ tungqarun kešig ororun

9-41-8   kešig-ün noyan öʼer-tür-iyen kešiglegsed

9-41-9   kešigten-i bügüdkeǰü kešig oroǰu γurban

9-41-10   qonolduǰu yeʼüdkeldütügei! Kešigtü küʼün kešig

9-42-1   hoʼaraʼasu, tere kešig oʼaraγsan kešigtü-yi

9-42-2   γurban beriʼes süyitügei! Mün kešigtü basa nögöʼete

9-42-3   kešig hoʼaraʼasu doloʼan beriʼes süyitügei! Basa

9-42-4   mün küʼün beye qad ebe[d]čin ügei kešig-ün noyad-tur(途[舌]兒) eye

9-42-5   ügeʼü basa mün kešigtü γurbanta kešig hoʼaraʼasu,

9-42-6   γučin doloʼan beriʼes söyüʼed — bidan-dur(突[舌]兒) yabuqui-ban

9-42-7   berkešiyen aǰuʼu — ečine qolo γaǰar-a ileye!" ke<y>en

9-42-8   ǰarliγ bolba. Kešiʼüd-ün ötögüs γutaʼar γutaʼar(中忽塔阿[舌]兒)

9-42-9   kešig-tür(圖[舌]兒) ene ǰarliγ kešigten-e sonosqadqun!

9-42-10   Ese sonosqaʼasu kešiʼüd-ün ötögüs aldaltan

9-43-1   boltuγai(孛勒禿[中]孩)! J̌arliγ sonosuʼad bürün dabaʼasu ǰarliγ-un

9-43-2   yosu-ʼar(約束阿[舌]兒) kešig hoʼaraʼasu, kešigten aldaltan

9-43-3   boltuγai!" ke<y>en ǰarliγ bolba. "Kešiʼüd-ün ötögüs

9-43-4   aqalaγdaba ele ke<y>en sačaʼun oroγsad minu

9-43-5   kešigten-i na-dača eye ügei bü honǰidudqun(桓叱都楊[中]渾)! Jasa[γ][11]

9-43-6   köndeʼesü na-da ǰiʼadqun! Mököriʼülkün yosutan böʼesü

9-43-7   bida mököriʼülü[d] ǰe. Nišiγdaqun yosutan böʼesü

9-43-8   kebteʼülǰü nišid ǰe. Aqalaba ele keʼeǰü sačaʼun

9-43-9   kešigten-i minu öʼer-ün γar köl kürgeǰü

9-43-10   beriʼedesü, beriʼe-yin qariʼu beriʼe kü, nudurγa-yin qariʼu(中合[舌]里兀)

---

11)   /γ/로 전사되는 작은 글자 黑이 잘못 빠진 마지막 보기.

9-44-1   nudurɣa kü qari'ultuɣai!" ke'ebe.

228

9-44-10   Basa Činggis-qahan ǰarliɣ bolurun, "Ɣadanadus

9-45-1   minɣad-un noyad-ača minu kešigtü de'ere bui ǰe.

9-45-2   Ɣadanadus ǰa'ud-un harbad-un noyad-ača minu

9-45-3   kešigtü-yin kötöčin(/ᵗ/闊脫臣) de'ere bui ǰe. Minu kešigten-dür(突[舌]兒)

9-45-4   ɣadanadus minɣali'ud sača'un bolǰu denggečen minu

9-45-5   kešigtü-dür(突[舌]兒) kereldü'esü minɣali'udai kü'ün-i ere'üleye(額[舌]列兀列耶 ← 額[舌]列
          兀列牙)!"

9-45-6   ke'<y>en ǰarliɣ bolba.

229

9-45-9   Basa Činggis-qahan ǰarliɣ bolurun, kešig keši'üd-ün

9-45-10   noyad-ta ǰarliɣ(札[舌]兒里黑 ← 札兒里思) tungqarun, "Qorčin, turɣa'ud kešig

9-46-1   oroǰu üdür-ün yabudal ǰüg ǰüg mör mör-tür-iyen

9-46-2   yabuǰu naran-u(納[舌]剌訥 ← 納[舌]列訥) ɣaltai-a kebte'ül-e(客ᵣ帖兀/ᵗ/列) ǰayilaǰu
          ɣadana

9-46-3   ɣarču qonotuɣai! Bidan-dur söni kebte'ül qonan atuɣai!

9-46-4   Qorčin qor, ba<u>'určin ayaɣa saba kebte'ül-e ta'ulǰu

9-46-5   odtuɣai! Ɣadana qonoɣsad qorčin, turɣa'ud ba<u>'určin

9-46-6   bidan-i sülen idetele kirü'e-dür sa'uǰu kebte'ül-dür(突[舌]兒)

9-46-7   kelečileǰü sülen iden bara'asu qorčin qor-tur(突[舌]兒)

9-46-8   turɣaɣ sa'urin-dur-iyan, ba<u>'určin ayaɣa saba-dur-iyan

9-46-9   ta'araldutuɣai! Kešig kešig oroqun mün mün

9-46-10   yosu-'ar ene qa'uli-bar teyin kitügei!" ke'<y>en

9-47-1   ǰarliɣ bolba. Naran šinggegsen-ü qoyina ordo-yin

9-47-2   qoyina'un urida'un ketügelǰen yabuqu kü'ün-i bariǰu

9-47-3   kebte'ül bariǰu qonoǰu manaɣar-i kebte'ül üges

9-47-4   inu asaɣtuɣai! Kebte'ül kešig ye'üdkeldürün

9-47-5 belge anu da'ulǰu oroǰu iretügei(亦[舌]列禿該)! Ye'üdgeǰü

9-47-6 γarqun kebte'ül ta'ulǰu kü γarču odtuγai!"

9-47-7 ke'ebei. "Kebte'ül söni ordo horčin gebteǰü

9-47-8 e'üden daruǰu ba<i>yiγsad kebte'ül söni oroqun

9-47-9 haran-i(哈[舌]剌泥 ← 中合[舌]剌泥) ekid anu dalbaru, mürüs anu ba'utala

9-47-10 čabčiǰu o'orudqun! Ya'ara<n>l keleten haran söni

9-48-1 ire'esü kebte'ül-dür keleleǰü ger-ün ümere-če

9-48-2 kebte'ül-lü'e qamtu ba<i>yiǰu kelele'ültügei!" ke'ebe.

9-48-3 "Kebte'ül-eče de'ere sa'uri ken ber(別[舌]兒) bü sa'utuγai!

9-48-4 Kebte'ül-eče kelen(客連 ← 客速) ügei ken ber(別[舌]兒) bü orotuγai! Kebte'ül-ün

9-48-5 dege'ün ken ber(別[舌]兒) bü yabutuγai! Kebte'ül-ün ǰaqa'un

9-48-6 bü yabutuγai! Kebte'ül-ün to'a bü asaγtuγai! Kebte'ül-ün

9-48-7 dege'ün yabuqun haran-i kebte'ül barituγai! aqa'un

9-48-8 yabuqun haran-i kebte'ül barituγai! To'a asaγuγsan

9-48-9 kü'ün-i kebte'ül tere kü'ün-i tere kü üdür-ün unuγsan

9-48-10 aγta eme'eltü qada['a]rtu-yi emüsügsen qubčasun

9-49-1 selte kebte'ül abtuγai!" ke'<y>en ǰarliγ bolba.

9-49-2 Elǰigedei itegeltü bö'etele ǰilda kebte'ül-ün

9-49-3 dege'ün yabuqu bolun kebte'ül-e(客卜帖兀[舌/列]) ker bariγdala'a?"

230

10-1-2 Činggis-qahan ügülerün. "E'ületei söni Örüketei ger minu

10-1-3 E'eren kebteǰü Örüg nuta unta'ulǰu Ene oron-dur

10-1-4 kürgegsen Ötögüs kebte'ül minu! **hO**dutai söni **O**rdo

10-1-5 ger(格[舌]兒) minu **hO**rčin ke[b]teǰü **O**ron dotora ese **O**γǰadqaγsan

10-1-6 **Ö**lǰeiten(斡勒澤田 ← 斡勒澤壇) kebte'ül minu! Ündür oron-dur kürgebei.

10-1-7 **Š**ilǰirin büküi boro'on-a **Š**ilgüdken büküi ǰü'ene Čidqun büküi qura-da

10-1-8 **Š**iltesütei ger minu horčin **J**irim ülükin ba<i>yiǰü **J**irüke

10-1-9 amu'uluγsan **Č**ing sedkilten kebte'ül minu! **J**irγalang(只[舌]兒中合郎) oron-dur

10-1-10 kürgebe. Ibülün büküi da<i>yisun dotora Irgetei ger

10-2-1 minu horčin hIrmes ülükin Idqaǰu ba<i>yiysad

10-2-2 Itegelten kebte'ül minu! Uyilsun qor Ubis

10-2-3 kiküi-dür(突⁽⁶⁾兒) Udal ügei ba<i>yidaltan Uriyarqun kebte'ül

10-2-4 minu! Qutan qor Qubis kiküi-dür Qoǰid ese

10-2-5 ba<i>yiysad Qurdun yabudaltan kebte'ül minu!

10-2-6 Ölǰeiten kebte'ül minu! Ötögüs kebte'ül

10-2-7 ke'egdün! Ögöle-čerbi-lü'e oroysad dalan

10-2-8 turyaγ-i yekes turya'ud ke'egdün! Arqai-yin

10-2-9 ba'atud-i ötögüs ba'atud ke'edkün! Yesünte'e,

10-2-10 Bügidei-tan qorčin-i(中豁⁽⁶⁾兒赤泥) yekes qorčin(中豁⁽⁶⁾兒臣) ke'edkün!"

10-3-1 ke'<y>en ǰarliγ(札⁽⁶⁾兒里黑) bolba.

231

10-3-6 "Yeren(也ᵗ連←也ᵗ速) tabun minyad-ača minu beye ča'ada emčülen

10-3-7 ilγaǰu iregsed tümen emčü kešigten-i minu

10-3-8 mona qoyina minu oro sa'uysan kö'üd, uruγ-un uruγ-a

10-3-9 minu ede kešigten-i geri'es metü sedkiǰü ülü

10-3-10 gemüri'ülün sayitur asaradqun! Ede tümen kešigten-i

10-4-1 minu nendü'üd qutuγ ke'eǰü ülü-ü aγdu'ai?"

10-4-2 ke'ebe.

232

10-4-5 Basa Činggis-qahan ügülerün, "Ordo(斡⁽⁶⁾兒朶)-yin čerbin(扯⁽⁶⁾兒賓)

10-4-6 ökid-i, ger-ün kö'üd teme'ečin-i, hükečin-i kebte'ül

10-4-7 basa'alaǰu ordo-yin ger tergen-i asaratuγai!

10-4-8 Tuγ kü'ürge doro ǰida kebte'ül asaratuγai!

10-4-9 Ayaγa saba kebte'ül kü asaratuγai! Bidan-u

10-4-10 undan ide'en-i kebte'ül daruγalatuγai! Ötken ber miqan

10-5-1 ide'en-i kebte'ül daruγalaǰu bolγatuγai! Undan ide'en-i

10-5-2 qor qomsa bolu'asu daruγalaγdaγsad kebte'ül-eče

10-5-3 eriye(額[舌]里耶←額[舌]里牙)!" ke'ebe. "Qorčin undan ide'<y>en tüge'erün(禿格額[舌]侖
←禿客額[舌]侖)

10-5-4 daruγalaγsad kebte'ül-eče eye ügei bü tüge〔'e〕tügei(禿格〔額〕禿該←禿客禿該)!

10-5-5 Ide'e tüge'erün urida kebte'ül-eče teri'ülen tüge'etügei!"

10-5-6 ke'ebe. "Ordo ger-tür oroqu γarqu-yi kebte'ül

10-5-7 ǰasatuγai! E'üden-dür kebte'ül-ün e'üdečin ger ča'ada

10-5-8 ba<i>yituγai! Kebte'ül-eče qoyar oroǰu yeke tüsürge

10-5-9 barin atuγai!" ke'ebe. "Kebte'ül-eče nuntu'učin yabuǰu

10-5-10 ordo ger(格[舌]兒) ba<u>'ultuγai!" ke'ebe. "Bidan-i šiba<u>'ulaqui

10-6-1 abalaqui(阿把剌[中]灰)-dur, kebte'ül bidan-lu'a šiba<u>'ulaldun

10-6-2 abalaldun yabutuγai! Tergen-dür ǰarim'ud-iyan čaγlaǰu

10-6-3 talbituγai!" ke'ebe.

233

10-6-8 Basa Činggis-qahan ügülerün, "Bidan-u beye čerig ese

10-6-9 γaru'asu kebte'ül bidan-ača anggida čerig bü γartuγai!"

10-6-10 ke'ebe. "Eyin ke'e'ülü'ed ǰarliγ dabaǰu kebte'ül-i

10-7-1 nayitaǰu čerig γarγaqun, čerig medekü čerbin,

10-7-2 aldaltan boltuγai!" ke'<y>en ǰarliγ bolba. "Kebte'ül-ün

10-7-3 čerig ker ülü γarγaγdamui ke'emüi ǰe, ta. Kebte'ül

10-7-4 -lü minu altan amin sakimui. Šiba<u>'ulan abalan

10-7-5 yabuqui-dur ǰoboldumui. Ordo qadaγala'uldaǰu

10-7-6 ne<ü>'üküi(耨兀[中]灰)-dür örüg-tür terge asaramui. Minu beye

10-7-7 sakiǰu qonoqu kilbaru bui? Ger tergen yeke a'uruγ

10-7-8 ne<ü>'üküi(耨兀[中]灰)-dür, sa'uqui-dur asaraqui kilbaru bui? Teyin

10-7-9 dabqur qaγas qaγas yabudaltan ke'eǰü bidan-ača

10-7-10 anggida ö'ere čerig bü yabutuγai ke'eküi teyimü

10-8-1 bui ǰe." ke'eǰü'üi.

234

10-8-5 Basa ǰarliɣ bolurun, "Šigi-qutuqu-lu'a ǰarɣu

10-8-6 kebte'ul-eče ǰarɣu sonosulčatuɣai!" ke'ebei.

10-8-7 Kebte'ül-eče qor numu quyaɣ ǰebe asaraǰu

10-8-8 tüge'eldütügei! Aɣtas-ača asaraǰu hö'ešin ačiǰu

10-8-9 yabutuɣai!" ke'ebei. "Kebte'ül-eče čerbin-lü'e

10-8-10 a'urasu tüge'eldütügei!" ke'ebei. "Qorčin (⁽中⁾豁舌兒臣),

10-9-1 turɣa'ud-un nuntuɣ ǰi'arun Yesünte'e, Bükidei-tan qorčin,

10-9-2 Alčidai, Ögöle, Aqutai-tan turɣa'ud ordo-yin bara'un

10-9-3 ete'ed yabutuɣai!" ke'ebei. "Buqa, Dodai-čerbi,

10-9-4 Doqolqu-čerbi, Čanai-tan turɣa'ud ordo-yin ǰe<ü>'ün

10-9-5 ete'ed yabutuɣai!" ke'ebei. Arqai-yin ba'atud

10-9-6 ordo-yin urida yabutuɣai!" ke'ebei. "Kebte'ül

10-9-7 ordo ger, terge asara'ad ordo-yin dergede

10-9-8 ǰe<ü>'ün ete'ed yabutuɣai!" ke'ebe. "Bürin kešigten

10-9-9 turɣa'ud-i ordo horčin ordo-yin ger-ün kö'üd-i

10-9-10 adu'učin, qoničin, teme['e]čin, hükečin-i ordo darun

10-10-1 Dodai-čerbi uqaǰu atuɣai!" ke'<y>en tüšibe. Dodai-čerbi

10-10-2 darun aǰu ordo-yin qoyina-ča **Q**oɣ ideǰü **Q**oma'ul

10-10-3 tüleǰü yabutuɣai!" ke'<y>en ǰarliɣ bolba.

235

10-10-9 Qubilai-noyan-i Qarlu'ud-tur ča'ura'ulba. Qarlu'ud-un

10-10-10 Arslan-qan Qubilai (⁽中⁾忽必來 ← ⁽中⁾忽必米)-dur elsen ireǰü'üi. Qubilai-noyan

10-11-1 Arslan-qan-i abu'ad ireǰü, Činggis-qahan-dur

10-11-2 a'ulǰa'ulba. "Ese bulɣaba." ke'<y>en Činggis-qahan

10-11-3 Arslan-i soyurqaǰu, "Öki ögüye!" ke'<y>en ǰarliɣ (札⁽舌⁾兒里黑) bolba.

10-11-5 Sübe'etei-ba'atur temür telegetü Merkid-ün Toɣto'a (脱黑脱阿 ← 脱惕脱阿)-yin

10-11-6　Qutu, Čila'un teri'üten kö'üd-i inu neken ča'uraǰu Čüi-müren-e(沐[舌]洌捏)

10-11-7　gü<i>yičeǰü muqudqaǰu irebe.

237

10-11-9　J̌ebe Naiman-u Güčülüg-qan-i nekeǰü Sariɣ-qun-a

10-11-10　gü<i>yičeǰü Güčülüg-i muqudqaǰu irebe.

238

10-12-2　Ui'ud-un Idu'ud, Činggis-qahan-dur elčin ileǰü'ü.

10-12-3　Adkiraɣ, Darbai qoyar elčin-iyer öčiǰü ilerün,

10-12-4　"**E**'ülen arilǰu **E**ke naran üǰegsen metü, **M**ölsün

10-12-5　ari<n>lǰu **M**üren usun oluɣsan metü Čingis qa'an-u

10-12-6　nere aldar sonosču maši bayasba. Činggis-qahan

10-12-7　soyurqa'asu **Al**tan büse-yin qorgi-dača, **Al** de'el-ün

10-12-8　hürtesün-eče olu'asu, dabtu'ar kö'ün činu

10-12-9　bolǰu güčü ögsü!" ke'<y>en öčiǰü ileǰü'üi. Tere

10-12-10　üge-dür(突[舌]兒) Činggis-qahan soyurqaǰu qari'u ügüleǰü

10-13-1　ilerün, "Öki ber ögüye(斡古耶←斡古牙)! Dabtu'ar kö'ün boltuɣai!

10-13-2　Altan, münggü, subud, tanas, načid, dardas,

10-13-3　torɣad abu'ad Idu'ud iretügei!" ke'eǰü ilebesü,

10-13-4　Idu'ud "Soyu[r]ɣaɣdaba(莎余[舌兒][中]合[黑]荅罷)." ke'<y>en baysču altan, münggü,

10-13-5　subud, tanas, torɣad, načid, dardas, a'urasun

10-13-6　abu'ad Idu'ud ireǰü Činggis-qahan-dur a'ulǰaba.

10-13-7　Činggis-qahan Idu'ud-i soyurqaǰu Al-altun-i

10-13-8　ögbe.

239

10-14-2　Ta'ulai ǰil J̌oči-yi bara'un ɣar-un čeri'üd-iyer hoi-yin

10-14-3　irgen-dür morila'ulbai. Buqa ɣaǰarčilaǰu

10-14-4　odba. Oyirad-un Quduɣa-beki Tümen Oyirad-un

10-14-5　urida elsen oroǰu irebe. Ireǰü, J̌oči-yi

10-14-6　uduridču tümen Oyirad-tur-iyan γaǰarčilaǰu

10-14-7　Šiγšid(失黑失慯)-tur oro'ulba. J̌oči Oyirad, Buriyad,

10-14-8　Barγun(巴﹝舌﹞兒中渾), Ursud, Qabqanas, Qangqas, Tubas-i

10-14-9　oro'ulu'ad Tümen Kirgisüd-tür kürü'esü

10-14-10　Kirgisüd-ün noyad Yedi-inal, Al-di'er,

10-15-1　Örebeg-digin Kirgisüd-ün noyad elsen oroǰu

10-15-2　čaγa'anu'ud šingqod, čaγa'anu'ud aγtas, qaranu'ud

10-15-3　buluγad abu'ad ireǰü, J̌oči-da a'ulǰaba. Šibir

10-15-4　Kesdiyim, Bayid, Tuqas, Tenleg, Tö'eles, Tas, Baǰigi+

10-15-5　+d-ača inaγši hoi-yin irgen-i J̌oči oro'ulǰu

10-15-6　Kirgisüd-ün tümed-ün, minγad-un noyad-i, hoi-yin irgen-ü

10-15-7　noyad-i abu'ad ireǰü Činggis-qahan-dur čaγa'anu'ud

10-15-8　šingqod-iyar, čaγa'anu'ud aγtas-iyar, qaranu'ud

10-15-9　buluγad-iyar a'ulǰa'ulbai. Oyirad-un

10-15-10　Quduγa-beki-yi uγtun urida elsen tümen Oyirad-iyan

10-16-1　uduridun irebe ke'<y>en soyurqaǰu kö'ün-e inu

10-16-2　Inalči-da Čečeyigen-i ögbe. Inalči-yin aqa

10-16-3　Törölči-da J̌oči-yin öki Holuiγan-i ögbe.

10-16-4　Alaγa-beki-yi Önggüd-de(迭←荅) ögbe. Činggis-qahan J̌oči-yi

10-16-5　soyurqaǰu ügülerün, "Kö'üd-ün minu aqa, či ger-teče

10-16-6　sayi γarču mör sayitu oduγsan γaǰar-a ere

10-16-7　aγta-yi ülü širqan, ülü ǰoba'an ölǰeitü hoi-yin

10-16-8　irgen-i oro'ulǰu irebe(亦﹝舌﹞列罷), či. Irge čima-da

10-16-9　ögüsü!" ke'<y>en ǰarliγ bolba.

240

10-17-8　Basa Boro'ul-noyan-i Qori-Tumad irgen-dür

10-17-9　ča'ura'ulba. Tumad irgen-ü noyan Daiduqul-soqor(莎中豁舌兒←莎中豁舌思)

10-17-10　ükü'esü eme inu Botoqui-targun Tumad irgen-i

10-18-1　medeǰü aǰu'u. Boroɣul-noyan kürčü ɣurban haran

10-18-2　yeke čerig-eče urida yabura odču üde ǰilda

10-18-3　uqamsar berke hoi-dur horum-iyar(豁舌魯米牙[舌]兒) yabuqun bolun

10-18-4　qara'ul-a anu qoyina'un dermedtečü horum bo'oǰu

10-18-5　Boroɣul(字舌羅[中]忽勒)-noyan-i bariǰu alaǰu'ui. Tumad Boroɣul-i

10-18-6　alaǰu'ui ke'<y>en medeǰü Činggis-qahan maši kilinglaǰu

10-18-7　ö'esün morilan(秣[舌]驪闌) tu'urbi'asu(禿兀[舌]兒必阿速) Bo'orču, Muqali qoyar

10-18-8　Činggis qa'an-i ba<i>yitala idqaba. J̌iči Dörbetei

10-18-9　Dörbei-doɣšin-i tüširün čerig qatangɣui-a ǰasaǰu

10-18-10　müngke tenggeri-yi ǰalbariǰu, "Tumad irgen-i oro'ulun

10-19-1　sori!" ke'<y>en ǰarliɣ bolba. Dörbei čerig ǰasarun

10-19-2　urida čerig-ün yabuqu qara'ul-<l>un sakiqu mör horum

10-19-3　sübes-tür hoɣtorɣui erbegelǰe'ülǰü

10-19-4　hula'an buqa-yin yabuɣsan mör-iyer čeri'üd-tür

10-19-5　ǰasaɣlarun, čerig-ün to'otu kü'ün ǰirüke yada'asu

10-19-6　nišiqui-a ere-dür harban müsüd ürge'ülǰü süke,

10-19-7　uqali(兀中合里←兀哈里), kirü'e, ši'üči, ere-yin ǰer ǰebseg ǰasa'ulǰu,

10-19-8　hula'an buqa-yin yabuɣsan mör-iyer, mör-tür ba<i>yiɣsan

10-19-9　modud hoɣtočin čabči'ulǰu kirügede'ülǰü mör

10-19-20　bolɣaǰu, a'ula de'ere ɣaru'asu Tumad

10-20-1　irgen-ü erüke de'ere-če gened qurimlan

10-20-2　sa'uqui-dur da<u>'ulibai.

241

10-20-9　Urida Qorči-noyan, Quduɣa-beki qoyar Tumad-ta

10-20-10　bariɣdaǰu, Botoqui-tarɣun-dur tende aǰu'u. Qorči-yin

10-21-1　bariɣdaqu yosun. Tumad irgen-ü ökid ɣo'astan

10-21-2　ɣučin emes abtuɣai ke'<y>en ǰarliɣ(札[舌]兒里黑) boluɣsan-dur

10-21-3　Tumad irgen-ü ökid abqu ke'<y>en odqu bolun

10-21-4　urida elsegsed irgen ǰiči bulɣa bolǰu

10-21-5　Qorči(⁽中⁾豁ᵗᵘ兒赤)-noyan-i bariǰu'ui. Qorči(⁽中⁾豁⁽舌⁾兒赤) Tumad-ta bariɣda+

10-21-6　+ǰu'u ke'<y>en Činggis-qahan medeǰü hoi-yin irgen-ü

10-21-7　yabudal Quduɣa medemü ǰe ke'eǰü ile'esü

10-21-8　Quduɣa-beki basa bariɣdaǰu'u. Tumad irgen-i

10-21-9　oro'ulun bara'asu Boroɣul-un(字⁽舌⁾羅⁽中⁾忽侖) yasun-u tula ǰa'un

10-21-10　Tumad ögbe. Qorči ɣučin ökid-i abuba.

10-22-1　Quduɣa-beki-de Botoqui-taryun-i(塔ᵗᵘ兒⁽中⁾忽泥) ögbe.

242

10-22-7　Činggis-qahan ǰarliɣ bolǰu, eke-de, kö'üd-te de'ü-ner-e

10-22-8　irge qubiyaǰu ögüye ke'<y>en ögürün(斡古⁽舌⁾侖), "Ulus

10-22-9　quriya'an ǰobaɣsad eke buyu ǰe. Kö'üd-ün minu

10-22-10　aqa J̌oči bui ǰe. De'ü-ner-ün minu nilqa Odčigin

10-23-1　bui ǰe." ke'eǰü eke-de Odčigin-u qubi ki'ed tümen

10-23-2　irge ögbe. Eke čimadču ese dongɣodba(董⁽中⁾豁傷罷).

10-23-3　J̌oči-de yesün minyad irge(亦⁽舌⁾兒格) ögbe. Ča'adai-a

10-23-4　naiman minyad irge ögbe. Ögödei-e(斡歌迭耶 ← 斡歌苔牙) tabun

10-23-5　minɣad(敏⁽中⁾合傷) irge ögbe. Tolui-a tabun minɣad(敏⁽中⁾合傷)

10-23-6　irge ögbe. Qasar-a dörben minyad irge

10-23-7　ögbe. Alčidai-a qoyar minyad irge ögbe.

10-23-8　Belgütei-ye(別勒古台耶 ← 別勒古台牙) nigen minyan(敏⁽中⁾干) tabun ǰa'ud irge ögbe.

10-23-9　Da'aritai Gereyid-lü'e(魯額 ← 魯阿) bolulčaba(字魯勒察罷 ← 字魯傷察罷) ke'<y>en

　　　　nidün-ü

10-23-10　ečine ečidgeye(額赤傷格耶 ← 額赤傷格牙) ke'ebesü Bo'orču, Muqali,

10-24-1　Šigi-qutuqu ɣurban ügülerün, "Ö'er-ün ɣal-iyan

10-24-2　sönö'ekü metü, Ö'er-ün ger-iyen ebdekü metü,

10-24-3　sayin ečige-yin činu geri'es ɣaɣča abaɣa činu

10-24-4　qočorču amu. Ker tebčikü? Inu ese uqaɣsan-dur

10-24-5   bütügei(不禿該 ← 不禿孩)! Sayin ečige-yin činu nilqa nuntuγ, huni

10-24-6   bütara'ulčaǰu atuγai!" ke'egdeǰü **Q**abar-ača huni

10-24-7   qangšitala(⁽中⁾康失塔剌) **Q**aγas kelelegdeǰü, "J̌e deli!" ke'<y>en sayin

10-24-8   ečige-yi sedkiǰü, Bo'orču, Muqali, Šigi-qutuqu

10-24-9   γurban-u kelen-dür amurliba ǰe.

243

10-25-6   "Bi eke-de, Odčigin-a tümen irge ögčü, noyad-ača Güčü,

10-25-7   Kököčü, J̌ungsai, Qorqasun dörben-i tüšibe. J̌oči-da

10-25-8   Γunan, Müngke'ür, Kete γurban-i tüšibe. Ča'adai-dur

10-25-9   Qaračar(中合舌剌察[舌]兒), Müngke, Idoqudai γurban-i(⁽中⁾忽舌兒巴泥) tüšibe." Basa Činggis

10-25-10 qahan ügülerün, "Ča'adai keče'ü bu<i>yu. Narin aburitu bu<i>yu. Köke-čos

10-26-1   üde manaγar dergede aǰu, sedkigsen-iyen kelelen

10-26-2   atuγai!" ke'<y>en ǰarliγ bolba. Ögödei-dür Ilüge,

10-26-3   Degei qoyar-i tüšibe. Tolui-dur J̌edei, Bala qoyar-i

10-26-4   tüšibe. Qasar-tur J̌ebke-yi tüšibe. Alčidai-dur

10-26-5   Ča'urqai(察兀[舌]兒⁽中⁾孩)-yi tüšibe(禿失罷 ← 委失罷).

244

10-26-10 Qongqotadai(⁽中⁾晃中豁塔歹) Münglig ečige(額赤格 ← 額赤額)-yin kö'üd dolo'an (朵/舌/羅安) büle'ei.

10-27-1   Dolo'an-u dundadu Kököčü Teb-tenggeri büle'e. Tede

10-27-2   dolo'an Qongqotan(⁽中⁾晃中豁壇) Qasar-i ömereǰü ǰančiǰu'ui.

10-27-3   Qasar dolo'an Qongqotan-a(⁽中⁾晃中豁塔納) ömereǰü ǰančiγda'a

10-27-4   ke'<y>en Činggis qa'an-a sögödü'esü, Činggis-qahan

10-27-5   busud-tur kilinglaǰu aqui dunda kelelekü bolun,

10-27-6   Činggis-qahan kiling-dur-iyan Qasar-i ügülerün, "Amitu-da

10-27-7   ülü ilaγdaqu-ača büle'e, či. Ker ilaγda'a, či?"

10-27-8   ke'egdeǰü, Qasar nilbusu alda'ad bosču

전사(轉寫) 463

10-27-9 　　yorčiǰu, Qasar ma'uilaǰu, ɣurban üdür ese

10-27-10 　irebe(亦[舌]列罷). Tende Teb-tenggeri Činggis qa'an-a ügülerün,

10-28-1 　　"Müngke tenggeri-yin ǰarliɣ qan([中]罕) ǰa'arid ügülemü. Nigente

10-28-2 　　Temüǰin ulus(兀[中/魯思]) barituɣai ke'emü. Nigente Qasar-i

10-28-3 　　ke'emü. Qasar-i ese nende'esü mede'e ügei bui ǰe."

10-28-4 　　ke'egdeǰü, Činggis-qahan mün söni morilaǰu Qasar-i

10-28-5 　　barira odu'asu, Güčü, Kököčü qoyar([中]豁牙[舌]兒) Qasar-i

10-28-6 　　barira odba ke'<y>en eke-de ǰa'aǰu'u. Eke

10-28-7 　　mede'ed söni bö'ed uda'aran čaɣa'an teme'<y>en

10-28-8 　　kölǰü qara'utai tergetei, söni-de dülin yorčiǰu

10-28-9 　　naran(納[舌]闌) uryuqui-lu'a kürü'esü Činggis-qahan

10-28-10 　Qasar-un qančud huyaǰu, maɣalai büse inu abču

10-29-1 　　üge inu asaɣun büküi(不[中/灰])-dür eke-de kürteǰü Činggis

10-29-2 　　-qahan geyegčü eke-deče emi'ebe. Eke a'urlaǰu

10-29-3 　　kürčü(古[舌]兒抽 ← 古[舌]兒拙) tergen-eče ba<u>'u'ad eke ö'esün Qasar-un

10-29-4 　　huyaɣsad qančud talǰu(塔[勒]周 ← 荅[勒]周) talbi'ad maɣalai büse

10-29-5 　　inu Qasar-a ögčü, eke kilinglaǰu a'ur-iyan

10-29-6 　　darun yadan ǰabilan sa'uǰu qoyar kököd-iyen ɣarɣaǰu

10-29-7 　　qoyar ebüdüg dege'ün bisari'ulǰu ügülerün,

10-29-8 　　"Üǰebe-yü? Kökögsen nigen tanu ene bui. Ede **Q**adalun([中]合荅[舌]侖)

10-29-9 　　da'un **Q**arbisu-'an **q**aǰaɣsad, **K**üi([中/灰])-<y>iyan tasuluɣsad,

10-29-10 　Qasar yekibe? Temüǰin ene nigen kökö minu baraqu

10-30-1 　　büle'e. Qači'un, Odčigin qoya'ula bolǰu nigen kökö

10-30-2 　　ülü baraqu büle'e. Qasar bürün qoyar büri kököd

10-30-3 　　minu baraǰu če'eǰi minu a'ui boltala amurli'ulǰu

10-30-4 　　če'eǰi a'ui bolɣaqu büle'e. Te'ü-ber erdemtü

10-30-5 　　Temüǰin minu če'eǰi erdemtü, **Q**asar minu

10-30-6 　　**Q**abu güčü erdemtü tula **Q**arbučaǰu ɣaruɣsan-i

10-30-7　Qarbuǰu oro'ulqu büle'e. Oyǰadču yaruysan-i

10-30-8　hOntučaǰu oro'ulqu büle'e. Edö'e daisun kü'ün-i

10-30-9　muqudqabai ke'eǰü Qasar-i üǰen yadamui, ta."

10-30-10　ke'ebe. Eke-yi amurli'ulun baraǰu

10-31-1　Činggis-qahan ügülerün, "Eke-yi kilinglaydaǰu

10-31-2　ayun ba ayuba. Hičen ba hičebe, bi." ke'eǰü.

10-31-3　"Ičuya, bida!" ke'eǰü ičubai. Eke-de ülü mede'ülün

10-31-4　ečine'ün Qasar-un irge inu abču Qasar-a minyan(敏[中]千)

10-31-5　dörben ǰa'ud irge ögbe. Eke medeǰü

10-31-6　tere sedkil-dür ötör dötölegsen yosun

10-31-7　teyimü. J̌alayirtai J̌ebke tende qulaǰiǰu

10-31-8　Baryuǰin oron buru'udba.

245

10-33-1　Te'ün-ü qoyina yesün keleten irgen Teb-tenggeri(騰格[舌]理)-dür

10-33-2　quriǰu Činggis qa'an-u kirü'e-deče olon Teb-tenggeri

10-33-3　-dur quriqun bolbai. Teyin quriqui-dur Temüge

10-33-4　-odčigin-<n>u(訥←納) qariyatan irgen Teb-tenggeri-dür

10-33-5　odču'ui. Odčigin-noyan oduysan irge-ben

10-33-6　yuyira Soqor neretü elči-yan ileǰü'üi. Te[b]-tenggeri

10-33-7　Soqor elči-de ügülerün, "Odčigin, ta ǰirin

10-33-8　elčiten bolǰu'ui." ke'eǰü Soqor elči-yi inu

10-33-9　ašigiǰu yabuyan eme'el inu ürgeǰü

10-33-10　qari'ulǰu'ui. Odčigin Soqor elči-yen ašigiǰu

10-34-1　yabuyan ilegdeǰü manayarši Odčigin ö'esün

10-34-2　Teb-tenggeri-dür odču ügülerün, "Soqor elči-yen

10-34-3　ile'esü ašigiǰu yabuyan ileǰü'ü. Edö'e bi

10-34-4　irge-ben quyira irebe." ke'egdeǰü dolo'an

10-34-5　Qongqotan([中]晃[中]豁壇) Odčigin-i ende-če tende-če qa'aǰu, "Soqor

10-34-6　elči-yen ilekü činu ǰöb bui.” ke’eǰü bariqu-ača(阿察 ← 阿徹),

10-34-7　tusqu-ača kigderün, ayuǰu, Odčigin-noyan ügülerün,

10-34-8　”Elči ilekü minu-’ei buru’u.” ke’eǰü’ü. Dolo’an

10-34-9　Qongqotan(^(中)晃^中豁壇) ügülerün, ”Buru’u bö’esü namančilan

10-34-10　sögöd!” ke’eǰü, Teb-tenggeri-yin qoyina-ča sögöd+

10-35-1　+geǰü’üi. Irge-ben ba ese ögteǰü Odčigin

10-35-2　manaɣarši erte Činggis qa’an-i bosu’ai üdü’üi-e

10-35-3　oron dotora büküi(不^{/中/}灰)-dür oroǰu u<i>yila’ad sögödčü

10-35-4　ügülerün, ”Yesün keleten irgen Teb-tenggeri-dür

10-35-5　či’uldaǰu na-da qariyatan irge-ben Teb-tenggeri(騰格^[舌]理)-deče

10-35-6　ɣuyura Soqor(莎^[中]豁^舌兒) neretü elči ilelü’e. Soqor

10-35-7　elči-yi minu ašigiǰu yabuɣan eme’el ürgeǰü

10-35-8　ilegdeǰü, bi ö’esün ɣuyira odu’asu, dolo’an

10-35-9　Qongqotan-a(^[中]晃^中豁塔納) ende-če tende-če qa’aǰu namančila’ulǰu

10-35-10　Teb-tenggeri-yin qoyina-ča(^[中]豁亦納察) sögödke’üldebe.” ke’ed

10-36-1　u<i>yilaba. Činggis qa’an-i dongyodu’ai üdü’üi-e

10-36-2　Börte-üǰin oron dotora ön[g]deyiǰü sa’uǰu könǰile-<y>iyen

10-36-3　ǰaqa(札^[中]合)-bar ebče’ü-ben tüyidčü Odčigin-u u<i>yilaqu-yi

10-36-4　üǰeǰü nilbusu alda’ad ügülerün, ”Yekigsed

10-36-5　Qongqotan(^[中]晃^[中]豁壇), tede? Öčigen Qasar-i ömöreǰü ǰančiǰu-

10-36-6　kü büle’ei. Edö’e basa ene Odčigin-i yekin

10-36-7　qoyina-ča’an sögödgemüi? Yambar yosun bolumui?

10-36-8　Bel ede čigöd, narad metüs de’ü-ner-i činu eyin

10-36-9　oyisulaldumui. Ünen-ber mönö qoyina **Ne**’üle metü

10-36-10　beye činu **Negüs** odu’asu, **N**edkel metü ulus(兀^{/舌/}魯思)

10-37-1　činu ken-e mede’ülkün, tede? **Tulu** metü beye činu

10-37-2　**T**ulbas odu’asu, **T**uyal metü ulus činu

10-37-3　ken-e mede’ülkün, tede? Čigöd narad metü

10-37-4 de'ü-ner-i činu eyin oyisuladqun haran, minu
10-37-5 γurban dörben üčüged ma<u>'un mandutala minu
10-37-6 γa'u mede'ülkün, tede? Yekigsed Qongqotan([中]晃[中]豁壇) büle'e,
10-37-7 tede? De'ü-ner-iyen teden-e teyin ki'ülǰü, ker üǰeǰü
10-37-8 amu, či?" ke'e'ed Börte(孛[舌]兒帖)-üǰin nilbusun aldaba.
10-37-9 Börte(孛[舌]兒帖)-üǰin-ü ene üge-dür Činggis-qahan([中]合罕) Odčigin-a
10-37-10 ügülerün, "Teb-tenggeri edö'e irekü. Čidaqui-ača
10-38-1 ker ba ü<i>yileddü'esü, či mede!" ke'ebe.
10-38-2 Te'ün-dür Odčigin bosu'ad nilbusu-'an arči'ad
10-38-3 γarču γurban bökös-i beledčü ba<i>yiba. Qurumud
10-38-4 atala Münglig ečige dolo'an kö'üd-lü'e-ben
10-38-5 ireǰü, dolo'an büri oroǰu Teb-tenggeri tüsürge-yin
10-38-6 bara'un ete'ed sa'uqui-lu'a Odčigin Teb-tenggeri-yin
10-38-7 ǰaqa inu bariǰu, "Öčigen üdür(兀都[舌]兒) nama-yi namančilan
10-38-8 büle'e, či. Sorilduya!" ke'eǰü ǰaqa inu bariǰu
10-38-9 e'üden ǰüg čirba(赤[舌]兒罷). Teb-tenggeri Odčigin-u
10-38-10 esergü ǰaqa bariǰu bari<n>lduba. Teb-tenggeri-yin
10-39-1 /ỵin/ maγalai bari<n>lduqui-dur γolu〔m〕ta〔-yin〕 teri'ün-e
10-39-2 unaba. Münglig ečige maγalai inu abču
10-39-3 hünüsčü ebür-tür-iyen talbiba. Činggis-qahan
10-39-4 ügülerün, "Γarču bökö güčü temečeldüdkün!" ke'ebe.
10-39-5 Odčigin Teb-tenggeri-yi čirču γarurun, e'üden
10-39-6 bosoγa ǰa'ura urida beledügsen γurban bökös
10-39-7 esergü Teb-tenggeri-yibari'ad čirču γarču, niru'u(你[舌]魯兀)
10-39-8 inu quγulǰu, ǰe<ü>'ün ete'ed-ün terged-ün üǰü'ür-e
10-39-9 o〔'o〕rču, Odčigin oroǰu ügülerün, "Teb-tenggeri nama-yi
10-39-10 namančilan büle'e. Sori<n>lduya ke'esü ülü bolun(孛[舌]侖)
10-40-1 aγalaǰu gebtemü. Čaγtu nökör aǰu'u." ke'esü

10-40-2　Münglig ečige uqaǰu nilbusu alda’ad ügülerün,

10-40-3　"**D**ayir etügen-i **d**anglasun-u tedüi büküi(不/中/灰)-eče, **D**alai

10-40-4　müren-i ɣoroqan-u tedüi büküi(不/中/灰)-eče nököčebe, bi."

10-40-5　ke’eküi(客額/中/灰)-lü’e ǰirɣo’an(只舌兒[中]豁安) Qongqotan([中]晃中豁壇) kö’üd inu

e’üden

10-40-6　bosoǰu ɣolumta to’orin ba<i>yiǰu qančud-iyan

10-40-7　šimaliɣaɣdarun, Činggis-qahan gerelǰü šiqaɣdaǰu,

10-40-8　"J̌ayila! Ɣaruya!" ke’e’ed ɣarqu-lu’a Činggis qa’an-i

10-40-9　horčin qorčin, turɣa’ud to’orin ba<i>yibai.

10-40-10　Teb-tenggeri-yi terged-ün üǰü’ür-e niru’u quyulǰu

10-41-1　o’oruɣsan-i Činggis-qahan üǰeǰü qoyitu’ul-ača

10-41-2　nigen boro qošiliɣ abčira’ulǰu Teb-tenggeri-yin de’ere

10-41-3　inu talbi’ulǰu, "Kölge oro’uludqun! Ne<ü>’üye(耨兀耶←耨兀牙)!"

10-41-4　ke’eǰü tende-če ne<ü>’übei.

246

10-42-10　Teb-i talbiɣsan qošiliɣ-un erüke tüliǰü, e’üden

10-43-1　daruǰu hara saki’ulu’asu(撒乞兀/舌/魯阿速), ɣutu’ar söni üdür

10-43-2　šira-da ger-ün erüke ne’eǰü beye selte ɣarču’u.

10-43-3　Bolɣa’asu maɣad(馬中合楊←馬哈楊) Teb inu tende bolɣaɣdaba.

10-43-4　Činggis-qahan ügülerün, "Teb-tenggeri de’ü-ner-tür minu

10-43-5　ɣar, köl kürgegsen-ü tula, de’ü-ner-ün minu ǰa’ura

10-43-6　oro ügei ǰinggükü-yin tula, tenggeri-de ese

10-43-7　ta’alaɣdaǰu, ami-yan beye selte abču oddaba ǰe."

10-43-8　ke’ebe. Činggis-qahan Münglig ečige-yi tende

10-43-9　dongɣodurun, "Kö’üd-ü<ɣ>en aburi idqan denggečen

10-43-10　sedkikün bolun(孛/舌/侖), Teb-tenggeri-yin teri’ün-dür kürbei,

10-44-1　ta. Tanu teyimü aburi uqaɣsan bö’esü, J̌amuqa,

10-44-2　Altan, Qučar-tan-u yosutan bolɣaɣdaqun

10-44-3　büle'ei, ta." ke'ejü Münglig ečige-yi dongyodču,

10-44-4　dongyodun baraju ǰiči manayaru ügülegsen-i üdeši

10-44-5　qudaru'asu, üde-yin ügülegsen-i manayar

10-44-6　qudaru'asu, hičire maya ke'egdekü. Ele urida

10-44-7　üge baraydalu'a. J̌e, teli!" ke'<y>en soyurqaju

10-44-8　ǰiči ǰaliraba(札/舌/里/舌/剌罷). Alus aburi-yan tataysan

10-44-9　bö'esü, Münglig ečige-yin uruy-tur ken denggečekün

10-44-10　büle'ei?" ke'ebe. Teb-tenggeri-yi ügei bolya'ad

10-45-1　Qongqotan(（中）晃（中）豁壇) čirai ǰibturaju'ui ǰe.

247

11-1-2　Te'ün-ü qoyina Činggis-qahan qonin ǰil Kitad

11-1-3　irgen-dür morilabai. Fuǰu-yi abču

11-1-4　Hünegen-daba-'ar dabaju Söndeifu-yi abču J̌ebe,

11-1-5　Güyigüneg-ba'atur qoyar-i manglai ilebei.

11-1-6　Čabčiyal kürčü Čabčiyal-daba'an-i bekilegdejü

11-1-7　tende J̌ebe ügülerün, "Ani uduju ködölgejü

11-1-8　ire'ülün tende soriya!" ke'ejü qaribai. Qariydaju

11-1-9　Kitad-un čeri'üd nekeye ke'<y>en čölke, a'ula

11-1-10　bütetele nekejü ayiši. Söndeifu-yin qoši'un-a kürčü

11-2-1　J̌ebe qoyinayši hurba. Tataju dobtulju

11-2-2　sundurču ayisuqun dayin-i daruba. Činggis-qahan

11-2-3　yol čerig daručaju Kitad-i ködölgejü Qara Kidad-ün,

11-2-4　J̌ürčed-ün, J̌üyin-ü erekün omoqun čeri'üd-i daruju

11-2-5　Čabčiyal-a kürtele hünǰi'ü bayitala kiduju Čabčiyal-un

11-2-6　ca'alya J̌ebe abču daba'ad buliju dabaju

11-2-7　Činggis-qahan Šira-degtür ba<u>'ubai. J̌ungdu-yi

11-2-8　e'erejü qotod, qotod, balayad-tur čeri'üd

11-2-9　ilejü(亦/舌/列周) e'ere'ülbe. J̌ebe-yi Dungčang-balayasun

11-2-10   e'ere'ülün ilebe. Dungčang-balaɣasun-dur kürčü

11-3-1   e'erejü(額額[舌]列周) abun yadaju qariju jirɣo'an qonoɣ([中]豁那[黑]) ɣajar-a

11-3-2   kürčü genedgejü jiči qarin tata'ad ɣar kötölten(闊脫[勒]田 ← 闊脫[勒]壇)

11-3-3   söni düliligejü gened büküi-dür kürčü Dungčang-balaɣasu

11-3-4   abu'ai.

248

11-4-1   Jebe Dungčang-balaɣasun-i abču qariju ireju

11-4-2   Činggis-qaɣan-dur neyilebei. Jungdu-yi e'eregderün

11-4-3   Atan-qan-u yeke noyan Ongging-čingsang Altan-qan-a

11-4-4   duradqarun, "Tenggeri ɣajar-un jaya'an čaɣ yeke oro

11-4-5   ye'üdgeküi čaɣ-u'u kürbe(古[舌]兒罷). Mongɣol maši güčütei-e

11-4-6   ireju bidan-u erekün, omoqun Qara Kitad-un,

11-4-7   Jürčed-ün, Jüyin-ü erkid čeri'üd-i daruju

11-4-8   büre<n>ltele kiduju'ui. Itegeltü Čabčiyal-i ber

11-4-9   buliju abču'ui. Edö'e bida basa čeri'üd(扯[舌]里兀[惕] ← 扯[舌]里克[惕]) jasaju

11-4-10   ɣarɣa'asu, basa Mongɣol-a daruɣda'asu qala'ar

11-5-1   balaɣad, balaɣad-dur-iyan butaraqun, tede. Jiči

11-5-2   bidan-a qura'ulu'asu([中]忽[舌]剌兀/[舌]魯阿速) ülü bolun, bidan-dur da<i>yisun bolju

11-5-3   ülü nököčekün, tede. Altan-qan-i soyurqa'asu

11-5-4   Mongɣol-un qan-dur edö'ed-tür elsen eyetüye!

11-5-5   Eye-dür oroju Mongɣol-i iču'asu, iču'ɣasan-u

11-5-6   qoyina basa busu sedkil bida tende eyetüldüd je.

11-5-7   Mongɣol-un ba ere aɣta ɣajar he'üšiyejü

11-5-8   kölčirgemüi ke'egdemüi. Qan-u inu öki ögüye!

11-5-9   Altan münggün a'urasud ed čerig-ün kü'ün-e kündüte

11-5-10   ɣarɣaju ögüye! Ene eye-dür man-u oroqu

11-6-1   ülü-ü-yi ker medegdeküi?" ke'<y>en duradqa'asu

11-6-2   Altan-qan Ongging-čingsang-un ene üge jöbšiyejü, "Eyin

11-6-3   bö'ed boltuγai!" ke'<y>en elsen Činggis qa'an-a

11-6-4   Güngǰü neretei öki γarγaǰu altan, münggün, a'urasun

11-6-5   ed tabar čerig-ün kü'ün-e güčün-e mede'ülün

11-6-6   da'aqui-ača J̌ungdu-ača γarγaǰu Činggis-qahan-dur

11-6-7   Ongging-čingsang kürgeǰü irebei. Elsen iregdeǰü

11-6-8   Činggis-qahan eye-dür anu oroǰu, qotad

11-6-9   qotad-tur e'ered ba<u>'uγsad čeri'üd-i

11-6-10   qari'ulǰu ičubai. Ongging-čingsang Muǰu, Fuǰu neretü

11-7-1   qoši'un-a kürtele Činggis qa'an-i hüdeǰü qariba.

11-7-2   A'urasun ed bidan-u čeri'üd da'aqui(荅阿[中]恢)-ača ačiǰu,

11-7-3   kibud-iyar ačï'a-ban tataǰu yabubai.

249

11-8-1   Tere morilaγsa'ar(秣[舌]驪剌[黑]撒阿[舌]兒) Qašin irge-dür yorčiba.

11-8-2   J̌oriǰu kürü'esü Qašin irgen-ü Burqan(不[舌]兒[中]罕) elsen, "Bara'un

11-8-3   γar činu bolǰu güčü ögsü!" ke'<y>en Čaγa neretei

11-8-4   öki Činggis qa'an-a γarγaǰu ögbe. Basa

11-8-5   Burqan(不[舌]兒[中]罕)-qan ügülerün(嗚詁[舌]/列[舌]論), "Činggis qa'an-u nere aldar

11-8-6   sonosču ayuǰu ala'ai, ba. Edö'e süldertü

11-8-7   beye činu kürčü iregdeǰü sülder-eče ayuba.

11-8-8   Ayuǰu, ba Tangud irgen bara'an γar činu bolǰu

11-8-9   güčü ögsü ke'ebei. Güčü ögürün, **N**unǰi

11-8-10   **n**untuγtan **N**ödügsen balaγasutan bui ǰe. **N**ököčeǰü

11-9-1   **Q**urdun aya ayalaqui-dur, **Q**urča bulγa

11-9-2   bulγalduqui-dür, **Q**urdun ayan-dur gü<i>yičen ǰe yadamui ǰe.

11-9-3   **Q**urča bulγa-dur bulγaldun ǰe yadamu ǰe, ba.

11-9-4   Činggis qa'an-i soyurqa'asu, ba Tangu[d] irgen **Ü**ndür

11-9-5   deresün-ü nemürete ösgeǰü **O**lon teme'ed

11-9-6   γarγaǰu qa bolγaǰu ögsü! **Ö**rmege nekeǰü,

11-9-7　　a'urasun bolɣaǰu ögsü! **O**'orqu šiba<u>'un

11-9-8　　surɣaǰu qura'ulǰu sayid-i inu kürge'ülün(古[舌]兒格兀侖)

11-9-9　　asuɣai!" ke<y>en öčibei. Ügüleǰü üge-dür-iyen

11-9-10　　kürün **T**angud irgen-eče-'<y>en **T**eme'ed ɣubčiǰu

11-10-1　　**T**a<u>'un yadatala abčiraǰu ögbei.

250

11-10-6　　Činggis-qahan tere morilaɣsan-dur **K**itad irgen-ü

11-10-7　　Altan qa'an-i else'ülǰü **O**lon a'urasun abču,

11-10-8　　**Q**ašin irgen-ü Burqan(不[舌]兒[中]罕)-<n>i else'ülǰü **O**lon

11-10-9　　teme'ed abču Činggis-qahan qonin ǰil tere

11-10-10　　morilaɣsan-dur Kitad irgen-ü **A**qutai neretü

11-11-1　　**A**ltan-qan-i else'ülǰü **T**angud irgen-ü

11-11-2　　**I**luqu-burqan(不[舌]兒[中]罕)-<n>i else'ülǰü qariǰu Sa'ari-ke'er-i

11-11-3　　ba<u>'ubai.

251

11-11-6　　Basa te'ün-ü qoyina J̌eügon-dur elsen ilegsed

11-11-7　　J̌ubqan teri'üten olon elčin-iyen Kitad-irgen-ü

11-11-8　　Aqutai Altan-qan-a ǰedkügdeǰü Činggis-qahan

11-11-9　　noqai ǰil Kitad-irgen-dür basa morilabai.

11-11-10　　Elsen baraǰu J̌eügon-dur iregsed elčin-i yekin

11-12-1　　ǰedkün(者[楊]坤) bülegei ke<y>en morilarun, Činggis-qahan Tungguan-amasar

11-12-2　　ǰoriǰu J̌ebe-yi Čabčiyal-iyar bolɣaba. Činggis qa'an-i

11-12-3　　Tungguan-amasar-iyar bolba ke<y>en Altan-qan medeǰü

11-12-4　　Ile, Qada, Höbögetür ɣurban-a čeri'üd mede'ülǰü,

11-12-5　　čerig bökleǰü, Hula'an-degelen-i manglailan ǰasaǰu

11-12-6　　"Tungguan-amasar-i temečen daba'a bü daba'uludqun!" ke<y>en

11-12-7　　Ile, Qada, Höbögetür ɣurban-i čeri'üd qurduilan

11-12-8　　ileǰü'üi. Dungguan amasar-a kür'esü Kitad-un čeri'üd

11-12-9　　γaǰar ke'<y>en da'aǰu irebei. Činggis-qahan

11-12-10　　Ile, Qada, Höbögetür γurban-lu'a ba<i>yilduǰu

11-13-1　　Ile, Qada-yi ködölgebei. Tolui, Čügü kürigen

11-13-2　　qoyar köndelen-eče dobtulǰu Hula'an-degelen-i iču'aǰu

11-13-3　　kürčü Ile, Qada-yi ködölgeǰü daruǰu, Kitad-i

11-13-4　　hünǰi'ü bayitala kidubai. "Kitad čeri'üd-iyan kiduǰu

11-13-5　　baraγdaba." ke'<y>en Altan-qan medeǰü J̌ungdu-dača

11-13-6　　γarču buru'udun Namging-balaγasu oroǰu'ui. Hülegsed

11-13-7　　čeri'üd anu turuǰu ükürün ö'er ǰa'ura kü'ün-ü miqa

11-13-8　　ideldü'ǰüi. Tolui, Čügü kürigen qoyar sayitur

11-13-9　　ü<i>yiledbei ke'<y>en Činggis-qahan Tolui, Čügü kürigen

11-13-10　　qoyar-i maši soyurqaba.

252

11-14-6　　Činggis-qahan Hoši'u-yi ba<u>'u'ad J̌ungdu-yin Šira-ke'er

11-14-7　　ba<u>'ubai[12]. J̌ebe Čabčiyal-un qa['a]lγa ebdeǰü Čabčiyal-i

11-14-8　　bariγsad čeri'üd-i ködölgeǰü ireǰü

11-14-9　　Činggis-qahan-dur neyilebei. Altan-qan J̌ungdu-dača

11-14-10　　γarurun J̌ungdu dotora Qada-yi liušiu bolγan tüšiǰü

11-15-1　　oduγsan aǰu'u. Činggis-qahan J̌ungdu-yin altan, münggün,

11-15-2　　ed, a'urasun ya'uke inu to'ola'ulurun, Önggür ba<u>'urči,

11-15-3　　Arqai(阿^舌兒^[中]孩)-qasar(^中合撒^舌兒 ← ^中合薛^舌兒), Šigi-qutuqu(^中忽禿^[中]忽) γurban-i

　　　　ilebei.

11-15-4　　Ede γurban-i ayisai ke'<y>en Qada esergü uγdun

11-15-5　　altatai hartai(哈^舌兒台 ← 合^舌兒台) a'urasu bari'ad J̌ungdu dotor-ača

11-15-6　　γarču esergü irebe. Qada-da Šigi-qutuqu(^中忽禿^[中]忽)

11-15-7　　ügülerün, "Urida ene J̌ungdu-yin ed mün Altan-

---

12)　　四部叢刊本과 葉德輝本의 이 동사 뒤에 나오는 "原作別"은 "原作伯"의 잘못. 永樂大典十五卷本 참조.

11-15-8   qan-u'ai aǰu'u ǰe. Edö'e J̌ungdu Činggis qa'an-u'ai

11-15-9   bui ǰe. Činggis qa'an-u ed a'urasu ečine'ün

11-15-10   yekin qulaɣču abčiraǰu ögümü, či? Bi ülü abqu."

11-16-1   ke'eǰü Šigi-qutuqu ese abu'a[d]. Önggür ba<u>'urči,

11-16-2   Arqai qoyar abbai. Ede ɣurban J̌ungdu-yin

11-16-3   ed ya'uke to'olaǰu irebe. Tende Činggis-qahan Önggür,

11-16-4   Arqai, Qutuqu ɣurban-ača, "Qada ya'u ögbe?" ke'<y>en

11-16-5   asaɣba. Šigi-qutuqu ügülerün, "Altatai ɣartai

11-16-6   a'urasu abčiraǰu ögülü'e. Bi ügülerün, urida

11-16-7   ene J̌ungdu Altan-qan-u'ai aǰu'u ǰe. Edö'e

11-16-8   Činggis qa'an-u'ai bolba ǰe. Či Qada Činggis qa'an-u

11-16-9   ed ečine'ün qulaɣču yekin ögümü, či? ke'eǰü

11-16-10   bi ese abuba. Önggür, Arqai qoyar ögügsed-i

11-17-1   inu abula'a." ke'ebe. Činggis-qahan tende Önggür,

11-17-2   Arqai qoyar-i maši dongyodba. Šigi-qutuqu-yi, "Yeke

11-17-3   yosu sedkiǰü'ü, či." ke'<y>en maši soyurqaǰu Üǰekü-yin

11-17-4   minu nidün Sonosqu-yin minu čikin bolǰu

11-17-5   ülü-ü aqu, či?" ke'<y>en ǰarliɣ bolba.

253

11-18-1   Altan-qan Namging oroǰu ö'er-iyen elsen mürgüǰü

11-18-2   Tenggeri neretü kö'ü-ben ǰa'un nöködtü-yi Činggis-qahan-dur

11-18-3   turɣaɣ boltuɣai ke'<y>en ileǰü'ü. Ima-da elsegdeǰü

11-18-4   Činggis-qahan ičuya ke'<y>en Čabčilyal-iyar tende ičurun,

11-18-5   Qasar-i ǰe<ü>'ün ɣar-un čeri'üd-iyer dalai giǰin ilerün,

11-18-6   "Beiging-balaɣasu ba<u>'udqun! Beiging-balaɣasun-i else'ülǰü

11-18-7   činana J̌ürčed-ün Fuqanu-yi da'arin odču Fuqanu bulɣa

11-18-8   sedki'esü ha'uludqun! Else'esü inu kiǰi'ar(吉只阿[舌]兒)

11-18-9   balaɣad anu da'arin Ula, Na'u-müred giǰin odču

11-18-10　Ta<u>'ur-müren(沐[舌]漣) ö'ede dabaǰu yeke a'uruy-tur

11-19-1　neyilen iredkün!" ke'eǰü ilebe. Qasar-lu'a

11-19-2　noyad-ača J̌ürčedei, Alči, Tolun-čerbi γurban-i

11-19-3　ileldübei. Qasar Beiging-balaγasun oro'ulǰu

11-19-4　J̌ürčed-ün Fuqanu-yi else'ülǰü mör-e Bümei balaγasun-i

11-19-5　oro'ulu'ad Qasar Ta<u>'ur-müren ö'ede ireǰü

11-19-6　yeke a'uruy-tur ba<u>'uǰu irebei.

254

11-20-1　Te'ün-ü qoyina Činggis-qahan Sarta'ul(撒[舌]兒塔兀勒) irgen-e

11-20-2　Uquna teri'üten ǰa'un elčin-iyen ǰedküǰü alaγdaǰu,

11-20-3　Činggis-qahan ügülerün, "Altan aryamǰi-yan Sarta'ul

11-20-4　irgen-e ker tasuldan büle'ei?" ke'<y>en "Uquna teri'üten

11-20-5　ǰa'un elčin-ü'<y>en **Ösöl ösön, Kisal kisa**n Sarta'ul(撒[舌]兒塔兀勒)

11-20-6　irgen-dür(突[舌]兒) morilaya!" ke'<y>en morilaqui(秣[舌]驪剌[中]恢)-dur(突[舌]兒) tende

　　　　Yesüi

11-20-7　qadun Činggis qa'an-a duradqan öčirün, "Qahan **Ündür** daba'a

11-20-8　daban, **Örgen** müred ketülün, **Urtu**(兀[舌]兒禿) ča'ur(察兀[舌]兒) ča'uran,

11-20-9　**Ol**on ulus-iyan ǰibši'erün sedkibei.

11-20-10　Töregsen ele amitan-dur müngke ügei aǰu'u.

11-21-1　**Ne**'üle metü beye činu **Negüs** odu'asu, **Ne**dkel

11-21-2　metü ulus-iyan ken-e gemü? **Tu**lu metü beye činu

11-21-3　**Tul**bas odu'asu, **Tu**yal metü ulus-iyan ken-e

11-21-4　gemü? Töregsen **D**örben külü'üd kö'üd-ü'<y>en **K**en-i inu

11-21-5　ke'emü? Kö'üd-te, de'ü-ner-e olon qaračus-a, man-a ber

11-21-6　ma<u>'un-a uqaǰu aqui-a uqaγsan-iyan duradqaγsan

11-21-7　bolba. J̌arliy medetügei!" ke'<y>en öči'esü

11-21-8　Činggis-qahan ǰarliy(札[舌]兒里黑) bolurun, "Qadun ber kü'ün

11-21-9　bö'esü, Yesüi-yin üge ǰöb-eče(拙別扯 ← 拙別察) ǰöb. Kedber(客[楊]別[舌]兒) de'ü-ner

11-21-10 kö'üd ta ber Bo'orču(孛斡⁽舌⁾兒出), Muqali-tan eyin ese

11-22-1 duradqabai. Bi ber Uridus-i ülü uda'araqui(兀荅阿⁽舌⁾剌⁽中⁾恢)-ača

11-22-2 Umartaju aju'u. Üküleng-e ülü erüsteküi-eče

11-22-3 Untaraju aju'u." ke'e'ed, "Kö'üd-ün minu aqa

11-22-4 J̌oči bui je. Ya'u ke'emü, či? Kelele!" ke'ebe. J̌oči-yi

11-22-5 dongɣodqu-yin urida Ča'adai ügülerün, "oči-yi

11-22-6 kelele ke'erün, J̌oči-yu'u tüšin ügülemüi? Ene

11-22-7 Merkidei čul ulǰa'ur-a ker mede'ülkün, bida?"

11-22-8 ke'eküi(客額⁽中⁾灰)-lü'e J̌oči bosu'ad Ča'adai-yin ǰaqa-dur

11-22-9 tusču ügülerün, "Qan ečige-de busu ese ke'egdelü'e.

11-22-10 Či nama-yi ker(客⁽舌⁾兒) ilɣamui? Yambar erdem-iyer hüle'ü, či?

11-23-1 Ɣaɣča keče<ü>'ü-ber-iyen maɣa hüle'ü ele, či. Hontučaju

11-23-2 čima-da ɣarda'asu, Herekei(赫⁽舌⁾列克 ← 赫⁽舌⁾列該)-yen hoɣtolǰu o'orsuɣai!

11-23-3 Abaldaǰu čima-da ilaɣda'asu, unaɣsan ɣaǰar-ača

11-23-4 bü bossuɣai! Qan ečige-yin ǰarliɣ(札⁽舌⁾兒里黑) medetügei!" ke'ebe.

11-23-5 J̌oči, Ča'adai qoyar ǰaqa-ča bari<n>lduǰu ba<i>yin büküi(不⁽中⁾灰)-dür

11-23-6 J̌oči-yin ɣar-ača Bo'orču tataǰu, Ča'adai-yin ɣar-ača

11-23-7 Muqali tataǰu büküi(不⁽中⁾灰)-dür, Činggis-qahan sonosču

11-23-8 sem sa'un bui. Tende Kökö-čos je<ü>'ün ete'ed ba<i>yiǰu

11-23-9 ügülerün, "Ča'adai yekin ya'arayu, či? Qan ečige činu

11-23-10 kö'üd-ün dotora čima-dača ereǰü büle'e. Tan-i töreküi-yin

11-24-1 urida, Hodutai tenggeri Horčiju büle'e. Olon ulus

11-24-2 bulɣa büle'e. Oron-dur-iyan ülü oron, Olǰalaldun

11-24-3 büle'e. Körisütei etügen Körbeǰü büleǰü, Gür ulus

11-24-4 bulɣa büle'e. Könǰile-de'<y>en ülü gebten Görüleldün büle'e.

11-24-5 Teyimu čaɣ-tur(突⁽舌⁾兒) Küseǰü ese yabuba je.

11-24-6 Kürülčeküi-dür bolba je. Buru'udču ese yabuba.

11-24-7 Bulɣalduqui-dur(突⁽舌⁾兒) bolba je. Amaraǰu ese yabuba je.

11-24-8　Alalduqui-dur bolba ǰe. Boɣda qadun eke-yü'<y>en

11-24-9　Toson duran qoru'ulǰu, Sün ǰürüken e'ede'ülǰü ügülemüi,

11-24-10　či. Büle'en-eče Büled Mün ke'eli-deče ese-'ü törele'ei,

11-25-1　ta? Qala'un-ača Qalad Mün ɣaɣča qaqunaɣ-ača ese-'ü

11-25-2　ɣarula'a, ta? J̌ürken-eče töregsen eke-yü'<y>en Čimadqa'asu,

11-25-3　Činar inu J̌ekirčü J̌alira'ulu'asu(札里^舌剌兀/勒/魯阿速) ülü boli!

11-25-4　Ke'eli-deče toregsen eke-yü-'<y>en Gemüri'ülü'esü,

11-25-5　Genü'er inu Gesge'esü, ülü boli! Qan ečige tan-u

11-25-6　Qamuɣ ulus-i ba<i>yi'ulurun, Qara teri'ü-ben qantuɣalaǰu,

11-25-7　Qara čisu-ban nambuɣalaǰu, Qara nidü-ben hirmes

11-25-8　ülükin, Qa[b]taɣai čiki-ben dere-dür(突^舌兒) ülü talbin, Qanču-ban

11-25-9　dereleǰü, Qorli-ban debüsčü, Šilüsün-iyen undalaǰu,

11-25-10　Šigi-yan qonaɣlaǰu, Manglai-yin kölesün ula-dur(突^舌兒) kürtele,

11-26-1　Ula-yin kölesün manglai-dur(突^舌兒) ɣartala, Ölümlen kiči'<y>en

11-26-2　yabuqui(迓步^中恢) čaɣ-tur(圖^舌兒), Eke tan-u qamtu-bar(巴^舌兒) ǰoboldurun,

11-26-3　Horaitala boɣtalaǰu, Ho'oǰitala büseleǰü, Niyitaitala

11-26-4　boɣtolaǰu, Niduratala büseleǰü, Tan-iyan ösgerün,

11-26-5　J̌algiqui ǰa'ura J̌arim-iyan ögčü, Qo'olai-yan qučiǰu,

11-26-6　Qotolai-yan ögčü, Qo'osun yabuqui büle'ei. Egem-eče

11-26-7　tan-u tataǰu Ere-lü'e sača'un, ken-e bolɣaqu?

11-26-8　Küǰü'ün-eče tan-u tataǰu Kü'ün-lü'e sača'un ken-e bolɣaqu?"

11-26-9　ke'eǰü, "Buyi tan-u arilɣaǰu, Burbui tan-u ergü'ülǰü

11-26-10　Ere-yin egem-dür(突^舌兒), Aɣta-yin qarɣam-dur(突^舌兒) kürgeǰü

11-27-1　Edö'e tan-u-'an sayi üǰesü ke'<y>en sedkiǰü

11-27-2　Ese-'ü amui? Boɣda qadun bidan-u Naran metü gege'<y>en,

11-27-3　Na'ur metü delger sedkiltü büle'e."

11-27-4　ke'ebe.

11-28-5   Tende-če Činggis-qan ügülerün, "oči-yi yekin teyin ke'emüi, ta?

11-28-6   Kö'üd-ün minu aqa J̌oči ülü-'ü bui? Qoyina teyin bü

11-28-7   ke'edkün!" ke'<y>en ǰarliγ bolba. Ene üge-dür(突[舌]兒) Ča'adai

11-28-8   müčilǰejü ügülerün, J̌oči-yin güčütü-yi, erdem-ün

11-28-9   qari'u ülü ügülen, "**A**ma-'ar **a**laγsan, **A**či'asu ülü

11-28-10   boli. **Ü**ge-'er **ü**kü'ülügsen, **Ü**bči'esü ülü boli.

11-29-1   Kö'üd-ün aqa J̌oči ba qoyar bui ǰe. **Q**an ečige-de

11-29-2   **Q**olba['a]ran güčün ögsü! **D**aldariγsan-iyan **D**albaru

11-29-3   čabčildusu! **Q**oǰidaγsan-iyan borbin-iyan **K**inggürü

11-29-4   čabčildusu! Ögödei-lü örüg bui. Ögödei-yi

11-29-5   ke'eldüye! Ögödei-qan ečige-yin dergede aǰu

11-29-6   **B**ara'a yeke maγalai-yin **B**a<u>['u]li-ya tani'ulu'asu bolu ǰe."

11-29-7   ke'ebe. Ene üge-dür Činggis-qahan ügülerün,

11-29-8   "J̌oči ya'u ke'emü? Kelele(客列列 ← 客列延)!" ke'ebe. J̌oči

11-29-9   ügülerün, "Ča'adai-lu ügülebe. Ča'adai ba qoyar

11-29-10   qolba'aran güčü ögsü! Ögödei-yi ke'eldüye!"

11-29-1   ke'ebe. Činggis-qahan ǰarliγ bolurun, "Qolba'aratala

11-30-2   ya'un bui? Ötögen eke a'ui bui. Müred usud olon bui.

11-30-3   Salqu šitü nuntuγ a'udkin qari daru'ulun

11-30-4   salγaya ke'e'd J̌oči, Ča'adai qoyar üges

11-30-5   -tür-iyen kürülčedkün! Irgen-e bü ine'eülüdkün!

11-30-6   Haran-a(哈[舌]剌納 ← 中合[舌]剌納) bü qabqari'uludqun(中合卜 中合[舌]里兀魯楊中渾 ← 中合卜 中合[舌]里兀魯楊中坤)! Erte(額[舌]兒帖) Altan, Qučar

11-30-7   qoyar ene metü üge baralduǰu ǰiči üges

11-30-8   -tür-iyen ülü kürkü-yin tula ker kigdelü'ei?

11-30-9   Yambar bolγaγdalu'ai? Edö'e Altan, Qučar

11-30-10   qoyar-un uru'ud-ača tan-lu'a salγalduya! Teden-i

11-31-1 üǰeǰü ya'u osoldaqun, ta?" ke'e'ed "Ögödei

11-31-2 ya'u ke'emü? Kelele!" ke'ebe. Ögödei ügülerün,

11-31-3 "Qahan-eče[13)] soyurqaǰu ügüle ke'egde'esü, ya'u-ban

11-31-4 ügülekü, bi? Ülü čidaqu ke'<y>en ker ügülekü?

11-31-5 Čidaqui-bar qata'učisuγai kü! ke'emü ǰe. Mona qoyina(〔中〕豁亦納)

11-31-6 maγa uruγ-tur minu **O**lang-dur quči'asu, **hÜ**ker-e

11-31-7 ülü idegdekü, **E**ükün-dür quči'asu(〔中〕忽赤阿速), **N**oqai-a

11-31-8 ülü idegdekü töre'esü, **Q**andaγai ketüs

11-31-9 **Q**uluγana söles aldaqu-yu'u? Edüi yü'<y>en ǰe

11-31-10 ke'emü. Busu ya'u ügülekü, bi." ke'ebe.

11-32-1 Ene üge-dür Činggis-qahan ǰarliγ bolurun, "Ögödei

11-32-2 eyimün üges ügülekü bö'esü bolu ǰe." ke'ebe.

11-32-3 "Basa Tolui ya'u ke'emü? Kelele!" ke'ebe. Tolui

11-32-4 ügülerün, "Bi qahan ečige-yin nereyidügsen aqa-yu'an

11-32-5 dergede aǰu **U**martaγsan-i duradqaǰu, **U**ntaraγsan-i

11-32-6 seri'ülǰü, **J̌**e-yin nökör, **J̌**e'erde-yin mina'a bolǰu,

11-32-7 **J̌e**-deče ülü qoǰidan, **J̌**erge-deče ülü čolayitan, **U**rtu

11-32-8 **č**a'ur **č**a'uraǰu, **O**qor **b**olγa **b**olγaǰu ögsü!" ke'<y>en

11-32-9 ügüle'esü, Činggis-qahan ǰöbšiyen ǰarliγ bolurun,

11-32-10 "Qasar-un uruγ nigen-iyen mede'ül! Alčidai-yin

11-33-1 uruγ nigen-iyen mede'ül! Odčigin-u uruγ nigen-iyen

11-33-2 mede'ül! Belgütei-yin uruγ nigen-iyen mede'ül!

11-33-3 Teyin sedkiǰü minu uruγ-i nigen-i mede'ülǰü minu

11-33-4 ǰarliγ busu ülü bolγan ese hutaru'asu, ülü

11-33-5 endekün, ülü alqun, ta! Ögödei-yin uruγ-i **O**lang-dur(突〔舌〕兒)

11-33-6 quči'asu(〔中〕忽赤阿速) **hÜ**kere ülü idegdekü, **Ö**'ükün-dür(突〔舌〕兒)

---

13) 방역 '父'로 미루어 額徹은 額赤格의 오류일 수도 있음.

11-33-7 quči'asu **N**oqai-a ülü idegdekü töre'esü minu

11-33-8 uruγ-tur nigen-ü'ü sayin ülü törekü aǰu'u." ke'<y>en

11-33-9 ǰarliγ bolu'ad

256

11-35-1 Činggis-qahan morilarun Tangud irgen-ü Burqan-dur

11-35-2 elčin ilerün, "Bara'un γar činu bolsu ke'elü'e,

11-35-3 či. Sarta'ul irgen-e Altan aryamǰi-yan

11-35-4 tasuldaǰu olulčan morilaba, bi. Bara'un γar

11-35-5 bolun morila!" ke'eǰü ile'esü Burqan(不^舌兒^[中]罕)-<n>i dongyodu'ai

11-35-6 üdü'üi-e(兀都兀耶 ← 兀都兀牙) urida Aša-gambu ügülerün, "Güčü yadan bö'etele

11-35-7 qan boltala ya'un?" ke'eǰü čerig ülü nemen

11-35-8 yeke üge ügüleǰü ileǰü'ü. Tende Činggis-qahan

11-35-9 ügülerün, "Aša-gambu-da ker eyin ügülegden büle'ei."

11-35-10 ke'<y>en "Arγa-ča an-dur bö'ed kelbes ǰoriǰu

11-36-1 ile'esü ya'un berketü büle'ei? Ö'ere maγa

11-36-2 kü'ün-dür ǰoriǰu büküi(不^{/中/}灰)-dür, J̌e! Teli! Müngke tenggeri-de

11-36-3 ihe'egde'esü, altan ǰilo'a batuda tataǰu

11-36-4 ire'esü tende maγa boltuγai! Teli!" ke'eǰü

257

11-36-9 Ta<u>['u]lai ǰil, Sarta'ul irgen-dür Araγ-iγar daban

11-36-10 morilarun, Činggis-qahan qatun-ača Qulan qatun-i abun

11-37-1 aγalarun, de'ü-ner-eče Odčigin-noyan-i yeke auruγ-tur(突^[舌]兒)

11-37-2 tüšiǰü morilabai. J̌ebe-yi manglai ilebei.

11-37-3 J̌ebe-yin geǰige Sübe'etei-yi ilebei. Sübe'etei-yin

11-37-4 geǰige Toqučar-i ilebe. Ede γurban-i ilerün,

11-37-5 "Γada'un odču sultan-u činana γarču bidan-i

11-37-6 kürge'ülün qamsadqun!" ke'eǰü ilebe. J̌ebe tere

11-37-7 odču Qan-Melig-ün balaγad da'ariǰu ülü könden

11-37-8　ɣada'un nögčijü'ü. Te'ün-ü qoyina-ča Sübe'etei mün

11-37-9　yosu-'ar ülü könden nögčijü'ü. Te'ün-ü qoyina-ča

11-37-10　Toqučar Qan-Melig-ün kiji'ar balaɣad ha'ulju

11-38-1　tariyačin-i(塔舌里牙赤泥 ← 塔舌里牙只泥) inu da<u>'uliju'ui. Qan-Melig balaɣad-iyan

11-38-2　ha'ulda'a(哈兀勒荅阿 ← 中合兀勒荅阿) ke'<y>en da<i>yijin ködöljü Jalal-ding Soltan-

11-38-3　dur neyilejü'ü. Jalal-ding Soltan Qan-Melig qoyar

11-38-4　Činggis qa'an-u esergü morilaju'ui. Činggis qa'an-u

11-38-5　urida(兀舌里荅 ← 兀理荅) Šigi-qutuqu manglai yabuju'ui. Šigi-qutuqu-lu'a

11-38-6　ba<i>yilduju Jalal-ding Soltan, Qan-Melig qoyar

11-38-7　Šigi-qutuqu-yi daruju, Činggis-qahan-dur kürtele

11-38-8　daruju ayisuqui-dur, Jebe, Sübe'etei, Toqučar

11-38-9　ɣurban Jalal-ding Soltan, Qan-Melig qoyar-un qoyna-ča

11-38-10　oroju jiči an-i daruju kidu'ad, Buqar, Semisqab,

11-39-1　Udarar-balaɣasun-dur an-i ülü neyile'ülün

11-39-2　daruju, Šin-müren-e kürtele hüldejü yabuɣdarun

11-39-3　Šin-müren-dür(突[舌]兒) čübtüsčü oroqun bolun olon

11-39-4　Sarta'ul-iyan tende Šin-müren-dür sö[nö]'ebe je. Jalal-ding

11-39-5　Soltan, Qan-Melig qoyar ami-yan qoroɣun Šin-müren

11-39-6　ö'ede duta'aba(都塔阿罷 ← 禿塔阿罷). Činggis-qahn Šin-müren ö'ede

11-39-7　yorčiju Badkesen-i da<u>'uliju odču Eke-ɣoroqan,

11-39-8　Ge'ün-ɣoroqan kürčü Baru'an-ke'er-i ba<u>'uju Jalayirtai(札剌亦舌兒台 ← 札里牙舌兒
　　　台)

11-39-9　Bala-yi Jalal-ding Soltan(沙勒壇 ← 沙舌兒壇), Qan-Melig qoyar-i neke'ülün

11-39-10　ilejü, Jebe, Sübe'etei qoyar-i maši soyu[r]qaju(莎余[舌兒]中合周), "Jebe, či

11-40-1　Jirɣo'adai(只舌兒[中]豁阿歹) neretü büle'e. Ta<i>yiču'ud-ača irejü

11-40-2　Jebe bolba je, či." Toɣučar-i, "Qan-Melig-ün kija'ar

11-40-3　balaɣad ö'er-ün dura-'ar ha'ulju(哈兀勒周 ← 中合兀勒周), Qan-Melig-i

11-40-4　da<i>yiji'ulba. Jasaɣ bolɣan mököri'ülüye(抹闊舌里兀魯耶 ← 抹闊舌里兀魯牙)!"

ke'<y>en

11-40-5 baraǰu ǰiči(只池←只也) ülü mököri'ülün maši dongyodču čerig

11-40-6 medekü-deče inu ere'ürejü ba<u>'ulbai.

258

11-41-5 Tedüi Činggis-qahan Barula-ke'er-eče qariǰu J̌oči,

11-41-6 Ča'adai, Ögödei γurban kö'üd-i bara'un γar-un čeri'üd-iyer(扯舌里兀的耶舌兒)

11-41-7 Amui-müren ketülǰü Ürünggeči-balaγasu ba<u>'udqun ke'<y>en

11-41-8 ilebe. Tolui-yi Irü, Isebür teri'üten olon

11-41-9 balaγad ba<u>'udqun ke'<y>en ilebei. Činggis-qahan

11-41-10 ö'esün Udirar-balaγasu ba<u>'uba. J̌oči, Ča'adai

11-42-1 Ögödei γurban kö'üd J̌očiǰu ilerün, "Čeri'üd man-u

11-42-2 bügüdbe. "Ürünggeči-balaγasu kürbe. Ken-ü'<y>en

11-42-3 üge-'er yabuqun, ba?" ke'<y>en öčiǰü ile'esü

11-42-4 Činggis-qahan ǰarliγ bolurun, "Ögödei-yü'<y>en üge-'er(額舌兒)

11-42-5 yabudqun!" ke'eǰü ilebe.

259

11-42-9 Tedüi Činggis-qahan Udurar(兀都舌剌舌兒)-balaγasu oro'ulǰu

11-42-10 Udurar(兀都舌剌舌兒←兀都舌別兒)-balaγasun-ača ködölǰü Semisgab-balaγasu

11-43-1 ba<u>'uba. Semisqab-balaγasun-ača ködölǰü Buqar balγasu

11-43-2 ba<u>'uba. Tende Činggis-qahan Bala-yi küličen Altan-γorqan-u

11-43-3 niri'un, Soltan-u ǰusalang ǰusaǰu Tolui-dur elčin

11-43-4 ilebe. "Hon qala'un bolba. Busud čeri'üd ba<u>'udǰe.

11-43-5 Či bidan-dur neyile!" ke'eǰü ile'esü Tolui Irü, Isebür

11-43-6 -tan balaγad abču Šisten-balaγasu ebdeǰü Čuγčeren

11-43-7 -balaγasu ebden büküi(不/中/灰)-dür elčin ene kelen

11-43-8 kürge'esü Tolui Čuγčeren-balaγasu ebde'ed

11-43-9 qarin ba<u>'uǰu ire'ed Činggis-qahan-dur neyilebei.

11-44-3 J̌oči, Ča'adai, Ögödei γurban kö'üd Örünggeči-balaγasu

11-44-4 oro'ulǰu γurba'ula balaγad irgen qubilyalduǰu

11-44-5 Činggis qa'an-a qubi ese γarγaǰu'u. Ede γurban

11-44-6 kö'üd-i ba<u>'uǰu ire'esü, Činggis-qahan J̌oči, Ča'adai,

11-44-7 Ögödei γurban kö'üd-i čimadču γurban üdür ese

11-44-8 a'ulǰa'ulba. Tende Bo'orču, Muqali, Šigi-quduqu

11-44-9 γurban öčirün, "Öčen melǰen aγsad Sarta'ul

11-44-10 irgen-ü Soltan-i doroyidda'ulǰu, balaγad

11-45-1 irge anu abu'ai, bida. **Q**ubiyaǰu abdaqu Örünggeči(斡[舌]籠格赤)

11-45-2 balaγasun, **Q**ubiyalduǰu abqun kö'üd bügüde

11-45-3 Činggis qa'an-u'ai bui. Tenggeri γaǰar-a güčü nemegdeǰü

11-45-4 Sarta'ul irgen-i edüi doroyida'uluγsan-dur.

11-45-5 ba olon ere aγta činu bayasču maγaiǰu

11-45-6 amui. Qahan yekin eyin kilinglaǰu amu? Kö'üd

11-45-7 buru'u-yan uqaǰu ayuba ǰe. Qoyiči-yu'an surtuγai!

11-45-8 Kö'üd aburi-yan alγasa'uǰai! Soyurqa'asu,

11-45-9 a'ulǰa'ulu'asu bolqu-yu?" ke<y>en öči'esü

11-45-10 Činggis-qahan ǰaliraǰu J̌oči, Ča'adai, Ögödei γurban

11-46-1 kö'üd-i a'ulǰa'ulǰu dongγodurun, **Ö**tögüs üges

11-46-2 **O**rkidču, **Q**a'učin üges **Q**adalǰu, **B**a<i>yiγsan γaǰar-a

11-46-3 **B**aγta'aldatala, manglai-yin kölesün arčin yadatala

11-46-4 badarkiǰu, čimali'ar söyü'er du'ulqan büküi-dür,

11-46-5 Qongqai-qorči, Qongtaγar-qorči, Čormaqan-qorči ede

11-46-6 γurban qorčin Činggis qa'an-a öčirün, "**B**oro šiba<u>'un

11-46-7 **B**a<u>['u]liya-dur sayi oroqu metü, kö'üd sayi edüi ayalan

11-46-8 surun büküi-dür kö'üd-i šingtalun mene metü yekin

11-46-9 eyin dongγodumu? Kö'üd ayuǰu sedkil-iyan alγasa'uǰai!

11-46-10   Naran šinggekü-eče uryuqu-da kürtele da<i>yin irgen bui.

11-47-1   Man-i Töbödüd noqod-iyan tukirču ile'esü, da<i>yin

11-47-2   irgen-i ba tenggeri yaǰar-a güčü nemegdejü, altan

11-47-3   münggü, a'urasun, tabar, irgen, oryan čima-da

11-47-4   abčirasuyai! Ali irgen ke'e'esü, ene höröne

11-47-5   Baytad irgen-ü Qalibai Soltan ke'ekü bui

11-47-6   ke'emüi. Te'ün-dür ba ayalasuyai!" ke'<y>en öči'esü

11-47-7   qahan so'oraǰu, ede üges-tür ǰaliraǰu

11-47-8   Činggis-qahan ǰöbšiyejü ǰarliy bolurun, "Qongqai,

11-47-9   Qongtayar, Čormaqan yurban qorčin-i soyurqaǰu,

11-47-10   "Adargidai Qongqai, Dölönggirdei Qongtayar qoyar-i

11-48-1   minu dergede atuyai!" Ötegedei Čormaqan-i Baytad

11-48-2   irgen-dür Qalibai Soltan-dur ayala'ulbai.

261

11-49-1   Basa Šindus irgen, Baytad irgen qoyar-un ǰa'ura

11-49-2   Aru, Maru, Madasari irgen-ü Abtu-balayasun-dur

11-49-3   Dörbetei Dörbei(朵[舌]兒伯)-doyšin-i ayala'ulbai.

263

11-49-5   Basa Sübe'etei-ba'atur-i Ümegši, Qanglin, Kibča'ud,

11-49-6   Baǰigid, Orusud, Maǰarad, Asud, Sasud, Serkesüd,

11-49-7   Kešimir, Bolar, Raral ede harban nigen ayimay

11-49-8   qarin irgen-dür kürtele Idil, J̌ayay usu-tan,

11-49-9   müred ketülün Kiwa, Menkermen-balayasun-dur

11-49-10   kürtele Sübe'etei-ba'atur-i ayala'ulbai.

263

11-50-2   Basa Sarta'ul irgen-i(亦[舌]兒格泥) abun baraǰu Činggis-qahan

11-50-3   ǰarliy bolurun, balayad, balayad-tur daruyačin

11-50-4   talbiǰu Ürünggeči-balayasun-ača Yalawači, Masqud

11-50-5　nereten ečige kö'üd qoyar Qurumši oboγtan

11-50-6　Sarta'ul irejü balγasun-u yosu törö Činggis qa'an-a

11-50-7　ügülejü yosun-dur adali meden kelelegdejü

11-50-8　kö'üd-i inu Masqud Qurumši(〔中〕忽舌魯木石)-yi bidan-u daruγas

11-50-9　-lu'a Buqar, Semisgen, Ürünggeči(兀〔舌〕籠格赤), Udan, Kisγar,

11-50-10　Uriyang, Güsen, Dari<n>l teri'üten balaγad-i mede'ülün

11-51-1　tüšijü ečige-yi inu Yalawači-yi abčiraju Kitad-un

11-51-2　Ĵungdu-balaγasu mede'ülün abčirabai. Sartaγtai

11-51-3　kü'ün-<n>eče Yalawači, Masqud qoyar-un balaγasun-u

11-51-4　törö yosun čidaqu-yin tula Kitad irgen-i mede'ülün

11-51-5　daruγas-lu'a tüšibei.

264

11-51-9　Sarta'ul irgen-dür dolo'an ho<n>d yabuju tende

11-51-10　Ĵalayirtai Bala-yi küličejü büküi-dür Bala Šin-müren-i

11-52-1　ketüljü Ĵalal-ding Soltan, Qan-Melig qoyar-i Šindus-un

11-52-2　γajar-a kürtele nekejü, Ĵalal-ding Soltan, Qan Melig

11-52-3　qoyar-i jabqaju Šindus-un dunda kürtele erijü

11-52-4　yadaju qariju, Šindus-un kiji'ar irgen-i da<u>〔'u〕li'ad

11-52-5　olon teme'ed olon serkes-i abu'ad irejü'üi.

11-52-6　Tende Činggis-qaγan qariju, ja'ura Erdiš-i jusaju

11-52-7　dolodu'ar hon takiya jil namur Tu〔'u〕la(禿舌〔兀〕剌)-yin Qara-tün-<n>e(捏←納)

11-52-8　ordos-tur ba<u>'ubai.

265

12-1-2　Tere übül übüljejü Tangud(唐兀惕←唐兀勒) irgen-dür morilaya

12-1-3　ke'<y>en šin-i to'a to'ulaju noqai jil namur

12-1-4　Činggis-qahan Tangud irgen-dür morilabai.

12-1-5　Qadu<n>d-ača Yesui qadun(中合敦)-<n>i abču odba. Ĵa'ura übül

12-1-6　Ar-buqa-yin olon qulad-i abala'asu — Činggis-qahan

12-1-7　ǰosotu boro-yi unuǰu büle'e — qulad da'ariǰu

12-1-8　ire'esü ǰosotu boro ürgüǰü Činggis-qahan-<n>i

12-1-9　morin-ača una'asu, mariya(馬[舌]里牙)-ban maši ebedčü

12-1-10　Čo'orqad ba<u>'ubai. Tere söni qono'asu manaɣar

12-2-1　Yesüi qadun ügülerün, "Kö'üd, noyad keleleldüdkün!

12-2-2　Qahan söni mariya qala'un qonoba." ke'ebei. Tende

12-2-3　kö'üd, noyad qura'asu Qongqotadai Tolun-čerbi

12-2-4　duradqan ügülerün, "Tangud irgen **N**ödügsen balaɣasutan,

12-2-5　**N**unǰi nuntuɣtan bui. **N**ödügsen balaɣasu-ban ü'ürčü ülü

12-2-6　odqun, tede. **N**unǰi nuntuɣ-iyan geǰü ülü odqun, tede.

12-2-7　Bida ičuǰu qahan-<n>u mara'a seri'ülü'esü(薛[舌]里兀魯額速 ← 薛[舌]里兀都額速) basa

12-2-8　ǰiči morilad ǰe, bida." ke'e'esü bürin kö'üd noyad

12-2-9　ene üge ǰöbšiyeǰü Činggis-qahan-<n>a öči'esü,

12-2-10　Činggis-qahan ügülerün, "Tangud irgen bidan-i ǰürüke

12-3-1　yadaǰu qaribai ke'ekün. Bida elčin maɣa ileǰü

12-3-2　elčin-i mün ene Čo'orqad-ta sobilaǰu üge anu

12-3-3　uqaǰu ičü'asu bolu ǰe." ke'eǰü tende elčin-e

12-3-4　da'u bari'ulǰu ilerün, "Nidon-i Burqan(不[舌]兒[中]罕) či ügülerün,

12-3-5　ba Tangud irgen bara'un ɣar činu bolsu ke'elü'e.

12-3-6　Čimada teyin ke'egdeǰü Sarta'ul irgen-e

12-3-7　eye-dür-iyen ese oroɣdaǰu morilasu ke'<y>en

12-3-8　ɣuyuǰu ile'esü, či Burqan(不[舌]兒[中]罕) üge-dür-iyen ülü kürün

12-3-9　čerig ba ülü ögün, üge-'er da'ariǰu ireǰü

12-3-10　büle'e. Ö'ere ǰoriɣsan-dur qoyina olulčasu ke'<y>en

12-4-1　Sarta'ul irgen-dür morilaǰu müngke tenggeri-de

12-4-2　ihe'egdeǰü Sarta'ul irgen-i ǰüg-tür oro'ulǰu,

12-4-3　edö'e Burqan(不[舌]兒[中]罕)-dur üge bolulčasu ke'<y>en ayisai."

12-4-4　ke'eǰü ile'esü, Burqan(不[舌]兒[中]罕) ügülerün, "Da'aringqu üge

12-4-5   bi ese ügülelü'e." ke'eǰü'üi. Aša-gambu ügülerün,

12-4-6   "Da'aringqu üges bi ügülelü'e. Edö'e ber

12-4-7   bö'esü ta Mongɣol qadquldu'a surču qadquldusu

12-4-8   ke'e'esü, bi bürün Alašai nuntuɣtu, terme gertü,

12-4-9   teme'<y>enači'atu bu<i>yu. Alašai ǰoriǰu na-dur iredkün!

12-4-10   Tende qadqulduya! Altan münggün a'urasun tabar

12-5-1   keregtü bö'esü, Eri-qaya, Eri-ǰe'ü-yi ǰoridqun(勹[古]里楊中渾)!"

12-5-2   ke'eǰü ileǰü'üi. Ene üge-yi Činggis-qahan-<n>a kürge'esü

12-5-3   Činggis-qahan mariya qala'un arun ügülerün, "J̌e, teli!

12-5-4   Eyimü yeke üge ügüle'ülǰü ker ičuɣdaqui?

12-5-5   Ükürün yeke üge-dür šiqan yabuya!" ke'eǰü, "Müngke

12-5-6   tenggeri či mede!" ke'<y>en Činggis-qahan Alašai ǰoriǰu

12-5-7   kürču, Aša-gambu-lu'a(鲁阿 ← 鲁額) qadqulduǰu, Aša-gambu-yi daruǰu,

12-5-8   Alaša de'ere qorɣola'ulǰu, Aša-gambu-yi abču,

12-5-9   Terme gertü, Teme'<y>en ači'atu irgen-i inu

12-5-10   hünesü-'er keyistele tala'ulbai. Erekün omoqun

12-6-1   erebin sayid(撒亦楊 ← 撒赤楊) Tangudud-i kiduǰu eyimün teyimün Tangudud-i

12-6-2   čeri'üd kü'ün-e, "Bariɣsa'ar oluɣsa'ar abudqun!"

12-6-3   ke'<y>en ǰarliɣ bolba.

266

12-7-5   Činggis-qahan Časutu de'ere ǰusaǰu Aša-gambu-lu'a(鲁阿 ← 鲁額)

12-7-6   A'ulalaɣsad, da<i>yiǰiɣsad Terme gerten, Teme'<y>en

12-7-7   ači'atan Tangudud-i čeri'üd ileǰü onoɣsa'ar

12-7-8   üridtele tala'ulbai. Tende-če Bo'orču, Muqali

12-7-9   qoyar-a soyurqarun, "Güčün-e medetele abtuɣai!" ke'<y>en

12-7-10   ǰarliɣ bolba. Basa Činggis-qahan ǰarliɣ bolurun,

12-8-1   Bo'orču, Muqali qoyar-a soyurqal ögürün, "Kitad

12-8-2   irgen-eče ese ögüle'e." ke'<y>en, "Kitad irgen-ü J̌üyin-i

12-8-3　ta qoyar sača'u qubiyalduǰu abudqun! **S**ayid,

12-8-4　kö'üd-i anu **Š**iba<u>'u-ban bari'ulǰu daɣa'ulǰu yabudqun!

12-8-5　**S**ayid ökid-i anu ösgeǰü **E**mes-iyen qormai(^中豁^舌兒埋 ← ^中豁^舌兒理)

12-8-6　ǰasa'uludqun! Kitad irgen-ü Altan-qan-<n>u itegelten

12-8-7　ina'ud, Mongɣol-un ebüges ečiges-i baraɣsan

12-8-8　Qara Kitad, J̌üyin irgen aǰu'ui ǰe. Edö'e minu

12-8-9　itegelten ina'ud Bo'orču, Muqali ta qoyar bu<i>yu ǰe."

12-8-10　ke'<y>en ǰarliɣ bolba.

267

12-9-5　Činggis-qahan Časutu-ača ködölǰü Uraqai-balaɣasu

12-9-6　ba<u>'uǰu, Uraqai-balaɣasun-ača ködölǰü Dörmegei-balaɣasu

12-9-7　ebden büküi(不[∀]/灰)-dür(突^[舌]兒) Burqan(不^舌兒^[中]罕) Činggis-qahan-<n>a a'ulǰara

12-9-8　irebe. Tende Burqan(不^舌兒^[中]罕) a'ulǰarun, altan sümes

12-9-9　teri'ülen altan münggün ayaɣa saba yesün yesüd, nu'ud

12-9-10　ökid yesün yesüd, aɣtas teme'ed yesün yesüd

12-10-1　eldeb-iyer yesün yesüd ǰisüleǰü a'ulǰaqui-dur

12-10-2　Burqan-i e'üden büte'ün-e(不帖兀捏 ← 不帖兀那) a'ulǰa'ulba. Tere a'ulǰaqui

12-10-3　-dur Činggis-qahan dotora(朵脱^舌剌 ← 朵脱^舌列) dura bulɣaba. Ɣuta'ar

12-10-4　üdür Činggis-qahan ǰarliɣ bolurun, Iluqu-burqan-a

12-10-5　Šidurɣu nere ögčü, Iluqu-burqan(不^舌兒^[中]罕) Šidurɣu-yi

12-10-6　iregdeǰü tende Činggis-qahan, "Iluqu-yi nögčiyedkün!"

12-10-7　ke'<y>en, "Tolun-čerbi ɣardaǰu nögči'etügei!" ke'<y>en

12-10-8　ǰarliɣ bolba. Tende Tolun-čerbi, "Iluqu-yi ɣardaǰu

12-10-9　büte'ebe." ke'<y>en öči'esü Činggis-qahan ǰarliɣ

12-10-10　bolurun, "Tangud irgen-dür üge olulčan ayisuqui-dur,

12-11-1　ǰa'ura Ar-buqa-yin qulad abala'asu ebedügsen mariya

12-11-2　minu anatuɣai ke'<y>en amin beye minu qayiralaǰu

12-11-3　üge duradqaɣsan Tolun bui ǰe. Nökör kü'ün-ü qoron

12-11-4   üge-dür irejü, müngke tenggeri-de güčü nemegdejü,

12-11-5   γar-tur-iyan oro'ulǰu, öšiyen abu'ai ǰe, bida. Iluγu-yin

12-11-6   ene abču iregsen ne<ü>'ükü qarši, ayaγa saba selte

12-11-7   Tolun abtuγai!" ke'<y>en ǰarliγ bolba.

268

12-12-3   Tangud irgen-i da<u>'uliǰu Iluγu-burqan-i Šiduγu

12-12-4   bolγaǰu ima-yi büte'ejü, "Tangud irgen-ü eke ečige-yi

12-12-5   uruγ-un uruγ-a kürtele muquli musquli-yi ügei bolγan,

12-12-6   ide'e ide'küi(亦哑/中/灰) ǰa'ur-a muquli musquli ügei ke'<y>en

12-12-7   ükü'ülün, ečidken kelelen adqun!" ke'<y>en ǰarliγ

12-12-8   bolba. Tangud irgen üge ügüleǰü üge-dür ülü

12-12-9   kürkü-yin tula Tangud irgen(亦[舌]兒堅)-dür Činggis-qahan

12-12-10   nögö'ete ayalaǰu Tangu[d] irgen-i muqudqaǰu

12-13-1   ireǰü γaqai ǰil Činggis-qahan tenggeri-dür γarba.

12-13-2   Γaruγsan-u qoyina Yesüi qadun-<n>a Tangud irgen-eče

12-13-3   maši ögbe.

269

12-13-7   Quluγana ǰil Ča'adai, Batu teri'üten bara'un γar-un kö'üd,

12-13-8   Odčigin-noyan, Yegü, Yesünge teri'üten ǰe<ü>'ün γar-un kö'üd,

12-13-9   Tolui teri'üten γol kö'üd, ökid, küreged, tümed-ün,

12-13-10   minγad-un noyad bürin(不[舌]鄰) bolǰu, Kelüren-ü Kö'de'ü-aral-a

12-14-1   gür-iyer quriǰu, Činggis-qahan-<n>u nereyidügsen mün

12-14-2   ǰarliγ-iyar, Ögödei-qahan-<n>i qan ergübei.

12-14-3   Ča'adai aqa Ögödei-qahan-<n>i, de'ü-yü<y>en, qan ergüǰü,

12-14-4   Činggis-qahan ečige-yu'<y>en altan amin sakin aγsad

12-14-5   ke[b]te'ül, qorčin, naiman minγad turγa'ud, qan ečigen-yin

12-14-6   minu beye ča'ada yabun aγsad emčü tümen kešigten-i

12-14-7   inu Ča'adai aqa, Tolui qoyar Ögödei-qahan-<n>a

12-14-8 ta<u>'ulbai. Γol-un ulus-i mün yosu-'ar ta<u>'ulbai.

270

12-15-2 Ögödei-qahan ö'er-iyen qan ergü'üljü dotona yabuqun

12-15-3 tümen kešigten-i, γol-un ulus-i, ö'er-tür-iyen

12-15-4 bolγa'ulun baraju urida Ča'adai aqa-dur eyetüjü

12-15-5 Činggis-qahan ečige-yü<y>en doryud(多[舌]兒[中]忽惕 ← 多[舌]兒[中]忽勒) talbiγsad irgen-ü

12-15-6 Baγtad irgen-ü Qalibai Soltan-dur ayalaγsan

12-15-7 Čormaqan qorči-yin gejige Oγotur(斡[中]豁禿[舌]兒), Münggetü qoyar-i

12-15-8 ayala'ulbai. Basa urida Sübe'etei-ba'atur-i(把阿禿[舌]里)

12-15-9 Qanglin([中]康鄰), Kibča'ud, Bajigid, Orusud, Asud, Sesüd,

12-15-10 Majar, Kešimir, Sergesüd, Buqar, Kerel irgen

12-16-1 -dür kürtele Adil, Jayaγ usutan, müre<n>d(沐[舌]漣惕) ketülün

12-16-2 Meked, Menkermen, Keyibe teri'üten balaγad-tur

12-16-3 ayalaγsan Sübe'etei-ba'atur tede irgen-e

12-16-4 berkeldügdejü Sübe'etei-yin gejige Batu, Büri, Güyüg,

12-16-5 Müngke(蒙客 ← 蒙格) teri'üten olon kö'üd-i morila'ulbai. Ede

12-16-6 ayalaγsad bürin kö'üd-i Batu aqalatuγai ke'<y>en

12-16-7 jarliγ bolba. Γol-ača γaruγsad-i Güyüg aqalatuγai

12-16-8 ke'<y>en jarliγ bolba. Ede ayalaqun-i ulus

12-16-9 medekün kö'üd, kö'üd-ü'<y>en kü yeke kö'ü ayala'ultuγai!

12-16-10 Ulus ba ülü medekün kö'üd, tümed-ün, minγad-un,

12-17-1 ja'ud-un, harbad-un noyad, olon kü'ün ken ber bö'esü

12-17-2 kö'ud-ü'<y>en aqa-yi ayala'ultuγai! Ökid, küriged mün

12-17-3 yosu-'ar kö'üd-ü'<y>en kü aqa-yi ayala'ultuγai!" ke'<y>en

12-17-4 jarliγ bolu'ad, basa Ögödei-qahan ügülerün, "Ene ba

12-17-5 kö'üd-ün aqa-yi ayala'ulqu yosun Ča'adai aqa-ača

12-17-6 bolju'u je. Ča'adai aqa ügülejü irerün, "Sübe'etei-yin

12-17-7 gejige kö'ud-ü'<y>en aqa Büri-yi ayala'ulumu. Kö'üd-ün aqa

12-17-8　ayala'asu, čerig arbin γarqu. **Č**erig olon

12-17-9　bolu'asu **Č**irai de'ere güčütei-e yabuyu. **Č**inadu

12-17-10　da<i>yisun kü'ün, olon qarin bui. Tere üǰü'ür-e keče'ün

12-18-1　irgen tede kilingla'asu(乞/ᅀ/零剌阿速) ö'er-ün mese-dür-iyen ükükün

12-18-2　irgen tede meses qurčatan ke'egdemüi." ke'eǰü

12-18-3　ileǰü'üi. Ögödei-qahan ügülerün, "Tere üge-dür

12-18-4　bidan-u ber Ča'adai aqa-yin kičiyenggü güčü-'er

12-18-5　kö'üd-ün aqa-yi γarγaya!" ke<y>en ǰüg, ǰüg tungqa'aǰu

12-18-6　Batu, Büri, Güyüg, Müngke(蒙客 ← 蒙格) teri'üten(帖ᅀ里兀田 ← 帖ᅀ里兀壇) kö'üd-i

12-18-7　ayala'ulqui yosun eyimü bui ǰe.

271

12-19-5　Basa Ögödei-qahan Ča'adai aqa-dur eyetüǰü ilerün,

12-19-6　"Činggis-qahan ečige-yü<y>en belen-dür sa'uba. Yambar

12-19-7　erdem-iyer sa'uba?" ke<y>en ügülegdekütyü(嗚詁列克迭古由 ← 嗚詁列克迭古田),

　　　　　bi.

12-19-8　Ča'adai aqa-yi ǰöbšiye'esü, qahan ečige bidan-u Kitad

12-19-9　irgen-ü Altan-qan-<n>i doryud talbilu'a. Edö'e

12-19-10　bi Kitad irgen-dür morilasu!" ke<y>en eyetüǰü

12-20-1　ile'esü, Ča'adai aqa ǰöbšiyeǰü, "Ya'u alǰaqu?

12-20-2　A'uruγ-tur sayin kü'ün tüšiǰü moriladqun! Bi

12-20-3　ende-če čeri'ud γarγaǰu ilesü!" ke'eǰü ileǰü'üi.

12-20-4　Yekes ordos-tur Oldaγar qorči-yi tüšiǰü⋯⋯

272

12-20-8　Ta<u>'[u]lai ǰil Ögödei-qahan Kitad irgen-dür morilaǰu

12-20-9　J̌ebe-yi manglai ilebei. Tedüi Kitad-un čeri'üd-i

12-20-10　daruǰu hünǰi'ü(渾只兀) ba<i>yitala kidu'ad, Čabčiyal-i dabaǰu

12-21-1　ǰüg ǰüg qotod balayad anu e'ere'ülün(額額列兀/ᅀ/侖) čeri'iüd yabu'ulǰu

12-21-2　Ögödei-qahan Šira-degtür ba<u>'uba. Tende Ögödei-qahan

12-21-3   ebedčin kürteǰü aman kelen ǰabqan alǰaγdarun

12-21-4   bö'es bö'es tölgečin-e tölgele'ülü'esü, Kitad irgen-ü

12-21-5   γaǰar usun-u eǰed qa<n>d irgen orγo-ban da<u>'uliγdarun,

12-21-6   balaγad qotod-iyan ebdegderün, türgün-e adalamui.

12-21-7   Irgen orγa, altan münggün, adu'usun ide'<y>en ǰoli'a

12-21-8   ögüye(斡/克/古耶)! ke'<y>en abidla'asu ülü talbiran düled

12-21-9   türgün-e adalamui. "Uruγ-un kü'ün-eče bolqu-yu?" ke'<y>en

12-21-10   abidla'asu qahan nidün-yen ne'eǰü usun γuyuǰu

12-22-1   u'uǰu, "Ya'un bolbi?" ke'<y>en asaγdaǰu bö'es

12-22-2   öčirün, "Kitad irgen-ü γaǰar usun-u eǰed, qa<n>d

12-22-3   γaǰar usun-iyan ebdegderün irgen orγa-ban

12-22-4   da<u>'uliγdarun türgün-e adalamui. Busu ya'un ber ǰoli'a

12-22-5   ögüye! ke'<y>en abidla'asu düled türgen-e

12-22-6   ǰi'ürmedemüi. Uruγ-un kü'ün-eče bolqu-yu ke'e'esü

12-22-7   tabiramui. Edö'e ǰarliγ medemü ǰe." ke'<y>en

12-22-8   öči'esü ǰarliγ bolurun, "Dergede kö'üd-eče

12-22-9   ken bui?" ke'esü Tolui kö'ün dergede büle'e. Ügülerün,

12-22-10   "Sutu Činggis-qahan ečige bidan-u **De**'ere aqa-nar

12-23-1   **D**oro de'ü-ner bö'etele qahan aqa-yi čima-yi **A**γta

12-23-2   metü s<o>ongγuǰu, **I**rge metü biliǰü, yeke oro-ban

12-23-3   beye-dür činu čučuǰu, olon ulus-i de'ere činu

12-23-4   ačiǰu odba ǰe. Nama-yi bürün qahan aqa-yin dergede

12-23-5   aǰu, **U**martaγsan-i duradqaǰu, **U**ntaraγsan-i

12-23-6   seri'ülǰu yabu ke'egdelü'e. Edo'e qahan aqa-yan

12-23-7   čima-yi alda'asu, bi **K**en-ü umartaγsan-i duradqaqu?

12-23-8   **K**en-ü untaraγsan-i seri'ülkü? Ünen-ber qahan aqa minu

12-23-9   ǰö[b] ese bolu'asu, **O**lon Mongγol ulus **Ö**nečirekün.

12-23-10   **K**itad irgen **K**ibqangqun(乞卜[中]慷中渾). **Q**ahan aqa-yu'an orun-a bi bolsu!

12-24-1 **T**ulu(禿魯)-yin niru'un bi **T**ulbalba. **K**ileme-yin niru'un bi

12-24-2 **K**inggülbe. **I**le-yi bi **I**laɣba. **Q**ada-yi bi **Q**adqulba.

12-24-3 **N**i'ür ɣo'a, **N**iru'un urtu bi kü bui ǰe. Bö'es

12-24-4 arbadqun! J̌ügerüdkün(主格舌魯惕坤 ← 主格舌魯惕渾)!" ke'eǰü bö'es ǰüger'esü

12-24-5 ǰügergen usu Tolui kö'ün u'ubai. Qoram sa'uǰu

12-24-6 ügülerün, "Soɣtaba, bi. Soɣtaqu-yi minu sergütele

12-24-7 önečid üčüged de'ü-ner-iyen, belbisün beri-yen, berü-de

12-24-8 oyin-a kürtele asaraqu-yi qahan aqa medetügei!

12-24-9 Ali-ber üge-ben ügülel'e. Bi soɣtabai." ke'e'ed

12-24-10 ɣarču odču ǰöb ese bouɣsan yosun teyimü.

273

12-25-10 Tedüi Altan-qan-<n>i muqudqaǰu se'üse nere ögčü

12-26-1 **A**ltan, münggün, **A**ltatai hartu(哈舌兒禿 ← 中合舌兒禿) a'urasun tabar **A**lašas

12-26-2 se'üses-i anu da<u>'uliǰu **A**lginči tammačin talbiǰu

12-26-3 Namging, J̌ungdu ǰüg ǰüg-tür, balaɣasun-dur daruɣačin

12-26-4 talbiǰu tübšin tükel qariǰu Qara-qorum-a ba<u>'ubai.

274

12-26-7 Čormaqan qorči Baɣtad irgen-i else'ülǰü'ü. Tere

12-26-8 ɣaǰar sayin, ed sayin ke'egdemüi ke'<y>en medeǰü

12-26-9 Ögödei-qahan ǰarliɣ bolurun(字/舌/魯舌侖), "Čormaqan qorči-yi mün

12-26-10 tende tamma sa'uǰu šira altan, širamal altatan

12-27-1 naqud, načidud, dardas, subud, tanas, küǰü'ü urtus

12-27-2 köl ündür tobiča'ud, güring elö'üd, da'usi kičidud,

12-27-3 ači'ana, qačidud, lausasud hon-dur kürge'ülǰü

12-27-4 ilen adqun(阿楊(中)渾)!" ke'ebei. Sübe'etei-ba'atur-un geǰige

12-27-5 ayalaɣsad Batu, Büri, Güyüg, Müngke(蒙客 ← 蒙格) teri'üten olon

12-27-6 kö'üd Qanglin, Kibča'ud-i, Baǰigid-i oro'ulǰu Eǰil,

12-27-7 J̌ayaɣ, Meged-balaɣasu ebdeǰü Orusud-i kiduǰu

12-27-8 ülüdtele talabai. Asud, Sesüd, Bolar Man+

12-27-9 +kerman Kiwa teri'üten balaɣad-un irgen-i da<u>'uliǰu

12-27-10 else'ülǰü daruɣačin, tammačin-i talbiǰu qariba.

12-28-1 Urida J̌ürčed, Solangɣas(莎郎ᵗᵘ合思 ← 莎卽ᵗᵘ合思)-tur ayalaɣsan

12-28-2 J̌alayirtai qorči-yin geǰige Yesüder qorči-yi

12-28-3 ayala'ulbai. Tamma sa'utuɣai ke'<y>en ǰarliɣ bolba.

275

12-28-9 Batu Kibčaɣčin ayan de'ere-če Ögödei-qahan-<n>a elčin-eče

12-28-10 öčiǰü ilerün(亦列ᵗᵘ侖 ← 赤ᵗᵘ列ᵗᵘ侖), "Müngke tenggeri-yin güčün-dür, qahan abaɣa
    -yin

12-29-1 su-dur Meged-balaɣasun e〔b〕deǰü Orusud irgen-i

12-29-2 da<u>'uliǰu, harban nigen irgen-i ǰüg-tür(途ᵗᵘ兒)

12-29-3 oro'ulǰu, altan ǰilu'a ičun tataǰu, salulčaqui

12-29-4 qurim qurimlaɣa ke'eldüǰü, yeke čačir bosɣaǰu

12-29-5 qurimlaqui-dur bi ede bükün kö'üd-ün aqaqan boluɣsan

12-29-6 bolǰu nigen qoyar ayaɣa ötög urida u'uba ke'<y>en

12-29-7 na-dur Büri, Güyüg qoyar ma<u>'uilaǰu qurim ülü

12-29-8 qurimlan morilaɣdaba. Morilaǰu Büri ügülerün, "Batu

12-29-9 sača bö'ed bolǰu, urida ker u'uqun büle'e?

12-29-10 **S**aqaltan emeged **S**ača'un bolǰu, **Ö**söge-yiyer

12-30-1 türiǰü, **Ö**lmi-yiyer gečikileküi(格赤乞列ᵗᵘ灰)." ke'eǰü'ü. Güyüg

12-30-2 ügülerün, "Tede qortan emeged-i ebče'üd anu

12-30-3 ǰorɣaldaɣa, či bida tede'er-i!" ke'eǰü'üi. Elǰigidei-yin

12-30-4 kö'ün Harɣasun ügülerün, "Modun se'ül ǰubčiya, teden-i!"

12-30-5 ke'eǰü'üi. Ba bürün **B**usu heligetü **B**ulɣa irgen-dür

12-30-6 morila'uldaǰu **J̌**öb-i tab-i bolqu bolba ke'eǰü

12-30-7 büküi(不ᵗᵘ灰)-dür Büri, Güyüg qoyar-a eyin ke'egde'ed eye

12-30-8 ügei tarqaɣdaba. Edö'e qahan abaɣa-yin ǰarliɣ

12-30-9 medetügei!" ke'<y>en öčijü ileǰü'üi.

276

12-31-6 Batu-yin ene üge-dür qahan maši kilinglaǰu(乞/岙/零剌周) Güyüg-i

12-31-7 ülü a'ulǰa'ulun ügülerün, "Ene dörmegei ken-ü

12-31-8 üges-tür dölüsgüǰü, "Aqa kü'ün-i aman dü'üren

12-31-9 ügüle-yü? Гaγča öndegen hü'ütügei! Mün aqa kü'ün-ü

12-31-10 e[b]če'ün-dür da<i>yisurqan aǰu'u. Alginči talbiǰu

12-32-1 **hA**rban quru'ud-un kimul inu **hA**'utala, **A**'ulas metü

12-32-2 balaγad-tur **A**bari'uluya! **T**amma talbiǰu, **T**abun quru'ud-un

12-32-3 kimul inu **T**amutala, **D**abtamal qatangyu balaγad-tur

12-32-4 abari'uluya! Či beter ma<u>'ui dörmegei Harγasun,

12-32-5 ken-i enggešigeǰü bidan-u uruγ-tur aman dü'üren

12-32-6 yeke üge ügülen büle'e? Güyüg, Harγasun qoyar-i

12-32-7 qamtu ileye! Harγasun-i mököri'üldekü büle'e.

12-32-8 Alayčilaba ke'ekün, ta. Büri-yi bürün ke'e'esü

12-32-9 Batu-da ügüle! Ča'adai aqa-da ügüleǰü iletügei!

12-32-10 Ča'adai aqa medetügei!" ke'ebe.

277

12-33-5 Kö'üd-eče Menggei, noyad-ača Alčidai, Qongyortai, J̌anggi

12-33-6 teri'üten noyad duradqan öčirün, "Činggis-qahan ečige-yin

12-33-7 č.nu ǰarliγ, **Ke**'er-ün ü<i>yile **Ke**'er-e kü noyalaqu

12-33-8 büle'e. **G**er-ün ü<i>yile **G**er-tür kü noyalaqu büle'e.

12-33-9 Qahan-<n>i soyurqa'asu, qahan Güyüg-tür kilinglaǰu(乞/岙/零剌周) amu.

12-33-10 Ke'er-ün ü<i>yile bu<i>yu. Batu-da tüšiǰü ile'esü

12-34-1 bolqu-yu?" ke'<y>en öči'esü ene üge-yi qahan ǰöbšiyen

12-34-2 ǰaliraǰu Güyüg-i a'ulǰa'ulǰu söyü'er(雪余額/岙/兒 ← 雷余額/岙/兒) üge dongyodurun,

12-34-3 "Ayalaǰu odurun, ǰa'ura **B**ögsetü kü'ün-nü **B**ögse inu

12-34-4 ese hüledebe ke'egdemü, či. **Č**erig-ün haran-u(哈/岙/剌訥 ← 中合/岙/剌訥) **Č**irai

12-34-5　　quɣulǰu odba ke'egdemü, či. Orusud irgen-i

12-34-6　　tere činu a'ur kiling(乞/舌/零)-dur ayuǰu oraɣdaɣsan-a

12-34-7　　bolɣan aqu-yu, či? Orusud irgen-i ɣaɣča-'ar

12-34-8　　oro'uluɣsan metye sedkiǰü, omoɣ dura bariǰu aqa kü'ün

12-34-9　　-dür da<i>yisurqan ayisu, či. Činggis-qahan ečige-yin

12-34-10　bidan-u ǰarliɣ-tur bui. **O**lon ayu'ul-i, **G**ün ükü'ül-i

12-35-1　　ke'ekü ese-'ü büle'e? Гaɣča-'ar tuniɣsan metü, Sübe'etei,

12-35-2　　Büǰeg qoyar-un dalda-da yabuǰu olo-'ar, büri-yer

12-35-3　　qamsaǰu Orusud, Kibča'ud-i oro'ulǰu, nigen qoyar

12-35-4　　Orusud, Kibča'ud-i olǰu ešige-yin šiyira olu'ai

12-35-5　　ǰö'e'ei üdü'üi-e, eremšiǰü nigente ger-teče ɣarču

12-35-6　　ya'u ber ɣaɣča-'ar tuniɣsan metü üge da<u>'u ürisču(兀/舌/里思抽)

12-35-7　　ireǰü, či Menggei, Alčidai, Qongɣortai, J̌anggi-tan-a **D**egdegsen

12-35-8　　ǰürüken-i **D**erge[de] nökör bolǰu töde'eǰü, **D**ebülküi(迭不勒/中/灰)

12-35-9　　toɣo'an-i **D**elegei šinaɣa bolǰu amurli'uldaǰu, ǰe

12-35-10　teli! Ke'er-ün ü<i>yile Batu-yi ke'elei. Güyüg, Harɣasun

12-36-1　　qoyar-i Batu medetügei!" ke'eǰü ilebe. Büri-yi

12-36-2　　Ča'adai aqa medetügei ke'ebe.

278

12-36-9　　Basa Ögödei-qahan ǰarliɣ bolurun, Činggis-qahan ečige

12-36-10　-dür minu yabuɣsad kebte'ül(客卜帖兀勒←客卜迭兀勒) qorčin, turɣa'ud,

12-37-1　　bürin kešigten-ü yabudal tungqun du'ulɣaqui ǰarliɣ

12-37-2　　tungqa'arun, "Qahan ečige-yin ǰarliɣ-iyar urida ker

12-37-3　　yabuqaun büle'ei? Edö'emün yosu-'ar yabutuɣai!" ke<y>en

12-37-4　　ǰarliɣ bolurun, "Qorčin, turɣa'ud, uridu yosu-'ar

12-37-5　　üdür mör mör-tür-iyen yabuǰu naratai-a kebte'ül-e

12-37-6　　ǰayilaǰu ɣadana qonotuɣai!" ke<y>en ǰarliɣ bolba.

12-37-7　　"Söni bidan-dur kebte'ül qonotuɣai! E'üden-dür

12-37-8   ger-ün horčin(/中/豁舌兒臣) kebte'ül ba<i>yituyai! Ordo-yin qoyina'un

12-37-9   urida'un kebte'ül muqurituyai! Naran šinggegsen-ü qoyina

12-37-10   söni yabuqun haran kebte'ül bariǰu qonotuyai! Olon

12-38-1   tarqaysan-u qoyina qonoysad kebte'ül-eče busud dotoyši

12-38-2   ǰoričen oroqun haran-i bariysad kebte'ül ekid anu

12-38-3   dalbaru čabčiǰu o'ortuyai! Söni ya'aral keletü

12-38-4   kü'ün ire'esü kebte'ül-dür keleleǰü ger-ün ümere-če

12-38-5   kebte'ül-lü'e qamtu ba<i>yiǰu keleleldütügei! Ordo

12-38-6   ger-tür oroqu yarqu-yi Qongyortai, Širaqan-tan ǰasa'ul

12-38-7   kebte'ül-lü'e qamtu ǰasatuyai! Elǰigidei itegeltü

12-38-8   bö'etele ǰilda kebte'ül-ün dege'ün yabuqu bolun(字/舌/侖)

12-38-9   kebte'ül-e bariydala'a." ke'<y>en, "J̌arliy busu ülü bolyaqu

12-38-10   kebte'ül itegeltü bui ǰe." ke'<y>en ǰarliy bolǰu,

12-39-1   "Ke[b]te'ül-ün to'a bü asaytuyai! Kebte'ül-ün sa'urin dege'ün

12-39-2   bü yabutuyai! Kebte'ül-ün ǰaqa'un bü yabutuyai! Kebte'ül-ün

12-39-3   dege'ün yabuqun, ǰaqa'un yabuqun haran-i kebte'ül

12-39-4   barituyai! Kebte'ül-ün to'a asa[y]qu kü'ün-ü tere üdür-ün

12-39-5   unuysan ayta eme'eltü, qada'artu-yi emüsgsen

12-39-6   qubčasun selte(薛勒帖 ← 撒勒帖) kebte'ül abtuyai! Kebte'ül-ün sa'urin-u

12-39-7   de'ere ken ber bü sa'utuyai! Kebte'ül tuy, kö'ürge,

12-39-8   doro ǰida ayaya saba asaratuyai! Undan ide'en-i,

12-39-9   ödken miqa, kebte'ül daruyalatuyai!" ke'<y>en ǰarliy

12-39-10   bolba. Ordo, ger, tergen kebte'ül asaratuyai!

12-40-1   Bidan-u beye čerig ese yaru'asu bidan-ača anggida

12-40-2   ö'ere kebte'ül(客卜帖兀勒 ← 突卜帖兀勒) čerig bü yartuyai! Bidan-i šiba<u>'ulaqui,

12-40-3   abalaqui-dur ǰarimud-iyan ordo, ger, tergen-dür čaylaǰu

12-40-4   talbiǰu, bidan-lu'a ǰarim kebte'ül yabutuyai! Kebte'ül-eče

12-40-5   nuntu'učin yabuǰu ordo ba<u>'ultuyai! E'üden ča'ada

12-40-6　kebte’ül e’üdečin ba<i>yituγai! Bürin kebte’ül Qada’an

12-40-7　minγa medetügei!” ke’<y>en ǰarliγ bolba. Basa kebte’ül-ün

12-40-8　kešig, kešig-ün noya〔d〕 tüširün, Qada’an, Bulaqadar qoyar

12-40-9　nigen kešig bolǰu eyetüldüǰü, nigen kešig oroǰu

12-40-10　ordo-yin bara’un ǰe<ü>’ün ete’ed qayas sa’uǰu

12-41-1　ǰasatuγai! Amal, Čanar qoyar eyetüldüǰü nigen

12-41-2　kešig bolǰu kešig oroǰu ordo-yin bara’un ǰe<ü>’ün

12-41-3　ete’ed qayas 〔sa’uǰu〕 ǰasatuγai! Qadai, Qori-qačar qoyar

12-41-4　eyetüldüǰü nigen kešig oroǰu ordo-yin bara’un

12-41-5　ǰe<ü>’ün ete’ed qayas sa’uǰu ǰasatuγai! Yalbaγ,

12-41-6　Qara’udar qoyar eyetüldüǰü nigen kešig bolǰu

12-41-7　kešig oroǰu ordo-yin 〔bara’un〕 ǰe<ü>’ün ete’ed qayas sa’uǰu

12-41-8　ǰasatuγai! Basa Qada’an, Bulqadar-un kešig Amal,

12-41-9　Čanar-un kešig ede ǰirin keši’üd ordo-yin ǰe<ü>’ün

12-41-10　ete’ed nuntuγlaǰu kešig orotuγai! Qadai, Qori-qačar

12-42-1　qoyar-un kešig, Yalbaγ, Qara’udar(中合舌剌兀荅舌兒 ← 中合舌剌兀合舌兒) qoyar-un kešig

12-42-2　ede ǰirin keši’üd ordo-yin bara’un ete’ed

12-42-3　nuntuγlaǰu kešig orotuγai!” ke’ebei. “Ede dörben

12-42-4　kešig kebte’ül Qada’an medetügei! Basa kebte’ül

12-42-5　minu beye ča’ada ordo horčin ba<i>yiǰu e’üden

12-42-6　daruǰu kebtetügei! Kebte’ül-eče ordo-dur

12-42-7　oroǰu qoyar haran tüsürge barituγai!” ke’<y>en

12-42-8　ǰarliγ bolba. Basa qorčin-i Yesüntö’e, Bükidei,

12-42-9　Horquday, Labalqa dörben kešig kešig bolun

12-42-10　qor aγsaqui-a turγa’ud-un dörben kešig kešig-tür

12-43-1　ačid-un qorčin-iyan ǰasaǰu oroldutuγai!” ke’<y>en ǰarliγ

12-43-2　bolba. Basa “Turγa’ud-un, keši’üd-ün ötögüs-i urida

12-43-3　meden aγsad-un uruγ-ača tüširün, urida meden aγsan

12-43-4　Alčidai, Qongɣortaqai qoyar eyetüldüǰü nigen kešig

12-43-5　turɣa'ud-i ǰasaǰu orotuɣai! Temüder, J̌egü qoyar

12-43-6　eyetüldüǰü nigen kešig turɣa'ud-i ǰasaǰu orotuɣai!

12-43-7　Mangɣutai geǰigele'ül-i mede'ed nigen kešig turɣa'ud-i

12-43-8　ǰasaǰu orotuɣai!" Basa qahan ǰarliɣ bolurun, "Bürin

12-43-9　noyad Elǰigidei-yi aqalaǰu Elǰigidei-yin üge-'er

12-43-10　yabudqun!" ke'e'ed basa ǰarliɣ bolurun, "Kešigtü

12-44-1　kü'ün kešig oroqui-dur ho'ara'asu uridu ǰarliɣ-un

12-44-2　yosu-'ar ɣurban beri'es süyutügei! Mün kešigtü

12-44-3　kü'ün basa nögö'ete kešig ho'ara'asu dolo'an berie's(別[古]里額思)

12-44-4　söyütügei! Basa mün kü'ün ebedčin ši<n>lta'a ügei kešig-ün

12-44-5　ötödei-dür eye ügei ɣuta'arta kešig ho'ara'asu

12-44-6　bidan-dur yabuqui-yan berkešiyen aǰu'u. Ɣučin dolo'an

12-44-7　beri'es söyü'ed qola ɣaǰar-a nidün-ü ečine ileye!

12-44-8　Basa keši'üd-ün ötögüs kešiglegsen kešigten-i ülü

12-44-9　bügüdken kešig ho'ara'asu keši'üd-ün ötögüs-i

12-44-10　ere'üleye! Basa keši'üd-ün ötögüs ɣuta'ar ɣuta'ar

12-45-1　kešig oroqui-dur, ye'üdkeldüküi(也兀惕客勒都[中/灰])-dür ene ǰarliɣ

12-45-2　kešigten-e sonosqatuɣai! J̌arliɣ sonosu'ad bürün

12-45-3　kešigten kešig ho'ara'asu ǰarliɣ-un yosu-'ar

12-45-4　ere'üleye! Ene ǰarliɣ kešigten-e ese sonosqa'asu

12-45-5　keši'üd-ün ötögüs aldaltan boltuɣai! Basa

12-45-6　keši'üd-ün ötögüs sača'un oroɣsad minu kešigtü-yi

12-45-7　bidan-ača eye ügei, aqalaɣdabai ele ke'<ɣ>en bü

12-45-8　onǰituɣai! J̌asaɣ könde'esü(款迭額速 ← 款帖額速), bidan-a ǰa'atuɣai! Ükü'üldekü

12-45-9　yosutu bö'esü, bida mököri'ülüd ǰe. Kese'egdekü

12-45-10　yosutu bö'esü, bida soyud ǰe. Aqalaɣdabai ke'<ɣ>en

12-46-1　bidan-a ülü ǰa'an ö'esüd ɣar köl kürge'esü

12-46-2 nudurγa-yin qari'u nudurγa, beriye-yin qari'u beriye

12-46-3 qari'ultuγai!" ke'ebei. Basa γadanadus minγad-un,

12-46-4 noyad-ača minu kešigten de'ere bui ǰe. Γadanadus

12-46-5 ǰa'ud-un, harbad-un noyad-ača minu kešigten-ü kötöčin

12-46-6 de'ere bui ǰe. Γadanadus minγali'ud minu kešigten-

12-46-7 dür kereldü'esü minγali'udai-yi ere'üleye(額[舌]列兀列耶)!" ke'<y>en

12-46-8 ǰarliγ bolba.

279

12-46-10 Basa Ögödei-qahan ügülerün, "Činggis-qahan ečige-yü'<y>en

12-47-1 ǰoban ba<i>yi'uluγsan ulus-i bü ǰobo'aya! Köl anu Köser-e,

12-47-2 Γar anu Γaǰar-a talbi'ulǰu ǰirγa'uluya! Qahan

12-47-3 ečige-yü'<y>en belen-dür sa'uǰu irge ülü ǰobo'an,

12-47-4 sülen-e ede ulus-ača sürüg-ün nigen šilegü qonin

12-47-5 hon hon-dür ögtügei! J̌a'un qonid-ača nigen qonin γarγaǰu

12-47-6 mün ǰa'ura üge'ün duta'un-a ögyügei! Basa aqa de'ü

12-47-7 olon ere aγta kešigten či'ulu'asu undan tere

12-47-8 tutum irgen-eče ker γubčiγdaqui? J̌üg ǰüg-ün minγad

12-47-9 minγad-ača ge'üd γarγaǰu sa'a'ad, sa'alinčintan-i(撒阿[舌]/鄰臣塔泥)

12-47-10 adu'ula'ad, nuntu[γ]čitan-i orošin töled γarγaǰu

12-48-1 unuγučin boltuγai! Basa aqa de'ü či'ulu'asu öglige

12-48-2 soyurqal ögüye! A'urasun, sükes, qod, numud, quyaγ,

12-48-3 ǰebe, čangud tüsürčü balaγad saki'uluya! J̌üg ǰüg-eče

12-48-4 balaγačin, amučin iľaǰu saki'ultuγai! Basa ulus

12-48-5 irgen-e nuntuγ usu qubiyaǰu ögüye! Nuntuγ

12-48-6 nuntu[γ]la'ulqui-a minγad minγad-ača nuntu'učin iľaǰu

12-48-7 γarγa'asu bolqu-yu? Basa čö<n>l γaǰar-a görö'esün-eče

12-48-8 busu ülü amui. Irgen-e a'ui-a saγud! Čanai, Ui'urtai

12-48-9 qoyar nuntu'učin-i teri'üleǰü čö<n>l-ün qudu'ud eri'ülǰü

12-48-10 qašituɣai! Basa bida elčin ha'ulurun ulus bitü'ülün

12-49-1 ha'ulɣamui. Ha'ulqun elčin-ü ba yabudal uda'an bui.

12-49-2 Ulus irgen-e ba jobolang bui. Edö'e bida oɣo'ata

12-49-3 oroši'ulun jüg jüg-ün minɣad, minɣad-ača jam<u>čin, ula'ačin

12-49-4 ɣarɣaju sa'urid sa'urid jam talbiju elčin-i ɣadaɣa

12-49-5 ügei ulus-iyar ülü bitü'ülün jam-iyar ha'ulɣa'asu

12-49-6 bolqu-yu? Ede ü<i>yiles-i Čanai, Bolqadar qoyar

12-49-7 uqaju bidan-a duradqa'asu jöb aqu-yu ke'<ɣ>en sedkijü

12-49-8 Ča'adai aqa medetügei! Ede ügülegdekün ü<i>yiles

12-49-9 jokiqui bö'esü, jöbšiyesü, Ča'adai aqa-ča boltuɣai

12-49-10 ke'ejü ile'esü, Ča'adai aqa asaɣču ilegsen

12-50-1 ede ele ü<i>yiles-i bügüde-yi jöbšiyejü teyin

12-50-2 bö'ed kitügei ke'ejü irejü'üi. Basa Ča'adai aqa

12-50-3 ügülejü irerün, bi ende-če jamud esergü

12-50-4 bari<n>ldu'ulsuɣai! Basa ende-če Batu-dur(突^舌兒) elčin

12-50-5 ilesügei! Batu ber esergü jamud-iyan bari<n>ldu'ul+

12-50-6 −tuɣai ke'ed basa ügülejü irerün, bügüden-eče

12-50-7 jamud talbi'ulqu ü<i>yile jöb-e/e/če(拙別/額/徹) jöb

12-50-8 duradqaju'ui ke'ejü irejü'üi.

280

12-51-10 ⸗ende-če Ögödei-qahan ügülerün, "Ča'adai aqa Batu teri'üten

12-52-1 bara'un ɣar-un kö'üd, aqa-nar, de'ü-ner bürin Odčigin

12-52-2 -noyan, Yegü teri'üten je<ü>'ün gahar-un aqa-nar de'ü-ner bürin

12-52-3 kö'üd, ɣol-un ökid küriged tümed-ün, minɣad-un, ja'ud-un,

12-52-4 harbad-un(哈^舌兒巴敦 ← ^中合^舌兒巴敦) noyad büri-yer jöbšiyejü'üi. Jöbšiyerün,

12-52-5 ⸗Dalai-yin qahan-<n>u sülen-e hon-dur sürüg-ün nigen šilegü

12-52-6 irege ɣarɣa'asu ya'un bui? Ja'un qonid-ača nigen jusaɣ

12-52-7 ɣarɣaju üge'ün duta'un-a ö[gü]küi(斡[古]^中灰) sayin bui. Jam talbi'ulju

12-52-8   ǰam<u>čin ula'ačin γarγa'asu olon ulus-a amuγulang,

12-52-9   elčin-e ber yabuqui-a ilübte bui." ke'esü

12-52-10   "Büri-yer ele ǰöbšiyeǰü'üi." ke'<y>en qahan-<n>u ǰarliγ(札[舌]兒里黑)

12-53-1   Ča'adai aqa-dur eyetüǰü Ča'adai aqa-da ǰöbšiyegdeǰü

12-53-2   bürin ulus-ača ǰüg ǰüg-ün minγad minγad-ača qahan-<n>u

12-53-3   ǰarliγ-iyar hon hon-dur sülen-e sürüg-eče nigen šilegü

12-53-4   irge, ǰa'un qonid-ača nigen ǰusaγ qonin γarγa'ulbai.

12-53-5   Ge'üd γarγa'ulǰu unuγčin(兀訥[中]忽臣) sa'ulbai. Unuγčin(兀訥[中]忽臣)

12-53-6   balaγačin, amučin(阿木臣 ← 阿米臣) γarγa'ulbai. J̌am<u>čin, ula'ačin-i

12-53-7   γarγa'ulǰu, sa'urin sa'urid-un γaǰar čaγla'ulǰu ǰam

12-53-8   talbi'ulurun, Aračan, Toqučar qoyar-i ǰasa'ulǰu ǰam

12-53-9   nigen sa'urin-dur qorin ula'ačin bolγaba. Sa'urin tutum

12-53-10   -dur qori'ad ula'ačin bolγabai. Ula'an-u aγtas,

12-54-1   ši'üsün-ü qonid([中]豁你楊), sa'alin ge'üd, telegen-dür kölkü

12-54-2   hüker terged ende-če bidan-ača kemelgsen

12-54-3   kem-eče Oqor bugi duta'ulu'asu, Ör γol-iyar

12-54-4   Qayas aldaltan boltuγai! Qalbuγa kekesün duta'ulu'asu,

12-54-5   Qabar qayas aldaltan boltuγai!" ke'<y>en ǰarliγ(札[舌]兒里黑) bolba.

281

12-54-10   Ögödei-qahan ügülerün, "Ečige-yü'<y>en yeke oron-dur sa'uǰu

12-55-1   qahan ečige-yin qoyina ü<i>yiledügsen minu, J̌aqud-un

12-55-2   irgen-dür ayalaǰu J̌aqud irgen muqudqaba, bi.

12-55-3   Nögö'e ü<i>yile minu elčin bidan-u ǰa'ura öterlen

12-55-4   ha'ulqui, basa kereg ǰaraγ-iyan(札[舌]剌吉顏 ← 札[舌]列吉顏) ǰö'e'ülküi-e ǰam-ud

12-55-5   talbi'ulba. Basa nögö'e ü<i>yile, usu ügei γaǰar-a

12-55-6   qudu'ud eri'ülǰü γarγa'ulǰu, ulus irgen

12-55-7   usun ebesün-e kürge'ülbe. Basa ǰüg ǰüg balaγad-un

12-55-8   irgen-dür alginčin tammačin talbiǰu, ulus irgen-ü

12-55-9　**K**öl **k**öser-e, **Γ**ar γaǰar-a talbi'ulǰu a'ulba, bi.

12-55-10　Qahan ečige-yü'<y>en qoyina dörben ü<i>yi[le]s nemebe ǰe.

12-56-1　Basa qahan ečige-de'<y>en yeke oro ba sa'uldaǰu, olon

12-56-2　ulus-iyan de'ere minu ačiǰu odtaǰu bö'ed, **B**or

12-56-3　darasun-a ilaγdaqu minu **B**uru'u bolba. Nigen buru'u

12-56-4　minu ene bolba ǰe. Nögö'e buru'u yosu ügei

12-56-5　eme kü'ün-ü üge-dür oroǰu, Odčigin abaγa-yin

12-56-6　ulus-un ökid abčira'ulqu alǰi'as bolba ǰe. Ulus-un

12-56-7　eǰen, qahan bö'etele yosu ügei alǰi'as ü<i>yile-dür

12-56-8　dölesgekü minu nigen buru'u ene bolba ǰe. Basa

12-56-9　Doqolqu-yi kegesülekü nigen buru'u, ker buru'u ke'esü,

12-56-10　qan ečige-yin minu tus-u'an emüne ölümlekü Doqolqu-yi

12-57-1　kegesülekü buru'u alǰi'as. Edö'e minu emüne

12-57-2　ken teyin ölümleǰü ögkü? Qahan ečige-yin minu bürin-ü(不[舌]里訥)

12-57-3　emüne törö kičiyekü kü'ün-i ülü uqan oyisuladuγsa+

12-57-4　+n-iyan(幹亦速剌都黑撒你顔 ← 幹亦速列都克薛你顔), ö'er-iyen buru'ušiyaba(不舌魯兀失

　　　牙罷 ← 不舌魯兀失耶罷), bi. Basa tenggeri γaǰar-ača

12-57-5　ǰaya'atu törögsen görö'esün-i aqa de'ü ǰüg odu'uǰi

12-57-6　ke'<y>en qaramlaǰu quru'a yo'urγa nödü'ülǰü ǰedgüǰü

12-57-7　aqu bolun(孛/舌/侖), aqa de'ü-deče čimaliqai üge sonosba. Bi

12-57-8　buru'u kü bolba. Qahan ečige-yü'<y>en qoyina dörben

12-57-9　ü<i>yiles nemebe ǰe, bi. Dörben ü<i>yiles buru'u

12-57-10　bolǰu'ui ǰe." ke'ebe.

282

12-58-5　Yeke quri<n>lta quriǰu, quluγana ǰil γuran sara-da

12-58-6　Kelüren-ü Köde'e-aral-un Dolo'an-boldaγ-a, Šilginčeg

12-58-7　qoyar ǰa'ura ordos ba<u>'uǰu büküi(不/中/灰)-dür bičiǰü da<u>'usba.

부록

지도

참고 및 인용문헌

찾아보기 / 전사 찾아보기

『몽골 비사』에 기록된 칭기스 카한과 조상들의 계보

【13세기 초 동북 및 중앙 아시아】

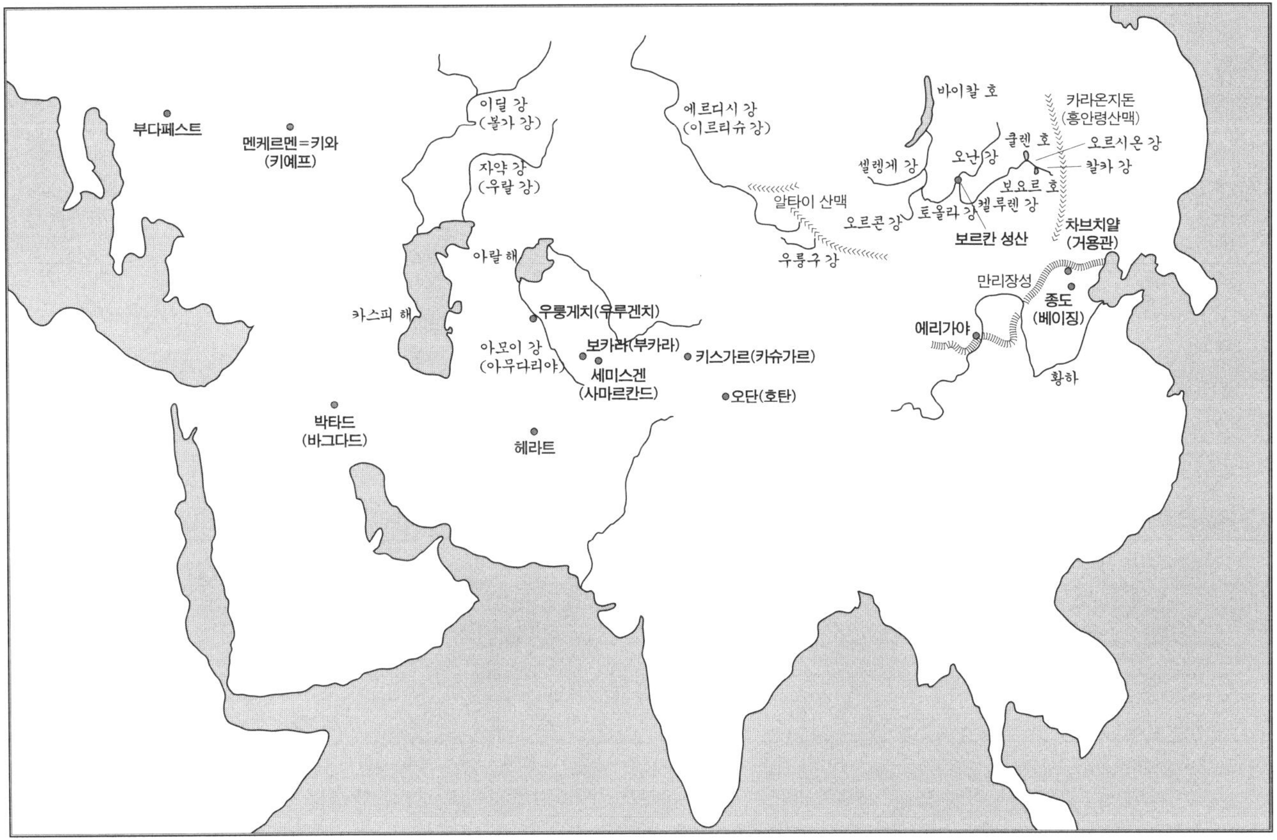

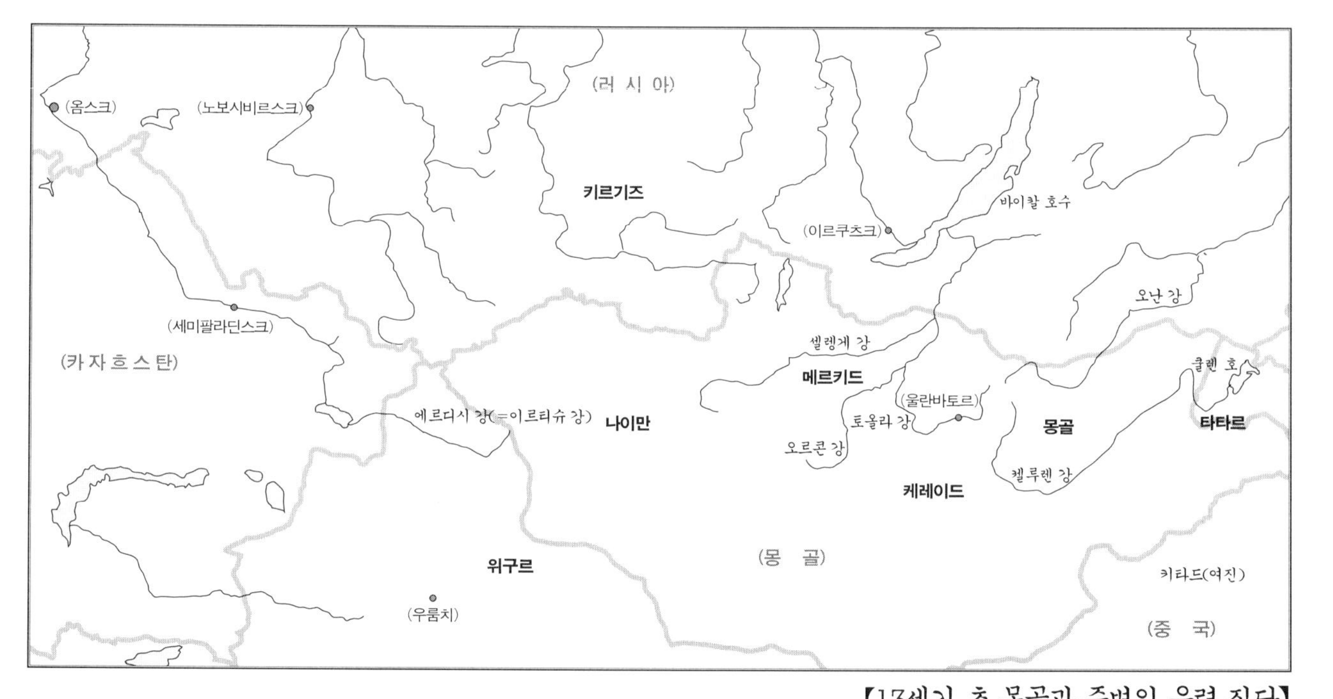

【13세기 초 몽골과 주변의 유력 집단】

참고 및 인용 문헌

金炯秀, 『蒙學三書研究』, 螢雪出版社, 1974.

김호동, 「集史 칭기스칸 列祖記 譯註」, 『中央아시아 研究』6, 2001, pp.197~255.

남상긍·유원수, 「몽골 비사 관련 지명 답사 보고」, 『한몽공동학술연구』 2, 1993, pp.81~87.

內蒙古大辭典 編委會, 『內蒙古大辭典』, 內蒙古人民出版社, 1991.

라시드 앗딘 지음, 김호동 역주, 『부족지』, 사계절출판사, 2002.

르네 그루쎄 지음, 김호동·유원수·정재훈 옮김, 『유라시아 유목제국사』, 사계절출판사, 1998.

몽골학회, 「휘보」, 『몽골 研究』1, 1999, p.100.

몽일합동조사단(Mongolian Academy of Sciences and The Yomiuri Shimbun, Japan), *Gurvan GOL : Historical Relic Probe Project (1991~1993)*, 출판지 불명, 1994.

朴元吉, 『몽골 古代史 研究』, 도서출판 혜안, 1994.

박원길, 「『몽골 비사』195절의 표현 방식을 통해 본 13~14세기 몽골군의 전술」, 『몽골학』14, pp.271~327, 2003.

유원수, 「오르도스의 五百戸 샤르다르하드」, 『한국 민족학 연구』1, 1993.

――――, 『몽골 비사』, 도서출판 혜안, 1994.

――――, 「몽골 비사 지명의 몽골어 요소」, 『알타이 학보』 5, 1995, pp.79
～128.

――――, 「몽골 비사 몽골어의 친족 용어」, 『中央아시아 硏究』 1, 1996,
pp.149～181.

――――, 「몽골 현대 문학의 한국어 번역 ―『맑은 타미르 강』을 통한 실
험」, 『中央아시아 硏究』 5, 2000, pp.105～142.

――――, 「『몽골 비사』의 한자 운용 체계 분석(시론) ― '기대～예상'을 벗
어난 일부 전사형을 중심으로」, 『알타이 학보』 13, 2003, pp.91
～112.

李新魁 著, 朴萬圭 譯, 『中國聲韻學槪論』, 韓國學術振興財團飜譯叢書 72,
大光文化社, 1990.

周采赫, 「札剌亦兒台(Jalairtai)와 『몽골 秘史』 成書年代」, 『몽골 硏究』 1,
1999, pp.9～20.

최기호·남상긍·박원길, 『몽골 비사 역주』(1), 도서출판 두솔, 1997.

체렌소드놈 지음, 이평래 옮김, 『몽골 민간 신화』, 대원사, 2001.

小澤重男, 『元朝秘史全釋(上)』, 東京 : 風間書房, 1984.

――――, 『元朝秘史全釋(中)』, 東京 : 風間書房, 1985.

――――, 『元朝秘史全釋(下)』, 東京 : 風間書房, 1986.

――――, 『元朝秘史全釋攷(上)』, 東京 : 風間書房, 1987.

――――, 『元朝秘史全釋攷(中)』, 東京 : 風間書房, 1988.

――――, 『元朝秘史全釋攷(下)』, 東京 : 風間書房, 1989.

栗林均·确精札布 編, 『『元朝秘史』 モンゴル語全單語·語尾索引』, 東北
大學 東北アジア研究センタ-叢書第四号, Sendai, 2001.

杉山正明, 『遊牧民かり見た世界史：民族も國境もこぇて』, 東京：日本經濟新聞社, 1999(一版五刷).

小林高四郎, 『元朝秘史の硏究』, 東京：日本學術振興會, 1954.

服部四郎, 『元朝秘史の蒙古語を表はす漢字の硏究』, 東龍文書房, 東京：文求堂, 1946.

村上正二, 『モンゴル秘史 1：チンギス·カン物語』, 東洋文庫 163, 東京：平凡社, 1975.

─────, 『モンゴル秘史 2：チンギス·カン物語』, 東洋文庫 209, 東京：平凡社, 1972.

─────, 『モンゴル秘史 3：チンギス·カン物語』, 東洋文庫 294, 東京：平凡社, 1976.

甄金, 『蒙古秘史學槪論』, 內蒙古敎育出版社, 1996.

道潤梯步, 新譯簡註 『蒙古秘史』, 呼和浩特：內蒙古人民出版社, 1979.

孫竹·照那斯圖·陳乃雄·吳俊峰·李克郁, 『蒙古語族語言詞典』, 靑海人民出版社, 1990.

宋濂 외 撰, 『元史』, 北京：中華書局, 1976.

額尒登泰·烏云達賚, 『蒙古秘史(校勘本)』, 呼和浩特, 1980.

楊耐思, 『中原音韻音系』, 北京：中國社會科學出版社, 1985.

王國維, 1915(乙卯春日寫定), 「元朝秘史之主因亦兒堅考」, 楊家駱 編, 『觀堂林集卷第十六』, 출판 연도 불상, 讀書箚記叢刊第一集, 第七冊, 世界書局(印行), pp.768~789.

─────, 「致藤田博士書一」, 楊家駱 編, 『觀堂林集卷第十六』, 출판 연도 불상, 讀書箚記叢刊第一集, 第七冊, 世界書局(印行), pp.789~794.

─────, 「致藤田博士書二」, 楊家駱 編, 『觀堂林集卷第十六』, 출판 연도

불상, 讀書箚記叢刊第一集, 第七冊, 世界書局(印行), pp.794~796.

蔣紀周(影印), 張興唐(解題), 『元朝秘史三種』, 台北：中文出版社, 1975.

Blo-bzaṅ bstan-'jin, 1655?, *Erten-ü qad-un ündüsülegsen törü yosun-u jokiyal-i tobčilan quriyaγsan altan tobči kemekü orusibai*, Ulus-un keblel-ün γaj ar(影印), III. Бира(解題), 1990, Улаанбаатар.

Čerengsodnam, *Mongγol-un niγuča tobčiyan-u oručiγulγ-a tailburi*, 北京, 1993.

Clauson, Sir Gerad, *An Etymological Dictionary of Pre-Thirteenth Century Turkish*, London：Oxford University Press, 1972.

Cleaves, F.W., *The Secret History of the Mongols*, Cambridge, London：Harvard University Press, 1982.

Doerfer, Gerhard, *Türkische und Mongolische Elemente im Neupersischen, Band I：Mongolische Elemente im Neupersischen*, Wiesbaden.

Eldengtai, Ardajab, *Mongγol-un niγuča tobčiyan : Seyiregülül tayilburi, Öbör mongγol-un sinquva nom-un delgegür*, 1986.

Lessing, F.D., *et al, Mongolian-English Dictionary*, Bloomington, 1982 edn.

Ligeti, Louis, *Histoire Secrète des Mongols*, Monumenta Linguae Mongolicae Collecta I, Budapest：Akadémiai Kiadó, 1971.

─────, *Histoire Secrète des Mongols : Texte en écriture oiguoure incorporé dans la Chronique Altan Tobči de BLO-BZAN BSTAN-JIN*, Monumenta Linguae Mongolicae Collecta VI,

Budapest : Akadémiai Kiadó, 1974.

Mongolian Academy of Sciences and The Yomiuri Shimbun, Japan,
    Gurvan GOL : Historical Relic Probe Project (1991~1993), 출판지
    불명, 1994(몽일합동조사단).

Moses, Larry (translator's note), "On some Place Names in the Seceret
    History," *Mongoliain Studies*, Vol. IX, 1985~1986, pp.83~102.

Mostaert Antoine, "Sur quelques passages de l'Histoire Secrète des
    Mongols(1)", *Harvard Journal of Asiatic Studies*, volume 13,
    number 3~4, 1950, pp.285~361.

————, "Sur quelques passages de l'Histoire Secrète des
    Mongols(suite)", *Harvard Journal of Asiatic Studies*, volume 14,
    number 3~4, 1951, pp.329~403.

————, "Sur quelques passages de l'Histoire Secrète Mongols(fin)",
    Harvard Journal of Asiatic Studies, volume 15, number 3~4,
    1952, pp.285~407.

Pelliot, Paul, *Notes on Marco Polo I*, Ouvrage Posthume, Paris, 1959.

————, Louis Hambis, *Histoire des Campagnes de Gengis Khan :
    Cheng-Wou Ts'in-Tcheng Lou*, Tome I, Leiden, 1951.

Poppe, Nicholas, *The Mongolian monuments in ḥp'ags-pa script*,
    Second edition translated and edited by John R. Krueger,
    Wiesbaden : Otto Harrassowittz, 1957.

Rachewiltz, Igor de, "The Secret History of the Mongols", *Papers on
    Far Eastern History 4*, 1971, pp.115~163.

————, "The Secret History of the Mongols", *Papers on Far Eastern*

History 5, 1972, pp.149~175.

————, *Index to The Secret History of the Mongols*, Indiana University Publications Uralic & Altaic Series, volume 121, Indiana : Bloomington, 1972a.

————, "The Secret History of the Mongols", *Papers on Far Eastern History 10*, 1974, pp.55~82.

————, "The Secret History of the Mongols", *Papers on Far Eastern History 13*, 1976, pp.41~75.

————, "The Secret History of the Mongols", *Papers on Far Eastern History 16*, 1977, pp.27~65.

————, "The Secret History of the Mongols", *Papers on Far Eastern History 18*, 1978, pp.43~79.

————, "The Secret History of the Mongols", *Papers on Far Eastern History 21*, 1980, pp.17~57.

————, "The Secret History of the Mongols", *Papers on Far Eastern History 26*, 1982, pp.39~84.

————, "The Secret History of the Mongols", *Papers on Far Eastern History 30*, 1984, pp.81~160.

————, "The Secret History of the Mongols", *Papers on Far Eastern History 31*, 1985, pp.21~93.

Sayinǰiryal, Šaraldai, *Altan ordon-u tayily-a*, 北京 : 民族出版社, 1983.

Street, J.C., *On the 14th century punctuation of Mongolian in the YÜAN-CH'AO PI-SHIH*, Publication of the Mongolia Society, Occasional Paper Number 12, Indiana : Bloomington, 1986.

Yu, Wonsoo, "Usage of the Chinese Characters 阿 and 額 in *The Secret History of the Mongols*", *Mongolian Studies* 14, 2003, pp.199~213.

Гаадамба, Ш., Монголын Нууц Товчоо, Улаанбаатар, 1990.

————, Ш. (худам монгол бичгээр сийр^{YY}лсэн), *Монголын Нууц Товчоо*, Улаанбаатар, 1990а.

Дамдинс^Yрэн, Ц., Монголын Нууц Товчоо, Улаанбаатар, 1957.

Намжиловай, Ч. Р., *Монголой нюуса тобшо*, Буряадай номой хэблэл, Улаан-Удэ.

Пэрлэй, Х., Монголын Нууц Товчоо – Ны Газар Усны Нэрийн Тухай Урьдчилсан Мэдээ, *Шинжлэх Ухаан Наука*, no.1~3, Улаанбаатар, 1948, pp.58~75.

Пэрлээ, Х., "Нууц Товчоонд гардаг газар усны зарим нэрийг хайж олсон нь", *Шинжлэх Ухаан*, 1958, Улаанбаатар,

Цэвэл, Я., *Монгол хэлний товч тайлбар толь*, Улаанбаатар, 1966.

Цэрэл Содном, *Монголын Нууц Товчоо : Эрдэм Шинжилгээнчй орчуулга, Тайлбар*, Улаанбаатар, 2000.

Шагдар, Ш., *Монголын Газар Зуйн Нэрийн Товч Толь Бичиг*, Ардын Боловсролын Яамны Хэвлэл, Улаанбаатар, 1978.

찾아보기

ㄱ

가차오라토 골짜기(전나무 오솔길) 79
검은 담비 외투 61, 69
게니게스 33, 85, 212
게우기 197
게운 개울 270
고난 85, 148, 197, 212, 218, 240
고롤라스 83, 105, 106, 156
고아의 수당 160, 218
고이옹 197, 204, 221
골다가르 벼랑 80
공주 이름의 딸 253
구렐구 57, 60, 85, 96, 106
구르베수 41, 166, 167, 174, 182
구르 카 106, 119
구르 칸 106, 118~120, 148, 149, 188
구린 용사 126
구링 엘로우드 낙타 289
구세우르 호수 119, 149
구센 275
95 천호 198, 232, 241
구운 오아 102
구육 163, 187, 284, 285, 289~294
구이구넥 용사 251
구추 103, 197, 215, 241

구추구르 88, 150, 197, 221
구추우드 나이만 106
굴대 빗장 88, 122, 124, 216
기르 마오 34

ㄴ

나라 41
나라 사람들 54, 299
나라토 시투엔 99, 100
나린 케엔 134, 135
나린 토오릴 218
나무 꼬리 291
나야아 115~117, 182, 183, 197, 221
나오 강(嫩江) 258
나친 용사 32, 33
나코 벼랑 175, 176, 181
나코 부자 58~60, 202
낙타의 피 119, 120, 149
남깅 258, 289
남깅성(南京城) 256
네구스 형제 219
네우스 83, 96, 219
네쿤 오손 165
네쿤 타이지 34, 36, 37, 85, 97, 152

노몰론 어머니 32

노야기다이 32

노야킨 32, 83, 130

노얀 24, 34, 78, 111, 123, 124, 168, 169, 176, 182, 183, 198, 201, 212, 218, 235~240, 243, 244, 252, 258, 269, 279, 283, 292, 297, 300

노예 102, 122, 154, 188, 213

니추구드 바아린 115

닐카 셍굼 129~132

ㄷ

다로가 274, 275

다로가치 274, 289, 290

다르칸 34, 220

다리타이 막내 34, 36, 37, 85

다릴 275

다아리타이(=다리타이) 122, 239

다오시 키치도드 낙타 289

다온 197

다이도콜 소코르 237

다이르 197

다이르 오손 64, 71, 75, 76, 80, 182, 187

다이르(안장에 쓸린 상처) 23

다이차르 95

다카이 90, 163

달란 네무르게스 121, 143, 145, 159, 203

달란 발조드 96, 196, 218

담비 가죽 배내옷 62, 213

담비 외투 61, 69

대 쿠릴타이 303

데게이 83, 87, 197, 212, 218, 221, 241

데르겍 105

데이 현자 39

델리운 동산 39, 62, 213

도다이 체르비 88, 169, 171, 224, 234

도리 보카 197

도본 명궁 23~26

도와 소경 23~25

도콜라다이 33

도콜코 체르비 83, 169, 224, 234

도타오드 타타르 121

돌로아다이 197

돌로안 동산 303

돌로안 볼다우드(일곱 동산) 101

돌롱기르 273

동창성(東昌城) 252

동카이드 140, 141

두르메게이 성 282

두르베드 238, 274

두르베이 238

두르베이 독신 238, 274

두르벤 25, 83, 105, 182

두이렌 산 29

디딕 사칼 165

ㄹ

라랄 274

라발카 296

라블라카 223, 297

료쇼(留守) 257

ㅁ

마다사리 273

마랄 197

마로 273

마스코드 274

마스코드 코롬시 274

마알릭 바야오드 25, 26

마오 고지 139, 143

마자라드 274

만케르만 290
말젖술 29, 56, 109
망고다이 33
망고드 33, 83, 96, 139~141, 145, 178, 211
망고타이 297
머리를 잘라 갖고 도망갔다 187
메게투 197
메구진 세울투 98~100
메넨 바아린 31, 83
메넨 토돈 32
메르겐 예케테이 34
메르키드의 잡놈 260
메케드 284, 290
멘케르멘 274, 284, 290
멩게이 292, 294
멩게투 키얀 34, 83
모로카 197
모리치 89
모조(莫州) 253
모치 베두운 83
모칼리 102
모칼리 고이옹 197, 204
몰칼코 85, 89, 221
몽골 34
몽골진 미인 23
무게 197
무꾸리 286
무당 241, 286, 288
무당 톡토아 155
무루체 세울 150
물케 토탁 96
뭉게 284, 285, 289
뭉게투 284
뭉게투 키얀 82, 214
뭉구우르 197, 240
뭉릭 43, 44, 47, 96
뭉릭 아버지 47, 96, 133, 197, 201, 241, 246

뭉케 240
뭉케우르 240
뭉쿠 197, 198

ㅂ

바가지 77, 148
바다이 34, 134, 135, 139, 163, 164, 197, 220
바드케센 270
바로안 초원 270
바롤라 초원 270
바롤라스 32, 33, 83
바롤라타이 32
바르고다이 명궁 24
바르고진 미인 24
바르곤 236
바르탄 용사 33, 34, 105, 152
바아리다이 31, 84
바아린 31, 34, 83, 182, 204, 218
바야오드 형제 214
바이 싱코르 독신 33
바이다락 벨치르 125, 150
바이드 125, 237
바지기드 237, 274, 284, 289
바코 초로기 105
바타치 칸 23
바토 274, 283~285, 289~294, 300
박타드 273, 283, 289
발라 83, 120, 197, 198, 241, 270, 271, 275
발라 체르비 197
발라가치 35
발조나 호수 156, 157, 205
발조나 호수 156
발존 섬 28
베데르 멧부리 57
베두운 211, 212
베르케 사막 130

베수드 33, 35, 82, 83, 103, 241
베수테이 33
베이깅성(北京城) 258
베키 64, 218
벡테르 50, 51, 63
벨구누드 31
벨구누테이 25~27, 31
벨구테이의 어머니 63, 77
보고 카타기 26, 27, 29~31
보다아드 33
보돈차르 28
보돈차르 바보 26
보돈차르 성조 83
보로골 142
보로그친 미인 23
보로올 103, 127, 142, 143, 211, 214, 215, 237
보로(잿빛) 23
보롤다이 96
보롤다이 소얄비 23
보르지기다이 명궁 23, 31
보르지긴 31
보르칸 24, 65, 77, 78, 110, 253, 255, 268
보르칸 성산 23, 24, 57, 62~65, 73, 74, 76,
  79, 190, 203, 212
보르칸 칸 253
보리야드 236
보오라 초원 71, 75, 119
보오르초 58~60, 63, 64, 83, 87, 90, 123,
  127, 142, 151, 197, 198, 201~203, 211,
  212, 221, 224, 238~240, 260, 261, 271, 281
보요르 호 35, 145
보이로오드 타타르 35
보이록 칸 105, 107, 124, 125, 150
보지르 197
보카 102, 224, 234, 236
보카르 270, 271, 274, 284
보카 부마 193

보카타이 133
보카 테무르 148
보카토 살지 26, 27, 31
보토 83
보토간 보오르지 73~75
보토 부마 198
보토코이 타르곤 237~239
복도르마 발원 187
볼라르 274, 284, 290
볼라카다르 296
볼로간 197
볼카다르 296, 299
부겐 197
부구누드 31
부구누테이 25~27, 31
부기데이 223, 232, 234, 296
부르기 기슭 61, 62, 74, 149
부르테 36, 41, 42, 69, 71, 75, 82
부르테 부인 60, 63, 69, 71, 75, 76, 82, 245
부르테 치노(잿빛 푸른 이리) 23
부리 105, 284, 285, 289, 290~292, 294
부리 볼치로 31
부리 장사 34, 97, 104, 105
부키데이 234
불테추 용사 33
빌게 베키 107, 155
뼈를 거두게 했다 196
뼈를 거둘 수도 없고 187
뼈를 보이게 버리지 마라 196
뼈를 안장했다 145

ㅅ
사글라가르 모돈(우거진 나무) 38, 80
사글라[가]르 모돈 203
사람들 54
사르다올 149, 188

사르타올 119, 149, 155, 258, 259, 268~272,
　274, 275, 280
사르탁 암양 291
사르탁 암양의 꼬리 155
사릭 벼랑 235
사소드 274, 284
사아리 초원 95, 126, 150, 171, 172, 182, 255
사위 43
사유 노예 102
사유 백성 104
사이칸 투데엔 131
사차 베키 34, 85, 96, 97, 99, 101
살리 카차오 23
살지오드 31, 105, 181
삼강의 발원 153
삼성(三姓) 메르키드 64
37대의 몽둥이 225
세 개의 도시 118
3대의 몽둥이 224
세르게수드 284
세르케수드 274, 284
세미스갑 270, 271
세미스겐 274
세수드 284, 290
세우세 288
세체 도목 83
세체우르 197
세치우르 83
셀렝게 71, 75, 79, 108, 119, 126, 148, 219
셈 세출레 33
셈 소치 23
셍구르 개울 57, 60, 61, 85
셍굼 107, 126, 128, 129, 131~133, 142~
　144, 150, 151, 155, 159, 165, 166, 201, 205
셍굼 빌게 33, 34
셍굼 형제 154, 155
소르가토 주르키 85, 96, 97

소르카토 주르키 34, 104
소르칵타니 베키 163
소르칸 시라 55, 56, 57, 110, 111, 187, 197,
　219, 220
소카타이 41, 47
소코르 243, 244
소코 현자 83
소콕 오손 124, 150
속민 31, 86, 117, 126, 150, 151, 163, 205,
　220, 221, 243, 266, 273, 286
솔도스 55, 83, 163
솔탄 269
수게게이 90, 146
수게게이 제운 146, 155, 156
수게에테이 130
수니드 33
수베게이 154
수베게테이 211
수베에테이 용사 83, 89, 235, 274, 284, 289
수이케투 체르비 83, 87
수치킬 우진 34
수케게이 제운 83, 119, 146
수케켄 83
순데이후(宣德府) 251
숲의 사람들 198, 204, 205, 236, 237, 239
시기켄 코토코 101, 103
시기 코도코 271
시기 코토코 197, 257
시도르고 282
시라 덱투르(龍虎臺) 251
시라 초원 43
시라칸 295
시라콜 197
시르구에투 노인 115~117, 221
시르구투 노인 221
시비르 237
시스기스 108

시스텐 271
시조오다이 33
시종 163
시키우르 96, 97
시키켄 코도코 101
식시드 236
신 강 270, 275
신치 바얀 24
실긴첵 303
실로카이 197
싱콜라말 171, 172

ㅇ

아다르긴 33, 273
아다르키다이 33
아당카 오리앙카이 32
아딜 284
아라이 고개 187, 188
아라찬 300
아로 273
아롤라드 33, 83
아르갈 게우기 157, 158
아르보카 279, 282
아르슬란 칸 235
아르카이 카사르 83, 89, 95, 146, 155, 156,
　170, 224, 257
아릭 오손(정결한 물) 24
아린 타이지 120
아말 296
아모이 강 270
아브지가 쿠테게르 169
아브지아 쿠데게르 165
아브토 성 273
아산 156
아샤 감보 268, 269, 280, 281
아소드 274, 284, 290

아식 부마 198
아오잠 보로올 23
아오초 용사 106~108, 115
아이리오드 35
아이막 39, 98, 106, 108, 123, 124, 156, 274,
　289
아일 카라가나 74, 85
아자이 칸 119
아지나이 197
아칙 시론 140
아코타이 224, 234, 255
아코타이 알탄 카안 255
아홉 다리를 가진 흰 기 196
아홉 번까지 199, 203, 213, 218, 220
아홉 언어의 사람들 243, 244
알긴치 289, 292, 301
알 디에르 236
알라샤이 280, 281
알라오오드 95
알라카 베키 237
알라코시 디기드 코리 156, 168, 198, 237
알락 115~117, 197, 221
알란 미인 24~27
알란 어머니 51
알로카이 타타르 121
알 알톤 236
알치 197, 224, 258
알치다이 139, 223, 224, 234, 239, 241, 268,
　292, 294, 297
알치 부마 198
알치 타타르 105, 121
알코이 105
알코이 샘 106
알타니 216
알타이 124, 126, 150, 173, 181, 187
알타이 산맥 107, 203
알타이를 베고 자는 자들 203

알탄 34, 85, 95, 97, 100, 107, 121, 130, 133,
　　144, 152~155, 239, 247, 255, 266
알탄 개울 271
알탄 막내 85
알탄 카한 35
알톤 아슉 120
암바가이 33, 35, 85
암바가이 카한 35, 38, 39, 41, 47
앙쿠아살 179
야디르 139
얄라와치 274, 275
얄박 296
에네겐 구일레투 107
에데르 126, 150
에르게 카라 149
에르구네 강 106, 108, 156
에르뎀투 바롤라 33
에르디시 강 187, 204
에르케 카라 118, 148, 149
에리 제우 280
에리 카야 280
에멜 105, 145
에베게이 96
에부게진 130
에질 289
에케 개울 270
엘 코토르 120
역마지기 298~301
역참 299~301
역참지기 298, 300, 301
영생의 하늘 142, 164, 190, 199, 205, 222,
　　238, 241, 269, 280, 282, 290
예게이 콩타가르 154
예구 156, 283, 300
예디 이날 236
예디 토블록 124
예물 43, 61

예비마 43, 63, 176, 252
예수게이 37
예수게이 사돈 40, 42
예수게이 용사 34, 36, 39, 40, 43, 47, 70, 76,
　　85, 96, 97, 105, 127
예수게이 칸 61, 70, 118, 119, 128, 148, 149
예수게이 키얀 43
예수게이 형님 47
예수겐 카돈 123
예수이 41, 123, 124, 259, 260, 279, 283
예순게 283, 300
예순테에 223, 232, 234, 296
예순투에 296
예숭게 156, 283
예케 네우린 223
예케 니둔 23
예케 체렌(타타르) 122~124
예케 체렌 34, 133, 135
오난 강 23, 28, 29, 34, 36, 37, 39, 48, 49, 55
　　~57, 62, 73, 74, 80, 96, 101, 108, 115, 213
오난 강의 코르코낙 숲 38
오다라르 270
오단 274
오도라르 271
오도이드 71, 190
오도이드 메르키드 64, 73, 76, 79
오도타이 197
오드키야 107
오디라르 271
오라카이 성 282
오락출 습원(濕原) 60
오로나르 33, 83
오로나르타이 197, 198
오로소드 274, 284, 290, 293, 294
오로오다이 33
오로오드 33, 96, 139~141, 145, 178, 207,
　　211

오록 싱콜라 28, 58, 171, 202
오르 습원 145, 169, 171
오르소드 236
오르시온 강 35
오르콘 61, 71, 79, 175
오리앙카이 24, 25, 30, 62, 84, 139, 156
오리양 275
오브칙 126
오와스 메르키드 64, 71, 75, 76, 80, 182
오이고드(=위구르 사람들) 119
오이라드 106~108, 236, 237
오이오드 120, 149, 235
오이오르타이 188, 299
오코나 258, 259
오코토르 284
옥다 154
올다가르 전통사 285
올라 강(松花江) 258
올라르 부마 198
올록 탁 107, 124, 150
올론 동카이드 118, 140, 141, 164
올자 98, 99
올자 강 98
올코이 실루겔지드 121, 143
옹기라드 39~41, 60, 105, 145, 146, 182, 198
옹기란 197
옹깅 승상 98~100, 252, 253
옹 칸 61, 69, 100, 106~108, 118~120, 124~
    129, 131, 132, 139~143, 145, 149, 151,
    153, 156, 158, 159, 163, 165~167, 193, 201
요구르트 109
요로칸 197
요코난 168
우겔레 체르비 169, 224
우구데이 카한 41, 163, 187, 274, 283~286,
    289, 290, 294, 298, 300, 301
우굴렌 체르비 83, 87, 224

우레벡 디긴 236
우룽게치 270, 271, 274
우룽구 강 124, 125
우르베이 41, 47
우익 70, 168, 203, 221, 236, 268, 270, 280,
    283, 300
우쿠데이 142, 143
우킨 바르칵 33, 34, 104, 105, 152
우테겐 273
운진 사카이드 85
울레게이 샘 95
웅구드 156, 168, 198, 237
웅구르 82, 87, 197, 214, 215, 257
유르키 34
의식의 술 122, 163, 220, 290
의형제 61, 69, 80, 118, 119, 149, 193
이난차 빌게 칸 41, 148, 149, 166, 174
이난차 칸 118
이날치 237
이도오드 235, 236, 253
이도카다이 197, 240
이도코다이 240
이두르겐 151, 158
이딜 274, 284
이로 270, 271
이바카 베키 163, 206
이세부르 270, 271
이키레스 83, 96, 105, 198
일가 25, 57, 129
일곱 콩코탄 241
7대의 몽둥이 224
일레 256, 288
일로코 보르칸 255, 282
일로코 보르칸 시도르고 282
일루게 241
일루게이 197, 224, 241
일족 40, 117, 240

ㅈ

자다라다이 31, 84
자다란 31, 85, 106, 181, 221
자다란 13부 95
자르치오다이 노인 62
자르치오드 아당칸 30, 84
자모카 31, 70, 72~74, 78~85, 95, 96, 106~
　　108, 119, 125, 126, 130, 131, 139, 140, 143,
　　144, 171, 173, 176~181, 191~193, 196,
　　218, 247
자모카 아우 70, 74, 140, 141
자모카 형제 70, 76, 78, 80~82, 90, 151, 155,
　　196
자사올 295
자손의 자손 66
자약 274, 284, 289
자지라다이 31
자카 감보 74, 107, 117, 120, 163, 205~207
자코드 301
작은 바롤라 33
잘라마 산 95
잘라이르 82, 83, 102, 157, 243, 270, 275, 290
잘랄딩 솔탄 269, 270, 275
잘리 보카 39
잘린 보카 105
장기 292, 294
절구질 119
점괘 196
점쟁이 286
제게이 83, 154
제구 297
제데르 198
제데이 241
제레네 협곡 96, 196
제르 협곡 159
제베 111, 112, 121, 171, 177, 197, 211, 221,
　　235, 251, 252, 256, 269, 270, 286

제브케 102, 103, 197, 241, 243
제우레데이 32
제우레이드 32
제〔우〕레〔이〕드 32
제우리예드 156
제제에르 고지 130, 159
제테이 83, 87, 197, 217, 241
젤메 63, 64, 83, 90, 108~110, 177, 197, 201,
　　211~213, 217, 223
젤메 고아 139
조르갈 벼랑 147
조브칸 255
조소토 보로 279
조치 34, 42, 129, 212, 236, 237, 239, 240,
　　260, 261, 265, 266, 270~272, 284
조치 다르말라 95, 196
조치 카사르 39, 180
중도(中都) 251, 289
종사이 197, 240
종소 83, 197, 240
종쇼이 197, 240
좌익 70, 187, 204, 221, 258, 283, 300
주겔리 제사 32
주르체데이 96, 141, 145, 146, 157, 159, 160,
　　197, 205~207, 211, 224, 258
주르체데이 백부 141
주르체드 251, 252, 258, 290
주르킨 34, 85, 96, 97, 99, 101~104
주인 281
주인 사람 251, 281
지르고아다이 112, 270
지르고안 83
지르긴 140, 141, 159, 163, 164, 205
지참 노비 207
진영 58, 83, 85, 96, 108, 119, 150, 181, 202
질두 25
집 뒤편 135, 226

집사장 아식 테무르 207
집사장 알칙 207

ㅊ

차가안 105
차가안 고아 197, 218
차가안 오아 96, 218
차가안 오와 83, 218
차간 고아 213
차간 타타르 121
차고르칸 156~158
차나르 296
차나이 224, 234, 299
차라카 노인 43, 48
차라카이 링도 33, 154
차브치얄 251, 252, 256, 258, 286
차브치얄 고개(居庸關) 251
차소토 산 281
차아다이 42, 239, 240, 260, 261, 265, 266,
　270~272, 283~285, 292, 294, 299, 301
차아안 타타트(＝차간 타타르) 120, 121
차알론 124
차오르 베키 129, 133
차오르카이 197, 241
차오르칸 83, 89, 95, 157, 241
차오진 우르테게이 33
차카 이름의 달 253
차키르 마오드 175, 176
창시오드 바야오드 83
체렌 134, 220
체르비 87, 169~170, 212, 213, 233, 234
체체이겐 237
첵체르 39, 43, 60, 107
초낙 105
초르마칸 전통사 272, 284, 289
초오르카드 279, 280

초오스 차간 156
초지 다르말라 196
초탄 32, 60, 61
촉체렌 271
추구 부마 256
추이 강 119, 149, 188, 235
출게테이 197
치구 부마 198, 256
치기다이 139
치노스 96, 204
치도콜 장사 31
치르기다이 용사 105
치코르구 39
친척의 친척 78, 115
칠게르 34, 76, 77
칠게르 장사 76
칠구테이 83, 88
칠라온 56, 124, 126, 150, 182, 187, 188, 219,
　220, 235
칠라온 용사 127, 151, 211
칠라온 카이치 102
칠레두 36, 37, 64, 76
침바이 56, 187, 188, 219, 220
칭기스 카간 158, 248, 264
칭기스 카안 111
칭기스 카한 23, 24, 31, 33, 39~41, 58, 70,
　86, 87, 90, 95~102, 104~112, 115~129,
　133, 135, 139~143, 145, 146, 151, 152,
　154, 156~160, 163, 164, 166, 168~170,
　172, 175, 176, 181~183, 187~192, 195~
　201, 203, 206, 207, 214, 215, 218~220,
　222, 224, 225, 231, 233, 235~243, 245~
　247, 251, 253, 255~258, 260, 261, 266~
　274, 279, 280~283, 285, 286, 292~294,
　298
칭기스 칸 265

ㅋ

카 106

카다 256, 257, 288

카다안 33, 34, 38, 56, 110, 111, 197, 219, 296

카다안 달도르칸 82, 87, 143

카다안 천호 296

카다안 타이지 35, 39

카다이 296

카다이 부마 198

카닥 140

카닥 용사 159

카딕릭 산맥 150

카라 달 182

카라 세울 125, 150

카라오다르 296

카라온 지돈 산맥 156

카라온 지돈을 베고 자는 자들 204

카라온 협곡 118, 148

카라 주루겐 85

카라 지루겐(검은 심장) 57

카라 카다안(검은 카다안) 31

카라 키다드 118~120, 149, 188

카라 키타드 252

카라지 초원 72

카라차르 83, 197, 240

카라카이 토고라온 82, 88

카랄다이 32, 33

카랄다이 토고라온 82, 89

카르길 시라 216, 217

카르다킨 130

카르초 23

카르카이 토고라온 88

카르타아드 130

카를로오드 188, 235

카볼 카한 33~35, 40, 85

카비치 용사 32

카사르 39, 50~53, 58, 60~61, 63, 69, 70,

73, 88, 96, 103, 126, 156~159, 176, 180,
232, 239, 241~243, 245, 257, 258, 268, 283

카시 102

카신 118, 149, 253, 255

카아드 메르키드 64, 71, 72, 76

카아타이 다르말라 64, 71, 76, 77

카오란 197

카이도 32, 33

카지온 베키 105

카촐라 32

카치도드 노새 289

카치르 오손 172, 175

카치오 32

카치온 32, 33, 39, 53, 63, 139, 155, 239, 242,
268

카치온 베키 130, 131

카치온 엘치 39

카치온 토고라온 82, 87

카치 쿨룩(카치 준마) 32

카친 32

카타긴 31, 105, 181

카톤 41, 42, 47, 69, 71, 76, 98, 123, 269

카한 아버지 266, 267, 285, 294, 298, 301, 302

칸 90

칸 멜릭 269, 270, 275

칼 188

칼라칼지드 사막 139, 159, 193, 205, 217

칼리바이 솔탄 273, 283

칼리오다르 156~158

칼자 197, 198

칼카 145, 159, 169, 171, 205

캅카나스 236

캅투르카스 33

캉가스 236

캉가이 산맥 172

캉글린 188

캉린 274, 284, 289

캉카르 칸 산 171, 172
케레이드 35, 47, 61, 69, 70, 90, 100, 117,
    118, 142, 153, 163~165, 193, 205, 217, 239
케레이드 옹 칸 36
케스디임 237
케시미르 274, 284
케이베 284
케이부르살 180
케테 197
케테이 197
켈루렌 60, 119, 149, 153, 157, 303
켈루렌 강 60~62, 74, 106, 157, 171, 283
켈테게이 카다 145, 159, 169, 171
코도 41, 150, 182, 187, 188
코도가 베키 106
코도스 83, 197
코도오다르 115
코도카 107, 239
코도콜 습원 117
코돈 오르창 106, 108, 115
코롬시 274
코르차코스 197
코르차코스 보이록 칸 118, 119, 132, 148
코르초코 동산 57
코르치 우순 노인 83
코리다이 106
코리 보카 39
코리 수베치 165, 166, 174
코리 실레문 타이지 140, 141
코리진 카톤 96
코리차르 명궁 23
코리 카차르 296
코리 토마드 24, 237, 238
코릴 198
코릴라르씨 24
코릴라르타이 명궁 24
코바 카야 115, 119

코빌라이 83, 88, 121, 163, 171, 177, 197,
    211, 235
코소토 시투엔 99
코아그친 32, 64, 65
코아그친 노파 62~64, 75
코아이 마랄(흰 암사슴) 23
코오르친 카톤 96
코일다르 96, 141, 142, 145, 159, 160, 197,
    205, 211, 218
코일다르 현자 141, 160
코진 베키 129
코차르 85, 95, 97, 100, 107, 121, 130, 144,
    152~155, 239, 247, 266
코차르 베키 85
코토 89, 106~108, 124, 126, 235
코토콜 습원 116, 117, 221
코톡타이 124
코톡토 뭉구르 33, 34, 105
코톡토 유르키 34, 85
코톨라 카한 33, 34, 85
콜란 33
콜란 용사 34
콜란 카돈 182, 183
콜로이칸 237
콜바리 120
콜바리 코리 151
콩다코르 83
콩카이 273
콩카이 전통사 272
콩코르타이 292, 294, 295, 297
콩코르타카이 297
콩코탄 33, 43, 48, 83, 96, 241, 244, 245, 247,
    279
콩코탄 칠형제 244
콩타가르 273
콩타가르 전통사 272
쿠데우 섬 283

쿠두에 섬 101
쿠이텐 107, 111
쿠추 79, 103, 240
쿠추구르 83, 88
쿠케 초스 240
쿠쿠 초스 83, 197, 212, 218, 241, 261
쿠쿠 호수 85
쿠쿠 호수(푸른 호수) 57
쿠쿠추 82, 103, 165, 166, 197, 215, 240, 241
쿠쿠추 키르사안 154
쿠쿠추 텝 텡게리 241
쿠툰 바라카 39
쿡세구 사브락 127
쿡세우 사브락 125~127, 150, 166, 168, 174
쿨 바르고진 분지 24
쿨렌 호 35
쿰 싱기르 124
큰 바롤라 33
키라타이 133
키르기소드 236
키모르가 개울 57, 74, 85
키스카르 274
키실릭 34, 134, 135, 139, 163, 164, 197, 220
키야드 사람들 40
키와 274, 290
키칠 바시 호수 150
키타드 35, 98, 120, 251, 252, 255, 256, 275, 281, 285~287
킬코 강 72, 75
킵차오드 188, 274, 284, 289, 294
킹기야다이 83, 198

ㅌ

타게이 204
타나 개울 74
타르고드 82, 214

타르고타이 115~117
타르고타이 키릴톡(뚱뚱이(?) 키릴톡) 48, 53, 54, 106, 115, 117
타마차 23
타마치 197
타미르 강 175, 181
타스 237
타양 167, 172~175, 182
타양 칸 130, 166~168, 172, 174~181
타오르 강(洮兒河) 258
타이 테무르 타이지 148
타이초 34, 85, 96, 99, 101, 102, 152
타이치오다이 83
타이치오드 33, 35, 38, 48, 50, 51, 53~55, 60, 62, 81, 82, 85, 89, 96, 103, 106, 108, 110~ 112, 115, 148, 171, 182, 219, 220, 270
타이칼 산 187
타이칼 산채 188
타카이 89, 91, 149, 163, 197
타카이 용사 119, 163
타키 83, 163 .
타타르 35, 39, 43, 98~101, 103, 105, 119, 121~124, 133, 203, 216, 217, 281
타타르 주인 사람들 35
탈콘 섬 71, 79
탐마 289, 290, 292
탐마치 289, 290, 301
탕고드(=탕구트 사람들) 119
탕로 191
탕오드(=탕구트 사람들) 120
테르게 145
테르구네 고지 53
테르수드 117
테메엔 초원 168
테무게 39, 53, 168, 176, 180, 239, 240, 242~ 246, 268, 269, 283, 300, 302
테무게 막내 39, 63, 243, 244

테무데르 297
테무진 23, 32~36, 39, 42~44, 47, 48, 50,
　51, 53, 54 57~66, 69, 70, 73~76, 78~86,
　90, 91, 96, 97, 100, 110, 111, 115, 116, 120,
　127~129, 131~134, 139, 140, 143, 144,
　151~153, 171, 241, 242
테무진 우게 39
테무진 형제 63, 71~73, 80, 81, 95, 125, 130,
　140, 176, 178
텐렉 237
텔레게투 부자 102
텔레게투 어귀 126
텔레투 어귀 101
텔렝구드 204
텝 텡게리 241, 243~247
텡게리 243, 247, 258
텡게리 개울 63
텡기스 23
토고라온 82, 214
토곤 테무르 197, 198
토로골진 부자 23
토로칸 213
토르가오드 95
토르비 타시 168
토마드 237~239
토바스 236
토보카 197
토브사카 197
토비차오드 말 289
토사카 129
토오릴 74, 100, 130, 154, 156, 218
토오릴 아우 154
토오릴 칸 형 72, 73
토올라의 카라 툰(검은 숲) 61
토카스 237
토코 156
토코차르 269, 270, 300

토코착 고지 25
톡토아 64, 71, 72, 75, 80, 108, 124, 126, 148,
　150, 182, 187, 188, 190, 235
톨로이 42, 163, 216, 217, 239, 241, 256, 267,
　270, 271, 283, 284, 286, 288
톰비나이 154
톰비나이 현자 33
통곤(潼關) 관문 256
통코이다이 197
투게 197, 223
투게 마카 105
투구스 베키 124
투구우데이 31
투데게 220
투두게 111, 220
투두엔 34, 155
투두엔 기르테 48
투두엔 막내 33
투두엔 바롤라 33
투룰치 237
투멘 키르기수드 236
투멘 투베겐 117, 118, 140, 141, 159, 164
투베겐 117, 140, 205
투부드 273
투엘레스 237
투울루스 204
투이데게르 197
툴킨 체우드 168
퉁게 102
퉁게 개울 146
퉁겔릭 개울 24, 29, 30, 74

ㅍ

푸른 책 201
풀무 62, 212
피가 안 나오게 가게 하라 196

ㅎ

하르가손 291, 292, 294

하릴토 호수 101

형제 27

호돈 오르창 108, 115

호르코닥 223, 296

호시오(河西務) 256

호아스 메르키드 182

호자오르 36

호자오르 부인 148

호카노 258

호톤 오르창 115

홀라아노오드 볼다오드 147

홀라안 데겔렌 256

홀라안 벼랑 127, 147, 151

홀라안 보로가드 139

홀리야토 골짜기(사시나무 오솔길) 79

황금 고삐 269, 290

황금 굴레 258, 268

황금 생명 233, 283

황금실로 짠 옷 165

후네겐 고개(野狐嶺) 251

후방 101, 188, 190, 258, 285

후부게투르 256

후엘룬 32, 36, 39, 41, 47, 60, 62~64, 76, 79,
  81, 82, 85, 96, 100, 103, 130, 179, 180, 199

후엘룬 부인 36~39, 47, 48, 96

후주(撫州) 251, 253

후쿠루투 숲 79

흰 종이 201

힌두스 273, 275

전사 찾아보기

A

Abǰiγa-köteger 415

aba 414

abaγa 313

abid 313

a[b]lin-eme 320

Abtu-balaγasun 484

Ačiγ-širün 395

Adangqa Uriangqadai 320

Adangqan Uriangqaǰin 319

Adargidai Qongqai 484

Adargin(阿荅[舌]兒斤) 321

Adarkidai(阿荅[舌]兒乞歹) 321

Adil 490

Adkiraγ 459

Adu'u 362

adu'uči 393

adu'un 340

aγta 333

aγtači 416

Aγtačin 362

aγtas 394

aγtastu 311

Aǰai-qan 383

Aǰinai 433

aǰirγa 372

Alči 372, 433

Alči küregen 433

Alči Tatar 384

Alčidai 395, 452

Al-di'er 460

Alaγ 379, 433

Alaγ-yid 393

Alaγa-beki 460

Alašai 487

Ala'u'ud-turγa'ud 364

Alan eke 333

Alan-γo'a 312

Alaquši-digid-quri küregen 433

Alaquši-digid-quri 414

aldaltan 435

alginči 319

alginčilaǰu 408

alginčin 502

Alqui-bula 372

Altai 374

Altai-yin belčir 388

Altan 323, 363

altan ǰilo'a 480

Altan arγamǰi 475

A[l]tan-odčigin 360

Altan-γorqan 482

Altan-qahan 323

Altan-qan 366

Altani 444

Altun-ašuγ 383

Aluqai Tatar 384

ama 375

Amal 498

Aman 371

aman čaγa'an(察ᵗ合安 ← 察ᵗ罕) qula 378

aman čaγa'an(察ᵗ合安 ← 察哈安) 393, 394

aman niri'u 378

Ambaγai 322

Ambaγai(俺巴ᵗ孩)-qahan 323

amučin 500

Amui-müren 482

anda 344

Angyu'a sumu 422

aqa 313

aqa de'ü 333

Aqutai 472

Aqutai 452

Aqutai Altan-qan 472

Arγal-geügi 408

Ar-buqa 485

Aračan 502

Arai 425

arasun 313

Ariγ-usun 312

Arin-tayiǰi 384

Arqai(阿ᵗ兒ᵗ孩)-qasar(ᵗ合撒ᵗ兒) 359

Arqai-qasar 362, 363

Arslan-qan 458

Aru 484

Arula[d] 322

Asan 407

Asud 484, 490

Aša-gambu 480

Ašiγ küregen 433

Atan-qan 470

A'uču-ba'atur 372

Auǰam-boro'u<n>l 310

a'ur 383

a'uruγ 368

A'uru'ud 368

A'ušigi 371

A'ušigi ǰürüke 429

ayimaγ 386

Ayiri'ud 323

B

Baγaǰi 402

Baγtad irgen 484

Baγtad irgen-ü Qalibai Soltan 484

Baǰigid 460

Baǰigid 484, 490

Ba'aridai 320

Ba'arin 320

Badai 323, 393, 433

Badkesen 481

Bai-šingqor(升ᵗ豁ᵗ兒)-do[γ]šin 321

Balǰun-ara[l] 316

Balǰuna 407

Balǰuna-na'ur 407, 408

Bala 359, 433, 463

Bala-čerbi 433

Balaγači 323

balaγačin 500

Baqu-čorogi 372

bara'un γar 414

bara'un γar-un tümen 449

Barγuǰin 353

Baruǰin(巴[舌]兒[中]忽眞)-γo'a 312

Baruǰin(巴[舌]兒[中]忽眞)-töküm 403

Baruǰin-töküm 387

Baruγudai(巴[舌]兒[中]忽歹)-mergen(篾[舌]兒干) 312

Baruγun(巴[舌]兒[中]渾) 460

Bartan(把[舌]兒壇)-ba'atur(把阿禿[舌]兒) 322

Baru'a 409

Baru'an-ke'er 481

Barulas 321

Barulatai 321

Batači-qan([中]罕) 310

Batu 490

ba<u>'urči 365, 416

ba<u>'určin 416

ba<u>'určin(保兀[舌]兒臣) 442

Baya'ud 358, 442

Bayid 460

Bayidaraγ-belčir 388

Beder(別迭[舌]兒)-qoši'un 339

Begter(別克帖[舌]兒) 332

Beiging-balaγasu 474

beki 446

belbisün 329

Belgünüd 320

Belgünütei 313

Belgütei 332

Belgütei-noyan 355

Belgütei-yin eke 346

berigen-eme 322

berined 413

Berke-eled 391

Besüd 322

Besütei 322

Beye teriü'tü 318

bile'ür 330

Bilge-beki 373, 406

Bo'orču 432

Bo'orču(字斡[舌]兒出) 341

Bodončar boγda 359

Bodončar(字端察[舌]兒) 316

Bodončar(字端察[舌]兒)-mungqaγ 314

bolǰal γaǰar 409

Bolar 484, 494

Bolqadar 501

Bo'o 370

Borǰigidai(字[舌]兒只吉歹)-mergen(篾[舌]兒干) 310

Boro 311

Boroγčin-γo'a 310

Boroγul 432

Boroγul-un(字[舌]羅[中]忽侖) yasun-u tula 462

Boro'ul(字[舌]羅兀勒) 370

Boroldai 364

Boroldai-suyalbi 311

boro[γ]čin(字[舌]羅[黑]臣) qarčiγai([中]合[舌]兒赤[中]孩) 316

Botoγan-bo'orǰi 351

Botoqui-taryun 460

bö'es 492

Bögen 433

Bögötür(字戈禿[舌]兒) qongγor 343

Börte(字[舌]兒帖)-üǰin 343

Börte(字[舌]兒帖)-čino 310

Buda'ad 321

buγu 313

Buγu-qatagi([中]合塔吉 ← [中]合荅吉) 314

Buiru'ud Tatar(塔塔[舌]兒) 323

bu'ulǰar 392

Bu'ura-ke'er 350

Bulaqadar 498

büle'ür 338

Bulqadar 498

Buluγan 433

Buqa 370, 452

Buqa küregen 433

Buqa(不⁽中⁾花)-temür 401

Buqar 481, 490

Buqatai 393

Buqatu-salǰi 314

Buriyad 460

Burqan(不⁽舌⁾峏⁽中⁾罕)-qaldun(⁽中⁾合勒敦 ← 哈勒敦) 310

Butu 359

Buyiruɣ-qan 372

Buyur(捕魚⁽舌⁾兒)-naʾur 323

Bügünüd 320

Bügünütei 313

Bügidei 451

Büǰeg 496

Büǰir 433

Bükidei 458

Bültečü-baʾatur(把阿禿⁽舌⁾兒) 322

Bümei balaɣasun 475

Bürgi(不⁽舌⁾兒吉)-ergi(額⁽舌⁾兒吉) 344

Büri 490

Büri-bökö 322

Büri-bulčiru 320

Č

Čaʾadai 463

Čaʾalun 387

Čabčiyal 469

Čabčiyal-dabaʾan 469

Čaɣaʾan 372

Čaɣaʾan deʾel 446

Čaɣaʾan(察⁽中⁾合安 ← 察⁽中⁾罕) aɣta 446

čaɣaʾan čaʾalsun 435

čaɣaʾan eremüg qulaɣčin-i(⁽中⁾忽剌黑赤泥 ← ⁽中⁾忽剌黑赤沉) 339

Čaɣaʾan-ɣoʾa 433

Čaɣaʾan(察⁽中⁾合安 ← 察阿安) Tatar 384

čaɣaʾan tuɣ 432

čaɣaʾanuʾud šingqod 460

čaɣaʾanuʾud aɣtas 460

Čaɣaʾan-uwa 359

Čaɣurqan 408

Čakir-maʾud 420

Čanai 452, 458, 501

Čanar 498

Čangši'ud 358

Čaraqa ebügen 329

Čaraqai(察⁽舌⁾剌⁽中⁾孩)-lingqu 321

Časutu 487

Čaʾud-quri 405

Čaʾur-beki 390

Čaʾurqai 433

Čaʾurqai(察兀⁽舌⁾兒⁽中⁾孩) 463

Čaʾurqan 363

Čaʾurqan(察兀⁽舌⁾兒中罕) 358

Ča<u>ʾuǰin-örtegei(斡⁽舌⁾兒帖該) 321

čerbin(扯⁽舌⁾兒賓) 456

Čečeyigen 460

Čeʾel usun niduraluʾa. Če<ü>gen 331

Čegčer(扯克徹⁽舌⁾兒) 327

Čerbin 415

Čeren 393, 448

čerig haran 346

čeriʾüd 346

čičuʾa ügei 333

Čiduqul-bökö 320

Čigü küregen 433

Čigidai 395

čila<u>un če<ü>ürelüʾe(潮兀⁽舌⁾列魯額 ← 潮兀⁽舌⁾列魯阿) 331

Čilaʾun-qa<i>yiči 369

Čilaʾun-qayiči 370

Čila<u>'un 338
Čiledü 324
Čilgütei 359
Čilger-bökö 354
Čimbai 338
Činggis qa'an 377, 387
Činggis qaγan 409, 470, 485
Činggis-qahan tenggeri-dür γarba 489
Činggis-qahan(〔中〕合罕) 310
čino 316
Činos 364
Čiqurqu(赤中忽〔舌〕兒中忽 ← 赤中忽兒古) 327
Čirgidai-ba'atur 372
čisun 375
Čo'oryatai tergen 362
Čo'orqad 486
Čo'os-čaγa'an(察中合安 ← 察中罕 ← 察罕) 407
Čonaγ 372
Čormaqan-qorči 483
Čotan 343
Čotan eke 344
čö'e 313
Čuγčeren-balaγasu 482
Čügü kürigen 473
Čüi-müren 402
Čülgetei 432

D

Dabtu'ar 459
Daičar 364
Daiduqul-soqor(莎中豁〔舌〕兒 ← 莎中豁〔舌〕思) 460
Da<u>'un 433
da<i>yin 395
Da<i>yisun 384
Dalai-yin qahan 501
dalan 364

dalan γurban aγtas 431
dalan turγa'ud 416
Dalan-balǰud 364
Dalan-nemürges 384, 399
Daqai 363
Darbai 459
dargi(荅〔舌〕兒吉) qongγor 340
Dari<n>l 485
Daritai(荅〔舌〕里台)-odčigin 322
Daritai-odčigin 360
darqa<n>d 323
daruγačin 484
daruγas 485
Dayir 433
Dayir(荅驛〔舌〕兒) 311
Dayir(荅亦〔舌〕兒)-usun 347
de'ü 311, 349, 446
De'el ǰaqatu(札中合禿 ← 札哈禿) 318
De'ere tenggeri 310, 428
de'ere tenggeri γaǰar-un ihe'el 402
Degei 359, 362, 432, 463
Degei-qoniči 449
Degeltü törögsen kö'ün 406
Deli'ün-boldaγ 326
Dergeg 372
Didig-saqal-un Nekün-usun 412
döčin 401
Dobun-mergen 311
Dodai-čerbi 415
Dolo'adai 433
dolo'an 321
dolo'an Qongqotan(〔中〕晃中豁壇) 463
Dolo'an-bolda'ud 369
Dongqayid 395
Doqoladai 321
Doqolqu(朵〔中〕豁勒〔中〕忽)-čerbi 452
Doqolqu-čerbi 415

Doqolqu-čerbi(徹[舌]兒必) 358

Dori-buqa 433

Dölönggirdei Qongtaɣar 484

Dörbei 461

Dörben 359

Dörben keši'üd 452

dörben külü'üd 389, 404

dörben noqais 420

dörben(朵[舌]兒邊) 313

Dörbetei Dörbei-doɣšin 461

Dörbetei Dörbei(朵[舌]兒伯)-doɣšin 484

Döregene 425

Dörmegei-balaɣasu 488

döyi 390

döyimed 410

Dungčang-balaɣasun 470

Duta'ud 384

Duta'ud Tatar 384

Duwa-soqor(鎖中豁[舌]兒) 311

düri-yin kü'ün 450

Düyiren-gerü 317

E

Ebegei 365

ebüge 319

Ebüges ečiges 366

Ebügejin 391

ečige 338

Eder 388

Eder, Alta[i]-yin belčir 403

Egeči 386

Egečimed 410

Egem-eče 443

ejed 312

ejen 324

Ejil 493

eke 314

Eke-ɣoroqan 481

elči 363

e[l]čin 323

Eliged 370

Eljigidei 494

El-qutur 383

Emčü bo'ol 370

emčü irgen 371

emčü qubi 450

eme 319, 320, 331

eme Tayang 418

Emel 372

Emel(額篾田 ← 阿篾勒) 400

Enegen-güiletü 373

Eres 332

erüke 315

Erdemtü(額[舌]兒點圖) Barula 321

Erdiš 485

Erdiši 438

Ere 341

Ergüne 374

Ergüne(額[舌]沥古涅) 374

Ergüne-müren 372

Eri-je'ü 487

Eri-qaya 487

Erke(額[舌]兒客)-qara 382

Erke-qara 401

ešige 496

esü'üd 375

esüg 338, 375

esgel qali'un 356

e'üdečin 416, 457

e'üdenči 416

F

Fuǰu 469

Fuqanu 474

G

geǰige 395

Geniges 322, 360

ger tergen 359

ger(格^[舌]兒) 314

Gergen tudqar 362

Gereyid 367

Gergei(格^[舌]兒該) 310

ge'ü 340

ge'üd 375

ge'ün 372

Ge'ün-ɣoroqan 481

Geügi 433

geyid 347

Girma'u(吉^[舌]兒馬兀) 323

Güčü 370, 432

Güčü'üd Naiman 372

Güčügür 362

Güčügür(古出古^[舌]兒) 433

Güčügür(古出古^[舌]兒)-moči 449

Güčügürtei Buyiruɣ(不亦^[舌]魯黑)-qan 403

Güčülüg-qan 418

Gü'ün-u'a 369

Gür-qa 372

Gür-qan 382

Gür-qan abaɣa 382, 402

Güre<n>lgü 339, 364

Güse'ür-na'ur 382

Güsen 485

Güyüg 490

Güyigüneg-ba'atur 469

Γ

Γača'uratu-subčid 356

ɣaǰar(中合札^[舌]兒) 312

ɣaǰaru(中合札^[舌]魯) 330

ɣala<u>'ud 317

ɣar(中合^[舌]兒) 326

ɣol 374

ɣol čerig 469

Γolumta 333

ɣolumta 468

Γorolas 359

ɣučin 360

ɣubčir 382, 403

Γuldaɣar-qun 357

ɣunan 327

Γunan 360, 402, 432

ɣurban(中忽^[舌]兒班) 311

ɣurban ǰa'ud 353

Γurban(中忽^[舌]兒班) Merkid(篾^[舌]兒乞_楊) 347

Γurban müred-ün teri'ün 405

Γurbanta 375

Γurban-telesüd 402

Γutu'ar(中忽禿阿^[舌]兒) 339

H

Halǰa 433

Harɣasun 494

haran 319, 341

harbad-un noyad 450

Harban 368

harban ɣurban qarin(中合^[舌]鄰) 364

Harban(哈^[舌]兒班) 323

harban(哈^[舌]兒班 ← 中合兒班) ɣurbanta(^[中]忽^[舌]兒班塔) 326

harban(哈^[舌]兒班 ← 中合兒班) nigen 356

harban-u(哈^舌兒巴訥 ← 中合^舌兒巴訥) noyan

415

harbantai(哈[舌]兒班台) 328
Hariltu-na'ur 368
Helige 371
h**E**eligen-ü uruγ 349
Herekei(赫[舌]列克 ← 赫[舌]列該) 371
Herekei(赫[舌]列克 ← 赫[舌]列該) 476
Hoši'u 473
Ho'as Merkid 424
Hoi-yin irgen 433
Holuiγan 460
Horqudaγ 451, 498
Hoton-orčang 379
Höbögetür 472
Hö'elün eke 347
Hö'elün-üjin 324
Hökörtü-jubur(主不[舌]兒 ← 主[舌]兒不) 356
huja'ur minγan 450
Huja'ur-üjin 402
hula'an buqa 461
hula'an tergel(帖[舌]兒格勒) üdür(兀都[舌]兒) 336
Hula'an-γud 404
Hula'an-boruγad(字[舌]魯中合惕) 398
Hula'an-buruγad 395
Hula'an-degelen 472
Hula'anu'ud-bolda'ud 401
Huliyatu-subčid 356
hükečin-i 456
hüker 346
Hünegen-daba 469
hüsün 318, 433

I

Ibaqa(亦巴中合 ← 亦巴哈)-beki 439
Ibaqa-beki 410

Idürgen 404
Idoqudai 463
Idu'ud 459
Ikires 359
Ilüge 463
ilügei 371, 432
Ile 472
Iluqu-burqan 488
Iluqu-burqan(不[舌]兒[中]罕) 472
Iluqu-burqan(不[舌]兒[中]罕) Šiduryu 488
ima'ad 383
inje 320
Inalči 460
Inanča-bilge-qan 401
Inanča-qan 382
inerü 330
Irü 482
irge 369
irge orγa 403
irge orγo 404
irgen(亦[舌]兒堅) 311
irges 407
Isebür 482
Isgei tu'uryatan 434
itegelten ina'ud 488
itegemji 409
Itegemji ere 408

J̌

ja'arid 360, 464
J̌a'arin 359
jada 374
J̌adaradai 319
J̌adaran 319
J̌ajiradai 319
J̌ajiradai J̌amuqa 372

J̌alal-ding Soltan 481

J̌alama 364

J̌alayir 358

ǰala'us 343

J̌alayirtai qorči 494

ǰala'utu 311

J̌ali-buqa(不[中]花) 326

J̌alin-buqa 372

ǰam 501

ǰam<u>čin 501

J̌amuqa 320, 349

J̌amuqa anda 349

J̌amuqa de'ü 349

J̌anggi 495

J̌aqa-gambu 352

J̌aqud irgen 502

J̌aqud-un irgen 502

J̌arči'ud(札[舌]兒赤兀傷 ← 札兒赤兀勒) 319

J̌arči'udai(札[舌]兒赤兀歹) 344

ǰarliɣ 385

ǰarliɣ bolurun 425

ǰasaɣ 413

ǰasa'ul 497

ǰa'u 415

ǰa'ud-quri nere 367

J̌a'ud-un noyad 450

ǰa'un 450

ǰa'un-u noyan 415

J̌ayaɣ 490

J̌ebe 378, 433

J̌ebke 433, 463

J̌e[b]ke 369

J̌edei 463

J̌eder 433

J̌e'e 328

J̌e'erde 479

J̌egei 359

J̌eǰe'er-ündür 391

J̌elme 432

J̌erene 364

J̌erene-qabčiɣai 364

J̌etei 358, 433

J̌eügon 472

ǰe<ü>'ün ɣar-un čeri'üd 425

ǰe<ü>'ün ɣar-un tümen 449

J̌e<ü>'üredei(沼兀[舌]列歹) 320

ǰeütau nere 368

ǰiči ɣuči 392

ǰildü 313

J̌irgin ba'atud 395

J̌irɣo'adai 379

ǰirɣo'an 367

ǰirɣodu'ar 368

J̌irɣodu'ar 434

ǰirin 330

J̌iroɣo'an 359

ǰirwa'an 415

J̌oči 323, 441

J̌oči-darmala 364

J̌ongšoi 433

J̌orɣal-qun 401

ǰosotu boro 486

J̌ubqan 472

J̌ungdu 470

J̌ungdu-yin Šira-ke'er 473

J̌ungsai 463

J̌ungso 359

ǰun-<n>u teri'ün sara-yin harban(哈[舌]兒班 ← 中合[舌]兒班) ǰirwa'an üdür, hula'an tergel-e 417

ǰun-u teri'ün sara-yin harban ǰirwa'an -a(只[舌]兒瓦阿納) 336

ǰügeli 320

J̌ürčed 469

J̌ürčedei 432

J̌ürčedei ebin 396

J̌ürki(主[舌]兒乞 ← 禹兒乞） 322

J̌ürkin 360

J̌üyin 469

K

kebte'ül 416

ke'eli 315

ke'eli 325

ke'elitei 326

Ke'er(客額[舌]兒） 325

Keke 359

kekül 325

Kelüren-ü Kö'de'ü-aral 489

Kelüren-ü Köde'e-aral 503

Kelüren-müren(沐[舌]漣） 343

Keltegei-qada 415

kere'ür-i qulaγai qudal u<i>yileten 385

Kerel 490

Kereyid-ün 348, 350

Kesdiyim 460

kešig 330, 416, 451

kešigtü 454

kešigten 411, 416

Kešimir 484, 490

Kete 433, 463

Ketei 433

Keyibe 490

Keyibür sumu 422

Kičilbaši-na'ur 403

Kišilbaši-na'ur 387

Kišiliγ 393, 433

Kišiliγ(乞失黎黑 ← 乞失黎勒） 323

Ki<n>[b]ča'ud 426

Ki<n>lγo-müren 350

Kibča'ud 484, 490

kilγasu<n> 316

Kimurγa(乞沐[舌]兒[中]合)-γoroqan 339

Kinggiyadai 359, 433

Kiratai 393

Kisγar 485

Kitad 323

Kiwa 494

Kiyad 327

Ködö'e-aral 369

Kögse'ü-sabraγ 403

Kögse'ü-sa[b]raγ 388, 404

kökö 405, 433

kökö bičig 435

Köködü 358, 432

Köködü aγtači 412

Köködü Teb-tenggeri 463

Köködü-kirsa'an 406

Kökö-čos 359, 433

Kökö-na'ur 340

köl 371

Köl-Barγuǰin(巴[舌]兒[中]忽眞） -töküm 312

Kölen-na'ur(納浯[舌]兒） 323

köngšilemel qonin 314

kötöčin 426

kötöčin([中]闊脱臣） 454

kötö<n>l 345

kötö<n>l morin 329

kötöd 420

Kötön-baraqa 326

Kö'ü 329

kö'üd 364

kö'üked 334

kö'üken 368

kö'ün 310

kö'ütü 313

Köyiten 374

Kücü 355

Kücügür 359

kücügür(窟出古[舌]兒) 340

Küjühün 378

Küjü'ün-eče 443

külü'üd 311

küre'<y>en 359

küre'ed(古[舌]列額[昜]) 364

kürege 387

küreged(古[舌]列格[昜]) 329

küri'en 341

küriged 329

kürigen 473

Kü'ün 311

kü'ün-ü miqa 473

L

Labalqa 498

Lablaqa 451

liušiu 473

M

Majar 490

Majarad 484

Ma'aliɣ-ba<i>ya'udai 313

Madasari 484

Mangɣud 365

Mankerman 494

Mangɣud 321

Mangɣutai 321

manglai 373

manglailan 396

manglan 373

Maral 433

Maru 484

Masqud 484

Masqud Qurumši([中]忽[舌]魯木石) 485

Mau-ündür 394

Megüjin-se'ültü 366

Meged-balaɣasun 494

Megetü 433

Meked 490

Menen Ba'arin(巴阿[舌]鄰) 320

Menen-tudun 321

Menggei 495

Menggetü-kiyan 322

Menkermen 490

mergen 331

Merkid 324

Merkid irge 383

Merkid irgen 383

Merkidei čaɣa'an(察[中]合安 ← 察哈安) 393, 394

Merkidei čul ulja'ur 476

Merkidei ele yasutu kü'ün 355

minɣad-un noyad 450

minɣali'ud 454

Minɣan turya'ud 395

minɣan-u noyan 415

miqa(米[中]合 ← 米哈) 313

Möči-bedü'ün 359

Modun se'ül jubčiya 494

Mongɣol 352

Mongɣoljin-ɣo'a 310

Mongɣol-un niuča to[b]ča'an(脱[卜]察安) 310

mori 340

Moriči 362

morin 317

Moroqa 433

Muju 471

Mulqalqu 360

Muqali 370

Muqali-guiong 432

muquli musquli ügei 489

muquli musquli-yi ügei bolγan 489

Müge 433

Mülke-totaγ 364

Münggü'ür 433

Münggetü 490

Müngkö 433

Müngke 463

Müngke tenggeri-de ihe'egdejü 434

Müngke tenggeri či mede 487

Müngke tenggeri-de güčü a'uγa nemegdejü
    428

Müngke tenggeri-de ihe'egde'esü 480

müngke tenggeri-de ihe'egdejü 411

Müngke tenggeri-yin ǰarliγ 464

Müngke tenggeri-yin güčün-dür, qahan
    abaγa-yin su-dur 494

Müngke'ür 463

Müngke(蒙客 ← 蒙格) 490

Münglig 329

Münglig ečige 365, 432

Mürüče-se'ül 403

N

Način-ba'atur(把阿禿[舌]兒) 321

naγaču-nar 327

Na<i>ya'a 433

na<i>yan kebte'ül 416

naiman 340, 372

Naiman-u Gücügüd-ün Buyiruγ-qan 387

Naiman-u Tayang-qan-<n>u eke Gürbesü
    413

Namging-balaγasu 473

Naqu-ba<i>yan 341

Naqu-qun 420

naran 315

Naratu-šitü'<y>en 367

Narin-ke'<y>en 393

Narin-to'oril 446

Na'u 474

Na'ur ba<i>yi[l]du['a] 420

Naya'a 379

Naya'a bilǰi'ur 448

nayan 449

Naya['a]-noyan 424

Ne'üdei 359

Ne'üdei Čaγa'an-u'a 364

ne'ürid 311

Negüs 447

Negüs aqa 446

nekün 429

Nekün-taiǰi 322

Ničügüd Ba'arin 379

Ničügün(你出[中/]棍) törögsen kö'ün 406

nidün 375

Nidün-dür-iyen γaltai 328

Nidün-dür-iyen γaltu, **Ni**'ür(你兀[舌]兒)-tür-
    iyen geretü 327

nigen 311

nigen kešig 452

nigen tümen 351

niǰi'el 314

Nilqa-Senggüm 391

niru'u 372

niru'u(你[舌]魯兀) 371

Ni'ür(你兀[舌]兒)-tür-iyen geretei 328

Noyod 317

Nomulun eke 321

noqai(那[中]孩) 315

noyad 378

Noyagidai 321

Noyakin 321, 359
noyan 312, 323
nödün 326
nögö'e kilgün 411
nököd 342
Nökör kü'ün 384
Nökör(那可[舌]兒) 313
Nuntuɣ 328
nuntuɣlaǰu 310, 340
nuntu'učin 457, 500
Nu'un kö'üd 328

O

oboɣtan 320
oboɣtu 312
obo[ɣ]tan 320
Odčigin abaɣa 503
odora 362
Oɣda-bo'ol 406
Oɣotur(斡[中]豁禿[舌]兒) 490
oɣotur(斡[中]豁都[舌]兒) 340
olǰa 384
Olar küregen 433
Olon Dongqayid 381
Olon Dongqayid ba'atud 395
Onan-<n>u teri'ün 432
Onan-<n>u-tün 322
Onan-müren 310
Ongɣoǰid Kereyid 411
Ong-qan 344
Ong-qan nere 368
Ong-qan-<n>u minɣan turɣa'ud 395
Ongging-čingsang 366
O<n>[l]ǰa 342
ordo 403
oroɣ šingqula 341

Oronar 359
Oronar(斡[舌]羅納[舌]兒) 322
Oronartai 433
Orqan 356
Orqon(斡[舌]兒[中]洹) 350
Orusud 484, 490
Oyirad 372
Oyirad-un Quduɣa-beki 459
ödün 318
Ögödei(斡歌歹 ← 斡闊歹) 398
Ögölen-čerbi 358
Ögele-čerbi 415
Ögodei-e(斡歌迭耶 ← 斡闊迭耶) 398
öki 324
ökin 311
Ökin-bar<a>qaɣ 371
Ökin-barqaɣ(巴[舌]兒[中]合黑) 322
Ökin kö'ün 328
Ölegei-bulaɣ 364
önečid kö'üd 396
önečid-ün abliɣa 410
Önggüd 414, 433
Önggüd-ün Alaquši-digid-quri 407
Önggür 432
ö<n>lǰige 311
önöčid-ün abliɣa 446
Öre 370
Ör-nu'u 415
Örünggeči-balaɣasu 483
Örbei 330
Oroɣ qurdun 351
Örebeg-digin 460
Ötegedei Čormaqan 484
ötög 385

Q

qa　326

Qa　405

Qa'ad Merkid　347

qa'an　375

qa'atai tergen　347

Qa'atai-darmala（荅[舌]兒麻剌）　347

Qabiči　320

Qabiči-ba'atur　320

qabiryar（中合必[舌]兒中合[舌]兒 ← 中合必兒哈兒）　313

Qabqanas　460

Qabtasun（中合卜塔孫 ← 中合卜荅孫）e'üdeten　434

Qabturqas（中合卜禿[舌]兒中合思）　322

Qabul-qahan　322

Qači'u　321

Qači'un　321, 326

Qači'un-beki　391

Qači'un-elči　326

Qači'un-Toyura'un　358

Qači-külüg　321

Qačin　321

Qačir-usun　419

Qačula　321

qad　315

Qada　472

Qada'an　323, 338, 433, 498

Qada'an-daldurqan　358, 361

Qadag　395

Qaday-ba'atur　410

Qadai　498

Qadai küregen　433

Qadiyliy-niru'un　403

qadu<n>d　425

qadun　366

qahan　371

Qahan　328

Qaidu　321

Qaji'un-beki　372

Qaji'un-Toyura'un（脫[中]忽[舌]剌溫）　361

Qal（中合勒 ← 中合惕）　426

Qalaqaljid-eled　394

Qali'udar　408

qali'un（中合/舌/里溫）moritu　383

Qalqa　438

Qalqa-yin　415

Qamuy Mongyol　323

qan　362

qan ečigen-yin minu beye ča'ada yabun aysad emčü tümen kešigten　489

qan nere　432

Qan-a（中合納 ← 舌合納）　384

Qan-Melig　480

Qangyarqan　417

Qanglin　426, 484

Qanglin（[中]康鄰）　490

Qangqarqan　417

Qangqas　460

Qaračar　359, 433

Qaračar（中合舌剌察[舌]兒）　463

Qaraču bo'ol　429

Qaračus（中合[舌]剌除思）　315

Qaradal-huja'ur　423

Qarayana yorčil yorčiju　420

Qaraji-ke'er　350

Qara-jirügen　340

Qara-jürügen　361

Qara Kidad　382, 383, 402

Qara-keri'e　362

Qara<n>ldai（中合舌闌勒歹 ← 哈舌闌勒歹）-Toyura'un　358

Qara<n>[l]dai（中合[舌]闌[勒]歹）　321

qaranu'ud buluyad　460

Qara-qada'an 320

Qaraqai-Toɣura'un 358

qara-quru 316

Qara qurdun 351

Qara-qorum 493

Qara-se'ül 388

Qara'u 324

Qara'udar 498

Qara'udar(ᵗ合ᵗ剌兀荅ᵗ兒 ← ᵗ合ᵗ剌兀合ᵗ兒)
  498

qara'ul 373

Qara'un(ᵗ合ᵗ剌溫 ← 哈ᵗ剌溫)-qabčal 382

Qara'un-jidun 408

Qara'un-qabčal 402

qara'utai tergen 346

qara'utai(ᵗ合ᵗ剌兀台) tergen 311

qarčiɣai(ᵗ合ᵗ兒赤ᵗ孩) 316

Qarču(ᵗ合ᵗ兒出) 310

Qardakidai 391

Qargil-šira 444

qari 442

qariyatan emčü irge 411

Qarlu'ud 426

Qarqai(ᵗ合ᵗ兒ᵗ孩) Toɣura'un 362

Qarta'ad 391

Qasar(ᵗ合撒ᵗ兒) 326

Qaši 370

Qašin 382, 402

Qašin irgen-ü Burqan(不ᵗ兒ᵗ罕) 471

Qatagin 320

qatu 324

qatud 324

Qatun 328

Qa'učin üges **Qa**darun, Ötögüs üges
  Orkidun(幹ᵗ兒乞敦) 334

Qa'uran 433

Qojin-beki 390

Qo'aɣčin üni'<y>en 359

Qo'aɣčin emegen 346

qo'a hüker 360

Qo'ai-mara<n>l 310

Qo'a[ɣ]čin emegen 345

Qodun-orčang 372

Qoluɣad **qo**'ojiju'u. **Ši**lüged **ši**berijü'ü 334

Qongɣortai 495, 497

Qongɣortaqai 499

Qongdaqor 359

Qongqai-qorči 483

Qongqotadai 329

Qongqotadai Tolun 486

Qongqotan 322, 359

Qongtaɣar-qorči 483

Qonjiyasun 362

qoniči 383

qoni<n>d 362

qonin 346

qo'očaɣ 362

qo'olai(ᵗ豁幹來) 316

Qorči 359, 432

Qorči-üsün ebügen 359

Qorčin, turya'ud 416

Qorčuqui(ᵗ豁ᵗ兒出ᵗ恢)-boldaɣ 339

qori'ad 502

Qori-buqa(不ᵗ花) 326

Qoričar(ᵗ豁ᵗ里察ᵗ兒)-mergen(篾ᵗ兒干)
  310

Qoridai 373

Qorijin qatun 365

qorin 402

Qori-qačar 498

Qori-sübeči 412

Qori-šilemün-taiji 395

Qori-tumad 312

Qori-Tumad irgen 460

Qorilartai(中豁舌里剌舌兒台)-mergen(篾舌兒
　干）312

Qorqasun　463

Qorqonaγ(中豁舌兒中豁納黑)-ǰubur(主不舌
　兒）326

Qorqonaγ-ǰubur　349

Qorqosun　433

Qoton(中豁團)　362

qoyar　351

Qoyar kilügütei tergen　401

qoyar tümed　349

qoyar(中豁牙舌兒)　311

Quba-qaya　379

qubi(中忽必) kešig　450

Qubilai　358, 432

Qubilai-noyan　458

Qučar-beki　360

quda　327, 328

Qudu　425

Quduγa-beki　372

Quduqul-nu'u　381

Qudus　358, 433

Qudu'udar　379

Qulbari　383

Qu[l]bari-quri　404

Quluγana　362

Qum-šinggir　387

Qurčaqus　433

Qurčaqus-buyiruγ-qan　382

qurdun(中忽舌兒敦) qubi　341

quriγa　394

Quri<n>l　433

qurim(中忽舌林)　329

Qurumši oboγtan　485

Qusutu-šitü'<y>en　367

Qutu　362, 372

Qutuγtai　387

Qutuqul-nu'u　380

Qutu[γ]tu(中忽禿[黑]禿)-münggür(蒙古舌兒)
　322

Qutu[γ]tu-ǰürki(主舌兒乞 ← 禹兒乞)　322

Qu'určin-qatun　365

Quyildar　433

Quyildar-sečen　396

Quyuldar　365

R

Raral　484

S

sa'alinčintan　500

Sa'ari-ke'er　364

Sača(撒察 ← 薛扯)-beki　322

Sača-beki　360

sačuli öči'üli　348

Saγlaγar(撒黑剌中合舌兒 ← 撒黑剌哈兒)-
　modun　326

Salǰi'ud(撒勒只兀惕 ← 撒勒只兀勒)　320

Sali-qača'u　310

salulčaqui qurim　494

Saqayid　360

sara　315

Sarda'ul　426

Sariγ-qun　459

sarqud　330

Sartaγčin(撒舌兒塔黑臣) qonin-u se'ül　407

Sartaγtai čaγa'an(察中合安 ← 察中罕 ← 察罕)
　teme'etü　407

Sarta'ul　402

Sasud　484

sauγa(掃中花)　355, 368

sayid　332

Seče-domoɣ 359

Seče<ü>'ür 433

Seči'ür 359

Selengge 350

Sem-sečüle 322

Sem-soči 310

Semisgen 485

Semisqab 481

Senggüm 373

Senggüm-bilge 322

Senggür(桑沽[舌]兒)-ɣoroqan 340

Sergesüd 490

Serkesüd 484

Sesüd 490

Se'üder-eče busu nökör(那可[舌]兒) ügei,
　　Se'ü<n>[l]-eče busu čiču'a ügei bui 333

se'üse nere 493

Solangɣas(莎郎[中]合思 ← 莎郎[中]合思) 494

Soqatai 330

Soqoɣ-usun 387

Soqor neretü elči 465

Sorɣatu-jürki 360

Sorqaɣtani-beki 410

Sorqan(鎖[舌]兒[中]罕)-šira 337

Sorqan-šira 433

soyurqaju 411

soyurqaba 425

Soyurqal 433

Söge'etei 391

Söndeifu 469

Sönid 322

Söyiketü-čerbi 359, 415

sujiyasu 375

su'u 444

Su<n>ldudai Taqai-ba'atur 410

Suldus 337

Suqu-sečen 359

Sübe'etei 433

Sübe[e]tei 427

Sübe'etei-ba'atur 358

Sübegei-bo'ol 406

Sügegei 363

Sügegei-je'ün 400

Sükegei 402

Sükegei-je'ün 359, 382

Sükeken 359

sülder(速勒迭[舌]兒) 327

sürüg 500

Süyiketü 433

Šiɣšid(失黑失惕) 460

Šiju'udai 321

Šiba<u>'uqan 338

Šibir 460

Šidurɣu 488

Šigi-qutuqu(中忽禿[舌]忽) 432

Šigiken-qutuqu 370

Šiki'ur 365

Šikiken-quduqu 368

Šilginčeg 503

Šiluqai 433

Šinči-ba<i>yan Uriangqai(兀舌良[中]孩) 312

Šin-müren 481

Šindus irgen 484

Šira-degtür 491

Šira-ke'er 329

Širaqan 497

Širaqul 433

Širgü'etü ebügen 379

Šisgis 374

Šisten-balaɣasu 482

šibülger 325

šidkü<n>l 344

šigi quru'un 404

šilegü qonin 500

šingqula morin 417

širolγa(失[舌]羅[勒][中]合）313

šisgei to'uryatu ulus 432

Ši'üči qadquldu'a 420

T

tabin 368

tabun 314

tabun Taryud 358

tabu'ula 316

Taiču 322, 360

Tai-temür-tayiǰi 401

Ta<i>yiči'ud 322

Ta<i>yiči'udai 359

Ta<i>yiči'utai 379

Taki 359

Talqun-aral 350

Tamača 310

Tamači 433

tammačin 502

Tana-γorqon 351

Tangyud 382

Tanglu 428

Tangud 383, 384, 402

Taqai 433

Taqai(塔[中]孩）402

Taqai(塔[中]孩)-ba'atur 382

Taryud 358

Taryutai(塔[舌]兒[中]忽台）379

Taryutai(塔[舌]兒[中]忽台 ← 塔兒[中]忽台)-
　　kiri<n>[l]tuγ 331

Taryutai-kiri<n>ltuγ 334

Taryutai-kiriltuγ 372

taraγ 375

tarbaγad(塔[舌]兒巴[中]合[楊]）340

Tarbaγan 427

Tas 460

Tatar(塔塔[舌]兒) J̌üyin irgen(亦[舌]兒堅）323

Tatar-un Yeke-čeren 385

Ta<u>'ur-müren(沐[舌]漣）475

Tayang-qan 391

Teb-tenggeri 465

tel quriyan 339

Telegetü-ba<i>yan 369

Telenggüd 438

Teletü-amasar 369

Temüǰin 326

Temüǰin-üge 326

Temüge 326

Temüge-odčigin 327

Temülün 326, 327

temür telege 428

temür(帖木[舌]兒) telegetü 426

teme['e]čin 458

teme'ečin-i 456

teme'en-ü čisun 382

Teme'<y>en-ke'er 414

Tenggiri 315

Tenggeri γaǰar-a güčü nemegdeǰü 483

Tenggeri neretü kö'ü 474

Tenggiri γaǰar eyetü[l]düǰü 360

Tenggis 310

Tenggisgetei tergen 362

Tenleg 460

Tergüne(帖[舌]兒古捏)-ündür 335

Tersüd 381

Toγon(脱[中]歡)-temür 433

Toγto'a-bö'e 407

Toγto'a-beki 372

Toγura'un aqa-nar de'ü-ner 358

Tobsaqa 433

Tobuqa 433

Tolon 432

Tolui 410, 473

Tolui kö'ün 493

Tolun-čerbi Bučaran-čerbi 415

Tolun-a 442

To'ori<n>l 391

To'ori<n>l Ong-qan 349

To'ori<n>l-qan 350

To'ori<n>l-qan ečige 367

Toqočaɣ(脱[中]豁察黑)-ündür(温都[舌]兒) 313

Toqučar 502

Toqučar-i 480

Torbi-taši 414

Toroɣoljin-ba<i>yan 310

totoɣa 315

Tödö'<y>en 406

Tödö'<y>en -girte(吉[舌]兒帖) 331

Tödö'<y>en Barula 321

Tödöge 378

Tödege 448

Tö'eles 460

Tögüs-beki 387

tölgečin 492

Tö'ölös 438

Törö(脱[舌]劣) 404

Törölči 460

törküd(脱[舌]兒古[楊]) 327

Tubas 460

Tumad irgen 460

Tumbinai-sečen 322

Tungguan-amasar 472

Tungquidai 433

Tuqas 460

Tuqu 408

turɣa'ud 334

turimtai 338

Turuqan 442

Tus qan 410

Tusaqa 390

Tu'ula-müren-<n>ü Qara-tün 349

Tu'ula-yin Qara-tün 344

Tübegen 395

tüb-ün tümen 449

Tügü'üdei 319

Tüge 432, 451

Tüge-maqa 372

Tügei 425

Tülkinče'üd 414

tüme 438

tümed 349

tümen 351

tümen emčü kešigten 456

Tümen kešigten 452

Tümen Kirgisüd 460

Tümen Tübegen 381, 395

tümen-ü noyan 360

Tüngge 370

Tüngge-ɣoroqan 400

Tünggelig-ɣoroqan 311

Tüyideger 433

U

Ubčiɣtai Gürin-ba'atur(把阿禿[舌]兒 ← 札阿禿[舌]兒) 388

Uda'adu 372

Udan 485

Udarar-balaɣasun 481

Udirar-balaɣasu 482

Udkiya 373

Udurar(兀都[舌]剌[舌]兒)-balaɣasu 482

Udutai 433

Uduyid Merkid-ün(篾[舌]兒乞敦) Toɣto'a 347

Ui'ud 383, 384, 402

Ui'urtai 426

U<i>yiɣud 382
Ulǰa 366
Ula 474
ula'ačin 501
Ulqui-šilügelǰid 399
Ulqui-šilügelǰid 384
Uluɣ-taɣ 374, 387
ulus 324
ulus yeketü, irge olotu 415
ulus-un bökö 371
ulus-un eǰen 360
Unǰin 360
Unggirad 328
Unggirad Butu küregen 433
Unggiran(/ᠴ/翁吉ᠱ闌) 433
unuɣučin 500
Uquna 475
Urši'un(兀ᠱ兒失溫)-müren 323
Uraɣčol-nu 343
Uraqai-balaɣasu 488
Uriangqadai J̌elme-ɣo'a 394
Uriangqadai(兀ᠱ良ᠴ合歹 ← 兀ᠱ良哈歹) 313
Uriangqan 358
Uriyang 485
Ursud 460
uruɣ 313, 323
Uru'ud 321
Uru'ud 365
Uru'udai 321
Usun ebügen 441
utu dürü-yin kü'ün 416
u'urɣa(兀兀ᠱ兒ᠴ合) 341
Uwas Merkid 347
Üčügen Barula 321
üčü'ügen eke 365
üdür(兀都ᠱ兒) 340
Ümegši 484

Ünggür 358
Ürünggü 387
Ürünggeči 482
Ürünggeči-balaɣasun 484

Y

Yadir 395
Yalawači 484
Yalbaɣ 498
yasutu kü'ün 379
Yedi-inal 460
Yedi-tubluɣ 387
Yegü 408
Yegei-qongtaɣar 406
yeke ɣol 395
yeke a'uruɣ 457
Yeke Barula 321
Yeke-čeren 393
Yeke-čeren(扎ᠱ連) 323
Yeke-čiledü Olqunu'ud 324
yeke eye 385
yeke gerlüge(格ᠱ兒魯格) 360
Yeke-ne'ürin 451
Yeke-nidün 310
yeke oro 503
Yeke quri<n>lta 503
yekes-e 330
yekes-ün 330
yeren tabun minɣad 433
Yesüder qorči 494
Yesügei-ba'atur(把阿禿ᠱ兒) 322
Yesügei-kiyan 329
Yesügei-qa'an 382
Yesügei-qan ečige-lü'e 344
Yesügen qadun 385
Yesügen qatun 385

Yesüi 386

yesün aldal 434

yesün költü 432

yesün keleten irgen 465

Yesüngge 408

Yesüntö'e 498

Yesünte'e 451

Yiduqadai 433

yosun 312

Yuqunan 414

Yuruqan 433

몽골 비사

2004년 1월 22일 1판 1쇄
2023년 11월 30일 1판 10쇄

역주 유원수

편집 류형식·강현주·강변구
디자인 김수미
제작 박흥기
마케팅 이병규·이민정·최다은·강효원
홍보 조민희

출력 블루엔
인쇄 천일문화사
제책 책다움

펴낸이 강맑실
펴낸곳 (주)사계절출판사
등록 제 406-2003-034호
주소 (우)10881 경기도 파주시 회동길 252
전화 031)955-8588, 8558
전송 마케팅부 031)955-8595 | 편집부 031)955-8596
홈페이지 www.sakyejul.net | **전자우편** skj@sakyejul.com
블로그 blog.naver.com/skjmail | **트위터** twitter.com/sakyejul
페이스북 facebook.com/sakyejul

ⓒ 유원수, 2004

ISBN 978-89-7196-994-6 93910